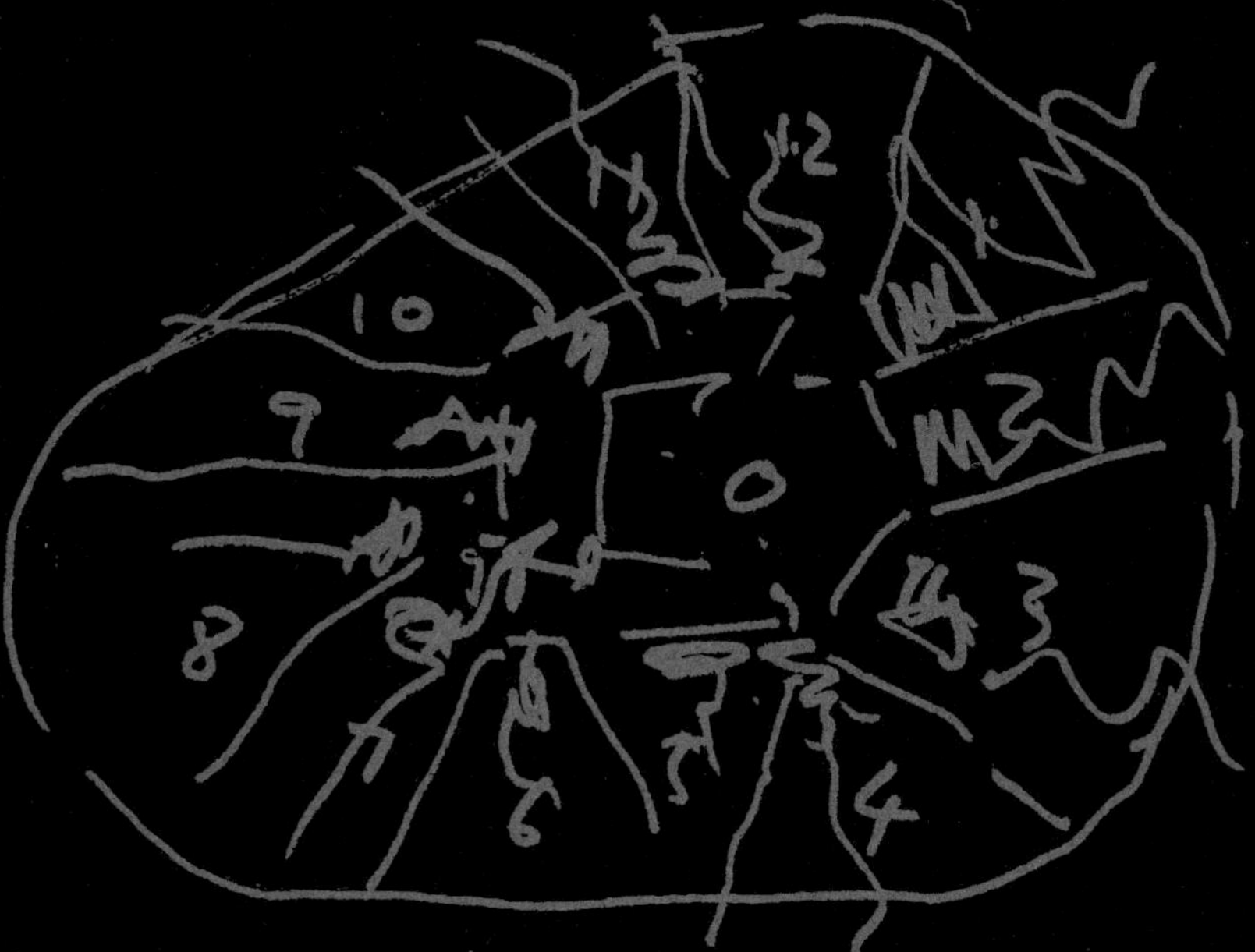

Vigilans. / Holoscope

2013年、軽井沢の別荘の書斎にて。鈴木久雄撮影。

磯崎新論《シン・イソザキろん》

田中純

講談社

磯崎新論◉目次

目次

前口上《プロローグ》……10

第I部　胎動　1931-1956

1　沈んだ島、牡丹の庭……20
2　前衛の季節……38
3　(反)重力の衝撃……58
4　(祖)父なる建築家……75
5　コア・ジョイント・ラビリンス……90

第II部　都市の暗殺者　1957-1970

6　複数のデビュー作　108
7　都市の孵化と破壊　124
8　虚体の形而上学　151
9　ミラノ／大阪、見えない廃墟　172
10　エロス的／ゲリラ的マニエリスムへ向けて　196

第III部　反建築の展望台　1971-1986

11　青空・手法《マニエラ》・不在《アブセンス》　216
12　プラトン立体の機械的作動　240
13　〈建築〉と間《ま》の修辞法　269
14　つくば、「つくりもの」のヘテロトピア　298
15　設計競技《ポトラッチ》の政治的／肉体的ダイナミクス　338

第IV部　歴史と大地の亀裂　1987-1995

16　構造の力線……368

17　ひもろぎ／コーラ、仮面的形式《テンタティヴ・フォーム》の場……396

18　建築（家）の両性具有《ヘルマフロディトス》的身体……421

19　造物主義論《デミウルゴモルフィスム》の射程……443

20　「しま」の美学、あるいは「つくることの悲劇」……470

第V部　〈アーキテクチュア〉という戦場　1996-2022

21　「日本なき日本《しま》」への垂直的下降……500

22　千年紀《ミレニアム》、虚実の間《ギャップ》……529

23　「進むべき道はない、だが進まねばならない」……561

24　デミウルゴスの巫《かんなぎ》……588

結論《エピローグ》　磯崎新とは誰か……617

余白に《マルジナリア》

1　見えない建築へ――追悼　磯崎新……636
2　磯崎新という謎――憑依・寄生するデミウルゴス〈磯崎新『デミウルゴス』解説〉……642
3　磯崎新「東京大学教養学部美術博物館」改造計画案をめぐって……656
4　磯崎新と雑誌『希望《エスポワール》』……660

跋……665

註……672
書誌……732
図版一覧……763
索引……779

東方雲海空復空
羣仙出沒空明中
蕩搖浮世生萬象
豈有貝闕藏珠宮
心知所見皆幻影
敢以耳目煩神工

蘇東坡「登州海市」

This island was a fossil of time future.

J.G. Ballard, "The Terminal Beach"

磯崎新論

前口上《プロローグ》

磯崎新は二〇二一年七月、友人・知己に宛てた卒寿の挨拶文にこう書いている——

四十才（一九七一）までは
　アーティストとして
六十才（一九九一）までは
　アーキテクトとして
八十才（二〇一一）までは
　アーバンデザイナーとして

それぞれの時代の先端的〈媒体〉の
発見　開発　創出　に努めた

老師と呼ばれる翁になった頃
〈アーキテクチュア〉が
全てを貫通することを悟り
これを司る
　デミウルゴス
の化身になることを慾した

九十翁　磯崎新

二〇二一年　七月　二三日

アーティスト／アーキテクト／アーバンデザイナーを経て「デミウルゴスの化身」に至ろうとするこの人物は、「先端的〈媒体〉」との関わりを通して、「建築家」のあり方を大きく変えた。その活動は芸術と文化の多くのジャンルを横断し、それら全体をデザインする——磯崎の言い方に倣えば〈アーキテクチュア〉として編成する——変幻自在なものであり続けた。磯崎が作り上げてきた作品とともに、語り、書き記してきた言説もまた膨大で、ひとは容易にその圧倒的な博識とニュアンスに富む語り口に眩惑され、磯崎そのひとの姿を見失う。そうでなければ、磯崎の語り／騙りを自分の言葉のように錯覚する、腹話術師《デミウルゴス》の操る人形と化してしまう。「磯崎新」そのひと自身がもっとも先端的な〈媒体〉であったのだ、と言おうか。「デミウルゴス」こそはそんな「見えない」建築家の媒体的性格に与えられた名なのである。——だが、そんな推測もまた、この老師の言葉を思わず反復する行為でしかないのであってみれば、この場で「磯崎新《シン・イソザキ》論《ろん》」を書き始めようとするわたしがまずなすべきは、「腹話術の人形にならずに、いかに磯崎を語るか」という方法の案出以外にはない。しかし、磯崎が築き上げてきた言説の厚みによる強烈な磁場のただなかで、そんなことははたして可能なのだろうか。

　磯崎の活動の多面性に応じ、ひとは往々にしてその複数の顔のひとつについてしか論じることができない。たとえば、比較的最近磯崎を特集した『現代思想』二〇二〇年三月臨時増刊号は、わたし自身の論考（「デミウルゴスのかたり——磯崎新の土星的《サトゥルヌス》仮面劇」）をはじめとして、建築を必ずしも専門とはしない執筆陣によるテクストの多様性を特徴としているが、そのことはむしろ、先に触れた限界を露呈させていたようにも思う。さらに、この特集のなかで磯崎の建築作品について具体的に論じた論考が、大分県医師会館新館（一九七二）に関する青木淳のものほぼ一篇だけという構成によっては、建築／反建築（ないし建築外）の緊張関係という、磯崎論の核心をなすべき問いが見失われてしまいかねない。

この『現代思想』総特集や青木と西沢大良がインタヴュアーとなった『a＋u』二〇二〇年八月号の特集「磯崎新の1970年代　実務と理論」が、いずれも総じて磯崎の現在および過去をポジティヴに（再）評価する論調であるのに対し、その仄暗い影のように思い起こされるのは、かつて「磯崎新 1960/1990 建築展」カタログへの寄稿で、三宅理一が一九八〇年代後半の「大文字の建築」をめぐる磯崎の言説を「巧妙に仕組んだ罠」と呼び、「形而上学と政治のちょうど中間にあり、そうであるがゆえに毒のある物語なのである[*1]」と断定したことや、より近くは、ウェブ上の石山修武「X SEMINAR」において故・鈴木博之が、石山と難波和彦に宛てた私信のかたちで、磯崎の影響力はあくまで知識人エリートのそれであって、「大衆の原像」（吉本隆明）を視覚化しえていた丹下健三や安藤忠雄ほどのスケールや幅はそこになく、磯崎新の存在を論じることの意味は「建築の世界における知的あり方を考える（あくまでもひとつの）きっかけ」になるからでしかない、と切って捨てたかのように書いていた事実である[*2]。石山の言い方を借りれば、鈴木は「建築史家、批評家としての自分の道の邪魔になりかねぬ」とばかり、「磯崎新に対して固く高い壁を立てて」いた[*3]（なお、これは石山による未完の磯崎論中の評言だが、この石山の磯崎論は、いわば体感に深く根ざした作家論として、卓抜な指摘を数多く含んでいる）。われわれは磯崎を深く知るこの建築史家たちの警鐘や頑なな拒絶の所以と意味を知るべきではないだろうか。それがつまり、建築／反建築の緊張関係と呼んだ点なのであり、重要なのはその緊張が磯崎にとってけっして外在的なものではなく、むしろ彼のうちに終始、強度を保ったまま内在し続けてきたことである。

肯定否定いずれにせよ、磯崎のビルト／アンビルトの建築作品のみを取り上げ、アーキテクトとしての磯崎についてだけ語ること、いち早く都市を情報環境の場と見抜いたアーバンデザイナーとしての「虚業」活動に限定した考察を行なうこと、自作の建築物を版画や模型写真といった多数のイメージへと変換してビルト／アンビルトの境を紛らしたり、瓦礫化《デブリ》した未来都市のヴィジョンを憑依させて描いたりする、幻視的《ヴィジョナリー》なアーティストとしての振る舞いに限って論じること、あるいは、それらすべての背景にある、近代建築の正史に対抗する「反建築史」と「日本建築史」を絶妙な「間《ま》」合いで二重螺旋のように結び合わせた磯崎の史的言説を、アカデミズムの作法で実証的に検証すること――これらすべては、安定したジャンルの内部における磯崎新の「正伝」としていずれ書かれるべきものだろう。だがそうした正伝はどれも、磯崎が「デミウルゴス」と呼んでいる奇妙な存在の本性を取り逃してしまうことになるだろう。なぜならこの存在は、正伝が扱う領域相互の狭間・ずれにこそ棲息し、その領域間の迅速な移行のうちでしかとらえられないからである。

それゆえわたしはここで、たとえ無謀ではあっても、アーティスト／アーキテクト／アーバンデザイナーの全領域の総体をテクストとしてまるごと扱い、自分なりの磯崎新像《デミウルゴス》をくっきりとした輪郭で描くことを選ぶ。「シン・イソザキ論」という、庵野秀明の『シン・ゴジラ』や『シン・エヴァンゲリオン』をもじったような別名の併記は、磯崎最初期のSF的マニフェスト「都市破壊業

KK」における「SIN／ARATA」という二体の分身への自己分裂に対応している。それをルビで表わすこともまた、この種の分裂状態を象徴する磯崎特有の書体の擬態《もどき》である。「シン」は間違っても「真」ではなく、「磯崎新論《シン・イソザキろん》」という表記はむしろ、みずから「新《SIN》」なるもの——他者——であろうとする自覚の表現なのだ。

　とはいえ、ここで取ろうとするアプローチそのものはじつのところきわめてシンプルだ。これからわたしは、磯崎の生涯と作品・言説を基本的に時系列に忠実に沿いながら辿ることにする。事実関係はインタヴューなどで磯崎が語った内容にもとづくしかないことも多々あろう。だが、本書ではそれらをできるかぎり客観的に相対化すべく、公開されて入手可能な資料に依拠した作品・言説の分析を丹念に積み上げてゆくことになるだろう。「腹話術の人形」にとどまらないために必要とされるのは、そんな積極的な凡庸さであると信じるがゆえである。

　磯崎は初期から、多木浩二や浅田彰といった併走する批評家とのたび重なる対談をはじめとして、夥しい数の談話を残しており、とりわけ二〇〇〇年代以降は、インタヴューという形式で自伝と作品自註、そしてみずからの歴史観を混然と一体化させた語りを再三繰り広げてきた。磯崎新・日埜直彦『磯崎新インタヴューズ』を筆頭とするそうしたインタヴュー集が第一級の資料であることは間違いないものの、そこで磯崎自身によって繰り返し語り直され編集される「磯崎新」像は、相互に重なり合いながらも微妙にずれてゆく圧倒的な言説群の大渦巻《メエルシュトレエム》きと化し、読者を呑み込み翻弄してしまう。

かつて岡崎乾二郎は『磯崎新インタヴューズ』刊行に際した浅田、日埜との鼎談で、[*4] 磯崎自身の言説も含め、この人物の周りに積み重なる膨大な言説が消え去るのを待っている、と語った──「言説はいずれ中心にはならない。消え去るのみ」。岡崎はそこで、磯崎はその夥しい言説の整合性が破れた裂け目にこそ「大文字の建築」を出現させていると見るべきであり、だからこそ「文をもって文を切る本物の文人だ」と述べるのだが、わたしがここで行なおうとするのはいわば、消え去るべきものを消え去らせるために「文をもって文を切る」、単純かつ正面突破の「磯崎新論」である。磯崎が描いた自作「つくばセンタービル」の廃墟化した光景が参照している、ジョン・ソーン設計のイングランド銀行鳥瞰図（ジョゼフ・ガンディー画）が、廃墟とも建設途上とも思える描写によって建築物の構造を隅々まで鮮明に浮き彫りにする手法の産物であったように、シン・イソザキ論は廃墟化にも見紛う破壊と解体こそを方法にする、と言ってよいかもしれぬ。大分や福岡に建っていた磯崎の初期作品の数々が解体・撤去されてゆくなか、消え去るものが言説だけではなく、むしろ建築物そのものであるからこそ、文によるそんな廃墟化が求められるように思われる。さらにまた、これが磯崎「伝」ではなく、あくまで「論」を名乗るのは、平等な網羅性をどこかで要求される「伝」ではなく、廃墟化に不可欠な捨象と省略を旨とする「論」の自由裁量の余地を確保しておくためである。

文による廃墟化を目指すのだ、と述べた。本書がもとづく雑誌『群像』における連載では、あえて図版をいっさい用いなかった。[*5] 文のみによって建築を記述することを自分に課そうと考えたためである。磯崎がしきりに言及する〈建築〉あるいは「大文字の建築」、さもなくば〈アーキテクチュア〉が空間的に知覚される観念だとするならば、ここで試みたいのはその観念の構造を言語によってアレゴリカルに表現することであり、その意味でこれは、抽象の虚空に〈建築〉の輪郭を描き出そうとする、一種の「思考の紋章学」（澁澤龍彥）なのである。磯崎の〈建築〉観念がかたちづくる幾何学的空間とそのトポロジカルな変換の運動を言語によってトレースすること——本書が目指す目標のひとつはそんな作業なのだが、そこに至るためには、建築と都市をめぐる磯崎新の思考をその生成過程のただなかでとらえる年代記編者の鈍重さが不可欠である。それゆえはじめはとりわけ緩慢なペースで、はるか彼方から徐々にこの人物へと、いわばにじり寄ってゆくことになるだろう。

デヴィッド・ボウイを論じるなかでわたしが知ったのは、彼が「わらべ歌」を数々の楽曲創作の糧にしていたという事実だった。磯崎の場合、そうした糧に当たるのは「おとぎ話」ではないか——そんな直感的な仮説から出発したいと思う。そこで思い浮かぶのは何よりもまず、プラトンが書いた宇宙論的おとぎ話としての対話篇『ティマイオス』である。立方体や円筒、球などの単純な幾何学形態を用いた一時期の磯崎作品の手法に通じる、宇宙の構成要素としてのいわゆるプラトン立体や、磯崎が日本文化の説明原理とした「間《ま》」を語るときに参照する「コーラ（場）」の概念、いや、「造物主」の意の「デミウルゴス」までもがこの対話篇のなかで言及されている。そのうえさらに、『ティマイオス』の冒頭で物語られる、一昼夜にして海底に沈んだアトランティスは、磯崎にとってみずからのルーツに関わる、或る島の幻と結びついているのである。史実かどうかも定かでないその島をめぐる伝説は、この磯崎新論《シン・イソザキろん》を語り／騙り始めるきっかけとするにふさわしい。それゆえわたしもいったん腹話術人形と化し、おとぎ話の語り口に則って、こんなふうに始めよう

――

昔むかし……

第I部

胎動

1931 - 1956

第1章

沈んだ島、牡丹の庭

島があった。名を瓜生島《うりゅうじま》という。それはいまでは島影ひとつない別府湾に浮かぶ島々の中心をなしていた。後世の或る記録（「雉城雑誌《ちじょうざっし》」）によれば、瓜生島は海辺の村の沖合二十余町（約二・二キロ）に位置し、大きさは東西三十六町（約三・九キロ）、南北二十一町（約二・三キロ）、諸州の船が輻輳する大きな港を有して、中心部には神社仏閣を備え、三つの街並みが整然と並んで、戸数はおよそ千軒、十二村に及んだ。文禄五年（一五九六）閏七月十二日（新暦九月四日）、豊後地方を襲った地震と津波により、この瓜生島はほかの島々もろとも、一夜のうちに海中に沈んだと伝えられている。島に暮らした農工商漁民のうち、助かった者は全住民の七分の一のみだったという。*1

だが、文禄年間に近い、比較的信憑性の高い史料にじつは「瓜生島」の名は見当たらず、この島の別名とされる「沖ノ浜」が認められるだけである。沖ノ浜で被災した船奉行・柴山勘兵衛や地震のあった当時長崎にいたイエズス会士ルイス・フロイスの記録によれば、豊後府内（大分市）にあった、交易で栄えた港町でポルトガル船も停泊したと思われる沖ノ浜が、一五九六年に別府湾に沈んだことはなるほどたしかなのだが、それが陸地の港であったのか、それとも伝説の通り、島であったのかは、一九七〇年代以降の海底調査などによってもいまだ完全に明らかにはなっていない。[*2]

瓜生島の地図とされるものが数種類残されている。そのうちの二枚では三つの岬の名が共通して「神崎」「恵悦崎」「磯崎」と記されている。[*3] 磯崎新は縁戚である幸松《ゆきまつ》家に伝わる古図[*4]を子供時代に眼にしたことがあるという。[*5]「磯崎家のルーツはまるごと海に沈んだ」——幼少時、祖父母からそう聞かされて育った新は、この真偽定かでない古図を見て、「この島の存在が一瞬でなくなった、そんな鮮烈な思いが心に焼き付いた」と述懐している。[*6] 彼が昔話に伝え聞いた一族の歴史は、「磯崎」という家名が根ざすべき「しま」の大地が突如海中に失われ、その名のみが海上に漂っているかのような、おとぎ話にも似た物語だったのである。

古地図の所有者である幸松家は、瓜生島の島長・漁長と伝えられ、[*7] 島沈没後には堀川（大分市都町周辺）に移り住み、藩の保護下に酢の製造を行なって、「堀川の酢屋」として知られる素封家であったという。[*8] 磯崎家も代々堀川で麴の製造を業とし、その縁で幸松家とはもともと密接な関係があった。[*9] 新の祖父・徳三郎（一八七四年〔明治七〕生まれ）は明治中期に堀川から大道町に出て米問屋を始めている。その隣家の種物屋・幸松伊三郎は幸松家の分家で、徳三郎の姉の夫、つまり義理の兄弟だった。絵が巧みだった伊三郎の息子・猪六がのちの幸松春浦《しゅんぽ》、南画の新しい技法を開拓した日本画家である。

米問屋がひしめき合った大道のなかでも、徳三郎の店は屈指の大店に成長した。弟・精一も同業者となり、やがて堂島米穀取引所仲買人組合委員長にまで上り詰めている。米問屋としての磯崎商店の全盛期には、「Ⓣ」とマークを打たれた米十万俵に雑穀数万俵を大分港からこの弟のいる阪神地方に積み出したこともあったという。[*10] 大分市の有力者となった徳三郎は市会議員となり、のちには市会議長を務めることになる。支持政党は都市中産階級《ブルジョワジー》を支持基盤とする立憲民政党で、大分の支部会長だったこともあったらしい。[*11] 徳三郎はさらに、一九二二年（大正十一）七月、大分回漕合名会社（酒造家・高田保を社長として一九一〇年（明治四十三）設立）の陸送部社長に就任している。[*12] 同社は当時の大分港・西大分駅付近の公認運送店となった。徳三郎は港の荷役に従事する沖仲仕《おきなかし》たちの束ね役でもあったらしく、新は「「磯崎」と染め抜いた印半纏の男たちが店や会社に出入りしていた」と回想している。[*13] 作家・火野葦平が北九州・若松の沖仲仕だった実父を主人公に家族の歴史を描いた大河小説『花と龍』の世界だ。石山修武が実見したという、博多祇園山笠の一番山車に乗るために法被を纏ってふんどし姿になった磯崎新の、ただボーッと立つ「デッカイ」姿の印象にそれはつながる出自かもしれない。[*14] 磯崎家はやがて米問屋からトラックによる運送業へと家業の軸足を移してゆく。

新の父・操次は徳三郎の次男として、一九〇一年（明治三十四）四月、大道に生まれた。大正デモクラシーを謳歌したモボ（モダンボーイ）の世代である。磯崎新が好んで語る父の逸話として、大道

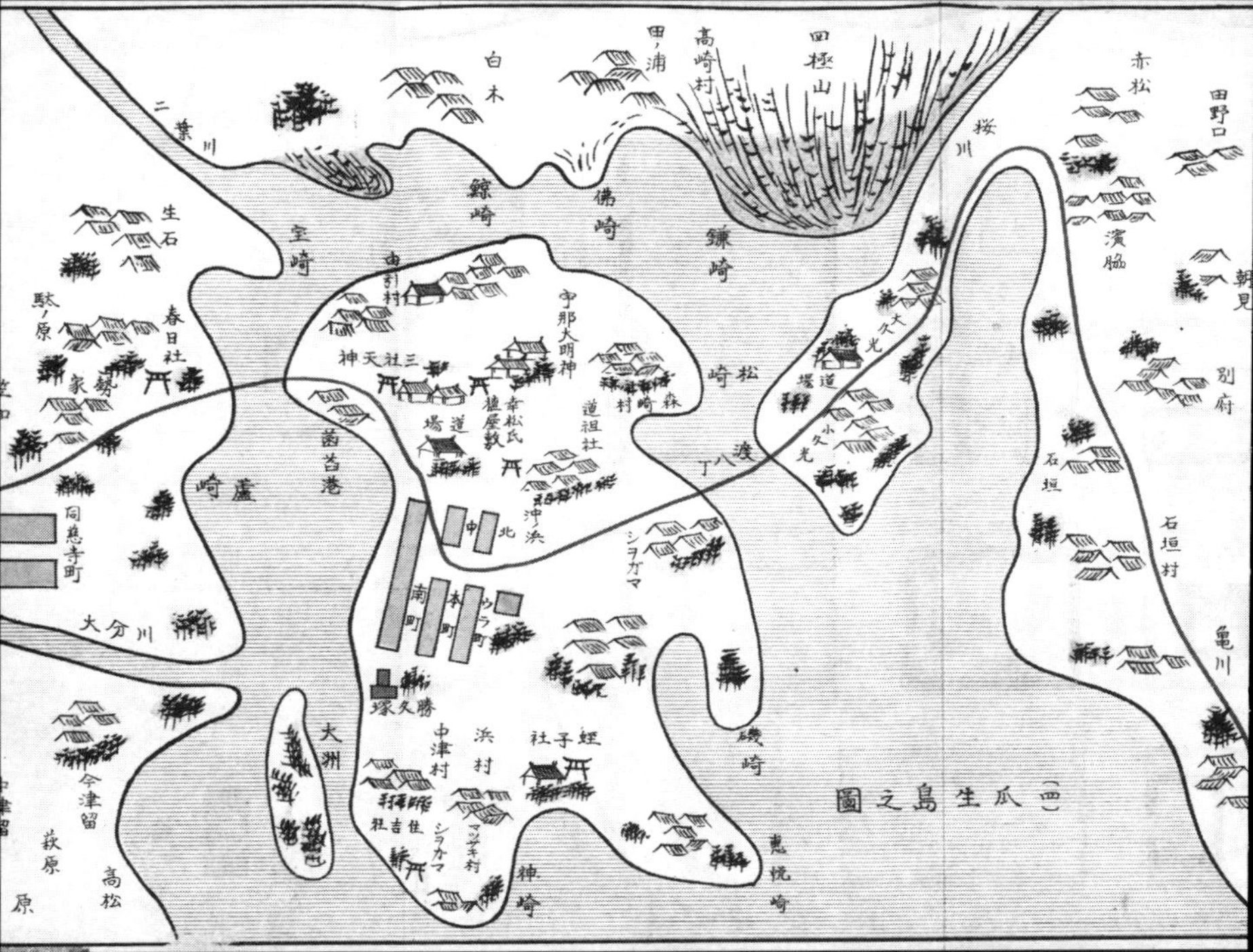

1-1. 「瓜生島之圖」。幸松家古図に拠るとされる地図のひとつ。島の下方（東側）に「神崎」「恵悦崎」「磯崎」の地名が見える。

で祖父が米問屋を営んでいた頃、その米蔵を遊び場にしていた友達に、左翼から右翼への転向で知られる小説家の林房雄（本名・後藤寿夫）と右翼のフィクサー・歌人の三浦義一がいた、というものがある。[*15] 林は一九〇三年（明治三十六）五月、三浦は一八九八年（明治三十一）二月生まれだから、林は操次より二歳年下、三浦は三歳ほど年上で、やや歳の開きがあるが、この三人はいずれも旧制の大分中学校に同時期在籍していた。

一九一六年（大正五）四月、この学校に図画教師として赴任した山下鉄之輔は、東京美術学校で洋画家・萬鉄五郎と親しく、高村光太郎や岸田劉生らが結成した、日本における表現主義的美術運動の先駆けであるフュウザン会にも参加した経験をもっていた。山下は中学校の生徒たちに西洋美術のみならず、白樺派の文学やクラシック音楽を啓蒙し、一種の芸術グループを作った。そのメンバーが操次、林、三浦のほか、のちの画家・佐藤敬や声楽家・牧嗣人《つぐんど》らである。[*16] 彼ら「山下グループ」は大分市外堀にあった山下行きつけのカフェ「アマゾン」を溜まり場として文学や芸術を論じた。[*17] のちには、一九二六年（大正十五）に開店した、喫茶室や画房《アトリエ》をもつ画材・運動具店「キムラヤ」が山下グループの拠点になった。[*18] そして、このキムラヤはやがて、新をはじめとする操次の子供たちの世代による美術運動の中心的な場ともなる。

中学校を終えた操次は一九一九年（大正八）、上海の東亜同文書院に入学している。[*19] 第十九期生である。残念ながら、上海での操次の学業や生活の様子はわからない。十九期生の調査旅行（いわゆる「大旅行」）の記録集『虎穴龍頷《こけつりょうがん》』にもその名はない。戦後、官庁に提出された操次の履歴書には、一九二二年（大正十一）三月、東亜同文書院を卒業後、同年十月から「大分駅にて家業小運送業に従事」とある。[20] 他方、新が語っているところによると、日本のアジア政策に嫌気がさした操次は卒業後も中国に残ることを選んだものの、長男である兄急死のゆえに帰国し、いったん慶應義塾大学に入学、一九二三年（大正十二）九月に発生した関東大震災ののち、大分に連れ戻されたという。[21] 林の自筆年譜にも、一九二三年、東京帝国大学法学部政治学科に入学したばかりの林が、メーデーに「慶大生磯崎藻二」（「藻二」は操次がのちに用いた俳名）の背広を借りて参加、との記述がある。[22] 操次はおそらく、この年の十月から大分で家業に携わるようになったのだろう。なお、新が推測している通り、[23] 熊本の五高在学時からマルクス主義に傾倒し、帝大新人会の指導のもと、各地に細胞を作るオルグ活動を行なっていた林はこの当時、日本に帰国した操次を自分たちの活動に引き入れようとしたと見て間違いなかろう。

故郷で操次は大分回漕合名会社の仕事のかたわら、本名と同じ音の「藻二」という俳名で句作を始め、一九二八年（昭和三）には郷土文芸協会俳句部の仲間たちと、流派や傾向を越えた作品集『郷土句集』を刊行、さらに俳句雑誌『郷土俳人』を創刊している。同じ頃には大分回漕合名会社の社長・高田保が大分市長、父・徳三郎が市会議長になっており、二十七歳の操次のこうした郷土文芸振興の活動は、大分の政治経済を牛耳る父たちに併走するものとも、対抗するものとも、いずれにも見える。[24] 翌一九二九年（昭和四）には観世流謡曲の稽古開始とともにホトトギス派の俳句を本格的に勉強し始め、[25] 一九三一年（昭和六）に至ると吉岡禅寺洞《ぜんじどう》主宰の俳句雑誌『天の川』同人となり、無季や連作を特徴とする新興俳句運動を強力に推進してゆく。

操次が妻に迎えたのは糸長《いとなが》徳松の長女・テツ、一九一〇年（明治四十三）生まれで大分県日出《ひじ》高等女学校を卒業している。*26 糸長氏は宇佐神宮領の庄屋だったという。*27 一八七〇年（明治三）生まれのテツの父・徳松は漢学の素養が深い教育者で小学校校長を歴任、その在職中には小学校の読本に用いられている漢字を考察した著書『新讀本漢字研究』を著わしている。漢詩と書を能くし、号は蓬萊、没後、『蓬萊詩鈔』が刊行された。*28 その序には「翁長身痩癯。鬚髯雪白。望之若仙。而気骨稜々」（ご老人は長身痩軀、鬚は雪のように白く、仙人のように見えるが気骨稜々）とあり、晩年八十代のものと思われる肖像写真の与える印象と一致している。背筋の伸びたその佇まいには、翁と呼ばれる年齢に達した磯崎新をどこか彷彿とさせるものがある。

磯崎は『瓦礫《デブリ》の未来』（二〇一九）で、「糸長」は「息長《おきなが》」が略字で書かれる過程で誤記された姓ではないか、と推測している。もしそうだとすれば、宇佐神宮祭神のひと柱である息長帯比売《おきながたらしひめ》、すなわち、神功皇后（仲哀天皇の后）の系譜に繋がる。*29 磯崎によれば、息長氏は朝鮮半島から製鉄技術を携えて列島に渡来し、海部として交易を手がける一方、祭具などの製造を司り、やがては伊勢の斎宮（巫女）を務めて、天皇家の中核に血統を残したと考えられているという。*30 史実としての当否のほどはともかく、晩年の磯崎がこの母方の系譜に対する関心を公にしていたことは注目されよう。

磯崎新は操次とテツ夫妻の長男として、一九三一年（昭和六）七月二十三日に生まれた。下に祐次郎、禮三郎の弟二人と末の妹・民子がいる。*31 平松剛が伝えている少年時代以来の友人・浅井清の回想によれば、[32] 新の容貌は母譲りだという。この友人の眼に映った新は、（歌以外は）学業・運動とも抜群にでき、控え目な性格ながら級長としての統率力があって、弟妹の面倒見も良かった。

新が「とうちゃん」「かあちゃん」ではなく、「お父さん」「お母さん」と両親を呼んでいた磯崎家の内実の一端を当人はこう明かしている――社会的メッセージを強めた新興俳句運動が弾圧されだすと、大分で盛んに文芸運動を展開していた父も特高の監視下に置かれて句作を止め、代わりに通い始めた花街の置屋から会社に出勤するようになり、自宅には寄りつかなくなった――「日曜日になると息子を会社に呼び出し、デパート（大分で有名なトキハ）のお子様ランチを食べさせることで父親の面目を保つようなありさまだったのである[33]」。

父のいない家では、封建的な田舎の大家族がたいていそうであったように、食事時には襖を取り払った二間の間に家族がそろい、上座には祖父と長男・新、続いて年齢順に二人の弟、少し離れて祖母・ヱッと妹が座り、母は食卓の隅に腰を落ち着ける暇もなく台所とのあいだを行ったり来たりしていた。不満を募らせていただろう母・テツは、一九四一～四二年頃、突然家出して行方がわからなくなり、一年後にようやく京都の宗教系の奉仕団から連れ戻されたという（京都ではなく大阪とも言われる[34]）。磯崎新は「女性が自分らしく生きることが難しい時代、不遇な人生を送らざるを得なかったのだと思う」と述べている。長男の新でさえ十歳、末娘がまだ赤児の頃に、一年にも及ぶ出奔に至った心情がわれわれに推し測れる訳もない。ただ、新の母が家出を突発的に行なったこと、「宗教系の奉仕団」に身を落ち着けたことを、この女性が「自分らしく生きる」ためになした積極的な行為として記憶に留めておきたい。

新興俳句が弾圧されるのは一九四〇年（昭和十五）頃からである。戦後になって藻二は、新興俳句の頂点は昭和十一、二年（一九三六、三七）頃だったと回想している。戦時中は弾圧により多くが四散し去った――「花鳥諷詠派が文学報國会等のなかで盛んに御用振りを発揮していたころ、反戦的という理由で同志の二三が投獄されたり、もん死したりした事件があって、新興俳句は一應崩壊の形であった」[*35]。藻二は大政翼賛運動に呼応して発足した大分県文化協会の理事に就任する一方、一九四一年（昭和十六）半ば以降は句作から遠ざかっている[*36]。ただし、彼はこの時期以後も『天の川』の同人・幹部を辞めてはいないし、戦後に至るまで句作をまったく放棄したわけではない。

だが、雑誌での作品発表が集中しているのはやはり一九三〇年代後半である。なかでもとくに、海外の諸事情を積極的に紹介する総合文化雑誌『セルパン』昭和十一年（一九三六）八月号（編集担当は春山行夫）に、北園克衛らの詩とともに掲載された藻二の「宗麟忌」連作五句は、独特な夢幻的感覚を醸し出しており、掲載誌の性格もあって広く知られた作品だろう。その詞書きにはこうある――「伊東満所十七歳ローマに使して歸る／宗麟すでに歿して山河ことごとく空し」[*37]。

干魚食《は》む浦びと罌粟を培《か》ひなるる
罌粟ちらう異國の型繪《かたゑ》戸に昏く
苦患の子罌粟の散りしく砂に坐し
罌粟香ざみ切支丹の徒夜網引く

罌粟果てぬ綠雨は巨き磯《そ》にしげし

大友宗麟と罌粟《けし》の結びつきは史実にもとづくものではない。藻二自身は、この取り合わせはまったく空想に拠っていたが、のちに史実を調べ、罌粟が豊後府内で栽培されていたことがわかった、と語ったという[38]。だが、たとえ南蛮貿易で罌粟がもたらされた可能性があったとしても、大分における栽培の事実は確認されていない。この句はだから、罌粟という「悪の華」をめぐる藻二による空想の産物なのだ。「異國の型繪」のエキゾチシズムや阿片への連想は、キリシタンの「夜網」などと相俟って、禁断・秘密の営みという昏いイメージを喚起し、北原白秋の南蛮趣味に通じる頽廃的な耽美性を感じさせている。詞書きはそこに、天正遣欧少年使節としての長旅を終えた伊東マンショによる宗麟忌という歴史ドラマの要素を加味し、「山河ことごとく空し」との索漠たる感情で五つの句全体を覆うのである。

　大分有数の実業家による句とは誰も思えまい。息子・新は四十年後、キリスト者「ドン・フランシスコ」として没した大友宗麟の墓を大分県津久見市に再建している。それはヴォールト状の屋根をもつ寝棺という、キリシタンの墓の形式を借りたものである。新は彼自身の特徴的な建築言語でもあるヴォールト屋根を、キリシタンたちが思い浮かべたはるかなヨーロッパの建築形式だったのだろうと推測し、それと同じ思考を自分たちも行なっているのかもしれぬと述べる――「ひとつの形式が、遠い世界との交感を具体化しているのだという感じがする」[39]。これに倣って言えば、「宗麟忌」というテーマは数十年の時間によって隔てられた父と子の世界に交感をもたらしているのである。

　操次にとって句作や芸事、そして花街通いは、やむなく継いだ家業を忘れさせてくれる阿片に似た麻薬だったのかもしれぬ。他方、磯崎家は一九三八年（昭和十三）九月、大分合同トラック株式会社（一九四二年（昭和十七）七月以降は大分貨物自動車株式会社）を設立し、操次はその専務取締役の職に就いている。一九三〇年代末以降は食糧統制が厳しくなり、米穀取引所が廃止されているから、徳三郎による米問屋から運送業への転身にはおおいに先見の明があったことになる。操次が大分貨物自動車株式会社の社長となるのは一九四五年（昭和二十）だが、会社経営の責任はすでにその肩に重くのしかかっていたに違いない。操次／藻二の分裂は日増しに深刻なものになっていったことだろう。

　建築家・磯崎新の父による句として注目したいのが、『俳句研究』昭和十二年（一九三七）九月号に掲載された「或る日記」のうち、「休日の線」三句である[*40]――

白日といらかの線がふるゝ青
そらの碧館《たて》に刻める階をおく
白日の館の陰翳《かげ》いま縷々なげく

　雲ひとつない青空とそこに差している陽光が甍や建物とのあいだにかたちづくる抽象的な線が鮮やかなコントラストのうちにとらえられている。そこに漂う無音で静止し乾いた虚無的な雰囲気は、休日のおそらくは正午近く、所在ない無目的な時間の産物かもしれぬ。だがそれに加え、操次

／藻二の分裂のただなかの空白の時間のようにも思えて、その時間がまさしく幾何学的な線の描写によって鮮明なイメージとして定着されているところに、息子が生涯の課題とする「建築」なるものへの思わぬ接近を見るのである。

磯崎家は新が三～四歳の頃、大分港に近い西大分から大分市街の中島八條通りに転居している。操次はトラックを自分で運転して大分中から牡丹の株を買い集め、家の裏庭に植えた。[*41] そのなかには何百年も経つ古木や何百もの花がつく大木があったという。東亜同文書院で培われた中国趣味のひとつだろうか。毎年春になると庭はピンクや白の牡丹の花で埋め尽くされ、操次はそこで友人たちと句会や写生会と称する宴会を繰り広げた。[*42] 操次が一九五一年五月に急死したのちに編まれた句集は『牡丹』と題されている。俳句の師・吉岡禅寺洞がその序文を「君は牡丹を愛した」という一文で始め、「牡丹忌ととなえよう」と結んでいることを見ても、[*43] この牡丹の庭がいかに鮮烈な印象を知友に残したのかがわかる。戦前と思われる時期の「わが庭前に咏う」より、藻二の句一句を引こう――「咲き上る牡丹の白き空に溶く[*44]」。

一九四五年四月十五日、新の母・テツが交通事故で急死する。同乗していた、疎開先に荷物を届けるトラックが踏切で汽車にはねられたためである。[*45] 三十四歳のあまりにも若い死だった。大分ではこの年の三月十八日からアメリカ軍の空襲が始まっている。四月二十一日には、B－29による航空廠第三工場爆撃により、新と同じ中学校の上級生十八名を含む七十余名が死亡している。危機感を募らせた磯崎家近隣の住民は、操次が丹精込めた庭一面に咲き誇る牡丹の花々が空襲の目標にされるのではないかと恐れた。テツの死の数週間後、隣家の細君からそうした注意を受けたことをきっかけに、操次は花鋏を手に無言で、あるかぎりの花や蕾を一気に剪り落としてしまったという。操次はのちにこう書いている――「しかし「まったく落花狼藉だ」と自嘲に近いものが湧いただけで何の感傷もなかった」[*46]。腹立ち紛れの行為であったかもしれぬにせよ、それは一種の破壊的な蕩尽であるし、牡丹の庭を拵えた散財自体がすでにその伏線でもあっただろう。操次／藻二のこうした一連の行動の背後には、やりきれぬ思いをそのままのかたちで爆発させずに抱え続けるがゆえの深い憂いと虚無感が見え隠れする。

およそ三ヵ月後、大分市は七月十六日夜から翌十七日にかけてB-29による大空襲を受け、中心街はすっかり焼き尽くされた。焼失家屋二千三百五十八戸、焼け出された者一万七百三十人、死者四十九人、焼失面積は四・三平方キロに及び、大分駅から海が見通せるほどまで障害物のない状態に化したという[*47]。磯崎家にも焼夷弾が落ち、家は焼け、牡丹は全滅する。

さらに幾度かの空襲を経て迎えた八月十五日、戦中の興奮状態が突然ふっと消えて訪れた静寂と眼下に広がる丸焼けになった大分の町の光景が、磯崎新十四歳の出発点となる。大学二年の頃、仲間たちと作った同人誌に自分が描いたイラストがみな、「草一本ない荒涼とした地面に小さなオブジェがうち捨てられている、終わりとも始まりともつかない風景」という廃墟ばかりであったことについて（本書「余白に《マルジナリア》4」参照）、磯崎はこう振り返っている――「身近にいた人々が死んで、見慣れた町が消え去った。静寂の中に一人とり残された、言いようのない喪失感を私は描いていたのかもしれない」[*48]。「身近にいた人々」のひとりは言うまでもなく母だろう。これから磯崎の作品と言説を検討してゆくなかで、われわれはこの静寂と喪失の空虚を思い起こさねばならない。それは戦禍による焼け跡を経験した昭和一桁世代の共通性としてひと括りにできるものではないし、「焦土が原風景だった」といった紋切り型で済ますべきものでもない。われわれが磯崎家の歴史を詳しく辿ってきたのは、そこで失われたものが何であったのかを知ることにより、磯崎の抱えた空虚の「襞」とも呼ぶべき固有の質感に接近するためである。戦中・戦後の時代経験によって生まれたこの空虚の空間性には、建築家・磯崎新の身体感覚が胚胎されていたに違いないからだ。

父・操次は戦後、関連会社の役員に加え、大分商工会議所副会頭のほか、九州地方道路運送審議会員を務めるなど、数々の公的要職に就く。「やみくもにぬかるみを歩いている自分の姿をあわれと観ずることはあってもただ呆然と日は経って行った」と彼は一九四七年二月に書いている[*49]。大分貨物自動車会社の社長室には、経済界のみならずあらゆる方面の人びとが押しかけ、漫談・雑談でにぎわう社交室の観を呈したという[*50]。

新が大学二年の一九五一年五月七日、操次は社長室で執務中に脳溢血で倒れ、その日のうちに亡くなった。享年五十歳。新はこれで両親をともに失ったことになる。公私ともに故人をよく知っていたらしい筆者[*51]による大分合同新聞の追悼コラムでは、操次は資本家ではあるが、若い頃は無産運動に関心をもって活動し、社会民主党の党籍をもっていたこともあったとされている——「合同トラックの労働組合の育ての親は、彼そのものであったといったら過言であろうか」[*52]。また、酒席での操次の飲みっぷりは若山牧水の境地に達し、「いくら飲んでも乱れることなく、立ちもしなかったが、形をくずすことはなかった」と言い、政治・経済から芸術、趣味に至るまで、話題は豊富で尽きなかった――「人は飲みすぎというが事情を知る人は彼の飲む心理に同情していた」。その事情・心理をわれわれは知る由もない。ただ、操次／藻二の二面性に加え、妻の急死や牡丹の庭の消滅、そして敗戦に至る出来事から推し測ることができるのみである。

新にとって大分県経済界の有力者だった父の多面的な交友関係は、建築の実作を設計する機会を与えてくれるパトロネージの基盤だった。磯崎新がまだ二十代から三十代前半の一九五〇～六〇年代に大分や福岡でいくつもの建築物を実現できたのは、父の友人・知人たちの支援や伝手に依るところが大きい。この時代には大分県医師会館のような公的施設の計画にあたっても、そうした私的なコネクションが大きな役割を果たしえたのである。財界人・文化人としての父・操次／藻二の社会的信用――一種の文化資本――が新の建築家としてのいち早いデビューを可能にしたのだ。ちなみに、操次の死後、新が著名な仏文学者で東大教授の渡辺一夫宅住み込みの家庭教師・書生となる道筋を付けたのも、中学で父の同級生だった津末《つのすえ》宗一である[*53]。

それぞれの作品成立の詳しい経緯は次章以降に譲るとして、磯崎新のそうした人的「九州コネクション」をごく簡単に整理しておこう[*54]――一九六四年竣工の一・二号館以降、二〇〇〇年代に至るまで増改築が続いた岩田学園（大分市）の校舎群は、操次の友人だった同学園理事長・岩田正の依頼によって始まり、それが息子の岩田英二に引き継がれたものである。一九五〇年代後半に大分県医師会の会館建設が計画された折り、岩田は磯崎を医師会副会長（当時）の中山宏男に推薦している。磯崎はこの中山の自宅兼診療所も設計している（一九六四）。幼少時代の磯崎の主治医であった辛島詢士《じゅんし》の自邸設計（一九七八）についても、後見役としての岩田の存在がおおいに寄与していると磯崎は言う。岩田、中山、辛島、そして生前の操次／藻二は皆、大分における「文化支援の旦那衆[*55]」を自任していた。博多駅前に磯崎設計による本店ビル（一九七一）があった福岡相互銀行（のちの西日本シティ銀行）の頭取・四島司《ししまつかさ》に磯崎を紹介したのも岩田である。三浦義一の寄附（名義上は母・操《あや》）による大分県立大分図書館（一九六六）建設にあたっても、岩田や中山らのグループが磯崎を強力に推したという[*56]。

岩田正の関与がきわめて大きかったことがわかる。岩田は磯崎にとって最初のパトロンだった。磯崎はこのパトロンから二つのことを学んだという。ひとつは中国古陶磁器は直接手に取ってみなければわからないという鑑賞法であり、もうひとつは夜を徹して遊ぶことである。別府や大分にまだ栄えていた花街と生まれ始めたばかりのクラブやバーの両者を練り歩くことを、岩田は「義務を遂行するような具合に、連夜苦行を自らに課しているというふうでもあった[*57]」と磯崎は回想している。花街には操次の馴染んだ芸者がまだ何人も現役でいて、昔話をしてくれたため、磯崎にとってそこは「父親の影を感じる場所[*58]」だった。義務・苦行として花街・クラブ通いをする岩田の振る舞い自体にもそんな影が宿っていたのかもしれぬ。

母を十三歳、父を十九歳で亡くした磯崎新だが、このように、年若くして両親との繋がりからまったく切り離されたというわけではなかった。彼はむしろ、操次の友人であった岩田のパトロネージなどを通じて、長く父の影のもとにあったと言うべきだろう。血縁を介した地縁のネットワークという懐に抱かれることを、新は大きな抵抗なく受け入れていたように見える。もとよりそれは、父との関係に葛藤がなかったことを意味するものではない。その点は戦時中に花街に入り浸っていた父を語る口調からもうかがえることだ。しかし、俳人としての父・藻二の文化的・芸術的素地が新を育んだこともまたたしかではないだろうか。さらに言えば、新興ブルジョワの実業家・操次と俳人・享楽家としての藻二という父の二面性ないし分裂は、アーティスト的建築家となった息子にも受け継がれた性格だったのではないか。

不遇のうちに若くして没した母の系譜について、磯崎が多くを語ることはほとんどなかった。ところが晩年の『瓦礫《デブリ》の未来』では、母方の糸長姓を息長氏と結びつけたばかりではなく、「この一族〔息長氏〕は天皇家のシャーマン役、つまり斎宮を務めることからみて、韓国に今日でも存続しているシャーマン（ムーダン）と同じ血統であることに間違いない」[*59]と推測するに至っている。それは古代における政治的決定にほかならぬ神託を、祭儀のなかで言葉にして語る「媒体《メディウム》」の血統である。ここには、二〇〇〇年代以降の磯崎の言説に浮上してくる「憑依」というテーマが深く関係していよう。さらにまた、前口上《プロローグ》冒頭で引用した挨拶文中の「先端的〈媒体〉の発見　開発　創出」や「デミウルゴスの化身」〔傍点・引用者〕というフレーズが思い起こされないだろうか。

いや、これはあまりに先走りすぎた憶測だろう。われわれはまず、思春期以降の磯崎新が、どのようにして「建築」をみずからの活動すべき分野として選択することになるのか、そこに至る道行きを辿らねばならない。

第2章　前衛の季節

旧学制から新学制への移行がなされた世代の一員である磯崎新は、一九四八年、旧制大分中学四年を修了したのち、新制の大分第一高等学校（現・大分上野丘高校）二年に編入された。美術部に属し、画材店「キムラヤ」の裏手にある十五坪ほどのアトリエで週二回開かれていたデッサン会に参加している。このアトリエはキムラヤの創業者・木村純一郎がちょうどこの年、バラック同然の自宅よりも先に、地元の美術活動再建のために建設したものである。[*1] ここはやがて、磯崎をその一員とする美術サークル「新世紀群」の拠点となる。

戦災により、父・操次がもっていたかなりの蔵書は焼失してしまった。県立大分図書館もまた、蔵書の多くを一九四五年七月の空襲で失い、ようやくふたたび開館できたのは、磯崎が高校に編入された年の三月だった。放課後に彼は、この図書館や貸本屋に通い、たった一軒のみの新刊書店では立ち読みの常連となる。貸本屋でもっともよく借りたのは『寺田寅彦全集』だったという。[*2]

新刊書の点数が少なく、すぐ売り切れてしまうような出版事情のなか、数ヵ月間店ざらしのまま買い手がなく埃を被っていた二冊の書物を、磯崎は小遣いを貯めて購入している。教科書以外で最初に買った本はまず小林秀雄訳の『ランボオ詩集』、次いで瀧口修造『近代藝術』だった。前者については小林訳『地獄の季節』だったと語る文章もあるが[*3]、そこで回想されている内容から推して[*4]、「序にかへて」と題された訳者の長大なランボー論が付された、一九四八年刊行の創元社版『ランボオ詩集』であろう。磯崎は「どの詩も最初の数行以上読みすすむことができなかった」[*5]と述べている。言葉で構築された詩はイメージが湧かない限り、たんなる呪文のようであったと。『ランボオ詩集』のなかで磯崎に強い印象を残したのは、「俺は母音の色を発明した。——Aは黒、Eは白、Iは赤、Oは青、Uは緑[*6]」という「言葉の錬金術」の一節だった。それは言葉を直接イメージに連結できることを示していたからである。

およそ五十年後の自伝的な著作『建築家捜し』（一九九六）で磯崎は、『ランボオ詩集』との出会いを以上のように回顧し、そこから発した、自分にとって言葉はあくまでイメージのあとに訪れるという自覚が、視覚を通じて直観的な理解が可能な幾何学に比べ代数的思考が不得手なことと合わせ、言葉と論理を扱う仕事ではなく、手と眼を使う道を選ぶことに繋がったとしている。言葉とイメージがこのような二分法で割り切れるものではなく、そのいずれもが言語的構造をもっているという理解に磯崎がたどり着く一九六〇年代半ばまで、ランボーは訳者兼解説者の小林秀雄とともに

「私の二重になってしまった本棚では、奥の列に押し込んで、おもてに見えないようにしてあった」。[*7]

この一節には読者の足を止めさせる何かがある。なるほど、ランボーや小林について磯崎が語ることは実際にごく少ない。だがそれにしても、『ランボオ詩集』を本棚の奥深くに押し込み、あえて見えなくしたかのように書かれている磯崎のこの身振りには、抑圧めいたものがうっすらと感じられはしないだろうか。図書館や貸本屋に足繁く通い、新刊書店でも立ち読みで書物を貪欲に吸収していた十七歳の少年が、わざわざ自分の貴重な小遣いで買った教科書以外の最初の本が小林訳『ランボオ詩集』であったことは、たんなる気まぐれのミスマッチでは済ますことができないように思われる。

父・操次／藻二は大分で著名な俳人だった。母方の祖父・糸長徳松もまた、蓬萊の号をもつ、地元でよく知られた漢詩人である。このような詩人の血脈に自分が連なることを長男の新がまったく自覚しなかった筈はあるまい。彼はそれを強く意識するがゆえに、その系譜とは対極的な方向へと、みずからを向かわせていたように見える。夏目漱石門下の俳人・随筆家であると同時に物理学者でもあった寺田寅彦への関心がそのひとつのしるしであろうし、代数と幾何、言葉とイメージを向き不向きの対立でとらえようとする二分法的な思考自体が、また別のかたちの表われでもあろう。創元社版の帯に「十九才で文學と永遠に訣別」と謳われた同年代フランスの天才少年詩人の訳詩集は、「詩人」の系譜を引き受けながらそれを断ち切ることを無意識に求める、磯崎少年の二重の願望に合致したものだったのかもしれぬ。

磯崎は高校の図書館と県立大分図書館の両方で現代美術に関する書物をすべて読んでしまい、そのなかでほとんど唯一感心したものが瀧口の『近代藝術』であったという[*8]。一九三八年に刊行され、一九四九年に再刊されたこの書物は、近代美術をめぐる啓蒙書の性格を備えながらもたんなる解説にとどまることなく、著者みずからの美学および歴史観が詩人的感性によって瑞々しい表現を与えられている点から、幅広い影響力をもった。それは瀧口が戦後精力的に展開することになる美術批評の基礎をなしている。

『近代藝術』はセザンヌからキュビスム、ダダイスム、抽象芸術を経てシュルレアリスムに至る近代美術の通史を描き出す第一部、シュルレアリスムを中心に彫刻やオブジェなどの特定のテーマを論じた第二部、日本の文芸などを参照したより広い視野で近代美術を美学的に考察した第三部からなる。通史をセザンヌから始めること自体は常套ながら、そこでわれわれの注意を引くのは、瀧口がこの画家をほかならぬランボーと比較している点である。「あまり先例のないことではあらうが、私は、セザンヌとはいかにも不釣合な同時代の詩人アルチュウル・ランボオを想ひ起すのである」[*9]と瀧口は語る――「この二人の生涯はともに現實に對する或る破綻によつて特徴づけられてゐることである。私がことさらのやうに結びつけて見たのも、現代の藝術に未解決な問題として殘されてゐる、知覺と表現との矛盾の二つの範疇が、この二人によつて典型的に提出されてゐると考へるからである」[*10]。瀧口にとってセザンヌは、キュビスムやひいては抽象表現の形態概念の先駆としてのみ重要な存在ではない。セザンヌのデフォルマシオンは、分析的キュビスムに近づいていたと同時に、物質との格闘のうちにある「バロック的な精神的デフォルマシヨン」によっても貫かれており、この「併存」ならぬ「矛盾そのもの」の状態こそが、近代美術におけるセザンヌの位置づけを独自なものとしているのである。[*11] 瀧口はそこにランボーにおける「感覚の錯乱」に通じるものを見たのであろう。林道郎の言葉を借りれば、「瀧口は、この二人の作品から、可感的世界との苛烈な接触（知覚）が表現形式の自己充足を揺さぶり、歪ませ、引き裂くかのような、いわば解体の予感――「矛盾そのもの」――を感じとっていたのである」。[*12]

先の箇所を読んだ磯崎は、瀧口によってランボーの読み方を教えられた、と推測できるのではないだろうか。もしそうだとすれば、そこで示されたのは、ランボーの言葉かセザンヌのイメージかという二者択一ではなく、言葉とイメージの両者が共通する矛盾によってこそ通底するという可能性だった筈である。だが、『建築家捜し』[*13]で磯崎は、「解剖台のうえで、こうもり傘とミシンが邂逅したように」というロートレアモンの一節に『近代藝術』で出会ったことを特筆するのみで、[*14]セザンヌとランボーの抱えた「矛盾」をめぐる瀧口の着眼をめぐる回想はとくにない。『ランボオ詩集』を本棚の奥に押し込んだとき、磯崎自身がやがて見出すことになる、言葉とイメージ双方に亀裂を走らせる矛盾もまた、いったん記憶から消し去られたということだろうか。

詩と美術という二ジャンルの関係は『近代藝術』第二部の末尾に置かれたエッセイ「詩を書くピカソ」の主題でもある。スペイン語で句読点なしに書かれたピカソの詩の瀧口による翻訳は、訳者自身の作品にも通じる「詩的実験」であり、瀧口はアンドレ・ブルトンによる論を手がかりに、ピカソの詩と造形との照応関係を探ろうとする。そこにはこんな記述がある――「彼の最初のポエジイの原稿は、その語句が、それぞれ異つた色彩のクレオンで書いてあるので、全ペエジは鸚鵡の羽毛のやうな外觀を呈してゐると謂はれる」[*15]。また、タイプライターで打たれた原稿では、日ごとに異なった色のインクで詩句を挿入してゆくため、最初の詩行が予想もしない方向に膨れてゆくのだという。詩の原稿そのものが色彩をもった造形作品となり、変化し続けるのである――「彼〔ピカソ〕の詩の變化は、タブロオに於ける、同じ對象を描いた幾つもの變形《メタモルフォズ》のあひだに漲る微妙な暴力を想ひ起させる」[*16]。ランボーの語る「母音の色」を記憶にとどめた磯崎ならば、瀧口の著書のこの箇所にもまた鋭く反応しえたに違いない。

瀧口修造の『近代藝術』は磯崎が回想のなかで明かす以上に、その思考の原型をかたちづくった書物だったのではないか。それは磯崎の建築／建築外的思考・実践のうちに潜む言語・イメージのシュルレアリスム的な編成法を探るうえで、ひとつの指針になることだろう。『近代藝術』中のこのうえなく美しいテクスト「貝殻と詩人」で瀧口は、「書物は精神《エスプリ》の樂器である」というマラルメの言葉を引き、百年を経たヴァイオリンの内部には無数の質材の微粒子が溜まっており、これらは共鳴しなかったり音の飽和に反していたりする部分が自動的に排除された結果であるという説を紹介している――「かうした樂器のすばらしい無意識の知性を、書物もまた持つのであらうか」[*17]。若年にして出会い、幾度も読み込んだ書物には、その読者固有の「無意識の知性」が宿り、おのずと思考の原型になる。磯崎にとっての『近代藝術』はそのような書物だったように思われる。

高校三年だった一九四九年の十月、磯崎は文化祭のあとに同級生の赤瀬川隼彦（のちの直木賞作家・赤瀬川隼）たちと飲酒事件を起こし、一週間の謹慎処分を受けている。その期間中に書かれた日記が、「或る魂の位置」と題され、大分一高文藝部発行の雑誌『青窓《せいそう》』第七號に掲載された。[*18] それはおもに、謹慎という処罰や飲酒行為をめぐるとりとめのない断想だが──『恐るべき親達』（一九四八）などのジャン・コクトーの映画やこの謹慎中に見た小津安二郎の『晩春』（一九四九）に関する感想もある──、反省のために強要された筈のこの日記に磯崎は、謹慎期間中に逆に酒を能動的に飲んだことを記したうえで、最後に「書いたものが嘘か本當か書いた當人でさえ分からない時がある。／だから書いたものを信用するのは間違いのもとである」（六五頁）と煙に巻く。「斜めにきらめいたメカニズムの幻想は、／はかなくも消え去つて、／枕邊に幾冊かの本に結晶した」（六〇頁）、あるいは、「目茶目茶に破壞された廢きよと、その隣に咲いている美しいチユーリツプとの會話。／めらめらともえ上つた焔と、あくまで眞白い冷い雪との辯證法」（六一頁）といったフレーズは、瀧口あるいはランボーからの影響を思わせないでもない。この日記中に次のような一節があることをここに記しておこう──「結局は徒勞に終る努力でも、やつぱり最後にはおとぎ話が殘るものだ」（五九頁）。

一九五〇年四月、磯崎は東京大学理科一類に入学し、数ヵ月を大分県が営む学生寮で過ごしたのち、空きのできた駒場寮に入寮している。[*19] そこは学制改革によって一高最後の卒業生を三月に送り出し、一高駒場寄宿寮から東京大学教養学部の駒場寮へとちょうど変貌を遂げたばかりの場所だった。一高以来の自治の伝統のもと、管理運営は寮委員会が行なっていた。運動部や文化部にはそれぞれに割り当てられた部屋があり、美術研究会に入った磯崎の場合は北寮十四番である。一室には六人ほどが雑居しており、磯崎と同室には一高出身でのちに朝日新聞社取締役となった中野純らがいた。[20] その他たとえば、同じ北寮の十二番は「民主主義科学者協会東大C班」（Cは教養学部の略）、磯崎と同級で文科一類に入学したのちの映画監督・山田洋次は明寮《めい》十一番「歴史研究会」の部屋である。[21]

当時の東京大学では日本共産党の学生党員によって組織された「細胞」が学内の学生運動を牽引していた。だが、共産党内の内部抗争を反映して、東大細胞と共産党主流派とのあいだには緊張関係が存在した。そもそもの発端は一九五〇年一月にコミンフォルム（ソ連を中心とする欧州九ヵ国の共産主義政党が連絡・情報交換を行なうための国際機関）が日本共産党の平和革命路線――連合軍を日本を民主化する勢力と位置づけ、その占領下で人民政府を築こうとする野坂参三の理論――をアメリカ帝国主義賛美として徹底的に批判したことである。徳田球一をはじめとする党主流派はこれに反撥し、この批判は日本の実情を知らないものであるという政治局の「所感」を発表して応じた。ここからいわゆる「所感派」（主流派）とコミンフォルムによる批判に同調した宮本顕治ら自称「国際派」（反主流派）との対立抗争が始まり、宮本は九州に左遷、反主流派の勢力が強い東大をはじめとする各大学の細胞は解散の指令、国際派に近い細胞指導部の面々は党からの除名処分を受けている（そのような除名学生のひとりが横瀬郁夫――本名・堤清二である）。だが、大学の細胞は共産党本部からのこうした指令を拒否して組織を維持し、他方、大学内では少数派の所感派の学生党員たちが自称「再建細胞」を作るようになる。磯崎の暮らす美術研究会の部屋に入り込んだ再建細胞の担い手が、のちの文芸評論家で共産党中央委員になる津田孝（本名・孝獅）だった。[*22]

磯崎が大学に入学したこの一九五〇年は六月に朝鮮戦争が勃発した政治的激動の年である。同じ月に吉田茂内閣は日本共産党幹部の公職追放を決定、こののち、日本共産党員ないしその支持者とされた人びとが職を解かれる、いわゆる「レッド・パージ」が拡大する。九月には天野貞祐文部大臣が教職員の公職追放を予告したことにより、一九四八年結成の全日本学生自治会総連合（全学連）や各大学学生自治会によるレッド・パージ反対闘争が本格化する。その方法は試験ボイコットによるストである。この闘争のなかで、キャンパス構内に九〇〇名の寮生を擁する寮という「基地」をもち、学生活動家の多い駒場は、全学連幹部から「不沈空母」と呼ばれた。[*23] 教養学部学生自治会は九月二十九日開始の期末試験ボイコットを決議し、当日、構内の出入り口には寮生中心にピケ（ピケッティング）が張り巡らされた。矢内原忠雄学部長の説得も効果なく、翌日には警官隊の導入がなされたが、これは逆に、試験受験を希望する学生からの「警官隊に守られた道は通らない」という反撥を生み、教養学部教授会はついに試験中止を決定する。全国各地の大学で行なわれたこうしたストも圧力となって、天野文部大臣はレッド・パージの延期（実質中止）を声明するほかなくなる。

大学一年の磯崎が身を置いていた駒場寮および駒場キャンパスはこのように、共産主義者排除の名目のもとになされようとしたGHQおよび政府による大学支配の圧力と共産党内部の対立抗争などが複雑に絡み合った、極度に政治的な空間だった。磯崎の回想の端々にもその片鱗はうかがえるが、磯崎自身の政治的な立場が明言されることは少ない。そこで表立って語られることは、党員が集う秘密会合の見張り役にオルグされたが何も起きなかったといった話に尽きている。[*24] 磯崎が先述の津田とは対立する共産党反主流派のシンパだったことは推察されるものの、磯崎自身が東大C細胞の一員だった形跡はない。

磯崎はまた、共産党が農村への勢力浸透を図って展開した山村《さんそん》工作隊の活動の一環として、山田洋次の属する歴史研究会がストーリーを考え、美術研究会が絵を描いた山城国一揆をテーマにした紙芝居に関わったと語っている。これは翌年一九五一年十一月の第二回駒場祭で上演された紙芝居『山城物語』のことであろう。それが山村工作隊に関係するのはそののちの話である。この紙芝居は広く評判を呼び、他大学などでも制作された歴史紙芝居の先駆けとなった。磯崎は「人間は下手だから、他の奴が描いたところに兜入れたり槍を持たせたり、そういうのを描いていた」という。[*25]

では、政治の前衛ではなく、芸術の前衛たちと磯崎の関係はどうだったのか。一年生の磯崎は或る日、美術研究会の先輩に連れられ、中野方面の一軒家に向かう。そこは作家・片岡鉄兵の旧居で、その娘と結婚した勅使河原宏が住んでいた。石川淳もそこに間借りしていたという。磯崎たちが訪れたのは勅使河原の部屋だった。その部屋には男女数名がたむろしており、アヴァンギャルド芸術や共産主義について何やら議論を始めているらしかった。白熱した雰囲気に釣られた磯崎が口を挟み、瀧口の『近代藝術』にもとづく意見をまくし立てたところ、ふて腐れたようなひとりの青年が鋭い視線を投げかけ、「お前、生意気だな」と言い放ち、弁舌爽やかな論理で押さえにかかってきたという。これが安部公房であり、磯崎が顔を出したのは安部を中心とする文学・芸術の運動体「世紀の会」の会合だった。[*26] 磯崎はその場に同席していた「世紀の会」のメンバーとして画家・桂川寛の名を挙げている。[*27] 安部・勅使河原・磯崎は十六年後、映画『他人の顔』の原作者・監督・美術担当となる。

花田清輝と岡本太郎を中心として一九四八年一月に結成された「夜の会」に加わっていた安部が、より若い二十代中心の研究会として組織したのが「新しい世代による芸術革命」[*28]を目指す「世紀」(「世紀の会」はのちの通称)であった。一九四八年春頃から活動を始め、おもに法政大学で研究会を定期的に開いたほか、「夜の会」から派生した「アヴァンギャルド芸術研究会」と合流して、一時は山口勝弘や池田龍雄をはじめとする絵画部を擁したものの、一九五〇年四月には多くの画家たちの一斉脱会が起こり、美術関係で残ったのは桂川とこの二月に入会したばかりの勅使河原など数名のみだった。その後、芸術運動をあらたに推進するため、「前衛美術会」との交流の場がもたれ、九月二日には二つの会の共同で「アヴァンギャルドと社会主義リアリズム」をテーマにした研究会が開かれている。[*29]

確証はないが、議論のテーマから推して、磯崎が同席したのはこの研究会か、それに関連する会合だったのではないだろうか。同じ九月の末にはほかならぬ瀧口を招いて「絵画の機能性」をめぐる講演会が開催されている（ちなみに安部は『近代藝術』の初版を所有しており、「世紀」の面々はそれを回し読みしていたという）。*30「世紀」は九月中旬から年末にかけ、勅使河原宅を拠点に文学と美術が協働したガリ版刷りのパンフレット・シリーズ『世紀群』――花田訳・桂川挿絵の『カフカ小品集』から別冊の『世紀画集』まで八冊――を刊行したのち、実質的な活動を終える（翌年五月に解散）。一九五一年の三月には安部・桂川・勅使河原が日本共産党に入党を申し込むなど、政治との関係も大きく変化してゆく。磯崎は安部が『壁――S・カルマ氏の犯罪』で芥川賞を受賞した一九五一年七月末の数ヵ月前に先の会合に参加したと語っているが、それでは時期的に辻褄が合わない。

ここで戦後一九五一年頃までの日本におけるアヴァンギャルド芸術運動の布置を、花田・岡本・瀧口の動向を中心に確認しておこう。一九四六年、花田が戦中（一九四一年）に刊行した『自明の理』中の「錯亂の論理」をたまたま読んだ岡本はそこに自分と相通じる同志的な精神を見つける。それを知った花田が岡本のもとを訪れたことをきっかけに、一九四七年五月、上野毛の岡本邸に両者のほか、埴谷雄高、関根弘、野間宏、安部公房らが集まり、「夜の会」が結成される。この名の由来は、岡本のアトリエにあった描きかけの作品《夜》に由来する。

完成された《夜》では、青い闇のなか、後ろ手にナイフを隠し持ったひとりの女性が、梢の陰に髑髏を覗かせ真っ赤な炎を伴った樹木と対峙するかのように立つ。この油絵は岡本がパリ時代に加入していたジョルジュ・バタイユを中心とする秘密結社「無頭人《アセファル》」が、パリ近郊の森で行なったという秘儀をモチーフにしている。岡本はのちに花田の訃報に接した際、「夜の会」の命名をめぐり次のように回想している――「なぜなら夜は、夜明けに向い、まひるに向かって闘う、原初の濃い夢であり、秘密だからである」[*31]。この言葉は彼にとっての「夜の会」が「無頭人《アセファル》」的な結社の「秘密」を体現すべきものであったことを明かしている。

磯崎にのちのち大きな影響を与えたと思われるのは、当時の岡本が熱心に唱えた「對極主義」である。美術では抽象表現とシュルレアリスムの対立となって表われているような、合理主義と非合理主義、ロゴスとパトスの双方を、岡本はいっさい妥協させることなく、むしろその両者間の矛盾を昂進させてゆくべきだとする――「この激しい矛盾にたえる精神の在り方は、强烈に吸引し、そして反撥する兩極間の緊張によつて發した火花のような熾烈な光景であり、また引き裂かれた傷口のように生々しい、慘鼻を極めたものなのです。しかし、これにおじず、逆に勇氣をもつて前進し、益〻引き裂かれて行くという、そこにアヴァンギャルド藝術家の使命があると思います」[*32]。このような精神の状態――花田の言う「錯亂の論理」――を表わすものとして、岡本を筆頭に「夜の会」の議論でしばしば用いられている印象的な言葉は「悲劇」「悲劇的」である[*33]。ただし、岡本はこの悲劇性自体が喜劇的なものに反転するという対極主義的な観点を忘れない。徹底した悲劇性はこのうえない喜劇性に転じる――そこにはバタイユを通じて岡本が吸収したニーチェの「笑い」をめぐる思想を透かし見ることができよう。

対極主義の具体的表現としての作品が《重工業》(一九四九)や《森の掟》(一九五〇)といった油彩画だった。《森の掟》では、背中に大きなファスナーが付いた赤い怪獣が、奇妙な動物たちの群れるジャングルのただなかへと乱入し、一匹の獲物を口にくわえている。それは暴力的な襲撃とその犠牲を表わす何らかの寓意《アレゴリー》のように見えるのだが、ポップに記号化された抽象性とひどくリアルに描かれたファスナーなどの具象性を混在させた造形は、父・岡本一平譲りの漫画的な滑稽さを強く帯びている。《夜》に通じる「森」という場所、そして、両極間の矛盾に「引き裂かれた傷口」に対応するファスナーというモチーフからも、この作品は悲劇的な対極主義の絵解きに似たものでありつつ、しかし、その馬鹿馬鹿しいような「笑い」によってこそ、絵画であることに安住しない強度を発している。磯崎はこの作品を見て衝撃を受け、瀧口修造経由のものとは異なるアヴァンギャルドの表現をそこに感じ取ったという。*34

磯崎は瀧口にアヴァンギャルド芸術のいわば正史的理解を見て、岡本をそれに対する異端ととらえているようだが、われわれが瞥見したように、セザンヌのうちにランボーに通じる「矛盾そのもの」を見出す瀧口独自の視点は、岡本の対極主義的アヴァンギャルド観とけっして無縁ではない。磯崎を抜擢して「孵化過程」(一九六二)を雑誌に発表させたのは瀧口だし、瀧口は磯崎初の著書『空間へ』(一九七一)に函書きの一文を寄稿している。他方、一九五〇年代後半以降、建築の師・丹下健三を介して磯崎は岡本と身近に接し、そのアヴァンギャルドの教えを受け継ぐ「鬼子」たらんとした者たちのひとりとなる。*35 瀧口と岡本の両者が磯崎に与えた影響はこうした道程を通じてより詳しく検証することにしよう。

影響・反撥の両面で、安部をはじめとする若い世代の動向を誘発しながら、花田と岡本はさまざまな研究会の創設を通じ、アヴァンギャルド芸術運動を牽引してゆく。[36]他方、瀧口もまた、一九四七年結成の日本アヴァンギャルド美術家クラブ、一九五一年の実験工房といった芸術家集団の強力なサポーターとなるかたわら、読売新聞社文化部・海藤日出男の依頼をきっかけとして、同紙を中心に美術批評を精力的に執筆し始める。また、この海藤を仕掛け人として一九四九年に第一回が開催された通称「読売アンデパンダン展」は、一九五〇年代から六〇年代前半にかけ、数多くの芸術的事件の現場になることだろう。大学一年の磯崎は、安部たち「世紀」の会合に遭遇することにより、アヴァンギャルド芸術をめぐるこうした大きなうねりの一端に触れたのである。「世紀」の活動ののち、共産党員として東京南部・下丸子工場街における文化活動へと向かった安部の政治的急進化が如実に示しているように、この時代における課題は芸術的前衛と政治的前衛との究極的な総合だった。

大分に帰省した磯崎は、毎日入り浸っていたキムラヤのアトリエで、デッサン会の仲間である吉村益信（のちのネオ・ダダの一員）たちに「世紀」の活動を話した。一九五一年の夏、このアトリエに集まる者でグループを作ろうという話が持ち上がったとき、安部たちの「世紀」「世紀群」という名をもとに、磯崎たちのグループには「新世紀群」という名が与えられる。「夜の会」に対して二十代の結集を謳った「世紀」だったが、大分ではさらに若い世代が、「新」という言葉を冠することにより、その芸術運動の流れを継承したのである。

同じ年の初め、日本共産党主流派はコミンフォルムによる批判を受け入れ、八月にはコミンフォルムが二月に行なわれた日本共産党第四回全国協議会の決議を紹介することにより、主流派支持の姿勢を明らかにした。このため国際派は自己批判を強いられ、党は再統一される。反主流派が優勢だった東大細胞も解散する。十月の第五回全国協議会で採択された共産党の「五一年綱領」は暴力革命を目指す武装路線を方針とし、それに沿って火炎瓶闘争や山村工作隊の活動が開始された。勅使河原や桂川が加わった小河内《おごうち》文化工作隊もそのひとつである。山村工作隊には多くの学生党員が参加している。磯崎は『空間へ』の「年代記的ノート」に、「全学連の活動家が、突然スパイ容疑で、査問委員会にかけられ、すぐれた才能をもった友人が、山村工作隊で栄養失調に陥り、廃人となって大学から消えていった」[*37]と書いている。磯崎はこんなふうに、政治的前衛を率いるべき党に翻弄され、消耗してゆく同世代たちを間近で目撃していた。

この年の五月に父が急逝したのち、磯崎はおそらく建築学科への進学に合わせて一九五二年に駒場寮を出て、本郷真砂町の渡辺一夫邸に家庭教師兼書生として住み込む生活を始めている。[*38]渡辺邸で年末に開かれたパーティーには、辰野隆や鈴木信太郎から中村光夫に至る仏文学者や作家、評論家のほか、出版関係者が大勢集い、そこで書生・磯崎はレコード係として自分の好みのハチャトゥリアンやショスタコーヴィチをかけ、顰蹙を買ったという。[*39]近所に住んでいた野間宏のところに使い走りをさせられたのもこの頃である。ここでも亡父・操次の交友関係を通した縁が、新を恵まれた文化的環境へと導いていた。

同年五月一日のメーデーに際し、皇居前広場でデモ隊と警官隊とが激しく衝突し、デモ隊の死者二名（うち学生一名）のほか、双方に数多くの負傷者が出た。いわゆる「血のメーデー」事件である。皇居前広場は戦後、メーデーなどの左翼系集会にたびたび使われ、「人民広場」とも呼ばれていた。一九四六年のメーデーではおよそ五十万人がここに集っている。しかし、一九五〇年にこの広場で起きた、共産党指導下のデモ隊と占領軍との衝突による「人民広場事件」を契機として、翌年にはメーデーのための使用が不許可になった。一九五二年の四月末、東京地裁がこの使用不許可処分を取り消す判決を下したにもかかわらず、使用を認めようとしない政府への怒りは、直前に発効したサンフランシスコ講和条約および日米安全保障条約に対する憤懣に結びついた。メーデーの集会が行なわれた神宮外苑から出発したデモ隊の一部は、「人民広場へ行こう」というかけ声のもと、皇居前広場に結集する。排除にあたった警官隊は、催涙ガス弾のみならず、拳銃の発砲を含む実力行使に及んだ。検挙された者は約一二〇〇名、この事件には騒擾罪が適用されたが、最終的にはその不成立が判決として確定している。

磯崎の「年代記的ノート」には「ぼくは、学生生活のどまんなかに、血のメーデーをかかえこんだ世代に属している」*40と記されている。磯崎はメーデーのデモ隊には参加したものの、皇居前広場での衝突自体は知らずに帰ったらしい。この事件は磯崎にとって、空襲後の故郷・大分で経験した、自分の肉体を取り囲んでいた物理的実体が突然脱落してしまう消失感を再現するものだった。みずからの世代にとって「革命は絶望的な状況をいくらかでも慰撫する目標であった」*41と磯崎は言う。そして、一九五〇年頃まではたしかに、革命の可能性がまともに論じられていた。しかし、わわれわれが見てきたように、革命を目指す筈の党はその後、内紛と迷走に明け暮れてしまう。そうした状況を磯崎は日本のコミュニズムの「ものすごい迂回の波紋」と呼ぶ。その波紋は「その表情だけしか見守れずに、一喜一憂していた学生たちを、凍りつかせたのである」[*42]。革命という確固たる目標への行動は次々と閉塞させられ崩壊してゆく――「ぼくの内部は、ふたたびなにものかが脱落をはじめていた」[*43]。都市が消えて焦土だけが残された時のように、革命の理想は廃墟化してゆく。

同じ年の夏休み、新世紀群は大分・若草公園で第二回グループ展を開催している。公園のフェンスに作品を掛けて展示したこの野外展に、磯崎はメーデー事件を主題にした油絵《五月》（所在不明）を出展している。それはピカソの《ゲルニカ》をイメージした人体を抽象的に表わした小さな作品で、日本の画家が薄暗い色ばかり使う傾向を嫌い、黄色や赤などの原色だけを用いたという[*44]。岡本太郎の作品との関係を考えたくなるところだが、確認する術はない。なお、岡本にもこの事件を描いた作品《青空》（一九五四）がある。もともと画家を目指すつもりはなく、建築製図に専念し始める磯崎にとっては、この《五月》が最後の油彩になった。現存したとすれば、それは磯崎新が経験した政治的・芸術的前衛の季節の眼に見える記録となっていたかもしれない。

「血のメーデー」から六十年以上のち、磯崎は「〔デモから帰った〕後に事件の報道を聞いて、歴史的な事件へ参加できなかったという脱落者の気分にとらわれ続けました」[*45]（傍点・引用者）と告白している――事件の現場からの「脱落」が内的な消失という「脱落」と重なり合う。皇居前広場という場所の存在は磯崎にとってそれ以後、「喉奥にささった骨」であった――「皇居前広場は、最後のメー、デ、ー、が開かれ、た、一九五二年五月一日時点から都市的な広場としては凍結されてしまったのですね[*46]」〔傍点・引用者〕。すなわち、磯崎の歴史的記憶のなかでは、皇居前広場へのデモ隊の侵入こそが「最後のメーデー」だったのである。

以上は二〇二〇年に開催予定だった東京オリンピックに際して、皇居前広場で一〇〇日間のイベントを行なうという、磯崎の構想による「プラットフォーム2020」〔または「東京祝祭都市構想」〕をめぐる安藤礼二との対談における発言である。皇居前広場の空撮写真のうえに、フランス革命の時代に「最高存在の祭典」が催されたシャン・ド・マルス、ナチ党党大会が開かれたツェッペリンフェルト、そして磯崎も深く関わった大阪万博・お祭り広場などの歴史的祝祭空間の敷地図を重ねたその解説図[*47]からは、血生臭い帰結に至った革命――ナチもまた旧秩序を破壊する暴力的政治革命の側面をもっていた――における祝祭に寄せる磯崎の関心とともに、みずから加担した万博という祝祭の記憶が浮かび上がる。インターネットを介した虚像と現実の広場を重ね合わせた都市的祝祭により、磯崎が「衰弱日本の魂振り《タマフリ》をやろうとしている[*48]」と譬える「プラットフォーム2020」は、皇居前広場の「凍結」を解いて占拠し、ここが「人民広場」であった一九五二年五月一日の時空にそれを直結させようとする、一種の「革命」の煽動ではなかっただろうか――この対談のなかで磯崎は、一九六八年十月二十一日の国際反戦デーに新左翼のデモ隊と群衆が新宿駅構内に乱入した「新宿騒乱」を例に挙げ、「占拠したときに初めて広場になる[*49]」という逆説を端的に断言しているのだから。

師・丹下健三のもとで磯崎も大きく関わった「東京計画1960」で、東京湾を横断する都市軸の実質的な起点は皇居である。丹下がこの軸を中心にした都市計画の着想を得たのは、ニワトリが卵から雛に成長する際に神経系が脊椎になってゆく過程だった。[*50] 磯崎にとっての「喉奥にささった骨」としての皇居前広場は、師とのこうした関係によっても重層的に意味づけられていたのかもしれぬ（さらに、天皇制に対する磯崎の関係もまた、けっして単純なものではなく、それはこの磯崎論の底流をなす主題のひとつとなろう）。齢八十を越えた建築家はだからこそ、「喉奥」の「骨」を取り去ることに、なお執念を見せていたのだ。

われわれはこの「前衛の季節」のただなか、丹下という師の或る作品をはじめとする建築物との出会いを通じて、磯崎が「建築」へと導かれる道行きを追わねばならない。

問題は重力である。

第3章　(反) 重力の衝撃

磯崎は自分がもう少し早く生まれていたら、間違いなく戦闘機や軍艦の設計者になっていただろう、と語っている。*1 エンジニアリングは嫌いではなかったし、数学、とくに幾何が得意だったことも、東京大学を受験するにあたり、工学部や理学部への進学が見込まれる理科一類を選んだ理由だったに違いない。新制の東大では、入学後二年間は駒場キャンパスの教養学部で幅広く教養教育を受けながら、自分の専門とする学部・学科を選び、この間の成績に応じて進学先が決まるという、「進学振り分け」(現在は「進学選択」)の制度を取っている。磯崎もまた、みずからの進路を決めなければならなかった。

東大に入学するまで、磯崎は建築学科の存在を知らなかったらしい。*2「建築」を大学で学ぶなどという発想がそもそもなかったのである。所属した美術研究会に建築学科へ進学した先輩のいたことがきっかけとなり、美術と数学という自分の得意分野をともに活かすことのできる建築への関心が芽生える。そんな大学一年の秋、磯崎は或る都市計画案の雑誌記事を眼に留める。『國際建築』一九五〇年十月号に掲載された、丹下健三研究室による「廣島計画　平和都市の建設」という記事である。[*3] これはいわゆる「広島ピースセンター」、すなわち、廣島平和会館（現・広島平和記念資料館）および廣島平和公園（現・平和記念公園）を中心とする計画案であった。

そこで示されている廣島平和会館の平面図からは、丹下がこの段階ですでに、前年の一九四九年に行なわれたコンペで一等に選出された当選案に手を加えていたことがわかる。だが、それと並べて掲載された図版には、コンペ案にもとづいて忠実に作られたという二百分の一の石膏模型を撮影した写真がそのまま用いられている。西から会議場、陳列館、本館が横一列に並ぶその写真では、陳列館の中央背後に巨大な記念アーチの聳え立つのが見える。模型全体を上部から撮した写真のなかで、このアーチは斜め方向の光によって長い影を大地に落としている。磯崎はこの記事のなかでとくにアーチが印象的だったと語っている。[*4] これがのちに師となる丹下との出会いだった。

建築学科に進むことを決めた磯崎は大学二年の頃から、父の没後もまだ祖母が暮らしていた大分に帰省する際、急行列車を使っても東京から二十四時間以上かかる長旅の途中、奈良や京都に泊まり、その地の古建築を見て回るようになる。奈良では日吉館に泊まることが常だったという。[*5] ここは「おばちゃん」と呼ばれて親しまれた名物女将・田村キヨノのもと、破格に安い宿料と採算を度外視したようなすき焼きの夕食を振る舞うことで学生たちに人気だったばかりではなく、一九一四年創業の歴史のなかで、會津八一を筆頭とする数多くの学者・文化人が贔屓にした宿だった。[*6] 奈良という土地柄ゆえ、古寺・古仏研究のため、ここを定宿にした日本建築史、日本美術史の専門家たちも多い。[*7]

古都での建築巡りで磯崎をとりわけ魅了したのは、日吉館から徒歩でほど近い東大寺南大門だった（磯崎は「東大寺南大門だけには強くひかれた」[*8]と言う）。磯崎はその経験を繰り返し語って飽きないが、ここでは二〇一三年の記述から引こう。「もうもうと烟るような軒裏」を見上げたとき、「足裏から頭の頂点へと、名状しがたい力が走った」と磯崎は回想している――

「門の中央に置かれた転ばし根太でもある腰高の框に座りこんで、動けなくなる。毎朝通って、小屋組みの奥の闇を見上げた。この全身体を貫通する力はなにがもたらしているのか[*9]」。

磯崎は門のちょうど中ほど、柱と柱を基壇上で横に繋ぐ根太に腰を下ろし、闇に眼を凝らしている。南大門は、平安末期のいわゆる和様建築のように天井を張って架構を隠すのではなく、二十メートルを超える長大な円柱がはるか上方まで延び、四角い肘木《ひじき》がその柱を十文字に貫く「貫《ぬき》」が、幾重にも連なって上昇してゆく構造を剝き出しにしている。その先の屋根裏は「烟るような」闇に覆われている。その闇の奥へと視線を走らせるとき、石の基壇に接した足裏から頭頂へと垂直方向に、何ものかの力が全身を貫くのを磯崎は感じている。

現存する南大門は奈良時代（天平宝字年間）に完成したと思われる門が大風による転倒を経て再建されたのち、治承四年十二月（一一八一年一月）の平重衡《しげひら》の軍勢による兵火（南都焼討）で興福寺・東大寺伽藍のすべてとともに焼失、東大寺大勧進職に任ぜられた僧・重源《ちょうげん》による勧進（浄財の寄付を求める活動）にもとづく再興資金でなされた大仏鋳造および大仏殿建立（建久六年〔一一九五〕供養）に遅れること四年、正治元年（一一九九）に上棟を果たしたものである。このときの大仏殿は永禄十年（一五六七）の兵火で焼失してしまい、現在残るものは宝永六年（一七〇九）に落慶供養のなされた、桁行《けたゆき》十一間が七間に縮小された再建であるのに対して、南大門は重源のもとで実現された姿を留める数少ない建物のひとつである。

鎌倉期初めのこの南大門再建は、宋の時代の中国に渡った経験をもつ重源がかの地で眼にしてきた建築様式を用い、建築の知識のあった宋の鋳師・陳和卿《ちんわけい》が工事全体を統轄する「惣大工《そうだいく》」となって行なわれた。その建築様式をかつては天竺様、現在では大仏様と呼ぶ。「天竺様」と称しても、天竺（インド）とは何の関わりもない。それゆえ「大仏様」の名に代えられたが、これとて実質的には、東大寺再建を中心とする重源由来の建物に用いられた様式の謂いであり、その単独性・特異性を表わす性格が強い。

重源が陣頭指揮して建てた大仏様の建物としてはほかに、兵庫県小野市に残る浄土寺浄土堂がある。南大門では軒を支える垂木《たるき》のみが扇状になっているのに対し、浄土堂ではさらにいっそう内側に至るまで放射状の構造が取られていることから、浄土堂のほうが本来の宋様式を多く取り入れた大仏様の典型であるとし、南大門はそれをより和様化したものとする見解がある一方、*10 角材の部材寸法が南大門はかなり縦長で、浄土寺のほうが和様に近い比率であることから、建築の巨大さゆえにとられた重源独自の工夫を前者のうちに認める見方もある。[11] 建築史家の太田博太郎は、平安末の和様が構成していた「平明な内部空間」に比べて、架構を曝け出す南大門の「構造的な豪放な美しさ」は際立って対照的なものであり、「その素朴な、そして疎放ともみえる姿は、穏やかな和様に慣れた人々にとって、大変な驚きであったろう」と言う。[12]

当初の出会いから半世紀以上のちの磯崎はそこに、十八世紀ヨーロッパのロココ趣味が新古典主義建築のミニマリズムに移行したことに対応するような、極端な逸脱を見出している。[13]「細い角材による挿肘木の組みものが、はるか上部に群がる」〔傍点・引用者〕南大門という「垂直の架構体」は、「暴力的で野蛮」であり、どだい「無理な架構」〔傍点・引用者〕なのだ。[14]「群がる」という言葉が示唆するような、丸柱を縦横に貫く肘木群の一種異様な生命感とともに、この「無理な」架構をあえて築き上げている意志が、框にへたり込んでいる磯崎の身体を垂直に貫いている。その意志の力を磯崎は「〈建築〉の力」と呼ぶ。

学部生時代の磯崎が南大門で経験したものは、足裏から頭の頂点へと垂直に上昇する力であった。端的に言ってそれは「重力に抗する力」ではないだろうか。これは自由に浮遊する無重力感覚を意味しない。まったく逆に、ここで言う「重力への抵抗力」とは、重力そのものと正確に一致した強度をもつ、「無理な架構」ないしそれが形成する空間に張り詰めている力だからである。それゆえ、この張力はむしろ、重力そのものである、と言ったほうがよいかもしれぬ。重力に果敢に抵抗するからこそ、その重力の存在が感知可能となるのだ。

磯崎はのちに中国山西省の五台山佛光寺文殊殿を訪れた際、たった四本の柱だけで支えられた広大なその内部空間に、東大寺南大門の垂直の力に匹敵する水平方向の強靱な張力を感じ取っている。*15 文殊殿の扉框を跨いだ磯崎に水平方向の「背中からしめつけるような」力を及ぼし、思わず前のめりにさせたのは、薄暗い堂内を水平に貫く二重に組み合わされた太い丸太梁だった。この架構もまた、三間十八メートル強を無柱で飛ばしているがゆえの、「重力」によって要請されたものである。すなわち文殊殿では、柱の本数を減らしたことによって強いられた「無理な架構」が、重力を水平方向の張力へと変換しているのだ。

東大寺南大門の場合、天井を張って架構を見せなければ、「無理な」構造を強いる重力の存在は隠蔽されてしまう。増殖するかのように「群がる」肘木の組みものは——軒裏の闇へと次第に消え失せることにより、無限に増殖するかのような印象を与えつつ——、それら自体が重みを持った重力の源であると同時に、その重力に抗して立ち上がる門という架構そのものでもある。そこでは、あえて巨大で重くした構造体を重力に抗して無理矢理持ち上げるという、背反する二重の運動が剝き出しのまま可視化されている。その緊張状態が身体を貫く力の源泉となるのである。磯崎が見るところでは日本建築では稀な、こうした（反）重力を体現する建物の「建築家」の名として、「重《おも》（さの）源《みなもと》」とも読みうる「重源」はいかにもそれにふさわしい。東大寺南大門におけるこの〈建築〉の力の原体験は、磯崎の作品に直接・間接に色濃い影を落とすことになる。

磯崎が一九五二年春に進学した東京大学工学部建築学科は、産業振興に携わる技術者育成のために明治六年（一八七三）に開校された工部省工学寮の造家学科を起源とし、東京帝国大学工学部建築学科となった時代を経て、第二次世界大戦後の新制大学に至るまで、一貫して国家的なテクノクラート養成機関であったと言ってよい。その主流をなすのは佐野利器《としかた》から内田祥三《よしかず》（終戦時の東大総長）へと受け継がれた、不燃・耐震の都市建設を支える建築構造学であり、丹下を代表とするような建築デザインはあくまで傍系だった——少なくとものちの磯崎はそう見ている（この系譜のなかで丹下の師である岸田日出刀《ひでと》が占めた独特な位置については追って触れる）。エンジニアリングに対する関心はあったとはいえ、このような伝統に立つ教育システムのもと、総論的な講義に終始する学部の授業に、美術の実技が課目にあるという理由で建築学科を志望した[*16]磯崎が大きな刺激を感じる筈もなかった。丹下の授業の記憶さえ、ほとんど残っていないと語っているほどである。[*17]磯崎が鮮明に覚えているのは、岸田が最初の講義で開口一番、「貴様たちは不運な学生だ。われわれ教授一同は占領軍から押しつけられた新制大学の制度に失望して教える気力を失っているから、勝手に勉強せよ」といった趣旨の宣言をしたことくらいである。[*18]丹下助教授の姿を学生が眼にすることはあまりなく、岸田ほかの教授陣が研究室を退出した頃を見計らって夕刻に大学に現われ、本郷キャンパス工学部一号館三階奥の彫塑室と呼ばれる教室（かつて二科会の画家が学生にデッサンを教えていた部屋）で図面を引いていたという。

磯崎には建築史への強い関心があった。そこには東大寺南大門との出会いも与っているだろう。当時の建築史学講座には助教授として、南大門で卒論を書き、法隆寺研究でとくに知られた太田博太郎がいた。だが、講座の主任教授である藤島亥治郎《がいじろう》が担当した講義は、バニスター・フレッチャーの『世界建築の歴史』を教科書にした建築様式史の概説に終始する退屈なものだった。磯崎は藤島が解説を引き受けた実験放送段階のＮＨＫのテレビ番組のため、アルバイトで住宅の模型を作ったり、藤島による中山道の町並み調査に参加したりしているが、デザインに対する興味が先走るせいなのか、藤島の考えた住宅のプランを勝手に変えて模型を制作してしまったり、旅館の丸窓などのディテールばかりをスケッチで採集したりして、藤島教授の怒りを何度も買っている。*19

その後の磯崎の著作活動を見ても、建築史に対する持続的な関心は顕著だし、それに関する造詣もまたきわめて深い。しかし、そこで開陳されるのはアカデミズムで要求される実証的な調査や研究とは質を異にした、建築家ならではの「磯崎史観」とでも呼ぶべきものである。もちろん、いかなる歴史叙述もそれが書かれる現在との緊張関係なくしてはありえない。しかし、磯崎の記述する建築史の場合には、彼自身がその歴史の一部であるばかりではなく、おのれをひとつの系譜のなかに位置付けようとする、より積極的な意識的・無意識的作用が働いている。それゆえ、その史観を客観的なものと見誤ると、磯崎新自身の歴史的な位置が磯崎史観によってあらかじめ決定されてしまうことになりかねない。したがって、磯崎の語る歴史はフィクションとして、つまり、寓話ないしおとぎ話として、そのナラティヴ構造と徴候的な細部に注意しながら読まれる必要がある。

のちにおける磯崎と歴史叙述とのこうした関係性から振り返るとき、磯崎がアカデミックな建築史家への道を歩むことはまず考えられなかっただろう。磯崎は過去を調査し観察して整然と記述する者ではなく、言説にしろ建築物にしろ、過去を現在に召喚し、その出会いのなかで、未来において「歴史」と化すべき存在をいま、ここで作り上げる者——建築家的歴史家ないし歴史家的建築家——であろうとする。「未来都市は廃墟そのものである」といった言葉に代表されるアナクロニスムはその帰結である。

著書『建築をめざして（Vers une architecture）』（一九二三）において、「ひとつの（une）」という不定冠詞を付された「建築」、すなわち、磯崎であれば〈建築〉と表記するだろう根源的な対象へ向け、様式史的な建築史をいわば逆撫でし、古代ギリシアの神殿が建つアクロポリスへと一挙に遡行するル・コルビュジエにも、この種の建築家固有のアナクロニスムがあった。[*20] 建築を進むべき専門に選びながら、その選択に確信が持てなかった磯崎に指針を与えたのはまさに、『空間の新しい世界（New World of Space）』（一九四八）に記された、アクロポリスをめぐるル・コルビュジエの或る言葉だった。

アメリカで出版されたこの本は一種の自伝だが、ル・コルビュジエによる建築物や都市計画以上に、絵画作品の図版に多くのページが割り当てられている。磯崎は建築に関する数多くの書物を読んだすえに、すべてが空しいものに思えて、もはや建築を放棄せざるをえないとまで思い詰めた土壇場で——その時期は確定できないものの、おそらく、丹下を師として決定的に選択する以前の、学部時代のいつかだったのではないだろうか——、その言葉に出会ったという——「それは「建築」へはいる戸口がみつからずに彷徨しているさなかに、啓示としておそいかかる、そんな種類のものだった」[21]（ここで「建築」と表記されているのは、言うまでもなく「大文字の建築」としての〈建築〉である）。その言葉とは次のような一文である――The Acropolis made me a rebel（アクロポリスがわたしを反逆者に仕立てた）[22]。

磯崎はここに二つの意味を読み取る。ひとつは、ル・コルビュジエに〈建築〉との遭遇という決定的な体験の反芻を可能にしているアクロポリスが地上に実在しているという事実である。他方、磯崎にとってよりいっそう啓示的だったもうひとつの意味とは、「あまりに完璧な「建築」であるが故に、反逆者ならざるをえない」という事態を語るル・コルビュジエのレトリックである――「私には、アクロポリスという決定的な基準《カノン》が存在するために、その完璧の美にたいして反逆を試みる以外に残された道はないではないか、という反語的な姿勢がむしろ強く作用していた気もする」[23]。すなわち、ル・コルビュジエの言葉を通して磯崎は、完璧な美としての〈建築〉の実在と同時に、それに対して反逆する反〈建築〉の必然性にも直面させられたのである。

この時点で磯崎自身はアクロポリスを実見していない。だからこれは、おのれのアクロポリス経験とル・コルビュジエのそれとを照らし合わせた結果の認識ではなく、まさに「啓示」として訪れた、超越的でありながら経験的に実在する〈建築〉とそれに逆らう反〈建築〉の不可避性という、背反する二重性の直観的洞察だったのである。それが「私を建築に留まらせた」と磯崎は言う。その建築という領域における磯崎のこれ以後の振る舞いは、〈建築〉に対する「もどき」と表わすことができよう。「もどく」には「模倣する」の意味とともに、「逆らって非難する」の意もまた存在するからである。
磯崎にとって、ル・コルビュジエのアクロポリスに近い経験対象のひとつは東大寺南大門であろう。もうひとつは、学部生の頃にはじめて訪れた広島の工事現場で眼にした、丹下によるピースセンターに違いない。そのとき、中央の陳列館はピロティだけが立ち上がり、鳥籠状の上部はまだプレキャスト・コンクリートのルーバー（羽板）がなく、骨組みだけの状態だったという。[*24] その敷地周辺は墓地だった。墓石は原爆に焼かれたであろうし、その墓を守るべき人びとの多くは亡くなり、墓は無縁仏になっていたことだろう。磯崎はこう書いている――

「原爆で多くの死者が出た。その死者たちの先祖たちも死者としてここに埋められている。その墓地の向こう側に、これまたマルセイユのユニテ・ダビタシオン（集合住宅）の足元のコピーではあるが、より洗練された表情を見せながら、すっくと立ち上がろうとする構築物があった。廃墟となった墓地の上に、工事中であるが故にそれも廃墟と見える物体がある。生成しているのか消滅しているのか、構築されているのか崩壊しつつあるのか、生なのか死なのか、そのすべてがあった。その時に私は丹下健三を師に選ぶことに決めた[*25]」。

丹下が自分自身で撮影した、少しのちの建設段階と思われる陳列館妻側の写真がある。磯崎はその写真が自分の立っていたのとちょうど同じ位置から撮られていると言う。[*26] 墓石が夥しく林立した先に、工事足場で囲われたコンクリート造の建物が黒い開口部も露わに建つ。やや凹んで幅が広く下方へ向けてわずかに窄まったコンクリート打ち放しの柱は、手前の墓石と相似形をなしている。

3-1. 工事中の広島ピースセンター・陳列館妻側写真，丹下健三撮影

丹下が遺した三十五ミリフィルムのコンタクトシートからは、建設途中の陳列館の写真を数十枚撮影したことがわかるが、トリミング指定されたものはわずか数枚であり、これはそのうちの一枚である。[*27] この写真は丹下の生前、二〇〇二年に刊行された作品集にも掲載されている。丹下は工事中にしかありえなかったこの光景を、はっきりと自覚して意識的に記録に残そうとしている。

磯崎は工事途中の陳列館を「すっくと立ち上がろうとする構築物」と呼んだ。丹下自身もまた陳列館について、「廃墟のなかから立上ってくる力強いもの」をコンクリートで創造したかった、と語っている。[*28] 五十分の一の木製模型を手がかりに試行錯誤を繰り返すうちに、資料展示という機能から当初構想した正倉院風の高床式校倉《あぜくら》造りのイメージに飽き足らなくなったのである。そこで丹下は心中に強く現われてきた「プロトタイプ」を探し当てようと努め、やがてそこに伊勢神宮のイメージが浮上してきたことに気づく。藤森照信は、丹下が伊勢の本質を立ち上がる柱の太さにあると感じ、コンペ案では細い丸柱だったものをまず太い壁柱に変えたのだろうと言う。[*29] これは磯崎が雑誌で眼にした案である。だが、丹下はさらに、こうした伊勢由来のイメージについても抵抗を覚え始め、それを毀そうと試みる。その結果として、伊勢の柱が動きのない均質なものであるのに対し、陳列館の壁柱には鼓形の配置と彫塑的形態が与えられた。こうして陳列館ピロティの最終形態は、ル・コルビュジエによるマルセイユのユニテ・ダビタシオンを思わせるものとなった。

ユニテ・ダビタシオンはともかく、工事現場に立った磯崎が伊勢を連想したことはおそらくあるまい。だが、別の建造物であれば、あるいは思い浮かんだかもしれない。焼け跡とバラックしかなかった当時の広島に出現した陳列館という「異様なコンクリートの量塊[*30]」について磯崎は、「この情況からコンクリートが理不尽に立ち上がったということに感動した」〔傍点・引用者〕と語っている[*31]。磯崎によれば、「立ち上がる」のは生命的な何かなのだが、それは墓場が表わす死と重なり合っており、同時にまた建設途中の建物自体が廃墟にも見えることで、消滅・崩壊の相のもとにある。この廃墟のただなかの廃墟的架構の「理不尽さ」には、東大寺南大門のうちに磯崎が感知した「暴力的で野蛮」かつ「無理な架構」の「無理」という性格に通じるものがありはしないだろうか。

広島ピースセンター・ピロティの背《せい》六・四九八メートルは当時の一般的なピロティに比べてはるかに高く、六メートルのユニテ・ダビタシオンをも上回っている。丹下の撮影した写真を見ても、陳列館の本体は脚部によって墓石群のただなかに「すっくと」立ち上がったかのように見える。磯崎の語る「理不尽さ」の印象はとくに妻側から眺められた光景のこうした際立った対照性に由来する。

原爆ドームから延びて陳列館とその中央で直交する軸線が丹下による廣島計画の本領である。ゲートをなす陳列館のファサードを真正面からとらえる視点こそが、この軸線にもっとも即したものであることは言うまでもない。雑誌掲載ののちに加えられた計画案修正のなかで、縦の前面ルーバーとそこに付加された水平ルーバーは、日本の伝統感覚を格子状の造形で取り戻そうとしたものであると藤森は指摘している[*32]。これもまた、ファサードの与える印象に配慮した変更と言えよう。

しかし、注意しなければならないが、丹下自身がとくに写真として記録に残すことを選択し、磯崎がその撮影地点と同じ場所から見て深い感動を覚えたのはあくまで陳列館の妻側であって、軸線の効果やプロポーション、ルーバーの与える視覚的印象に丹下がもっとも腐心したであろうファサードではなかった。丹下自身も磯崎も、墓石群のただなかから廃墟的架構が「理不尽に」立ち上がる、生と死のせめぎ合いにこそ、眼を向けていた。それはそこにこそ、焦土と化した南都・奈良の地に南大門を無理矢理「すっくと」立ち上げた重源の営みに通底する、「〈建築〉の力」があったからではないだろうか。

丹下が模型を通じて探求したのは空間ないし空間的な力として触知できる観念としての純化されたプロトタイプだったのに対して、磯崎が目の当たりにしたのは、墓地のすぐそばに立ち上がる建設途中の廃墟じみた架構という、夾雑物の入り交じった現実の光景だった。だが、広島の工事現場で師と弟子が同じ位置から目撃したのは、ル・コルビュジエがアクロポリスで遭遇したような、超越的でありながら経験的に実在する〈建築〉ではなかっただろうか。なるほど、広島ピースセンターの陳列館は丹下健三の作品である。しかし、その作者たる建築家もまた、いまだ完成途上のみずからの建造物が墓石群と二重写しになるさまをカメラの眼でとらえたとき、観念的なプロトタイプが都市の物質化した記憶と衝突したときに生じる閃光のようなものとして、彼自身も知らぬ〈建築〉の姿に思わず出会ってしまったのではないか。

そこで露呈したのは、「廃墟のなかから立上つてくる力強いもの」という生命を担うべき構築物、とくにそのピロティを支える柱が、死者たちをしるしづける墓石と瓜二つのものに見えてしまうという事態、すなわち、生／死、生成／消滅、構築／崩壊の二項対立が同時共存する両義的二重性である。われわれはそこに、東大寺南大門における張力（反重力）／重力の関係性を重ね合わせることができよう。

重力とは畢竟、地表面のみならず、地中へと、すなわち、死者たちの領域へと引きずり込もうとする力である。磯崎も高く評価している、丹下が依頼してイサム・ノグチが構想した原爆死没者のための慰霊碑案（《広島の死者のためのメモリアル》〔一九五二〕）では、家形埴輪を模したという――また同時に、原爆炸裂直後の半球状のキノコ雲への連想を意図したともされる――黒御影石のアーチが、地下ではコンクリートに材質を変え、地中に穿たれた慰霊堂の空間に深々と突き刺さっている。実現せずに終わったノグチのこの案が、丹下や磯崎にとって廣島計画の重要な一部でありえたに違いないと思われるのは、それが大地の奥底へと向かう重力こそを造形しているからである。その意味で、ノグチ案における地中の空洞を貫くコンクリートのメモリアルは、地上に「すっくと」、「理不尽に」立ち上がる、丹下の架構が必要とした分身にほかならない。

「その時に私は丹下健三を師に選ぶことに決めた」――運命的な出会いと言ってよい。それは生と死が同時共存する〈建築〉を同じ位置から見てしまった二人の宿命でもあったかもしれない。そして、このように「師」を選んだ途端に開始されるのは、その「師」に対する「もどき」の運動である。〈建築〉の実在は反〈建築〉への衝動をかき立てる。工事途中の広島ピースセンター陳列館に磯崎が見出した〈建築〉は否応なく、それに対する反語的な姿勢を磯崎に強いることになるだろう。すなわち、アクロポリスに対するル・コルビュジエの反撥と同様の、「ピースセンターがわたしを反逆者に仕立てた」という身体的反応である。

決定的な「師」の出現ゆえに、すでに反逆が始まっている。

第4章　（祖）父なる建築家

丹下健三の生誕百周年を記念した書籍『丹下健三を語る――初期から一九七〇年代までの軌跡』（二〇一三）では、丹下研究室で働いた弟子たちをはじめとする所縁《ゆかり》の人びとが座談会や対談、あるいはオーラルヒストリーの聞き取りのなかで、この建築家について語っている。磯崎もまた、そのいずれかに加わっていておかしくない筈なのだが、彼がこの書物に登場するのは、架空座談会――磯崎の手による書き下ろしのフィクション――の司会進行という奇妙な役柄のもとにである。[*1]「ゲートルを巻いた丹下健三」と題されたその座談会は、岸田日出刀、浜口隆一、浅田孝という、すでに鬼籍に入って久しい三人、磯崎の形容を借りれば、丹下の「学師（君と呼び捨てる人）」、「学友（チャンと呼ぶ人）」、「学弟（さんをつける人）」を冥界から招魂して丹下について語ってもらう、という趣向である。出席者を紹介するページには、岸田・浜口・浅田の顔写真と並べて、丹下の横に立つ後ろ姿の磯崎の写真が掲載されている。

　ほかの弟子たちのように対談や聞き取りに応じれば、自身と丹下との関わりを回想し、その内容を事実に忠実な証言として語ることを否応なく強いられただろう。座談会のような複数の証言者の集まりであれば、発言は相互に確認・検証されて相対化される。単独のインタヴューの場では折りに触れて丹下について語ることを厭わない磯崎が、文字通り「丹下健三を語る」と題された書物のために架空座談会という虚構を必要としたのは、丹下について相対化され客観化されるような事実の直接的な証言を忌避する心理が働いたからではないだろうか。岸田・浜口・浅田の霊は、磯崎がその背後に隠れ、あたかも彼ら自身の声であるかのようにして裏声で語るために必要とした腹話術人形である。後ろ姿の写真は正体を現わさない黒子であることのしるしであろう。それゆえ、この座談会におけるかなり饒舌な司会役としての磯崎の語りもまたおのずから、事実と虚構の狭間の騙りめいたものとなる。

　戯作じみたテクストであるがゆえに、ごく私的な顚末、たとえば、一九六〇年代に磯崎が対人恐怖症のノイローゼになり、当時の妻のもとから家出して、離婚の後始末を岸田や丹下夫人にしてもらった、などという経緯までもが、岸田の霊の口からあけすけに語られている。[*2] この架空座談会は、同じ霊界の住人でありながらなぜかここには招かれない丹下に対する三者三様の評価を、岸田・浜口・浅田に生前の口吻で生き生きと語らせつつ、司会の誘導尋問によって、その評価の裏側にある評者自身の歴史的な立ち位置を浮かび上がらせるという仕掛けになっている。磯崎がそこで行なおうとしたのは、丹下を軸としたときに見えてくる日本における近代建築のひとつの系譜を、その当事者たちの相互評価を通じて描き出すことだった。

それは、岸田に始まり、浜口や丹下を経て、磯崎自身に至る「岸田シューレ」の系譜である（浅田も岸田研究室出身であり、丹下の側近だが、この系譜から一歩引いたテクノクラート的人物として描写されている）。そこに岸田の先輩である堀口捨己、丹下の一学年上の立原道造、丹下以前に岸田が引き立てた前川國男といった登場人物が加わる。磯崎の見立てによれば、日本の近代建築で趣味判断や美的判定を引き受けたのがこの岸田シューレだった。[*3]「日本の近代建築で」とは、正確には「東京大学工学部建築学科で」と言うべきか。この系譜はそこではあくまで傍流であり、主流が佐野利器から内田祥三へと継承されていった建築構造学と見なされていたことはすでに述べた。この主流派は堀口らが一九二〇年（大正九）に設立した「日本分離派建築会」が反旗を翻した当の相手、いわゆる「構造派」である。

大正期における分離派と構造派の対立は、長谷川堯が著書『神殿か獄舎か』（一九七二）で生彩溢れる筆致によって描き出している。他方、同書の書名になっている論考で長谷川は、丹下やその直系の弟子である磯崎に代表される「神殿的思惟」の建築家たちと鮮明な対照をなす認識を、豊多摩監獄（一九一五〔大正四〕）の設計者である後藤慶二のうちに見ている。その認識とは「建築家とは所詮、獄舎づくりにすぎないのだ」という「底冷えのする」自覚である。[*4] 一九一九年（大正八）に若くして亡くなった後藤のこの獄舎は、翌年結成の分離派に代表される日本における表現主義（表現派）

の建築の先駆けと見なしうる。したがって、後藤慶二、就中、豊多摩監獄は、大きな影響力を有した長谷川のこの著書のなかで、分離派／構造派、神殿的思惟／獄舎的思惟の二つの二項対立の結節点になっている。だが、この二項対立同士が具体的にどのように関係し合っていたのかを、長谷川は必ずしも明確に論述してはいない。

鍵となるのは岸田日出刀である。『神殿か獄舎か』の冒頭近くに置かれた最初の引用文は、一年間に亘る欧米視察旅行から帰国した岸田が一九二七年（昭和二）に発表した、表現主義に代わってヨーロッパで台頭しつつあるル・コルビュジエやバウハウスに代表される新しい「建築精神」をめぐる報告である。[*5] この外遊後、岸田は著書『オットー・ワグナー』（一九二七）を刊行し、さらにそれを一部とする学位論文「欧州近代建築史論」で博士号を取得している。これに先立ち、一九二五年（大正十四）にすでに二十五歳の若さで東京帝国大学工学部建築学科助教授となった岸田は、内田を中心とする東京大学キャンパス整備に加わり、安田講堂を内田と共同で設計している。

岸田は建築学科では堀口をはじめとする分離派結成メンバーの二学年下であり、磯崎は岸田が堀口たちと同学年だったら分離派に入っていただろうと推測している。[*6] 事実、岸田は大学同期の蒲原重雄とともに、分離派の影響のもと、ラトー建築会という小グループを結成して、関東大震災後の帝都復興創案展に表現主義的な案で参加している。内田もまた、安田講堂などのデザインに、エーリッヒ・メンデルゾーン風の造形を好んでいた岸田の傾向の表われを見ている。[*7] 長谷川の議論との関連で注目すべきは、岸田が卒業論文（一九二二（大正十一））のテーマに「監獄建築之研究」を選んでいることである。[*8]後藤の豊多摩監獄が岸田や堀口の世代に与えた刺激の表われであることは否定できないだろう。ちなみに蒲原は司法省に就職し、小菅刑務所（現・東京拘置所）をはじめとする日本各地の刑務所の設計を手がけた。

欧米外遊後の岸田は、現地で実際に眼にしたメンデルゾーンのアインシュタイン塔などの表現主義建築に幻滅し、先に引いたような建築思潮の転換を敏感に察知して、新時代の「建築精神」に応じた近代建築のプロデューサー――磯崎によれば「フィクサー（黒幕）」[*9]――となる。前川國男にル・コルビュジエの『今日の装飾芸術』（一九二五）を貸し与えたといったエピソードのほか、岸田はのちのち設計競技の審査員として、一九三〇年代は前川をサポートし、一九四〇年代以降は、まだ学生の身でありながら岸記念体育会館（一九四一）の設計担当に抜擢された丹下を、「大東亜建設記念営造計画」競技設計（一九四二）、「在盤谷《バンコク》日本文化会館計画」競技設計（一九四三）で一等に選出し、さらに戦後の「広島市平和記念公園及び記念館」競技設計に際しても丹下の一等当選のために尽力するなど、一貫してその黒幕的役割を果たしている。

すなわち、岸田は分離派に近い場所から出発しながら、構造派の牙城である東大建築学科の中心人物である内田のもとで働き、長谷川の言う「神殿的思惟」の典型である丹下の戦前戦中から戦後に至る「神殿」建設を背後で支え、推進していたのである。後藤が分離派／構造派と神殿的思惟／獄舎的思惟の表の結節点だったとすれば、後藤の影響を受けた監獄研究から出発した岸田はその裏の、黒幕的な結節点をなす存在だったと言えるだろうか。磯崎の言う「岸田シューレ」は前者の二項対立の狭間に発して、後者の神殿的思惟へと流れる系譜であったことになる。

磯崎はそこに趣味判断・美的判定の担い手を見た。さらに重要な点は、岸田が建築における「日本的なもの」を新しい「建築精神」と結び付けていった操作である。日本の古建築を撮影した岸田の写真集『過去の構成』(一九二八)は、伝統的な日本建築をカメラ・フレームで切り取ることにより、近代建築の空間感覚に通じる構成美を写真のなかに現出させている。そのイメージは丹下らに直接影響を与えたばかりではなく、同時代に堀口が茶室研究を通して探っていた方向性とも重なるものだった。言うまでもなく、戦前戦中における「日本的なもの」の表出は、国家権力への従属を積極的に表明する宣言でもあれば、それを擬装するアリバイでもありえた。モダニストの眼で「発見」された桂離宮や伊勢神宮は、「近代的」モデルと見なされることで同時に、「日本」をあらたなかたちで表象する記号としても機能する。磯崎は丹下による「大東亜建設記念営造計画」に伊勢神宮モデル、「在盤谷日本文化会館計画」に京都御所モデル、「広島ピースセンター」に桂離宮モデルを見出している。[*10] それらは『過去の構成』などによって示された岸田のいわば「日本的建築精神」に応えるヴィジョンとして、丹下がコンペで金的を射るために採用した戦略とも言えるだろうし、岸田が丹下の案を一等に選ぶことで顕在化かつ正統化したモデル群であったとも言いうるだろう。いずれにせよ、長谷川が「神殿的思惟」と呼んだのは、これらのモデルが体現している「日本的建築精神」にほかなるまい。[*11]

岸田シューレの末端に連なる磯崎は、みずからが組み込まれたこうした歴史的文脈をいったん客観化したうえで相対化し、そこから離脱しようとする。建築の一九三〇年代が彼にとってとくに重要な問題になるのもそれゆえである。[12] 丹下の建築との直接的な対峙だけでなく、岸田に発するこうした系譜が抱え込んだ問題構制《プロブレマティック》の内在的克服が磯崎の課題になるのは当然だろう。だがそれはまた、あくまでその系譜に属する当事者として歴史を再構成することに帰結するのであり、なおかつ、そこで再構成される歴史は磯崎自身の創造行為のためにこそ書かれていることに注意しなければならない。そうした意味で、この系譜の出発点である岸田が磯崎自身にとって、いったいどのような役割を担った人物であったのかを考えなければならない。

注目したいのは、架空座談会で磯崎が岸田の繰り返された「挫折（心変り）」について語っている点である。磯崎はそれを一九二〇年代、一九三〇年代、一九四〇年代の前半五年に生じたことと言うが、これは一八九九年生まれの岸田にとってそれぞれ、二十代、三十代、四十代の前半にあたる。岸田はその都度「みずからの社会的立場と、そこでの役柄を組み換えて、日本の近代化をリードさせる新人建築家をプロデュースされました」と磯崎は言う。この「新人建築家」とは、最初は岸田自身、次いで前川、最後に丹下である。それが岸田の「近代日本建築のデザインを方向づける戦略」だった――

「みずから、その戦略司令部でフィクサー（黒幕）となる。私が入学した五〇年代では、その役にはまりこまされて挫折（心変り）さえできない不自由なわが身をかこつ有様だったようにお見うけしました[13]」。

だが、黒幕《フィクサー》としての転身だけであれば、それを「挫折」と呼ぶ必要はあるまい。それが「挫折」であるのは、二十代においては、分離派に参加できなかった「遅れ」による鬱屈と構造派の中枢である内田のもとでの設計活動が孕んだ内的矛盾、三十代であれば、欧米視察旅行で知ったあらたな「建築精神」の日本における体現者は自分ではなく、前川の世代であるという諦念がそこに伴っていたからだろう。そして四十代の岸田の「挫折」について磯崎はこう推測している——幻の一九四〇年東京オリンピックの施設計画委員長として予備調査のために一九三六年ベルリン・オリンピックを訪れ、アルベルト・シュペーアらによる競技施設の建築を見たうえで書かれた『ナチス独逸の建築』(一九四三)が、ナチス建築へのその批判的な言及ゆえに総攻撃を受け、岸田は(おそらく内田あたりから)ほとんど口封じされてしまい、それゆえにこれ以後、日本の国家的建築デザインへの直接的な発言がしにくくなったのではないか、と。[*14]

遡って三十代における第二の挫折の自覚は、岸田がオットー・ヴァーグナーをとくに取り上げて論じた点に表われている。それはヨーロッパで幻滅を味わった岸田が、ヴィーン分離派のそもそもの中心人物だったヴァーグナーに立ち返ろうとする身振りであったのと同時に、建築家としての活動に際し、無理解なヴィーン市当局との軋轢で幾度も挫折を強いられたヴァーグナーに対する岸田の心理的同一化も孕んでいたからである。岸田はそのヴァーグナー論に「ワグナーの生涯を客観的に見れば、一言「気の毒」という言葉で言い表わされる」と書いている。[*15]

拙著『建築のエロティシズム——世紀転換期ヴィーンにおける装飾の運命』で論じたように、すでに六十歳に近い年齢で分離派に参加したヴァーグナーは、建築が技術に取って代わられかねない時代状況のなかで、芸術としての建築を守るためにこそ、旧態依然とした歴史主義を一掃しようとした。[*16] その闘いは伝統的な文化価値の清算に似たプロセスに近づいてゆく。この解体過程の論理はヴァーグナーの建築作品における「装飾」に見て取ることができる。それらはひたすら平面化し、さらには壁面上の点に過ぎぬものへと極小化してゆくのだが、後続する世代のアドルフ・ロースのように「装飾は犯罪である」という無装飾の宣言にまで至ることはない。その意味でヴァーグナーは新しい時代の「建築精神」を感知しながら、その完全な体現者とはなりえなかった過渡期の建築家である。岸田はその過渡期的な性格にみずからを重ねたのではないだろうか。

口封じを推測させる最後の挫折以降、岸田は世間になかば背を向けて、趣味の世界に没頭する。日本選手権に出場するほどの腕前だったゴルフを筆頭に、岸田はテニス、囲碁、将棋と多趣味で、新潟県佐渡の盆踊り唄「相川音頭」に心酔し、日本建築学会会長を務めた際の学会大会打ち上げの祝賀会は「相川音頭の会」による合唱と踊りで締められた。[*17] 磯崎が建築学科に進学した頃、岸田は昼はゴルフ、夜は酒を飲んで相川音頭三昧であり、建築とは無関係と言われていたという。[*18]

まだ博士課程に在籍していた一九五九年、磯崎は野猿の餌付けで有名となった大分・高崎山万寿寺別院の設計を時の大分市長・上田保から依頼されている。そのときに条件となったのは、岸田を表向きの設計者とし、実際に設計を行なう磯崎は助手という名目にすることだった。その挨拶に磯崎が岸田の研究室を訪れたのが両者初めての直接的な対面であり、それから岸田が没する一九六六年までのあいだ、酒席をはじめとする岸田との私的な付き合いがあったという。[*19]

磯崎は「相川音頭とゴルフと芸者で憂さ晴らししている」[*20]岸田の姿に、句作や芸事、そして花街通いに没頭していた亡父の姿を重ねることはなかっただろうか。磯崎の父・操次と岸田はほぼ同年齢である。戦時下で言論の抑圧を受け、アイロニカルな生き方を強いられた経歴にも似たところがあろう。岸田に対する磯崎の関係に無意識的なファミリー・ロマンスをあえて見ようとするのは、磯崎と丹下との関係をそれによって逆照射するためである。伊藤ていじによれば、大学院時代の磯崎は丹下についてこう語っていたという——

「言ってみれば丹下さんは、僕からみれば祖父だ。僕と祖父との間に父の世代がある。丹下さんは、僕をまあまあいい子だと頭をなでてくれるだろう。だから僕は、丹下さんを利用する[*21]」。

一九一三年生まれの丹下と磯崎の年齢差は十八歳であり、父と子の関係にも満たないと言うべきだろう。明治以降の日本の建築家の世代論としては、磯崎も参加した建築家集団である五期会が自己規定とした、辰野金吾の世代を第一期、佐野利器・内田祥三らを第二期、岸田日出刀・前川國男らを第三期、丹下健三・大江宏らを第四期として、前川事務所の大高正人(一九二三年生)や丹下の片腕だった大谷幸夫(一九二四年生)を中心とする自分たちを第五期と見なす見方がある。五期会のなかでもっとも若手だった磯崎が、七〜八歳違いの大高や大谷の世代を「父の世代」と呼んだ可能性もなくはないが、この程度の年齢差やそれに伴う立場の差を父と子に見立てること自体が不自然だろう。世代差と個人的なつながりを勘案すれば、建築界における磯崎の「祖父」には岸田のほうがふさわしかったようにも思える。

伊藤に語った磯崎の発言にここで拘泥するのは、それが師との関係を父と子に譬えることを意識的に避け、わざわざ祖父と孫になぞらえているように思えるからである。これはオイディプス・コンプレックスに類する、父に対する子の抑圧的な葛藤がそこにはないことの表明なのだろうか。伊藤が述べているように、この頃の磯崎は丹下を超克すべき建築家とは見ていなかったのだろうか。

そうかもしれぬ。あるいはまた、世代的な隔たりの素朴な実感だったのかもしれぬ。だが、磯崎の前でも丹下を容赦なく叱りつけることがあったという岸田との三者関係を念頭に置くとき、磯崎と丹下とのあいだに形成されたのはむしろ、岸田を「父」とする兄弟の関係だったように思われないでもない。そこには師と弟子というヒエラルキーとは別に、しのぎを削って競い合う兄弟――さしずめ長男と末男――のような関係性もまた、萌芽状態で潜んでいたのではないだろうか。

このことは丹下研究室の性格とも深く関わっていたように思われる。磯崎によれば、丹下はワンマンな所長のイメージとはほど遠く、「チームの中の一人」と自称して、スタッフに自由な発想でプランを描かせた。そのうえで丹下は、自分の言葉にならないイメージとスタッフたちのプランを突き合わせ、アイディアを取捨選択して、それをさらに彼らにディヴェロップ（発展）させる。この過程が繰り返され、時には前に捨てた案に戻ったりもする、いつ終わるとも知れない試行錯誤を経て、膨大なプランのなかから最終的な形が見出されてゆくのである――

「つまり、先を「読み」ながら、その過程を統御している。その「読み」が恐ろしく深いから、いつの間にかちゃんと丹下さんのイメージに合致する最終形に到達できるのです。その過程で丹下さんが「困ったな、どうしよう」といった言葉を発する瞬間に立ち会ったことこそが、茶道や武道でいう「口伝」の部分で、そのような場面で多くのことを学んだような気がします[*22]」。

このようなチーム作業のなかから生まれたのが「群像としての丹下研究室」(豊川斎赫)という性格だった。こうした性格は圧倒的に男性ばかりのこの「群像」が[*23]、丹下というリーダーをもちながらも原理上は横並びのメンバーからなる、「口伝」で相互に一定の知識と感覚を共有した(男性)結社的なものであったことを示している。丹下はこのような平等的結社性を、父権的黒幕《フィクサー》である岸田のシューレとは異なる組織形態として選んだのかもしれない。

豊川は丹下研究室を「群像」と捉える根拠として次の四点を挙げている[*24]。まず第一に、デザインの共通言語としてモデュロールの使用が義務づけられていたこと、第二に、論文の共同執筆を通じてスタッフ間の創作方法論が摺り合わされ共有されていたこと、第三に、研究室メンバーの卒論のテーマ設定が一貫していたこと、第四に、一九五〇年代前半までの卒論群の水準が非常に高いことである。とくに第一点が重要である。モデュロールとはル・コルビュジエが考案した建造物の基準寸法のシステムであり、人間の身体寸法をフィボナッチ数列によって分割するという構成原理上、建築物のプロポーションに深く関わる。丹下はル・コルビュジエの一八六〇ミリのモデュロールを、日本の尺間に合わせて一八二〇ミリにした日本風のモデュロールを用いた[*25]。丹下研究室では莫大な数のプランが描かれるにあたり、このモデュロールが繰り返しなぞられることにより、スタッフはそれを自然と自分の肉体に染み込ませていった。磯崎は一九九〇年代末のインタヴューで、「自分は完全に丹下さんのプロポーションが描ける」と語っている。[*26] 言い換えれば、丹下研究室という「群像」からみずからを完全に切り離し、丹下流のプロポーションから自由になるためには、このように肉体的にまったく一体化してしまった感覚に意識的に逆らうことが強いられるのである。

磯崎が丹下研究室に所属したのは一九五四年から一九六三年までだが、その後も外部スタッフとしてプロジェクトに参加している。丹下研究室が手がけた一九七〇年までの主要プロジェクトのうち、磯崎がチーフとして率いたのは今治市庁舎・公会堂（一九五八）と大阪万博お祭り広場（一九七〇）、メインスタッフとしての関与が、論文の共同執筆二件（「コア・システム——空間の無限定性」（一九五五）と「創作方法論定着への試み」（一九五六））、立教大学図書館（一九六〇）、今治信金本店（一九六一）、「東京計画1960」（一九六二）であり、[*27] このほか、スコピエ都心部再建計画（一九六六）にも携わって現地に赴いている。言うまでもなく、協力要員として関わったプロジェクトはこのほかにも多い。これらにおける磯崎の貢献については、その独自性が際立って注目すべき点に絞って次章以降に辿ることにしたい。われわれの関心は、丹下のもとの「群像」の一員としてよりも、磯崎がそこから逸脱してゆく部分にこそあるからだ。

それゆえここでは最後に、『神殿か獄舎か』における長谷川の問題提起に立ち返りたい。磯崎は同書の枠組みを「国家側の東大」対「庶民側の早稲田」と要約し、自分は前者の岸田、丹下の系譜に位置付けられているが、実際には国家的なものに疑問を呈し、国家が抑圧する側の視点を表明してきたと主張している。[*28] 長谷川の見方は図式的な二項対立で、そこに自分を当てはめるのは「誤認」だというわけである。[*29]『神殿か獄舎か』という二者択一を迫るようなタイトルの付け方にも表われているように、その種の挑発的な図式性が長谷川の著書にあることはたしかであり、執拗に繰り返される丹下批判も全体の立論からやや乖離しているように見える。だが他方、磯崎のまとめ方自体もまた図式的であることは、われわれが確認してきた「分離派／構造派」「神殿的思惟／獄舎的思惟」の二つの二項対立における岸田の位置付けから明らかだろう。

　この場で確認しておきたいのは、岸田もいったんはそのかたわらを掠めたのかもしれぬ、長谷川の言う「獄舎的思惟」とは何か、という点である。長谷川は大杉栄の、監獄を故郷のように感じ、自分は監獄で出来上がった人間、「監獄人」であるという自己認識を引き、それを後藤の「獄舎づくり」という自覚に合致するものと見る。なぜなら後藤という建築家は「彼が土を固め、石を敷き、煉瓦を積む作業の果てに、最後の一つの煉瓦を積むことによって〔中略〕最終的に、自分を獄舎そのもののうちへ塗り込める、しかもそのことによってはじめて建築家となる、という運命を指定されてい」たのであり、[*30] それは「監獄人」大杉あるいは埴谷雄高の獄中記が示唆するような、「獄舎自体が自分の身体と一体化する」[*31] 経験に一致しているからである。

「獄舎づくり」に従事する「加害者としての建築家」といった論点を提示することはあれ、長谷川がこの書物で建築論として語っていることの多くはじつは、「国家／民衆」といった政治的対立軸にもとづく議論に収斂する内容ではなく、身体と獄舎の一体化という「監獄人」的空間経験であり、監獄が有する、外に向かっては固く閉じ、内に向かっては開いているという空間的特性なのである。そしてこのような意味での獄舎性は、磯崎が内部空間それ自体から建築を構想するために手がかりとした、「闇の空間」をめぐる空間論[*32]に通じるものではないだろうか。[*33]

磯崎が「誤認」と切って捨てた『神殿か獄舎か』を岸田シューレの系譜と照らし合わせることによって浮かび上がるのは、岸田・丹下・磯崎における「獄舎性」とは何か、という問題である。それは挫折によって黒幕《フィクサー》化した岸田の鬱屈に垣間見えるものであろうし、国家意志を体現する建築の「加害者性」と磯崎がどう対峙してゆくかという経緯の伏線ともなろう。さらに丹下、磯崎の両者にとっては、岡本太郎という存在が「監獄人」的経験との接点になったように思われる。岸田と丹下という（祖）父なる建築家にあって、その「獄舎」に隠された秘密こそが、この二人の系譜に連なりながら、そこから離反しようとする磯崎を磯崎たらしめたものであったのかもしれない。

第5章　コア・ジョイント・ラビリンス

東京大学工学部建築学科に提出された磯崎の一九五三年度卒業論文は「高層建築の諸問題　スカイスクレーパーの史的分析」と題されている――らしいが、筆者はその実物を閲覧できていない。同学科の明治十二年以降の卒業論文をすべて所蔵している筈の図書室に問い合わせたところ、この論文は数十年前の時点ですでに所在不明であったという。ちなみに、同大学大学院建築学専攻に出された磯崎の修士論文「現代建築における空間」もまた、同じく行方が分からない。

これに対し、卒業設計については提出された図面が残されている。それは「地方都市の文化中心」と題され、故郷・大分市の都市計画を構想したものである。とくに大分のあらたな「文化中心」の敷地とされているのは府内城跡地を中心とする一帯である。そこに磯崎は低層の市庁舎、公会堂、図書館、音楽堂、美術館などのほか、高層の事務棟を点在させている。この計画案にはル・

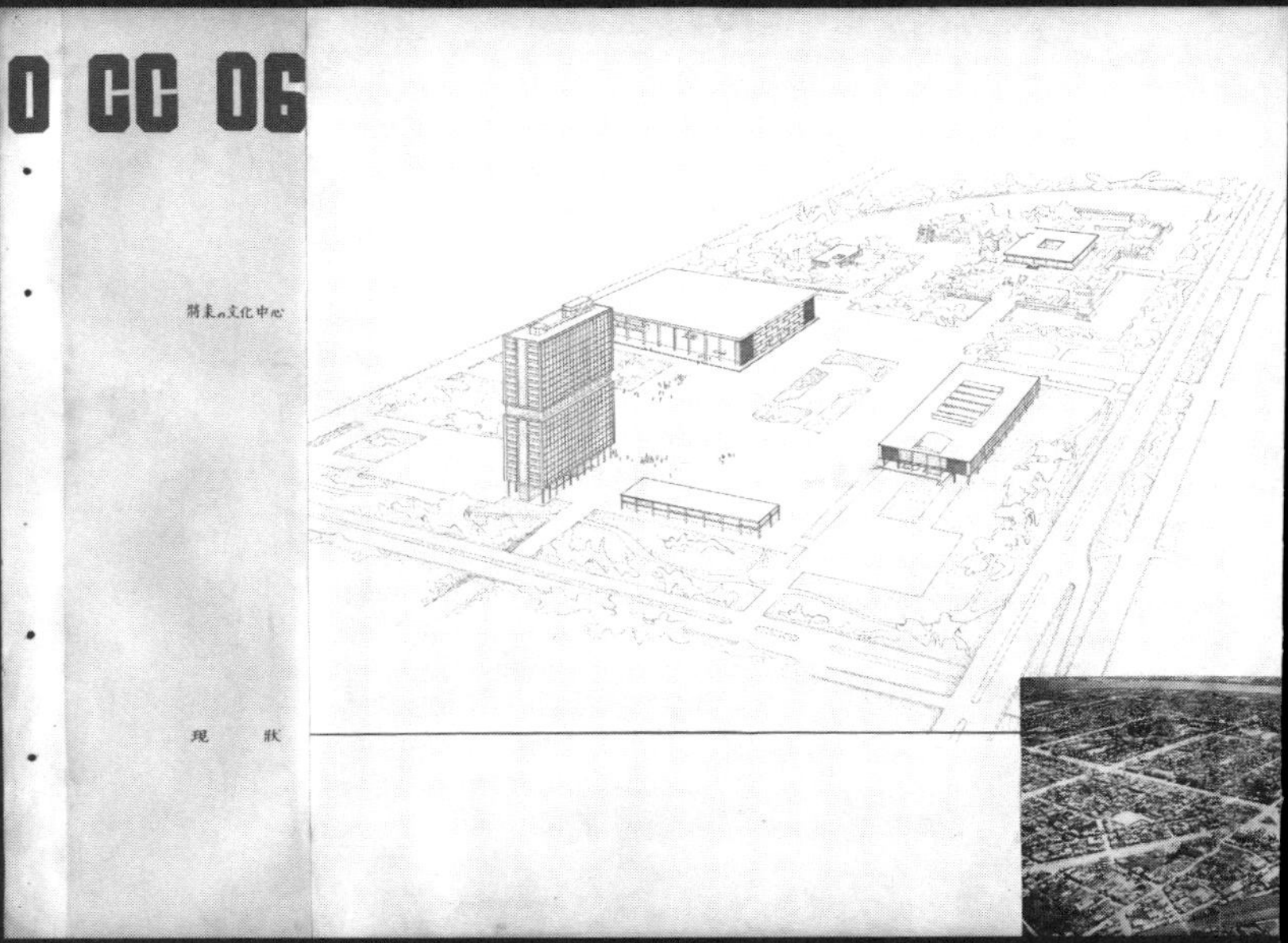

5-1. 卒業設計「地方都市の文化中心」より,「将来の文化中心」と「現状」。「現状」は大分市中心部の空撮写真。

コルビュジエへの参照がうかがわれないわけではないが、顕著なのはむしろ、ルートヴィッヒ・ミース・ファン・デル・ローエからの影響だろう。高層棟については、一九五一年に竣工したシカゴのレイク・ショア・ドライヴ・アパートメントである。他方、水堀に囲まれた現在の大分城址公園の中央、かつての府内城本丸跡という、文化中心のさらに中心を占める場所に建つ美術館は——この都市計画全体を代表するという性格にふさわしく、関連図はもっとも多い——、床スラブを大地から若干持ち上げた高床になっており、ファンズワース邸（一九五一）を強く連想させる。いずれもごく近い時期のミースの作品を参考にしているのである。この美術館の平面は正方形で、中央に位置してトラスを支える四本の鉄骨鉄筋コンクリートの柱がかたちづくる正方形を一単位とした九間《ここのま》的な空間になっている。この点にもまた、のちの磯崎の建築に繋がる性格を認められよう。

「高層建築の諸問題」という卒論のテーマは指導教官・丹下健三の示唆を受けて選ばれたものと思われる。論文の内実はオフィス・ビルの歴史であり、その背景にあったのは丹下研究室が当時取り組んでいた、都市や建築における「コア・システム」をめぐる問題だった。磯崎はこう語っている——

「オフィスに関していえば、ロックフェラーセンターに到達するような歴史的プロセスがあって、それに即してコアシステムというのができ上がってきたのですが、その部屋の奥行は、どのくらいにしたらよいかとか、コアが外に出たらなぜいけないのかとか、具体的なところをどう説明すればよいのかということがよくわからない。そういうことを研究し、コアシステムをどう正当化するかが丹下研のテーマでした」[*1]。

磯崎は卒論のテーマを決める段階ですでに丹下に誘われ、その研究室に入るべく、大学院進学を決めていたのだろう（実際に進学したのは一九五四年四月である）。丹下はこの磯崎のケースのように、自分の研究室が抱えていた課題を学部生たちの卒論のテーマに選ばせており、その結果として、丹下が指導した学生たちの卒論には主題の一貫性が認められ、なかでも磯崎を含む一九五〇年代前半までの卒論の水準は非常に高いとされている[*2]。

丹下が「コア」に対する関心を深めたきっかけは、一九五一年に参加した英国ホッデスドンにおけるＣＩＡＭ（近代建築国際会議 Congrès Internationaux d'Architecture Moderne）第八回会議「都市の心臓」だった。「心臓」とは「コア」の言い換えである。豊川斎赫によれば、「都市のコア」から「建築のコア」に至る分析の過程は上記の卒論群と丹下自身の博士論文（一九五九）によって辿ることができ、それらの成果は丹下が設計した旧東京都庁舎（一九五八）に結晶化しているという[*3]。

磯崎は当初、卒論でオフィス・ビルの調査をやらされそうになったらしい。「調査をまとめるのが得意じゃない」という自覚——師・丹下との顕著な相違点だろう——があった磯崎は歴史研究へ向かう[*4]。近代建築の入門書として読んだジークフリート・ギーディオンの『空間・時間・建築』（一九四一）で、シカゴ派が立体格子の都市タイプの起源として論じられていたことを手がかりに、磯崎は建築学科の図書室に所蔵されていたシカゴ派の建築雑誌などを利用し、シカゴ派（一八八〇〜九〇年代）からロックフェラー・センター（一九三九）に至るまでに、オフィスの概念がどのように変化したかを論じた。[*5] それは、不動産への経済的投機を通じてインフラや建築が築かれ、最終的にアメリカの都市がかたちづくられていったプロセスを追跡する作業だった。[*6]

とはいえ、われわれにはその内実を直接確認する術がない。しかし、磯崎の卒論の内容を間接的に示していると推測される論文がある。磯崎がまだ大学院修士課程一年在籍時の一九五五年一月、雑誌『新建築』に丹下研究室のほかのメンバーと連名で発表された「コア・システム――空間の無限定性」である。これはもうひとつの論考「ピロティー――社会的空間」とともに、「近代建築をいかに発展させるか」という共通テーマのもとでの寄稿であり、前者が「建築のコア」、後者が「都市のコア」をめぐる、マニフェスト的な内容であると言ってよい。

磯崎の研究が反映されていると思われるのは、論文「コア・システム」の最初のセクション「ビルディング・タイプの発展」である。その論述は、都心に高層建築が要求された経済的要因として都市機能の集中による地価の高騰を挙げることに始まり、シカゴ派の鉄骨骨組構造を、狭い敷地に最大限の容積を収める必要性への回答と見なし、さらには、賃貸料と空室の統計から割り出された空間の利用率（平面効果）の不均衡に着眼するなど、高層建築のタイプが変遷する理由を不動産的価値の観点から追究している。そして、基準階の上下に均等なスラブ型をなすロックフェラー・センターのR・C・Aビルに、この種のビルディング・タイプの到達点――高層建築の「プロトタイプ」――を見出している。その特徴はこうだ――「窓面からの部屋の奥行を一定におさえ、基準階の事務空間を均質化することにより、全体としての質を高めるとともに、各階の重り合いをエレベーター・階段・配管シャフトなどを集約化し、上下に均等化することにより、このセンターに配置された他のいくつかの建物との間に、都市的スケールの新らしい空間をつくろうと試みたのであった」[*7]。エレベーターなどが集約化・均等化された部分が「建築のコア」である。ここではさらに、ロックフェラー・センターのほかのビルとのあいだでこの「コア」同士が形成する「新らしい空間」としての「都市のコア」も示唆されている。

この論文は、こうした歴史的経緯を踏まえた「コア・システム」を提唱するに先んじて、地球上に棲息した最大の生物はすべて脊椎動物であり、その脊椎・骨格は肉体の機能を有機的に働かせるために存在していると指摘している。また他方で、高層オフィス・ビルという建築独自の要素（一次的要素）は執務スペース、それを支える要素（二次的要素）は交通・サービスのための共通部分であると定義する。そのうえで著者たちは、後者の二次的要素は「肉体」に相当する一次的要素を支える「バックボーン」、すなわち「背骨」であると同定するのである。[*8] 要するに、コアとは脊椎動物の脊椎なのだ。この主張を念頭に置くとき、同じ長方形をしたオフィス・ビルのなかでコアが配置される位置のヴァリエーションを示した一連の平面図[*9]は、さながら異なる脊椎《コア》動物の解剖模式図のように見えてくる。ニワトリの神経系が脊椎に成長してゆく過程に着想を得た、丹下による「東京計画1960」の「雛型」もすでにここに潜在していると言ってよいだろう。

この論文ではコア・システムの実例として丹下研究室による東京都庁舎が挙げられており、その断面図に関し、コア部分のかたちを「塔状のプロポーション」と呼び、建物の地下室部分を「コアーという幹を支える根」に譬えている。[10] こうした記述を通して、この断面図のなかで都庁舎のコアは、あたかも大樹に似た「塔」として屹立するかのように浮かび上がってくる。

なるほど、コア＝脊椎はあくまで二次的要素であり、問題は一次的要素としての執務スペース、その「空間」の「無限定性」――ミース・ファン・デル・ローエが「普遍空間」と呼んだもの――であろう。しかし、途端にポレミカルな筆致となるこの論文の結論部では、前川國男事務所による国立国会図書館案を実例とする、特定の用途のための機能主義建築が激しく批判され、それと対立する無限定的な――この形容句には「透明」「解放的」といった社会的意味が付与されている――建築空間の「死命を制する」ものこそがコアとされている（ちなみに、この論文が掲載された雑誌『新建築』の同じ号には、よく知られる「「美しき」もののみ機能的である」[11]という言葉によって素朴な機能主義を鋭く批判した丹下の論文が掲載されている）。高層ビルの「脊椎」としてのこの「塔」はいわば「透明」で「解放的」なユートピアのバックボーンなのである。

豊川は丹下研究室によるコア・システムの分析と実践を次のように要約している――鉄道・バス・自動車という「水平移動的な「モビリティ」は「都市のコア」に集約され、「建築のコア」建設により上方移動に変換した結果、「旧東京都庁舎」が導き出された」[12]。つまり、丹下とその研究室における「建築のコア」とは、水平移動を上方移動に変換するダイナミックなメカニズムなのだが、ここには「建築のコア」自体に「モビリティ」が宿るかのような、都市空間と建築空間とを繋ぐ流動的運動のイメージが生じている。こうしたイメージは脊椎動物の比喩にも感じ取れるところであろう。

コア・システムに関する論文をここで詳しく辿ってきたのは、それが修士課程一年にして磯崎が早々とコミットした共同執筆による本格的な建築論だったことに加え、のちに磯崎が構想する「ジョイント・コア」システムの母胎となったからである。そしてそれは同時に磯崎にとって、自身もその一員である丹下研究室が築いた明快なコアの論理を、いかに「換骨奪胎」し別様に意味づけることができるか、という課題の発生でもあった。この点は磯崎の都市デザインを考察する際に立ち返ろう。

大学院進学前後の磯崎は、一九五四年四月にローマで開かれる国際建築学生会議の日本側組織「日本建築学生会議」の一員となり、結局現地参加の機会は得られなかったもの の、[13]報告書「現代建築と国民的伝統」を実質的に執筆している。[14]他方では、総評(日本労働組合総評議会)の本部会館を二百人以上の建築技術者の会議によって共同設計するというそれまでにない試みにも参加し(六月設計開始、一九五五年五月竣工)、一番の若手としてその書記を務め、のちに雑誌に掲載された経過報告および反省の記事の文責者ともなっている。[15]また、一九五四年の秋には稲垣栄三らを中心とする「現代建築史研究会」の最年少結成メンバーとなり、ここでも書記役を任されている。[16]さらに、前章で触れた五期会の設立準備は一九五五年暮れに始まり、その発足は磯崎が修士課程を修了してすぐの一九五六年六月だった。こうして見ると、磯崎はつねに、このような集団的建築運動のもっとも若い参加者となり、先行する世代の発言・動向を「書記」として観察・記録し、「文責」の名のもとで言説にまとめる立場を与えられてきたことがわかる。

一九五四〜五五年には、総評会館の集団的共同設計のほかにも、建築家の著作権を認めないかのような国立国会図書館の設計競技を発端とする、建築家の権利確立のための運動などを通して、「建築家」という職能や建築設計体制のあり方が社会的に大きく問われていた。[*17] 丹下研究室でようやく建築設計の現場に触れ始めた磯崎はまったく同時に、「建築家」の社会的位置づけについて自覚・反省を強いられる活動の渦中にも立ったのである。磯崎がのちのちまで「建築家」であることに葛藤を抱え続けるのも無理はない、と言うべきだろうか。集団や組織を底辺で支える若手の立場からこうした事態の推移を冷静に、いっそ冷ややかに観察して記録した経験が、集団的活動であらざるをえない建築設計における磯崎のスタイルをかたちづくるうえで、何らかの影響を深く残すものであったことは間違いあるまい。磯崎は五期会の機関紙『設計・組織』に——彼はその発行責任者を進んで引き受けている[*18]——総評会館共同設計におけるビュロクラシー批判を書き、会員から吊るし上げられて、除名されるほどの騒ぎになったという。磯崎がのちに要約しているところによれば、社会的生産の主導権を握るものがビュロクラシーであることはたしかだとしても、共同設計をグループで行なうといった、古い建築家像の修正だけでその事態に対処しようとすれば、逆に組織にすがる結果となり、創作活動の主体はもっとも堕落したテンションの弱いものになってしまう、というのが当時の磯崎の認識だった。[*19] 後年の磯崎はこうした顚末を「要するに僕は組織原則を認めていない」と無造作に総括するのだが、いまだ何者でもない若者の組織批判と、すでに「大建築家」と社会に認知されている人物の回想とのはざまで、磯崎の「建築家捜し」はこののち、はるかに錯綜した道筋を描くことになる。

この頃の経験で磯崎が好んで物語っているもののひとつに、ドイツ出身の建築家コンラッド・ワックスマンの開いたゼミナールへの参加がある。ユダヤ系のワックスマン（一九〇一年生まれ）は木工職人だったが、表現主義の建築家ハンス・ペルツィヒのもとで建築を学び、若い頃にアルベルト・アインシュタインの別荘を設計している。米国に亡命したのちはイリノイ工科大学や南カリフォルニア大学で教鞭を執った。大規模なスペース・フレーム（立体骨組構造）の建造で知られ、そこでは独自に開発したユニヴァーサル・ジョイントを活用している。このワックスマンがデザイナー・剣持勇の仲介によって一九五五年に来日する際、磯崎や榮久庵憲司、川口衞、松本哲夫など、建築・構造・デザインといった分野の学生を中心とする若手二十一名を集めた、二十一日間のゼミナールが企画されたのである（なお、課題完成までに実際には予定の三倍の日数を要している）。

松本によれば、日本側の参加者たちは共同設計という方法そのものに及び腰だったうえ、「ワックスマンのスペース・フレームだけは使わない」という姿勢でゼミに臨んだという。[*20] 磯崎も執筆者のひとりである報告書中の「彼〈ワックスマン〉のコスモポリタンな性格が人間像を抽象化している」[*21]といった文言にも、そんな反抗的な雰囲気が如実に反映している。とはいえ、結局のところ、このゼミの産物である校舎用ユニットにはワックスマンのスペース・フレームが用いられた。

磯崎はワックスマンを通して日本の先輩建築家たちとはまったく異なるタイプの発想に出会った

と回想している――

「ひとつの論理だけにすべてを集約して、遂に究極の原点のような部分に到達し、それに全部の努力を投入する。若しその解法が発見できたら、それは特定の空間だけではなく、宇宙の全体もおおいつくしてしまうのである。宇宙の構造が結晶したような、絶対的な地点への確信、おそらく、茫漠とした砂漠をさまよった民族だけが、一神教をもったという、このイメージに近い。抽象化するというより、先験的に原点があるとしてもいい[*22]」。

磯崎はさらに、都市デザインを構想していたとき、「都市はおそらく、一本の柱のような装置で充分ささえられそうだ」と気づき、ワックスマンのジョイントを思い出して、「どきりとした」と言う――「しかし、逆にそうして到達した原型の存在のなかに、居直ることの必要性も、あのとき教えられていたのであろう[*23]」。

読者はすでにお気づきだろう、「ジョイント・コア」という「原点」に至る思考の論理が、ワックスマン・ゼミナールでの経験に発していたのである。そうした論理の探求は同時に、「茫漠とした砂漠」の彷徨と一体である。いや、この場合にそれは、都市をいったん「砂漠」と化す想像力を必要とした、と言い直すべきだろうか。そんな風景を磯崎は「未来都市は廃墟そのものである」というひと言で表わすことになるだろう。

五期会発足と同じ一九五六年六月には、磯崎が丹下研究室内での議論をまとめた記事「現代建築の方法と課題――機能主義を批判すること[*24]」が東京大学学生新聞に、大谷幸夫以下、磯崎も含む丹下研究室メンバーの共同執筆による報告「創作方法論定着への試み[*25]」が『新建築』に掲載されている。前者はＮＡＵ（新日本建築家集団）の行き詰まりの原因を、その機能主義的傾向がもたらした創作と建築運動との結びつきの欠如や、芸術性と有用性という建築の本質をなす二面的構造への無理解に求め、さらに総評会館の共同設計における大衆万能主義を「素朴な機能主義のうらがえし的方法」と批判したうえで、機能の「客観的＝歴史的法則性」を抽出する構造分析の必要性を唱えている。その分析によって把握された機能に対応する空間を「典型的」に作り出す「典型化」こそがあらたな「方法」とされるのである。

こうした「典型化」は、もうひとつの論考「創作方法論定着への試み」の「機能と空間」のセクション[*26]でも提唱されており、このセクションの執筆にはおそらく磯崎がかなり関与したものと思われる。そこでは一年前の論文「コア・システム」における「空間の無限定性」という発想が自己批判され、ミース的なユニヴァーサル・スペースのうちに、機能から遊離した「極度に均質化してゆく空間」の一方的な追求を見て、このような空間は「現実的でない」と切り捨てるように否定している。同様の形式主義化の批判は執筆者たち自身が関わった丹下の香川県庁舎（一九五八、着工一九五五）にも向けられている。

磯崎は、建築学生会議の活動のなかで、ガリ版刷りの機関誌に匿名で近代建築批判、とくに均質空間批判を書いた、と述懐している――「ミース的空間、すなわち弥生的空間ではなく、ル・コルビュジエの少しねじれた空間のほうが面白い[*27]」と。磯崎はその回想で、丹下の作る空間は多かれ少なかれミース的な均質空間であると言う。学生時代の磯崎がそこに感じ取っていたのは、スターリニズムのもとの明快な社会構造のロジックとの共通性だった。すなわち、均質空間批判はミース批判であると同時に、スターリニズム批判であり、丹下批判でもあったわけである。

ただし、それを乗り越えるために「創作方法論定着への試み」などで持ち出される「典型化」の論理もまた、機能と空間の総合へと向かう一種の弁証法的なロジックの産物であり、その点は建築を芸術性と有用性の二面的構造でとらえようとする志向にも共通している。あくまで書記として、あるいは複数の著者名に紛れて、あるいは匿名（筆名）で書かれた磯崎の均質空間批判は、なるほど、鋭い感覚で感じ取られたミースおよび丹下の建築空間とスターリニズムとの通底性を秘かに衝いてはいても、それを克服する方法を具体的には示しえていない。「創作方法論」とは「創作」と「ロジック」の二者を総合する弁証法にほかならないが、そのようなかたちでの総合は結局のところ、ひとつの「ロジック」に留まらざるをえないのだ。

したがって、われわれはそろそろ、磯崎自身の創作活動そのものへと向かわねばならない。だが、その前に彼が「ル・コルビュジエの少しねじれた空間」と呼んだもののへのひとつの通路に立ち寄っておきたい。それは磯崎が書生として下宿していた渡辺一夫邸を出て移り住んだ、本郷の木造アパートである。この建物は「菊坂の崖地」に引っかかるようにしてあり、増築を繰り返した挙げ句、途方もなく複雑な作りになっていた——「二、三段ステップをあがり、ななめに廊下をあるき、途中で二回折れまがった階段をのぼり、さらに左にいってまた階段をのぼるそのどんづまり、といった位置にぼくの部屋はあった」[28]。あまりに入り組んでいるので、真下の部屋にどうやって到達できるのかがついにわからなかった、と磯崎は書いている。のちに磯崎が「トポロジカル・ラビリンス」と呼ぶことになるこのアパートには完全な水平面も垂直面もなかった。本の重みで傾いた部屋はつっかい棒で支えられ、道を走る自動車の震動のせいで、小さな地震には不感症になったという。磯崎のこの住まいは「坐礁した小船の船室」さながらだった。彼にとってアパートの複雑きわまりない内部空間はその外部の東京という都市空間に繋がっていた――

「不連続な空間の接触、偶発的な事件、気まぐれな展開と消滅。多種多様な用途混合。空間の多層性。メービウスの輪のようにねじれてからんだ廊下と、雑音と嬌声を生産する部屋部屋のドア。ネズミと、野良犬と、家ダニ、ノミ、金魚やバッタ類と雑居する人間達。東京を、専門的に、対象として考察しはじめたときにこの都市の複雑さも、変動のテンポも、非連続も、あの迷路、つまり、トポロジー的にねじれた空間と実にスムーズに連続していた」[29]。

以上のように書く磯崎は、こうした迷路・迷宮の空間性に自分の都市空間論や建築デザインとの照応を見ている。具体的には多様な事実の複合・多層化およびプロセス的な性格であり、デザイン面では一種の不定形性である。興味深いのは磯崎が、木造アパート内の迷路や東京という迷宮をさまよった身体の「記憶」を、同時期における「忘却」と対にして語っている点である。丹下研究室で設計の下働きをする以外、川上秀光や奥平耕造といった相棒と共同で群小のコンペに応募するため、トポロジカル・ラビリンスの難破船内で図面を引いていた一九五六年から五七年にかけ、自分が何をしていたのか、はっきり思い出せない、と磯崎は「年代記的ノート」（一九七一年刊行の『空間へ』所収）に書いている。それはいわば「陥没した時期」[*30]だった。

この時期に磯崎が丹下の研究室でおもに担当していたのは、香川県庁舎のほか、墨会館（愛知県一宮市〈一九五七〉）、今治市庁舎・公会堂（一九五八）である。こうした作品群にも顕著な丹下の透明・明快な建築空間を、図面を引くという行為のなかで手を動かすことを通じて身体化するとともに、他方では、たとえば論文「創作方法論定着への試み」の執筆に加わることにより、これらの建築に内在する空間構成の論理の明晰な意識化を日々行なっていたであろう磯崎が、その十数年後には、丹下研究室でのそうした身体的・知的記憶の蓄積を無化するかのような語り方をしているのである。

この忘却は回想のレトリックではなく、その後の磯崎の創作にとって必要な記憶の「陥没」だったと考えてみたい。記憶の空間もまた「トポロジカル・ラビリンス」であり、無意識の奥底に通じている。身体的・知的に吸収される丹下的な均質空間の論理を一面では貴重な糧にしつつ、しかし、否応なく蓄積されてゆくその論理の記憶に反撥するようにして、磯崎の無意識は「陥没地帯」を造り上げてゆく。それはたんなる記憶の消失ではなく、磯崎の建築的想像力内に穿たれた、地中に掘られた巣穴のような迷宮状の空間であり、そのトポロジーが木造アパートと都市・東京とを繋ぎ、そしてやがては、磯崎自身の設計する建築空間を貫くことになるのだ。

磯崎は一九五五年に、結核の療養から復帰した伊藤ていじや建築写真家・二川幸夫、大工の棟梁・田中文男と知り合い、伊藤・川上・田中とは木造アパートの自室でよく議論を交わしたという。[*31] 磯崎・伊藤・川上は数年後、「八田《やだ》利也《としや》」（「ハッタリヤ」とも読める）の名で挑発的な建築批評を共同執筆することになる。[*32] 同郷の「新世紀群」メンバー・吉村益信を通じて、磯崎は新宿を拠点とするネオ・ダダとも深く関わってゆく。

東京というトポロジカル・ラビリンスで、磯崎新の加担した結社的な陰謀が秘かに着々と進行する。磯崎は無意識的戦略としての「陥没」のなかで、丹下やワックスマンから得た「コア」や「ジョイント」を逆手に取り、このラビリンスへと介入するための武器としてゆくのである。

第Ⅱ部

都市の暗殺者

1957 - 1970

第6章　複数のデビュー作

故郷・大分で磯崎が属していた美術グループ「新世紀群」の仲間で一学年下の吉村益信は、武蔵野美術学校（現在の武蔵野美術大学）油絵科を一九五五年に卒業後、読売アンデパンダン展などに出品していた。一九五七年、吉村は父親の遺産をもとに新宿区百人町に土地を購入し、ここに住居兼アトリエを建てようとする。同年、共通の友人である赤瀬川隼彦（原平の兄）の結婚式で、吉村は磯崎にその設計を依頼する。*1 当時の磯崎はまだ大学院生であり、実作の設計経験はなく、建築士資格ももってはいなかった。

磯崎が吉村に渡したのはスケッチ程度の下図だったという。吉村はそれをもとにして、自分で探してきた大工とともに施工し、建物をほとんど自力で作り上げてしまう。磯崎は建築申請用の図面も引かず、細かいディテールの指示を出した覚えもないという。一九八五年に刊行された赤瀬川原平の『いまやアクションあるのみ！――〈読売アンデパンダン〉という現象』で「じつは磯崎新の処女設計である」[*2]と言及されているのを眼にするまで、磯崎自身がこの経緯を忘れていたというのもごく自然な成り行きだろう。

それゆえ、これを磯崎のデビュー作と見なすことには無理がある。しかし、磯崎が下図のスケッチに込めたヴィジョン自体は明確だった。それは「三間立方」、つまり、一辺が約五・四五メートルの立方体である。磯崎の念頭にあったのはル・コルビュジエの「シトロアン住宅」（一九二二）だった。吹き抜けになった立方体のアトリエに一・五間幅の台所やトイレが付き、二階が寝室になる。吹き抜けと二階の組み合わせには、ル・コルビュジエのほか、増沢洵の「最小限住居」（一九五二）からの影響が認められる。この三間立方にはすでに、磯崎のプラトン立体好みが表われていると言えないこともない。

吉村のアトリエは一九六〇年に赤瀬川、篠原有司男、荒川修作らと結成した「ネオ・ダダイズム・オルガナイザー」（略して「ネオ・ダダ」）の拠点となり、その第二回展（一九六〇年七月）はここで開催された。第二回展のパンフレットでこの会場は「革命芸術家のホワイト・ハウス」と称されている。[*3]木造家屋ばかりの茶色い町並みのなかで、外壁をモルタルで白く塗った建物が目立っていたからだが、磯崎はこの名称に「一九五〇年代のアメリカニズムの影響で育った僕たちの世代が放った自虐的パロディみたいな気分」[*4]が託されていたと語っている。

日米安全保障条約に反対するデモ隊が国会議事堂を取り囲んだ六〇年安保闘争最中の新宿にあっ

て、ホワイトハウスは名曲喫茶「風月堂」などと同じく、美術のみならず、舞踊・音楽・写真・映画などに携わるアーティストたちの溜まり場となった。のちに磯崎はこの白い立方体を「時代のうねりを受け止める何でもありな空間」[*5]として、いわゆる「ホワイトキューブ」の展示空間の先駆けと見なしている。そこで起きていたことの一端は、磯崎の次のような回想から知れる――

「リーダー格であった篠原有司男は、瀧口修造氏をいたく感動させた作品タイトル「こうなったらやけくそだ」で知られており、頭髪をモヒカン刈りにして、白いキャンバスにむかって絵具をつけたグローヴでシャドウボクシングをやった。ときには頭髪を絵筆代りにもした。赤瀬川原平は廃品回収所から、古タイヤのチューヴをひきだして、人間がすっぽりくるまれる程の大きさの女性器を模造して壁にぶら下げた。升沢金平は寝小便の跡のある破れ布団を壁にかけ、毎日、その表面に新鮮な小便を補充していた。ホワイトハウスでは深夜に到ると酒宴がはじまり、大量の最安価ウイスキーが消費されたが、吉村益信はその空瓶を屏風から横方向に林立させ、尖端をたたき割り、危険きわまりない迷路をつくって、観客を強制的にその間を通過させた。荒川修作は、胎児のようなものの箱詰めを量産していた」[*6]。

ネオ・ダダのメンバーを中心とするこうした活動には美術批評家・東野芳明によって「反芸術」という名が与えられる。[*7] ネオ・ダダ自体は、一九六〇年九月に第三回の展覧会を開催した直後、吉村の結婚に伴ってホワイトハウスの開放が停止されると、グループとしての活動を事実上終えて消滅する。他方、「反芸術」の動向は読売アンデパンダン展を主要な舞台として継続し、第十六回の同展が突如中止される一九六四年まで、東野らによる美術批評で盛んに論じられた。一九六四年の初頭には、東野の企画による公開討論会「〝反芸術〟是か非か」が開かれ、磯崎も討論者のひとりとしてそこに参加している。

のちの『反建築史』(二〇〇一)や『反回想I』(二〇〇一)といった著書の書名にも表われている、磯崎の「反」への志向を理解するうえでも、「反芸術」との関わりから彼が何を得たのかは仔細に検討されなければならない。その点にはこの時期の磯崎自身の制作活動をたどったうえで改めて立ち返ることにしたい。あらかじめ述べておけば、そうした検討はほかならぬ日本という場における「美術」が「反芸術」というかたちを取らざるを得なかった条件を、この地での「建築」の存立可能性と照らし合わせる作業になるだろう。それはまた、一九六四年に東野と「反芸術」論争を闘わせた宮川淳の言説を通して、磯崎における「建築」という観念を照射することに繫がる筈である。

ここではまず、磯崎が大分市長・上田保から、高崎山万寿寺別院の設計を依頼された一九五九年に遡ろう。この依頼が父・操次の人的コネクションの産物であったことは想像に難くない。磯崎のもとには上田個人から直接電話があったという。磯崎はそこで、野猿が棲む山の中腹に建つ予定のこの寺をこんなふうに構想する――

「五〇年代の通例として、これはコンクリート打放しを予定していた。禅宗の寺院であるから、平面は京都の禅院塔頭の方丈の九つ間取りとでもいうべき左右・奥行きいずれも三分割し中央奥の間を祭壇にする。その形式をそっくり踏襲し、周辺の縁側の外郭に壁柱を立て、これを地上三階ぐらいのレベルに持ち上げている。屋根は大きい逆反りのままで、下側は打放しでそのまま天井として露出する。前に斜め方向に大きい階段をつける」[*8]。

この計画案は雑誌に発表されている[*9]。野猿の群れを前景に、山林のなかに寺院が建つ光景を模型で表わしたフォトモンタージュのほか、別角度から撮影された模型写真などである。「設計　磯崎新」とあるすぐうえには「顧問　岸田日出刀」と記されている。無名の学生だった磯崎にこの仕事を委ねるに際し、上田が出した条件に従ったものだ。磯崎の図面を確認した岸田は、案それ自体を簡単に了承したうえで、こう釘を刺したという――「作為に陥らぬように[*10]」。

とくに模型写真を見るとき、山の斜面に巨大な壁柱を立てて支えた構造や大きく湾曲した屋根、一直線に下る階段はたしかにダイナミックだが、当時の建築雑誌の読者はそこに、或る種の既視感を覚えたかもしれない。というのも、磯崎も認めているように、これらの要素にはいずれもわかりやすい参照対象があったからである。壁柱による躯体の持ち上げは菊竹清訓の「スカイハウス」（一九五八）、逆反りの屋根はインド・チャンディガールのル・コルビュジエによる建築群、とくにその立法議会議事堂（一九五一～六二）、細く長い階段はイタリアの建築家、ヴィットリアーノ・ヴィガーノによるガルダ湖畔の家（一九五八）を想起させるのだ[*11]。さらに、手摺りや柱・壁の構成は丹下研究室が香川県庁舎などで開発してきたコンクリート建築の型を踏襲している。他方、方丈の部分には木造・畳敷きの伝統的な造りをそのままはめ込むことにしていたという。端的に言ってこの計画案は、ル・コルビュジエやヴィガーノのニュー・ブルータリズムと日本の寺院建築とのいささか強引な結合なのである。「作為」以外の何ものでもない。磯崎はそれを認め、次のように回顧している――

「だが私は透明な空間にはどうしてもなじめなかった、不透明で作為の塊のような建物をつくりたいと考えていた。不気味なものがいい、と思っていた。透けた空間よりも、その奥にある闇にひかれていた」[*12]。

この場合の「透明な空間」とは、或る時期までの丹下の建築に支配的だったミース的な均質空間であろう。それは岸田の庇護下にあった時代の丹下の建築空間ということでもある。「作為に陥らぬように」という訓告のうちに磯崎は、丹下が一九五六年に発表した論文「現代建築の創造と日本建築の伝統」のあたりから、日本的な透明性を有する静的空間を否定し、「縄文的なもの」を賛美して、やがて代々木の国立屋内総合競技場(一九六四)のダイナミズムへと至る過程で示した変化に対する、岸田の批判的なまなざしを認めている。[*13] 磯崎ははからずも、岸田と丹下のこの緊張関係のただなかに身を置いていたことになる。

高崎山万寿寺別院計画は市政上の理由で結局実現することはなかった。そこで残された磯崎自身にとっての問題は、自分の計画案が師・丹下のこの変容に結果的には追随していた点にあったのではないだろうか。磯崎案が「作為」であったとするならば、岸田の意に適った「自然《じねん》」へと戻ることはもとより選択肢にはなりえず、むしろ、丹下の「作為」をも乗り越えるような「作為」に徹するしかない。二人の(祖)父たる建築家をもろとも同時に、「作為」によって超克しなければならないのである。だが、どうやって？
その機会は、ふたたび九州コネクションの人脈から、さほど時を経ずしてもたらされた。父の友人である岩田学園理事長・岩田正から紹介された、当時の大分県医師会副会長・中山宏男の推薦による、同医師会館の設計である。『大分県医師会史』（一九七一）によれば、医師会館の建設は一九五九年五月に正式決定され、九月には中山をはじめとする医師会の面々と磯崎との打ち合わせがもたれている。*[14] この間、複数の候補者から設計者選定の手続きが取られた形跡はない。最初から磯崎に設計を委ねることは決定済みだったようだ。そして事実、同じ九月の月末には設計・監督が磯崎に委嘱されている。その後、翌一九六〇年一月まで提案と修正が繰り返され、第六案で結着、当初は全国的に展開している大手建設会社のみの入札としたが、複数の地元業者から抗議があって、最終的には大分の会社・後藤組が施工を担当することになった。四月に起工式、竣工は同年末である。
この大分県医師会館（隣接する一九七二年竣工の新館に対して旧館と呼ばれる）は、新館ともども一九九九年に解体されて現存しない。その敷地は現在、大分市保健所が建っている場所で、府内城の堀沿い西側を走る、当時は松並木だった道路の北側突き当たりに位置する。そこは磯崎が大分中学校に通った道筋だったという。磯崎はのちに、「私はとっさにこれは門だ、と考えた」と回想し、医師会館案の着想に東大寺南大門の記憶が作用したことを認めている。*[15]
完成した建物は巨大な楕円状の切断面をもつコンクリート打ち放しのシリンダーないしチューブが、両脇を計四本の太い壁柱に支えられて空中に持ち上げられ、その横長の側面には、梯子を横に

6-1. 大分県医師会館

倒した態のいわゆるフィレンデール橋のような開口部が並んでいる。大スパンのコンクリート・シェルでくるまれた三階にはホールがあり、高崎山万寿寺別院計画の大屋根を思わせる、楕円下部の逆反りの面が二階の天井となる。一階と二階は道路からやや奥まった位置にあるため、シリンダーの下部に隠れている。それゆえ、とくに松並木からアプローチするとき、横長の巨大なシリンダーとそれを支える――ミケランジェロが好んで用いた――建物二層分に亘る「ジャイアント・オーダー」の二本の壁柱がとりわけ際立つことになる。このファサードは道の終点に屹立する巨大な門という印象を強く喚起している。

一九六一年二月に雑誌に発表された論文「シンボルの再生」で、磯崎はこの建物の設計の論理を都市との関係で解説している。そこでまず参照されるのは、モンドリアンからポロックに至る現代絵画史における、キャンバスという「枠」と絵画との葛藤である。ポロックにおいて、絵画はキャンバスを完全に否定するに至り、その否定されたキャンバスのうえで表現が行なわれている。「ぼくら」もポロックたちと同じような地点に立っている、と磯崎は言う――

「建築の枠は都市まで拡げられたわけではない。その枠は以前と同様に枠である。しかし、あらたに都市をつかまえ、その都市のエレメントとして建築をつかまえるときその建築は決定的に新しいとらえ方をする必要がうまれてくるし、新しい意味を与えられることが可能になってくる」[*16]。

建築の枠を都市まで拡げるとは、CIAMの一九三三年「アテネ憲章」が描き出したような、建築が都市全体へと区切りなくスムースに拡大する「輝ける都市」(ル・コルビュジエ)の透明なイメージを意味する。しかし、磯崎によれば、現実の資本主義社会では建築は敷地という枠内に限定されて孤立しており、都市全体は透明なものになるどころか、理解し得ないものと化している。そうした状況下で枠を枠として残したまま、建築を「都市のエレメント」とするためには、都市というシステムを建築の条件として正確に意識したうえで、個々の建築が固有の特徴を有した「シンボル」になるべきだと磯崎は主張する。その背後には、都市とは「無数のシンボルの群がつくり出すパターン」であるという認識がある。そのとき建築は、そのようなパターンの「エレメント」であると同時に、「小宇宙」として強く自己を主張する。

大分県医師会館の場合、敷地に即したそのようなシンボルとして選択されたのが、コンクリートによる楕円の巨大シリンダーというかたちである。この建築が周囲の都市景観と対立することによって自己主張するためには、鉄筋コンクリートを柱梁の架構に分解して使用することでは「たよりなさがあった」と磯崎は書いている。これは丹下研究室ですでに型として定着し洗練されていたコンクリート建築のスタイルに対する訣別宣言である。そのスタイルとは、線状のコンクリート部材を柱と梁に分け、さらに手摺りを交えることにより、木造建築のプロポーションに限りなく近づけたコンクリートのフレームでファサードを構成するという手法だった。

磯崎はデビュー作の解説で師・丹下のこうした手法を否定する。コンクリートはむしろ、面でつかまえ、そのようなものとして露出すべきなのである。言い換えれば、彫塑的に扱うということだ。この点を磯崎は「コンクリートはやはり木でなくて、石や土に近い」[*17]と表現している。石を刻み、土をこね上げるようにして建築を作るという感覚がそこに表われている。その感覚は論文の最後で次のように吐露される自覚に結びついている――

「ぼくらの意識は、巨大な機構の内部にありながらしばしば理解しがたいような現象に身を投じる必要に日夜おびやかされているなかで、むしろ暗いネイティブなもののなかに、そういう不安定さに強く耐えて行くヴァイタリティを発見する。建築はたしかに出来上ったと同時に他の周辺の建築や都市的な施設と絶縁する。それは敵対状態に陥ることもある。建築はそれでもそれに耐え自己を主張するのだが、その時には、もはや軽快でほがらかな歌はない。しかしネイティブなもの、丁度、ソウル・ジャズの傑作のひとつにあるように《うめく》ようなものになるかも知れない」[*18]。

「うめく」ような「ソウル・ジャズの傑作のひとつ」とは、アート・ブレイキー&ザ・ジャズ・メッセンジャーズの〈モーニン（Moanin'）〉（一九五八）、つまり、文字通り〈うめく〉というタイトルの作品である。磯崎はみずからの大分県医師会館に軽快さはなく、「うめきつづけるようなもの」であるとして、それは「生きつづける奥底にあるネイティブなもの」へと向けて、そうした「うめきつづける」実感を語ろうと努めたせいかもしれないと言う――「いまこの建築ができあがってみると、ぼくらはひたすら重い、かたいもののなかから可能なかぎりの技術をつかって、それ（その実感）をこの建築のシンボルにしようと努力しつづけたように考えられる」[*19]。

これ自体がどこか淀んだ、「うめき」のように絞り出された印象を与える文章である。「暗いネイティブなもの」「ひたすら重い、かたいもの」へと向かう志向性のなかに、東大寺南大門という

「暴力的で野蛮」かつ「無理な架構」の脚下で磯崎の軀を貫いた（反）重力の身体記憶を認められそうに思う。それは建造途中にあった広島ピースセンター陳列館の廃墟的架構に漲っていた力でもある。医師会館を「門」の側からではなく、楕円形の断面側から眺めるとき、「異様なコンクリートの量塊」が「理不尽に立ち上がった」という印象において、師・丹下が写真に撮影した陳列館と墓地が重なり合った光景の記憶が甦る。丹下的なものを逃れ、それに抵抗しようともがきながら、磯崎はここでもまだ、この師とのそもそもの出会いの原光景を引き摺っている。「重さ」やソウル・ジャズ（ファンキー・ジャズ）の「うめき」と対になった「ネイティブなもの」の強調もまた、一九五五〜五六年の雑誌『新建築』における「伝統論争」をきっかけとした、建築界における「縄文的なもの」への関心の高まりと無縁ではあるまい。この点でも磯崎は丹下が見せつつあった変化からさほど遠い位置にはいない。

他方、シリンダー状の巨大なコンクリート・シェルが示している一種の橋に似た性格は、コアとなるタワー群のあいだにメガスケールの構造体を橋ないし配管のように掛け渡す、「ジョイント・コア・システム」にもとづく磯崎の「新宿計画」（一九六一）をはじめとする「空中都市」計画案に明らかに通底している。ただし、ここではその構造体が両端を断ち切られたかたちで宙に持ち上げられている。そのシリンダー部分だけを取り出せば、その内部は単純な筒状の中空であり、そこに窓を開けるに際しても、旅客機や汽船が類推されていたに過ぎない。*[20] それ以上の複雑さは構想されていなかった。そんな都市的配管の断片としての大架構が、これまた巨大な四本の「足」で支えられているのである。

　のちの回想によれば、都市のひとつの辻に「門」として建ち、「シンボル」として機能するだけのスケールをもった構造体を作るという、自分が設定した課題を解くために磯崎がここで唯一信じたのは、「コンクリートという素材が、重力に抗して立ち上がるときに必要な量塊と構成の方式」、その「スケールにかかわるロジック」だけだった[*21]。そのとき、それまで習得してきた美意識による判定は遠ざけられた。「眼の記憶はあやしい」のであり、だから、「美を語るべきではない」――「美を想うこと、それ自体がトラップに陥ることになる」[*22]。丹下が「「美しき」もののみ機能的である」という宣言によって機能性の支えにした美、および、師の作品を毎日製図することで磯崎が肉体化していた美意識はあえて振り捨てられるのである。

　思えば、この「美（美意識）との訣別」こそ、磯崎が丹下の影響を脱するためにもっとも不可欠な過程だったに違いない。製図板のうえで医師会館のデザインを練っているとき、あるいはその模型を作ってみたとき、磯崎は「突然それが豚の蚊遣のように見えはじめて思わず笑ってしまった」と言う――「思いなおして、そのユーモアにこそ賭けるべきだと決めた。それが私の最初の決断でもあった」[*23]。その根拠は「こんなばかばかしい建物を私は見たことがない」からだ――「私の建築の全学習、眼のすべての訓練を、この〔医師会館の〕模型は裏切っている。自分で評価できないだけでなく、誰も評価しないだろう。だから、これでやろう。そんな具合だった」[*24]〔傍点・引用者〕。

コンクリートを石や土に見立てて作り上げた架構は、素焼きの巨大な「豚の蚊遣」と化したのである。「縄文的」などという形容句で文化的に装う以前の、シンボルとしての「ばかばかしい」までの存在感がそこにはある。それが都市のなかで自己主張する「うめき」とは、アート・ブレイキーの〈モーニン〉に引き寄せて言えば、一種のグルーヴのようなものだろうか。それに対して、「軽快でほがらかな歌」とは、少なくともその「軽さ」という性格から、コンクリートの柱梁で木割りのプロポーションを模した、いかにも「弥生的」な丹下研究室の作品群に対応する。この師の手法は当時流行になりかけていた。磯崎はそれに沿った穏当な解ではなく、都市的巨大スケールの彫塑的コンクリート架構体に内在する論理の徹底化に賭けたのである――「この異形とも見える建物を私は引き受けることで、建築家として出発することになるが、少なくとも誰もがやりそうにないものだから、それでいい。こんな具合だった。不安でもあった。私は最初から失敗するだろう、と思った」[*25]。

大分県医師会館旧館の魅力は、建築空間の洗練された完成度などにはない。都市デザイン上のコンセプトや巨大コンクリート架構のロジック自体は明快でも、それらが有機的に調和した全体を形成しているわけではない。すべてがどこかちぐはぐで、それこそ「豚の蚊遣」めいた玩具的な稚拙さを残している。にもかかわらず、あの磯崎新をして「私はもはや四〇年近くの後になって、いまだにこの「大分県医師会館」のデザインをいかに説明していいか困っている」[*26]と当惑させた、その未分化であるがゆえの不透明なポテンシャルにおいて唯一無二《ユニーク》なのだ。

それはこれが丹下的な建築から身をよじって離れようとする、必死の反撥力のようなものの表われだからかもしれぬ。磯崎の語る「うめき」はそうした離脱の運動から生じるものだろう。端的に言ってこの建物は「反芸術」的なのだ。つまり、「反建築」であり、巨大スケールの「こうなったらやけくそだ」である。ただし――逆説的に響くが――徹底してロジカルな「こうなったらやけくそだ」なのだ。論文「シンボルの再生」ではポロックまでしか言及されていないものの、美術とのアナロジーを語る磯崎の意識／無意識には、新宿ホワイトハウスで生み出されていた「異形」のオブジェ群のイメージが点滅していた筈である。

大分県医師会館の実施設計図面を本郷の「トポロジカル・ラビリンス」で引いていた一九六〇年の五月から安保条約が発効する六月二十三日にかけての一ヵ月間、磯崎は連日、午前中は大学の丹下研究室で未来都市計画「東京１９６０」の作業を進め、午後遅くなると国会議事堂前のデモに参加、それが流れ解散したあとは深夜まで新宿を徘徊し、ホワイトハウスにたむろする人びとに付き合っていたという。デモのなかで「ぼくは幾度となく、アメリカ人の大げさな墓石とそっくりの国会議事堂が、炎上するのではないかという幻想にとらわれた」[*27]と磯崎が告白しているようなエポックである。長期間に亘る睡眠不足は磯崎の肉体にドラッグのように作用した。年末に大分県医師会館が竣工し、資料作成に追われた「東京１９６０」のメディア発表も終わったのちの一九六一年春、磯崎は過労によるメニエール症候群で倒れてしまう。

ドラッグによる幻覚に似た陶酔状態のなかで磯崎はこんな二つの問いを反芻している――

〈動転するほどに建築の概念を変えてしまうことはできるだろうか。〉

〈都市のデザインを非秩序とでもいうべき働きのなかに編成できるだろうか。[*28]〉

第一の問いは「反建築」としての建築に関わる。第二の問いは「東京1960」の裏テーマである。一九六〇年の五月に東京で開かれた世界デザイン会議では、丹下研究室のメンバーを中心に『METABOLISM/1960――都市への提案』が発表されている。磯崎はメタボリズム・グループの至近距離にいながらそこに加わることはなかった。二つの問いを抱えていた騒乱・恍惚とその後の肉体的・精神的危機のなかで、磯崎の裡では丹下研究室やメタボリズムの未来都市構想を「動転」させるような計画が胚胎されつつある。


その計画の名は「都市破壊業」――SINとARATAという磯崎の二体の分身が画策する都市解体の破壊工作である。

第7章　都市の孵化と破壊

のちに八田利也名義の著書『現代建築愚作論』(一九六一)に収められることになる、磯崎、伊藤ていじ、川上秀光の連名による最初のエッセイは、『建築文化』一九五八年四月号に掲載された「小住宅設計ばんざい」である。これは同誌の一月号に磯崎が発表し、「立体最小限住宅」で知られる池辺陽の憤激を買ったという論文「小住宅作家のゆくえは?」[*1]の延長線上にあって、かつて敗戦直後に小住宅の設計が担っていた前衛的な歴史的使命は朝鮮戦争を境に終わってしまった、と宣告している。小住宅はすでに「作家」たちの手を離れ、大衆化・量産化した。その現状を「ばんざい」と寿ぐべきだと磯崎たちはアイロニカルに告げるのである。この文章は数多くの批判を招き、それに応えるかたちで、磯崎らによる「「ばんざい」始末記」が同じ雑誌の九月号に掲載されている。

では、「作家」たるべき建築家にとって、小住宅の設計に代わる前衛性や歴史的使命はいったい何が担うことになるのか——この問いに対する回答はまず、八田という人格を構成する三人が分裂した状態で与えられる。同じ年の『建築文化』六月号の特集「都市再開発と建築家」には丹下健三・浅田孝・大谷幸夫と文責・磯崎の連名による論文「建築家よ都市像を持とう」と並んで、伊藤・川上に宮沢美智雄が加わった三名を著者とする「都市再開発の展望とフリーアーキテクトの運命」が発表されている。

前者は「世界最大の活気あふれた街」東京の、同じく世界一とも思える混乱を招いた責任の一端は建築家にあった、と認めることから始まる。この混乱を克服するために、建築家は民衆のエネルギーをひとつのかたちにまとめあげ、何らかの都市像を提示しなければならない——「新しい街づくりには、つまり新しい都市のイマジネーションにあふれた空間の創造が必要なのだ」[*2]。それゆえに建築家には日々の実践のなかで都市像の提案を繰り返すことが求められる。だが、現状における都市、とくに都心再開発の無策を批判する一方で、この論文はあるべき都市像の具体例を、ピロティ、広場《プラッツァ》、クラスター・システムといった断片的なキーワードでしか示しえていない。

他方、伊藤たちの論文は『現代建築愚作論』に収められているから、八田利也としての主張はこちらにあったことになろう。書籍化される際、タイトルは「都市再開発は建築家に市場を与えるか」と変えられており、この題名がすべてを物語っている。著者たちの問題意識は都市再開発にフリーアーキテクトが参画できるか否かに絞られている。都市再開発のなかで建物は資本主義の論理によって必然的にマンモスビル化する。その建設を担えるのは大資本とのあいだにすでにコネクションを有する大設計事務所のみであり、新参のフリーアーキテクトはそのいずれかの系列に属すしかないというのが伊藤たちの結論である。

この二つの論文は、建築家が大都市・東京の再開発に介入するための戦略をめぐる、理想論とリアリズムとでも呼べるだろうか。前者の理想論の生ぬるさばかりではなく、後者のシニカルなリアリズムも超えて、八田利也が建築家の前衛的な歴史的使命を都市のうちにはっきりと見定めるのは、翌一九五九年の『建築文化』五月号に掲載された「都市の混乱を助長し　破局の到るを待て」においてである。そこで八田は、丹下らの「建築家よ都市像を持とう」が問題にしていた都市の混乱について、建築家たちこそはその「癌細胞」を植えつけるのに精力的に手を貸していると断言する。そんな建築家がこの混乱の救済策や都市再建を提唱するのは矛盾にほかならない。では、どうするか。

八田が主張するのは、無軌道な建設への尽力によって都市の混乱をますます助長し、「破局」への進行を助けるという戦略である――「新都市再建の条件を速かに確立するために――また頑迷な小保守主義者たちや、みみっちい独占資本家の保守的ムードを打ち破るためには、彼らの足もとをすくって引き倒す以外に手はない」[*3]。建築家は先述した矛盾など気にすることなく、開き直って稼ぎまくることで対社会的発言力を増しながら、都市の「癌細胞」を臨界点に向けてひたすら増殖させる一方、新しい都市のイメージをせっせとプロパガンダして保守的な資本家やビュロクラシーの裏をかく、「悪知恵」を身に付けるべきなのだ。そんなふうにして、破局に至るまで都市混乱を加速する「悪質な建築家」こそが建築史に名を留めるだろう、と八田は嘯《うそぶ》く。これは新都市建設のためにいわば旧都市崩壊を画策する、革命のプログラムとでも呼ぶべきものだろう。

一九五七年頃からこの時期にかけ、東京とその周辺を舞台とするさまざまな新都市構想が続々と提案されている。嚆矢となるのは磯崎が丹下の名代として関わった岡本太郎の計画案だ。品川沖にアミューズメントセンターとなる人工島「いこい島《じま》」を作るという岡本案を中心とした雑誌記事「ぼくらの都市計画」が、丹下や安部公房を含む出席者による座談会の記録として一九五七年六月に発表されている。*4 そこで示されたのは、皇居を中心とする山手線内のエリアをほぼ同心円状にゾーニングしたうえで、新宿・渋谷・池袋などがサブセンターとなって放射状にもゾーニングされた、岡本の描く太陽（たとえばのちの「太陽の塔」背面の《黒い太陽》）の形状を思わせる東京の改造案だった。磯崎の回想によれば、この太陽に似たイメージは丹下が描いたものらしい。*5

だが、東京新都市計画群の真の火付け役になったのは、一九五八年四月に発表された、千葉の鋸山を核爆発で崩して東京湾を半分埋め立てるという、当時の日本住宅公団総裁・加納久朗による「東京湾埋立による新東京建設提案」、通称「加納構想」である。丹下はこの構想を発表前に知って衝撃を受けている。*6「東京計画１９６０」に結実する、東京湾へ向けて都市を大規模に拡張するというアイディアの萌芽である。

一九五八年から翌年にかけ、菊竹清訓の「塔状都市」や「海上都市」、大高正人の「海上帯状都市」、黒川紀章の「新東京計画」といった、「メタボリズム」を提唱することになる若い建築家たちによるあらたな都市イメージの提案が続いている。大高案や黒川案は多かれ少なかれ加納構想の影響を受け、東京湾の開発を想定したものだった。他方、中央にエレベーターをもつ円柱状の巨大なコンクリート構造体の表面に、数種類の異なるパターンの住居ユニットが最大一二五〇個まで装着できる「塔状都市」を代表とする菊竹案は、未来都市のイメージをより鮮明に提示しえていた。

　菊竹の「海上都市」と対をなす同時代のSF的未来イメージとして、岡本の「ぼくらの都市計画」にも登場した安部による長篇SF小説『第四間氷期』（一九五九）がある。磯崎が安部の最高傑作と評価する[*7]この作品は、電子計算機《コンピュータ》を利用した「予言機械」が告げる、地表面がことごとく水没してしまう未来に備えて秘かに進められる、「水棲人」育成と海底植民地計画をめぐる物語である。はるか後年の磯崎が言うように、菊竹や丹下の都市計画や自身の各種「空中都市」案を『第四間氷期』に対する反応としての「海水面上昇に対応する栖さがし」[*8]と見なすことはいささか極端な推定にしても、安部がこれらの建築家たちと問題意識を共有していたことは間違いない。「海水面上昇に対応する栖さがし」としての都市計画群は、裏を返せば、混乱の極みにある既存の都市がすべて水没することを思い描く、大洪水後の世界のヴィジョンでもあるからだ。

　ただし、安部の場合にはそこに、都市計画のようなかたちで未来を予言する行為自体への鋭い反省があった。『第四間氷期』あとがきで安部は、真の未来とは現在との「断絶」の向こうに、「もの」のように現われるのだと思うと書いている——「日常の連続感は、未来を見た瞬間に、死ななければならないのである」[*9]。それゆえに、未来はそれが未来だということのみによって、「すでに本来的に残酷」なのである。「予言」としての都市計画はこうした「未来の残酷さ」と対峙し得ているか——磯崎が『第四間氷期』から突きつけられたのはそんな問いであったに違いない。それに対する磯崎の応答はのちほど見よう。

菊竹らを主要メンバーとする「メタボリズム」の運動は、世界デザイン会議の一九六〇年五月東京開催の決定をきっかけに始まっている[*10]。同会議の事務局長となった浅田孝のもと、『新建築』編集長を務めた建築評論家・川添登が中心になり、一九五八年の十月頃から建築家やデザイナーに声がかけられ、菊竹、黒川、大高のほか、槇文彦、榮久庵憲司、粟津潔がそのメンバーとなる。世界デザイン会議に際しては、菊竹や黒川らの都市計画案を掲載したパンフレット『METABOLISM/1960 ——都市への提案』が発表された。「メタボリズム」という名称の由来はそこでこう説明されている——「メタボリズム（新陳代謝）という生物学上の用語をもちいるのは、デザインや技術を、人間の生命力の外延と考えるからに他ならない。したがってわれわれは、歴史の新陳代謝を、自然的に受入れるのではなく、積極的に促進させようとするものである」[*11]。

浅田や川添とおたがいによく知る関係にあった磯崎がメタボリズム・グループに加わらなかった理由ははっきりしない。磯崎自身は、自分も誘われたのだが、すでに同グループのメンバーだった黒川に対する丹下研究室内での評価を知るにつけ、何となく気が進まなかったし、大分県医師会館の件や安保闘争で忙しかったからだ、と語っている。さらに、理論的な違いというよりも「匂いだけ」であった、と。[12] だがおそらく、その「匂い」の差異こそが決定的であったことは、磯崎による当時の都市構想を通じて明らかになるだろう。

磯崎は『近代建築』一九六〇年六月号に「新宿・淀橋浄水場跡開発計画案」（通称「新宿計画」）を発表している。一連の「空中都市」案の最初のものである。約五二〇×三六〇メートルの敷地内に、「ジョイント・コア」と称される直径十二メートルの円柱《シャフト》が四十メートル間隔で林立する。このシャフト内にはエレベーターをはじめとするインフラストラクチャーが収容され、各シャフトの高層部をトラス状の大スパン構造体で相互に結合して、そこがオフィスやホテルの空間となる。[13] ドローイングでは、高さの違うジョイント・コアをそれぞれ異なる階数と長さの構造体で連結した群体の光景が、尾形光琳の《燕子花《かきつばた》図屏風》を思わせるような、リズミカルな視覚的印象を生んでいる。磯崎はのちにこれを、当時計画段階にあった新宿高層ビル群に対するカウンター・プロポーザルだったと言う。[14] 限定された敷地内で単体の建物が垂直に延びるだけのビルディング・タイプに対して、トラス構造体によって空中で連結し合うジョイント・コアが「群」として成長してゆくような、あらたな都市的ビルディング・タイプが提案されているのである。

磯崎は同時期に書かれた論考「現代都市における建築の概念」（一九六〇）で、このような「群」の建築を結合する手法こそが「アーバンデザイン」であると定義している。この論考で磯崎は都市建築の特性を、それ自体として小宇宙をなしながら、集積することで不定形な都市を形成するという二重性に見ている。アーバンデザインはこの両面を実体としてとらえ、都市の不定形性と単体の

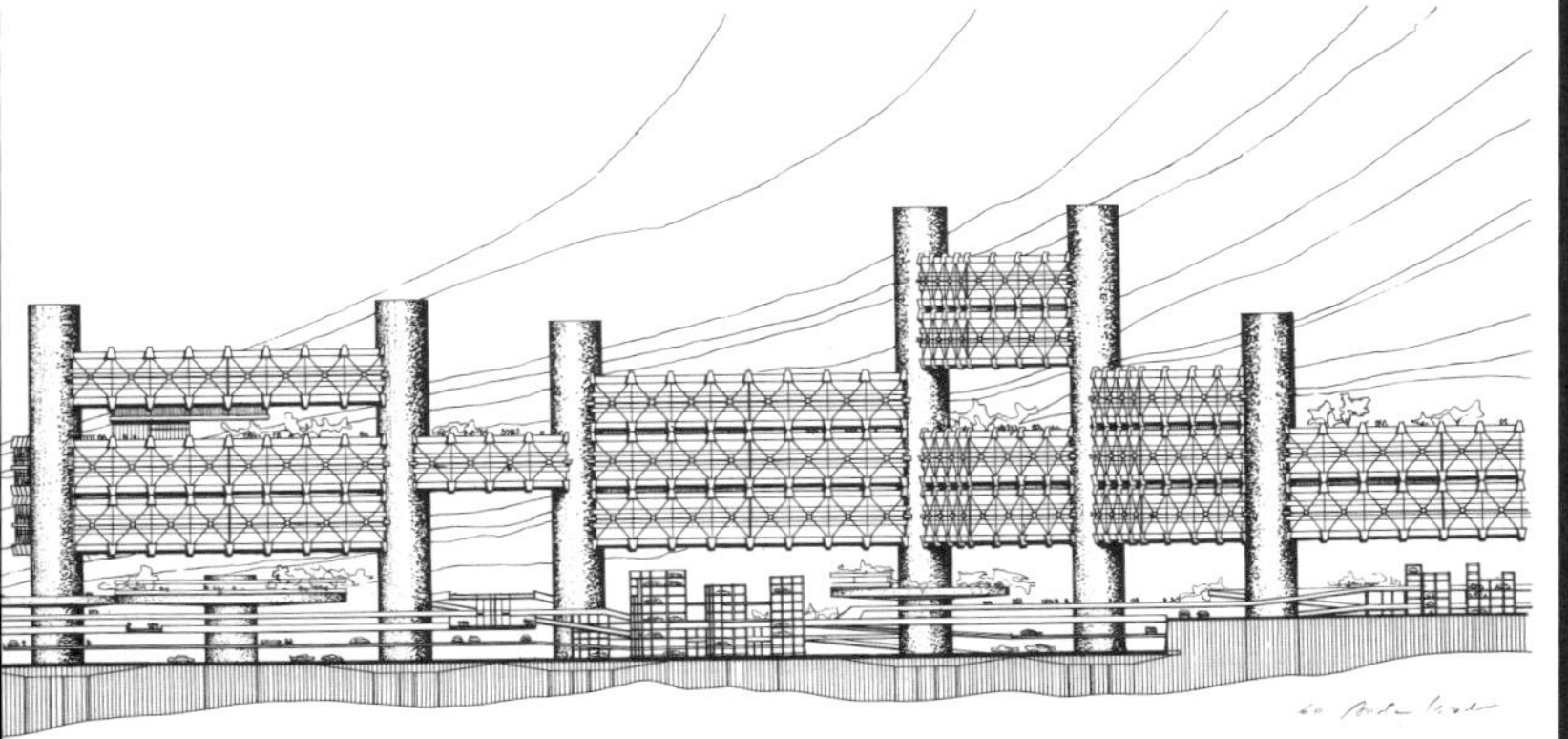

7-1.「空中都市・新宿計画」ドローイング

建築をひとつのシステムのうちに統合する営みでなければならない。現代の都市形態を決定的に規定しているのは自動車道だが、この「あたらしい都市のスピードと対応できるただ一つの建築物」[*15]としての道路建築は、いまだ周辺の建築の存立条件と絡み合った「システム」を有するに至っていない。そのような「システム」を有して、長期的変動にも耐えるような「都市的施設」こそがこれからの都市の骨組みとなる。新宿計画のジョイント・コアとはそのような「システム」をもつ「都市的施設」にほかならない。

同じ一九六〇年の九月頃から丹下研究室で開始された「東京計画1960」で磯崎が担当したオフィスビル地区の構想には、このジョイント・コア・システムが転用されている。コアを連結するトラス構造体が空中都市を形成するというアイディアはそのまま活かされているものの、円柱だったジョイント・コアは角柱となり、その配置もグリッド状に整理されているため、新宿計画が有していた自由度やリズムは失われている。

丹下研究室におけるコア・システムの理論では、コアはあくまで建物の内部にあり、そのコアを繊細なプロポーションからなる柱梁のファサードで隠すことが、東京都庁舎を典型とする一九五〇年代の丹下作品に支配的な傾向だった。それに対し、すべてを露出しようとする「実存主義の建築バージョン」[*16]としてのニュー・ブルータリズム――とくにルイス・カーンのペンシルベニア大学リチャーズ医学研究棟やスミッソン夫妻の作品――の影響下にあった磯崎は、隠されるべきコアをあえて露出させることに向かう。そこには岡本が見出した「縄文的なもの」などからの刺激もあったと磯崎は回想している。[*17] 大分県医師会館について語られていたソウル・ジャズ的な「うめき」に通じる感覚であろう。

だが、磯崎の卒論が組み込まれた「コア・システム」をめぐる丹下研究室の論文ですでに、東京都庁舎のコアはそれ単体で塔のように屹立するかのごとき佇まいを見せていたのであり、建築物のこの「バックボーン」はそこから外部に取り出されさえすればよかった。新宿計画でそれ以上に注目すべきは、むしろ、コア間、トラス間、そしてコアとトラスのあいだで形成されている絶妙な「間合い」のリズムである。数年後に伊藤らと手がけた共同研究の成果である『日本の都市空間』でこの新宿計画は、日本の住居や寺院で空間構成のシンボルとなる「柱」に対応するジョイント・コアの「布石」によって生じる「ま」――同書では Imaginary Space と英訳されている――に、機能的な「アフェクター」――この場合には大スパンのトラス構造体――を取り付けることによって都市空間を創造しようとした構想として紹介されている。[*18]《燕子花図屏風》への連想はこの種の「ま」によるものと言ってよかろう。

ジョイント・コアはブエノスアイレスのプジョー・ビル計画案(一九六一)で単体の建築に適用されている。空中都市のシリーズとしては、ジョイント・コアを用いて東京・渋谷の空中に住居群を作り上げる計画案(一九六〇)がある。更地への建造が前提だった新宿計画に対して、この渋谷計画は既存の都市構造に直接介入するものだった。伊藤は「僕は、高度30メートル以下の建築は見捨てた」という、当時の磯崎の言葉を伝えている――「僕は、30メートル以上の空中で、建築と都市を考える」[19]。この頃、日本の建築法規では建物の高さが三十一メートル以下とされていたから、これは「実現不可能な構想を考える」と宣言しているに等しい。

ジョイント・コアを建てるためには十メートル四方程度の空き地があれば十分である[20]。渋谷計画の模型では、離れて立つコアを幹として、樹木の枝にあたる動線が横に延び、そこに葉をなす住居ユニットが連結されている。そのうえでさらに、異なる幹の枝と枝とが結合し合って、空中にネットワークを形成する。磯崎はこの計画案で東大寺南大門の「群がる」ような挿肘木の組みものをあからさまに引用している。磯崎に「〈建築〉の力」をなまなましく味わわせた「無理な架構」が純粋状態でメガストラクチャーに拡大されて増殖し、カオスと化した東京都心に林立させられた挙げ句、いわば「架構の森」をかたちづくっているのである。

空中都市のシリーズで磯崎は「柱」や「挿肘木」といった日本建築のエレメントをメガストラクチャーに翻訳する操作を繰り返している。それは「単体の小宇宙／不定形都市の一要素」という都市建築の二重性を反転させるようにして、「小宇宙の一要素」を「巨大規模の都市的施設」へとスケールアップし、「建築の一要素／都市」のヒエラルキーを転倒させることである。このデザイン的な操作によって磯崎の構想するメガストラクチャーは際立ってモニュメンタルな性格を獲得している。

論文「現代都市における建築の概念」で磯崎は、都市的施設のシステムが結び付ける建築群は不定形なまま、短期間に消長するだろうと述べている。そのとき、建築は都市のひとつの要素に過ぎ

7-2.「空中都市・渋谷計画」模型写真

ぬものへと転落する。建築それ自体がモニュメントであった時代は終わる――「そして、都市はわれわれがあたかも古代の廃墟を眺めるとき、その基本的な骨格と、それがささえる若干の装飾が印象にのこるように、つねに骨組となる都市のシステムにそってみられる物理的現象の集合体となるであろう」[*21]（傍点・引用者）。「未来都市は廃墟そのものである」と謳う「孵化過程」（一九六二）のイメージはすでにここで予告されていた。

「孵化過程」は「現代のイメージ」を特集した『美術手帖』一九六二年四月増刊号に掲載された。この号のゲスト・エディターである瀧口修造の寄稿依頼によるものである。そのほかの寄稿者は、岡本太郎、武満徹、杉浦康平など。執筆者一覧で磯崎は「アーバンデザイナー」を名乗っている。

誌面六ページに亘るこの作品は、家屋の密集した都市の空撮写真（撮影は二川幸夫）から始まる。磯崎によるテクストはそこに「生成の過程の終点」としての「均質化した空間」「閉塞の秩序」を認め、「ここに封じこまれて蓄積されていくエネルギーは、孵化の培養器になる」と綴ったうえで、唐突にこう宣告する――「破壊をともなわない都市計画は養老院のなかでつくればいい」[*22]。この挑発的な言辞のページを捲ると、先ほどの写真の街区があたかも爆撃されたかのように変化したイメージが現われ、その中央を縦に亀裂が走っている。「大地から湧出するどろどろの不定形な物質」が都市を飲み尽くし破壊するとき、「あたらしい孵化がはじまる」と磯崎は書く[*23]。不定形化した大地にはすでに、ジョイント・コア・システムの巨大なシャフトの開口部を表わすと思われる円が数多く散在している。見開きの右ページで示された計画図では、先ほどの亀裂部に太い道路が敷かれ、そこから脇道が幾重にも分岐している。ジョイント・コアはすでに大スパンの構造体で縦横に連結されているようだ。磯崎のテクストはこうした都市計画を「不定形な物質に運動の秩序をあたえること」と呼ぶ。孵化のプロセスは「運動と成長の原則にもとずいた《ママ》システム」を要求するのである。*24

これに続く見開きの上部は新宿計画のドローイングである。下部はその平面図で、自動車によるアプローチ部分を青く、低層部のショッピング・エリアや広場をピンク色で示している。磯崎によれば、ここで描かれたような都市は限定し完成された全体像として固定化したものではなく、あくまで「部分の機構」、つまりシステムであり、そのシステムは自己増殖し変化するという。それに伴って都市の全体像はつねに崩壊し続ける。都市とはそのようなプロセスそのものにほかならない。そのための機構《システム》は自由に成長する空間を共存させつつ連結するものでなければならない。そうした意味で、ジョイント・コアという「《柱》」は「都市空間の発生する原点」なのだ。*25 これに続くのが「孵化過程」の最終ページである。テクストを引こう――

「かくして孵化された都市は、崩壊する宿命にある。廃墟は、われわれの都市の未来の姿であり、未来都市は廃墟そのものである。われわれの現代都市は、それ故にわずかな《時間》を生き、エネルギーを発散させ、再び物質と化すであろう。われわれのあらゆる提案と努力はそこに埋め込まれて、そしてふたたび孵化培養器が建設される。それが未来だ*26」。

このページに掲げられたのは、ジョイント・コア・システムからなる未来都市のドローイングと廃墟化した古代ギリシア神殿[27]の写真とのモンタージュ[28]である。ジョイント・コアのかたわらには神殿の石柱が並んで立ち、コアの下部が折れた石柱に置き換えられたりもしている。手前の高速道路には自動車が行き交っているものの、神殿基壇の隣にはトラス構造体の残骸めいたものが認められる。「《柱》」であることが文中で示唆されたジョイント・コアが文字通り神殿廃墟の「柱」と等置され、建築単体の構成要素をメガストラクチャー化する手法が繰り返されているのだが、その参照対象がここでは写真によって示された古代神殿であるために、「未来都市は廃墟そのものである」というテーゼを鮮烈に象徴化したイメージが生み出されている。それはみずからが描く未来都市を「古代の廃墟を眺める」ように見ている磯崎のヴィジョンにほかならない。

都市を廃墟と見なすという視点は、同じ一九六二年一月に発表された論文「現代都市における空間の性格」ですでに表明されていたものだった。そこで磯崎は、ここで言う「廃墟」にノスタルジーや古代への憧憬、「廃墟の美」といった意味づけはいっさいないことを強調している。「廃墟」とは徹底して物理的・物質的な崩壊過程のプロセスを指し、そこで重要なのは、廃墟化をもたらす破壊や風化といった事件の偶発性である。都市空間は「突発事件の互に無関係に独立した連続的発生によってつぎつぎとかたちづくられる[29]」のだ。この点で都市の成長と廃墟化は時間の向きが逆転する点のみが異なる同種の「プロセス」である。それゆえに磯崎は「プロセスだけが具体的事実であり、プロセスだけが信じられるのである」と断言する。

磯崎は新宿計画を独立した複数の不確定要因によって発生する状況に対応[30]するモデルと位置付け

7-3. 「孵化過程」モンタージュ

ている。ジョイント・コア・システムはそうした諸要因を地下・地上・空中の各レベルに分解して、それぞれが自由に活動しながら重複することを可能にする「マトリックス」として構想された。それゆえ磯崎は、このマトリックスのシステムは「プロセス自身を表現する」とも言う[*31]。それは不確定要因による破壊に柔軟に対応しておのれを維持するシステム＝プロセスなのである。

しかし、この論文の数ヵ月後に発表された「孵化過程」はむしろ、こうしたシステム＝プロセス自体もまた偶発的な事件による廃墟化が必至であることを如実に示しているように思われる。新しい都市の「孵化」は、「美徳と安逸にみちた都市」が閉塞し、そこで蓄積・抑圧されたエネルギーが不定形な物質と化して噴出し都市を覆い破壊するときに起きる。「孵化」とはいわば都市の「卵殻」に破壊による「亀裂」が生じることにほかなるまい——「その変動は狂暴であり、みさかいなく、あなたをおびやかし、殺すだろう[*32]」。磯崎の作品「孵化過程」の核心をなしているのはこの「亀裂」を生む破壊なのであり、それに対応ないし対抗して都市につかの間の「運動の秩序」を与えるジョイント・コア・システムはそこで、じつは幕間狂言に過ぎぬものと化しているのではないか。そのことの帰結が最終ページにおける「廃墟としての未来都市」というイメージなのである。「孵化過程」のモンタージュおよび「未来都市は廃墟そのものである」というテーゼは、都市計画は「未来の残酷さ」と対峙できるかという安部の問いに対する磯崎の応答と見なすことができよう。ジョイント・コアと古代神殿が一体化したモンタージュは、現在との「断絶」の向こうに「もの」のように現われ、「日常の連続感」を死に至らしめる、「みさかいなく、あなたをおびやかし、殺す」残酷な未来のイメージである。

ジョイント・コア・システムを計画するアーバンデザイナーと「もの」としての未来の幻視者――磯崎はあきらかに分裂している。その分裂こそが無意識裡に作用して問題のモンタージュを作らせたようにも思える。磯崎はのちに、理論的な考察に先立つこのモンタージュが「複雑な言葉のような役割をしながら、展開の方向を決定づけていくようである」と語り、それは「キーストーンのように、イメージの拡張作用をいまだに続けている」[*33]と告白している。論理的な説明はつねに事後的なものである。「孵化過程」最終ページのモンタージュは磯崎にとってまさしく、「孵化培養器」のようなイメージとなったのだ。

だが、都市の変容はそこでなぜ「孵化」と呼ばれたのか。瀧口修造の『近代藝術』は高校時代の磯崎の愛読書だった。この書物が磯崎の思考の原型になった可能性についても指摘した。他方、瀧口の書いたテクストに卵形や球形、何らかの殻のイメージが頻出することはしばしば論じられており、磯崎にものちに「卵型の部屋」（一九七九）と題する瀧口論がある。瀧口から寄稿を求められ、磯崎が「アーバンデザイナー」としてその依頼に応えようとしたとき、瀧口にまつわるこの卵形のイメージが意識的／無意識的に作用したことは考えられぬことではあるまい。「孵化」は卵から動物が孵《かえ》ること、卵の殻や膜を破って外に出てくることを指し、その点では都市が破壊されて亀裂を生じる事態を連想させるが、「孵化過程」に磯崎が後日与えている英訳 Incubation Process によれば、incubation が意味する「抱卵・潜伏・潜伏期」の含意もあると考えるべきだろう。この当時、磯崎は「東京1960」計画と大分県医師会館の激務のあと、一九六一年春にメニエール症候群を発症して数ヵ月間入院し、その後も対人恐怖症に似た精神状態にあった。[*34] 磯崎が「孵化過程」という作品の制作を「自己の存在証明の原型」[*35]「はじめての自己確認の作業」[*36]と呼んでいることからすれば、「孵化」という語には彼自身のこの一種の「潜伏期」、そして、卵殻を破ってそこから脱出しようとする願望の意味合いもまた、おのずと反映されているのかもしれない。磯崎は『空間へ』でこう書いている──「消耗し、荒廃し、絶望していた気がする。この廃墟の光景にたどりつくために、おそらく、これまでの生存の表層部分のすべてを脱落させるだけの肉体的な手続きが必要であった。私は建築家としてこの地点から出発を始めた」[*37]〔傍点・引用者〕。「表層部分のすべてを脱落させる」とはまさしく「孵化」にほかならない。

一九六二年九月に『日本読書新聞』に書かれた「破壊のなかの未来像──東京のイメージ」で磯崎は、ダイナミックな都市を作り上げる手がかりは「過去が未来であり、逆に未来も過去のなかにあるような瞬間を、都市の生成過程に発見すること」だと述べている。[*38]「孵化過程」のモンタージュはそんな瞬間の凝結したイメージにほかならない。そこで重要なのは、「現在の都市の状況を一方的に破壊すること」であり、この破壊の操作なしに中世都市のような過去へと回帰したり、未来都市のヴィジョンを描いたりした都市像は「不毛」であると磯崎は切り捨てる。

「孵化過程」について言えば、未来都市が廃墟化する最終ページのモンタージュのみならず、大地に黒々と亀裂が走り、荒涼とした爆撃の跡地を思わせる二ページ目の図版もまた、菊竹をはじめとするメタボリズムの楽観的・ユートピア的な未来都市イメージからはおよそかけ離れている。メタボリズムが「新陳代謝」による生命維持のメカニズムをモデルとして都市や建築を構想したのに対し、「孵化過程」は同じく都市の変化を生命現象になぞらえながらも、あらたな孵化に向けて「亀裂」を生む破壊を中心に据えている。磯崎自身のジョイント・コア・システムですら、その破壊による廃墟化を免れない。

　同年の十月、メタボリズム・グループが企画した「都市計画と都市生活展――あなたの都市はこうなる」に磯崎が出展を求められた際、「孵化過程」に川添が激しいクレームを付け、いったんは展示を拒否したのも当然だろう。*39 藤森照信はデビューの頃の磯崎の言説や作品に感じた、未来の発展を夢見るメタボリズムの人びととは異なる、ニヒリズムや不健康さに触れ、その建築空間の「ガラーンという感じ」に「死の匂い」を嗅ぎ取った、と述べている。*40 メタボリズムと自分との違いは理論以前に「匂いだけ」だったと磯崎が語ったとき、その「匂い」とはこの「死の匂い」の有無だったのではないだろうか。

「孵化過程」のモンタージュはいわば「未来都市の死相」をとらえているのである。それは「未来都市は廃墟そのものである」という銘文《モットー》が付された寓意画《エンブレム》にも見立てられよう。古代神殿と未来イメージという異質な要素の継ぎ接ぎ《モンタージュ》による合体は、意味と表現との有機的一体性の含意がある象徴《シンボル》的なものと言うよりも、寓意《アレゴリー》的である。磯崎はジョイント・コア・システムという自分自身の作品に対して解体的なまでに批評的で、そこにこの寓意《アレゴリー》性、寓意画《エンブレム》性が生じているのだ。翻って、このイメージが磯崎自身にとっても拡張作用を止めないのは、それが謎めいた寓意画《エンブレム》と化しているからであろう。それが示していたのはおそらく、磯崎がネオ・ダダとの付き合いのなかで抱いた、「都市のデザインを非秩序とでもいうべき働きのなかに編成できるだろうか」という問いへのひとつの回答でもあった。

「都市計画と都市生活展」に際して、磯崎は計画案やモンタージュの出品のほかに、《ジョイント・コア・システム（孵化過程）》と題した作品ないしイヴェントを仕掛けている。それは東京の空撮写真を拡大して貼りつけた台を会場に置き、五寸釘と色とりどりのワイヤーを用意して、観客が台に釘を打ち付け――これがジョイント・コアに当たる――、それをトラス構造体に相当するワイヤーで自由に繋ぐというものだった。このシステムだけを設定して磯崎は会場を去り、最終日に再訪してみると、会場の壁や天井までもがワイヤーで繋がれた巨大な蜘蛛の巣が出現していたという。磯崎は台上の――壁や天井との接続は切断されたのであろう――「蜘蛛の巣」全体に石膏をかけて埋めることにより、作品としての最終形態にしている。

椹木野衣が指摘しているように、この作品は同時代の読売アンデパンダン展に出品された中西夏之や高松次郎の作品と類似している。*41 作品を成立させる最小限の規則・システムのみを定め、あとは不特定複数の他者に委ねるという手法が、結果として似通ったプロセスと産物を生むのである。したがって、《ジョイント・コア・システム（孵化過程）》はアート作品としては同工異曲に過ぎず、他方、都市デザインのモデルとしては初期条件の設定自体に無理がある。なぜならこれは、コアを配置して接続するデザイナーの権限を不特定複数の他者に与え、そこに何の制限も課していないからだ。ことの最後にマスター・デザイナーとしての磯崎が余計な接続を切断し、制限された全体を石膏で固めるという、いわば「都市の埋葬」を独断で行なうに至ったのは、こうした初期条件ゆえの必然だった。会場に張り巡らされた蜘蛛の巣が都市生成の終点としての「閉塞の秩序」であり、「不定形な物質」が都市を飲み尽くし破壊するときに「あたらしい孵化がはじまる」のだとすれば、石膏で埋められた状態にこそ「孵化」の開始を認めるべきだろう。そのとき、マスター・アーバンデザイナーとは絶対的な都市破壊者にほかならない。

こうしてわれわれは「都市破壊業ＫＫ」（『新建築』一九六二年九月号）という謎めいたテクストにたどり着く。それは雑誌の巻頭論文として執筆されたが、編集部が巻頭にはふさわしくないと判断したのか、実際には巻末近くの広告ページに挟まれるように小さい活字で掲載された。[*42] 安部公房を連想させる語り口でそれはこう始まる——

「あなたはこの奇妙なビジネスを笑ってはいけない。この会社は大真面目で存在している。この東京のどまんなかに、そう空中にただよいながら、この都市にいきるあなたの生活の裂け目にしのびこもうとしているのだ[*43]」。

語り手である「私」は、かつては〝殺し屋〟だった友人のＳの名刺を眼にして、彼が「都市破壊業」の会社の社長になったことを知る。芸術家的殺し屋だったＳの殺人は見事な「デザイン」そのものであり、「ライトほどのスノビズムもコルブほどのハッタリもなく〝消滅〟を〝実在〟と重複させる複雑なビィジョンをもたせ、〝空〟という概念を行為のただなかにとらえた数少い人間の一人かも知れなかった」[44]。では、それほどの殺し屋のSはなぜ「転向」したのか。

それは交通事故をはじめとする「非意図的殺人」をもたらしている機構にほかならぬ都市こそは、Sのような殺し屋以上のアノニマスかつ無責任な殺し屋と悟ったからである。殺し屋稼業をふたたび芸術的かつ人間的なものとするために、「死の重みを忘れさせていく」、非人間的な都市の破壊が急務である。Sの会社の設立趣意書に記された事業内容は、第一に人力から原水爆に至るまでのあらゆる手段による建造物・道路・都市施設の「物理的破壊」、第二に交通標識の撤廃や通信施設の攪乱、法定都市計画の即時完全実施による「機能的破壊」、そして、第三が次のような「いめーじノ破壊」である——「ゆーとぴあ的未来都市ノ提案促進、公団すたいる住宅、大量建設ニヨル都市改造ノ実施ト住宅難ノ解消、交通事故ヲ含ムアラユル都市災害ノ絶滅[45]」。第三の「破壊」はじつは常識的な意味での都市計画にほかならないことに注意しておこう。

この趣意書には目的とする「破壊」の「方法」しか示されていない、と「私」は指摘する。Sにとって殺人が芸術であるように、破壊の手法を列挙した趣意書は詩であり、彼は詩人なのだ。これらの方法に身を投じようとする者にとって、存在するのはただ破壊という純粋な行為のみである、と「私」は言う。これはテロリストの論理——生きられる論理——と呼ぶべきものだろう。

「私」はこの会社のこうした方法をめぐってSと討論を行なう。その結論は次のようなものだったという——

戦時中の爆撃や原爆による「物理的破壊」により、戦争直後にほとんど無に帰していた東京や広島は、すでに戦前以上の物理的実体を備えるに至っている。このことが示すのは、物理的実体としての「都市」などそもそも存在せず、都市とは「抽象化された観念」であり、市民が相互の契約と実用のために作り上げた「映像」(『空間へ』では「虚像」)であって、その伝承の過程だけが都市の実体であるということにほかならない。したがって、それを断ち切るのは文明の断絶のみである。「いめーじノ破壊」が照準を合わせているのは、この映像＝虚像の破壊に違いない。[*46]

第二の「機能的破壊」は都市がもつ複雑なフィードバック機構によって容易に修復されてしまうだろう。ただし、あくまで実施されないことを前提に法制化された法定都市計画は、それが即時に完全実施されれば、都市を混乱させて一大変革をもたらす可能性がある。同様に、第三の「いめーじノ破壊」で挙げられている「未来都市ノ提案」の実例であり、「私」も参加した「東京湾海上都市」や「首都富士山麓移転計画」は、Sによればいずれも一種の「定向進化」によって暴走し――海上に突き出した都市軸は象の鼻のように伸び続け、首都移転による都市の中枢機能の分化は、脳を二箇所にもったらしい恐竜同様の絶滅の道を辿る――、東京を破壊し死滅させるのに役立つだろうという。

このようなSの指摘に対して「私」は、こうした未来都市計画案の「消滅」を十分にイメージできることだけが都市をダイナミックに動かすことができるのだ、と応じる。Sは逆に、その案をユートピア的なものに留めるのではなく、ただちに実行に移すべきだと主張する。「私」には、Sの都市破壊業もまた、それを性急に実行するかぎり、逆に都市の繁栄をもたらして、それ自体は消滅してしまうように思える。しかし、とくに東京改造の空虚なスローガンが声高に唱えられている現状では、Ｓのように「破壊だけを考えることのリアリティ」[47]を「私」もまた認めないわけにはゆかない。

都市計画家ないしアーバンデザイナーかつ建築家である「私」は、職業的に実体の生産と結びついているがゆえに、具体的な提案・対策を行ないながらも、その不能性を感じさせられているのに対し、そうした職業のいずれでもない殺し屋Ｓには、「抽象的で非現実的な操作が可能であるが故に具体的で現実的な発想」[48]が生まれうる。そんなふうに互いが互いを補い合う可能性を秘めながら、二人の議論は究極の点で分裂してしまう。Ｓにとって「私」は結局、「臆病なスターリニスト」であり、「私」にとってＳは「世間知らずのトロッキスト」なのである——古めかしいレッテルとはいえ、彼らはともに革命を志した一派の一員なのだ。テクストの最後で、Ｓの名はＳＩＮ、「私」はＡＲＡＴＡ、つまり、いずれも「(磯崎)新」の分身であると明かされる。

ＳＩＮ／ＡＲＡＴＡの分裂は、「孵化過程」について指摘した、都市に亀裂を生む破壊とそれに対応／対抗して「運動の秩序」を与えるジョイント・コア・システムとの分裂に対応している。「孵化過程」のモンタージュはこの二つの人格が同時共存する双面神《ヤヌス》の自画像なのだ。それは、八田利也が語っていた、破局に至るまで都市混乱を加速する「悪質な建築家」の肖像でもある。ＳＩＮとＡＲＡＴＡが共同で経営するのが都市破壊業ＫＫなのだとすれば、「孵化過程」のモンタージュはその商標にも似た何かだろう。

　これを言い換えれば、アーバンデザイナーとしての磯崎のうちにはつねに、芸術家・詩人的な元殺し屋にして都市破壊のテロリストが隠れているということでもある。そのテロリストにとっての「デザイン」とは、「消滅」を「実在」と重複させ、行為のただなかに「空」を見るという、ひと言で言えば、前衛的モダニズム芸術・詩の感性的論理《エステティクス》にほかならない。そのとき、ＳＩＮとＡＲＡＴＡの対極的差異は——師・丹下におけるように——弁証法的に総合されたりはしない。その点で磯崎はあくまで岡本太郎の対極主義の支持者である。

　建築雑誌の巻頭論文にはまったくふさわしくない、いかにも不穏な文書ではないか。「孵化過程」が磯崎にとって「自己の存在証明」であったとすれば、このテクストはそこで確認された分裂状態にある自己の宣言であったと言ってよい。だがそれは同時に、東京都心の「空中」に漂い、都市住民の生活に忍び込みつつある「都市破壊業ＫＫ」というイメージでとらえられた、来たるべき何かの予兆の告知でもあったのである。一九七一年刊行の『空間へ』にこの文章を収めるに際し、磯崎は公害問題や大学解体、新宿ターミナル占拠といった、一九六〇年代にこれから起きようとする事件の予感が、このテクスト執筆時の都市・東京には満ち溢れていたと記している。[*49]そのような都市の気配を先取り的に感知し、「虚像」としての都市に介入するための方法が、磯崎にとっては都市破壊業だった。たとえば、未来都市の案の「消滅」をイメージできることだけが都市をダイナミックに動かすことができるとは、ジョイント・コア・システムの廃墟化——すなわち消滅過程——をイメージとして定着した「孵化過程」のモンタージュを指すものにほかならない。これもまた、都市破壊業のひとつの実践だったのである。

「孵化過程」のモンタージュはアーバンデザイナーとしての磯崎のアルファであると同時にオメガである。なぜならそれは都市計画なるものの終点を内包しているからだ。その意味では都市破壊業もまた、アーバンデザイナー磯崎の自己否定的な自己確認にほかならない。おのれの消滅と否定によってこそ自己自身を基礎づけるという逆説的な運動がそこにはある。テロリストSIN――言うまでもなく「罪《シン》」の含意がある――を分離することによってはじめて、磯崎はARATAとしてアーバンデザインの具体的な提案・対策に従事することが可能となる。だがそれは、ARATAがつねにSINによる（自己）批判に脅かされ続けるということでもあった。

磯崎の「対人恐怖症」とは建築界に対する恐怖症だったらしい――建築以外の分野の人びととは普通に付き合えていたのだから。「未来都市は廃墟そのものである」と書きつけ、「都市破壊」を宣言しながら、磯崎はこうした文章を書くだけでは自分が鬱屈状態から解放されそうにないことを知る――「やっぱり図面を引かねばならない。建物を構想しなければならない[*50]」。そのとき出発点となるのはアーバンデザインを通して磯崎が達した「プロセスだけが具体的事実であり、プロセスだけが信じられる」との確信である。「動転するほどに建築の概念を変えてしまうことはできるだろうか」という磯崎の自問は、この「プロセス」によって応答されることになるだろう。そしてそこにはプロセスの残酷な「切断」、唐突・偶然なる「死」の「匂い」が濃厚に漂うのである。

第8章　虚体の形而上学

一九六二年八月、丹下健三や岡本太郎のもとに「SOMETHING HAPPENS」とだけ印刷された案内状が届く。送り主は磯崎、何ごとかが起きるという日時は八月二十五日、場所は文京区駕籠町の高級住宅地「大和郷《やまとむら》」の一軒家である。磯崎は当時、父の友人・津末宗一の息子が留学中の留守番として、そこに暮らしていた。

これはネオ・ダダの中心メンバー吉村益信がニューヨークに渡るに際しての壮行会だった。瀧口修造も含む来場者は八十名ほど、吉村らによるパフォーマンス（いわゆるハプニング）ののち、篠原有司男と土方巽が屋根に上って全裸で踊り、その姿はスポットライトで照らし出された。通報を受けてパトカーが来る騒ぎの翌朝、磯崎は事件の責任者として警察に連行される。公然猥褻の罪に問おうとする警察と、そもそも「反芸術」を標榜していた篠原らの今回の行為を逆に「芸術」と主張して弁護する磯崎との噛み合わぬやり取りののち、関係者連名による始末書の提出によってこの一件は落着したという。[*1]

この集まりはじつは磯崎自身の壮行会も兼ねる筈のものだった。磯崎の対人恐怖症を心配した岸田日出刀の命を受けた丹下が、磯崎に海外留学の機会を与えようとフォード財団の奨学金を紹介し、磯崎がそれにアプライしたところ、最終選考にまで残っていたからである。決定の連絡を待ちながら渡米の準備を始めていた磯崎だったが、財団からは磯崎が応募した研究助成用フェローシップ廃止の通知が送られて来る。ケネディ大統領があらたに創設した第三世界の国々へ米国の若者を派遣する平和部隊に、その資金を振り向けるためだった。

「都市破壊業KK」が雑誌に発表されたのはパーティーの翌月である。それは自己分裂ぎりぎりのところで書かれた「アーバンデザイナー」としてのマニフェストだった。ネオ・ダダに通じる身振りで、磯崎はそんな分裂や対人恐怖の鬱状態にまで自分を追い込んでいた。春に発表した「孵化過程」のモンタージュのイメージはとりわけ、その作者である磯崎を長く呪縛することになる。数年後に磯崎はそれを「墓穴」と呼んでいる――「元来、ぼくらの仕事は、既にやってしまった作品をひとつづつ正確に踏み砕くべきなのであり、できるかぎり大きい穴を、その破片によって、克明に埋めてゆくべきなのだ」。[*2] 磯崎は実現した作品を次々と――破砕したうえで――その墓穴に埋葬しなければならない。彼は同じ文章のなかで、建築家にとって最少限度に必要なのは「彼の内部だけに胚胎する《観念》である」と断言している。そうだとすれば、「孵化過程」という「墓穴」とは、磯崎の裡にあらかじめ穿たれてしまった巨大な「観念」だったのだ。ただしそれは、建築作品が「観念《イデア》」の写しになるというプラトニズムではない。その穴はむしろ、建築の実作を——無意識の欲動のように——駆動しながら、それらを次々と否定・破砕する自己破壊を誘発し、そこに生じた建築作品の瓦礫を吸収し続ける、ブラックホールにも似た何かである。磯崎はこの墓穴の強力な重力圏内にあって、みずからそこに埋葬すべき建築物をまず建てなければならない。

僥倖はふたたび故郷・大分からもたらされた。父・操次と高校の同窓で右翼の大物にして歌人・三浦義一が大分県に図書館の寄贈を申し出、その設計を大分県知事・木下郁《かおる》から打診されたのである。この依頼の背後には磯崎のパトロンである岩田正や中山宏男といった大分文化人グループによる強い推薦があった。これは磯崎が丹下研究室から独立し、「磯崎新アトリエ」をかまえて手がける最初の仕事となる。

この図書館に予定された敷地は磯崎設計の大分県医師会館に隣接していた。寄附は三浦の母の名義でなされることになったが、大分県が独自に構想していた新図書館（大分県立大分図書館）[*3]はその寄附金をはるかに上回る規模で、しかもその計画はまだ予算化されていなかった。つまり、磯崎は建築の規模も予算も決まらない状態で設計を始めなければならなかったのである。

磯崎はそこで、この不確定性それ自体を設計方法に組み込んでしまう。その方法論を提示したのが論文「プロセス・プランニング論——成長する建築／県立大分中央図書館をめぐって」（『建築文化』一九六三年三月号）である。それはかつて現代都市の空間について言われた、「プロセスだけが具体的事実であり、プロセスだけが信じられるのである」[*4]という主張を建築設計の方法に転化するものだった。そのいささか難解な形而上学的《メタフィジック》序論で磯崎は、「プロセス・プランニング」という計画概念は「終末論」を内包すると言う。なぜか。建築物は否応なく時間とともに変化する。そのような「プロセス」のみが具体的事実である。「終末」とはこうした流動的実体としての「宇宙」に対する「反宇宙」である。だからこそ、「終末という反宇宙の想定は、流動化している実体を必ずある時点で切断し、その渦中に立った決断をせまられる具体的な建築の設計にもっとも有効な方法になるはずである」[*5]。プロセス・プランニングとはこのように、流動変転するプロセス＝未来のすべてがそこに収斂する「切断」を計画することである。そのための方法とイメージの手がかりを磯崎は――明らかに「孵化過程」のモンタージュを念頭に置きながら――次の言葉に求めている――「《未来は終末なのだ》」。

この論文では図書館建築を実例として、あらかじめ完成形態を固定的に決めてしまうクローズド・プランニング、時間的な変化を規格化された均質空間で吸収しようとするモデュラー（ないしオープン）・プランニング、プロセスの推移自体を計画するプロセス・プランニングの三つの段階が順次検討されている。[*6]問題となるプロセス・プランニングでは、図書館の諸機能を類型化して構成要素《エレメント》にまとめ、そのそれぞれに特定の空間を与えつつ、建築物の成長にも対応できるような「スケルトン（骨組み・構造）」を見出すという手順が取られてゆく。このスケルトンは各エレメントが自己同一性を保ち、相互の関係も明確に保持しながら、それ自体として個別に成長することを許すものでなければならない。ただし磯崎は、建築の成長＝規模拡大において、それまで隠されていた機能が積極的な決定要因になるような、生物学で言う「創発的《エマージェント》（emergent）」な、すなわち、突発的でドラスティックな展開がありうることも指摘している。

『空間へ』の「年代記的ノート」で磯崎は、「プロセス・プランニングとは、ぼくにとっての政治であった」[*7]と語っている。無数の関係者が関与するプロジェクトにおいて、みずからがもつ自立した論理への確信がないかぎり、建築家は相対的に弱者になってしまう。プロセス・プランニングとは磯崎にとって、規模の変動に計画段階で対処するために、建築を「アミーバのように伸縮可能な触手をもった有機体」として構想する、そんな自前の論理にほかならなかった。そのとき、さまざまな現実の諸要因との関係は「切断」という行為によって取り結ばれる。建築家の抱える観念とすべての政治的判断とがこの一点に集中させられる。言い換えれば、「切断」という「終末」の一瞬こそは極度に政治的であり、「終末論」としてのプロセス・プランニングはそのような一瞬をあらかじめ計画するものであるがゆえに、建築家にとって政治的な武器となるのである。

では、具体的な提案において磯崎はどんな「切断」を行なったのか。第一案の雑誌掲載時に論文に付された模式図では、書庫、閲覧室、管理部門などの各機能セクションの成長が段階を追ってたどられたのち、それぞれの占有面積の割合を仮に設定したうえで、敷地に合わせた配置とそれに応じたスケルトンの設定が数タイプ示され、そこから敷地の状況に合わせてひとつのタイプが選択された[*8]。そのパターンでは、閲覧室、ラウンジ、視聴覚関係室、管理部門、書庫の各スペースがほぼ横並びになり、とくに閲覧室の大きな増築を見越した配置になっている。スケルトンはそれぞれの境界線上に設定されて構造のシステムをなすとともに、中空パイプ状の梁《ビーム》を活用した設備系統がそこに一体化されている。これらのスケルトンとそのそれぞれから横に延びる枝梁が一定方向へ拡張できることにより、各機能セクションの成長可能性が担保されているのである。

敷地以外は何もかも未定だったこの第一案では、県立の中央図書館として適正と思われる規模の算定がまずなされ、プレキャスト・コンクリートを組み上げる工法が予定されていた。模型写真では、スケルトンの梁や枝梁が途中で断ち切られたような開口部をいくつも露出させている。その断面は梁・枝梁が延長されることによって図書館が成長可能であることの証明、ないし、その象徴的表現になっているのである。

一九六四年に決定された最終設計案では、基本的な構想は維持されたまま、とくにスケルトンの表現に大きな変化があった。その詳細は論文「媒体の発見――続：プロセス・プランニング論」(『建築文化』一九六五年一月号)で解説されている。予算が決まったことにより、全体の規模を維持するためには建築費などの点でプレキャスト・コンクリートの利用は現実的でないことが判明し、工法は現場打ちに変更された。第一案では基壇のうえに構造を軽く立て上げる構想だったものがこれによって変わり、コンクリートの重量感を長いスパンで強調するというイメージが浮かび上がってくる。中央に位置するラウンジ両側のスケルトンが徐々に固く厚くなり、ついにはスパン約二十五メートルの対になった壁――二枚の壁の内部は廊下になる――という大架構に発展する。それが大部分の荷重や床レベルの違いなどの空間の収まりをすべて吸収する要になるのである。[*9]

このように構造を明確化し空間を実体化する、デザイン上の決定的な要因となる「もの」を、磯崎は「媒体」と呼んでいる。大分図書館の場合には、二列の対壁《ペア・ウォール》がそのような媒体として主軸となる骨組みを形成し、その両側にボックス形の枝梁からなる翼を拡げたかたちを取っている。枝梁の先端は主梁で支えられ、その主梁は中央の二本の柱によって支持されている。これらの梁や対壁、支柱は空気が流れる経路にもなっており、構造体と設備のダクトの両者を兼ねている。

明快な解答である。こうした性格に尽きるのであれば、明快すぎる解答と言うべきかもしれない。この大分県立大分図書館は一九六六年に竣工し、日本建築学会賞を受賞している。その推薦理由では、建築の内部空間およびそれを作り出す構造方式と外観構成との関係をめぐり、ゴシック教会にも通じる「内部と外部との一致と調和」や図書館の諸機能を平面計画で巧みに展開している点が挙げられている。[*10]だがこうした評価は、この建築が「内部構造と外観との一致・調和」や「機能に応じた平面計画」といった従来型の設計思想の枠内における洗練された達成であって、その枠外には出ていないことを示すものではないだろうか。事実、およそ十年後の磯崎はみずから、大分県立大分図書館が得た思いがけない好評は、この作品の大部分が近代建築の論理で理解可能だったためだろう、と認めている。[*11]平面・構造・設備の統合への志向性こそ、当時の一般的な評価基準だったからである。磯崎がこの作品をのちのち自分にとっての「ディプロマ・プロジェクト」[*12]と呼ぶ所以だろう。それは近代建築の原理を忠実になぞっているかのような建築物だからである。

もちろん、逸脱は幾重にも露呈している。ボックス形の枝梁・主梁の断面はすべて正方形であり、丹下の建築に見られたような木割を模した繊細な比例には意図的に従っていない。このボックス形の梁にはテンションがかかっていないので、ラーメン構造の柱梁よりもずっと太いものにできる。そのように太いコンクリートの梁が室内の上空を飛ぶことにより、「その重量が眼に見えないかたちで空間の緊張力として作用する」[*13]ことが目論まれていた。重力を感知させる架構への磯崎の志向をここに再確認できよう。

他方、「成長する建築」という当初の謳い文句は竣工時にはすでに実用上の意味を失っている。大分県立大分図書館が「一九六八年度建築年鑑賞」を受賞した折りの選評で伊藤ていじは、この建築の敷地ではもはや増築する余地などまったくないのだから、将来の空間拡大に対する考慮は実際にはナンセンスであると指摘している。[*14]伊藤によれば、磯崎はつねに「《見えない建築》」を目指してデザインしており、こうした実作は一種の「シミュレーション」である。事実上はナンセンスな成長可能性への配慮も、そのようなシミュレーションの一環としての、一般社会および建築界に対するサービスないしデモンストレーションなのだ。磯崎の《見えない建築》こそを評価する伊藤は、こうしたサービスを通して「施主と評論家と公衆の妥協点をうまく見つけた狡猾さと腕の力と頭のよさとに感心した」[*15]と、友人ならではの鋭くも皮肉混じりの感想を記している。「政治」がおのれの目標を追求しつつ複数の関係者間の妥協点を見出す営みであるとすれば、これは磯崎の計画案の高度な「政治性」を正確に衝いた評言と受け止めるべきだろう。

8-1. 大分県立大分図書館（現・アートプラザ）

プロセス・プランニング論はあくまで計画「プロセス」におけるこうした「政治」の武器だった。敷地が限定的であった以上、完成後にそれは効力をほとんど失う（事実、三十年後にこの大分図書館は拡張されるのではなく、アートプラザに改修されて「転生」し、他方、新しい県立図書館は、ふたたび磯崎の設計による豊の国情報ライブラリー（一九九五）の一部として、別の場所に建設された）。[16] 磯崎も図書館の成長可能性それ自体は「ナンセンス」であることを端から承知していただろう。にもかかわらず、この作品が磯崎自身にとってほかならぬプロセス・プランニングによる《見えない建築》のシミュレーションたりえていたとしたら、それは大分県立大分図書館がこの理論の決定的な局面である「切断」こそを建築的に表現していたからである。同じ建築年鑑賞の選評で藤井正一郎は、建物外観の印象を決定づけているコンクリート・ダクトの黒い正方形の切断面を、「奇怪」で「論理を越えた闇から口を開いている無気味さを感じさせ」ると書いている。[17] それは第一案ではそもそも成長可能性の証、ないし、少なくともその象徴であった筈なのだが、完成した建築においては、実用上は無意味《ナンセンス》な、だがシミュレーションとしては不可欠な、《見えない建築》という異次元への開口部となっているのだ。

しかし、それだけではない。学会賞推薦理由では「明るさと色との交響詩のような美しさ」を備えた色彩計画が言及され、「空気が色で勾《かど》っているような空間が与えられている」と評されている。[18] これはプロセス・プランニングからは導き出されない、最終案や実際の施工段階に至ってはじめてこの建築に付与された要素である。では、それはいったい何に由来するのか。

第一案と最終案のあいだに、磯崎はまず一九六三年の五月から十一月まで、はじめての海外旅行を経験している。これは世界の市庁舎を調査する東京都営繕局高官の随行だった。高官とはヨーロッパで早々に別れ、イスラエルの友人と設計競技に応募するため、テル・アビブにしばらく滞在したのち、磯崎はイスタンブールを起点にギリシア、イタリア、フランス、アメリカを巡っている。さらにその翌年の六~九月には、雑誌『みずゑ』および読売新聞の企画で二川幸夫とインド、イラン、エジプトや欧米各地に赴き、都市空間の構造分析のために都市を空撮している。これらの旅は磯崎にとって、建築家修業としての一種のグランドツアーになった。

一九六三年の旅行の際、磯崎は長旅に疲弊しきった軀で訪れたヴェネツィアのサン・マルコ寺院で次のような体験をしている——「教会堂の闇のなかを、一条の光線が斜めに横切り、重なり合うヴォールトを照らしだしていく光景にひたっているとき、私の全身体感覚が、その闇の空間へと溶解していくのを感じた。性的エクスタシーよりもはるかに強度な全身体の弛緩が起こった。建築空間が実在している。〔中略〕身動きもできない。浮遊感にとらわれている」[19]。磯崎はその闇が、数年前にメニエール症候群で入院した折り、壁も天井も白一色の病室のなか、消灯後のベッドで凝視させられた闇と同質のものであることに気づく[20]。彼は自分の身体を貫くこの闇こそが「建築的」な「空間」であったと悟るのである。この啓示的な空間体験が磯崎の建築を根本から変える。

その言説化が一九六四年の重要なエッセイ「闇の空間」である(『建築文化』五月号)[21]。「イリュージョンの空間構造」という副題が示すように、それは内的な空間イメージとしての幻覚(イリュージョン)を生み出す建築空間演出法の実例として、焦点を二つもつバロックの楕円空間のほか、光と影が錯綜する「光の濃度分布」を空間化したローマのパンテオンやトレド大聖堂のトラスパレンテ、あるいは、ルイス・カーンによるシナゴーグを挙げている。そのうえで磯崎は、光と影が対立物の関係をなすこうした欧米の事例とは異なる、むしろ「絶対的な原型」である「闇」こそが支配的な「陰翳の分布」としての日本の建築空間について、谷崎潤一郎の『陰翳礼讃』を手がかりに論じている。磯崎によれば、日本の空間には立ち込める闇がつきまとう。その絶対的な暗黒は「あらゆる現象がそれを背景としてはじめて起こりうるような、ぼくらの観念を内側からささえているなにものか」[*22]なのである。

人間の通常の知覚の対象となる三次元的な実体の空間を中心軸とするとき、片方の極に位置するのがこうした「闇」のイメージに連なる、深層心理学的・魔術的・象徴的な空間の系列だとすれば、その対極をなすのは、記号的・抽象的・多次元的な空間の系列を導く「虚」のイメージである、と磯崎は言う。この後者は現代の都市空間の分析から抽出されている。こうした抽象的な記号的空間が生み出す幻覚は、たとえばフランツ・カフカの『城』に描き出されている。そこに登場する「城」を磯崎は「複雑な信号の錯綜する虚体」[*23]と名づける。磯崎によれば、現代都市の空間を理解するにはカフカの「城」を幻視的なモデルとするような「完全な虚体」を記号を用いて作ることが必要であり、そうした「虚体」のひとつの極限が「虚」のイメージなのである。

「闇」のイメージが病床で予感されヴェネツィアで体感された啓示だったのに対し、「虚」のイメージは、伊藤や川上秀光らと手がけた『建築文化』一九六一年十一月号の特集「都市のデザイン」

や同じメンバーによる同誌一九六三年十二月号の特集「日本の都市空間」といった理論的分析によって裏づけられており、さらに、テクノロジーが物質や空間の質を変えている「虚像と記号のまち」[*24]であるニューヨークや、自動車による移動に最適化されて物理的実体から一種のトポロジー空間と化した都市ロサンゼルス[*25]を訪れた磯崎自身の経験を反映している。たとえば、ニューヨーク到着直後、金曜日夕暮れのパーク・アヴェニューで磯崎は、あたり一面、ガラスのカーテン・ウォールによって仕切られたオフィス街の室内外すべてが均質な光量の薄明になり、物質から重量が消失し、空間を浮遊する気分さえ味わったという。[*26] それはサン・マルコ寺院における「闇」のなかでの浮遊感とは異なる、二十世紀的な「虚」なる都市空間の与えた幻覚にほかならなかった。

こうした空間に至る都市デザインの歴史を磯崎は、論文「都市デザインの方法——〈みえない都市〉へのアプローチ／CITY INVISIBLE」（『建築文化』一九六三年十二月号）[*27]で、次の四段階に区分している——都市を物的実体として扱う「実体論的段階」、都市を「すまう、はたらく、いこう、めぐる」の四機能に還元したＣＩＡＭの「アテネ憲章」によって代表される「機能論的段階」、有機体へのアナロジーなどを通じて都市の構造を意識化した「構造論的段階」、そして、都市空間を人間が知覚するシンボルの濃度分布としてとらえる「象徴論的段階」。この最新の段階では、磯崎の「空中都市」のような空想的都市のイメージが、シンボルの次元に作用する「イマジナリー・モデル」となり、実体のない仮象であるがゆえにむしろ中心的な役割を担うという。さらに、シンボル的記号の濃度と流れ——プロセス——としての都市空間においては、非実体的で五感すべてによって感じとられる雰囲気や気配こそが本質的である。それゆえに、そこで計画される未来都市の姿はつねに朦朧として霧のように揺れ動いている。ゆらゆらと揺動して固定しないこのイメージを、磯崎は「見えない都市」と呼ぶ。この「見えない都市」という幻影を実体化するドン・キホーテ的な実践こそが、都市と建築との方法的分裂を媒介するだろう、と磯崎は書く。

この「見えない都市」とは磯崎が「虚体」と呼ぶことになるものの別名である。伊藤たちと行なった日本の都市空間の分析は、「界隈《かいわい》」や「間《ま》」といった言葉で表わされる曖昧な空間感覚の考察を通して、この虚体的な次元への接近を促した。「闇の空間」が「光ないし陰翳の濃度分布」であるのに対し、「虚体」は「シンボルないし記号の濃度分布」である。それらはいずれも非実体的な霧に似て揺らぎつつ流れている。ドン・キホーテを演じようとする磯崎は、こうした二様の濃度分布の融合として経験されるような、幻影的建築空間の創造に取り組んでゆく。

「光の濃度分布」による空間構成は、最初の海外旅行からの帰国直後に手がけられた中山宏男邸（N邸〔一九六四〕）で実現されている。この建築の中心となる住居部をなす二階では、コンクリートの立方体が正方形の平面四隅に配置され、その三面が天井および中央に正方形の小さな開口部をもつ壁となり、外部に接する残りの面は半透明のガラスで外からの視線を遮りつつ光を通過させている。二階中央部の屋上には内側二面の開いた小さな立方体が四つ載せられて階段ピラミッドに似た形状をなし、このトップライトからの直射光は壁に乱反射しながら二階に降ってくる。

磯崎はこの住宅で、平面の分割パターンを先行させる木造数寄屋的な方式に代わる、鉄筋コンク

8-2. N（中山宏男）邸外観アクソノメトリック図

リートという素材により即した設計手法として、立方体を原型的な空間単位にした、いわば立体曼陀羅型の構成により、平面と立面を最初から連動させて計画している。そのとき、室内へ導入される光もまた、三次元的にデザインされることになる。

さらに重要なのは、こうした架構によって形成される空間とそれに応じた光の濃度分布に対して、二階住居の可動間仕切りがわざと不規則にずれた状態で配置されていることである。これによって光は、間仕切りで分割された部屋のかたちや位置とは無関係な、予想外の方向から入ってくることになる。この建築の設計手法を解説したテクスト「幻覚の形而上学」で磯崎はこう書いている――「**定常的な位置関係を乱すことが、一種の幻覚の発生を導く**とすれば、くい違いを意識的に予想することで、その方法は、観念として、幻覚を意図したとも言える」。[*28]

「闇の空間」のダイレクトな試行としては、一九六四年一月に西武百貨店で開かれた岡本太郎展の会場構成がある。磯崎は会場を闇に沈めることで、岡本の作品のみが火焔のように浮かび上がる展示空間を構想した。岡本が日本文化の深部として発見した縄文土器の火焔文様からの連想である。磯崎は平均照度二十ルックスを要求する消防法と暗闘を繰り広げたが、結局、真の闇は実現できず、会場では比較的良く作品群を見ることができたという。[*29]

「虚体」の形成は中山邸と同じ頃に着手した岩田学園の校舎群で試みられている。ここでは校舎の段階的な建設が当初から予定されていたため、教室棟が対ないし組になって成長してゆく配置が構想された。最上階の教室が上方斜めから採光できるようにした、勾配屋根の大きな開口部が教室棟の造形的特徴をなしている。[30] 大分県立大分図書館では対壁となって実体化していた、建築の基本構造をなす「スケルトン」が、ここでは教室棟と教室棟のあいだの空間という「虚体」としてかたちづくられている。それを示す実体的な指標が、教室棟同士を繋ぐ、地上から半階だけ上がった土壇とそのうえに架かる空中歩廊の組み合わせである。すべてのサーキュレーションはこの虚体のゾーンに集中する。生徒や教師たちはこのゾーンを往復し、淀み、ざわめく。それによって虚体は「一種の巷となる」[31]と磯崎は言う。そこは「界隈」とも呼べるだろう。

さて、大分県立大分図書館の「明るさと色との交響詩」に立ち返ろう。この建物における光の演出については、『建築』一九六七年四月号に掲載された、閲覧室の写真とトップライト部断面のドローイング、そして、天上の神々を描いた絵とのモンタージュがある。[32] この神々の像はフランス革命期の建築家クロード＝ニコラ・ルドゥの『建築論』（一八〇四）から採られている。複数の丸い乳白色の天窓を通して、光は天空から室内へと垂直に降り注ぐ。その光によって生まれる空間の性格が古典古代由来の神々の姿によって暗示されているのである。

この建築では、こうした垂直的採光ばかりではなく、高窓からの外光を天井の斜めのコンクリート壁に反射させて導いている中央ゾーンをはじめとして、さまざまな採光方式が駆使され、「光の濃度分布」によって内部空間に多様な質が与えられている。さらに、壁は内壁・外壁ともにコンクリート打ち放しだが、中央ゾーンの床には人造大理石《テラゾー》やきめ細かな磁器タイル、閲覧室や廊下にはビニル床《ロンリウム》シートが用いられるといった、仕上げ素材による彩色（たとえば、ラウンジの上部に渡しかけられた空中歩廊の床はターコイズ・グリーンである）および触覚的なテクスチャー（一例として、円形ラウンジ部の毛足の長い絨毯など）のデザインが加わる。[*33] とくに色彩設計を通じて内部空間にはひとを包み込む「彩色された光の分布」がもたらされた。こうした処理の集積の最終目標を、磯崎は「空間の非目的化」、「物質」の「非存在化」と呼んでいる。それは建築を虚体化することにほかなるまい。

「虚体」という概念を整理しておこう。磯崎は「闇」と「虚」を実体としての空間に対する両極的な極限概念に設定していたが、そのいずれもが実体的空間そのものではなく、五感全体の複合を通じて感じとられる雰囲気や気配、幻影・幻覚なのであってみれば、そこに生まれている幻影にこそ、共通して「虚体」の名を与えるのがふさわしい。それは「実体」との関係において、「実数（real number）」に対する「虚数（imaginary number）」にあたる。このことを踏まえれば、「空中都市」のような「イマジナリー・モデル」とは「虚体モデル」であり、「反宇宙」としての「終末」もまた、極めつきの「虚体」にほかならなかったことが明らかになろう。[*34]「孵化過程」のモンタージュという「墓穴」はそんな究極的虚体のイメージである。また、「見えない都市」の「見えない（invisible）」とはたんに可視性の有無を問題にしているのではなく、以上のような意味で「虚（imaginary）」であると考えるべきだろう。そのかぎりで、虚体としての建築とは、伊藤も述べていたように、「見えない建築」なのである。

磯崎が討論者として参加した一九六四年一月三十日の公開討論会「〝反芸術〟是か非か」をめぐる批評「反芸術――その日常性への下降」で宮川淳は、この討論会における磯崎の、「見えない都

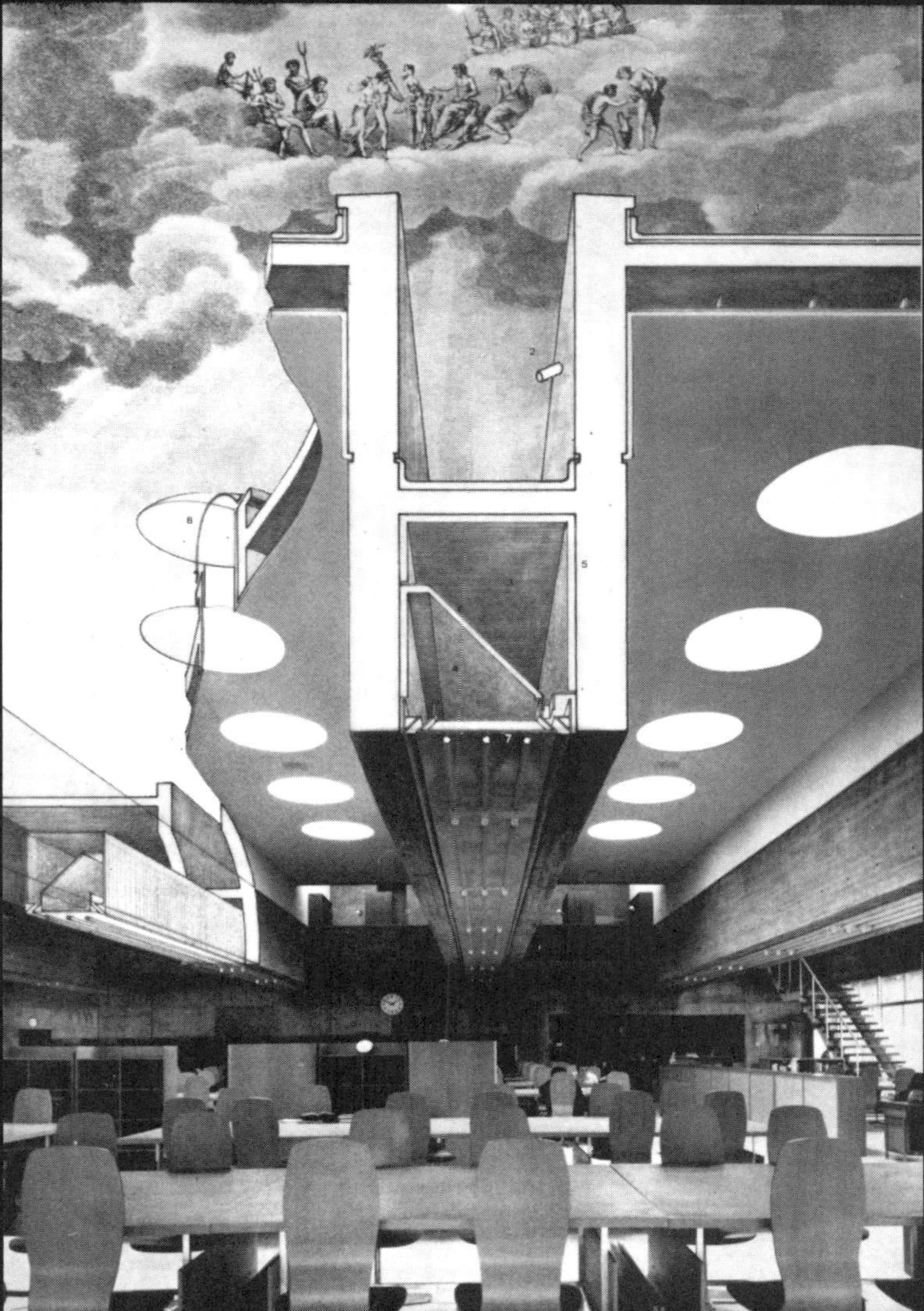

8-3. 大分県立大分図書館内部空間モンタージュ

市」との状況の類似をポップ・アートに予感するという旨の発言に触れる一方で、「コミュニケーションというこの虚体そのものを、いわば罠にかけて生捕りにし、実体化しようという、ほとんど不可能ともいうべき欲望」（傍点・引用者）、その「根源的な焦燥」が反芸術の根底にあると指摘している。[*35] ひょっとしたら磯崎は宮川のこのテクストを念頭に「虚体」という言葉を用いたのかもしれぬ。いずれにせよ、宮川が指摘した「焦燥」はまぎれもなく磯崎のものでもあった。それを介して反芸術と通底していた磯崎の「虚体」は、反宇宙的「終末」としての「廃墟」だけでなく、「都市破壊業ＫＫ」における「破壊」「消滅」「空」を継承し、やがては「反建築」と表裏一体の〈建築〉（大文字の建築）の観念へと向かう。

「意識の内部に発生する事件」としての建築空間とは、ひどくメタフィジックなものに違いない、と磯崎は一九六五年に書いている。[*36] 虚体とは徹底して個人的な「観念」のメタフィジックであり、それを語る磯崎の言説は或る種のラジカルなニヒリズムを帯びている——そこにあるのは「虚」なるものを「罠にかけて生捕り」「実体化しよう」とする欲望なのだから。建築の実作におけるその表われは、大分図書館の奇怪で無気味な黒い開口部の連なりのほか、藤森照信が「死の匂い」を嗅ぎ取った、[*37] がらんとした空間の空虚なヴォリュームであろう。後者の印象の理由について磯崎は、自分の建築では「平面と立面が連動しているから」だ、と述べているが、[*38] これは中山邸で鉄筋コンクリートの立方体を空間単位にすることによって試みられていた点である。磯崎初期建築のこのがらんとした空間はさらに、「光の濃度分布」や「彩色された光の分布」という霧に似た何かで満たされる。それによってそこは、偶発的で流動的な「何ごとかが起こる《サムシング・ハプンズ》」気配《におい》に満ちた場となるのだ。

磯崎の虚体はこののち、「環境」をめぐる同時代の芸術の動向と交錯してゆく。他方、「切断」を計画するプロセス・プランニングという政治的武器を苦心の末に案出した磯崎は、一九七〇年の大阪万博に向け、よりいっそう巨大なプロジェクトの有する政治性を身をもって知ることになる。「墓穴」のような観念としての虚体をめぐる形而上学《メタフィジック》の探究者は同時に、ビッグ・プロジェクトの現実政治《リアル・ポリティクス》に当事者として介入しなければならない。かたや「虚体の構築」としての「建築の解体」、かたや国家的祝祭への加担——その葛藤の場こそが彼の戦場である。

第9章　ミラノ／大阪、見えない廃墟

磯崎は自分の仕事場を「アトリエ」と名づけた。それは八田利也が予言していた、大設計事務所のビュロクラシーに従属するしかないフリーアーキテクトの宿命に対する反抗の身振りである。「年代記的ノート　1954-1964」で磯崎は、今後予想される建設の量的増大に対応するにはビュロクラティックな設計組織こそが有効であることを自明な事実として認めたうえで、そうした諸機関はその保守性ゆえに、自分がイメージしている「内部に独自の《観念》を胚胎できるような建築家」[*1]を保護・育成できない、と断じている。逆に言えば、「磯崎新アトリエ」とはこの《観念》を孵化させるための場なのである。

だが磯崎は他方で、一九六五年以降、丹下健三のチームが手がけるビッグ・プロジェクトの主要メンバーとなり、アトリエ外での活動を積極的に手がけている。藤森照信の言葉を借りれば、アトリエの仕事がなかったがゆえに引き受けた「代貸し的役回り」[*2]である。その仕事のひとつが国際設計競技で丹下チームの案が最優秀の一等に選ばれた、マケドニア(当時はユーゴスラヴィア連邦共和国、現・北マケドニア共和国)の首都スコピエの再建計画であり、もうひとつが大阪で一九七〇年に開催されることが決定した日本万国博覧会(大阪万博)の会場計画だった。集団内での妥協の政治が必要とされるこれらの活動は、アトリエにおける「裸形の観念」[*3]との対峙とは切り離され、磯崎は二重人格的な緊張関係のもとでの作業を強いられてゆくことになる。

スコピエは一九六三年に大地震で潰滅し、国連による復興支援の一環として、その再建計画の国際設計競技が一九六五年にもたれている。丹下チームの案は、あらたな都市軸に沿った高層ビル群「シティ・ゲート」と、旧市街を屏風のように取り囲む高層連続住宅「シティ・ウォール」を構造的な骨組みとしていた。同年十一月、磯崎は他のメンバーとともにスコピエへ派遣される。現地で待っていたのは、国連の審査団から要求された、二等案のザグレブ(クロアチア)・チームなどと協力して最終案を練るというプロセスだった。それは実際には関係者間における一種の「戦争」であり、磯崎は先頭に立って戦ったものの、一等案だったにもかかわらず、自分たちのデザインが失われてゆく敗北の過程を味わうことになった。磯崎はのちに、そこで得られた苦い認識を「本来都市とは、政治とは、集団とは、そんな不連続で相容れない妥協そのものがうむダイナミックなのではないか」[*4]と総括している。都市計画のリアリティはこの妥協の力学における決定のメカニズムにこそ宿る。[*5]

スコピエに旅立つ直前、磯崎は勅使河原宏監督の映画『他人の顔』（安部公房原作）の製作に美術協力の立場で加わっている。具体的な指示はマケドニアからの書信で行なわれた。勅使河原に宛てた一九六五年十二月の手紙に磯崎は主要なシーンの空間イメージを記しているが、とくに重要な病院の治療室については、その全体を透明な空間にすることを提案している――「壁を消してしまう。できれば床もなくする。この空間は無限のひろがりをもつというより、ひろがりも、重みも影もない場所であってほしい。「行為」という観念だけが存在する」[*6]。そこでは部屋の形態が消失し、物質の存在感が稀薄化して、無重力状態の透明な場のなか、役者の影もまた消されてしまう。

この作品で造形美術を担当した三木富雄による、透明なアクリル板二枚のあいだにアルミニウム製のさまざまな人体片のオブジェが整然と、浮かぶように固定された二メートル四方の飾り棚は、磯崎が要求していた空間の性格――「透明感と物質の非在感」[*7]――を如実に表わすセットだった。磯崎はこのとき、映画という手段によって「虚体」を現出させようとしていたと言えるだろう。影を無くした役者たちが出会う病室は、磯崎が金曜日夕暮れのパーク・アヴェニューで経験した幻覚に通じる、「「虚」のイメージ」である。

磯崎は「年代記的ノート」で、一九六〇年代における「都市とからみ合った建築」の概念形成を通し、「何よりも建築を固定化せず、あらゆる角度からひっくりかえしてみるという作業が通常化してしまった」と自己分析している――「建築は図式や観念であったり、絵画や機械であったり、音や光や色彩そのもの、玩具、コミック・ストリップのすべてとなってきたのである」[*8]。勅使河原たちとの共同製作を一例とする多数のジャンルの専門家との協働作業は、ジャンル相互の浸透・融解を経験する機会となった。そのような契機のひとつが、東野芳明の企画による「色彩と空間」展（一九六六年九～十月）への参加であり、同じく東野を中心として絵画・彫刻・写真・デザイン・建築・音楽の活動家たちが集った「エンバイラメントの会」による、「〈空間から環境へ〉」展（一九六六年十一月）の会場構成である（この展覧会にはのちに夫人となる宮脇愛子も参加している）。磯崎はいずれの展覧会にも、当時設計中だった福岡相互銀行大分支店の二十分の一の模型《マケット》に彩色し、さらに蛍光塗料を塗ってブラックライトで照らした作品を出展している。[*9]

主催者のエンバイラメントの会によれば、「あなたが、われわれの生みだしたENVIRONMENTに参加し、まきこまれること――そのあなたの自己崩壊こそがこの展覧会の趣旨なのです[*10]」という。それはすなわち、作品と鑑賞者との静止して調和的な関係の舞台となるのみの「空間」から、この両者をいずれも含んだ動的かつ混沌とした場である「環境」への芸術の変化を来場者に体感させることであった。「環境」ではなく、「ENVIRONMENT」が集団の名称とされているのも、「人間と四囲との、現に起きつつある動的な関係」を指す概念だからである。このような動的関係を目指した作品群――いずれも作者の名は明示されなかった――を狭い空間内に、むしろ作品相互の重複・衝突・干渉を旨に配置した展示会場を、磯崎は「小さい都市のモデル[*11]」と呼んでいる。個々の作品が引き起こすイヴェント群の相互作用によって生まれるより高次のイヴェントが、あらたな都市空間のモデルと見なされたのである。「〈空間から環境へ〉」展に際して行なわれた磯崎との対談で東野は、大阪の万国博覧会を「「環境」の大実験」とすることを希望し、磯崎もそれに賛同して、自分が担当している「お祭り広場」をそうした実験の舞台とする可能性に言及している。[*12]

これら二つの展覧会は直接的にはまず、磯崎が建築空間における色彩の効果の追求をより徹底して行なうきっかけになったと見てよい。その成果が一九六七年竣工の福岡相互銀行大分支店である。大分県立大分図書館ですでに「彩色された光の分布」は試みられていたが、この大分支店でははるかに大胆な原色の使用がなされている（そこにはアメリカで磯崎が眼にした、建物の素材を実体ではなく仮象的記号と化してしまうペンキの記憶が作用していよう）。[*13] 壁の一部に鮮やかな青や黄色なども見られるものの、もっとも強烈なのは主要動線部分のサーモンピンクである。来客用ロビーと事務空間の宙空を横切るブリッジに発し、大会議室などが位置する塔のなかを螺旋状に上って屋上へと通じる動線をなす廊下や階段の空間は、床はビニル床シート《ロンリウム》、壁や天井はビニル樹脂塗装（VP）で一面サーモンピンクに着色された。ブリッジを吊り下げている主梁の側面からは、濃いピンク色の空調用ダクトがあたかも断ち切られた血管のようにいくつも突き出ている。

この建物を評した東野は、階段では真っ赤に見える色彩がブリッジでは外光の照度に応じてオレンジ色に感じられるという変化を発見している。[*14] 場所によって異なる自然光と人工光のブレンドが、色彩の海に異なる表情を与えていたのである。この海を磯崎は「ピンク・エンバイラメント」[*15]と呼んでいる。サーモンピンクで覆われた動線は、運動する人間身体を人工的色彩で包み込むことによって重力感喪失の幻覚を引き起こし、視覚以上に内触覚や腔内感覚に働きかけようとする、

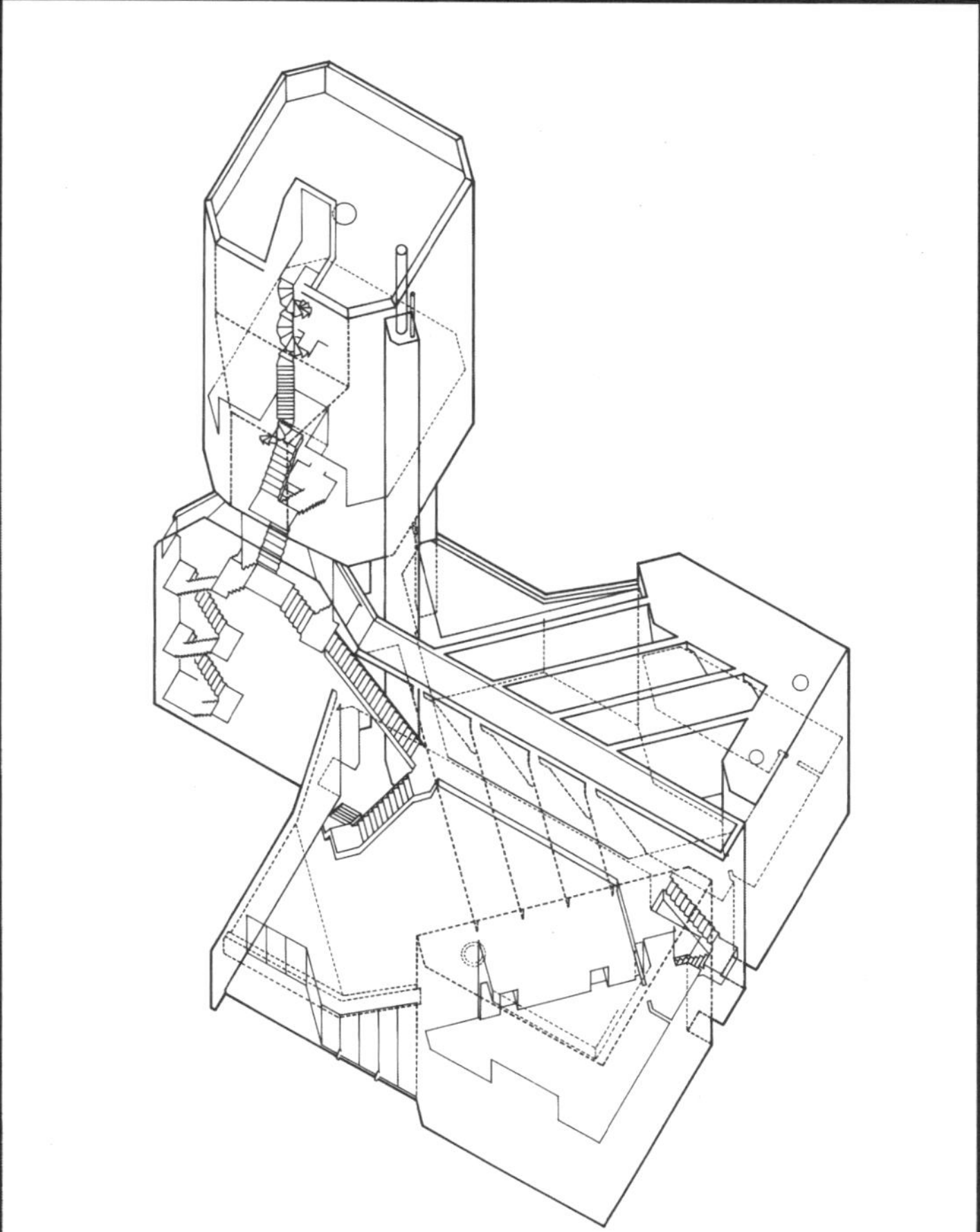

9-1. 福岡相互銀行大分支店アクソノメトリック図

「環境的」な計画の産物にほかならなかった。それは「静的で瞑想的な対象物としてでなく、もっと行動的でスポーティなもの」[16]としての建築空間を実現するための方法だった。同様のスポーティーな空間感覚は、それぞれ平面がほぼ正方形をなす本体部と塔をもつこの建物で、磯崎が正方形を四十五度回転させた直線を随所に用いていること――それは立面計画への適用も含めて「$\sqrt{2}$の射影変換のシステム」[17]と呼ばれている――から生じる回転運動の印象にも由来している。[18]

このようにアトリエとしての活動で環境の設計に大きく傾斜していた時期、磯崎は大阪万博の計画で丹下の代貸を務めている。丹下は万博のテーマ委員会に参加したほか、京都大学の西山夘三とともに会場計画の原案作成を担当していた。この二人体制は大阪開催であることを踏まえた地域的・学閥的な政治的配慮の産物であった。西山チームによる第一次案が一九六六年四月に出され、ここには西山の命名になる「お祭り広場」の設置が明記されている。第二次案も西山チーム主導で五月に提示、それをもとに丹下チームによって作られた第三次案は九月に示された（最終案の決定は十月）。同案では大屋根付きのお祭り広場を中心とする、幅一五〇メートル、長さ九〇〇メートルに達する「シンボルゾーン」が設定されている。この間、丹下の代貸・磯崎は自分たちの実施計画案を西山のもとに持参し、形式だけの承認を得るという交渉を繰り返したという。[19]

年明けの一九六七年初頭、丹下が基幹施設のプロデューサーに選任され、磯崎と京大・西山門下の上田篤がその下に付く体制が公に作られた。西山自身はもはやそこに加わることなく、これ以後、万博に批判的な姿勢を取るようになる。同じ頃、お祭り広場を中心とした外部空間における綜合的演出機構の検討が、磯崎を空間担当とするコア・スタッフをはじめとした調査委員会によって開始されている。短期間の集中した調査・検討によって三月三十一日に完成した報告書のとりまとめは磯崎が担当したものと思われる。同報告書の「調査の目的」にはこう書かれている――

「万国博においては展示とともに、群集の大規模な動員によるマス行事が欠かせぬ要素となる。音と光と水、空気、色などの視覚的、触覚的な綜合効果が統一的な制御機構を通じてなされるならば、かつてなかったようなマス行事を可能にするであろう。そしてそれ自体は日本万国博のInvisible Monumentとして重要な意味を持つと考えられる」。[*20]

「Invisible Monument」という言葉が磯崎由来なのは明らかだろう。この調査はシンボルゾーン、とくにお祭り広場における「インヴィジブル・モニュメント」としての多元的な催し・イヴェント実現のための諸装置の可能性を探ろうとするものであり、「見えないモニュメント」とは、こうした諸装置という機械と人間が時空間のなかで一体化してゆくダイナミックな総体を表わす概念とされている。[*21] さらに「広場空間の性格」としては、「保護膜〈大屋根を指す〉をもった領域」「空間の可変性」「装置の可動性」「人間‐機械系」「イヴェントの一回性」「自己学習的なコントロール」が列挙されており、コンピュータを駆使したフィードバック・システム〈＝人工頭脳〉によって制御されたその空間は「装置化空間」と名づけられた。[*22] その空間内を動く装置として想定されていたのが、投影・投光機から発煙・噴霧装置、芳香ノズルまで備えた大型ロボットである。

この報告書の巻末にはおもに芸術界の著名人から聞き取られた意見が集められている。そのなかにちょうどこの時期に来日していたバックミンスター・フラーの回答がある。彼は大阪に先立つモントリオール万博アメリカ館をみずからの考案したジオデシック・ドームで建てている。フラーはお祭り広場をインヴィジブル・モニュメントとする考え方を評価し、それを磯崎のインヴィジブル・シティの発展と見なしている。文責者名が記されていないこの報告書のなかでここは、コアとなるコンセプトの由来を編著者・磯崎がフラーに語らせている箇所と言えよう。フラーによれば、容れ物としての固い建築ではなく、「動き、消えてゆく不可視なもの」こそが建築である——「いままでの建築家は、ピアノの作り方ばかり考えて、音のことを考えなかったようなものだ」。彼は「いる不可視な場そのものである、という考えは、広島を経験した日本の若者にしてはじめて持てる新鮮な概念だと思います[*23]」。のちほど見るように、「広島」に言及したフラーのこの言葉は磯崎に啓示的に作用したのかもしれない。

続けてこう述べる——「〈お祭り広場〉が巨大な空虚な場であり、すべてをのみこみ、包みこんで

日本建築学会発行の『建築雑誌』一九六七年四月号に掲載された磯崎のまとめによる万博資料でも、万博会場には「うごき、変化し、さわり、つつみこみ、あらゆるイメージを錯綜させ、とびまわり、はねだし、圧倒し、そして、日常感覚が撹乱され、つい幻覚が発生するかにいたるまでの、あらゆる仕掛けが導入されていなければなるまい[*24]」と述べられている。それが「内触覚的とも呼べる全人格的な体験を誘発する場」と言い換えられているように、こうした環境（エンバイラメント）形成への志向は福岡相互銀行大分支店から直結している。

お祭り広場諸施設の構想段階で磯崎が参照しているのはたとえば、英国の建築家セドリック・プライスによる、移動可能なエンターテインメント施設の複合体「ファン・パレス」計画（一九六二）である（磯崎は遅ればせにこの計画を知り、お祭り広場のコンセプトとの近似性に「いささかどぎまぎした」という）。[*25] あるいはまた、一九六七年夏にサンフランシスコで磯崎が出くわしたという「サイケデリック・エンバイラメント・ショー」である。二面の壁が超ワイド・スクリーンになった二千人規模の空間内にサイケデリック・ロックのサウンドが響き渡るとともに、ストロボ・ライトの点滅によってさまざまな物体が蛍光発色して浮かび上がり、ＬＳＤなどのドラッグにも似た視覚的幻覚を誘発しようとする――「すくなくとも、ぼくらにとってこの電気的環境は、正常の安定した世界ではない。集団化された密教的な空間がそこにあらわれてくるようにも思えるのだ」[*26]。磯崎が仕掛けようとしていた「お祭り」における幻覚には、集団的な宗教的儀礼・祝祭の陶酔、いや、ドラッグがもたらす恍惚にまで通じる危険な何かが宿っていた。

だが、インヴィジブル・モニュメントとしてのお祭り広場は磯崎にとって何よりもまず、「見えない都市」の実験場、すなわち、一種の独特な都市計画のモデルにほかならなかった。『展望』一九六七年十一月号に掲載された論考「見えない都市に挑む」は、磯崎がここ数年温めてきたこの都市概念の総括であり、同時に「未来都市は廃墟そのものである」といった原型的イメージをはじめとする磯崎都市論の集約である。ロサンゼルスを典型とする都市空間の記号化＝虚体化のなかで、都市は不可視な環境となる。この見えない対象に肉薄する新しい測量術とされるのがコンピュータによるシステム解析であり、それにもとづく都市デザイン手法としての、各種モデルのシミュレーションである。それは「不可視の迷宮」[*27]としての都市の内部に張りめぐらされるアリアドネの糸なのだ。その糸を手がかりにデザインされるべき「サイバネティック・エンバイラメント」の条件として磯崎が挙げている五点――「環境の保護膜」「空間の互換性」「各種の可動装置」「人間‐機械系」「自己学習するフィードバック回路」――は、お祭り広場の演出機構報告書で「広場空間の性格」とされていたものにほぼ重なっている。すなわち、万博にはひと言も触れていないこの論文はじつは、お祭り広場がシステム解析にもとづく都市計画のシミュレーションであることをはっきりと明かしているのである。

同じ一九六七年の九月、翌年五月に開幕が予定されていた第十四回ミラノ・トリエンナーレへの参加を求める招待状が、実行委員会の建築家ジャンカルロ・デ・カルロから磯崎に宛てて送られている。[*28]これはデ・カルロがチームXの活動を通じて知り合い、最初に声をかけた槇文彦の推薦によるものであり、磯崎には槇をはじめとするメタボリズムなど、日本のほかの都市デザイナーたちの作品の紹介が要請されていた。展覧会のテーマは「巨大数(Grande Numero)」であり、建築の専門家向けではなく、大衆がわかりやすいように、言葉による説明は少なく、視覚的コミュニケーションを最大限に活用することが求められた。[*29]

トリエンナーレに参加することを決めた磯崎は、グラフィック・デザイナーの杉浦康平、作曲家の一柳慧、写真家の東松照明に協力を依頼する。[*30]会場となったパラッツォ・デラルテ内の与えられたスペースに、磯崎は二つのセクションからなる展示を行なう。ひとつは壁面に取り付けられた幅十三メートル×高さ五メートルの特大パネルであり、原爆によって焦土と化し、建物がほとんど残されていない広島の景観写真[*31]の左右に、立体的な蜘蛛の巣のような巨大構築物の捩れた骨組みが一体ずつモンタージュされている。[*32]この大パネルをスクリーンとして、そこに日本の建築家たちが一九六〇年以降に提案した未来都市プロジェクトのスライド画像が、並列した三台の映写機によって次々と投影されてゆく。デ・カルロの要請を逆手に取った、「未来都市は廃墟そのものである」という磯崎の基本テーゼの図解と言ってよかろう。

もうひとつの展示は、壁と天井が黒く塗られたおよそ十メートル四方の空間内に格子状に設置された、彎曲した十六枚の回転するパネル群である。磨いたアルミニウムでカヴァーされたその表面には、地獄の業火の図像のほか、地獄草紙・餓鬼草紙や九相図、芳年の無惨絵、国貞の幽霊、国芳の巨大な骸骨、北斎の「百物語　こはだ小平次」など、死体や幽霊、お化けのイメージが杉浦によるグラフィカルな処理を経てシルクスクリーンでプリントされ、さらに被爆翌日に長崎で山端庸介が撮影した被災者および死体の写真もそこに組み込まれている。外周のパネル十二枚は来場者が手で触ると回り、中央の四枚は隣接する廊下をひとが通過する際の赤外線センサーの反応に応じてモーターで回転し、同時にテープに録音された一柳による軋むようなサウンドが鳴り響いた。このパネル群のうちに入った観客は、自分では制御できない不確定なパネルの動きに巻き込まれ、彎曲したアルミニウム上のおどろおどろしいイメージとその余白に反射する歪んだイメージとの予想もしない交錯を経験することになる。この装置が「電気的迷宮《エレクトリック・ラビリンス》」と名づけられた理由である。この迷宮内をさまようことは一種の地獄めぐりにほかならなかった。

トリエンナーレのカタログで磯崎の展示は「巨大数――領域《テリトリー》のマクロな変容（Grande numero: le macrotrasformazioni del territorio）」と題されている。その解説文は「都市の変容はそれ自体の廃墟から始まる」と述べ、再生のための刺激は泥や瓦礫、既存の都市を沈めて呑み込む得体の知れない物質とともに湧き上がってくるだろうと告げる――「変化は残酷で、突然に恐怖を与え、殺す」[*33]。読者はここに「孵化過程」や「都市破壊業KK」の谺を聞くだろう。末尾の一文もまた同様である――「廃墟こそは未来都市の母体である」。

磯崎はミラノに渡り、同様にデ・カルロに招かれた出展者のピーター・クック（英国の前衛建築家集団アーキグラムの中心人物）およびハンス・ホライン（国別展示のオーストリア担当）と知り合っている。オープニングの一九六八年五月三十日までに磯崎の展示は完成しなかった。開幕のセレモニー直後、トリエンナーレの会場は学生やアーティストを中心とする集団に占拠され、およそ一週間後に警官隊導入によってデモ隊が排除されたとき、展示のほとんどは破壊されていたという。磯崎の作品についても同様である。トリエンナーレがかたちばかり再開されたのは六月二十三日のことだった。

当時、パリでは五月革命がようやく収束を迎えようとしていた時期であり、若者の抗議活動はイタリアを含め世界的な現象となっていた。主催者のデ・カルロみずから、このトリエンナーレの展示にそれをテーマとするセクションを設けている。会場占拠の実情としては、デ・カルロを中心と

9-2.「電気的迷宮《エレクトリック・ラビリンス》」会場写真（1968)。「第 14 回ミラノ・トリエンナーレ」カタログより。

する実行委員会がローカルなしがらみを切り捨て、磯崎をはじめとする国外からの参加を推進してトリエンナーレを国際的なものにしたことが、現地のアーティストたちの反撥を招いたという側面があったらしい。*34 だが一方で、磯崎が触れているように、*35 このトリエンナーレが主に扱うデザインという分野が工業社会の論理と深く結びついてきたことへの批判が、制度としてのトリエンナーレに対する抗議活動のひとつの要因であったこともたしかだろう。*36 磯崎は主催者側に位置する一員として、眼前で突発した占拠という事件に直面し、自分の立場を否応なく問われたのである。

だが、この事件は「変化は残酷で、突然に恐怖を与え、殺す」と磯崎自身がまさにこのトリエンナーレのカタログに書いた、都市変容のプロセスの実例ではなかっただろうか。工業社会への批判云々以前にその事実だけで、磯崎はトリエンナーレの占拠と破壊を率先して受け入れるべき立場にあったと言うべきだろう。現代の研究者が「磯崎の介入は他の作品以上に危機のプロジェクトであり、展覧会に突き刺さった棘である」*37 と評価しているように、磯崎の展示はトリエンナーレという制度が直面していた危機・矛盾それ自体を射貫いていた。その意味で当時、状況的にもっとも引き裂かれていたのは、デ・カルロ以上に磯崎である。磯崎は抗議活動を展開した学生やアーティストに心情的に共感しており、その支援のために会場で求められた署名にも応じて、トリエンナーレ実行委員会とのあいだで軋轢を生んだという。*38

磯崎による展示は「巨大数」というテーマに広島・長崎における原爆による大量死の記憶を喚起することで応えた。では、彎曲したパネル上の幽霊や妖怪はいったい何を表わしていたのか。一九七〇年一月に発表されたテクストで磯崎はそれらを「日本の怨念たち」と呼び、無限に増殖する怨念の飛び交う虚空こそ、「大量の物質や人間の洪水に押しひしがれている現実の都市の内的なイメージ」[*39]であろうと述べている。この「怨念」とは同じ文章で磯崎が「現実の都市の内部から膨張していく情念のようなもの」[*40]と呼んでいる何かに等しい。

このミラノ・トリエンナーレは磯崎が招待されたはじめての国際展だった。磯崎がそこで広島の焦土や長崎の被災者・死体のイメージを用いたことは、展示コンセプトとの関係からも十分理解できる。しかし、絵巻物や浮世絵、それも無惨絵や魑魅魍魎の図像の多用はいささかエキゾチシズムに媚びたものに見えないだろうか。よしんばそれが、キッチュな日本文化趣味を意図的に転用した表現だったとしても、実行委員会から期待された日本の最新の未来都市イメージの代わりに「怨念」や「情念」を殊更に前面に打ち出すことは、アナクロニスムの気味を帯びてはいないか。

ひとつの仮説として、これは意識的に選択されたアナクロニスムであり、それを誘発したのは、お祭り広場に岡本太郎が構想した「太陽の塔」だったのではないか、と考えてみたい（周知の通り、それは「インヴィジブル・モニュメント」という磯崎の着想を根本的に裏切り、のちのちまで大阪万博の記憶を支配する圧倒的なアイコンとなる）。岡本は一九六七年七月に万博テーマ展示プロデューサーに就任している。塔のスケッチがはじめて公開されたのは同年十二月十六日だが[*41]、磯崎は当然、それ以前に岡本のヴィジョンを知ることができただろう。磯崎は後年、こう回想している――「〈大屋根に象徴される〉水平線構想の一員であった私は、「屋根を突き破ってのびるベラボーなもの」を見て、何だか見てはならない土俗的な怪物が、にょきっと頭をもたげた、と瞬間的に思ったことを記憶している。日本近代化を推進してきたモダニズムが忌避してきた情念が凝固したようにも見えたのだが、ちょっと違う。アッケラカンとしている。いかにも太郎さんのキャラクターだった」[*42]。もし先の仮説が正しいとしたら、磯崎はここで言う「情念」こそを表わす「土俗的な怪物」たちをミラノに召喚したのである。それは万博「水平線構想」を推進する中心にいながら、岡本の身振りを真似てそれに抵抗せずにはいられない、磯崎のアンビヴァレントな立場の表われだったに違いない。

綜合的演出機構に関する報告書の提出後、万博基幹施設の計画大綱は一九六七年六月にはできあがっていた。だが、それが万博協会の内部で審議されているうちに内容がずたずたにされ、さらに十月に至っても通産省（現・経済産業省）と大蔵省（現・財務省）によって変更が加えられている最中という有り様だった。業を煮やした磯崎は『朝日ジャーナル』十月二十二日号に予算の削減と官僚主義による決定の遅れを批判する「わたしは失望する」という文章を寄稿している。「このあたりで半身のかまえで、ものをいうことはやめようではないか[*43]」——末尾のこの一文は、しかし、磯崎自身が心情的に万博計画の戦線から離脱しつつあったからこそ、発せられたものであったように思われる。のちの「年代記的ノート」に磯崎は、「脱落の端初は、万国博がテクノクラート支配で貫徹される見込みがついたときだ」と書いている。磯崎の見立てによれば、一九六七年春頃から梅棹忠夫や小松左京らによって「未来学」が提唱され、翌年七月に日本未来学会が発足するに至る流れもまた、こうしたテクノクラート支配のイデオロギー的バックアップのためだった。そのメカニズムに抵抗する方法・論理を見出しえぬまま、表向きの義理としての社会的責任は果たさねばならぬという、磯崎が陥ったジレンマのなか、「過重の労働はすべて疲労として蓄積してしまう」[*44]。それは「戦争遂行者に加担したような」[*45]疲労と苦渋をもたらす作業だった。

そんなジレンマの渦中にあった磯崎にとって、ミラノ・トリエンナーレは「亡命」にも似た、「反戦的」抵抗の機会だったのかもしれぬ。写真パネルに投影された未来都市プロジェクトには、丹下チームによるスコピエ再建計画も含まれていたとされるが[*46]、そこに万博シンボルゾーンのプランが加わっていたとしても不思議ではないのだ。広島の写真にモンタージュされたメガストラクチャーを、磯崎は広島の被爆した工場の骨組みの写真を切り抜いて使ったものだと説明している[*47]。他方、藤森照信は右手の残骸に一部崩れ残って見えるアーチのかたちから、ル・コルビュジエのソヴィエト・パレスを暗示したものではないか、と推測している[*48]。それはすなわち、ソヴィエト・パレスを参照した丹下による広島ピースセンター・コンペ案の大アーチをも同時に指し示していることになる。トリエンナーレ出展時にはとくに命名されていなかったこのフォトモンタージュに、かなりのちになってから与えられたと思われる名「ふたたび廃墟になったヒロシマ（Re-ruined Hiroshima）」もまた、こうした推測を支持するように思えなくもない。

だが、大アーチの形態を一九六八年の時点で殊更に引用し、広島をもう一度焦土化するという想像に磯崎が身を委ねたと考えるには、あまりにもその動機が乏しすぎるのではないだろうか。そもそもわずかなアーチ状の形態以外、ソヴィエト・パレスとの類似をうかがわせる要素はここにはない。一九七〇年一月の時点では問題のフォトモンタージュに「ヒロシマの焼土のうえに廃墟と化した未来都市(?)」[*49]というキャプションが与えられており、巨大な残骸はあくまで「未来都市(?)」のものとされている。では、数ブロックの街区を覆い尽くす途方もない規模の架構が表わしているこの未来都市とはいったい何だったのか。

「〈お祭り広場〉が巨大な空虚な場であり、すべてをのみこみ、包みこんでいる不可視な場そのものである」という発想を広島と結びつけたフラーの言葉をここで思い起こしてみたい。「ヒロシマの焼土のうえに廃墟と化した未来都市(?)」の写真パネルには、この「巨大な空虚な場」、すなわち、これから建造されるべきお祭り広場が先取り的に残骸と化した姿で重ね合わされていたのではないか(キャプション末尾の「(?)」はその暗示かもしれぬ)[*50]。社会的責任からはけっして表立って公にはできない、大阪万博会場が廃墟化したヴィジョンを、磯崎は「ヒロシマ」に擬態させることによってひそかに、数々の未来都市プロジェクトが投影されるスクリーン自体のうちに――いわば「見えない廃墟」として――隠したのではないだろうか。そのように考えるほうが、当時の磯崎のアンビヴァレントな心情にはるかに即しているように思えるのである。

だが、そのような個人的葛藤とは裏腹に、社会的には磯崎はまぎれもなく万博計画の中心人物のひとりだった。磯崎に対しては万博計画への参加を厳しく批判する声が向けられていた。たとえば多木浩二は『デザイン批評』一九六九年一月号で、支配に関わる文化や芸術の廃絶を通じてしか真の文化の創造はありえないとする立場から、そもそもこうした「否定のかたちでしか創造はない」

9-3. 《ふたたび廃墟になったヒロシマ》（1968）

という論理・実践を、空間を「虚像」ととらえる建築観を通して展開してきた磯崎が、万博計画にその主要なデザイナーのひとりとして加担することは、磯崎のいままでの「論理全体を茶番にしてしまいかねない」と指弾している。[*51] 多木が見るところでは、テクノロジーとみずからの強烈な幻想（観念）との結合を万博で実現しようとする磯崎の試みは、ソフィスティケーション（詭弁／洗練）によって磯崎自身が依拠してきた論理を裏切ることに終わるのである。

それは同時代の「論理」としては政治的に正当な批判だったに違いない。今日の眼から見ても、お祭り広場が群衆《マス》を監視・管理するテクノロジーの一大実験場になったことは否定できない。だが、磯崎がこの広場で起きる出来事に幻視したものは、宗教的ないし麻薬的な恍惚にも似た、はるかに危険な何かだった筈である。磯崎は、そんな幻想と技術との結合を徹底化しようと夢見たおのれのラディカリズムを――それはクックらのアーキグラムやホラインなどとも共通する志向だった――「ソフィスティケーション」の一語で切って捨てられたまま捨て置くわけにはゆかなかった。

『建築文化』一九七〇年一月号の論文で磯崎は、お祭り広場計画（システムの解説を月尾嘉男が執筆）、ミラノ・トリエンナーレの電気的迷宮、そして、「保護膜をもった領域」「空間の可変性」「装置の可動性」「人間‐機械系」といった性格を備えた、立方体と球体が奇妙なかたちで結合した住居構想（A邸計画）の三者を、「装置化空間モデル」の三形態として統一的に取り上げ、「応答場としての環境」をかたちづくる「ソフト・アーキテクチュア」と呼んでいる。これらのモデルにおいて建築は、ソフトウェアを内包したメディアとなることにより、人間の行動に応答する環境へと無定形化・流動化している。[52]この論文は、万博というビッグ・プロジェクトに託された磯崎という建築家内部の「独自の《観念》」を、一貫した論理として何とか鮮明に結晶化させようとした格闘の産物に思える。

開会式前夜の大阪万博会場、三月中旬というのに雪が舞うなか、お祭り広場の隅々を駆け回り、すべてのメカニズムが正常に作動することを確認した磯崎は、明け方に帰り着いた宿でぎっくり腰に襲われ、身動きがとれなくなってしまう。この広場には計画当初から構想されていた二体の巨大ロボットが待機していた。ひとつは投光器室が内部に設置された二つの巨大なプラスティック・ボールがちょうど両眼に見える、二本のアームや音・光・匂い・霧の効果装置を備えた催し物用ロボット「デメ」(出目)、もう一体はサブ・コントロールステーションのロボット「デク」——司令塔機能以外は水平に移動できるだけの「木偶《でく》の坊」の「でく」——である。いずれも磯崎のオブセッションとなっていた「人間‐機械系」の象徴にほかならない。デクのガラス窓越しに開会式を見る筈だった磯崎はベッドからTV中継を眺めるしかなかった。[53]

大阪万博を訪れる夥しい人びとをオープン初日に眼にした建築史家・村松貞次郎は、予測できぬ気まぐれなバイタリティと圧倒的な破壊力、不思議な創造力を備えた群衆という「人神」により、「万博の神コンピューター」が試され、嘲弄され、蹂躙されているさまを辛辣な筆致で記録している。この「人神」は「1日でトイレをつまらせ、ソ連館の階段を泥だらけにし、ベンチを踏み台に転化し、空中レストランを中空に停止させ、動く歩道を修羅場に」するなど、「神話のスサノオもかくやと思わせるばかりの乱暴ろうぜきの限りをつくした」*54――「ベンチに土足で上ってのぞきこんでいた人神は、たちまちフンとそっぽを向いて、スサノオの狂暴さを身のまわりに思いきりまといつけて、ためらいとテレかくしの知性が生んだこの万博を踏み砕くべく、ノッシノッシと歩を運ぶのである」*55。「ためらいとテレかくしの知性」とは、万博計画に参加した建築家たちの「ためらい」や「羞恥心」を批判した言葉である。村松はその羞恥心《ためらい》が「非システム的なものへの抵抗の力を弱めた」と指摘する。それは磯崎が「半身のかまえ」と呼んでいたものにほかなるまい。他方、村松の言う「非システム的」な「人神」「スサノオ」とは、ミラノで磯崎が「日本の怨念たち」と呼んだ何かの、それこそアッケラカンとした日常的な姿であろう。ミラノと同じくここ大阪でもまた、誰よりも激しく「半身」に引き裂かれていたのはほかならぬ磯崎自身だったように思われる。

　多木による批判とちょうど同時期の一九六九年一月、磯崎は「観念内部のユートピアが都市の地域の　ターミナルのそして　大学におけるコンミューンの構築と同義語たりうるだろうか」と問いかける論考を発表している。それは発生状態における観念を表わす建築家の幻視的《ヴィジョネール》なイメージのうちに、社会的「コンミューン」と通底するユートピアが宿る可能性に賭けようとした問いだった*56。磯崎はやがて一冊の書物に集合させられることになる建築家たちの「コンミューン」の構築、を、同年の十二月から「建築の解体」〔傍点・引用者〕と題した雑誌連載によって開始する。初回のコンミューン・メンバーはホライン、磯崎がミラノで知り合った、精神分析発祥の地ヴィーン生まれの建築家である。

大阪万博を挟み、一九六〇年代後半から一九七〇年代へと向け、磯崎の内部ではあらたな建築の観念が徐々に胚胎されていた。磯崎は幻視的《ヴィジョネール》建築をめぐって、「現実原則によって抑圧されていた諸要因がその制約から解徐《ママ》されたときに最初にとるはずの形態」について語り、「エロス、テクノロジー、情念、拡大した感覚、記憶の痕跡などが手がかりになる」[*57]と書いている。コンミューンを志向する革命からその熱狂が冷めたポスト革命の時代へのこの移行期において、磯崎の無意識下で進行した幻視的《ヴィジョネール》な観念の発生過程を扱うには、こうした記述が示唆するように、エロスをめぐるフロイト的な分析の手法が必要とされることだろう。そのときにもっとも注目すべきなのはおそらく、フロイトが創り上げたオイディプス・コンプレックスの神話ではなく、いずれ磯崎が「手法」と呼ぶことになる、建築をめぐる諸観念のアンチ・オイディプス的な機械状の連鎖的生成プロセスである。

第10章　エロス的／ゲリラ的マニエリスムへ向けて

一九六七年、小規模ながら注目すべき磯崎の作品が完成している。大分・久住《くじゅう》高原に作られた「久住歌翁碑（山下歌翁歌碑）」である。これは久住高原を愛し、「豊後追分」とも称される「久住高原の唄」を作詞・作曲、レコードにも吹き込んでいる弁護士・山下彬麿《しげまろ》（のちに歌翁と改名）の歌碑である。豊後追分には久住山と阿蘇山という二つの山が歌われており、磯崎はそれぞれの頂上を結ぶ直線を軸として、そのうえに碑を設置した。その際、この碑を中心として約百メートルに亘り、軸線部に当たる大地に細長い裂け目《クラック》が掘られる。ひとがこの掘り割り《オープン・カット》のなかに立つとき、周囲の夾雑物は消え去り、前後の軸線の先に二つの山頂のみが望見できる――「生けどり」にされる――というデザインである。この眺めを確保するため、歌碑自体は可能な限り小さくされた。すなわち、「久住歌翁碑」とはその本質においてじつは、オブジェクティヴなモニュメントではなく、それを取り巻くランドスケープのデザインなのである。磯崎はこう書いている――「この一〇〇メートルのクラックにリズムをもった形態を与える作業をくりかえすうちに、いつの間にかこの割れ目が、巨大な女陰の外形をもちはじめた。クラックに埋没し、その底部で、ひそかに地形学的な軸線を詩人のうたった茫漠たる風景に合致させるのに、この人工の女陰はもっとも適切な解であるように思えた」。[*1]

実際には予算上の制約から、ひとをすっかり包み込み視野を限るほどの深さにまで溝を掘り進むことができず、腰のレヴェルにとどまったため、両側の土手に草を植え込んでトンネル状にする解決が図られたという――「あるいは石積みだけの硬質なはだざわりにおわりそうな原案が、こんな事件でかえって、やわらかさとうるおいをとりもどすことになったのである」。[*2] 磯崎はとくに言及しないが、同時代のロバート・スミッソンらのアースワークなどのランドアートに通じる作品である。それにしても計画案を見るとき、歌碑周辺が膣口のような位置づけになっていたり、横にやや膨らんだ裂け目《クラック》のなかに円形の突起が並んでいるなど、ヴァギナへの形態的な類似関係はいささか露骨なほどである。数年の時を隔てて「はだざわり」「やわらかさとうるおい」を語るとき、磯崎はいまだなおその連想のもとにあるように見える。

大地に軸線を引くという発想は師・丹下健三譲りのものだが、ここでそれは都市を――ときに権力の表象として――象徴的に意味づける人為的な直線ではなく、二つの山の姿によって代表された大地という自然の懐に抱かれるための導線のようなものになっている。軸線がいわば女性化されているのだ。また、「久住高原芒《すすき》に暮れて／阿蘇のいたゞき雲しづむ」といった豊後追分の「歌」の世界は磯崎にとって、故郷・大分に関わることもあり、俳人の父・操次（藻二）を思い起こさせるものでもあったのではないか。「奇矯な自然石に彩られた碑の数々は、日本の文人趣味のもったエキゾチシズムの衰弱した残骸である」[*3]といった、従来のモニュメント的歌碑に対する磯崎の批判は、操次のみならず、漢詩を能くした母方の祖父・糸長蓬萊の記憶をも喚起する。文人の家系を継ぐ磯崎はここで、モニュメントをランドスケープに変えるべく、大地に裂け目《クラック》を繰り返し刻み込むことにより、その場所を母の胎内に通じる女陰に似た通過儀礼の空間に変容させたのである。

この歌碑に取り組んでいた頃、磯崎は製図に用いる一風変わった雲形定規を発明し、アトリエから発売している。その名は「マリリン・モンロー定規」、値段は一〇〇ドルだった。これは無名時代のマリリンのヌード写真をもとに、その肉体の各部のラインを組み合わせた型板のセットである。マリリンの軀の輪郭線は断片化されたうえでコンパクトに一体化されており、できあがった定規それ自体は不定形で、女性身体を直接連想させるものではない。

磯崎は死せるマリリンに宛て、軀の曲線や名前の使用許可を求める「冥府閻魔庁気付」の書信をしたためている。CAD（コンピューター支援設計）がまだ普及していなかったこの時代、図面にフリーハンドで描かれた曲線をトレースするために必要だったのが雲形定規だが、その曲線に絶対的法則などはなかった。磯崎はそこで、無数のピンナップや映像でよく知られたマリリンの姿態という「虚像」からカーブを選択して用いることを思いつく――「製作いたしました定規はもう2年以上

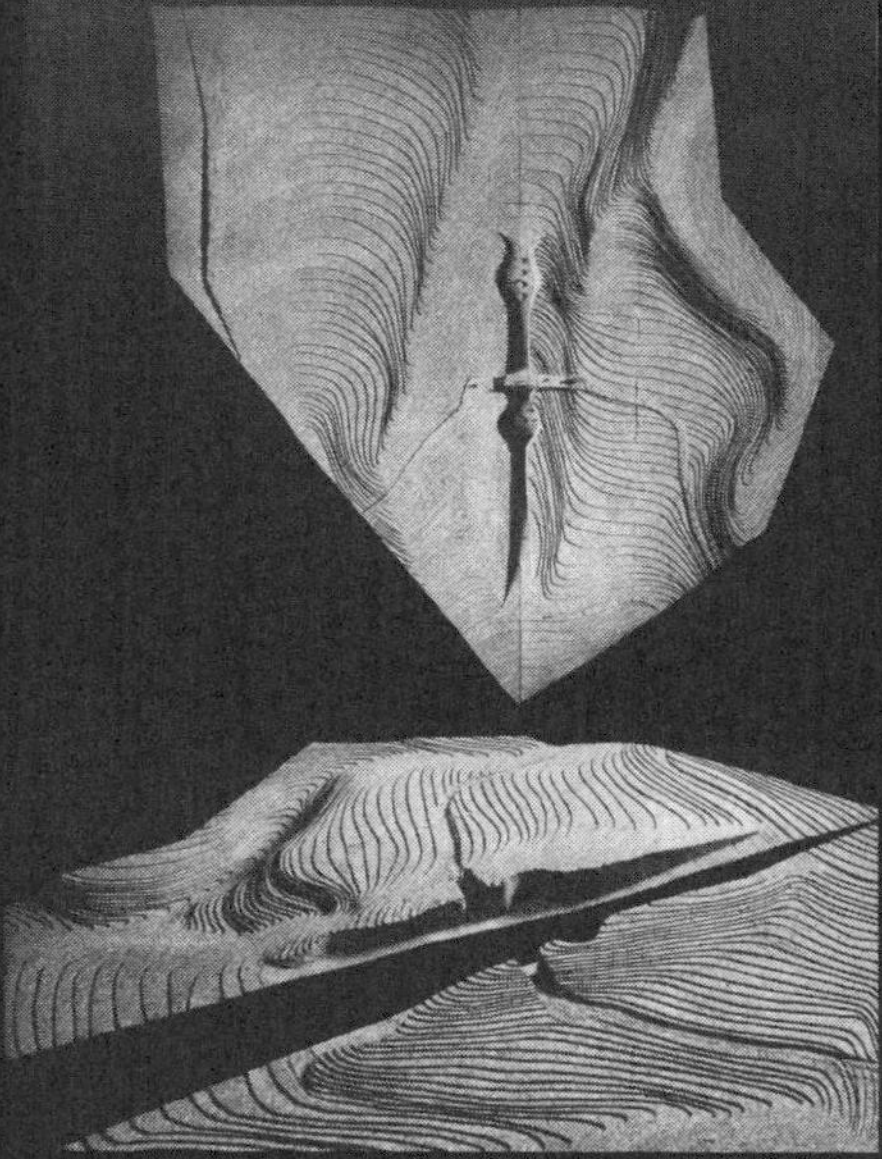

10-1. 久住歌翁碑模型写真

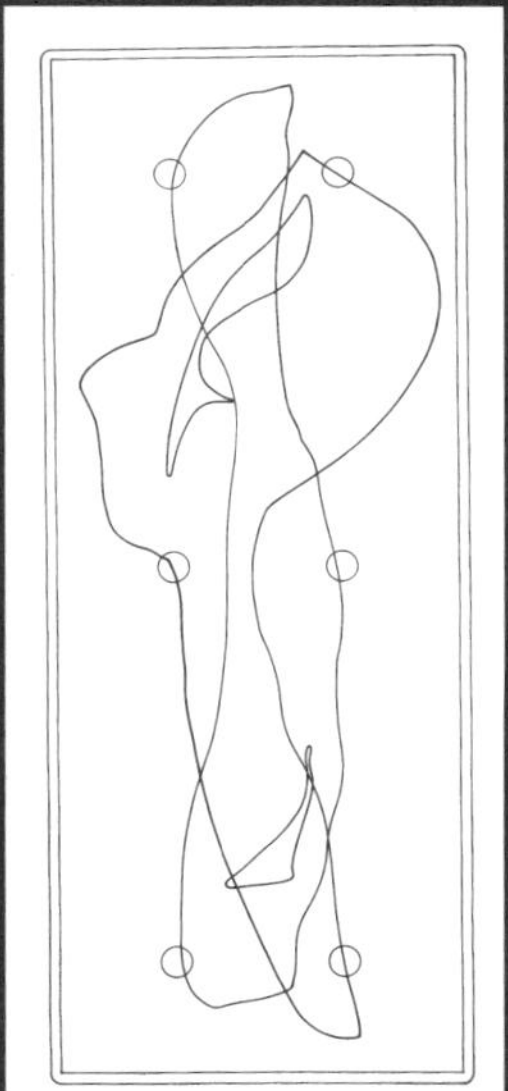

10-2. マリリン・モンロー定規

試用してみたところ、使いやすく、伝達が容易であり、かつ成果物にあなたの面影を浮びあがらせる場合などあり、大へん有効な道具だと結論づけられてまいりました」[*4]。この定規はおもに家具の設計に使われ、その産物としては大分県立大分図書館に納められた椅子がある——「昨秋には日本のエンペラーとその御一族も来館され、したしくあなたのカーブをもった椅子のうえに腰をおろされ、御休息されたとのこと、心地よさの可減《ママ》については、おそれおおくて聞きもらしましたが、いたく御満悦の御様子であらせられたとも聞いております」[*5]。

　磯崎がすでに無数にある雲形定規に代わるこの新しい道具を発明し、それだけを使うことをアトリエの共通ルールとしたのは、複数の者が関わる設計という行為をモデュール化するためだった[*6]。曲線のトレースという単純作業に組み込まれているからこそ、モンロー定規の無数の反復的使用を通じ、断片化されたマリリンの軀の輪郭線がほとんど気づかれぬまま増殖する。椅子のなかに忍び込んだそのラインは天皇の身体とも密着したのかもしれぬ。磯崎はのちに、マリリンとのこうした関係を明示した椅子「モンローチェア」を製作することになる。

　磯崎はモンロー定規とは自分がかたちを作る手法の基本形のようなものだと言う[*7]。歴史的な建築を原体験とした記憶に乏しく、物質がまったく消滅した焦土からかたちを引き出さねばならない磯崎にとって、確実に依拠できる手法は「選択」のみだったからである——「その瞬間にマリリン・モンローが切り裂きジャックに代っても、いっこうにさしつかえないのだ」[*8]。この定規をひと目見たジャスパー・ジョーンズはとっさに「ストッパージュ」と言ったという[*9]——マルセル・デュシャンの《三つの停止原基》（一九一三〜一四）のことである。デュシャンはこの定規を、一メートルの長さの紐を一メートルの高さから落として生まれたカーブから作成した。磯崎はこの逸話を踏まえ、マリリンは「たまたま選ばれた相手」「単なるメディアのなかで与えられた名称」*10に過ぎなかったと述べている。

だが、「切り裂きジャック定規」など、ありえなかったことは自明だろう。繰り返される磯崎の弁明にもかかわらず、マリリンの「選択」は必然だったのだ。それなのに磯崎はモンロー定規を「停止原基《ストッパージュ》」と同様の偶然の産物と主張したがっている。一九七〇年代の中頃、バークレーでなされたパブリック・レクチャーでこの定規や椅子などのスライドを見せた磯崎に対し、会場にいたフェミニストの女性は「これは女性にたいする暴力だ!!」という抗議の声を上げたという。後年の『建築家捜し』で磯崎はこの事件を回顧し、フェミニストの女性が「モーレツな他者」に見えたと告白している――「彼女は私のつたないジョークを暴力と受けとったわけだし、私にとっても彼女は暴力的で、手のつけようのない異物にみえ、斬りつけられたら身をかわすしかない。〔中略〕実のところ、私には建築家と呼ばれるものが、バークレーのフェミニストと同様な程に暴力的に私自身に迫りつづけていると感じていた」*11。

興味深いのは「暴力」をめぐるこの連想関係である。磯崎は「建築家」たることを自明なものとして受け入れられないがゆえに、通常の「建築家」にとっては重要性などもたないモンロー定規を一種のデュシャン的なアート作品としてレクチャーで紹介しているのだが、会場にいたフェミニストにはそれが女性の身体を搾取的に転用した暴力に見えている。だが、なぜこのフェミニストの──それ自体としては一定の理がある──抗議の「暴力」が、磯崎にとって「他者」でしかない「建築家」なるものの「暴力」と通底してしまうのだろうか。ここには、マリリンの「選択」を必然ではなくあくまで偶然ないし任意と主張することに通じる、「女性」という「他者」との関係をめぐる磯崎の複合感情《コンプレックス》が感知できるように思う。

時期的に見て、久住歌翁碑の設計にもモンロー定規が使われたことは十分に考えられる。もしそうだとすれば、そこでは大地にマリリンの肉体の輪郭が投影され、巨大な女陰の一部になっていたのである。万博計画に否応なく深く関わりながらも心情的にそこから脱落しつつあったこの時期、磯崎がマリリンという大衆文化の女神的存在を冥府から呼び戻し、その断片化された肉体のラインを計画図の各所に散在させる一方、大地に引かれた軸線を半ば坑道のような窪みにして女性化したことは、磯崎の無意識下で深く関係し合った営みであり、それらはいずれも「建築家」たることからの逃走の線であったのかもしれぬ。

一九六八年二月に発表された原広司との対談で磯崎は繰り返しチェ・ゲバラに言及し、建築のあり方を根本から変えるゲリラ的な活動の論理をめぐってかなりざっくばらんに語っている。たとえば磯崎が「サイバネティック・エンバイラメント」を提唱したように、サイバネティクスの原理によって従来の建築から「絶縁」し、環境へとシフトすることは、別のジャンルを作ってしまうという点でひとつのゲリラ的な方法である──「非建築的・非デザイン的っていうような、アンチではなくてアパシーの〝ア〟だな。ア・建築とか、ア・アーキテクチュアーというような言葉があるかどうか知らないけど、アンチじゃない立場で出てくると、べらぼうに強いんじゃないかと思うんだ」[*12]。「反対する」という意味での「アンチ」ではなく、「無関心・無感動」を意味する「アパシー」の、「〜でない」という否定の接頭辞「ア」である。「非建築」としての「ア・アーキテクチュアー」とは、「建築」を批判してそれに対抗するのではなく、「建築」の外部に別の領域を開拓する営みと考えたほうがよい。

ちょうど同年のミラノ・トリエンナーレでハンス・ホラインやピーター・クックたちと知り合った磯崎が、彼らの活動のうちに自分と共通する「ア・アーキテクチュアー」への志向を認めたことは間違いあるまい。翌年の『美術手帖』十二月号から磯崎はこうした同時代的動向のレポートである「建築の解体」の連載を開始する。第一回の対象はホラインである。なお、連載タイトルの命名者は当時の『美術手帖』編集長・宮澤壯佳だったという[*13]。同じ号の特集はジュリアン・ベックやヘルマン・ニッチなどを取り上げた「創造のための破壊——ラディカル・アート」である。どちらかと言えば「アンチ」の意味合いが強い「解体」という言葉を宮澤が選択した背景と言えよう。

磯崎のテクストは「ハンス・ホライン——観念の触手に捕獲された環境」と題されている。ホラインを紹介するなかで、磯崎はこう書いている——「むしろ建築それ自体の概念を解体していくことによって、建築をまったく新しい視点のもとにとらえなおしつつあるという方がいい[*14]」。すなわち、ホラインにおける「建築の解体」は同時にあらたな「建築」の編成なのだ。これは「ア・アーキテクチュアー」という言葉によって磯崎が思い描いていたであろうゲリラ的運動に対応していると言ってよい。

ナチの対空監視所をはじめとする非人間的で「狂暴な存在そのもの」であるようなイメージをあえて「建築」と呼ぶホラインにテクノロジーへの単純な憧憬はない、と磯崎は言い切る。そこには破壊や破滅と紙一重の場所における大量殺戮発生の予感がもたらす内的快感がある――「テクノロジーの危険で、破壊的な起爆装置を内側に秘めたような、つめたい、エロティックな衝動に身をゆだねたときにのみつかみとれる美意識でもある」[*15]。一九三四年生まれのホラインは磯崎と三歳違いであり、とくに戦争体験において共通するものをもっていたように思われる。その点は次の一節にうかがえよう――「第二次大戦を幼児期か少年期で過ごした世代にとって、テクノロジーは、それがやさしい美を生むものではなく、むしろサディスティックに人間を犯し、圧殺し、消滅させるような凶器でしかない」[*16]。そこに「機械の内部にひそむエロス」への研ぎ澄まされた感覚が生まれる。それが「物質のもつ多様な表情を、位置と視点を変えることによって意味をくつがえし、すべての付加的要素を剝奪して、裸形の存在に還元していく」[*17]というホライン独自の表現を可能にしている。その表われのひとつがホラインによるほとんどフェティシズム的なアルミニウムの使用である。

ホラインが「非建築《ノン・ビルディング》、不可視建築《インビジブル・アーキテクチャ》、メディア＝エンバイラメント」と呼んでいる対象は磯崎が「ア・アーキテクチュアー」と名づけたものにほかならぬだろうし、同様に「見えない都市」や

「サイバネティック・エンバイラメント」の概念とも重なっている。ホラインが徹底化する「建築の白紙還元という解体作業」[18]によって逆に、この世界に発生するすべての出来事は「建築」にほかならぬものとなる。そのとき、「建築」の実質は「ア・アーキテクチュアー」へとゲリラ的に換骨奪胎されているのだ。磯崎のテクストに続けて掲載されたホラインの論文「あらゆるものが建築である」はそのようなヴィジョンの宣言である。

一九七五年に連載を書籍化した『建築の解体』を刊行するにあたり、磯崎はその後のホライン作品への言及を中心とする加筆を行なっている。そこではとくに、一九七〇年の個展「死」をはじめとする、ホラインにおける「死」の観念に重点が置かれ、ホラインの生地であり活動拠点であるヴィーンに縁の深いフロイトの精神分析理論、とりわけエロス（生）とタナトス（死）の二元論が参照されている。たとえば一九七二年のヴェネツィア・ビエンナーレにおけるオーストリア館では、壁面が真っ白い展示室内に十五センチ角のタイルが一面に貼られた日常的物体が置かれている。磯崎はそこに「すべてのエネルギーの放散状態」「緊張の解除した非活動状態、究極的な平衡」としての、フロイトが言う「ニルヴァーナ原則」の表われとそれによって生じるエロスの活性化を認めている――「当然のことながら、視覚的にニルヴァーナを形成したような場にふみこむと、観客の心理のなかに、ニルヴァーナの反転、すなわちエロスがひとつの虚像として発生するのである。オーディナリーなオブジェクト群は、このようなつめたいエロティシズムを、効果的に発散していたのである」[19]。

磯崎がホラインを通じて学んだのはおそらく、「あらゆるものが建築である」という帰結を導く「ア・アーキテクチュアー」の強靭な論理的実践以上に、自分と類似した戦争体験を経て肉体化されている死や破滅の感覚を、このように涅槃状態《ニルヴァーナ》を介して物体の虚像的エロス化へと反転させる技法である。磯崎自身、「ア・アーキテクチュアー」へと向けたゲリラ的な試行のひとつとして、モンロー定規の作成・使用や久住歌翁碑のデザインを通じ、イマジナリーなレヴェルで建築図面の曲線をエロス化したり、軸線を女性化したりする営みを始めていた。ホラインの展示が磯崎に教えたのは、そうした直接的な方法によらずに物体や空間のエロス化をもたらす心理的なエコノミーであり、それにもとづく涅槃状態《ニルヴァーナ》の活用である。それはいずれ磯崎の「手法」に反映されることになるだろう。

磯崎は『美術手帖』でホライン論を発表したのと同時期、「きみの母を犯し、父を刺せ」という、フロイトの理論を想起させずにはおかないタイトルの文章を書いている。これは『都市住宅』誌が企画した住宅設計競技「都市住宅展」の実施にあたり、応募者たちに向けて書かれたメッセージである。この都市住宅展は設計競技そのもののあり方を根本的に変えようとするものであり、同誌編集長の植田実や磯崎のほか、原なども加わった、従来の設計競技の審査員に代わる「コア・スタッフ」たちにより、応募案の公開展示、全参加作品の公表などのあらたな試みが企てられた。名称を設計競技らしからぬ「都市住宅展」としたのも同様の趣旨からである。第一回のテーマは「あなたにとってマイ・ホームとは何か」だった。

応募者の多くは学生と想定されたため、磯崎の文章は「きみ」に呼びかけるスタイルで書かれている。磯崎は皮膚感覚的に慣れ親しんだ「日常性」のシステムが強いる思考停止に警鐘を鳴らす。「マイ・ホーム」の論理はそんなシステムの産物であり、日本ではそれが持家政策によって促進され、都市生活者の欲望を局限された所有のなかに閉じ込めるメカニズムとなった。建築家は2DKなどのパターン化されたデザイン言語からなる、商品化・物神化した虚像としての「マイ・ホーム」を求めるクライアントの欲望に応えなければならない。パターン化したその手法こそが「マイ・ホーム」を形式として維持している——「そのとき、家庭、日常、性、増殖、などについての本源的な問いはたやすく放棄される。本源的な問いとは、裸形の存在へ還元されることでもあるが、それは決して具象化することがないからだ[*20]」。

たとえば「核家族」といった思考形式のもとで発想するかぎり、「肉体が内側に秘めている暴力性や死への恐怖やエロスへの下降など」はその枠内で飼い馴らされてしまう。それゆえに応募者に磯崎が求めるのは、日常性を決定づけているものの核心をえぐり出すことである——「その日常性とは、きみの肉体を支配している記憶の源泉であった胎内での浮遊感であり、おそらくきみの母との肉体的な接触感であり、そこで用意された外界をへだてた保護膜が保持する浸透性の体液の感触である。そして対社会的に幼年のきみを絶縁した父の記憶がこれに加わるだろう[*21]」。「マイ・ホーム」を容認してしまうこうした肉体的・生理的感覚と闘う、狂気・暴力・エロスを動員した攻撃的な提案が必要なのだ。そしてそのとき、磯崎が「きみ」に向けて放つ助言が「きみの母を犯せ、そして父を刺せ!」なのである。

「マイ・ホーム」をめぐる磯崎の現状認識自体はかつての「小住宅設計ばんざい」の延長線上にあり、とくに新しい要素はない。野心的な設計競技へと若者たちを煽動すべく、磯崎はその感覚になまなましく訴えかけようと、母の胎内における浮遊感や肉親との皮膚的接触感といったものに幾度も言及したうえで、そんなふうに密着してくる「マイ・ホーム」的日常性との切断・絶縁を促すためにこそ、最後の命令文を発している。しかし、それは本来の意図とはまったく逆転したかたちで読者に届いたらしい。この設計競技への応募作品二二〇点あまりのうち、かなりの数の案には胎児や胎内回帰のイメージが現われていたという。[22]

「きみの母を犯せ、そして父を刺せ!」が唐突なアジテーションであったことは否めない。これはむしろ「オイディプスになれ!」と煽っているに等しく、近親相姦と父殺害の結果として、心理的には核家族的なオイディプス的三角形のなかによりいっそう閉じ込められてしまう帰結を招くだけだろう。そもそもこの命令は「息子」たる男性に向けたメッセージであって、女性の存在が無視されている。十三歳で母を突然失い、父もまた十九歳で急死した磯崎自身にとって、この呼びかけははたしてどの程度のリアリティをもつものだったのだろうか。のちに磯崎はここで言う「母」は「日本」であり、「父」は「建築」であるという見立てを行なうようになる(この見立てそのものは土居義岳に由来する)。[23] しかし、そのような見立て自体がむしろ、「日本」および「建築」との関係を幻想的なオイディプス的三角形の閉域に押し込めてしまう危険があることにあらかじめ注意しておくべきだろう。

父を亡くした磯崎にとって、その代わりとなったのが故郷・大分の複数のパトロンたちだった。一九六〇年代後半以降には、福岡相互銀行頭取の四島司が磯崎の強力な後ろ盾となる。一九六七年に竣工した同銀行大分支店に続き、磯崎には福岡市の大名支店、さらには博多駅前の本店の設計が依頼され、その後も支店の店舗設計が相次ぐことになる。この時期に集中して、銀行の店舗というビルディング・タイプが磯崎のフィールドになったのである。本店設計が開始された一九六八年、磯崎は仕事場を福岡に移している。

一九六九年竣工の大名支店は大分支店で用いたデザイン手法の延長線上にあって、$\sqrt{2}$の射影変換システムをさらに徹底的に用いている。これは同種の建物に反復的に適用可能なシステムを発見しようとした結果だった。だが、その産物について磯崎はこんな「自戒の弁」を書いている——「知りすぎてしまった手法のなかからは、結局破綻をふくむ未完成な作品はうまれない。あぶなげなく、きれいにおさまる。しかしそこにはおそらく発生状態のなかにふくんでいる動的な均衡がない[*24]」。大名支店にはこうした手法で組まれたもののゆえの「表現力の弱さ」がある。そこでは「手法だけが形骸化しはじめている」。しかし、同種のビルディング・タイプの拡大再生産こそ建築の常態であることを思えば、そのような「エントロピーの増大していくような状況にたいして、つねに衝撃を与え、その固定化を破壊することこそが建築のデザインというものであるともいえる[*25]」。「手法」という重要なキーワードの登場に注目しておこう。

福岡相互銀行本店のほうは、中央の対壁から両翼が拡がる大分県立大分図書館の形式を踏襲している。航空法の許容する最大に近い高さ（五十メートル）をもち、幅は敷地いっぱいに延びて（八十メートル）、東西に巨大な両側面を向けた二つの壁には、朝夕の受熱量を減少させるため、インド産の赤砂岩が割肌のまま貼られ、開口部は最小限に抑えられた。この素材は磯崎がその数年前に二川幸夫との取材旅行で訪れたムガル帝国アクバル大帝の遺跡ファテープル・シークリーで出会い、南国の陽光に映える赤色の効果を発見したものである。壁から突き出た梁を受ける六メートル幅の主梁にはスウェーデン産の磨き上げられた花崗岩が貼られており、赤砂岩の壁とは際立った対照をなしている。エントランスのある東側でこの主梁を支えているのは太い円形のシリンダー四本であり、玄関を挟んで左右対称の配置からも、銀行建築に慣習的に用いられてきた古典主義建築の列柱と軒蛇腹《コーニス》をかすかに連想させている。赤砂岩の壁まで含めたこのファサードの造形にはどこか、ヴィーン中心部にあるアドルフ・ロース設計による「ロースハウス」（一九一一）の、大理石貼りの壁および列柱からなる下層部と白い漆喰仕上げのフラットな壁に窓が刳り貫かれただけの上層部とのコントラストを思い起こさせるものがある。ミラノ・トリエンナーレののち、ホラインにヴィーンを案内してもらったという磯崎は、ロースのこの建物を眼にしていたに違いない。

磯崎は福岡相互銀行本店について、「これまで私のかかわったさまざまな手法、視覚言語、概念などの断片が統括せずに、たんなる集積として出現するようにデザインされた」[*26]とのちに述べている。旧作の幹と枝というツリー状の基本プランを採用しながら、全体を単一のシステムで統御せず、あらゆる部分をまず断片に解体し、「各部が独立したシステムとでもいうべき一種の即興性」をもってデザインされたというのである。そのような性格は、『建築文化』一九七二年六月号発表の「反建築的ノート　そのII」で磯崎がこの作品を解説する際に、エントランス上部のまぐさ石《リンテル》から、建物内の各所に展示されたアート作品——サム・フランシスのタブローやマン・レイが撮影した写真の「眼」のみを転写したつづれ織りなど——に至る、各部分の局所的な作りをひたすら列挙している点にも表われている。[*27]

言及されてはいないが、こうしたデザイン手法の影響源は白井晟一だったものと思われる。磯崎はこの店舗の設計を開始した頃、親和銀行本店（一九六七年竣工）を中心とする卓抜な白井論を『新建築』に発表している。それには「凍結した時間のさなかに裸形の観念とむかい合いながら一瞬の選択に全存在を賭けることによって組立てられた《晟一好み》の成立と現代建築のなかでのマニエリスト的発想の意味」という長いタイトルが付けられている。これはのちの著書『空間へ』に磯崎が唯一収めているほかの建築家についての文章であり、その点からも白井がこの時期の磯崎自身の設計活動にとって有した重要性がうかがえる。

磯崎が親和銀行本店でまず注目するのは、イギリスやフランスの骨董商の店頭で探し出されたという家具から沢庵和尚の書と琵琶に至るまで、古今東西の調度や物品が様式的な統一性とは別の原理による「取合わせ」を通じて、白井の「裸形の観念」の世界を構築している点である。さらにまた、「原爆堂」の計画案（一九五五）を原型としつつ、「巨大な観念の迷路」[*28]を織りなすような空間構成についても同様である。《晟一好み》とはそのような選択と構成の基準となる感覚にほかならない。磯崎はそこにルネ・ホッケ流のマニエリスムを見る――「彼ら〔マニエリスト〕は、時間の連続としての歴史ではなく、不連続に生起する時間の割れ目から、脱落した世界をこそ意識化しようとするのである」[*29]。それは――白井の関心対象でもある――道元の「時は飛去する」に通じる時間性であり、この「不連続な歴史の継目」に落ち込んでこそ、「裸形の観念」との対峙が可能になると磯崎は言う。このような時間感覚は「未来都市は廃墟そのものである」というテーゼに代表される磯崎自身のそれでもあろう。「裸形の観念」もまた、磯崎が建築家にとって必要不可欠と見なしていたものだった。

磯崎によれば、親和銀行本店における諸様式の混淆は折衷主義ではない。それらの様式は白井にとって外在するものではなく、「瞬間瞬間の選択の際に彼〔白井〕の内部にひらめいた観念の投影物」〔傍点・引用者〕だからである――「それは論理ではない。訓練された肉体の瞬時の応答である」[*30]。それによって、「無名の物品どもの選択の背後に、ひとりの作家に肉体化された観念の存在が浮かびあがる」[*31]〔傍点・引用者〕。ここでは「選択」が決定的であることが示唆されている。このような「選択」のマニエリスムは方法として一般化しうるものではなく、事実、白井はみずからの建築が普遍化することを拒絶している、と磯崎は見る。

磯崎はこの批評のなかで最後に、白井の世代とは異なる者による「選択」の対象として、円柱の代わりにロケットのデザイン、沢庵和尚の代わりにビートルズのレコード・ジャケットを例に挙げ、こうした日常性を支配する要素からなる雑多で現代的な「ポップ・アーキテクチャー」の予感を語っている。だが、白井のマニエリスムに磯崎が学ぶとしたら、重要なのはこのように「選択」の対象を変えることよりもむしろ、「選択」という行為自体を突き動かし決定する「観念」のあり方や、「選択」という応答を瞬時に下すことのできる肉体の訓練——白井の場合にはそれが、書の手習いをはじめとする、世阿弥の芸道論で言う「稽古」である——のほうではなかっただろうか。

親和銀行本店と同じビルディング・タイプの福岡相互銀行本店で磯崎は、白井に倣った「選択」を実践したように見える。それは大名支店で自戒することになった、一般化・普遍化しようとすることで生じる「手法《マニエラ》」の固定化・形骸化を回避し、なおかつ、折衷主義に陥らないような「肉体化された観念」の投影を実現することである。だが、福岡相互銀行本店の骨格が過去の成功例である大分県立大分図書館のそれを借りているように、磯崎はじつはいまだ「選択」のみに「全存在を賭ける」ような地点には達していない。

いや、白井のようなかたちでの「観念の肉体化」を選んでいない、と言ったほうがよかろう。磯崎が見出したおのれの道とは、訓練された肉体の瞬時的応答のように見えるマニエリスムのなかに潜在する「手法《マニエラ》」を、あくまで論理として抽出することであった。そこでは「手法」が再定義され、意味を転換されるのだ。観念を肉体化する白井の「稽古」に代え、磯崎は無意識的な観念の論理としての「手法《マニエラ》」を「分析」する、と言ってもよい。それはいわば「手法《マニエラ》」によって構造化された「建築的無意識」の精神分析となるだろう。そのとき「手法《マニエラ》」とは、様式的な安定性に帰結するのとしての「他者」としての「手法《マニエラ》」の多様な表ものとして追求されているのではなく、まったく逆に錯乱をもたらすような、建築家にとっての「他者」なのである。われわれは磯崎の建築におけるそんな「他者」としての「手法《マニエラ》」の多様な表われへと眼を向けなければならない。

第Ⅲ部

反建築の展望台

1971 - 1986

第11章　青空・手法《マニエラ》・不在《アブセンス》

一九七一年二月、美術出版社から磯崎はじめての著書『空間へ』が刊行された。これは一九六〇年代に書かれたテクスト群、磯崎によれば「日付のついたエッセイ」[*1]をほぼ発表順に編んだ書物である（書き下ろしを含む「年代記的ノート」はあとがきにあたる）。ただし、巻頭には例外的に「都市破壊業KK」が置かれ、「プロセス・プランニング論」「闇の空間」「見えない都市」と同じく、ほかの文章よりも大きな文字で印刷されている。これはこの四篇がとくに重要なものであることを表わす。ほとんどの図版は頁の下部にごく小さく掲載されているだけだが、唯一「孵化過程」のモンタージュのみには一頁全体を使っている。この画像は函にも銀色で印刷された。装幀はライトブルーのクロス装で書名は銀色、函では逆に書名がライトブルーである。瀧口修造が寄稿した函書きも同じく青字で記されている。そこで瀧口は、磯崎の「見えない建築」説の実現に「快よい苛立ちすら感じてきた」と撞着語法《オクシモロン》めいた言葉で告白し、磯崎の抱え込む「虚像」とは、「忍びの術」に似て、「建築をひらく血路」であることを知った、と書いている――「そして、若々しくこんな風に夢と現実とが絡み合った長い詩を読んだのもはじめてだ」。「夢と現実とが絡み合った長い詩」とは、磯崎が高校時代に愛読した『近代藝術』の著者かつシュルレアリスム詩人からのこのうえない賛辞と言ってよい。

ほぼ二十五年後の一九九七年に鹿島出版会から『空間へ』の新版が刊行されるにあたって磯崎は、自分にとっての一九六〇年代は「都市も建築も政治も家族も職業も、いっさいが不確定で、頼りなく、ノマドといえば聞こえがいいが、精神的浮浪者の有り様だった」[*2]と回想している。この書物のなかでは「建築家」であることの定義も見つからぬまま、ひとりの著者がさまよっている、と。その著者が建築に関係するアカデミズムや啓蒙からひたすら遠ざかろうとしていたことは、「都市破壊業ＫＫ」という、挑発的で謎めいたテクストを巻頭に据えた点からも明らかだろう。建築雑誌に発表された文章がほとんどでありながら、旧版では美術を専門とする書肆を版元に選んだこともまた同様である。この著書のテクストに通底する性格を一九九七年の磯崎は「根源への下降」、すなわち、既成の枠組みの限界を踏み破ろうとするラディカリズムに見ている。[*3]

磯崎はこの新版からさらに二十年が経って出版された河出文庫版のあとがきで、『空間へ』と題していながら、この書物はじつは空間については何も論じていないと書いている――「文章で空間を語るなど不可能だと考えていた。そこで初版（美術出版社）の際、装丁に明るいライトブルーのクロスをつかった」＊4〔傍点・引用者〕。この「そこで」には奇妙な響きがある。そもそも「闇の空間」をはじめとして、磯崎はこの著書で一般的な意味での空間については多弁に論じているのである。では、文章では語りえない「空間」とはいったい何なのか。

磯崎によれば、装丁に用いたライトブルーは敗戦の日の、あらゆる爆音や噪音が停止した静寂における抜けるような青空の色である。そのときに体験したものを磯崎は「一瞬の空虚」と呼ぶ――「その後つづけた私の迷走は旋回して、いつもあの一瞬の空虚としての青空に戻っていく」＊5。そのイメージがこれら「日付のついたエッセイ」を縛っているがゆえに、ライトブルーの青空がこの書物には不可欠だった。先ほどの回想中の「そこで」といういささか奇異な印象を与える接続詞が表わしていたのは、この「一瞬の空虚としての青空」という「空間」は文章では語りえないがゆえに、書物を包み込むクロスのライトブルーによって表わされなければならない、という事情だったのである。

『空間へ』という書名がル・コルビュジエの『建築へ（Vers une architecture）』を念頭に置いたものであることは明らかだろう。文章による記述とデザインとを相互作用させ、ポレミカルに急進化《ラディカル》させる方法を磯崎はル・コルビュジエから学んでいる。＊6 ル・コルビュジエにとっては、観念として先験的な起源であると同時に、みずからの手によって生みだされるべき産物が、不定冠詞付きの「建築」であった。磯崎にとっては焦土のもとでの青空こそが、「未来都市は廃墟そのものである」というテーゼが象徴する「空間」観念の始点にして到達されるべき終点であり、そのラディカリズムを駆動する「根源」だった。

だが同時に、『空間へ』というタイトルには「建築ならざるものへ」、すなわち、「反建築・非建築へ」の含意がある。その場合の「建築」とはまず第一に、一九五〇年代に磯崎が学び肉体化していた日本における近代建築、とくに丹下健三のもとで洗練の極みに達した日本化された近代建築である。その「建築」には「空間」がない——というのがこの書名に隠されたポレミカルな主張であろう。『空間へ』という運動のヴェクトルはこうした離脱の方向性をはっきりと示している。

磯崎よりも二十歳近く若い建築家・内藤廣は磯崎との対談でこの書物を「全編予告編」と評している。[*7] 内藤はそこに「迷路を形作る魔力」を見ている——建築を学び始めた出発点でこの本に触れたことにより、磯崎新という迷路に誘い込まれ、そこから脱することばかりを考えてきた、と。[*8]『空間へ』が「建築」や「建築家であること」から逃れ脱落し続ける「精神的浮浪者」の軌跡である以上、建築を学ぶ後続の世代にとってこの書物がそうした「迷路」となることは必定であった。だがそれはまた、全編が「予告編」であるがゆえに、読者ひとりひとりがそこから「本編」を思い描きうるポテンシャルを有していたということでもある。

この著作によって磯崎が一九六〇年代の言論活動に結着を付けた頃、建築設計における磯崎のデビュー作、大分県医師会館の増築が進行中だった。これは磯崎自身が「豚の蚊遣」に喩えた旧館の隣に、容量としては三倍ほどにもなる新館を建てるという計画である。磯崎は当初、敷地いっぱいの立方体の各側面を旧館の形状に合わせて切り抜くことで採光窓とし、ポジティヴな物体としての旧館の建物と、そのかたちが刳り貫かれてネガティヴな空洞になったかのような新館の立方体とを隣接させる案を考えたという。[*9] いわば「反転」の操作によって新旧の建物を関係づけるのである。

こうした操作を貫徹するには敷地が狭すぎたため、この案は実際には採用されずに終わった。一九七二年に竣工した建物では、四本の足で支えられたシリンダー状の「蚊遣」中央を横断して走る軸線をそのまま延長したラインを対称軸として、新館全体がシンメトリカルに構成されている。内部では、最上階に位置する階段教室天井の円弧状の梁が段をなす構造のほか、下層部でも大きな吹き抜けのなかに床スラブがあたかも浮いているかのように何段にも重なり、それらが階段によって接続されることで、さながら立体迷路を思わせる造りになっている。磯崎はこうした複雑な構造に加え、円弧を描く梁の隙間から射し込む自然光や、床および壁を白く塗ることによって、この建築の内部空間に「積層する雲」のイメージを与えようとした。その印象はしばしばG・B・ピラネージの銅版画連作『牢獄』に喩えられる。これは『牢獄』に描き出された巨大な空間が完全に閉ざされていながら無限の拡がりをもつかのような感覚を与える点に由来しよう。磯崎がのちに「大げさに言うとこの作品〔大分県医師会館新館〕はただのインテリアですよ[*10]」と語っていることも同様の指摘である。

そして、この新館の本質が「インテリア」と化したことは、当初案における先の「反転」という発想の帰結だったように思われる。この反転によって生じるネガティヴな空洞は純粋なインテリア以外ではありえないからだ。隣接地への増築という特殊事情がこうした発想を生む大きな条件で

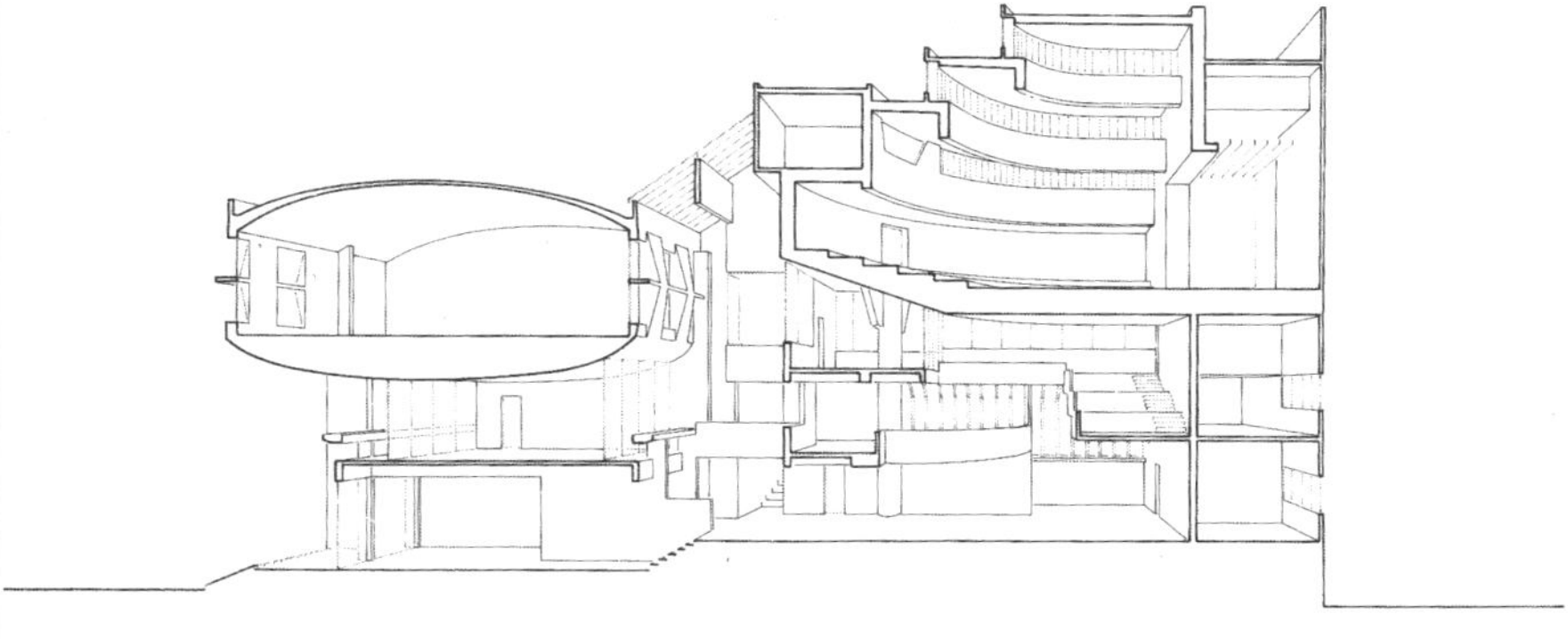

11-1. 大分県医師会館旧館・新館断面パース

あったにせよ、ここには「反転」という操作を「手法」として自立させてとらえ、それを設計の中心原理とする意識が認められる。福岡相互銀行本店では、先達のマニエリストである白井晟一の「取合わせ」に学びつつ、全体の骨格は大分県立大分図書館のそれを転用することで局所的断片を統御していたのに対し、一九七〇〜七一年の磯崎はこうした個別の「手法」の明確化と徹底を実験している。

この時期に連続した一連の福岡相互銀行支店設計のなかで、もっとも先行する東京支店では「転写」の手法を謳い、マルセル・デュシャンの《フレッシュ・ウィドウ》(一九二〇/一九六四)——ガラスではなく革張りの窓枠——をドアに転用し、モンロー定規によってマリリンの軀の曲線を写し取った椅子が製作された。だが、建物全体としては、ファサードにhome bankという文字を大きく用いたポップ広告的なデザインのほか、壁や家具に赤や黄色といった原色を使用している点など、かつての大分支店に代表される一九六〇年代の感覚をいまだ引きずっている。

しかし、全体が淡いブルーの光で満たされた応接ブースや客溜りの白塗りの空間にはこれまでにない気配が漂っている。この作品を解説したテクスト「選択・転写・断片化・地」で磯崎はそれを、選択され配置されるかたちが断片化し連続性を欠いた寄せ集めとなるときにこそ決定的な意味をもつことになる、フラットな「地」の効果として語っている——「地はあくまで中性的な存在で、クールで、奥行きがなく、陰影もない。ここでは、白もしくは淡いブルーで全部がぬりつぶされている。影という影は全部消去されるべきであった。均質で、フラットで、手がかりらしいものもなく、したがって奥行きがまったく感じられない、「ただそれだけの白」とでもいうべき存在だ」[*11]。

磯崎はこの「ただそれだけの白」を、引き続いて設計された長住支店および六本松支店で「増幅」という手法によって追求する。具体的には前者では内外の表層が一・二五×一・二五メートルの正方形で埋め尽くされ――壁と天井は押縁《おしぶち》、床はビニール・タイル、ガラス面は桟《サッシ》による――、用いる色彩をオフ・ホワイトから淡いグレイまでの色域に限定している(二二三頁の図11－2参照)。敷地がかなり狭い後者では、外壁には一・二×一・二メートルのアルミニウム・パネルを連続的に貼り付け、内部も同じサイズの枠組みのみを用いて、全体は銀色一色で仕上げられた。

すなわち、「増幅」とは建築を形成するマテリアルの種別とはまったく無縁に、すべてを同一立体格子《グリッド》の連続したシステムに従属させる手法なのである。立方体の各辺比率は1：1：1であり、特定の方向性をもたない。建築の場合にはとくに、垂直方向の重力と無関係なことが重要である。こうした性格ゆえ、内外がグリッドで覆われた建物には一種の無重力感が醸し出される。磯崎はこれらの支店のデザインでイメージされていたのは「薄明」「薄暮」であったと言う[*12]――「影を弱め、分布を均質化し、かつ脱色する。その結果は物体から影が消え、全部の空間が半透明な気体で充満したような、一種の無重力状態に近いある夕暮どきの気分に接近する」[*13]。「薄明」「薄暮」「夕暮どき」という言葉に注目しよう。磯崎がここで再現しようとしているのは、かつてニューヨークのパーク・アヴェニューで経験した、ガラスのカーテン・ウォールで囲まれた都市空間における

「薄明」の浮遊感という「虚」なるイメージの幻覚なのである。

この二つの支店が開店してからわずか二ヵ月後にそこを訪れた磯崎は、壁の至るところに格子《グリッド》をまったく無視してポスターが貼られ、看板が吊り下げられている光景を眼にして憤激している。[*14]だが、磯崎がただちに悟っているように、「増幅」によるデザインは均質化によって建築物の実体を希薄化し、「ただそれだけの白」のみへと「脱色」したのであるから、ポスターや看板が乱舞するこのような一種の「空白恐怖症《ブランクフォビア》」の結果とも言うべき情景は、じつのところ、設計者の意図が正しく実現していたことの証明にほかならなかった。

「手法」なるものが主題化される理由を論じたメタレヴェルからの手法論は、雑誌『a＋u』の一九七二年一月号の磯崎特集「AN ARCHITECT IN AMBIVALENCE」の巻頭論文「何故《手法《マニエラ》》なのか」で展開されている。そこで磯崎はまず、一九三〇年頃までにＣＩＡＭ（近代建築国際会議）がまとめ上げた近代建築の規範がその後の三十年間で普遍化されたのち、一九六〇年代に自分たちの世代がその規範の解体を目標とすることになった経緯を回顧している。この解体作業は近代建築運動とは異なり、何らかのあらたな規範に収束するようなものではなかった。それゆえ、「私にとって、現代建築にコミットすることは、私の選びだした（決して創造したものではない）手法が、みずからの観念といかにつながり、相互に投影し合っているかをのべることでしかない[*15]」と磯崎は前置きする。

だが、そもそもなぜ「手法《マニエラ》」なのか。近代建築の英雄時代である一九二〇年代には、かつての神や宇宙的原理に代わるものとして、コンクリートや鉄といった素材が単一の工法によって独自に建築を構成できると考える「方法の一元性」が信じられていた。さらに、建築が工業生産に密着することにより、工業社会の状況が表現の意味を支え、工業製品が社会化されるに際して帯びる呪物性が神の代替となった。そのときに信奉された近代建築の論理は、建築空間の連続性や整合性を前提としている点でじつはきわめて古典主義的なものだった。

しかし、現代ではもはやそうした単一で一貫性をもった原理の存在は疑われている――「私たちはこの日常的空間を、異質なもの同志《ママ》が混淆し、時間的に常に明滅し、したがって多焦点となって、固定した視点を設定する光景が消滅し、重層した異次元の空間がねじれていき、トポロジー的にしか説明不能になったとみざるを得なくされている」[*16]。そこに首尾一貫して整合的な調和や秩序は存在しない。あらゆる物事が主題となりうるがゆえに、現代建築にはもはや表現すべき決定的な主題がない。

決定的主題が不在であるがゆえに、相互に無関係で絶縁されている複数の主題のモザイク状で不連続な混成系しかもはや存在しえない。そのときに必要なのは個別に開発された視覚言語を操作し組み合わせる営みである。磯崎にとっての「手法」は、空間内に混成系を成立させるために、対象に応じていくつも生み出されるべきものであり、なおかつ、個人の「手の痕跡」を離れた、「常に選択可能で、無名化した操作の系」[*17]でなければならない。

一九六〇年代に「手法」は、他領域の視覚言語を建築に導入・編成するにあたり、自分の「観念を仮託する形式」として要請された、と磯崎は言う。それゆえにそうした手法はときに過剰に使用され、ときに錯乱していた――「おそらく正当な均衡を常に崩壊させる、安定感をもった結合を拒否する、といった多様な偏奇性の出現が、手法に執着するゆえんなのだ」[*18]。錯乱して過剰な手法によって物体が活性化してフェティッシュとなり、偏心が随所にもたらされ、建築にアイロニーやユーモアといった表情が生まれる。手法とは「しばしば形骸化したような無意味さに支えられて」行なわれるそうした手続きであり、それによってはじめて「空間自体が観念の反映を開始する」――「おそらく手法は、そんな裏の意味がとりだされたときに、無化し、姿を消していく」[*19]。

最後の指摘が示すように、手法それ自体は永続すべき価値をもった普遍的規範ではない。建築の設計に適用されることで物体や空間に一定の作用をもたらしたのちには消え去るべき、一連の操作の系に過ぎない。視点を逆転させれば、手法とは具体的な設計作業のなかで発見され、それによって建築物に与えられる作用・効果がその都度測定されるべきものである。実作を通じて少しずつ蓄積されてゆくこの手法の次元においてこそ、自分は「現代建築の自己運動」[*20]に関わるのだと磯崎は言う。それは手法が個人の次元を離れたアノニマスな操作の系だからである。磯崎はその一連の操作のうちに、近代建築の規範が解体されたのちに混成系としての建築を駆動する論理――錯乱の論理――を見ている。

同時期に書かれた別の手法論では「手法は、いわば作家の観念が投影された影でなければならない」[*21]と言われている。磯崎はこの「作家の観念」の出発点になるものを「原イメージ」と呼ぶ。大分県医師会館新館であれば「積層する雲」、福岡相互銀行の二支店であれば「薄明」がそれである。個的なものである原イメージは非個性的であるべき――作者の手の恣意的痕跡が消された――手法の自律的・機械的な自動運動と絡み合い葛藤しつつ、設計行為を最終的に統御する。その結果としての建築は「観念の影を可視化したような、抽象化した形式の実在[*22]」、すなわちフォルマリズムへと導かれてゆく。

「フォルマリズム」の概念はここで、近代建築が倫理的規範にした「構造・工法に忠実な表現」や「素材の正確な表出」といった工業主義的で、建築を現実の反映として判断する論理、いわば「リアリズム」との対比で用いられている。このような問題設定は一九三〇年代以降のソ連ほかにおけるフォルマリズム批判を連想させずにはおかない。磯崎が立て続けにさらにもう一篇の手法論「政治的言語とマニエラ」を書く必要性を感じた所以であろう。そこで磯崎は、手法がもたらす「物体や空間の異化作用」によって喚起される「違犯」を通じて、手法は建築を政治的言語と化すのだと主張する（その箇所で磯崎は「手法が政治的言語に短絡する契機[*23]」〔傍点・引用者〕と書いている）。手法自体は混成系をなすあらゆる要素を共時的に扱うものだが、手法によって物体・空間が独特の意味を発する記号ないし異種の言語となるとき、日常的知覚の平衡感覚を攪乱する違犯として通時的かつ政治的に作用する、というのがその論旨である。

「異化」といった概念の使用にも表われているように、これはロシア・フォルマリズム由来の記号論にもとづく主張なのだが、ほかならぬロシア・アヴァンギャルドの文学・芸術の冒険的実践がスターリン体制下におけるフォルマリズム批判の標的となり、それがアヴァンギャルド運動の弾圧や社会主義「リアリズム」への転向に繋がったことを踏まえれば——この歴史的経緯に磯崎がまったく無知である筈はない——、ここでいささか強引に擁護されている「政治的言語」が具体的な政治闘争の場で無力であることは磯崎も重々承知していたのではなかろうか。「短絡」という言葉にはそのような（無）意識が垣間見える。

磯崎はちょうど同じ時期に開始された吉田五十八をはじめとする先行世代の日本の建築家・建築史家たちとの対談を、一九七八年に『建築の一九三〇年代——系譜と脈絡』という書物に編んで刊行することになる。同書のあとがきにあたる磯崎のテクスト「モダニズムとリアリズム」では、一九二〇～三〇年代と一九六〇～七〇年代における建築をめぐる状況の構造的類似が指摘されている。当時の磯崎には「三〇年代のさまざまな事件のなりゆきを他山の石とする」[*24]目的意識があった。同書にまとめられた対談は、とくに一九三〇年代にイデオロギー化された「日本的なるもの」をめぐる問題構制《プロブレマティック》との関係のもとで、建築という「政治的言語」の帰趨を歴史的に検証する作業となったのである。

だが、一九七二年の「政治的言語とマニエラ」ではいまだに終始、フォルマリズムの徹底こそが政治的でありうるというアヴァンギャルドの論理が説かれているように見える。問題はここで言う建築の政治性とは何かという点である。このテクストの末尾で磯崎は、手法によって作者の存在はひとつの観念にまで還元・消去されるべきであると説き、「もっとも政治的」な手法の可能性を次のようなサミュエル・ベケットの言葉とされるもののうちに見出している――「つくっているのは誰だっていい。／誰かがつくったのだ。／つくっているのは誰だっていい」[25]。

これはベケットの「誰が話そうとかまわないではないか、誰か（someone）が話したのだ、誰が話そうとかまわないではないか」[26]という文のもじりである。ベケットのこの言葉はミシェル・フーコーの『作者とは何か？』に引かれたことでよく知られている[27]。つまり、磯崎の手法論はフーコーやロラン・バルトの「作者の死」といった一連の作者論を背景にしているのである。この「誰か（someone）」は一九九〇年代に磯崎も中心メンバーとなって組織されるAny会議――その第一回目のテーマはAnyoneである――を予告している。ベケット的な「誰か」に見立てられた「手法」にはやがて、「デミウルゴス」という名が与えられることになろう。そんなふうに名を変えながら、磯崎にとっては一貫して、作者に代わって建築を作り出す何かが政治的に重要だったのであり、これから磯崎の実作と言説の分析を通じて探られるべきは、「作者の消去」という問題構制《プロブレマティック》の論理とともにその「政治性」の内実である。

磯崎は最初の手法論で具体的には次の七つの手法を挙げている[28]（カッコ内は対応する実作ないし計画案）――「増幅」（福岡相互銀行長住支店・六本松支店、群馬の森美術館〔群馬県立近代美術館〕）、「梱包」（N〔中山〕邸、A邸、大分県医師会館新館）、「切断」（大分県立図書館、大分県医師会館旧館、福岡相互銀行本店）、「転写」（福岡相互銀行東京支店、モンロー定規・椅子、久住歌翁碑）、「射影」（福岡相互銀行大分支店・大名支店）、「布石」（岩田学園、空中都市）、「応答」（電気的迷宮、コンピューター・シティのダイアグラム、日本万国博お祭り広場の諸装置）。

ほとんどの作品および計画案についてはすでに取り上げており、それぞれの手法についてもそこで触れられている。大分県医師会館新館に関しては、断片化・重層化した空間を大きく包み込む構造が「梱包」の手法によるものと見なされている。群馬県立近代美術館はのちほど詳しく検討するため、それ以外でいままで言及していない「コンピューター・シティのダイアグラム」をここで一瞥しておこう。

　これは同じ「応答」のカテゴリーに入っているお祭り広場諸装置の延長線上にあり、万博の際と同様、月尾嘉男を加えたチームで構想された情報都市の計画案である。その具体的なヴィジョンは「情報空間」を特集した『建築文化』一九七二年八月号に「POST UNIVERSITY PACK」として発表された[*29]（なお、この案はのちに「コンピューター・エイディッド・シティ」と称されることが多い）。この計画案は、商業施設から文化施設に至るまでの各種都市施設をすべて包摂《パック》する「情報コンビナート」を中心としたひとつの「情報空間」としての都市を、住民が情報の受発信という「学習」を行なう場ととらえ——磯崎がこの計画案を「応答」のカテゴリーに入れる理由である——、そのようにしていわば大学が再編成のうえで合体・吸収された「学習場」としての情報コンビナートを、「脱・後」の意味である「ポスト」を冠した「ポスト・ユニヴァーシティ・パック」と呼んだものである（「パック」という名が示すように、ここには「梱包」の手法も認められる）。この計画案の模型の中央には、一五〇〇メートルの長さに及ぶ、保護膜で覆われたやや扁平なチューブ状の情報コンビナートが二体並んでいる。この二つのセンターの脇から隣接する住居地区や学校地区へと向け、交通・エネルギー・情報ネットワークの経路がシンメトリカルに延びている。

この模型には一九七〇年代初頭における都市的情報空間のイメージが投射され視覚化されている。同じ特集に寄稿された「模型的思考」で磯崎は、図式やイメージ、言語（観念）による模型化が自然を認知し記述するために不可欠の方法であると論じているが、[30]「ポスト・ユニヴァーシティ・パック」の建築模型は、可視的物体の形態を通じて「情報空間」という第二自然の記述を行なっているのである。それが二つのセンターから分岐するツリー状のネットワークという形式を取っている点は時代的な制約と言ってよいだろう。磯崎は一九六〇年代にすでにクリストファー・アレグザンダーの「都市はツリーではない」をはじめとする都市理論を知っていた筈なのだが、ここでは同時代の情報ネットワーク理論の発想に追随している。他方、「ポスト・ユニヴァーシティ」という着眼はインターネットによる集合知のあり方を予見している。

だが、よりいっそう注目すべきは、水銀のように鈍く光る情報コンビナートの模型の造形および質感である。その被膜の形状はそれ自体の自重と内圧とがバランスすることで自動的に生まれるだろう、と磯崎は或るテクストで述べ、こう付け加えている――「平面上におかれた水滴が、必ずしも球形をなさないのと同様だ[31]」。さらに、同じテクストで被膜は半透明とされているものの、模型写真の多くではむしろ不透明で、はるかにメタリックな印象を与えている。それゆえそこには液体的かつ金属的な、水銀に似た感触が生じるのである。

磯崎によれば、この模型は情報の交信が濃密化した都市の象徴ないし記念碑である。[32]都市の全体構造やそれを支えるシステム・ネットワークのヴィジョンよりもむしろ、この巨大シェルターの水銀的な質感のほうに、情報空間化した都市に対する磯崎の直感的な洞察がより象徴的に反映しているように思われる。そしてそれは『新建築』一九七〇年一月号における磯崎との対談「世界現代建築の行方」で丹下健三が述べている、次のような空間の変質と関わっていたのではないだろうか

――

「〔ノーバート・〕ウイナーが「コミュニケーションというのは社会をつくり上げるためのセメント＝糊である」ということをいっているように、私は空間というものがかなりねばっこい、あめのような、糊のようなものにだんだん見えてきているわけです。その中にいろいろなものを置けば、それはお互いに糊のようなもので粘着されながら、お互いが自由な運動をしても、総体としては関係がついている。空間というのはそういう個々のものを結びつける糊のようなものである。そこで糊の力が非常に強くなってくると個体と糊との境目も少しずつあいまいになって行く。個体が個体でなくなってくる可能性も出てくる。逆に個体が糊の中に溶解してしまうこともあり得そうです。総体として個体と媒体との境目なしに成り立つような環境というのができはじめるんじゃないかという気がするんですが、おそらくそれがいま建築の解体といっているのとやや近いのではないかと思うんですが……」[*33]。

この「糊」という着想は対談のなかではこれ以上発展させられていない。だが、サイバネティックスの提唱者であるウィーナーのコミュニケーション論を引いているように、丹下はこのような空

11-2. 福岡相互銀行長住支店営業室

11-3. ポスト・ユニヴァーシティ・パック（コンピューター・エイディッド・シティ）模型写真

間の変質が現代社会の情報化の産物であるととらえている。粘性をもった水銀が長く引き延ばされたような情報コンビナートの模型は、丹下が糊ないし飴のようなと形容した情報空間の性格の表現になっているように感じられる。丹下の洞察に従えば、磯崎が語る「建築の解体」もまた、畢竟、現実空間への情報空間の浸透という現象の結果と言えよう。ちなみに、磯崎は一九九〇年代のAny会議をめぐる或る座談会において、『建築の解体』で論じたアーキズームの「ノー・ストップ・シティ」に言及し、のちの妹島和世の建築に通じる、区切りがなく床と天井が延々と繋がり、そのなかに店や人間などが入り混じって無限に拡がる空間を、コンピュータ・ネットワークが究極的にもたらすであろう空間のイメージと見なしている。[*34] そのイメージは磯崎自身のポスト・ユニヴァーシティ・パック（コンピューター・エイディッド・シティ）にも通じている。

ホライン論を嚆矢とする『美術手帖』連載「建築の解体」は磯崎にとって、手法論の背景をなす時代認識検証の作業であったと言ってよい。この連載は一九七一年十月号の第七回まで不定期に続けられたのち、二年近いブランクを挟んで、結論にあたる「〈建築の解体〉症候群」が三回に分けて掲載され、一九七三年十一月号をもって終了している（書籍としての刊行は一九七五年）。ホラインののちに主題として取り上げられたのは、アーキグラム、ラス・ヴェガス（トム・ウルフ）、セドリック・プライス、クリストファー・アレグザンダー、ロバート・ヴェンチューリ、そしてスーパースタジオとアーキズームだった。書籍化に際しては、トム・ウルフの言説を中心に扱ったラス・ヴェガス論に加筆し、チャールス・ムーア論としている。

この連載を通じて磯崎は、一九三〇年代生まれの同世代の建築家たちが一九六〇年代に行なった近代建築の規範解体と建築の領域拡張の試みを広範に調査・考察し、そうした国際的動向のうちにみずからの実作および言説と問題意識を位置づけようとした。連載が中断された二年弱は、先述したもの以外の作家やグループを見つけるための期間だったが、そうした対象はその間にとくに登場せず、他方でここに挙げた建築家たちの一九七〇年以降の仕事も六〇年代ほどの衝撃力をもたなくなった、と磯崎は「〈建築の解体〉症候群」の冒頭に書いている。[*35]「建築の解体」の作業はこの頃にはすでに拡散し、ひとつの平衡状態に達していたのである。

知人友人関係にもある個々の作家やグループに関する磯崎の記述は、ときに自作について語ったり個人的エピソードを挟んだりしつつ、現代建築の最前線を紹介・解説するヴィヴィッドで明快なサーヴェイとなっている。ここではそのエッセンスが凝縮されている結論部の論旨を概観しよう。

磯崎によれば、一九六〇年代における「建築の解体」は、近代建築の諸動向がＣＩＡＭという国際的組織に集約されていったように全体がひとつの流れに向かうものではなかった。そのため、自分が行なおうとするその総括も、関連した多様性をそのまま提示する「症候群」という病理学的な記述方法にならざるをえない。さらにこの症候群自体もじつは如何様にも記述できることから、磯崎はあくまで「たまたま」の措置として、アルファベットの「a」から始まる次の五つの言葉をピックアップすることで症候のサブ・セットを設定している――アパシィ（apathy）、アイリアン（alien）、アドホック（ad hoc）、アンビギュイティ（ambiguity）、アブセンス（absence）[*36]。言うまでもなく、

「たまたま」とはそれ自体がアドホックな、この症候群の一部をなす身振りにほかならない。

それぞれの症候のポイントのみを手短に述べれば、「アパシィ」とは近代建築の革命がとっくに終わっているという現状認識である。「アイリアン」は異質な他領域の言語を建築に導入し、あるいはまた、建築の概念をその外部の全領域へと拡張する志向である。「アドホック」は歴史的な様式をはじめとするさまざまな建築言語が、その他の視覚言語と同じく共時的な記号の貯蔵庫と化して任意に引用可能となり、混成的《ハイブリッド》な産物を形成するようになった事態を指している。「アンビギュイティ」とは、一種の言語的構築物としての建築が帯びる、「明示的意味《デノテーション》」と「共示的意味《コノテーション》」とが論理的に葛藤しつつ共存している状態であり（ウィリアム・エンプソンの詩論『曖昧の七つの型』〔一九三〇〕が参照されている）、そこには「反語的《アイロニカル》な身振り」が宿ると磯崎は言う。

「アブセンス」については本文中で項目として立てられておらず、雑誌連載は次のような予言めいた文章で締め括られている――「主題が消えて、形式だけが浮かびあがり、自律的な微震動がつづいていく。そのようなとき、形式がもたらす視覚的な快楽は、徹底的に開発されつくすだろう。建築的貯蔵庫は開放され、多様な引用が可能になろう。おそらく可能なかぎり微妙な修辞法も開発され、豊饒な建築的世界がひらけはじめるのだが、実はそのような事態は現代建築が統括的な主題を放棄したことによって開発が開始された領域であった。とすれば、豊饒な光景の背後に、実は絶対的な主題の欠如が生みだした荒涼とした領域が広がりつづけることも覚悟せねばなるまい。主題の不在。おそらくは、次に探索せねばならないのは、この〈主題の不在〉という主題なのである」[*37]。

一九七五年の書籍化にあたっては「V　アブセンス」の節が「あとがきにかえて」という副題付きで追加されている。そこでなされた弁明によれば、「アブセンス」はあまりに全体を覆いすぎる概念であったため、次の展開を待つ必要があると判断して省略したのだという。[*38] 磯崎はこの症候の由来を次のように説明している――近代建築の主題がテクノロジーの表現であったのに対し、そのような視覚言語の開発が限界に達したとき、その展開の主導権は建築家からテクノクラートの手に移ってしまう。『建築の解体』に取り上げられた建築家たちは、それを良しとするか、デザインを放棄するかの二者択一ではなく、「みずからの作業の系を解体すると同時に、既成の建築という概念をも解体することを、手さぐりをつづけながら開始した連中であった」。[*39] 磯崎自身にとっては大阪万博お祭り広場をめぐる挫折がテクノクラートに支配されるテクノロジーからの離脱の契機であったし、「解体」の挙げ句に選び取られた道が「手法《マニエラ》」という、建築の形式をかたちづくる技法の系の徹底した追究だったと言ってよかろう。解体の果てで決定的な主題が不在になるとき、中心はひとつの空洞・空虚と化す――「そして、表層だけが修辞的な手法の操作対象となる」。[*40] それによって表層は見かけ上では多様化する。だが、「建築の解体」が最終的に突き当たったのはこの埋めることのできない巨大な空洞だったのであり、それこそが建築の「決定的な主題」になっていることを、磯崎は著書の末尾で認めざるをえなかったように思える。そしてそれは、あの「一瞬の空虚としての青空」の再発見でもあったのではないだろうか。

「〈建築の解体〉症候群」で磯崎は、先述の建築家たち以外にピーター・アイゼンマンやマイケル・グレイヴスといったニューヨーク派の活動をかなり取り上げており、とくにアイゼンマンによるジュゼッペ・テラーニ論などの建築の言語論的分析や建築デザインにおける統辞法《シンタックス》の構造に関心を寄せていたことがうかがえる。このあたりは磯崎の手法論が修辞論へと発展してゆくうえでの契機になったと見てよいだろう。その点とも関連して、『建築の解体』の函書きは宮川淳が寄稿している。そこで宮川は現代の知に特有な視線《まなざし》を、言語や記号を通した「みずからのディスクール自体に向けられた視線」であると指摘し、この書物の「もっともラディカルな意味」をそうした視線の所在に認めている。宮川によれば、「テクネー・素材・主題」が近代建築のディスクールであったのに対し、磯崎の著書で思考されているのはそれとは別の、「引用」「表面」「織物《テクスト》」をめぐるディスクールなのである。

磯崎による建築のこうしたディスクールは「建築の解体」が最終的に直面した空洞の引力ないし斥力によってかたちづくられている。そしておそらく、その引力・斥力こそは磯崎に「反建築」を語らせる要因なのである。磯崎は「建築の解体」の概念と表裏一体をなすこの「反建築」をタイトルとした「反建築的ノート」の不定期雑誌連載を一九七二年から開始している。磯崎の「反建築」概念については、一九六〇年代半ばに芸術をめぐる「不在」や「不可能性」——とりわけ「芸術の消滅不可能性」——を論じた宮川の「反芸術」論などを参照した考察を行なう必要があるだろう。それはおのずから先の函書きにおける宮川の磯崎評と結びつくことになろう。

磯崎が『建築の解体』を書物として完成させる途上にあった一九七四年には、群馬県立近代美術館、北九州市立中央図書館、北九州市立美術館といった重要な作品が次々と竣工している。これらはそれぞれ立方体、半円筒《ヴォールト》、直方体といった幾何学立体をデザインの根幹に据えている点でひとつの作品系列をなしている。これらの幾何学立体を用いた手法《マニエラ》の自動展開のなかに、修辞論へと向かう異なる運動が孕まれてゆく。それらの運動の軌跡はあの空洞の輪郭を浮かび上がらせるに違いない。その過程で手法は実際に作者を消去するのか、建築はそのとき真に政治的言語たりうるのか——つくばセンタービルへと至るこの時代の磯崎の活動において検証されるべき問いはそれである。

第12章　プラトン立体の機械的作動

連載「反建築的ノート」の第一回は『建築文化』一九七二年四月号に掲載された。その「前口上」の冒頭で磯崎はこう吐露する——「もう何もつくれなくなった。だれに話してもしようがあるまい。そしていったい何をやれというのか」[*1]。そんな虚脱感のもと、すべてがまったく手探りのままプロジェクトは進んでゆき、「建築」そのものの意味すらぼんやりとしたものになっている。「こんなときには、建築を正面きって論ずると、建築からはずれ、ほかのことを言うと建築が浮かぶといった奇妙な事態も起こります」——それゆえ、たがいに矛盾しあうこともあろう断片的思考のつなぎ合わせを「反建築的ノート」と呼ぶのだ、と磯崎は言う。「反建築」はそこでただちに、「非建築」「Counter-architecture」とも言い換えられている。

磯崎はのちに、「もう何もつくれなくなった」というこの発言の前提は、「これまでの近代建築の規範によるかぎり」[2]だったと補っている。その規範が失われた状況下で、それでもプロジェクトを成立させ、建物を建てるための根拠とされたのが、磯崎の場合には「手法《マニエラ》」だったのであり、彼はそれによって個々の作品が生み出される論理を、「建築」と「反建築」とが交錯するプロセスとして、このノートに記録しようとしたのだと言ってよい。

　一九七八年九月号の最終回（「そのXIII」）に至るまでの不定期連載全十四回（一九七五年四月号の「幕間口上」を含む）の大半は基本的に磯崎の自作をめぐるエッセイである。初回では福岡相互銀行長住および六本松支店と大分県医師会館新館を取り上げているが、磯崎は作品解説に先立ち、かつて自分が手がけた大阪万博お祭り広場に代表される極彩色の空間が脱色し、物体から重みが消えて存在感が曖昧になり、その影との区別も失なわれ、むしろ影だけが残るように感じられ始めたという、「回心」にも似た経験を語っている。[3]その経験から出発して試みられた、ものと影との境を紛らし、影だけを実在させるような「錬影術」の産物が長住・六本松支店のあの「薄明」にほかならない。

　磯崎ははっきりと語らないが、「反建築」という概念には「反芸術」への参照があると考えてよかろう。ただしそれはもはや、磯崎が間近で接したネオ・ダダではなく、宮川淳による「反芸術」論の「影」としてである。一九六四年の討論会「〝反芸術〟是か非か」をめぐる宮川の批評や東野芳明との論争を通して、磯崎はその「反芸術」論を熟知していた筈である。反芸術の帰結として宮川が当時指摘していた「「不在の芸術はいかにして存在可能か」という不可能な問い」[4]を、「建築の解体」現象を仔細に辿りつつあった一九七〇年代初頭の磯崎は「不在の建築はいかにして存在可能か」というおのれの問いとして引き受け、一九六〇年代よりもはるかに痛切に自問したのではないだろうか。宮川は同様の問題意識のもと、中原佑介とのいわゆる「影」論争においては、絵画の「影」として「ついになにものにも還元しえず、消去しえぬなにものかとして残った」[*5]芸術について語っている。そのような「影」と化した芸術は消滅しえないのだが、宮川はそれを「存在しないことの不可能性」ととらえる——「終末でもなく、可能性でもなく、不可能性そのものの黒い影のような現前。おそらく芸術は今日、そのようなものと化しつつあるのである」[*6]。「反建築」という名を冠したノートで建築におけるリテラルな「影」の「錬影術」を語る磯崎の思考の背後には、宮川のこうした「芸術の消滅不可能性」をめぐる形而上学が作用していたのではないか。それは磯崎の「建築」論にのちのちまで「影」を落とすことになるだろう。磯崎と宮川の思想的関係についてはのちほど、手法論をめぐって立ち返ることにしたい。

続く「反建築的ノート　そのII」で磯崎が設計時期のやや遡る福岡相互銀行本店（一九七一）を取り上げたのは、この建築が「手ばなれしてない」印象を作者に残す、やぶれかぶれの方法的実験という「激戦」の産物だったからであるという[*7]。福岡相互銀行本店が断片化した局所的場を全体に拡散させた混成系であったことはすでに見た。磯崎はここでその根底にある操作を、「素材の性格を自然に表出する」という近代建築の倫理的規範に対する違犯としての「物体の扼殺」と呼ぶ——「扼殺された物体は、屍体となる瞬間に華麗な変身を遂げる」[*8]。たとえば、主梁に貼られる花崗岩は磨き上げられることによって質感・重量感・実在感を失い、空中に浮かんでいるかのように見えることが目論まれていたように、素材はその本来の性格を否定され、対極的な何かを表わす記号に「変身」させられるのである。磯崎はこうした操作が行なわれた場を「犯行現場」と呼ぶ。この操作は犯罪にほかならないのだ。福岡相互銀行本店のファサードがロースハウスを思わせることは先に指摘したが、ここにはアドルフ・ロースの著名な論考「装飾と犯罪」への暗黙の示唆がうかがえる。近代建築において素材を自然に「生かす」ために否定され抑圧された装飾が、「物体の扼殺」という殺害行為を通じた素材の記号化により、他なる何ものかを意味するシニフィアンへと変容して回帰するのである。

ただし、この作品ではいまだに、多様なイメージの表現が許容されていた。一九七〇年を境にして、そうしたイメージの多様性は自分のうちから脱落し、その果てで「最少限《ママ》の概念だけにかかわり、表現のレベルにあるものをいっさい忌避する傾向」[*9]が現われてきた、と磯崎はのちに回顧している。手法論はそこから生まれた。高崎の実業家・井上房一郎に招かれて手がけることになり、[*10]一九七〇年暮れから設計が開始された群馬の森美術館（群馬県立近代美術館）（一九七四）は、そうした傾向を如実に体現する作品となる。そこで浮上するのがいわゆる「プラトン立体」としての立方体である。

この建築のプランを扱った「反建築的ノート　そのIII」で磯崎はまず、プラトン立体（プラトンの正多面体）を活用したコンセプチュアルな提案である「ヴェスヴィオ大作戦」（一九七二）に触れている。これはヴェスヴィオ火山の噴火口に建築物を作るという展覧会企画に応じた構想であり、磯崎は噴火口の容積と等しい巨大な正六面体（立方体）を火口にめり込ませた場合に削り取られる部分の形態と、火口の真上に浮かんだ正十二面体（火山の等高線八〇〇メートル以上を溶岩と仮定した場合のその溶岩の容積に等しい）の正五角形をなす面が地上に投影する輪郭の二つを算出して、そのそれぞれを火山の写真に白線で描き出している。これは、五種類存在するプラトンの正多面体が自然を構成する元素に対応すると考える古代ギリシアの自然哲学の発想を敷衍することにより、火山という自然物をプラトン立体という人工物によって置換する、一種の模型化の操作にほかならない。その操作が浮かび上がらせるのは不定形な噴火口と純粋立体とのあからさまな不一致・誤差・ずれなのだが、磯崎が注目するのはこの不一致・誤差・ずれによってこそ、逆にプラトン立体が帯びる強烈な実在感であり、これらの立体的純粋形態をプラトンが美の基準としていた点なのである。磯崎はこう言う――「建築の原型にあたるものは、外在する自然のなかに存在するのではなく、自然と対峙《ママ》しながら組立ててきた概念上の模型の側にこそ見付けられるべきなのではないか[*11]」。そのときに磯崎が選ぶ「模型」のひとつが立方体である（もうひとつはジョイント・コア・システムなどに用いられた円筒形である）。立方体は磯崎にとって、古代の自然哲学が原理的出発点とした「第一原質《プリマ・マテリア》」に似たものだった。

注意しなければならないが、第一原質《プリマ・マテリア》としての立方体はこの場合、少なくとも第一義的には、無限に拡張する立体格子《グリッド》構造の単位ではない。近代建築の架構技術を決定づけたいわゆる「シカゴ・フレーム」――剛接合の鋼構造――が立体格子《グリッド》の連鎖によるミース的な普遍空間――立方体の不可視化——に行き着くものであるのに対し、磯崎がここで第一原質《プリマ・マテリア》とするのはあくまで、フレームが可視的に存在する立方体であり、一定の求心性をもって空間を分節的に限定し、場所を囲い込んで支配する形態でなければならない——「立方体は、このような意味で、強烈に存在し、支配し、限定し、圧迫し、固化し、不動のものとならねばなるまい」[12]。表面を正方形で規則的に埋め尽くした福岡相互銀行長住支店・六本松支店で支配的だったのは、立体格子《グリッド》の連続したシステムだった。他方、同じ「増幅」の手法のもとに分類されているが、群馬県立近代美術館の立方体はそれとは異なり、より求心性を有した空間の単位になっている。

　そのことをわかりやすく示すのが、この建築の最初の案について磯崎が言う、「平らな芝生の向うにころがされたように並べられた立方体フレーム」[13]というイメージであろう。このイメージは関東平野に特徴的な平坦な草地という敷地の性格から導かれたものだった。「ころがされたように」という運動の印象が示しているように、ここで立方体フレームはサイコロのように扱われているのであり——この種の「サイコロの増殖」は、万博お祭り広場の装置のために設計した、各辺一・二メートルの立方体のユニットに先例があったという[14]——、立体格子《グリッド》システムの一部として固定化されてはいない。もちろん、立方体フレームは連続して並べられることで一定の格子状をなすのだが、それは「ころがされた」結果であって、立体格子《グリッド》が先行するのではない。この美術館の場合、立体格子《グリッド》はあくまで、立方体フレームの各面を均等に分割した結果であり、逆に言えば、基本的にはその内部に囲繞されている。

磯崎は一辺が十二メートルの立方体フレームの連結によってかたちづくられる構造をこの建築の第一次的構造（基本構造）、それに対して攪乱的に作用する局所的な場の系を第二次的構造（補助構造）と呼ぶ。後者は人間の行動に作用する可触的・個別的な仕掛けであり、断片的で相互に不連続である。福岡相互銀行本店で試みられた局所的場と建築全体の関係がこの二重構造に整理されたと見てよかろう。プラトン立体のひとつである立方体は、理念的《イデア》にも、近代建築の構造原理としても、もっとも原型的なものであるがゆえに強力な支配力をもち、だからこそ設計者にとっては「敵」なのだと磯崎は言う。[*15]それゆえ、この「敵」と戦う第二次的構造というもうひとつの論理が不可欠なのである。

しかし、群馬県立近代美術館の第一次的構造自体が初期段階からすでに、均質的な統一的秩序からの大きな偏差を見せている。「反建築的ノート　そのIII」に掲載された「空間の第1次的構造」の図[*16]では、向かって右側に二列並んだ立方体フレーム群のうち、後方から二つ目の隣り合う二つのフレームが半フレーム分だけ上にずれている。そこから左に延びた列の左端のフレームも同様である。そのフレームから少し離れた手前に飛び地のように配置された一個のフレームに対し、二つの立方体フレームからなる列がごくわずかだけ（二二・五度）外側に向けて開くように左斜め方向に傾くかたちで連接している。つまり、フレームの垂直方向のずれや列の傾きによって、立体格子《グリッド》に破れ目が生じているのである。磯崎が指摘するように、こうした破れ目に、その他の部分が直角の秩序で構成されていることを際立たせる効果があることはたしかだ。しかしこの図ではそれ以上に、

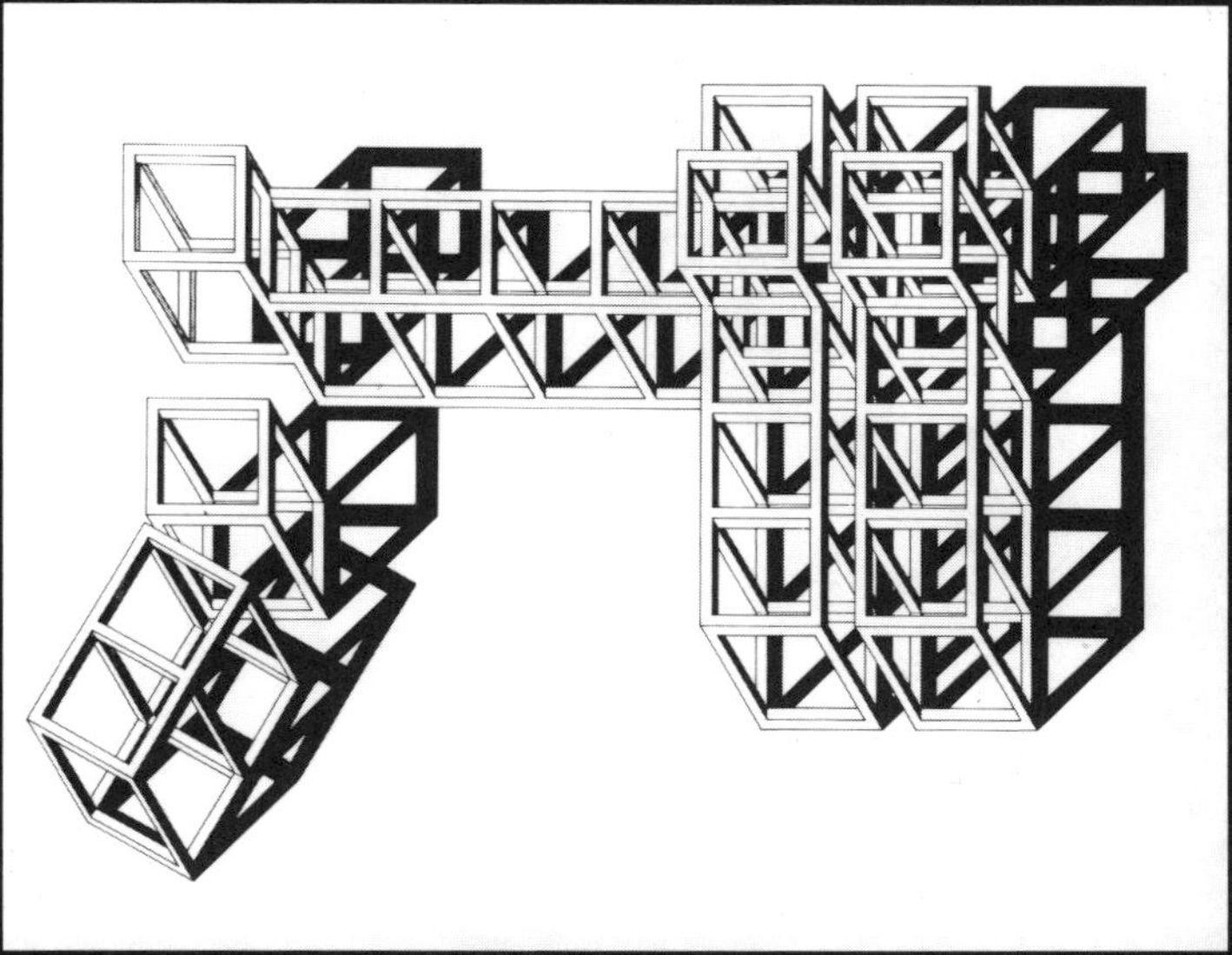

12-1. 群馬県立近代美術館・第一次的構造アクソノメトリック図

いくつかの破れ目の存在によって、この建築物の全体がひとつの強固な秩序をもつというよりも、十八個のフレームを積木に見立てて並べたような、遊具に似た軽やかな印象が生じているのではないだろうか。この第一次的構造の図は天井面と床面が正方形になるアクソノメトリック図法で描かれており、遠近法とは異なり、主たる立方体フレームの列が垂直・水平になるように表わされているため、左端の斜め方向のずれがよりはっきりと明示されている。画面の左手から差す光で出来たフレーム群の影が実体のフレーム群と相互に反転するかのような視覚効果もまた、イメージ全体の軽快さを強めている。

では、この第一次的構造を攪乱する第二次的構造とはどのようなものなのか。その主要なものの第一の例は、左端で斜め方向に設置された、ピロティをなす予定の二つの立方体の床が、手前のものでは外縁から正方形の中心へ向けて階段状に迫り下がり、もう一方では迫り上がっていることである。これは大分県医師会館新館で当初目論まれていた「反転」の手法にほかならない。第二の例は右端の列でもっとも手前に位置する立方体フレーム内に、もうひとつの小さなフレームを入れ子状に作ることである。これによってスケール感に歪みがもたらされる。第三の事例は、エントランスを入った左手にある吹き抜けのホールの奥に設けられた、倉庫などを収容する空間をカッラーラ白大理石で覆った、祭壇のような階段状の物体である。この壇のエッジは手前に焦点を結ぶように逆遠近法的にかたちづくられており——これはパラディオによるヴィチェンツァのテアトロ・オリンピコで、奥行きを強調するために採用された方法を逆転させた錯視法である——、さらにまた、その逆遠近法の焦点がホールの中心軸に対してやや左にずれているため、これら二つの仕掛けの相乗効果として、真っ白な量塊が横に滑って捩れながら押し出されてくるような錯覚の誘発が期待できる。第一次的構造の立方体フレームの表面が各辺一・二メートルの正方形で十に均等分割された等質的な秩序をなしていることにより、「地すべり的感覚[*17]」をもたらすこうした空間の捩れはよりいっそう強調される。

実際の建築物ではこれらに加え、とくにファサード側の外部を各辺一・二メートルの正方形を単位とするアルミニウム・パネルで覆うことにより、それらが反射する太陽光の変化に応じて多様な表情を生じさせている。こうした表面の処理はまた、光を反射しない後背部のコンクリート打ち放しの立方体との印象的なコントラストも生んでいる。単位正方形による被覆の原則はエントランスホールなどのガラス面でも一貫しており、建物外部からはサッシの規則的な網目を通して入れ子状になった立方体フレームが見え、内部ではその網目が太陽光に照らされることで斜めに歪んだ格子の影を壁や床に投げかけているといったように、増殖する正方形が他の正方形と幾重にも重なり合っている。先述のピロティは人工池に張り出したように作られ――それは能舞台の橋懸かりを連想させる[*18]――、その際、立方体のフレームが正確に反射するよう、水面をできるだけフラットにする配慮がなされている。これもまた、立方体フレームをかげろうのように「増幅」させるための措置である。

第一次的構造の厳密な規則性はアルミニウム・パネルで覆われることなどによってとくに外観で

は徹底されている。しかし、立方体フレームが一辺十二メートルの鉄筋コンクリートの架構として具体化するとき、重力の存在によって柱と梁にはまったく異なる力が流れるのであり、立方体の各辺は実際には等価ではありえない。この違いによって生じる縦と横の構造軀体のかすかなずれは、建物の外側ではパネルによる被覆で吸収され、内部空間でも正方形の「増幅」によって最小化されている。こうした処理の結果として、群馬県立近代美術館の内部では、梁から柱へと伝わる荷重の流れが曖昧化して天井側の重さの感覚が減り、来訪者に身体が浮き上がるかのような自由さを感じさせている。

純粋形態にもとづく第一次的構造と錯視などを利用してそれを局所的に攪乱する第二次的構造とを組み合わせた、こうした二重構造がこの美術館を特徴づけている。美術館の機能を「美術品に立体的な額縁を与えること」*19とミニマムに定義し、一種の「空洞」としての立方体フレームを「美術館」なるものそれ自体のメタファーとする発想は、これ以降、美術館を数多く手がけてゆく磯崎の原点になる。それゆえ、この建築が劃期となることはたしかとしても、他方でまた、来訪する人びとの感覚に働きかけることを意図した第二次的構造がきわめて意識的・作為的なものであることは否めない。たとえば、講堂の壁に描かれているグレイの斜線は、講堂内に置かれた小さな立方体フレームがその壁に投影するであろう歪んだ影を表わすスーパーグラフィックなのだが、そのような操作を逆算的に読み取らないかぎり、十分な意味を発生させることはないだろう。この点に関連し、市川浩が「この個別に異化した部分〔群馬県立近代美術館の第二次的構造など〕は、そこを通る人間に全感覚的な反応を呼びさますことを意図しているが、意識性を強く感じさせる磯崎の建築の内部空間は、無意識レヴェルの反応を抑制する傾向がある」[20]（傍点・引用者）と述べていることを指摘しておきたい。

群馬県立近代美術館と同じく、基本的には立方体とそれを分割する一・二メートルのモジュールから出発した美術館建築でありながら、まったく異なる解答に至ったのが北九州市立美術館（一九七四）である。その最大の要因は敷地にあった。そこは最高点一二〇メートルの丘のうえであり、この建物にはさらに、北九州市のランドマークになるシンボル性が要求されたのである。その背景には、産業構造の変化に伴う経済的低迷や公害問題の渦中にあった同市の谷伍平市長が、文化的な活動のシンボルを政治的に必要とした事情があった。[21]谷市政のもとではこれに続けて磯崎に北九州市立中央図書館や西日本総合展示場の設計が依頼されており、谷市長はのちに芸術のパトロンとしてのメディチに擬せられることもあったという。[22]

敷地の特性とシンボル性という条件から導き出されたのが、約六十メートルの長さを有する二本の直方体の筒が空中に浮くかのように並列した形態である。この二つの筒はそれが空洞であることを示すべく、両端があたかも切断されたかのごとく、ガラス窓で埋められた正方形をなす断面（外側は各辺九・六メートル、内側のガラス面は各辺六メートル）を露出している。これは大分県立大分図書館を彷彿とさせる手法である。二つの直方体が対称をなす配置はおのずとその中間に軸線を生み、この中央軸に沿って階段が設けられて美術館へのアプローチをなす。直方体以外の要素は可能な限り丘の中腹に埋め込まれている。

磯崎自身が挙げているように、二つの直方体を空中に寝かせた形態にもっとも類似しているのは、エル・リシツキーおよびマルト・スタムによる「雲の鐙《あぶみ》」と呼ばれる空中事務所計画（一九二四）である。ただし、リシツキーたちが二つのやや扁平な直方体の形態や長さを変えている点は、二つをまったく同形の正四角柱にしている磯崎とは異なる。また、ランドマーク的な配置の参照対象としては、ヴィーンのシェーンブルン宮殿庭園内の丘に建つグロリエッテ（一七七五）が言及されている。[*23] 中央のホールから左右対称に延びる二重列柱群からなるグロリエッテの横長の構成は、真正面から北九州市立美術館を見た場合の、二つの直方体を支える基壇両翼の拡がりにたしかに似ていないこともない。この点を含め、軸線に対してシンメトリカルに作られた正面アプローチの階段をはじめとして、この美術館の空間構成がきわめてバロック的なものであることは見紛いようもない。

上述のものにとどまらず、パラディオのヴィラ・ロトンダなど、磯崎はこの作品の歴史的参照項を数多く列挙し、機会があればその事例を追加している。[*24] これはなぜだろうか。大阪万博における「インヴィジブル・モニュメント」の提案にも表われていたように、モニュメントはもはや或る場所で起きる事件の記憶としてしかありえない、というのが磯崎のかつての認識だった。しかしそのような考え方自体が、「共同観念を民主的な手続きによって形象化することしかモニュメント成立の契機はない」という近代建築的な論理を相変わらず信奉していた結果――「社会的必要性が形態

12-2. 北九州市立美術館

を生みだすという俗流唯物論」への「妙なこだわり」[25]の産物——であった、と磯崎は語るようになる。[26]そして、北九州市立美術館で彼はまったく逆に、いかなる社会・文化的な文脈に置かれても、時間経過のなかで自律的に残存するような建築形態の造形を意識している。歴史的な比較対象の列挙はそのための根拠となる形態の探索なのである。

大地に対して水平方向に延びる直方体の筒は、一面では大分県立大分図書館の断ち切られた梁や枝梁、あるいは、大分県医師会館旧館の外形をなす楕円チューブの子孫である。しかしここでは、「丘の上の双眼鏡」と呼ばれている二本の直方体がはるかにダイナミックな延伸運動——立方体が直線的に伸びてゆく運動——を感じさせている。磯崎は北九州で仕事をするにあたり加藤泰監督の映画『花と龍——青雲篇　愛憎篇　怒濤篇』（一九七三年三月公開、主演・渡哲也）を見て臨んだという。これはこの土地の沖仲仕を主人公にした物語である——「小倉城そばの建設現場では小倉祇園太鼓の荒々しい太鼓やジャンガラの音を聞きながら図面を引いた。そのせいではないだろうが、あの港町の気分にぴったりの建物が出来上がった」[27]。それは磯崎にとって、祖父の時代の磯崎家の雰囲気でもあったに違いない。ランドマークとしてのモニュメントの造形はそれが位置する土地のこうした「気分」の吸収を必要とした。その気分は直方体の形態的ダイナミズムにも反映していよう。

立方体系の作品としては福岡相互銀行の最後の仕事となる佐賀支店（一九七三）のデザインが重要である。その設計過程を磯崎は次のように述べる——まず、敷地全体に立体格子《グリッド》の網目（一辺〇・六メートル）を被せ、そこから二つの大きな立方体（一辺一〇・八メートル）を敷地の左右に対称をなすように取り出す（それら相互のあいだと敷地手前には空隙が確保される）。その立方体の片方を空隙を利用してずらす。それぞれの立方体の下部を必要に応じて削り取る。二つの立方体間に四十五度の角度で規則的な間隔の骨組みを架構する。以上の操作は純粋に幾何学的に行なわれ、最終段階でその形態全体を具体的な素材で被覆する。

建物表面を正方形で覆う手法は長住支店などと同様である。だがここにおける眼目はむしろ、立方体を立体格子《グリッド》空間から取り出す「切削」とその結果としての二つの立方体の「対置」、そしてその一方をずらす「偏位」という、建築物の「統辞法的構造」をめぐる「修辞法的操作過程」[*28]だった。磯崎はこうした操作の産物である建築空間がもたらす暗喩は設計者自身にとっても不確定だと突き放す。出来上がった空間に対しては設計者もまた「他者」だからである——「〝断層性亀裂〟。とりとめない不安定な翳りが現れてくるのだ[*29]」。第二次的構造のさまざまな仕掛けをきわめて意識的に造形する姿勢とは異なる、みずからは制御できない亀裂の生成を磯崎は感じている。

自作解説を締め括るこの「翳り」の告白に注目したい。「修辞法的操作過程」を表わすアクソノメトリック図[*30]は、設計者の意図による「操作」よりも、形態の機械的な自動生成を思わせる。設計者はもはや建築空間が暗喩的にもたらす意味を制御していない。彼は自作のただなかにいて、「断層性亀裂」による他者性を感じている。その他者性ははたして完成された空間の経験についてのみ言えることだろうか。先取りして言えば、「手法」や「修辞法」をめぐって最終的に問題となるのは、建築家にとっては手法・修辞法こそが「他者」ではないかという点なのである。

磯崎にとってもうひとつの原型的形態である円筒がこの時期の建築にそのまま現われることはない。その代わりに反復的に登場するのが半円筒のヴォールトである。その前史として磯崎は、空間を中空の連続体が走るというイメージをめぐり、かつてこんな実験を行なったことを回想している――「〝ねずみ花火〟と称される旋回しながら飛び跳ねる小さい花火の軌跡を写真にとって、それを建築の形態に置き換えてみるという作業であった。クラインの壺のように旋回して自らの軌跡に突き差さり、裏返しになりながら相貫する。偶然が生み出す形態」[*31]。しかし、ねずみ花火では軌道がスマートでスピードがありすぎ、使い物にはならなかったという。

チューブ状の形態は磯崎の作品のなかに繰り返し出現しているが、このねずみ花火の実験で目論まれた「クラインの壺」のトポロジカルなイメージにもっとも近づいたのは、連続ヴォールトによる北九州市立中央図書館（一九七四）であろう。そこでは一定の幅（一〇・八メートル）のヴォールトが二体、それぞれの一端を揃えられて並列し、各々異なる長さのところで（片方は一八〇度一回、もう片方は九〇度と一八〇度の二回）彎曲している。鉄筋コンクリート造の壁柱のうえにPC（プレキャストコンクリート）パネルが載り、そこに被せられた銅板の屋根はやがて緑青で覆われることが想定されていた。PCパネルのリブやジョイントといった構造は内部にすべて露出しており、それが文字通り「肋骨《リブ》」のように内部空間を規則的に分割するとともに、彎曲部では空間のうねりや拡がりを如実に表わしている。洞窟的なこのヴォールト連続体の内部に、コンクリートの開口部から射し込む光のグラデーションが拡散している。エントランスに面する、連続体を断ち切ったような末端壁《エンド・ウォール》を飾

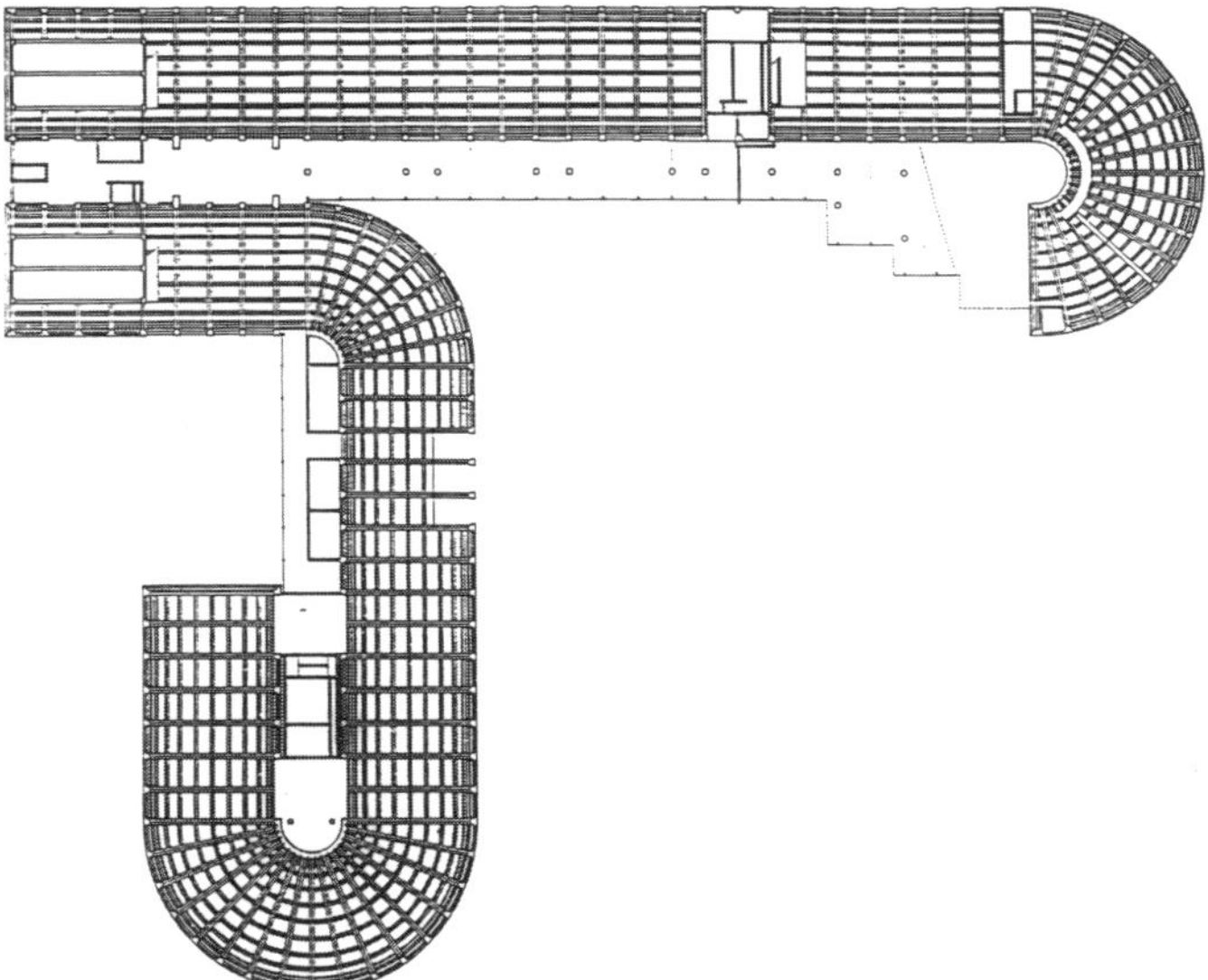

12-3. 北九州市立中央図書館・天井構造の平面図

る円形のステンドグラスの図柄は、三浦梅園『玄語』の挿図から抽出した基本型を磯崎が組み合わせ、自由に着色したものである。薔薇窓を連想させるこのステンドグラスやPCパネルのジョイントがかたちづくるパターンはゴシック聖堂を思わせるが、磯崎自身は設計にあたって参照した対象の筆頭に、エティエンヌ・ルイ・ブレによるメガロマニアックな王立図書館再建案（一七八五）を挙げている。

基本形態のアイディアが「ねずみ花火」という、着火されれば自動的・機械的に生成する物体の運動イメージであったことが重要である。関東平野における骰子《とうし》一擲《いってき》が——けっして偶然を排さない——サイコロの運動であり、「丘の上の双眼鏡」が強い軸線を生む立方体の延伸運動であったのと同様である。なお、北九州市立中央図書館と同じく彎曲した半円筒をモチーフとする富士見カントリー・クラブハウス（一九七四）では、初期の模型やスケッチが「油絵具をチューブからひねりだしたような」と形容されており、[*32]似たような運動性が感知されている。それは純粋形態としての立方体や（半）円筒という初期条件から自律的に生じる（かのような）運動である。

完成された北九州市立中央図書館をめぐる『建築文化』一九七五年十月号掲載の「反建築的ノート　そのX」は、磯崎がこの建築をもはや作者にも語りえない「他者」として発見している点で屈折と陰翳に富んだテクストである。そこで磯崎が強調するのは、この図書館が固く縮こまり蹲《うずくま》った「甲殻類」であるという、いささか異様なメタファーである。磯崎によれば、それは都市という「まったくつかみどころのない軟体動物」に対する防御姿勢にほかならない——「甲殻類は、都市に向かって自らを閉ざしながら敵対的な関係をとりむすぶとき、皮膜が自動的に硬化したときのイメージといってもいい」[*33]。磯崎はそれが自分の建築の基本イメージになり始めた点に精神分析的な問題を示唆しているが、注目すべきことはここで彼が都市を、「母体と感じながら、気をゆるす瞬間にメデュウサのように襲いかかられ、喰い殺されてしまう」[*34]ような「母」に見立てている点である。それが母体ならば、「なおさら犯すべきなのだ」——「犯すことによって、はじめて建築は自立をはじめうるだろう」。そのためにこそ、まず殻が閉ざされなければならない。

ここで否応なく想起させられるのは一九六九年に磯崎が唱えた「きみの母を犯せ、そして父を刺せ」というアジテーションである。その母は「都市」であったと自己分析されている。「母」を犯すために「甲殻類」と化したこの建築は——ここにはペニス勃起の連想がある——、自分が二十年以上に亘って抱いてきた現代都市に対する基本的な姿勢の結晶化した形態なのだ、と磯崎は言う。その誕生によって、もはやいかなる説明も不要に思える「放出感」と「心地よい疲労感」に包まれ、自分は「ひたすらねむり込みたくなる」のだと[*35]——「母」を犯した射精後の満ち足りた眠りのように。磯崎によれば、「母」をこのように犯すことは「母」の拒絶ではなく、建築が「母」たる都市の陰画となり、同時に都市がそうした建築の反転した観念にもなる回路を開くことであって、それは都市からの「後退」[*36]の果てでなされた反撃のひとつの挙措なのである。

この建築が完成したことによる自分の「気分的な虚脱感」には以上のような説明しか与えられない、と磯崎は言う。だが、こうした「精神分析」が自己暗示かもしれぬことは磯崎自身十分承知しているのである。実際のところ、固い（半）円筒形の建築によって軟体動物的な都市という「母」を犯すオイディプスというセルフ・イメージはあまりにわかりやすいものであると言うべきだろう。他方、小倉ののどかな公園内に建つ北九州市立中央図書館が現代都市と対峙する「甲殻類」の表情をもたねばならない必然性も薄い。

むしろ、磯崎がこうした自己分析を必要としたという事実自体のほうが、北九州市立中央図書館という建築を設計し完成させるまでのプロセス、そしてそこに出現した建物それ自体の磯崎にとっての一種の「他者性」を明かしているのではないだろうか。磯崎は「甲殻類」のイメージに関して、サルトル『嘔吐』の主人公ロカンタンが幻視する蟹の姿をした人間やカフカの『変身』に言及し、自分の誕生日（七月二十三日）が獅子座のなかでもっとも蟹座に近い日付であることまで挙げたうえで、それらの連想をすべて打ち消し、先の自己分析を始めている。だが、ここで改めてその心理を遡れば、甲殻類的建築の出現は設計者である磯崎にとって、サルトルやカフカの作品における不条理な変身にも似た出来事だったのであり、それは占星術的な宿命として訪れたかのように実感されたのではなかったか。そのとき、自作の建築そのものが異様な「他者」であり、建築家自身にも解けぬ宿命的な謎と化していたのである。オイディプス・コンプレックスを暗に参照した自己分析はこの事実の「否認」であろう。そして端的に言えば、この他者性とは無意識のもつ他者性であり、その無意識は磯崎という建築家個人のそれと言うよりもむしろ、設計・創造活動全体に作用する「建築」という観念それ自体の無意識である。

この「反建築的ノート　そのX」というテクストの冒頭で磯崎は、北九州市立中央図書館については何も語りたくない、と告白している。「この建物は語りすぎている。あまりに多重のメタファーが発生している」[*37]からである。だからこそ作者は沈黙しなければならない。そもそも「手法」とはみずからのうちの近代建築の諸規範を「消去」するための戦略だった、と磯崎は言う。それは手法が使用された痕跡自体の消去にまで行き着かねばならない。そのときにこそ、かつての価値がヒエラルキーを喪失し中性化された状態が生まれ、あらゆる概念が宙吊りにされた結果、レトリックだけが露出するだろう。北九州市立中央図書館においては手法の痕跡がそんなふうに消失しつつあり、だからこそ、もはや設計者による具体的な説明は不要であり、作者は「さっさと退場すべきなのだ」。

磯崎にとって「手法」なるものの核心は、道元がおのれの思想を思想それ自体として言語を通じて釈義するのではなく、修行の方式を詳細に記述したのと同じく、「あらゆる論を意図的に背後に追いやり」、単純な行為の系の正確な実行だけに専念する点にこそあった[*38]（それは白井晟一の「稽古」に通じる）。こうした道元への言及を踏まえれば、「もはや語らない」という作者の退場宣言は、いわば「不立文字《ふりゆうもんじ》」にあたろう。北九州市立中央図書館について「語らないことを語る」旨を綴った別のテクスト「建築ができあがってから」を結ぶ次の一文もまた、禅宗の「只管打坐《しかんたざ》」を思わせる――「作者にとって何かまだ理由にならぬかすかな実感、あるいは手ごたえがのこっているとすれば――コンパスで半円を描き、それを連続的に幾度もくりかえしつづけた、その事実だ」[*39]。

きわめて興味深いのは磯崎が先の道元に並べてイグナチオ・デ・ロヨラの厳格な修行法に言及していることである。そこで参照されているのはロラン・バルトのロヨラ論だが、これは『サド、フーリエ、ロヨラ』（一九七一、邦訳一九七五）所収のものに違いない。この背景には雑誌『Même』一九七五年春季号に掲載された宮川淳の磯崎論「〈手法論〉の余白に」からの影響があったものと思われる。宮川はこの論考でジル・ドゥルーズ『プルーストとシーニュ』とともにバルトの『サド、フーリエ、ロヨラ』を参照しており、磯崎の手法論をドゥルーズの「斜線」や「隣接性」と関連づけ、一種の「引用」論ととらえている。磯崎の手法はそこで「内容と形式、あるいは意味されるものと意味するものとの整合性の理念」としての「テクネー」に対置されている——「思考において全体性の理念を象徴するものが弁証法であるとすれば、芸術においてそれを象徴するものこそ、テクネーにほかならない」[*40]。ただし、手法はテクネーのアンチテーゼではなく、その「ずらし」であり、ドゥルーズが言う「アンチロゴス」としての「機械」にあたる。宮川によれば、テクネーの有する形式的整合性に対して、手法が定義されるのはその純粋な作動性や固執性においてである。「固執性（insistance）」の概念はジャック・ラカンに由来し、反復を執拗に要求する性格を指しており、宮川によるバルトの引用からはそれが「エクリチュール」と結びつけられていることがわかる。

宮川は磯崎がとくに頻繁に用いる「増幅」の手法——それは反復を強いる点で「固執性」に関わると言えよう——に注目し、そこに言語的な性質、バルトが『サド、フーリエ、ロヨラ』で言う

「ロゴテシス（言語体系の創設）」の性格を見出す。宮川によれば、磯崎の手法とは「機械」かつ「ロゴテシス」であり、作動性ないし固執性によって性格づけられるこの「機械」とはテクストのメタファーないし定義そのものにほかならない。磯崎の手法論の重要性は、建築をそれが表わすべき何らかのシニフィエ（主題や意味）からではなく、「シニフィアンの織物」、すなわち「テクスト」と見なす点にあるのだ。宮川が『建築の解体』に寄せた函書きに通じる指摘である。

磯崎は雑誌の同じ号に群馬県立近代美術館をめぐるエッセイ「空洞としての美術館」を寄稿しており、宮川によるこの分析を熟知していたことは間違いない。バルトが論じている三者のなかで磯崎がとくにロヨラを取り上げたのは、道元と同じ宗教者として、修行の方式を厳しく定め、その行為以外の何ものも浮かび上がらぬような状況を作り上げたからである。だが、その修行法を伝えるためにロヨラは独自の言語体系を必要とした。そこにバルトの言うロゴテシスがあった。「反建築的ノート　そのX」は宮川の論に対する表立った応答ではないが、そこで磯崎が語る手法の痕跡消失と作者の退場宣言からは、建築設計を「機械」としての手法の作動に委ねる姿勢がうかがえる。磯崎の手法論とは単純な行為の系への専念を組織化する――それによって旧来の意味での「作者」を消す――言語体系の創設なのである。

バルトはロゴテシスを行なったロヨラたちを「言語設立者《ロゴテート》」と呼んでいる。[*41] 磯崎と宮川の両者がこの時期（一九七〇年代半ば）に共通してもっとも関心を寄せた建築上のロゴテートとはクロード＝ニコラ・ルドゥだったに違いない。磯崎は一九六七年のフランス旅行の際にルドゥの『芸術、習俗、法制との関係から考察された建築』（一八〇四）原書を購入している。そこに数多く掲載された図版の単純な幾何学立体にもとづく建物をはじめとして、ルドゥの建築は磯崎の作品とのあいだに著しい類似を見せている。この点は一九七八年の「反建築的ノート」最終回（「そのXIII」）に掲載されたスライド・レクチャー「引用と暗喩の建築」用資料[42]の解説図版に、ルドゥによる建築のイメージが頻出することからも明らかだろう。たとえば、富士見カントリー・クラブハウスについてはルドゥの「河川管理人の家」が無意識的な参照源として挙げられている。[43]こうした類似は住宅建築でとくに顕著で、磯崎による旧作のN（中山）邸やA（荒井）邸案がそれぞれ「機械工の田園の家」と「畑番の家」に似ていることが事後的に見出され、Y（矢野）邸（一九七四）やH（林）邸（一九七七）などについても同様にルドゥの作品が対比されている。こうした言及が殊更に参照例を挙げてわかりやすくするレクチャー用の配慮の結果だったとしても、実際に存在しているこの種の類似は見過ごせない。

先ほど、ルドゥとの類似が「無意識的」であったり「事後的」に発見されたりしている点を強調した。それは意識的な引用ではなく、磯崎とルドゥの両者が同じ言語体系を用いているという事態の帰結と見なすべきだからである。磯崎が「増幅」をはじめとする手法による「ロゴテシス」によって達した言語体系がおのずとルドゥのそれに通じ合っていたのだ。この場合の言語体系とはたんに立方体や半円筒といった純粋形態のみを意味するのではなく、それらを増幅させ組み合わせる手法的次元まで含んでいる。

バルトは三人のロゴテートたちについてこう書いている――「サド、フーリエ、ロヨラが言語体系の設立者であり、またそれだけであるのは、まさしく何ごとも語らないため、あるひとつの空在を守るためなのである」。[*44] 何かを「語る」ためであれば既存の言語体系で足りる。この三者の言語体系とは「何も語らない」ための言語なのである。お気づきだろうか、バルトの指摘している「空在」は『建築の解体』で磯崎が辿り着いた「アブセンス」、主題の「不在」に対応している。磯崎の「手法」による「ロゴテシス」とは「主題の不在」という主題を建築によって語る、すなわち、「何も語らない」ための建築言語体系の創設だったのである。手法の痕跡の消失にまで至ったあとになってはじめて、ルドゥはそんなロゴテシスの先達として（再）発見されているのだ。

何も語らない建築言語とはシニフィエをもたないシニフィアンである。それが機械として作動し、執拗に反復を強いる。そこに建築言語のエクリチュールという運動が発生し、その結果として建築物というテクストが編まれる。それが幾重ものメタファーを生んで「語りすぎている」ように見えるのは、テクストがそれ自体としては主題となるシニフィエをもたない建築言語の体系から生成しているからである。意識的な統御の主体としての建築家という自我は退場する。コンパスで半円を描く動作を繰り返す設計者はすでに機械の一部である。テクストとして生まれ落ちた建築はときに、建築家の自我にとっては異様な他者――たとえば甲殻類に似た――となる。なぜならその形態に作用しているのは、建築という言語体系それ自体の無意識だからである。一連のプラトン立体の機械的作動とは建築言語体系そのものの語りにほかならない。そしてそのような言語体系としての建築にこそ、宮川が芸術について指摘した「消滅不可能性」は宿るのである。
一九七〇年代半ばと思われる頃、磯崎は宮川にルドゥに関する本の執筆を依頼している。宮川は「前々から関心をもっていた相手なんだ」と快諾したという。宮川はパリに残るルドゥの作品をかなり克明に見て歩き、ときに磯崎とともに訪れることもあった。[*45] ルドゥの建築と同時代の気球の開発やニュートンの宇宙観との関係を念頭にしてか、宮川は当時、球体について調べていたらしい。磯崎と宮川の二人はまた、「立方体だけで構成した美術館」について一冊の本を一緒に作る計画をもっていたともいう。察するにこれは群馬県立近代美術館のことだろう。磯崎は一九七七年に四十四歳の若さで亡くなった宮川の遺稿のなかに、この立方体の本に関わる推敲された文章を見つけたと書いている――「彼は病床で完成していたのである」。[*46] それは「〈手法論〉の余白に」の、二種類も存在する再構成原稿のことではないだろうか。[*47] 磯崎は「墓石――宮川淳のために」と題した文章の末尾に次のように書き、立方体の上部に球が半ば埋め込まれた墓石案のスケッチを捧げている――「こんな想い出をかさねていくと、宮川淳は私のもっとも愛好している二つのプラトン立体と二重うつしになってくる。だからここで描いたのは、墓石であると同時に、彼の肖像のつもりである。立方体と球体。そのつめたいがやわらかい接合を」。[*48]
磯崎のこの追悼に先立つ五年前、宮川のほうは「人物スケッチ」と題した三回の連載のなかで阿部良雄、豊崎光一と並べて磯崎を取り上げ、その「イマジナリー・ポートレート」を書いている。宮川はその文中で、磯崎が「ものすごく」という口癖を独特のイントネーションで「モノスゴー

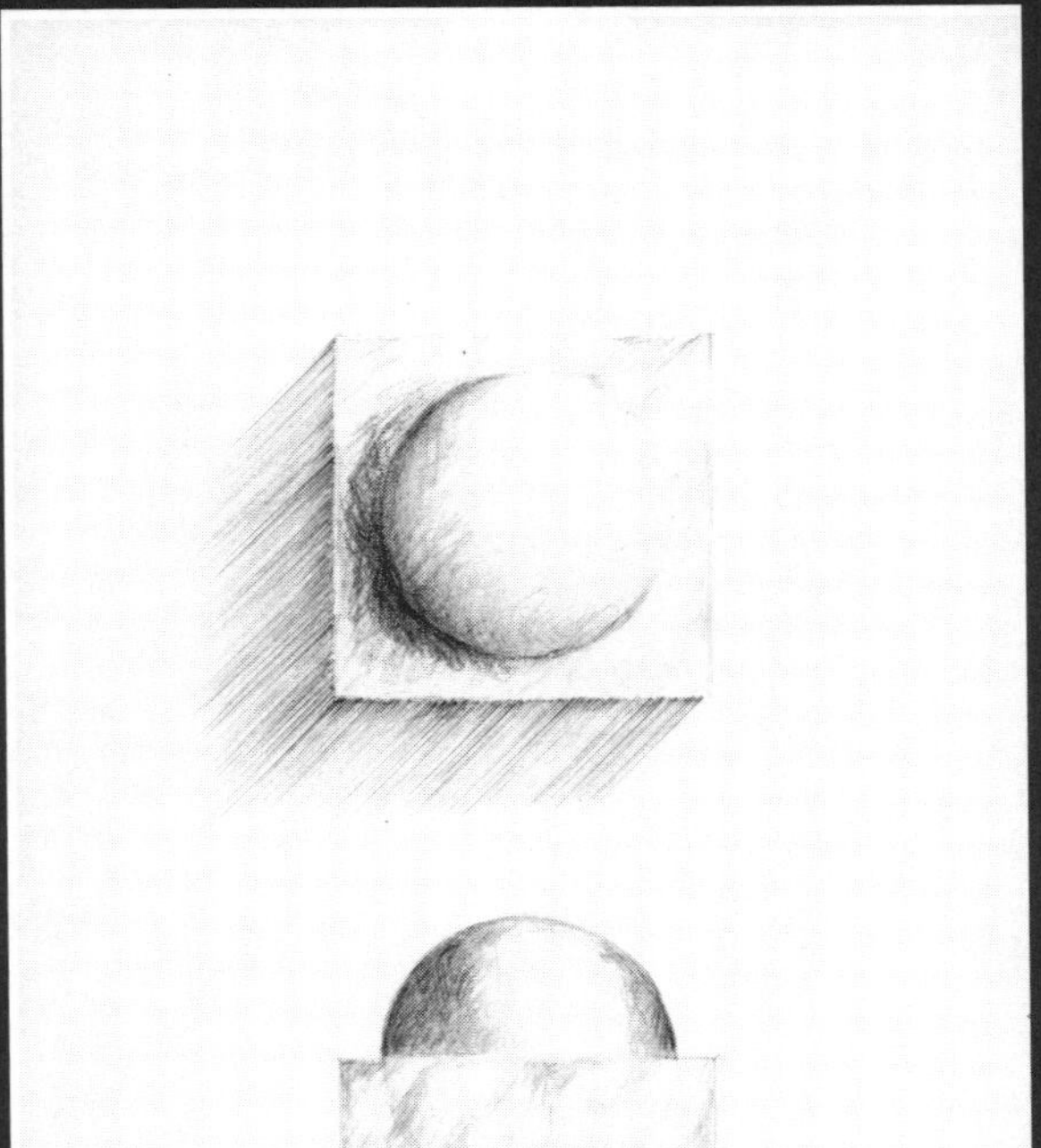

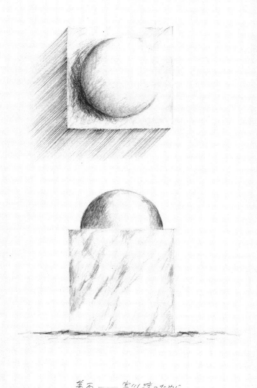

12-4.《墓石——宮川淳のために》(1978)

ク」と発音することに触れ、そこに建築家固有の「スケールに対する肉体的な感覚」を感じ取っている。その巨大なスケールに対する感覚に接し、「私は鯨の中に入ったヨナのように感じる」――「そういえば、いつか見た彼の建物も鯨のような感じがしたではないか。いや、眼前の彼までが鯨のように見えてくる。しかし、こんどはそれはやさしさと親しみ深さのイメージとしてなのであった」。[*49]

証拠は何もないが、宮川の念頭にあったのは、雲が積層するかのような大分県医師会館新館の内部空間だったのではないだろうか。そして逆に、富士見カントリー・クラブハウスの一八〇度彎曲した突端部を磯崎が「巨鯨」に喩えたとき、[*50]そこには宮川が自分について用いた比喩のユーモラスな引用があったのかもしれぬ。一九七〇年代の磯崎のうちにルドゥ的なロゴテートを正確に見定めた宮川が磯崎そのひとに重ねて思い描いた鯨のイメージを、宮川の墓石=肖像を語る磯崎の追悼の言葉に並べてここに置くことにより、この二人の友情の記録としておきたい。

第13章　〈建築〉と間《ま》の修辞法

一九七〇年代半ばから後半にかけて、磯崎は三つの重要な作品を手がけている。秀巧社ビル（一九七五）、西日本総合展示場（一九七七）、神岡町役場（一九七八）である。そこには「手法《マニエラ》」にもとづくプラトン立体の機械的作動から、磯崎が「修辞」と呼ぶレヴェルへの移行（秀巧社ビルと神岡町役場）と並んで、この発展系列とは異なる、あくまで建築家の原イメージに主導されたテクノロジカルな解決（西日本総合展示場）という両面が見て取れる。

福岡にある印刷宣伝会社・秀巧社の本社ビルは、広い道路に面した短辺をもつ細長い敷地に建てられていた。その基本構造は各辺九・六メートルの立方体フレームを並べて二段に重ねたものとなっており、下部の外壁には一・二メートル角のトラバーチンの板が貼られ、そこにニッチをなす正面エントランスのほか、大小の正方形の窓が規則的に配置されている。上部はこれとは対照的にグリッド状に割り付けられたガラス張りであり、結果として下部の立方体のフレームが柱のように見える。こうした二層構造の直方体のうえには、建物全体のちょうど三分の一のサイズで相似形をしたペントハウスが載る。

磯崎はここでイタリア・ルネサンス建築の都市邸宅、とくにブラマンテによるラファエロ邸の二層構造をはっきり参照している。ラファエロ邸の地上階は粗石積み《ルスティカ》（ラスティケーション）であり、そのうえにドリス式の付け柱《ピラスター》をもつ「ピアノ・ノービレ」（館の主人が住まう「高貴な階」）が置かれている。秀巧社ビルでは下部構造の内側に二層と中二階《メザニン》、上部構造内に一部吹き抜けになった二層が収められており、外観の上下二分割と内部の階層構造は厳密には一致していない。磯崎はこの建物について、立方体フレームの原型的な単純性ゆえに、「先祖返りのように」ルネサンスの都市邸宅の形式にまで遡行することになった、と語っている――「形式だけが生き延びてゆく。いうならば、私たちにとっての建築の設計は、時間の中を個別に生き延びながら自律的に運動している形式を取り出して、その幾つかを通底させる作業にすぎないともいえるではないか。その形式への反措定でも逆転でも倒置でもいい。おそらく、幾つかの修辞的な変形作業に還元されてしまうのではないだろうか」[*二]。ここではその作業がたんにプラトン立体の機械的自動運動ではなく、古典主義様式の換骨奪胎になっている点が重要である。

基本構造内の補助構造としては、周囲のシャフトやダクトの射影像をエレヴェーター・シャフトに描いたカラフルなスーパーグラフィックや最上階のサロンに設けられた階段状の壇など、群馬県立近代美術館に通じる要素がいくつも認められる。半円形に大きく凹んだ正面エントランスにある、把手が付いた八つの扉のうち、実際に開くのは二つだけで、残りは嵌め殺しの窓であり、磯崎はこれらの扉に、ルイス・キャロルの『鏡の国のアリス』に登場する「かばん語」めいた、「ショー・ウィンドア」[2]という名を与えている。秀巧社ビルの立体格子《グリッド》構造自体もまた、少女アリスが迷い込む——チェスのルールが支配する——「鏡の国」に喩えられている。この「ショー・ウィンドア」の仕掛けにもまた、福岡相互銀行東京支店におけるデュシャン作《フレッシュ・ウィドウ》のドアへの転用という、類似した発想の先行例がある。さらに、外壁を覆うトラバーチンの板は最下段の端のみ、わずかに斜めに傾けられて断面を見せており、それがじつは厚い石塊ではなく、ごく薄い石板であることをひそかに明かしている——こうした細部がジョークやメタファーとして建築空間を活性化していることはたしかだとしても、それらがあくまで「意味」の読み取りを要求している点で、意識性を強く感じさせるものであることは否めない。磯崎の建築は「無意識レヴェルの反応を抑制する傾向がある」[3]〔傍点・引用者〕という市川浩の指摘が当てはまる部分だろう。

この建築で注目すべきはむしろ、それがアドルフ・ロースによるトリスタン・ツァラ邸（一九二六）にきわめて類似している点である。磯崎はそのことを竣工後に指摘されてはじめて気づいたという[4]。ツァラ邸は粗石積みの下層部と漆喰仕上げの上層部という、秀巧社ビルと同様の二層構造を取っており、上層部の開口部やその下の小窓、ニッチ状のエントランスもまた類似している。さらに言えば、外観の二層構造と内部の階層関係とが一致していない点にも、内部空間の階層を細分化するロースのいわゆる「空間計画《ラウムプラン》」との共通性を認めることができよう。磯崎も指摘しているように、[*5]これはルネサンスの都市邸宅という基本的な建築形式がともにモデルとなっていたことの帰結にほかならない。

西日本総合展示場のデザイン・プロセスはこれとはまったく異なっている。この建物の敷地は北九州市の新幹線小倉駅近くに位置する旧魚市場跡であり、埠頭に接している。そこは倉庫群や石油タンク、駅舎など、人間的スケールを超えた巨大な施設に囲まれている。この敷地に建造されたのが幅約五十メートル、長さ百七十二メートルの無柱展示空間である。それは大阪万博お祭り広場やポスト・ユニヴァーシティ・パック（コンピューター・エイディッド・シティ）の系譜を継ぎ、それまでにない「巨大展示場」というあらたなビルディング・タイプを作り上げた建築物だった。

磯崎の脳裡に浮かんだ最初のイメージは、「海中にもぐって海面をみあげたときに、ゆらめくような光の膜が太陽光を乱反射させながら頭上にかぶさっている」[*6]というものだった。そのイメージ実現のために天井を全面ガラス・ブロックにすることが模索されたが、コストなどの関係から断念され、最小限（通常の五分の一以下）の梁成《はりせい》（梁の上端から下端までの寸法）をもつ鉄骨梁を組んで、そのあいだから光を取り込む方法が採られた。屋根は展示場の両脇に立つ二本のポストから斜めに張られたケーブルで鉄骨フレームを吊るユニットを八回繰り返すことで設置されている。これは橋梁に用いられている斜張構造の転用である。均等な間隔で立つ十六本のポストとそこから張られたワイヤー・ケーブルは、港にふさわしい帆船のイメージを喚起する。さらに、ぴんと張った多数のケーブ

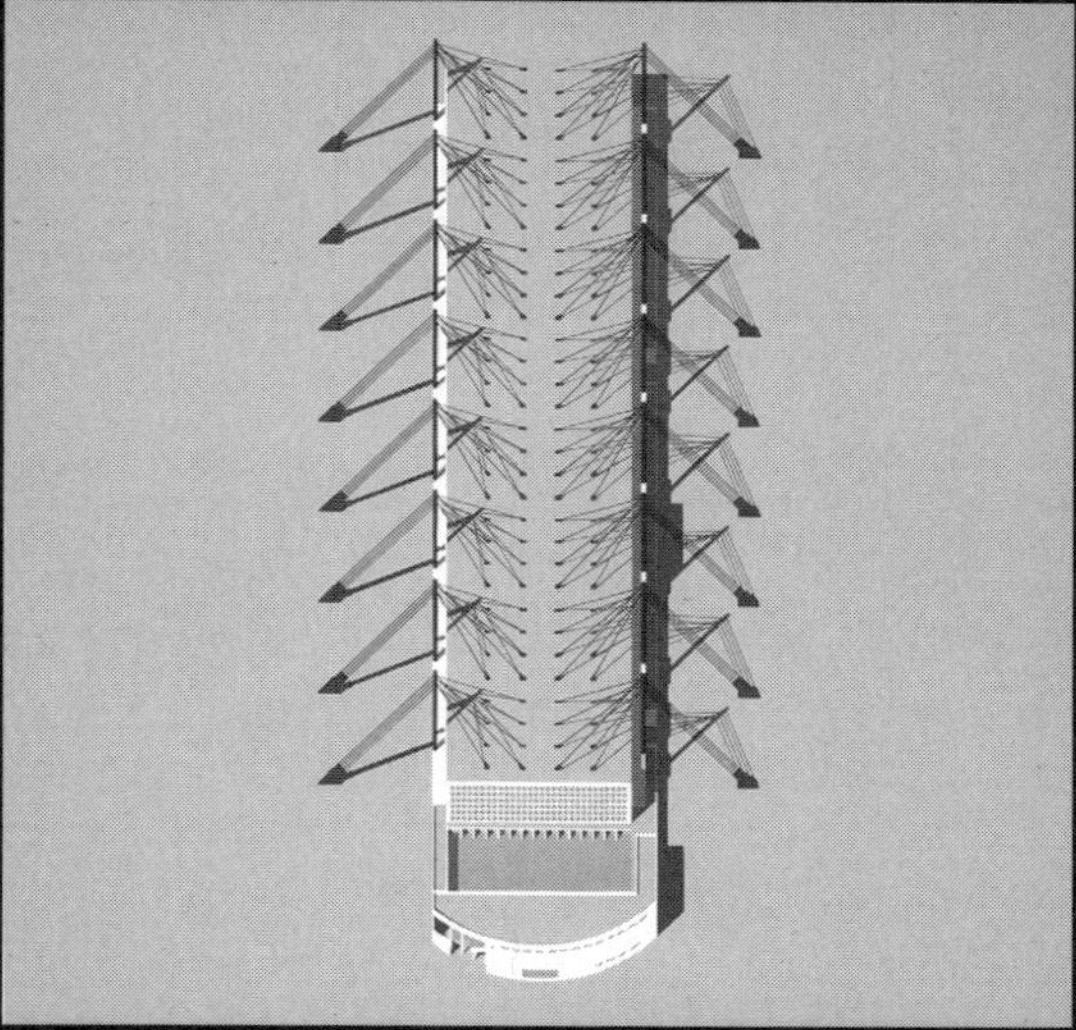

13-1. 《還元　CONVENTION CENTER》（1983）。
西日本総合展示場にもとづく。

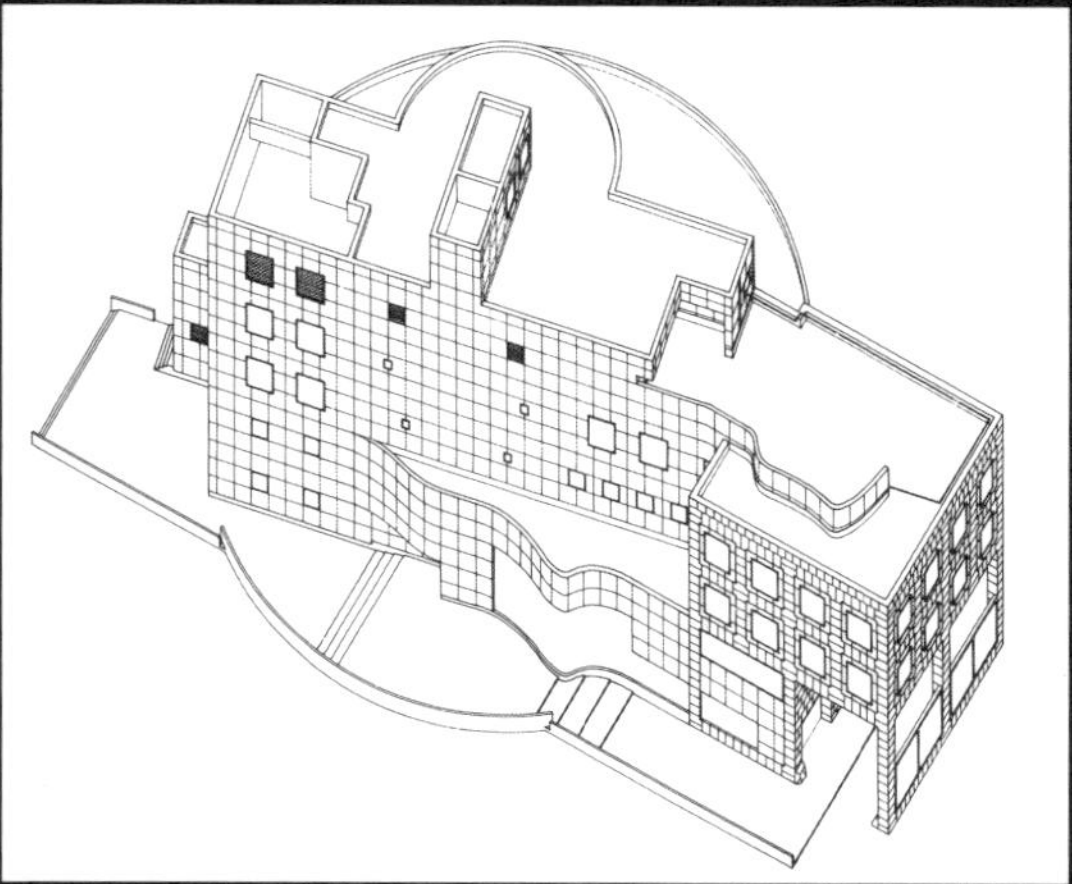

13-2. 神岡町役場アクソノメトリック図

ルは建物の外部に、「内部の応力を噴出させエーテル状にとり囲んでいる」「半透明の曖昧な空間[*7]」を作り出す。来場者はこの半屋外的な空間を経て、海中を模した展示場内部へと至るのである。このように「水のメタフォア[*8]」が西日本総合展示場の全体に浸透している。

しかし、この建築にあって、「水」はメタファーに留まるものではない。道路に面した管理棟と展示場のあいだには中庭が設けられ、屋外展示に用いられない場合にはこの中庭一面に水を張ることができる。その水面に反射した光はガラス面を通して展示場内部にも届く。さらに、そうした副次的な効果だけでなく、あたかも突然の洪水が中庭を埋めたような、この水という「とりとめない、つかみどころもない」素材の「信じられないほどの変化をする表面」は「水を超えた別種の観念の反映[*9]」である、と磯崎は言う。「あっけなく出現した」「適当に消えていっていい」「天候や時間によって、大きく気分の左右されるものであっていい」「あっけない素材」――こうした形容を重ねて語られる「水」という素材のポテンシャルがここでは発見されているのだ。磯崎は水を、「鉄やガラスと同様に、曖昧な、不定形な空間をつくる重要な素材[*10]」〔傍点・引用者〕になりうるものと見なしている。視点を逆転させれば、近代建築の代表的な素材であった鉄とガラスは、水のようにエフェメラルで「あっけない素材」として扱われうるのである。

西日本総合展示場の設計を終始導いているのは「海面下の薄明」という原イメージである。それがテクノロジカルな解決を要求すると同時に、「水」をめぐるさまざまなメタファーを呼び寄せ、最終的には「水」をあらたな視点から建築の素材として発見させるに至っている。つまりそこでは、近代建築の規範である「構造・工法に忠実な表現」や「素材の正確な表現」が転倒されて、原イメージという「観念の影」を可視化するための「構造・工法」が橋梁という別領域から転用されるとともに、鉄・ガラス・水といった素材もまたそれ自体としてではなく、原イメージに付随する「観念の反映」として扱われているのである。その点でこれはフォルマリズムには違いないのだが、ここでの磯崎は、自律的な建築形式を求めて歴史を遡行するのではなく、むしろ、新しいビルディング・タイプという形式の創出に達している。そのメタファーの文法は秀巧社ビルのそれに比べてはるかにのびやかだ。

神岡町役場の設計競技に磯崎が参加できたのは、この地方出身の伊藤ていじの尽力によるという。[*11] 一九七五年に応募された磯崎案では、北九州市立中央図書館や富士見カントリー・クラブハウスと同じ半円筒の形態が用いられ、高さの異なる三本のヴォールトが並列している。磯崎は当選者には選ばれたものの、直接のクライアントである町の代表者たちは「戦時中の軍需施設を想起させる」という理由でこの案に反対した。そこで磯崎はコンペ案をみずから破棄し、まったくの白紙状態からの設計を提案する。磯崎は町の建設委員たちの前でブロック模型を積木のように組み立てて見せることにより、設計過程にクライアントを積極的に巻き込んだ。[*12]

そこに生まれた建築は、先行する作品のように立方体や半円筒といった「単一の形態をその手法のシステムのなかで操作する」のではなく、「多数の形態をそのシステム相互がからみ合うような次元へ引き出すもの」[*13] となった。磯崎はその点に決定的な転換があったと言う。具体的には、表面に花崗岩の貼られた立方体が正面側に置かれ、大きくアルミニウムで縁取られた正方形の窓がそのフレームを強調している。この立方体の背後には、上下に積み重なった大小の半円筒と直方体の合体したブロックが接続している。このブロックはシンメトリカルで、その中央の軸は先の立方体の中心軸に対して平行ではなく、やや斜めに振れている。こちらの表層はアルミニウム・パネルで覆われているのだが、エントランスホール側ではその表皮が部分的に軀体から剝離したかのように――それを示唆すべく、建物内部ではこの部分のみ、コンクリート軀体が露出している――モンロー・カーヴを描いて延び、立方体との接合面をかたちづくっている。立方体内には町長ほかの執務室があり、二重の半円筒の上部は議場、下部の大部分はオフィス空間だが、二階の議場を半円形に取り囲む八本の円柱は一階にまで達し、パブリックホールを緩やかに囲繞している。このホールは大きな半円筒の壁面を帯状に埋めているガラス・ブロックを通した光ばかりではなく、トップサイドからも自然光が入り、ひときわ明るくなっている。建物にアプローチする際には立方体が、間近を流れる高原川の対岸からは半円筒がはっきり見える。ことに日光を照り返す銀色のアルミニウム・パネルによる外装は周辺の黒っぽい街並みと鮮明なコントラストをなし、その姿に宇宙船にも喩えられたという[*14]。

磯崎はこうした諸形態間の関係性のうちに、ひとりの建築家、あるいは、ひとつの時代の運動――たとえばロシア構成主義――のなかで、複雑さとコノテーションをひたすら増してゆく「形態だけの運動法則」を感じ取っている――「私のなかで、円筒や立方体やマリリンの曲線が、発生時の原型のかたさを崩しながら、自生的に運動を開始したのだろうか」[15]。立方体や半円筒といった形態がひとたび設置されると、それらは建築形式として自立し始め、その相互の複合が多様な処理を誘発して、さまざまな意味を発生するに至る（たとえば、二つの大きなブロックの軸線がわずかにずれているのは、直接的には変形敷地を囲む外周道路との関係によるが、基本的な目的は両者の堅い配列を崩して緩みを生むためであり、さらにその緩んだ配列を曖昧に結合する方法としてアルミの彎曲面が要請されている）。この過程を磯崎は「個別の形態言語を別種の統辞論的構造のなかに再配列した」[16]と表現する。それは磯崎の言う「建築の修辞法」のあらたな段階である。

神岡町役場の設計がいったん白紙に戻った時期に書かれた論考「手法論から修辞論へ、そして……」において磯崎は、「建築は意味を生産する機械である」[17]と定義したうえで、立方体や半円筒といった基本形態の配列——基本構造——を「統辞論的レヴェルにおける操作」[18]と位置づけ、補助構造による別種の操作と合わせた意味発生の方法を「建築における修辞法」と呼んでいる——「建築が形態をもつものであるならば、形態そのもので語らねばならない。修辞的操作によって、伴示的な意味を喚起できるものならば、その操作をこそ徹底させるべきである」[19]。このような「形式のもつ自律的運動力」に賭けることは迂遠かつ手探りで、ほとんど絶望的に見えるとさえ、磯崎は書いている——「しかも、過去とも未来とも絶縁されたままで、両者と渡り合わねばならない」[20]。自分がこのような場所に至ったのは、記号論、言語論、フォルマリズムの方法の助けによると磯崎は語るのだが、実態としてはむしろ、神岡町役場の設計を通じて、従来の「増幅」の手法および基本構造／補助構造の二元論を捨て去り、まさに「形態だけの運動法則」に即したことこそが、「修辞法」の決定的な転換をもたらしたと言うべきではないだろうか。重要なのは「手法論」「修辞論」といった「論」の次元ではなく、あくまで「形式のもつ自律的運動力」である。

それは機能的に要求される部屋を壁・床・柱などといった建築学的形態言語を用いて構成するという、通常の設計手続きを逆転することである――「むしろ、立体的な形態を自立させ、それが存在化する過程に介入しながら、先験的な構成概念をたよりに、具体的な用途（内容）と適合する状態をさがしているといっていい[*21]」。そのとき、純粋形態の配列やずれの処理、異なる素材の対立的使用、迷路的な内部空間、歴史的諸事例からの引用の集積、さらに「いかにも違和感をさそうような表現」のいずれもが、「独自の意味産出機構の形成手段」、すなわち、「機械」の構成手段となる――「そしてこの奇妙な思考の産物が現存しはじめるからには、それがもつ違和感を具体的にいかに調停するかが大きな仕事になる[*22]」。磯崎の建築はたんに純粋形態のフォルマリズムのみで完結するのではなく、「先験的な構成概念」による「介入」を通じて機能性を有した建造物とされ、さらに利用者の「違和感」との「調停」が図られるのである。それが伝統主義・地方主義あるいは近代建築的な産業主義といった「リアリズム」と鋭く対立するものであることはたしかだが、西日本総合展示場および神岡町役場という連続する二作品を通して確認できるのは、純粋形態およびその運動や原イメージを現実化するにあたり、その都度の最適な特殊解を導くに至る、磯崎のリアリスト的な柔軟性だろう。それによって逆に際立つのが、「奇妙な思考」という建築観念の強靱さなのである。

この頃、磯崎はそうした観念を純粋状態で記録する手段として版画制作を始めている。きっかけは一九七七年のサンパウロ・ビエンナーレに出展するために作られた、シルクスクリーンとドローイングおよび立体（立方体のフレーム群）を組み合わせた《空洞としての美術館Ⅰ、Ⅱ》の二作であり、これらはそれぞれ群馬県立近代美術館と秀巧社をモチーフにした、横幅が三〜四メートルの巨大な作品である。同じ年には、Y（矢野）邸を発展させた、ヴォールトと立方体ないし直方体（または円筒）の組み合わせからなる、磯崎特有の建築形式にもとづく独立住宅群を描いたシルクスクリーン作品《ヴィッラⅠ〜Ⅲ》が制作されている。*23 このシリーズの作風はのちに、実際に建造された自作を原型的イメージにまで遡行させて描き出す《還元シリーズ》へと継承されてゆく。

そこで採用されているのが、群馬県立近代美術館の第一次的構造の図解で用いられていたアクソノメトリック図法である。この図法は平面図も立面図も変形せずに組み込めるため、近代以降の建築設計で広く愛用されてきた。ただし、《ヴィッラ・シリーズ》《還元シリーズ》では、通常のように三十度ないし四十五度の斜めの角度から対象を見るのではなく、九十度、すなわち、真正面の高みから見下ろしたように建築が描かれている――「アクソノメトリックは、視線の生み出すヒエラルキーを解体したあげくに、各部分を均質化して、抽象的な空間のなかに浮かしてしまう、神も人間もかかわらない協約的視点といっていい。必然的に土地や風土の制約は捨象され、独立した抽象形態としてのみ描かれることになる」*24。それゆえにこの図法は、発生状態にある建築の原始形態を定着するのにふさわしいのである。さらに、シルクスクリーンで印刷するために画面はフラットな色面にはっきりと分割され――それゆえエッチングのような微妙な細部は存在しない――、結果として《ヴィッラ・シリーズ》の、紫がかった灰色をした均質な地のうえの白っぽい住宅は、原型的な幾何学性をより鮮明に際立たせている。

『建築文化』一九七八年九月号に掲載された「反建築的ノート」の最終回「引用と暗喩の建築」は、国外で自作紹介を行なった際のスライド・レクチャーの形式を踏襲して、この時点までの磯崎の作品を総合的に解説する内容になっている。こうした背景ゆえ、ルドゥのほか、パラディオ、あるいは、ロシア構成主義など、ヨーロッパの建築史から比較の対象が数多く選ばれており、自作との類似が二つのスライドの対比によって視覚的にわかりやすく示されている。茶室や数寄屋など、日本の伝統建築との共通性についても同様である。

磯崎はここで、建築史家コーリン・ロウがル・コルビュジエの初期作品にパラディオとの類似性を見出した分析「理想的ヴィラの数学」を踏まえ、この例のように一定の強固な形式性を共有する建築物のカテゴリーを〈建築〉と呼んでいる。歴史的にとらえれば、〈建築〉は過去の〈建築〉からの意識的・無意識的な「引用」から生じる――「あらゆる〈建築〉の生産は、すでに確立されている〈建築〉に対する、註釈と補遺による変形操作である」[*25]。この変形過程に作用するのが修辞法である。複数の手法によって建築物に加えられた修辞は「暗喩《メタファー》」による意味を産出する。自身の建築における「暗喩《メタファー》」とは「薄明」「雲」「水」「闇」といった――特定の形態に固定化しない――非具象的なイメージであり、それらが建物の全体を決定的に支配している、と磯崎は自己分析する。ただし、スライド・レクチャーで強調されているのは、こうした「暗喩」の側面よりもむしろ、磯崎が多くの場合は事後的に自作のうちに発見している「引用」の数々のほうである。事後的に気づかれるこの種の「引用」とは、建築家の意識的な操作ではなく、むしろ〈建築〉という言語体系それ自体の語りの反復的変容にほかならない。

一九七六年二月に書かれた磯崎論「位置と動き」でハンス・ホラインは、建築家としての磯崎の国際的位置をチェス盤上の駒に喩えている。ただし、磯崎の場合のそれは、ミケランジェロをはじめとする歴史上の建築家たちが揃った盤――「引用」の行なわれる盤――と近現代の建築家たちの盤といった、異なる次元の駒のセットによる複数のゲームが同時に進行するような、複雑に重なり合ったチェス盤である。その盤上で磯崎はあたかもチェスのルールを守っておらず、首尾一貫していないかのように見えるのだが、実のところ、それは「首尾一貫しない一貫性（inconsequential consequence）」*[26]であり、磯崎は駒のセットに応じてルールを変えているのだ、とホラインは言う。磯崎の駒は黒でも白でもある。あるいは、それらの混合色としての灰色《グレイ》である（この「グレイ」は当時の米国建築界におけるロバート・スターンらの「グレイ派」を指すものではなく、ホラインはゲルハルト・リヒターの《グレイ・ペインティング》を引いている）*[27]。磯崎自身が「薄明」と呼んでいたものだ。ホラインはまたここですでに、磯崎の言説や作品に「大文字のAで始まる「建築」」――磯崎が〈建築〉と表記するもの――への言及・参照が現われつつあることを抜け目なく指摘している。この磯崎評の副題にある

「芸術作品としての建築家」という言葉を如実に表わすイメージが、皮を剝がれた男性人体筋肉図の各身体部位に建築家などを対応づけた図である。そこではたとえば、頭がデュシャン、心臓がミケランジェロないしジュリオ・ロマーノ、尻がモンロー、男性器が丹下健三、そして、右手がホラインとされている。これはホライン流の磯崎解剖図であり、その「首尾一貫しない一貫性」の寓意像とも言えよう。

このホラインが磯崎を招き入れたゲームのひとつが、一九七六年秋に開催された、クーパー・ヒューイット国立デザイン美術館のリニューアル・オープンを飾る展覧会だった。ホラインはその構想考案者《コンセプチュアライザー》を務め、磯崎のほか、エットレ・ソットサスらをメンバーに選んで、一九七五年に二度の企画会議を開いている。この会議における長時間に亘る議論の経験は、その後の磯崎のデザインをめぐる戦略や姿勢に大きく影響したという。[*28] 最終的な展覧会名は「MAN transFORMS」――それはデザイン美術館の新規開館にふさわしく、デザインを形態の変形行為のみではなく、「人間と形態との超越的な関係、相互の変換、そして形態の自律的な展開を見定める認識過程など、ひろい行為としてとらえる」[*29]、「デザイン」再定義の宣言だった。

磯崎はこの展覧会に「エンジェル・ケージ」と「重力《グラヴィティ》」という二つのインスタレーションを出展している。前者の部屋の角に位置する入口は、垂直方向にモンロー・カーヴの輪郭をもった人間サイズの四分円の鳥籠《ケージ》、および、それを反射する鏡面の壁で囲われており――鳥籠内の鏡の壁にはフラ・アンジェリコが《受胎告知》で描いた天使《エンジェル》の等身大模型の半身が貼り付いている――、来場者

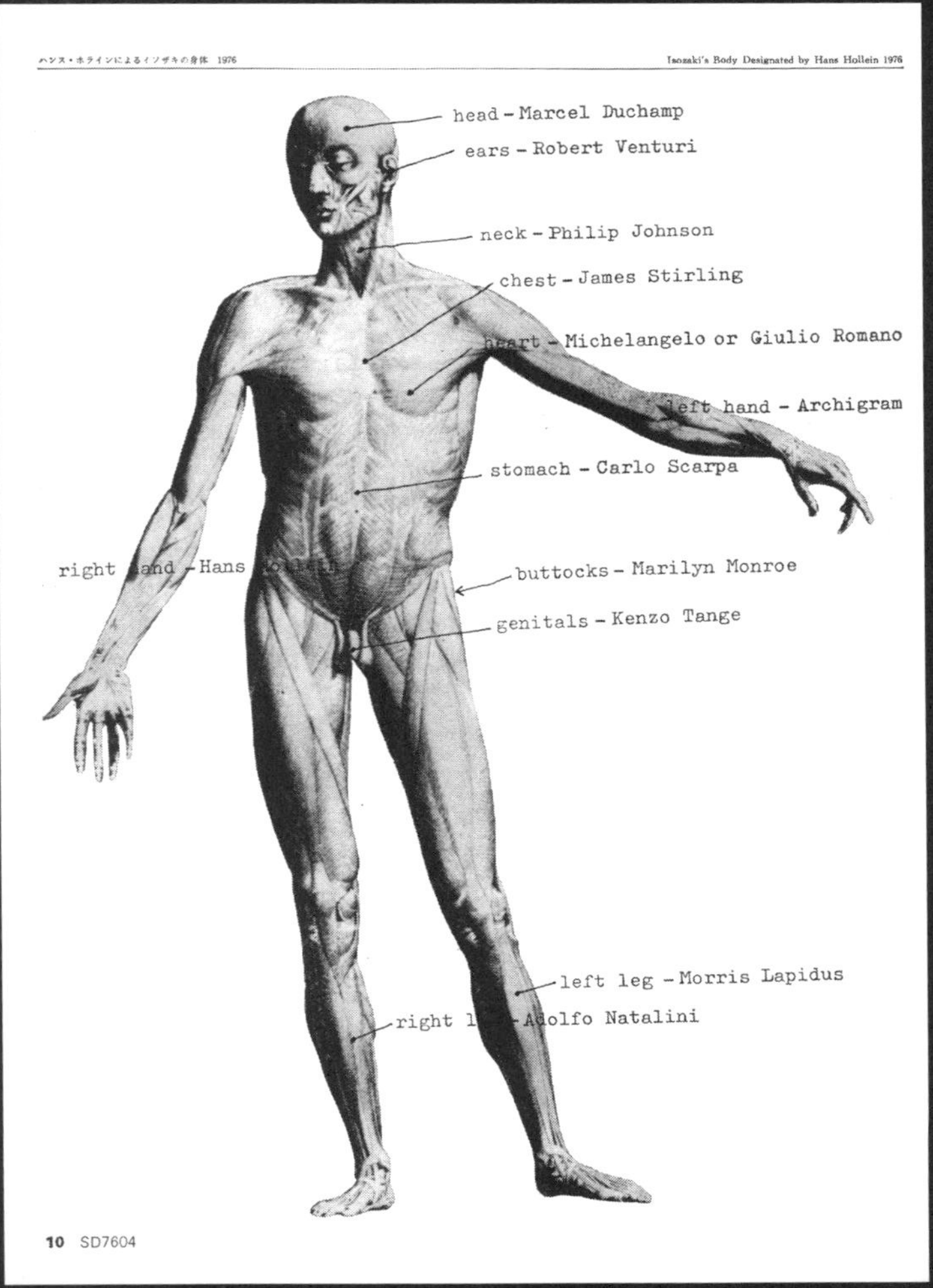
ハンス・ホラインによるイソザキの身体 1976
Isozaki's Body Designated by Hans Hollein 1976
head - Marcel Duchamp
ears - Robert Venturi
neck - Philip Johnson
chest - James Stirling
heart - Michelangelo or Giulio Romano
left hand - Archigram
stomach - Carlo Scarpa
right hand - Hans
buttocks - Marilyn Monroe
genitals - Kenzo Tange
left leg - Morris Lapidus
right leg - Adolfo Natalini
10 SD7604

13-3. 《ハンス・ホラインによるイソザキの身体》(1976)

はいったんそのなかに入って鳥籠内の鳥の視覚を経験したうえで、そこから出て巨大な鳥籠――先の天使像同様、鏡面反射の効果で丸籠のように見える――を外部から眺めることになる。こうした視点の逆転に対応させ、この部屋にはクーパー・ヒューイット美術館の所蔵するものなど数種類の鳥籠が、それぞれの籠の内側から外を撮影した写真とともに展示された。内と外――支配される者と支配する者――の視点の違いが鳥籠のデザインの意味をまったく変えるのである。「それは鳥籠の形状をした摩天楼と同様である[*30]」と磯崎は言う。

「重力」の展示室には傾斜した床が作られ、その床の中央に四つの水平面――表面張力ぎりぎりで満たされた水および液状プラスチック、スプリングで浮かされた真鍮板と鏡面処理したガラス――が設置されたほか、壁面にはピサの斜塔のそれぞれ傾斜角が異なる写真十一枚が、すべて塔が垂直になるように、かつ、写真のフレームが次第に傾きを強める順番で貼られた。勾配のある床面、微振動する水平面群、ピサの垂直な塔を支える大地が傾斜を増してゆく写真のシークエンスという三つの「デザイン」を通して、重力を可視化し、来場者にその作用を肉体的に感知させることが目論まれたのである。

より注目すべきはこの展覧会のカタログに磯崎が寄稿したテクストである[*31]。そこには「重力」に関する解説はなく、「エンジェル・ケージ」をめぐる記述も全体のごく一部をなすに過ぎない。和英辞典の「hashi（橋・箸・端）」の項目を冒頭に掲げたこの題名のないテクストで磯崎は、デザインとは人間の空間的行為の拡張であり、それは人間の行為を規定する言語群と微妙に関わり合っている、と書いている。[*32] 言語が或る民族の慣習・制度・美意識における一定の共有されたマナーを反映している一方、デザインはそうしたマナーに与えられた、ないし、マナーによってもたらされた「かたち《シェイプ》」にほかならない。それゆえ、デザインを考察するに際して、多様な用法をもった或る言葉を取り上げ、その意味の根源に遡行することにより、問題の言葉が反映しているマナーおよびそれに対応するデザインのよりいっそうの深層を探ることができる。そうした遡行のために選ばれたのが「はし」という日本語なのである。

　さまざまな意味をもつ「はし」に共通するのはひとつのendという含意である。だが、それはたんなるfinishではなく、次の何ごとかがそこから始まったり、一側面の終点であると同時に他の側面の始点であったりするような状態を指し、したがって、二つの点や二つの事物を繋ぐ通路を示唆する。磯崎によれば、橋《はし》・梯《はし》〔梯子〕・箸《はし》・階《はし》〔階段《きざはし》〕とはこのような通路の可視化ととらえられる〔箸は食器と口のあいだの「はし」であると見なされる〕。「はし」はまた、或る物体をデザインするプロセスにおいてもっとも重要なポイントとして、細心の注意が払われるべきedgeでもある。それは東洋的な陰陽説におけるさまざまな二元論的対立項の中間に位置する概念であり、その二者を分割すると同時に結びつけるものである。それゆえに「はし」は対極的な二つの性質をともに有し、今日ではいっそう両義的《アンビギュアス》な言葉になっている、と磯崎は言う。この「はし」の概念を説明するために写真図版付きで列挙されるのが、竹箸であり、日本家屋の縁《えん》であり、両手を繋いで束縛する手錠であり、二つの対称的な世界を作り出す鏡であり、水面に映った姿と対になって真円をかたちづくる円月橋である。「エンジェル・ケージ」はこの円月橋の原理の応用であったことがここで明らかになる。

「はし」という言葉の多義性にもとづく磯崎の立論は、この日本語の概念を英語によって分析的に説明しながら、それをさらに手錠や「エンジェル・ケージ」にまで展開している点で、文化的な「マナー」――磯崎の場合、この単語には「手法《マニエラ》」の響きがあろう――をめぐるユニークなデザイン論になっている。「はし」という日本語と日本的マナーを主題にしたことは、もちろん、多士済々の展覧会参加者たちのなかで磯崎がオリジナリティを主張するための戦略的なものだったに違いない。だが、両義的《アンビギュアス》な「はし」とは、磯崎がそうした集団のなかで占めていた立場そのものでもあったように思われる。ホラインが「灰色《グレイ》」と呼んでいた性格である。

「MAN transFORMS」展の準備期間中、磯崎はコロンビア大学での連続セミナーで日本の伝統的な環境デザインについて語ることを求められた。磯崎はそこで「日本の何が売れるか」〔傍点・引用者〕と自問する。近代主義的思考にもとづいて日本の伝統を外国人に対して見事に説明した丹下健三や伊藤ていじの言説（そして、二川幸夫の写真）のあと、どんなやり方が残っているのか、と。磯崎自身が選ぶのは、日本的なものと西欧的なものを等距離で同時に見る「八方にらみ」の眼を備え、両者間の相同性と差異性を見出すことである――「比較文化論に、あるいは文化人類学的な考察に近づく可能性もあるが、そこは建築家という、接合不能とみえるものをアセンブルするのを日常の仕事としている職業の利点を用いてぶったぎることにする」[*33]。「ぶったぎる」ことによる「接合」とは、まさしく「はし」の役割にほかなるまい。それは比較文化論や文化人類学のような学術の客観的中立性とはまったく異なる。「日本の何かが売られねばならない」という判断を支える「市場」がそこには歴然と存在しているからだ（この市場のためには、西欧との類似よりも差異こそが重要なことは自明であろう）。当時の磯崎の活動レポート「現代建築'76」（『建築文化』連載）[*34]で報告される、米国で知り合ったフィリップ・ジョンソンやピーター・アイゼンマンをはじめとする建築家たちとの交際は、その一種の社交的スノビズムを含めて、国際的建築界における「市場」やそこでのヘゲモニー争いの有り様を活写している。

「MAN transFORMS」展カタログにおける「はし」をめぐる言説は、磯崎が構想し、一九七八年秋にパリの装飾美術館で開催された「間《ま》――日本の時空間」展に直結している。この展覧会は、毎年秋に開催される芸術祭（パリ・フェスティバル・ドートンヌ）における日本特集のために、磯崎（建築）、武満徹（音楽）、大島渚（映画）、荒川修作（美術）が一九七六年年末頃に依頼を受け、予算と準備などの関係から、磯崎と武満のみが参加することになったものである（武満のテーマは「声」）。この「間《ま》」展は盛況と好評によってパリでの会期が延長されたのち、一九八〇年までかけ、ニューヨーク（クーパー・ヒューイット美術館）などに巡回している。パリとニューヨーク以降では展覧会構成やカタログの内容に違いがあるため[*35]、ここでは基本的にパリ展に即して概観しよう。

これは「間《ま》」というひとつの概念を展示しようとする展覧会である（それゆえ、「間《ま》」展は一種のコンセプチュアル・アートに接近した）。磯崎はそのために、「ま（間）」を「みちゆき（道行）」「すき（数寄）」

「やみ（闇）」「ひもろぎ（神籬）」「はし（橋）」「うつろい（移）」「さび（寂）」という七つのサブカテゴリーに下位区分し、これらを展示の単位とした（こうしたコンセプト編成には、カタログ作成に携わった松岡正剛が深く関わったものと思われる）。パリ展ではこの七つの前後にプロローグとエピローグが置かれたが、巡回用に再編されたニューヨーク展以後、それらは「うつしみ（現身）」と「すさび（遊）」の二つのセクションに変えられている。

展示形態としては、各概念の言葉による定義に加え、伝統的・古典的事例の写真・図解・模型による例証のほか、各項目に関連する美術作品の展示や舞踊・演劇の上演がなされた。たとえば「みちゆき」であれば、中村外二の手になる大徳寺真珠庵・庭玉軒内坪の写しに向けて露地の飛石を模した石が床に並び、壁には歌川広重の《東海道五十三次》全図やその各所の地図のほか、歌舞伎の道行を演じる坂東玉三郎の写真が掲げられている。「やみ」に設けられた能舞台上――正面の鏡板には実物の鏡が用いられた――では、武満のテーマ「声」と関係する天台宗の声明から芦川羊子らによる舞踏まで、さまざまなパフォーマンスが繰り広げられた。この舞踏をはじめとして、磯崎は日本の前衛芸術を積極的に取り上げ、「はし」では倉俣史朗によるガラスのオブジェ、「うつろい」では宮脇愛子の真鍮の作品《Study of Homology》、「さび」では錆びた鉄を用いた高松次郎の《複合体》が展示スペースの中心を占めている。

重要かつ問題含みなのは磯崎がこの展覧会の構成にあたって用いているロジックないし修辞法《レトリック》である。パリ展用のカタログで磯崎は「間《ま》」を、西欧的な時間・空間の区別が未分化な状態にあっ

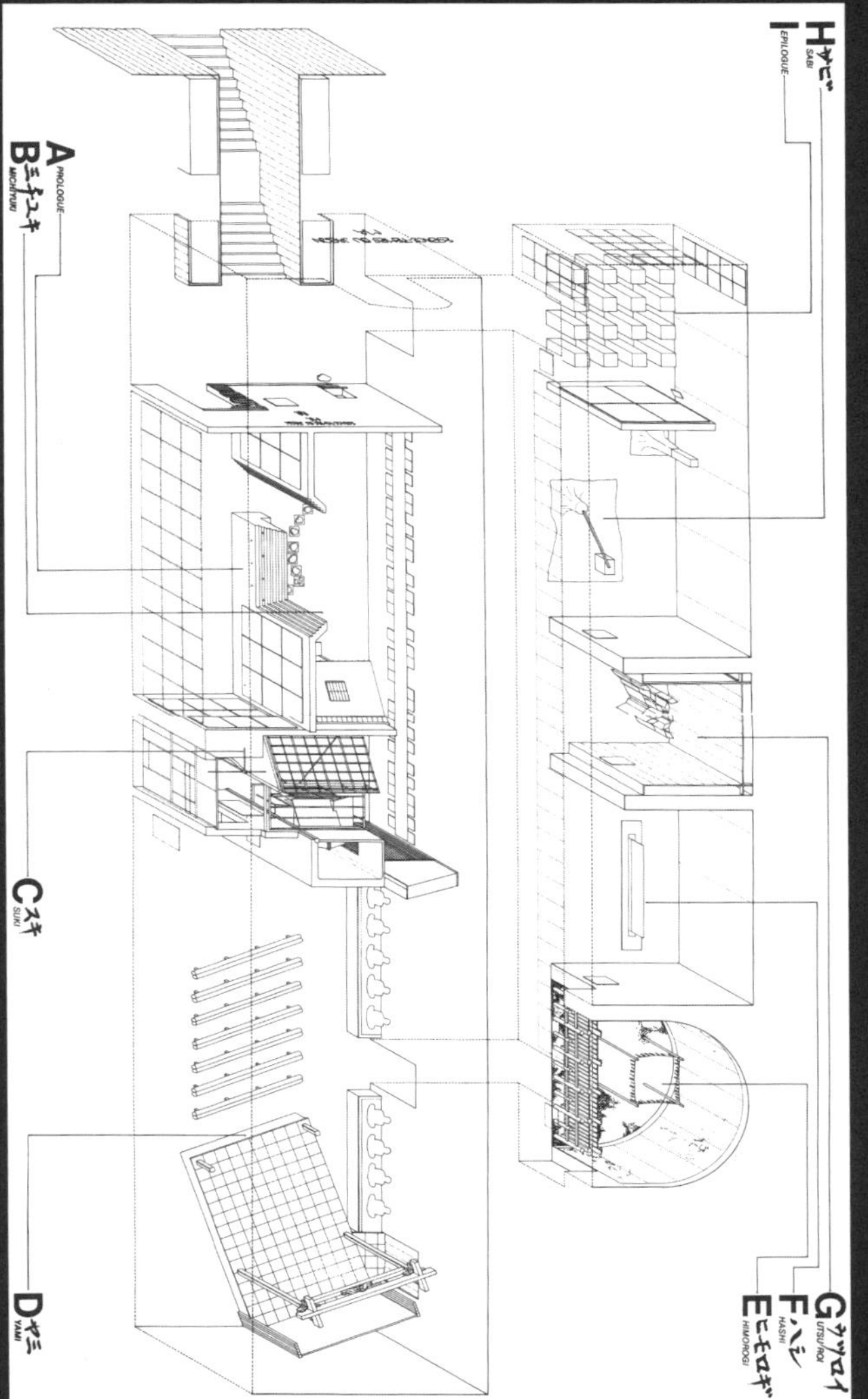

13-4. パリ「間」展会場模式図（アクソノメトリック図）

て、そのいずれにも通底し、現代の前衛芸術にまで至る日本の芸能・芸術の重要な原理である、と説明している。[*36]「間《ま》」はそこで、「みちゆき」や「すき」「さび」といった複数の概念にいったん分解され、その各々に対応した展示やパフォーマンスを通して、感覚的・身体的に感得されるべきものと位置づけられている。逆に言えば、フランス語および英語によってそれぞれいちおうの言語的定義は与えられるものの、「さび」などのサブカテゴリーも「間《ま》」それ自体も、インスタレーションによる例示の集積・複合——すなわち、複数の下位概念の「間《ま》」、および、古典と前衛の事例の「間《ま》」——による伝達こそが目論まれていたのである。

これは十年前に磯崎が伊藤たちと著わした『日本の都市空間』(一九六八)で、「ま」をImaginary Spaceと英訳し、西欧にも通じる概念として徹底して分析的にとらえようとしていたこととは対照的である。磯崎が「間《ま》」展で行なっているのはそれとは逆に、建築家という職業にふさわしく「接合不能とみえるものをアセンブルする」ことによる、「日本固有」の「間《ま》」をめぐる形而上学への誘《いざな》いなのだ。端的に言って、「間《ま》」という概念はこの場合も「売られねばならない」商品である。

この展覧会で展開されている、「間《ま》」およびそのサブカテゴリーや「かみ」の観念をめぐる形而上学に思想的な意味がなかったわけではない。クロード・レヴィ゠ストロースやロラン・バルトあるいはジャック・デリダがこの展覧会に示した関心はそのことを証していよう。[*37]そもそも、磯崎が「間《ま》」をテーマとするに至る背景には、皇居を東京の中心に位置する「空虚」——巨大な「間《ま》」——と見なしたバルトの日本論『記号の国』があったし、のちの回想によれば、デリダの

「間隔化《エスパスマン》」やジル・ドゥルーズの「差異」の概念も参照源だったという。[38] プラトン『ティマイオス』に登場する概念でデリダも論じた「コーラ」と「間《ま》」との関係など、のちに発展させられる論点も多々存在する。何よりも磯崎自身がこののち、「みたて」「もどき」「うつ」「かげ」といった概念によって、「間《ま》」の形而上学をいっそう拡張・深化させてゆく。

だが、MA, MICHIYUKI, YAMI, KAMI……などと日本語の概念を増殖させる説明手法や古典と前衛を無媒介に併置する展示法が、欧米の来場者たちのあいだに日本文化のことさらな神秘化を結果的に招き寄せかねないものであったことは否定できない。そしてそれは翻って、「間《ま》」をめぐる「日本固有」の感覚や形而上学を素朴に前提する「われわれ日本人」による自家中毒的な日本文化論に通じている（磯崎自身、そのような語り口をつねに免れているわけではない）。[39] パリ展の三年後にこの展覧会を回顧するにあたって磯崎が――一九八〇年代初頭に松岡が主導した「ジャパネスク」現象との関係で――指摘することになる「日本的なるものへの無媒介の退行」[40] である。帰国展を行なわなかった事実から推して、一九七〇年代末の磯崎は「間《ま》」展が孕むこの自家中毒的な退行の危険に自覚的だったに違いない。[41]

「間《ま》」展を契機として意識化された日本文化に対する自身の視点を磯崎は、「いっぽうで西欧にたいして、彼らのロジックによって、「日本」を解体してみることになり、同時に日本にたいしては、そのようにして解体するロジックによって「日本」を再構築してみせることになるという、複眼の姿勢」[42] と呼んでいる。いわば「日本」の脱構築である。しかしそのとき、「間《ま》」は薬《パルマコン》＝毒的に作用し、西欧にとっては「日本」のあらたな神秘化、日本にとっては自家中毒的な「日本」論に帰結しかねない。磯崎はみずからそうした自分自身を呪縛しかねない罠を「間《ま》」展で仕掛けたのである。

磯崎はパリ展のプロローグに篠山紀信の写真集『家』(一九七五)から現代日本のさまざまな住居空間の写真を、エピローグに山田脩二の写真シリーズ「日本村」から建築物が異常に密集した東京の俯瞰写真などを展示している。エピローグのコーナー中央には招き猫などキッチュそのものの物体が置かれた。他方、篠山の撮影した郷ひろみ邸の床の間にも、雑多な贈り物の類が雑然と並んでいるばかりである。そこではものの氾濫によって「間《ま》」が食いつぶされ、過飽和状態になっている。

こうした「間《ま》」の消失こそが日本の空間をめぐる磯崎の現状認識であり、それをパリ展の始点と終点に置いたところに、「間《ま》」に対する磯崎の距離感が表われていたと言ってよかろう。篠山と山田の写真を取り上げた一九七八年四月の批評「間の異変」で磯崎はすでにこう書いていた――「おそらく、それ〔日本の空間〕はとことん過飽和状態をつづけるだろう。そして、あげくの果てのカタストローフを私は待望している。空間意識が、整序されるのはそれからやっとにじまるからだ」[*43]。しかし、巡回用の再編にあたり、プロローグとエピローグが「間《ま》」の下位概念で名付け直されたとき、「間《ま》」展からは「間《ま》」に対する批判的な距離が失われたように見える。

パリ展から三年後に磯崎は、『「間」』を展覧会に組むこと自体、神やその代理人の制度化としての天皇を離れて見ることなしでは成立しえなかった」[*44]と述べている(ただし、「間《ま》」展で天皇が直接言及されることはない)。それは日本の神や天皇も例外とはせず、文化的産物すべてをいずれもキッチュとして突き放して眺める視点に立つことである。「無媒介の退行」に陥らぬためには、「日本的なもの」と呼ばれるものを徹底的に分析し解体すること、「対象化し、キッチュ化し、居心地悪くしてしまうこと」が必要である、と磯崎は言う――「そしてもはやいかに退行をつづけても、空無しか残っていないことを実証してみることとだろう」[*45]。

だが、もしそうだとすれば、磯崎自身により「間《ま》」展を通じて極めつきの「日本的なもの」とされた「間《ま》」の徹底したキッチュ化こそが求められることになりはしないか。「間《ま》」に対する磯崎の関係は一貫して二律背反的《アンビヴァレント》である。それは「日本」を脱構築するための戦略的概念であると同時に、「日本的なもの」を結果的に物神《フェティッシュ》化してしまう装置でもあるからだ。「間《ま》」とは、「黒でも白でもある」とホラインが形容した、磯崎手中の両義的な「駒」なのである。

磯崎は『建築の一九三〇年代』(一九七八)にまとめられた先行世代の建築家たちへのインタヴューを通じ、一九三〇年代の日本の建築界におけるモダニズムの見直し――および「日本的なもの」への回帰――と一九七〇年代の同時代状況とのあいだに構造的対応を見出している。これに先立つ一九七六年の堀口捨己論「様式の併立」では、一九三〇年代の堀口が茶室研究を通じ、「様式なき様式」というアイロニカルな逆説により、モダニズムの新即物主義的論理と「日本的なもの」との調停を図った経緯が詳しく論じられていた。

輸出用の商品としての「間《ま》」展への参加それ自体は、フランス側から持ち込まれた企画として、磯崎にとって偶発的な出来事だったに違いない。しかし、一九三〇年代日本の建築に対する磯崎の関心を背景とするとき、「間《ま》」展が掲げた「日本的なもの」という問題構制《プロブレマティック》は、たんに「輸出用の商品」と割り切ることのできないアクチュアルな意味を有しており、この展覧会のための作業は、磯崎が建築における「日本的なもの」をより拡張された歴史的文脈で考察するための恰好のサーヴェイとなったように思われる。

そこで得られた着眼点として注目しておきたいのは、建築物の配置や絵画の図像構成などにおいて、中国由来の対称性を有する幾何学的秩序がかならず「日本化」され、自由な有機的配列に変形されてゆく現象をめぐる指摘である。*46 磯崎はのちにこれを、日本の歴史で繰り返されてきた「和様化」と名付け、より広い文化的コンテクストのなかで論じることになる。絶対的な空間軸を避けようとするこの変形は、建築物や図像——たとえば仏のイメージ——が出現して流れ動く時間的な変化を空間的に定着する試みと見なしうる点で、時間と空間を分離させずに関係づける、「間《ま》」の思考の表われと解釈できる。磯崎はそこに、西欧的な三次元空間の表象とは異なり、空間をあくまで二次元平面の継起的な複合によって表わす表現法を認める。これは各々の二次元平面にそれぞれ異なる時間軸が接続していることを意味する。「日本化」された時空としての「間《ま》」はこのように、複数の二次元平面と複数の時間軸から構成されているのである。磯崎は日本化＝和様化が繰り返される日本の歴史のなかで、和様化の帰結であるこの種の「間《ま》」とは際立って異質な「革命建築家」として、たとえば重源を再発見することになるだろう。そして、そのような異質性の自覚は磯崎自身の建築にもフィードバックされてゆく。

神岡町役場が竣工し、「間《ま》」展の開催された一九七八年は、磯崎にとってひとつの区切りとなる年である。この年までに書かれたテクストをもとに、翌一九七九年、『手法が』『建築の修辞』『建築の地層』という三冊の書物が刊行されていることはそのしるしと言えよう。デュシャンの作品《Tu m'（おまえはわたしを）》を思わせる、「手法が」という尻切れなタイトルは、磯崎最初の著書『空間へ』の「へ」と同種の「が」という助詞の作用によって、「手法」そのものが主体となった運動を暗示する。その運動の帰趨は開かれて未確定なままなのだ。

『手法が』と『建築の修辞』それぞれの見返しに、磯崎はアクソノメトリック図法によりながら《ヴィラ・シリーズ》とはまったく異なる作風の、謎めいたドローイングを掲載している。『手法が』では、巨大な円筒形の窪地中央に二辺が不定形に欠けた白い立方体がそびえ立ち、その天辺には円を描く黄色の手摺りが設けられて展望台らしきものになっている。窪地の縁からはそこに向けて細い階段が延び、木製の橋が架かっている。『建築の修辞』では、煉瓦造・漆喰仕上げらしき立方体の中央にこれも不定形の穴が開いており、地上から階段で上った入口の周囲は漆喰が剝がれ、立方体を貫通した穴の出口には紫色の手摺りがあって、こちらも展望台になっている。[*47] これらはいったい何の暗喩《メタファー》だったのだろうか。いや、この二つの展望台はもしかしたら、磯崎自身もまだ明確に意識していない、これから来たるべき建築形態の予兆だったのではないか。

転機の年、一九七八年の夏、磯崎は或る大規模プロジェクトの設計者を、具体的な計画案による設計競技ではなく、日本では珍しかったプロポーザル形式で選ぶプロセスに参加している。年明け、磯崎新アトリエがその担当者に決定したという報せが届く。施主は日本住宅公団、プロジェクトは「筑波研究学園都市学園センタービル」、のちの「つくばセンタービル」である。この建築複合体《コンプレックス》について語られてきた、ポスト・モダニズムをめぐる紋切り型《クリシェ》を断ち切る鍵は、おそらくあの二つの奇妙な展望台に隠されている筈である。

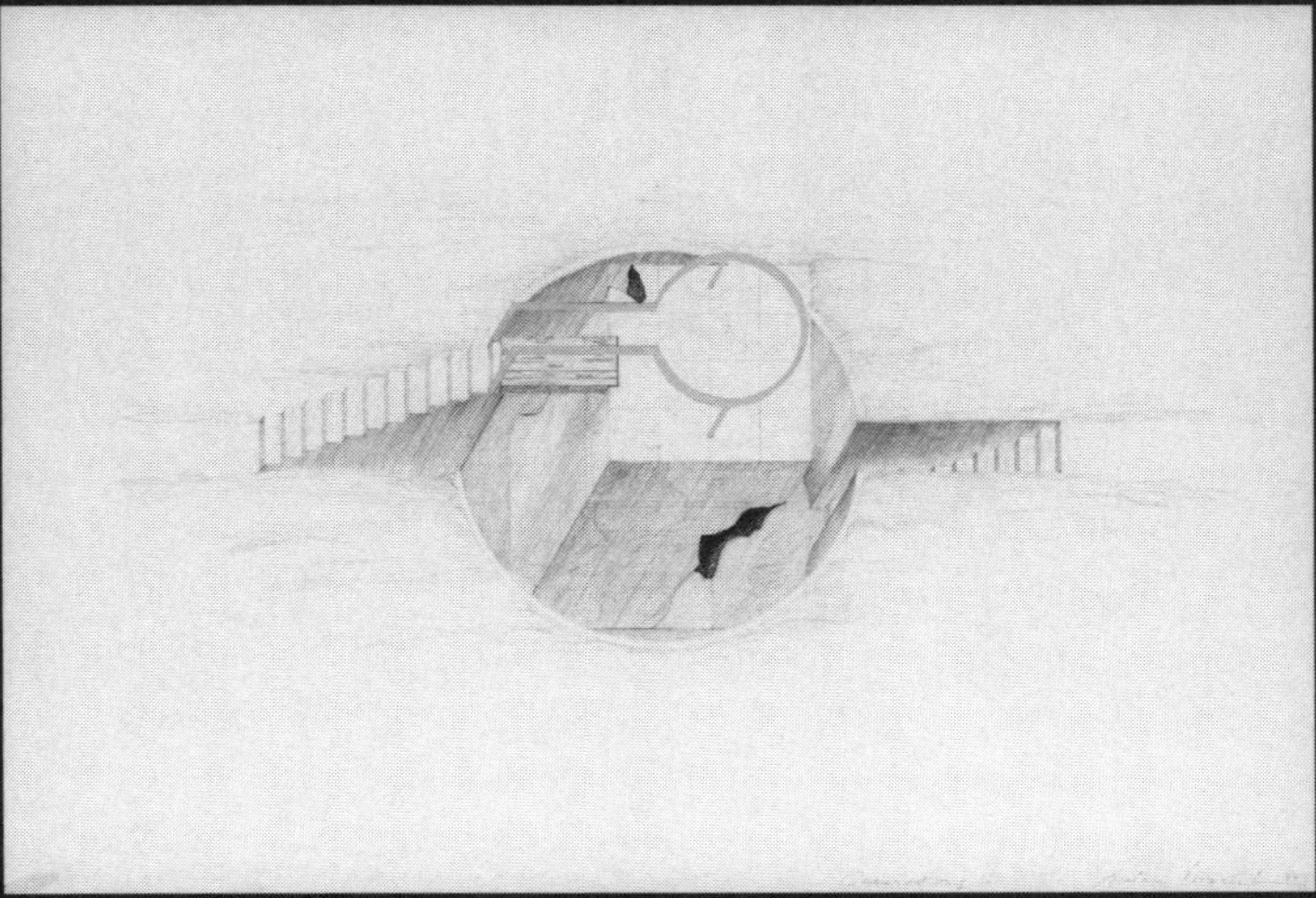

13-5.《展望台 I》(1977)。『手法が』表見返しと裏見返し(左右反転画像)に掲載。

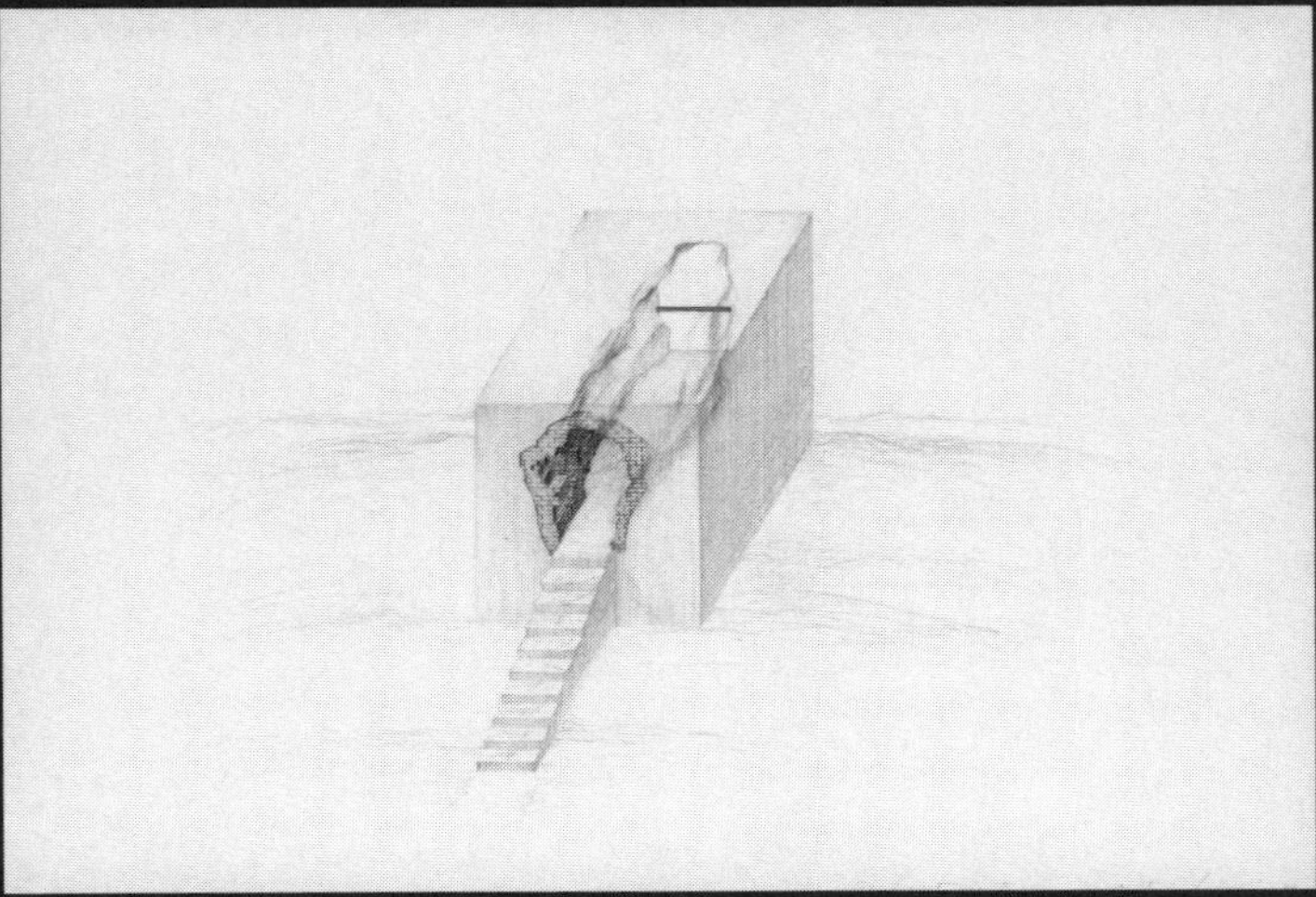

13-6.《展望台 II》(1977)。『建築の修辞』表見返しと裏見返し(左右反転画像)に掲載。

第14章　つくば、「つくりもの」のヘテロトピア

日本住宅公団（のちの住宅・都市整備公団）がつくばセンタービル（当初の名称は「筑波研究学園都市学園センタービル」）の計画にあたり、日本でほぼはじめて採用したプロポーザル方式とは、設計にあたって重視する考え方、過去の代表作とそれらをここでどのように活用するか、設計体制の組織といった点をレポートで提出し、ヒアリングのうえで設計者を選定する、というものである。一九七八年七月に建築設計事務所十三社に提示されたプロポーザル提出要綱では、このセンタービルを筑波研究学園都市の都心形成のための戦略拠点をなす象徴的な中心施設と位置づけ、市民ホール、インフォメーションセンターなどの公共施設、ホテル、オフィスほかの商業施設を含む複合体としている。[*1] 磯崎は或る関係者（おそらく白井晟一か？）からのサジェスチョンを受け、みずから公団に名乗り出て、プロポーザルに参加することになったという。[*2]

磯崎新アトリエのプロポーザルは、この地で進行中の都市計画を真正面から批判するかのような、こんな挑発的な見出しで始まる——「筑波は何故都市にならないのか？　その症候と診断」。そこで挙げられた症候群は、東京の鬼門（艮《うしとら》）にあたる筑波の「地霊」の無視、「都市の理念」の不在や管理社会的制度による支配、都市らしい骨格の欠如、空間の画一性・均質性などである。これらに対する療法として、アトリエの作品を例に次の七点が提案された——さまざまな要素の見せ場としての「劇場性」、原初的記憶に通じる「胎内性」、都市生活に楽しみを与える建築の「両義性」、喧噪と雑踏を呼ぶ「迷路性」、建築が人びとに語りかけるための「寓意性」、見慣れた風景からの「逸脱性」、都市・建築の多様な表情を生む「対立性」[*3]。翌一九七九年一月末、磯崎新アトリエにセンタービルの設計が正式に依頼される。都心構想懇談会内に設けられた白井や高山英華をメンバーとする専門分科会「センタービル懇談会」に対し、四月に三つの案が提示され、「パルメザンチーズのように広場レベルに虫喰状に穴を明けた状態からイメージされた[*4]」という案が基本方針として決定されている。その後、二期に亘る工事を経て、つくばセンタービルは一九八三年六月に竣工している。

基本方針案の「パルメザンチーズ」とは、気泡による穴が開いた「エメンタールチーズ」のことであろう。このような比喩が用いられているのは、筑波研究学園都市のこの都心部が、歩車道分離の原則に則り、車道のレヴェルとその五メートル上のペデストリアンデッキで繋がれたレヴェルとの二層構造をなしていることによる。敷地の広さは約一七〇×一二〇メートルで、東と南が車道に、西と北がペデストリアンデッキに接している。センタービル複合体の中央に設けられた広場《フォーラム》は車道のレヴェルの高さだが、それがペデストリアンデッキによって囲まれているために、歩行者レヴェルからはあたかも地表面を掘り下げた沈床園《サンクン・ガーデン》であるかのように見える。先ほどの比喩では、周囲の建造物からこのフォーラムに達する通路がチーズの無数の穴に喩えられているのである。

センタービルが位置するブロックは現在のつくば公園通り上の都市軸によって南北に貫かれており、この軸線上に位置するフォーラムは南北方向に引き延ばされて楕円形をなし、その東側にホテルと行政（公民館）・商業施設の建物が、南にコンサートホール（ノバホール）およびインフォメーションセンターが配置され、両者でL字形にフォーラムを取り囲んでいる（以下、施設の種別や名称はすべて初期状態のもの）。フォーラムにはショッピングモールの入口が面している。このフォーラムについては、ローマという都市の神話的魅力をめぐる二人称小説、ミシェル・ビュトールの『心変わり』（一九五七）を思わせる描写を、磯崎のテクスト「自註」から引こう——「あなたはこの建物を訪れると、中央に楕円形の沈んだ広場があるのに気づくだろう。それは一部が蝕まれたように崩れているが、そこからただちに下に降りることはしないで、東側のホテル棟と、南側のコンサートホール棟のむかい合う表相を、視線はうごいていくだろう。ときにもう、その内部にさまよいこむかも知れないが、楕円の広場へ降りることはない。むしろこれを常に見下しながら、その周辺を歩くだろう。眼下に中心点がある。ここへむかって、ふたつの水源が、ひとつは整形の落水、もうひとつは水際で変身したダフネを象徴する月桂樹のブロンズ彫刻の水から流れる、乱石積のカスケー

14-1. つくばセンタービル，フォーラム

14-2. つくばセンタービル，
左手に《月桂樹とパピルス》，
背景にホテル棟

ド、その流水が合して、ひとつの水落に吸いこまれる。カンピドリオの丘のうえで、マルクス・アウレリウスの像の置かれた位置であるのに、すべての関係性が反転されているために、ここは最下位になり、雨水も視線も、ただ地中に吸いこまれていくだけである」[5]。

ミケランジェロの設計したローマのカンピドリオ広場では、古代ローマ皇帝マルクス・アウレリウスの騎馬像を中心とした楕円形の内部に、台座下の十二尖頭の星形から放射状に拡がってたがいに交差する曲線が白と黒の鋪石によって描かれている（ただし、オリジナルのブロンズ製騎馬像〔二世紀〕は修復のため一九八一年に広場から撤去され、一九九〇年代に複製が設置されるまでは台座のみが残されていた）[6]。この楕円とほぼ同じ大きさをもつつくばセンタービルのフォーラムでは、カンピドリオ広場の鋪装の黒地と白地が反転したパターンが用いられている。ローマの広場が楕円の中心に向けてやや盛り上がっているのに対して——磯崎はその点をのちに凸面鏡に喩えている[7]——、つくばのフォーラムは逆に中央の噴水へと向けて緩やかに沈み込んでいる。カンピドリオ広場がなだらかな大階段《コルドナータ》を上って辿り着く高台に位置することと、センタービルのフォーラムが一種の沈床園《サンクン・ガーデン》であることもまた対照的である。

つくばのフォーラムでは楕円形の北西部を崩すようにして段々滝《カスケード》と階段が造られている。「整形の落水」とあるのは、楕円形の広場に隣接する野外劇場《アンフィシアター》舞台の背景をなす壁一面を流れ落ちている水を指す。もうひとつの水流は自然石積みの上方、二階レヴェルに設けられた水盤に発している。この水盤のかたわらには長沢英俊の彫刻《月桂樹とパピルス》（ただし、長沢自身による作品名は《樹》）

が立つ。これはアポロンの求愛を拒絶して追われた挙げ句、父である河の神に願って月桂樹に変身したダフネをめぐる古代ギリシア神話にもとづくという。ブロンズ製の月桂樹には金箔で表現されたダフネの衣裳が巻き付いている。二つの水源からの流れは、茨城県で産出される御影石「稲田石」の石山でたまたま見つけられた「パンダ石」——屑石として採石される白地に黒模様の入った石——を用いた、霞ヶ浦の形状を模した段々滝《カスケード》で合流し、楕円の長軸をなす細い水路でごく小さな噴水が噴き上がる中心へと導かれている。ちなみに、水流は壁泉と水盤それぞれの系統で別々にリサイクルされ、フォーラムの中央に流れ込むのはそれらから溢れた余剰分であり、噴水もそれだけで別系統をなしている。[*8] つまり、先に見たような水の流れは巧みに演出された見かけなのである。

　磯崎は「そこからただちに下に降りることはしない」「広場へ降りることはない」と繰り返し、「これ〔フォーラム〕を常に見下しながら、その周辺を歩くだろう」と予言し、来訪者があくまで歩行者レヴェルの二階に留まって、沈み込んだ《サンクン》フォーラムの周りを逍遥することをむしろ要求するかのようでもある。そこで予期される視線の動きは最終的に眼下の中心点、すなわち「水落《みずおち》」へと収束する。「ここは最下位になり、雨水も視線も、ただ地中に吸いこまれていくだけである」——視線もこの中心へと「吸いこまれて」しまうのだ。建築空間はこの二人称小説で、渦巻きに巻き込まれて大海の底に沈み込んでゆくかのような経験として叙述されているのである。高さ一〜一・五メートルほどの紡錘状に水を噴き上げる噴水は、旋回しながら落下・吸収されてゆく空間経験の中心点で、水流のささやかな垂直的上昇と下降を間歇的に繰り返す。ローマという都市の古代に遡る歴史——一種の「地霊」——の象徴としてカンピドリオの丘の高み中央に立つ皇帝騎馬像とはまったく対照的に、およそ都市的記憶の地層をもたないつくばセンタービルの広場の臍では、今際《いまわ》の際《きわ》のかすかな脈動に似た、人工的な水流の運動がエフェメラルに演じられている。

来訪者の視線を強烈に吸い寄せるフォーラムに対し、東側のホテル棟や南側のコンサートホール棟について磯崎は、それらの「表相」を「視線はうごいていくだろう」としか述べない。「その内部にさまよいこむかも知れない」という書きぶりも素っ気なく、これらの建築物へと来訪者を招き入れようとする意欲を欠いている。「表相」を行き過ぎるかのようなこうした視線の運動は、このフォーラムを囲む建築物それ自体が誘発するものである。その建築複合体の特徴を概観しよう。

ホテル棟はもっとも北側に位置する高層の客室棟とそこから南に延びる四階建ての部分からなり、この低層部とほぼ同じ高さのコンサートホール棟とともに、基本的には立方体を単位とする構成を取っている。ホテルの客室階を中心に平滑かつ均質な平面に規則的に並んだ正方形の開口部はロースハウスのファサードを連想させる。スカイレストランが位置する客室棟の最上階は交差した銀色の、かなり扁平なヴォールト屋根だが、広場から見える南と西の面はペディメントのように扱われており、南側は中央に大きな丸窓《オクルス》をもち、西側は上部が欠けたブロークン・ペディメントを模した形状になっている。歩行者レヴェルのホテル高層棟の前には、アルミニウムの大きな立方体が斜めに突き出すかたちで配置され、その内部のホテル三階に相当する部分は中宴会場になっている。この立方体と高層棟を繋ぐ箇所にホテルの二階入口が設けられている。

いずれの建物の外部も原則として、ヨーロッパ都市建築の伝統的形式を踏襲し、地上階と主階(ピアノ・ノービレ)、屋階の三層構造(または屋階なしの二層構造)を取っており、それがこの建築複合体に一体感を与えている。ブラマンテによるラファエロ邸を参照した秀巧社ビルの発展形である。地上階にあたる部分は粗石積み《ルスティカ》(ラスティケーション)ないしそれを模したコンクリート打ち放し斫《はつ》り——表面を削ること——仕上げ、ピアノ・ノービレには真珠の光沢がある窯変タイル《ラスター》、屋階にあたるホテルの最上部にはアルミニウム・パネルが用いられている。アルミニウム・パネルは段々滝《カスケード》の周辺を除くフォーラム側面のほか、曲面部——ガラス・ブロックと組み合わされたその表情は神岡町役場に通じる——や、とくに強調されるべき面——先述の立方体やコンサートホール棟の入口(車道側と歩行者レヴェルの双方とも)上部など——にも幅広く使用されている。コンサートホール二階入口上部の壁面をなす巨大な正方形のアルミニウム・パネルの中央には正三角形をした透明ガラスの開口部があり、その真ん中を敷地の南北軸が貫いているため、このパネルはフォーラムを走ってきた都市計画上の強力な軸を受ける「仮面」のようにも見える。コンサートホールのホワイエを挟んで対面の車道側入口上部の正方形パネルには、半円形の下部に小さな正方形が食い込んだ形態の開口部がある。小正方形の開口部は透明なガラス、半円形は不定形な縞をなすオニックスの半透明の板で塞がれており、都市の軸線を前者では通過させ、後者では受け止めて遮断している。

基本的に外装は先の三層構造に沿いつつも、異なる質感をもつ限定された素材をこのように柔軟に点在させていることが建築物の表層にリズムを生み、視覚的印象の画一化を防いでいる。異なる要素の接合部であるホテルの二階入口にそれは顕著で、多様な素材が細かく巧みにさまざまな角度をなして組み合わされ、「視覚的な振動」[*9]とも呼べる効果を生んでいる。ちなみに、経費の関係から自然石によるラスティケーションがすべて見送られそうになったところ、会議の席上で白井が外壁を石にすべきことを力説してくれたおかげで、出入口周りなどに地元産出の稲田石の利用が実現したという。[*10] コンサートホール内のバルコニー席前面にも稲田石の板が野面《のづら》積みにされ、荒々しく彫りの深い壁面をかたちづくっている。

つくばセンタービルでは、敷地全体の構造に応じて、一階の車道レヴェルと二階の歩行者レヴェルの双方に入口が必要とされた。その際、建物の正面性を表わす記号として入口を挟むかたちで多用されているのが、扁平な円筒と直方体を幾重にも互い違いに重ねた鋸歯状の柱である。この形状の柱が立ち並んでいるのは、車道に面したホテル正面玄関二箇所（二層分の高さのジャイアント・オーダー）およびコンサートホール棟車道側の正面玄関（二層分の高さのジャイアント・オーダーひと組とその両脇の三層分の高さのジャイアント・オーダーのペア・コラムひと組）、歩行者レヴェルのホテル二階入口およびコンサートホール二階入口であり、いずれも稲田石で組まれている。なお、同様の鋸歯状柱はコンサートホール内のホワイエ左右にも立ち並んでいるが、これは二階入口から導き入れられた都市軸に貫かれているこの空間が、なかば外部として扱われているためだという。[*11]

この柱の形状はあきらかにルドゥの「ショーの製塩工場（アル＝ケ＝スナンの王立製塩所）」における「監督官の館」正面の列柱を参照している。磯崎は篠山紀信との『建築行脚』（六耀社）の企画の一環で一九七九年八月にルドゥのこの建築群を実見しており、一九八〇年にはその記録『幻視の理想都市』が刊行されている。問題の鋸歯状柱に似た、古典主義建築の円柱《オーダー》にところどころ直方体を挟んだ形態の柱は建築史的に類例がないわけではない。だが、ほぼ円筒に近い円柱と直方体の扁平な断片をこのように組み合わせた柱はルドゥ独自のものと言ってよい。その印象の奇怪さは、ルドゥの場合、円筒と直方体がほぼ同じ厚みで小刻みに積み重ねられ、円柱《オーダー》の一体性をもはや保持していない点に由来する。その多層性はさらに全体の重量感を強化している。

つくばセンタービルの鋸歯状柱はルドゥのものとは若干異なり、円筒の厚みが直方体よりも薄いために、より強い圧迫感・重量感が生じているほか、二種類のまったく同一の純粋幾何学形態が互い違いに積層していることにより、古典主義的円柱《オーダー》からはいっそう逸脱している印象を与える。この柱の参照対象として磯崎がルドゥやジュリオ・ロマーノのほかにブランクーシを挙げているのは[*12]、この彫刻家の《無限柱》（一九三八）シリーズに通じるこうした反復的な積層性に拠るものだろう。ルドゥ研究者のアンソニー・ヴィドラーはルドゥによる鋸歯状柱のうちに、最大のスケールから最小のスケールに至るまでの建築物全体を貫く「幾何学形態の小宇宙《ミクロコスモス》」の表現を見ている。[*13]すなわち、それはルドゥの建築理念を凝縮した象徴だったのである。立方体と（半）円筒を第一原質《プリマ・マテリア》的建築言語として繰り返し用いた磯崎にとってもまた、この形状は同様の小宇宙的象徴性を宿したものだったのかもしれぬ。

つくばセンタービルには磯崎がかつて「補助構造」と呼んでいたような、単一システムの支配を攪乱する局所的な場の系が随所に存在している。たとえば、ホテルの中宴会場を内包するアルミニウムの立方体下部は、あたかも別の傾いた立方体がそこに埋まっているかのように刳り貫かれ、天井の傾斜した一種のピロティをかたちづくっている。この見えない仮想の立方体の外皮にあたる部分は黒いアルミニウムで覆われ、可視的立方体を包むアルミニウムの銀色と鋭い対照をなす。

　同種の仮想的立体はこの立方体内部の中宴会場にも組み込まれている。この部屋では立方体に内接する球の存在を仮定し、その経緯線を投影したパターンが壁と天井に金色の目地で刻まれ、経緯線の交点には点光源が設置された。投影の中心——球の中心——に視点を据えれば、もとの仮想球の姿が完全に浮かび上がることになる。メタリック・ブルーで塗装された壁および天井に無数の光点が輝くさまは夜空の星々に似て、その秩序だった配置は、カール・フリードリヒ・シンケルがモーツァルトのオペラ『魔笛』のために描いた「夜の女王の間」の舞台背景画を連想させる。室内空間に劇場的、いや、密儀的ですらある雰囲気を与える仕掛けと言ってよかろう。

　ホテルの一階ロビー正面の階段室は、平面・断面ともに延長すれば一点に収束するかたちをしており、二階から階段を見下ろすと、その効果によってかなり強調された遠近感が生じる。階段室両脇のガラス・サッシや手摺りの間隔が先に行くほど狭くなっていることもこの印象を強める。テアトロ・オリンピコを参考にしたこの種の錯視法は、群馬県立近代美術館を筆頭に、磯崎の建築ではすでになじみ深いものである。同様に既知の手法としては、同美術館講堂で用いられていた、立方体フレームが壁に投影するであろう歪んだ影のスーパーグラフィックがあり、ノバホールのホワイエ天井および壁面を埋める正方形の格子がひどく歪んだり傾《かし》いだりしているのも同様の手法に拠る。しかし、群馬の講堂やホテル中宴会場の仮想球とは異なり、この場合の投影光源の所在はまったく見当が付かず、漠然とした歪みや傾きの印象が残るばかりである。

鋸歯状柱が御影石を使った実体的な引用であるのに対し、ホテル大宴会場の各出入口や開口部――ガラス・ブロックによる曲面壁をもつニッチ――に与えられたオーダーとペディメントは極度に抽象化されている。ニッチを挟む結晶化ガラスの太い円柱とそのうえに配置されたドリス式神殿上部を簡略化し影を付けて立体的に描いた大理石板はまだしも――石板には丸窓《オクルス》をもつペディメントのほか、フリーズにトリグリフ（三本の縦溝）が刻まれたエンタブラチュア（柱上部の水平材全体）が描写されている――、この大宴会場の出入口は扉のうえに単純な三角形を載せ、かたちばかりの柱を両脇にかたどっただけのデザインである。

大理石板上のドリス式神殿上部の絵は、この大宴会場に続くロビーの壁の列柱廊《ロッジア》の光景と同じく、大理石に溝を彫り、そこに灰色に着色した人造大理石《テラゾー》を流し込んで磨くという方法で描かれている。ロビーのこの列柱廊《ロッジア》の背後には、かなり抽象的に記号化されたジャイプール（インド）の巨大日時計やブレのニュートン記念堂、タトリンの第三インターナショナル記念塔、そして、スペースシャトル・ディスカバリー号のかたちが見える。これらはそれぞれの時代の宇宙観を表現するモニュメントとしてモチーフに選ばれたという。*14 洗練された趣向ではあるが、それが文字通りに表層的で、なおかつ、形骸化した記号の操作に終始している印象を与えることは否めない。

だが言うまでもなく、古典主義建築などの基本要素を抽象的・図式的に表層化し、物体としてのリアリティを除去して記号と化すことこそがここでの眼目だったのである。大理石という素材を用いながら、建築物としての立体感をかろうじて表わすのはわずかな陰影のみなのだ。こうした操作によって、古典主義様式や歴史的モニュメントの引用はキッチュに堕することをぎりぎり免れている。さらに言えば、ペディメントなどにかすかにしるしづけられた灰色の影は、ここで召喚されているのが、具体的な個々の建築物や建築様式ではなく、むしろ当時の磯崎が「大文字の建築」と呼んでいたもの——あるいは括弧付きの〈建築〉——の亡霊のような残存・回帰であることを告げている。この点を敷衍すれば、あの鋸歯状柱もまた、ルドゥ個人の作品やその様式の引用と言うよりも、〈建築〉の「残存《かげ》」なのだ。

　このような「残存《かげ》」を磯崎がつくばセンタービルのどこに見出していたのかについては、この自作をめぐって竣工後に制作された版画作品やドローイングが参考になろう。完成直後の一九八三年七月制作の小さなエッチング《TSUKUBA A》はノバホールのファサードを、《TSUKUBA B》はその背面にあたる車道側の玄関を真正面から描き出している。前者では三角形の黒い開口部を中心にした正方形のアルミニウム・パネルとその下部の二本の鋸歯状柱、およびそれらの両脇の粗石積《ルスティカ》みによる二段の立方体フレームが抽出されている。後者では半円形下部に小さな正方形が食い込んだ黒い開口部をもつパネルとその周りの六本の鋸歯状柱のみが描かれている。

　磯崎はまた、廃墟化したつくばセンタービルをモチーフにしたシルクスクリーンを一九八五年に三点制作しており、そのうちの一点《TSUKUBA III》は《TSUKUBA B》とほぼ同じ要素のみとなったビルを青空をバックに斜め前方から描いた構図になっている。もう一枚の《TSUKUBA I》には、《TSUKUBA A》とは異なる角度からだが、同じく正三角形の開口部があるパネルと鋸歯状柱が描かれている。残りの《TSUKUBA II》は、瓦礫の点在するフォーラムの低い視点から高層部が崩れたホテル棟を見上げた光景である。三点いずれもアルミニウムの部分は薄い水色、その他の部分は紫色、地面は砂漠を思わせる薄い茶色で刷られている。

エッチングとシルクスクリーンのいずれにおいても、異なる開口部をもつ二枚の正方形アルミニウム・パネルおよび鋸歯状柱がこの建築複合体のコア・イメージとされていることがわかる。前者はともにフォーラムを貫く都市軸上に配置されたファサードであり、いわば都市に向けたこの建築の「貌」ないし「仮面」であると言ってよかろう。鋸歯状柱が磯崎にとって有したであろう、たんなる歴史的引用には留まらない、象徴的な意味については先述した。無数の細部をもつこの建築物のなかで、こうした限られた要素が繰り返し抽出されていることは注目されてよい。

一九八五年に磯崎はもう一枚、《未来都市　つくばセンタービル》と題する水彩画を描いている。これは英国の建築家ジョン・ソーンが自作の建築物を助手のジョゼフ・マイケル・ガンディーに描かせた、巨大な建築複合体の内部空間を表わす《イングランド銀行鳥瞰図》（一八三〇）の描写法を模し、廃墟化した未来のつくばセンタービルを描くという趣向によって、通常は隠れている内部構造を露わにした作品である。磯崎はここでいわば、「未来都市は廃墟そのものである」という「孵化過程」のテーゼをおよそ二十年後に自作の建築で再現しているのだ。暗闇のなかに浮かび上がるビル周辺の大地は奈落の底へ崩れて断崖となって切り立ち、深い亀裂が楕円形のフォーラムやアルミニウムの立方体を真っ二つに切り裂いている。ホテル棟やコンサートホール棟からフォーラムに至る部分のペデストリアンデッキはなくなり、隠されていた構造が可視化されている。ホテル高層棟の壁は崩落して床スラブが露呈し、コンサートホールの屋根も無くなっている。ホテル低層部では、完成体ではあまり目立たない南端の立方体フレーム二体が露わになっている。エッチングで抽出されていた二枚のアルミニウム・パネルはここでもそれらだけが自立して残されている。大宴会場内の大理石板に描かれたペディメントとず太い支柱《オーダー》もまたはっきりと確認できる。

磯崎はこのドローイングで鳥瞰的な廃墟図という表現形式を借り、ペデストリアンデッキの下にある不可視の部分を露出させた建築図を描き出しているのだが、それと同時に、壊滅的な破壊ののちにもなお、建築物や建築空間として残りうる——あるいは、残したい／残すべき——ものは何か、言い換えれば、未来において考古学的に発見されるであろう建築的要素とは何か、という思考実験を行なっている（鋸歯状柱がこの水彩で目立たないのは、つくばセンタービルの建築複合体全体を描画対象にした場合、柱は細部化してしまい、なおかつ、上空から見下ろす視点の設定からは描きにくいからだろう）。つまりここでは、大地に亀裂が走る破局という未来の仮説的設定によって、つくばセンタービルにおける〈建築〉の残存可能性が測定されているのである。都市を一挙に襲うカタストロフの執拗な予感が磯崎にあることは間違いない。この《未来都市　つくばセンタービル》においても、重く垂れ込めた闇

14-3.《未来都市　つくばセンタービル》（1985）

がその予感を暗示している。しかし、このドローイングはまず何よりも〈建築〉の残存可能性を探るための方法的な廃墟化だったのであり、時間経過に伴う崩壊過程にある建築の廃墟に人工物の自然化を見るようなロマンティシズムはそこにはない。

ここで竣工から三十六年後の未来にいったんワープし、実際の「未来都市」つくばセンタービルをめぐる磯崎の発言を引用しよう。設備の老朽化が著しいこのビルのあり方をめぐり、二〇一九年三月に作成されたつくば市の内部資料には、設計者である磯崎に対するヒアリングの結果がまとめられている。そこで磯崎は楕円形のフォーラム――この資料では「中庭」と呼ばれている――は「にわ」として考えられる、と述べている――「この建物が「転用されていく」ことについて、それは建築の宿命。そこで自分は「にわ」について考えたい。歴史的に建築・建物が壊れたとしても、中庭は祖型として五百年ぐらい残っていくであろうし、そうあるように考えていた。それはアートの領域として考えてきたものだった」[*15]。磯崎はまた、フォーラムの機能改善のためにそこを屋根で覆うプランがあることを念頭にしてか、覆うことによって「皇族の儀式や世界的なイベントを開くにふさわしい空間」にするくらいのスケールで考えてほしいと注文を付ける。その際に屋根に覆われた空間として磯崎が思い浮かべているのは、始皇帝陵兵馬俑の展示場のほか、おそらくメトロポリタン美術館のデンドゥール神殿――古代ローマ皇帝アウグストゥスがヌビアに建造した神殿――の展示空間である。磯崎の「にわ」は五百年どころか、二千年以上も残存し続ける、古代遺跡のような「祖型」と見なされているのである。

もとよりこれは、つくばセンタービル完成のはるか後年、磯崎が九十歳近い時点での言葉ではある。だが、フォーラムが「にわ」であるという視点は、それを沈床園《サンクン・ガーデン》に見立てた設計時にもたしかに存在していたに違いない。また、つくばセンタービルに関する一九八三年の藤森照信との対談のなかで大江宏は、フォーラムの楕円形北西部を少し崩して段々滝《カスケード》を介し野外劇場と繋ぐ手法に、西芳寺の枯山水など、夢窓疎石の庭に通じる性格を指摘している。*16 磯崎自身、同じ一九八三年には日本庭園論「世界観模型としての庭──「うみ」のメタフォア」および庭園論でもある桂離宮論「桂──その両義的な空間」を著わしており、大江が述べているような作庭への関心が磯崎にあったとしても不思議ではない。

二〇一七年刊行の『磯崎新と藤森照信の「にわ」建築談義』あとがきで磯崎は、「ダフネの庭のあるつくばセンター広場を徹底して鉱物だけでつくった理由は〔中略〕そこが都市としての始まりから虚構であり、ゼロ度の土地のうえに何ものかをデッチ上げるとするならば「つくりもの」を捏造するしかあるまいと確信犯的に考えていたことによる」*17 と書いている。「つくりもの」とはこの対談で磯崎が日本文化を論じるに際して用いている概念であり、三種の神器や磐座《いわくら》といった「かみ」や霊が乗り移る受容体としてデザインされたものから、盆石や洲浜のような模型的物体までを幅広く指している。たとえば御神体とは、それ自体が聖なる実体ではなく、依り代とするために捏造された「つくりもの」である。「世界観模型」としての「にわ」もまたそうした「つくりもの」にほかならない。そして、『見立ての手法』（一九九〇）で磯崎が言うように、「日本人の芸術表現の展開を、その文化的文脈において、もっとも的確に提示しているのは、建築よりもむしろ庭園」であり、「建築は長い間、庭園の付属物であった」[*18]とすれば、藤森との対談で桂離宮の変遷について語られる、「建築はやがて全部消えるけれど、庭園は残ります」[*19]という磯崎の言葉は、「にわ」という「つくりもの」こそが「祖型」として残存することを告げているように思われる。

磯崎はつくばセンタービルのフォーラムという「にわ」を「ダフネの庭」と呼んでいる。この名は長沢が作ったブロンズの月桂樹およびパピルスという「つくりもの」に由来する。磯崎はこの彫刻を終始、ダフネとアポロンの神話にもとづかせているが、作者である長沢自身はそれを日本の物語と関連づけ、地上に降下してきた神が休むために選んだ樹のかたちを想像して制作した、と述べている。[*20]峯村敏明が指摘するように、この発言は日本各地の『風土記』に記され、能楽作品の題材にもなっている羽衣伝説を連想させる。[*21]《樹》の枝と幹に巻き付いている金色の布は、松の枝に掛けられた天女の羽衣と見なすことができよう。

フォーラムのデザインが決まった段階で検討が開始された彫刻の設置について、磯崎はサモトラケのニケ像のような何かが「どこかから飛んでくる」イメージをスケッチに描いていたという。[*22]ダフネの神話を主題に提案したのは長沢だったとも言われている。他方、月桂樹に変身してしまうニンフのイメージはこのフォーラムにできるかぎり「消滅のメタファー」を盛り込もうとした自分の意図にふさわしかった、と磯崎は述べている。[*23]天女／ダフネ、および、降下／消滅という両義性は、あるいは、磯崎と長沢両名の抱くイメージのうちにそもそも宿っていたのかもしれぬ。天女が地上に降下して休む松の姿をこのブロンズの樹に重ねるとき、その根元に水盤をもつ石組みの全体は「影向の松」を頂く蓬萊山——神仙思想にもとづく日本庭園の重要な要素——にも見立てられよう。「つくりもの」としての「にわ」——松もまたブロンズによる捏造である——という性格はそれによってさらに強まる。磯崎は後年になるほど、つくばセンタービルにおけるこの「にわ」の重要性をはっきりと自覚するに至ったのではなかろうか。

だが、この「にわ」は驚くほど論じられてこなかった。「にわ」をめぐる建築談義を磯崎と行なうにあたってつくばを訪れた藤森が、すでに幾度も来訪した場所でありながら、それまで建築しか見ていなかったことに驚いた、と語っていることが典型的である——「つくばセンタービルはこれまで、いろいろと論じられてきましたが、ほとんどは建築についてで、庭に金属でつくられた木が生えているということはまったく気に留めていなかったです」[*24]。「消滅のメタファー」をちりばめた「にわ」そのものが建築家・批評家たちの視界から消え失せてきたのである。

この「にわ」に接続しているペデストリアンデッキ下の、虫喰い状に穴が開いたチーズのような構造についても事情は同様である。車道レヴェルと歩行者レヴェルの高低差がある入口がそれぞれの建築単位ごとに設けられ、さらにホテルやコンサートホール、公民館、ショッピングモールといった異質な機能をもつ空間を比較的限定された敷地ブロック内でコンパクトに結びつけるために、ペデストリアンデッキを挟んだ建物一〜二階の階層内には複雑な動線が組み立てられている。[*25]日本における都市計画では劃期的なものだったペデストリアンデッキのネットワークというマスタープランによる縛りは、ときに磯崎に「ペデ、糞《シット》くらえ！」と呟かせるものだったというが、[26]それが強いた不可視なレヴェルでの動線の組織化、いわばチーズに開けられた坑道のネットワークは、つくばセンタービルの空間経験をきわめて豊かにしている。そのネットワークに対してさらに、磯崎が「自註」で描写していたような、「にわ」としてのフォーラムの周りのペデストリアンデッキ上を逍遥しながら、徐々にその中心の水落へと吸い寄せられるように降ってゆく運動が接続するのである。

　つくばセンタービルがいまだ建造途中であった一九八一年の植田実との対談で磯崎は、ペデストリアンデッキからフォーラムへと下降するイメージを基本にして全体のプランができたと述べている――「下降したあとに、中でいろいろ回遊するというか、むしろ迷路的な場所にそこから引き込んでいく」[27]。このようなプランの背後にある、或る場所に向けた下降や上昇という運動に関係する心理的な問題や気分の違い、とりわけ下降に伴う「大地というか暗い部分に降て行く気持」への関心を磯崎はそこで語っている。当時着手していたロサンゼルス現代美術館（MOCA）やつくばセンタービルを通じて、かつての「闇」や「虚」の空間をめぐる思考と幾何学形態を駆使する手法とを連結させることにより、建築の「意味」ではなく、象徴性のようなものを確認したい、という発言もある。

　地下迷路への下降という秘儀的通過儀礼を連想させるこの原イメージは、ホテル中宴会場のデザインについて関連を指摘したモーツァルト『魔笛』の背景をなすフリーメイソンの思想とも結びつくものかもしれない。また、ルドゥがショーの製塩工場正門に作った、自然石を積み上げた異様なグロットが、通過儀礼的な空間の実例として磯崎の脳裡にあったことも考えられよう。こうした点との関係で振り返りたいのが、著書『手法が』と『建築の修辞』それぞれの見返しに描かれた奇妙な展望台のドローイングである。端的に述べよう――前者の巨大な円筒形の窪地は沈床園《サンクン・ガーデン》をなす楕円形フォーラムの、後者の煉瓦造・漆喰仕上げらしき立方体の中央に開いた不定形の穴はペデストリアンデッキ下の虫喰い状の空間の、それぞれ予兆をなすイメージだったのではなかろうか。ただし、この二つのドローイングはいずれも、窪地の中央に建つ立方体のうえや穴の入口に向けて階段で上り、そこから地上を見下ろす展望台を描いているという点で、「地下迷路への下降」とは対極的に見える。だがそこには、夢で見る光景がそうであるように、両極的な二つのイメージを合体させているがゆえの謎めいた予兆の強度が宿っているように感じられるのである。

　つくばセンタービルの設計が正式に決定する直前の一九七九年正月、磯崎は自宅に引き籠もって『ウィトゲンシュタインの住宅』の翻訳下書きを書いていたという。[*28] 一九八五年に磯崎訳で雑誌に発表（一九八九年に書籍化）されるバーナード・レイトナー編『ウィトゲンシュタインの建築』のことであろう。この哲学者が姉のためにたった一軒だけ設計した住宅をめぐるドキュメントである。みずから翻訳を手がけたことは、「建築がひとつの哲学、あるいは思考の論理の表現たりうるか」[*29] という問題を抱えた磯崎にとって、ウィトゲンシュタインの思考の建築的表現をこの住宅の細部に読み取るための資料がいかに貴重であったかの証左だろう。

この一九七九年に磯崎はさらに、ウィトゲンシュタインの住宅のインテリア写真のほか、アントナン・アルトーが入院していた精神病院の廊下の写真、自作の福岡相互銀行長住支店内部を撮影した写真に、それぞれの平面図[*30]を付してアルミニウムの板にプリントした「アルフォト」三点からなる「内部風景シリーズ[*31]」を制作している。この三作の、いずれもほぼ左右対称の写真は、直交する面だけで作られた建築空間の同質性を示している。磯崎はこのシリーズをめぐって、「このような同一性の罠にかけられたなかから、いったいどんな出口があるのか」と自問している――「この空間の所属するひとつの時代が変化する予兆があるとすれば、いったい何か。この同一性の証明を破る事態が起るとすれば、どこで、いつだろう[*32]」。ウィトゲンシュタインやアルトー、そして自分自身が異なった条件のもとで凝視したこれらの「内部風景」の同一性に磯崎が一面で魅せられていることは間違いない。なぜならそれは、磯崎が「増幅」の手法《マニエラ》によって辿り着いた〈建築〉の一形式にほかならないからだ。だが、この同一の型は同時に他方、桎梏が破られるときを待つ「罠」でもあった。

つくばセンタービルの設計直前からそのただなかの時期に磯崎がこうした問いやウィトゲンシュタインの建築に取り組んでいたことは考慮しておくべき背景であろう。展望台のドローイングに描かれた不定形に浸蝕されたり穴が開いたりしている立方体とは、ここで問われている「出口」の無意識的象徴ではないだろうか。それがほかならぬ「展望台」であるのは、「同一性の罠」の外部に出て、次の時代に臨もうとする願望の表われだろうか。もしそうだとすれば、その願望はつくばセンタービルの設計にもまた反映されたのではないか――二つの展望台のイメージはおそらく、磯崎の自問と願望のもとで、沈下したフォーラムおよび虫喰い状の動線をもつ多孔空間へと現実化したのである。

最終的に地中の一点に吸い込まれてしまう水流のごとく、沈床園《サンクン・ガーデン》を経て地下へと向かう下降の運動こそがつくばセンタービルという建築複合体の原イメージだった。可視的な建築物はじつのところすべて、その運動を演出するための書き割りであり、エフェメラルな仮象である。そんな仮象の群れのなかで建築物の瓦礫として残存するに値する、ないし、残存しうるのは、ファサードを表示する鋸歯状柱などのごく限られた〈建築〉の記号だけに過ぎない。数百年、数千年後に残るかもしれない「祖型」たりうるのは、下降の運動が収束する舞台としてのフォーラムという「にわ」のみなのである。

ここまでわたしは、つくばセンタービルの構成を建築物に即して概観したのち、磯崎の手になる版画・ドローイングの解釈や、後年の磯崎の発言にもとづく「にわ」としてのフォーラムに関する考察を行なってきた。これはこの作品をめぐる一九八〇年代の――作者磯崎自身および評者たち両者の――言説から、可能な限りいったん距離を取る必要があったためである。藤森が「にわ」に生えたブロンズ製の月桂樹／松をまったく見落としていたように、当時の言説群には死角や盲点が存在する。これはそれらが「ポスト・モダン」ないし「ポスト・モダニズム」という言葉に――それを受容するにせよ反撥するにせよ――あまりにも呪縛され過ぎていたからにほかならない。

磯崎による定義[*33]をもとに、「ポスト・モダン」は或る時代状況についての認識、「ポスト・モダニズム」は作品・思想・行為の表現のスタイルやイデオロギーと理解しておこう。建築の分野で後者の概念を喧伝したのが、チャールズ・ジェンクスの『ポスト・モダニズムの建築言語』（一九七七、邦訳一九七八）である。同書でジェンクスはポスト・モダニズムを「ラディカルな折衷主義」と規定している。それは多種多様な建築言語によって過剰にコード化された建築の様態である。だが、ジェンクス流のポスト・モダニズムは実質的には恣意的に使われるレッテルであり、米国をはじめとして一般には、歴史主義的な要素がある建築物を「ポスト・モダニズム」と称する、きわめて雑駁な分類概念に過ぎなかったと言ってよい。「ポスト・モダンの建築」が語られるときにも、実際にはこうした「ポスト・モダニズムの建築」を指すことが多い。

つくばセンタービルをめぐる批評と磯崎による応答は『建築のパフォーマンス――〈つくばセンタービル〉論争』（一九八五）にまとめられている。その多くのもとになったのは、『新建築』および『建築文化』それぞれの一九八三年十一月号における特集である。前者は西澤文隆やマイケル・グレイヴスら四名の批評とその各々に対する作者の応答およびそれらを踏まえて書かれた磯崎の論考「都市、国家、そして〈様式〉を問う」、後者は土田旭と布野修司、鈴木博之と三浦雅士などによる五つの対談とそれらに対する磯崎の応答によって構成されている。有力な建築誌二誌が同時に大勢の評者を揃えて特集したところに、この作品に対する関心の高さが反映されている。『建築のパフォーマンス』にはこのほかに、フランスやイタリアの建築家たちによる批評などが収められている。

これらの作品評から、或る程度内容をうかがわせるタイトル（原則として初出時のもの）をピックアップしてみよう――「散在する断片に文脈を」（グレイヴス）、「ポストモダンをめぐる言説」（三宅理一）、「不安なファントム」（北川原温）、「批判の建築たりえたか――都市と建築のポストモダニズム」（土田・布野）、「キッチュの海とデザインの方法――新しい規範の所在は」（大江宏・藤森照信）、「ポストモダンとポストモダニズム――脱近代の混迷の中で」（川添登・松葉一清）、「「建築の解体」から「まとめの建築」へ――言葉の前衛性と現実の背反は何か」（石山修武・伊東豊雄）、「建築における〝道化〟の役割――文化的ニヒリズムの行方」（鈴木・三浦）、「古典主義へのリファランス」（アドルフォ・ナタリーニ）、「引用のカタログ」（ウーゴ・ピエトラ）、「厳格な流儀による転移」（アレッサンドロ・メンディーニ）、「空洞のモニュメント」（ピーター・ポパム）、「テクストの戦略とポスト・モダニズム」（八束はじめ）、「主題のない物語――つくばセンタービル」（鈴木）。グレイヴスは米国におけるポスト・モダニズムの代表者とされていた建築家であり、それぞれの論考の題名からも「ポスト・モダン」「ポスト・モダニズム」が多くの議論のフレームを決定していたことがわかる。

ここではこれらの言説を個別に検討するのではなく、磯崎がそのすべての批評に律儀に応答しない、、、、、、、ければならなかったという事態の意味について考えたい。そのためにはまず、磯崎自身の基本的な立場を表明した「都市、国家、そして〈様式〉を問う」の検討が不可欠である。これは複数の批評に対する磯崎による応答の前文が肥大して論文と化したテクストである。つまり、みずからの反論を歴史的・理論的に補強する類の文章であったことに注意しなければならない。

磯崎はその冒頭で「最初にひとつの選択を迫られていた」[*34]と言う。ただしそれはけっして強制されたものではなかった――「私が、自らたてた設問に答えねばならぬと考えただけのことである」。その設問とは「この〈つくばセンタービル〉に与えられるべき建築的様式は何か」である。設計の与件のなかにこうした様式についての注文があったわけではない、と磯崎は繰り返す。今日の官僚制は、「経済性」と比べ、様式についてはは寛容でさえあるだけに、あえて自問されねばならなかったのである――「大げさにいえば、筑波研究学園都市の中心施設の計画というこの仕事に、私は、日本という国家の影を感じていた」。以下、磯崎はこの「国家の影」の存在の論証を始める。たとえば、この都市は日本が戦後に国家的プロジェクトとして計画し実現した唯一のニュータウンであり、研究者・官僚・計画者の主要ポストにいたほとんどすべての人物が関わっており、そのことが一定の政治的文脈を形成している、と磯崎は言う。だがそれ以上に、磯崎は関係者間に「中心となる施設に対して〔中略〕何ものかをシンボライズするものにしたい」という期待感があることを感じ、その何かとは日本という国家と想定されるがゆえに、建築の様式が問題になったのだと説明する――「二重、三重に間接的ではあるが、私は、日本という国家がまとう建築的様式を、否応なしにひとつだけ選択することを迫られていたというわけだ」。

かなり無理のある主張に聞こえないだろうか。なるほど、一九六〇年代から始まった筑波研究学園都市の建設が国家的プロジェクトであったことはたしかだろう。しかし、たとえそうだとしても、その中心部に求められるものが「日本という国家」の象徴であるとは、磯崎も思わず述べているように「大げさ」であり、いささか不自然なのである。そこでの選択が「強制されたものではない」とか、「二重、三重に間接的ではあるが」といった留保するような言い回しは、磯崎自身もみずからの問題設定が強引に作り上げられた大風呂敷であることをどこかで自覚していることの表われであるように思われてならない。

そのためこのあとに続く、明治以降の建築史における日本が国家として採用すべき様式に関わる言説の検証も、天皇・国家・資本のアマルガムが商品としての建築という形態を取って支配機構をかたちづくったと磯崎が要約する一九七〇年代の状況論も、さらに、そのような状況に対する抵抗としての建築における「私性」の主張という戦略——磯崎の手法論もそこに含まれる——をめぐる議論も、そのすべてがはなはだ迂遠な回り道に感じられてしまう。なぜなら、ここでの磯崎の目論見は、「建築はそれ自身の所有する形式や様式性によって、十分に自立する」という、一九七〇年代に磯崎が発見した「建築の形式や様式がもつ喚起力」にもとづき、「この建築がもつべき様式はいったい何か」という問いを改めて立てることに尽きているからである。それゆえに「国家の影」云々は、この本質的な問いを性急に「政治的言語」へと短絡させることを狙った虚構じみた設定に感じられてしまう。比喩的に言えば、つくばのダフネは消滅するためにこそ、アポロン——国家——を幻想として必要としたのである。国家《アポロン》の求愛からのダフネの逃走の身振りはむしろ、国家《アポロン》に対する誘惑だったのだ。[*35]

では、問題の様式とはどんなものであるべきか。十九世紀初頭以来、国家的な中心施設に用いられてきた新古典主義はまず退けられる。その構成原理を密輸入し、相称性によって記念性を達成した近代建築もまた同様である。いかなる様式であれ、「透明性を貫徹するようなシステム」による統御を許すことはできない、と磯崎は言う。さらに、日本的と呼ばれる様式もすべて排除される。最終的に選択されるのは「決して明確な像が結び得ないような、常に横すべりし、覆り、ゆらめきだけが継続するような様式」である――「むしろ、細部がそれぞれ明確に発声していても、相互に相殺し合い、違った意味を生み、不連続で、混沌としたままであり続けるような、様式のもつ喚起力をマイナスに向けてひたすら発動させる仕掛けをつくること」。そこでは複数の様式が相殺し合うように引用されるが、その際、正統的な様式のリヴァイヴァルやその様式が属する文化的文脈との固定した関係の保持は図られない。引用という行為はそもそも恣意的なのであり、それによって文化的文脈自体が破壊・変更されるからである。

このつくばセンタービルでは、クリシェと化した歴史的様式が「直喩」に近い生の状態で数多く引用されていることを磯崎は認める。喚起力があればキッチュ化したパターンでも導入されているが、単一のイメージに全体が支配されないように、カウンターバランスがかならず仕掛けられている、と磯崎は言う。結果としてそこには断片的な「建築史の廃品」ばかりが唐突に縫合されたような光景が生まれる。個々の応答に先立つこの論文は次のように結ばれている――「断片に断片を重ね、相互に軋轢を起こさせ、裏切らせ、縫合したあげく、あるいはその縫合の合間が別な語りをはじめることはないか、とかすかな期待をもって、無限に細分化されていった部分をひとつずつ埋めていった、そんな終りのない悪夢のなかをさまよった記憶だけがいま残っている」。

異種様式の断片のこうした相殺的縫合の手法をケネス・フランプトンは「ディスジャンクション」——繋がっているが連続していない「不連続の連続」——と呼んだという。[*36] 磯崎自身はそれを「分裂症的折衷主義」と称している。[*37] なるほど、磯崎の自註的言説が述べる「様式」にはふさわしい名称かもしれぬが、この折衷主義は実際には鋸歯状柱のような特定の建築言語を選択的に多用しており、カウンターバランスによる「相殺」なるものが現実に目立って作用しているわけではない。

そもそも、つくばセンタービルにおける「断片の縫合」は磯崎が主張するような「建築の詩学」である以前に、設計行為が否応なく強いられた対策だった。つくばセンタービルは設計開始の時点ではいまだ判然としなかった多数の機能を何とか満たそうとした試行錯誤の産物であり、実態としては、個々の機能を満足させるため、小さな建物をいくつも同時併行的に設計し、なおかつ、さまざまな事件を孕んだ工事もまた同時に進行するという錯綜した状態であったらしい。[*38] その詳細を記録する図面の多くが竣工後に作成され、それは「設計図・施工図を通じて「正しく整合した」図面というものが見当らず、多くの図面の断片を拾い集めてようやく一枚の「実際の」図面が出来上がるという結果になったためである」[*39] という事情もまた、そうした経緯を反映していよう。或る展覧会で磯崎は工事現場で用いた膨大な数の図面をそっくり全部会場に積み上げたという。[*40] その圧倒的なディテールの量は、磯崎が言うようにディスジャンクティヴな分裂症的折衷主義という目標の結果である以上に、こうした設計・施工プロセスの当然の帰結だったのではないか。

磯崎がここで名指そうとしている性格を表わすためには、「ディスジャンクション」や「分裂症的折衷主義」といった言葉はあまりにも平板である。この点で、ちょうどつくばセンタービル設計・施工時にあたる一九八〇年に行なわれた磯崎・大江健三郎・原広司による鼎談における大江の発言が注目に値する。大江はそこで、建築家が有する「文体」をめぐり、磯崎による建築の場合には、統一的なイメージとしての文体に逆行・矛盾するような異質な要素が導入されていると指摘し、自分が実際に体験した、そのような「非連続性」で貫かれた家、「家全体の諸要素がたがいに反撥して、バラバラに自分を引き裂くようにして存在している」[*41] メキシコの或る家屋について語っている。そのスペイン式家屋内にはコンクリートで日本建築が造られ、障子や畳があるほか、「大きい、底の深い棺桶みたいな」風呂がコンクリートのうえに直接置かれており、大江はそのなかにしゃがみ込んでみたという。いかにも場違いなこの巨大な棺桶じみた風呂のイメージは、つくばの窪地《フォーラム》が帯びている異様さを伝えるメタファーにふさわしい。

つくばセンタービルをめぐる一連の応酬を締め括るテクストとして書かれた「自註」で磯崎は、この建築における「中心概念の不在」を説明するために、ベラスケスの《侍女たち《ラス・メニーナス》》（一六五六）をモデルにしている。[*42] この絵画は王の不在こそを描こうとしていると磯崎は言う（ただし、周知の通り、国王夫妻の肖像は画面のなかの鏡に描かれている)。他方、つくばセンタービルで「王」に代わる「国家」の肖像を描くことを要請された建築家は、明瞭な国家の貌を浮かび上がらせないために、中心を空間〔空洞《ヴォイド》〕[43]とし、その空洞へと向かって下降し、ついには消滅するプロセスのメタファーを作り上げることになった。磯崎によれば、その中心点の周りにちりばめられた雑多な建築史的断片は、《侍女たち》に描かれたさまざまな人物たちに相当する。それはいわば、ルドゥをはじめとする引用源とされた建築家たちの——変形された——集団肖像画なのである。強い喚起力を発する断片の声高な表象群は不在の一点の周辺をひたすら旋回する。そこでは「視線も水も意味も表象も、すべて大地へと吸引される[44]」。

『ポスト・モダン原論』(一九八五)で磯崎はこの中心の空洞を、河合隼雄が日本文化論で唱えた中空構造などと関連づけ、空洞が吸引力になって無数の要素を集合させるメカニズムを日本古来のシステムとして語っている[45]。だが、国家の貌を描かないための「不在」の場所がこのように「日本古来」の空洞と重ねられるとき、この空洞こそは天皇制という国家権力の貌であるという逆説的な構図を磯崎は追認せざるをえなくなる。一九八五年の対談で浅田彰が、つくばセンタービルはじつは、高度消費社会の差異化のゲームによって繁栄している国家という貌と、虚の中心をもった不可視の場所のうちに異質な断片をソフトに包み込む天皇制という権力の貌という二重の意味で、一九八〇年代日本の「国家の貌」を正確に描いている、と指摘した点である[46]。前者の側面については鈴木博之もまた、磯崎は「自己の作品に社会の欲望を正確に反映させつづける」「歪みのない鏡なのだ」という批判を向けている——「彼〔磯崎〕がどれ程現実の社会に対して皮肉に満ちたまなざしを投げようとも、そしてすべての造型をニヒルな手法論によって説明しようとも、そうした彼の存在自体が消費社会のアイドル、社会的価値をもった文化そのものになってしまっているのである」[*47]。

だがはたして、先の対談などで浅田が繰り返し述べるように、つくばセンタービルで支配的なのはシニシズムすれすれのアイロニーであり[*48]、あるいは鈴木が言うように、この時代の磯崎とは美だけを信じる文化的ニヒリストだったのだろうか[*49]。自己アイロニーがシニシズムに至る論理を語る浅田に対して磯崎は「浅田彰の自己批評みたいなところがあるね[*50]」と切り返しているが、浅田や鈴木の批評には、つくばセンタービルをめぐる——磯崎自身の論考や応答を筆頭とする——過剰な言説によって紋切り型《クリシェ》と化したイメージから演繹され、磯崎およびその作品へと投影された、それ自体がアイロニカルな自画像ないし仮想敵の気味がないわけではない。もっとも、つくばセンタービルを天皇制や消費社会の表象と見なす浅田や鈴木の表象論を誘発しているのは、ベラスケスの《侍女たち》という極めつきの「表象関係の表象」〔ミシェル・フーコー〕の絵画に自作をなぞらえるといった自註を繰り返した磯崎自身である。建築それ自体よりも、むしろ磯崎のそうした言説によって、カンピドリオ広場という凸面鏡を反転させた凹面鏡としてのつくばのフォーラムは、「国家の貌」や「社会の欲望」を映し出す、特権的な「表象」の場と解釈されてきたのである。

建築物自体に即した分析からここで明らかにした通り、つくばセンタービルで古典主義的なオーダーやペディメント、あるいは、ミケランジェロやルドゥ、ロース、シンケルらの作品はすべて、磯崎が用いてきた純粋幾何学形態にもとづく建築言語の枠内で間接的に引用されている。そのかぎりでは、「反建築的ノート」の最終回「引用と暗喩の建築」がすでに示していたように、磯崎の過去の作品について事後的に気づかれるかたちでなされていた引用と本質的に大差はない。

そこに生じている違いは、つくばセンタービルにおける引用が、引用される様式的形態の個々の場面における特殊な作用・効果、および〈建築〉の残存《かげ》を浮かび上がらせるという目的に加えて、引用という「行為」を示すための引用になっているという点にある。磯崎の場合、それによって歴史的様式の引用という「行為」そのものをブレヒト的な意味で異化し、俗化したポスト・モダニズム的引用ゲームへの無反省な没入に対する批判的な距離を作り出すことが眼目だったと考えてよかろう。つまりそれは、建築物によるポスト・モダニズム批判だったわけである。直喩的な引用はそのためにあえて行なわれた。だが、人びとは引用という「行為」の次元、それを行なう建築家の社会的「身振り《ゲストゥス》」（ブレヒト）の次元を見ようとはせず、歴史的様式の引用という事実だけを表面的にとらえて、つくばセンタービルを「ポスト・モダンの巨大な神殿[*51]」と呼び、磯崎をポスト・モダニズムの代表者と見なすに至ったのである。

それゆえに磯崎は、「自分は引用という「行為」の次元を見せているのだ」ということを明示するため、自作に加えられる数々の批評に対して際限もなく言説で応答・反論することを強いられる。作品そのものによる異化効果が失敗に終わったとき、作者は自作に対する自註というメタ言語によってしか、「行為」の次元の存在を示せないからである（他方、鈴木が磯崎のニヒリズムを看取したように、「国家の影」はその際の本質的な「主題の不在」――言い換えれば、「無《ナシング》という主題」[52]――を意識的／無意識的に粉飾するフィクションのひとつに過ぎない）。「分裂症的折衷主義」はこの「行為」の次元を表わそうとする自己規定だったが、「折衷主義」という歴史的な含意の負荷を強く帯びた用語では異化効果を発揮しえなかった。

『建築のパフォーマンス』あとがきで磯崎は、つくばセンタービルは一種の「文化的《カルチュラル》イヴェント」になり、数々の批評とそれに対する応答といった言説上の「パフォーマンス」を波及的に引き起こした、と総括している。[53]モダニズム／ポスト・モダニズムの論争に対する関心の高まりのなかで完成したという時代とのめぐり合わせにより、この建築は国内外で極度に論争的なものとなり、建築ジャーナリズムばかりではなく、一般のメディアまでが取り上げる話題と化して、磯崎の言う「パフォーマンス性」を獲得したのである。同書のなかで磯崎は、つくばセンタービルは「芸術的言説」ではなく、「文化的政治」へと一方的に引き込まれた、とも述べている。[54]しかし、「国家の影」といった問題設定を行なうことで、磯崎自身が批評的言説を――モダニズム／ポスト・モダニズムの論争とは別方向にではあれ――文化的政治へと積極的に誘導したこともまた事実であろう。その挙げ句、つくばセンタービルは天皇制と高度消費社会のアマルガムめいた表象をなす、一九八〇年代日本国家の肖像と見なされてしまう。

なるほど、引用という「行為」の次元を見せようとする磯崎新という建築家の社会的身振りには演劇的なものがあり、とくに当時の言説における孤軍奮闘ぶりには「パフォーマンス」の名がふさわしい。文化的ニヒリストとしての「道化」（鈴木博之）[55]という評がなされた所以でもあろう。また、引用行為の異化のためにそれに対する距離が必要なことは自明であり、この距離はしばしば磯崎のアイロニーと解釈されてきた。そして、磯崎自身もそうした評価を内面化して、「自分はアイロニーの建築家であった」と総括するようになる（ただしそれは同時に、「アイロニーなしの建築」を創造する方法を見出しつつあるという言明を伴っている）[56]。

だが、磯崎の建築を根底で駆動しているのは、アイロニーのような不幸な主体の意識ではない。つくばセンタービルの場合のそれは、「にわ」の中心点へと向けて渦を巻くように下降し、地中にもぐり込んで坑道のネットワークを穿つに至る運動の身体感覚である。その運動がこの建築複合体を導く原イメージであり、コアにある観念、磯崎の言う「暗喩《メタフォア》」なのだ。ルドゥ流の鋸歯状柱はそんな冥い通過儀礼的な地下迷宮への入口としての門――並び立って境界を守護する幾何学的な怪物たち――にほかならない。神話が教えるように月桂樹に変身したのではなく、そこに黄金の衣のみを残して姿を消す「消滅のメタファー」としてのダフネは、磯崎というオルフェウスが冥界巡りの果てで地上に連れ帰ることに失敗したエウリュディケーだったのかもしれぬ[57]。磯崎が指摘するように日本の「にわ」が「うみ」のメタファーだとしたら[58]、つくばのフォーラムはそんな「うみ」と化して大渦巻《メエルシュトレエム》きを描き、だからこそ、その周りには建築史が破砕されたような廃品的断片や〈建築〉の残存《かげ》が浮遊するばかりなのである。

「自註」でベラスケスの《侍女たち》をモデルにしたとき、磯崎はフーコーの『言葉と物』（一九六

六、邦訳一九七四）におけるこの作品のよく知られた分析を読んだに違いない。だが、『言葉と物』で磯崎が参照すべきはむしろ、その序文における「中国の或る百科事典」に関するボルヘスのテクストをめぐる論述だったのではないか。その事典の動物を分類した記述には「この分類自体に含まれているもの」といった論理階型を混乱させる項目が存在し、諸存在が併置されうる共通の場所が失われてしまっている。フーコーは異なる事物が同一の場をもたずに併存するこのような状態を、たとえ実在せずとも均質的な場である「ユートピア」と対立させて「ヘテロトピア」と呼ぶ。ヘテロトピアでは語および物の「統辞法」が崩壊している。それは「ことばを枯渇させ、語を語のうえにとどまらせ、文法のいかなる可能性にたいしても根源から異議を申し立てる」*59。

磯崎が「細部がそれぞれ明確に発声していても、相互に相殺し合い、違った意味を生み、不連続で、混沌としたままであり続けるような」引用の仕掛けを作り上げようと、「断片に断片を重ね、相互に軋轢を起こさせ、裏切らせ、縫合したあげく」にさまよった「終りのない悪夢」とはこのヘテロトピアの夢ではなかっただろうか。神岡町役場において手法論から統辞論的レヴェルの修辞法へと移行した磯崎はつくばで、一面では明らかに純粋幾何学形態に還元された〈建築〉形式による言語体系《ヒゴテシス》の創設を継続しつつ、他方では直喩的かつディスジャンクティヴな引用を通したヘテロトピアの（脱）構築により、饒舌を通じてこそ「ことばを枯渇させ」、「主題の不在」を語る、すなわち、「何も語らない」ための統辞法の破壊を試みたのではなかろうか。磯崎は後年、ゲルハルト・リヒターについて「なにかを膨大なエネルギーをかけてやっているけれど結局、何も表現していない」と語り、「何も表現していなかったということが表現できている」と評価したうえで、つくばセンタービルにおける自身の方法論との共通性をそこに見ている。[*60] すなわちそれは「何も表現しない」ための膨大な引用の蕩尽なのだ。

フーコーは『言葉と物』刊行当時の或るラジオ講演で、『言葉と物』のような歴史の言説分析ではなく空間論の視点から、現実社会のなかのヘテロトピアを「反空間(contre-espaces)」と呼んでいる。なぜならそこは「絶対的に異なった場所」、「他のすべての場所に対置され、言わばそれらの場所を消去し、中性化し、あるいは純粋化するよう定められた場所」[*61] だからである。それはたとえば監獄や学校のような権力による規律・訓練を「純粋化する」場でもありうるが、他方ではそうした権力のヘテロトピアに対する「異議申し立て」を行なう場所としても作り出されうる。

つくばセンタービルは、言語論的構造ばかりでなく、この社会的次元でも、筑波研究学園都市における反空間的なヘテロトピアとして構想されたと言ってよいかもしれぬ。フーコーによれば、相容れない複数の空間をひとつの場所に併置するタイプのもっとも古いヘテロトピアとは庭園にほかならない。[*62] さすれば、つくばセンタービルという建築複合体の全体がひとつのヘテロトピア的な庭園であり、その中心をなす沈床園《サンクン・ガーデン》としてのフォーラムは極めつきの「反空間」として機能しているのである。

改めて考えてみてほしい、ローマのカンピドリオ広場の構造をことごとく反転させた「にわ《フォーラム》」をつくばに造ることほど、徹底して破壊的・荒唐無稽な「引用」があるだろうか(磯崎は計画案の段階で

『GA DOCUMENT』誌の表紙に発表されたフォーラムの構想が米国を中心に巻き起こした激しい批判を、「リチャード・マイヤーの如き人物がロスに桂離宮を裏がえして使ったときに私たちが驚く以上の何か説明しにくい反発」[*63]と称している)。カンピドリオの丘は古代ローマのもっとも聖なる中心であり、ミケランジェロによる広場の造形は「古代世界の中心」としてのその威容を象徴的に復活させようとしたものだった。[*64]磯崎はそんな「ローマの臍」をすっかり裏返してしまい、歴史的・地域的コンテクストをまったく無視して茨城県新治郡桜村(当時)の人工都市に埋め込んだのである。[*65]それは歴史(主義)を逆撫でした「反空間《ヘテロトピア》」の創出だった(同様の「異議申し立て」を行なったのは、つくばセンタービル竣工と同じ年に公開された映画『ノスタルジア』で、カンピドリオ広場に作られた撮影用のマルクス・アウレリウスの騎馬像に火を放ったアンドレイ・タルコフスキーである)。[*66]「そのヨーロッパ的意匠はこの地において「文化的スパイス」として消費されるだけだ」といった、一九八〇年代には一定の説得力をもち得たであろう鈴木の批判[*67]は、ほぼ五百年前のミケランジェロのデザインを転覆し五百年後を見据えたこの「にわ」の時間的スケールを前に、いまはもう色褪せて見える。

ポスト・モダニズムの神殿でも、天皇制/高度消費社会のヤヌス的国家の貌でもなく、一九八〇年代のモダニズム/ポスト・モダニズムの論争を越え、いや、数百年の時を経ても残り続ける、ヘテロトピアとしての「つくりもの」の「にわ」――視線も水も意味も表象も、すべてが地中へと吸い込まれてゆくこの「にわ」の中心点を凝視する、二人称小説の主人公「あなた」が最後に佇んでいたのは、あの奇妙なドローイングに描かれた展望台だったに違いない。だが、そこであなたはたして「同一性の罠」の外部に抜け出ることができたのだろうか。むしろ、同種の別の罠によりいっそう深く囚われたのではないか。あなたが引き続いて問うべきは、そんな罠としての〈建築〉の残存である――「大きく口を開けた空虚のまえできみをとらえていたあの眩暈《めまい》と恐怖、〔……〕しだいにさらにひろく深くなってゆくあの断層、その断層の固い縁、それだけがたしかなものとして残っている唯一の地盤だ、きみのこしらえあげ《かげ》たすべての建築物がすこしずつ呑み込まれていったあの断層の」（ビュトール『心変わり』、清水徹訳）。*68

第15章

設計競技《ポトラッチ》の政治的／肉体的ダイナミクス

磯崎は二〇一九年のプリツカー建築賞を受賞している。ハイアット財団が主催するこの賞の「プリツカー」とは、ハイアット・ホテル・チェーン創業者一族の名である。それは米国の実業家が建築家という職能の顕彰を意図して私的に設けた賞だが、実績を積むに連れ、「建築のノーベル賞」とも称される権威を獲得してゆくことになる。その創設は一九七九年、第一回受賞者はフィリップ・ジョンソンだった。同賞二十年史のなかでこの受賞が「ほとんど避けがたいものだった」と評されているのは、[*1]一九〇六年生まれのジョンソンが、ニューヨーク近代美術館（MoMA）キュレイターとしての「インターナショナル・スタイル」展（一九三二）開催や自邸「ガラスの家」（一九四九）以来、きわめて長期に亘って、米国の建築界を代表する雄弁な「声」であり、この国における建築をめぐる「趣味」のバロメーターだったからである。彼は自作AT&T社ビル——十八世紀の英国家具様式チッペンデール風のペディメントをもつ、「ポスト・モダニズム」への転向として話題になった建築——の石板のような模型を手にした——モーセのごとき？——姿で、同じ年一月の雑誌『タイム』表紙を飾っている。特定の作品ではなく建築家に与えられるプリツカー建築賞とは、あえて言えば、ジョンソンのようにメディア受けするスターを建築界から生み出す社会的制度——スターダム・システムの装置——なのである。

磯崎はこの最初のプリツカー建築賞審査委員のひとりだった。その他の審査員は、二〇〇二年の死に至るまで委員長を務めたワシントン・ナショナル・ギャラリー館長ジョン・カーター・ブラウン、英国の高名な美術史家ケネス・クラーク、アルゼンチン出身の米国の建築家で、世界各地の高層ビル建築で知られるようになるシーザー・ペリ（一九七九年当時はイェール大学建築学部長）、建築やアートを積極的に支援してきた米国の実業家アーウィン・ミラーである。クラークを除けば米国内のコネクションで形成された委員会——コンサルタントを務めたニューヨーク近代美術館長アーサー・ドレクスラーを数え入れれば[*2]、その傾向はさらに強まる——における、磯崎の特異な立場がうかがえるだろう。もちろん、建築家としての実作のほかに建築界の国際的な動向に関する見識が評価されたがゆえの委員委嘱だったのかもしれぬ。しかし、この時点で磯崎は米国をはじめ、日本国外にはまだ建築をひとつも建てていなかったのである。

磯崎はこののち、一九八四年まで審査員を続けている。三回目くらいから辞意を毎回表わしたが、一九八〇年から審査員となったジョンソンにその都度なだめられて残ったという[*3]。ジョンソンが組もうとする「ゲームの手」――スターダム・システム運営の戦略――が「読みにくくなるため」の引き留めだったことははっきりしている、と磯崎自身が書いている。逆に言えば、米国人ではない磯崎はジョンソンの扱いやすい駒のひとつだったということであろう。審査員を務めた六年のあいだ、磯崎は「建築マフィアのゴッドファザー」ジョンソンの「ロビイスト的立ち回り、情報の判断方法、根まわし」をつぶさに眼にしている。磯崎がなかでも特筆しているのは、ジョンソンがニューヨークの文化や芸術を金銭的に支える知的スノッブに見事に照準を合わせたスピーチによって、「建築」をプロモートする演技術だった。ジョンソンのゲームとは金持ちのスノビズムに訴えかける一種のショー・ビジネスだったのである。

磯崎が米国に作品を建てる機会は一九八〇年暮れに訪れる。面接と実績作品の視察を経た選考の結果、最終的にはリチャード・マイヤーと競ったうえで、ロサンゼルス現代美術館の設計者に指名されたのである。*4 かつてトポロジー空間と化した「見えない都市」を実感したロサンゼルスに、磯崎は物理的実体としての建築を建てることになった。この美術館はダウンタウン中心部のバンカーヒル地区再開発プロジェクトである「カリフォルニア・プラザ」計画の一部をなす。その全体計画はカナダの建築家アーサー・エリクソンによる高層集合住宅とショッピング・モールからなる案で決定していた。現代美術館をもたないロサンゼルス市はエリクソン案によって主導権を得たディヴェロッパーに対し、再開発コストの一・五パーセントを美術館建設に充てるよう求め、そこに大口の寄附がさらに加わって建造計画が具体化した。こうした経緯により、ディヴェロッパーおよびそのコンサルタントであるエリクソン、さらに建築委員会に参加した高額の寄附者マックス・パレフスキーそれぞれの発言力が強く、磯崎はそれらに苦しめられることになる。

一九八一年年頭から開始された設計過程では、大きな節目になる計画だけで六案が作成、つまり、大きな変更が五回なされ、検討段階を加えれば三十を超える案が作られたという。ディヴェロッパーとエリクソンが初期二案（一九八一年二月および七月）を「美術館が目立ちすぎて自分たちの計画案を阻害する」という理由で拒否したため、第三案（一九八一年九月）では、建物のヴォリュームの大部分をなす展示室のフロアが沈床園《サンクン・ガーデン》をなす中庭のレヴェルに設けられた。ディヴェロッパー側からのさらなる低層化をはじめとする要求に応えた第四案（一九八二年一月）では、自然採光のためのトップライトにピラミッドの形状が用いられている。この第四案に対しては、工費がかかりすぎるというディヴェロッパーからの反対に加え、パレフスキーが美術館は美術作品の中立的背景であるべきだという主張を行ない、導入部のゲートをなす立方体フレームが美術館本体に対してやや傾いたかたちで接合している点などを、建築家の過剰な表現であると批判し始めた。そのうえさらに、建築委員会のアドヴァイザーに過ぎぬ建築家コイ・ハワードがパレフスキーに便乗して代案を提示するなど――怒った磯崎はミーティングの席を蹴って去ったという――、同委員会と磯崎との関係は悪化の一途を辿った。

磯崎が本来許容できる以上の妥協を試みた第五案は、建築委員会が基本設計のリミットとして公約していた一九八二年三月に報道発表された。そこにはもはや傾いた立方体もピラミッドもない。

記者会見の場で第五案への変更に関する質問に答えたのは磯崎ではなくハワードだったとすら言われる。この事態を不審に思ったロサンゼルス地元紙の建築批評家が磯崎から内情を聞き出して書いた記事をきっかけに、ニューヨーク・タイムズ紙に掲載された著名な建築批評家ポール・ゴールドバーガーのコラム[*5]——第五案を手厳しく批判し、磯崎によるそれ以前の原案や第五案に対する修正案を高く評価している——などを通じ、磯崎と建築委員会との確執は広く知られることになる。こうした情勢を受けた美術館の理事会は建築委員会の活動を凍結し、設計はあくまで磯崎が美術館の学芸員らと協同で進めることを決定する。[*6]いったんは設計の放棄まで覚悟してロサンゼルスのオフィスを引き払った磯崎とそのスタッフたちは、こうしてふたたびロサンゼルスに呼び戻されることになる。基本設計の最終案（第六案）は同年七月に了承され、記者会見で実施案が公表されたのは設計開始から二年後の一九八三年二月、竣工は一九八六年であった。一連の経緯を振り返って磯崎はのちにこう述懐している——「ルールも型もなく機構を立ち上げるときの、権力を握るための熾烈な対立がパブリックな形で起こる現場を体験し、英語を一言話す度に白髪が一本増えるような思いをした[*7]」。

この建築の外観を決定しているのは、旧作の富士見カントリー・クラブハウスを想起させる二本の柱で支えられ銅板葺きの半円筒屋根《ヴォールト》をもつゲートや、正方形の窓が並んだ直方体といった馴染みのある形態のほか、トップライトのガラスのピラミッド群——最大のものは敷地が接するサウス・グランド・アヴェニューから見て右（南側）のブロック奥にあり、その下半分は銅板葺き——であり、大部分の外壁を覆うインド産赤砂岩の鮮烈な色彩である（それは銅板葺きがやがて錆びて帯びる緑色と補色関係をなし、相互に引き立て合うことが想定された）。磯崎がファテープル・シークリーの遺跡で出会ったこの素材は、かつての福岡相互銀行本店の場合と同じく、アメリカ西海岸の陽光に映える効果のゆえに用いられている（磯崎は同じ理由から一九八五年のアリゾナ州フェニックス市行政センター計画案でもこの赤砂岩をひとつの街区全体に用いている）。ただし、旧作では岩が割肌のまま貼られていたのに対して、ロサンゼルス現代美術館では細い帯をなす磨かれた面と割肌の面とが交互に配置され、かすかな水平縞のパターンをかたちづくっている。この建築を取り上げたシルク・スクリーン作品《MOCA#1〜3》では、アクソノメトリック図法で描かれた《ヴィッラ》や《還元》のシリーズとは異なり、ロサンゼルスの透明な空気と激しい太陽を表わすために通常の透視図法で鮮やかな青空が描かれている。[*8]

基本となる平面計画は細長い長方形をなす敷地の左右に正方形が配置された形状である。それぞれの正方形は敷地の両脇を占める黄金矩形――縦横の長さの比が黄金比の長方形――とそれ以外の部分に分割される。磯崎はギャラリー各室が敷地の左右それぞれで渦巻き状の巡回路が生まれるように配置されていると語り、さらにその両者が太極図のように陰陽の対をなしているとまで言うのだが、それほど明確な関係性は実際には存在していない。「西欧的建築原理としての黄金比と、東洋的自然原理としての陰陽説の両者に基づく分割方式によって構成される」[*9]といった磯崎の説明は、度重なる大幅な修正を強いられた挙げ句、第四案まではあった橋懸かりのように斜めに配置されたゲートを放棄し、美術館の全体を長方形の敷地内に極力コンパクトに収めることを余儀なくされた結果を、いささか過剰に意味づけようとする言説に思える。面積的に過半を占める三層分がグランド・アヴェニューより低いレヴェルに位置し、ギャラリーの入口は沈床園《サンクン・ガーデン》の階層にあるのだから、ここで注目すべきはむしろ、つくばセンタービルについて磯崎が一九八一年に語っていた、「下降したあとに、中でいろいろ回遊するというか、むしろ迷路的な場所にそこから引き込んでいく」[*10]というイメージが、このロサンゼルス現代美術館においても動線計画を誘導している点のほうであろう。

松葉一清はこの美術館をめぐる顛末記のなかで、第二案撤回に至る原因は建築委員会との折衝に必要以上に気を配った磯崎の姿勢にもあったという、おそらくは磯崎自身の見解を引いている。[*11]磯崎はロサンゼルスに先立ち、一九七九年のサウジアラビア外務省庁舎や一九八〇年のベルリン・テーゲル港地区開発の設計競技で一等当選を逃している。その理由を磯崎はのちの一九八六年に、それぞれ現地の「文化や風土について考え過ぎたためだ」と語っている——「例えば、日本で何か国際コンペを実施した場合に、外国人が寝殿造り風のものを応募案で提出したら、これは必ず落選すると思います」[*12]。先の「必要以上の気配り」をめぐる反省に通じる認識だろう。

ロサンゼルスの場合にその歯止めとなったのは、ピラミッドをはじめとする純粋幾何学形態を普遍性と歴史性の両面を作用させながら用いる独自なフォルマリズムの堅持であり、沈床園《サンクン・ガーデン》としての中庭レヴェルを中心とした動線形成に至る空間的原イメージの確固とした存在である。それらに導かれつつ磯崎は、コンパクトな規模であるにもかかわらずギャラリーの面積が広く、サイズ、プロポーション、テクスチャー、そしてさらに、さまざまな形状のスカイライトによる自然光と人工光が組み合わされた光分布の性質がそれぞれ微妙に異なる、複数の展示空間を実現している。マイヤーはその美点をこう評したという――「建物を外からみると、イソそのものだ。内にはいってギャラリーにも厳然として空間の存在感がある。だがいったんそこに展示されている美術作品を凝視しはじめると、建物がいつの間にか姿を消してしまう」[*13]。

一九八二年から八三年にかけ、磯崎自身が二つの国際設計競技の審査員となり、その政治力学を間近に経験している。[*14] ひとつはラ・ヴィレット公園（パリ）の設計競技で、これはミッテラン政権下におけるパリ再生計画「グラン・プロジェ」の一環として、広大な食肉処理場の跡地を都市公園にするプロジェクトである。参加者には「二十一世紀の公園のイメージ」の提案が要求された。総勢二十一名の審査員は、多数派を占める造園家のほか、磯崎を含む四名の建築家、のちに磯崎の友人となる作曲家ルイジ・ノーノや画家、彫刻家、社会学者、地域住民の代表であった。

提案が絞られ、一等を決める段階で造園家と建築家の対立が鮮明となる。前者が無難にまとめられた保守的な提案を支持したのに対して、後者は自然の虚構化を徹底したレム・コールハースのラジカルな案を推し、それぞれが譲らなかったのである。両者の対立のみが激化した議論の最中、ノーノが「職業的利害だけが論じられるのはナンセンスだ」と双方を批判して退場する一幕もあった（ロサンゼルスで同様の退場をした磯崎は、ノーノのこの振る舞いに親近感を覚えるとともに、政治的状況の錯綜を切り裂く行動ができる人物として尊敬するようになったという)。[*15] この硬直状態を打開する対策として、いったん一等を複数選出し、三ヵ月後に再審査を行なうことになり、その再審査の結果として、もっともフレキシビリティがあると見なされたベルナール・チュミの案が最終的に選ばれている。

注目すべきはそこで磯崎が選考基準とした着眼点である。庭園がつねに楽園の回復を志向してきたように、都市公園は人類の自然回帰の願望に貫かれてきた。しかし、「二十一世紀の公園」を構想するにあたっては、もはや都市内部に自然が回復できるという教説自体を疑わねばならないと磯崎は言う。それゆえに、磯崎が選び出したコールハースやチュミらの案はいずれも、植物を虚構として扱い、意図的に幾何学性(人工性)を強調している。とくにコールハースの案では、人工的な建築物も植物も、地上での諸活動も、すべてが均質化した枠組みのなかの等価な要素でしかなく、そこに自然に対するノスタルジックな思い入れはない。諸要素の無機的な配列からなるその都市公園の景観は、オペラ舞台の虚構の書き割りと同等なのである。

ちょうど同じ頃に完成しつつあったつくばセンタービルのフォーラムもまた、ブロンズ製の月桂樹とパピルスをはじめとする「つくりもの」による「自然の虚構化」を徹底した「にわ」であった。それは沈床園《サンクン・ガーデン》の中心をなす水落へと下降してゆく運動の舞台だった。建築複合体の全体がこの舞台を中心とする虚構の書き割りだったのである。つくばセンタービルの時代性は、歴史主義的引用や「ポスト・モダニズム」という符帳よりもむしろ、「にわ」をめぐるコールハースやチュミとのこうした共通性においてこそ正確に測ることができよう。

磯崎が審査員となったもうひとつの国際設計競技が香港の「ザ・ピーク」である。これは現地の実業家がプロモーターとなって、香港島のもっとも標高が高いヴィクトリア・ピークにクラブハウスや自宅ほかの住宅を造るという計画である。磯崎は国際建築家連合（ＵＩＡ）の代表として審査に参加した。施主であるプロモーター以外の審査員は四名、うち三名が建築家だった。磯崎は技術的なチェックを行なうチームが事前に選んだ百余点の三分の二を落とし、そこに選ばれていなかった案から約二十点を選び出したという。とくに後者のうちのひとつ、ほかの建築家たちが「クレージィ」のひと言で片付けた案の風変わりさが磯崎の関心を引き付ける。もともと新奇なデザインを好んでいたプロモーターも、イメージの喚起力ゆえにその案に次第に熱狂的になり、最終的にはプロモーターの判断によってこの案が一等となる。その当選者が若きザハ・ハディドであった。

設計競技の当初の条件では異なる高さの三つの敷地に建物を配分することが求められていた。ほかの参加者たちがこの三者をいかに一体的に連結するかを課題としたのに対し、ハディドは初期条件をそのまま踏襲することはせず、細長いフィーレンデール架構を敷地全体に亘って空中に浮くかのように積層させることにより、まったく異なる解を提示している。磯崎によれば、対抗馬となった案が山岳城塞のような伝統的タイポロジーを活かした洗練さの点で自動車で言えばロールスロイスだとすれば、ザハ・ハディドの案はその奇矯さにおいてランボルギーニのスポーツカーだったのである。

磯崎は二つの設計競技に日本から出された案の多くに共通する傾向として、巧みにまとめられているが凡庸であり、何を主張しようとしているのかがはっきりしないという点を指摘している。そのような案は予備選考では残っても、最後の勝負には行き着かない――「作者の肉体の一部と化した概念だけが、評価の対象となるからだ」[16]。設計競技が探しているのは唯一無二な「極端に突出したアイディア」であり、参加者はそのアイディアによって「賭け」をするわけだから、みずからの主張する概念を明晰にしておく必要がある――「日本はデザイン情報の洪水に振り回され、その処理に追われ、無難で凡庸な解決にはなれても、事態に根底から異議申し立てをしながらデザインの力によって情況を押し切るような、破れかぶれに近いような奇矯なアイディアを温めている余裕をもっていないことになる。〔中略〕それ〔アイディア〕を肉体化させて自らの言語にしながら生きつづけるのに、これほど困難な場所はない」[17]。磯崎はこの危惧が自分自身にも及ぶものであることを自覚していた。この困難さを作り出している歴史的諸条件の考察は、「和様化」をめぐる磯崎の思想にも関連することになろう。

磯崎はこの頃から、次世代の優れた建築家たちに国際的な活動の場を与えることを意識的に始めている。ピーター・アイゼンマン率いるニューヨークの建築都市研究所(IAUS)が開催した「日本建築のニュー・ウェイヴ」展(一九七八)に際し、伊東豊雄や安藤忠雄、石山修武らを抜擢した人選に関与したことをはじめ、一九八二年十一月に同じくIAUSがヴァージニア州シャーロッツヴィルで開いた建築国際会議「P3」[18]には、伊東と安藤を参加者として推薦している(この会議については、議事を録音したテープから文字起こしされた記録が出版されているほか[19]、石山友美監督の映画『だれも知らない建築のはなし』〔二〇一五〕で、磯崎やアイゼンマンをはじめとする関係者が当時を回想したインタヴューを眼にすることができる）。二日間に亘るシャーロッツヴィルの会議は建築家のみが集い、自作に関する短いプレゼンテーションを行なったのちに全員で議論するというものだった。メンバーは二十五名、磯崎・安藤・伊東のほかは北米（ジョンソン、アイゼンマン、フランク・ゲーリーなど）とヨーロッパ（O・M・ウンガース、ホライン、コールハースなど）の白人男性ばかりである。

磯崎は横尾忠則の作品を展示する岡之山美術館（一九八四）の構想について発表した。磯崎はそれが鉄道の線路に隣接していることから列車の車両を連想させる形態を取っている点のほか、ミケランジェロによるラウレンツィアーナ図書館の階段の引用、一九六〇年代的な楽園のイメージを喚起するためのディズニーランド風椰子の木の植樹、横尾が信じていたいわゆる「ピラミッド・パワー」を表現する屋根などについて解説している。続く討議ではホラインやマイケル・グレイヴスがラウレンツィアーナの階段を引用する意図や文脈について質問し、磯崎はそれは一種のパロディだといった応答を返している。[*20] 他方、ジョンソンはこうした引用を「ベートーヴェンを引用するブラームス」に喩えて積極的に肯定し、磯崎の計画案における空間のシークエンスを賞賛している。[*21]

磯崎の簡潔かつ当意即妙な応答の多くは末尾の「（笑）」とともに記録されている。だが、それは或る種の社交術の産物であって、とくに興味深い議論がなされたとは言えない。のちにコールハースが批判的に回顧しているところでは、P3会議の討議全体が非常に表面的で、アイゼンマンを中心とする米国の建築家たちはジョンソンに媚びを売っているかのようだったという。[*22] ジョンソンは

IAUSに経済的支援を行なっており[23]、この会議でもゴッドファザーぶりを発揮していたことは――コールハースとはややニュアンスこそ異なれ――磯崎も証言している[24]。参加者構成からして、これはまぎれもなく、長老ジョンソンを中心にした「ボーイズ・クラブ」の集まりだった。ジョンソンがパートナーのジョン・バーギーと発表した計画案――ボストンのワン・インターナショナル・プレイス――に対して批判的なコメントがなかったわけではない。だが、ジョンソンはそれらをほとんど意に介さず、形態を選択する際の原理原則など自分にはないと嘯《うそぶ》き、パスティーシュで大いに結構と開き直り、ついにはこんな発言をするほどあからさまなのである――「わたしは娼婦なんだし、高層ビルを建てることで高い金を払ってもらっているんだ[25]」。

ジョンソンのこの発言が、米国の企業文化における――スノビズムに訴えるしかない――建築家の本質的な無力さを露呈させる元も子もない告白だったとすれば、ヨーロッパ側の思想的に硬直した建築観を代表したのがもっとも若いレオン・クリエだった。その報告はベルリン・テーゲル地区の都市計画に関するもので、具体的な計画案よりもむしろ、建築家が都市を設計することの意義をひたすら主張するような内容である。ケヴィン・ローチは建築家が都市計画を独裁的に決定するクリエの思考法を「傲慢」と強く批判している[26]。ウンガースの発表した大規模プロジェクトに対してクリエが討議で向けたコメントも、それが「都市」概念を謳っていながらたんなる米国流の「ビッグ・ビジネス」に過ぎず、強烈《ハード》なキッチュであると独断する観念的なものだった[27]。ウンガースが実作者としての立場からこのコメントに猛反撥したのも当然だろう。

クリエはさらに、「住吉の長屋」（一九七六）を取り上げた安藤の報告直後、冷笑的なアジテーションとして延々と――磯崎の回想によれば「参加者の顔を順繰りに見回しながらゆっくりと」[28]――拍手をして場を凍りつかせている。[29] クリエは続けて、安藤の作品は「建築とは何の関係もない」「悲惨な穴」だと断言している。こんな「悲惨な穴」のために「われわれ」はここに集まったわけではない、というのがその言い分である。そしてクリエはこう述べる――「建築は数千年の歴史をもっており、われわれはその後継者なのだ」。[30] この「われわれ」は、米国的な「ビッグ・ビジネス」に関わって手を汚すことなく、都市を独裁的にデザインするエリート集団としての、ヨーロッパ的な「建築」理念を共有する者たちというわけだろう。

安藤に対するこうしたコメントをめぐっては、主催者のアイゼンマンもさすがにクリエの傲慢さをたしなめている。はるかのちに磯崎は当時を振り返ってこう書いている――「〔「住吉の長屋」のように〕悪条件を逆手にとってねじふせる彼〔安藤〕の手法の前には、古い建築の厚い壁が立ちはだかっていた。国際的デビュー戦において、まずはノックアウトをくらったのである。それで屈しないのが安藤忠雄のすごいところで、立ちあがり、押しの一手で、世界的な建築賞であるプリツカー賞まで手に入れることになる」。[31]「逆手にとってねじふせる」「押しの一手」といった表現に、突出したアイディアの肉体化を重視する磯崎の姿勢がおのずと表われていよう。

他方、クリエが例外的に諸手を挙げて賞賛したプロジェクトが、イタリアのカルロ・アイモニーノによるコロッセオ周辺地区の――古代ローマ時代の巨像復元を含む――再開発計画だった。クリエはP3会議のメンバーが全員でこの計画を支援するメッセージを出すべきだとまで提案している。[*32] その支援メッセージに賛成したのはグレイヴス、アイゼンマン、ホライン、そして磯崎を含む十三名、反対したのはウンガース、コールハース、ジョンソン、安藤と伊東ほかの十名だった（態度保留が一名、当事者アイモニーノは参加せず）。[*33] この立場表明にも表われているが、「大文字の建築」を語る磯崎の建築観はじつはクリエのそれから決定的に遠いわけではない。また、建築家の独裁による都市計画という発想がまったくのアナクロニスムであることを十分に自覚しつつ、磯崎がそれから完全に自由であったわけでもないだろう。さらに、古代ローマを部分的に復元する開発計画は、建設中のつくばセンタービルでほかならぬローマの「臍」であるカンピドリオ広場をまったく反転させて引用していた磯崎にとって——アイモニーノ案の是非以前に——建築家としての想像力を強く刺激するものだったに違いない。

以上のように、この国際会議は建築家が自作を通じて建築観を闘わせ相互に審査する一種の設計競技《コンペティション》の場であり、それゆえに熾烈な思想的対立の舞台となった。さらにまた、P3会議の背後には建築をめぐる言論の主導権を建築史家や建築批評家、建築ジャーナリストから建築家自身の手に取り戻そうとするアイゼンマンたちの思惑があり、その点ではこの会議自体が建築（家）の社会的位置づけや価値づけをめぐるヘゲモニー闘争の一環だった。[*34] アイゼンマンや磯崎が主導してほぼ十年後に開始されるAny会議も同じ流れのなかにあると言ってよいだろう。だがそこには、建築に関する言説ばかりが肥大化してその情報の「洪水」の処理に追われるあまり、建築それ自体の置かれた社会的・政治的文脈に根源的な「異議申し立て」を行ない、デザインの力によってその状況を変革する、「破れかぶれに近いような奇矯なアイディア」、すなわち、肉体の一部と化した観念から遠ざかってしまう危険がつきまとっている。たとえば、つくばセンタービルをめぐる一連の論争における磯崎の弁明にもその嫌いがなかったわけではない。

そうした文脈で言えば、「都市、国家、そして〈様式〉を問う」に相当する磯崎の論考が発表されるべきタイミングは一九八三年ではなく、むしろ一九八六年、東京都新都庁舎の指名設計競技に際してだったと思われてならない。この設計競技こそは、東京という日本「国家」の首都たる「都市」、その貌となるべき建築の「様式」が問われた場だったからである。「都市、国家、そして〈様式〉を問う」で試みられた歴史的回顧もまた、東京都新都庁舎設計競技における師・丹下健三――磯崎が高く評価する丸の内旧都庁舎の設計者――との対決というコンテクストにおいてはじめて、正面切った「異議申し立て」になりえたのではないだろうか。

一九八五年十一月に指名九社に提示されたこの設計競技の要項は[*35]、新都庁舎が「本庁舎、議会棟、広場」を一体的に構成したうえで、「東京の自治と文化」「ふるさと東京」「国際都市東京」といった各側面の「シンボル」となるべきことを求めている。そこでは新都庁舎が「大都市東京のシティ・ホール」と呼ばれている。「超高層ビルが立ち並ぶ新宿副都心にふさわしい建物としなければならない」という文言からは、新都庁舎もまた超高層であることが暗黙の前提になっている点がうかがえる。

敷地は西新宿の超高層ビル群に隣接しL字形に並んだ、ほぼ同じ大きさの都有地三ブロックである。低層に収まる議会棟や広場はともかく、本庁舎が要する巨大な計画面積と容積率による制限という二つの条件からなかば自動的に導かれるのは、本庁舎を超高層ビル二棟に分け、二ブロックの敷地それぞれに一棟ずつ建てるという解のみだった。いずれかひとつのブロックに超高層ビルを一棟のみ建てる案は容積率を定めた法規に触れてしまい、他方、低層ビルにする案は設計競技要項が言外に示唆している先の前提に反するからである。

周知の通り、最終的に採用されたのは、この設計競技に「ぶっちぎりで勝とう！」という姿勢で臨んだという[*36]、丹下による超高層ビル二棟案である（この逸話を伝える平松剛『磯崎新の「都庁」——戦後日本最大のコンペ』には、磯崎新アトリエのみならずこうした丹下の側の動向も詳述されている）。審査講評ではとくに、第一本庁舎の双塔をはじめとする象徴性の強度が評価されている。[*37]他方、ヨーロッパ的な記念建造物を想起させる造形でありながら、繊細に細分化された表層が和風の感覚にも通じるその外観については、華麗すぎるとの批判的意見もあったという。

磯崎新アトリエはほかの事務所とは異なり、国内外で超高層ビルを設計・建設した実績はなかった。にもかかわらず設計競技の指名を受けたのは、磯崎の国際的な評価ゆえであったらしい。[*38]その磯崎が選択したのは、超高層をあえて拒否し、二ブロックを跨いだ比較的低層のビル（地下三階、地上二十三階、塔屋一階）にする道だった。「シティ・ホール」としての新都庁舎の建築型として磯崎は、網目状格子となったスーパーブロックをなす「錯綜体モデル」——「錯綜体」は「リゾーム」の意

——を提案する。[*39] 庁内における垂直・水平の交通を立体格子として編成したこのモデルは、オフィスの将来的変動にも対応可能である。その中央に生まれる巨大な吹き抜けの半公共的空間は、かつてヨーロッパの市庁舎にあって全市民を収容できる大広間を意味した「シティ・ホール」の原義に立ち返り、都庁舎の懐のなかへと都民を招き入れ、東京がかつて持ち得なかった「崇高性」を感じさせることのできる場になるだろうという。

具体的には、相互に橋で連結された四棟が二街区を占めるスーパーブロック——磯崎案では「超高層」と対比させ「超中層」と呼ばれている——を形成し、その内側に通り庭的な「天・地・人の間」という巨大なアトリウムが抱え込まれる。スーパーブロック最上部の南と北にはそれぞれ、議会本会議場を収めた、外壁がチタンの球——断面図に描き込まれた屋根との隙間から斜めに射し込む光は、この球が宙に浮くかのように設置されることを示している——およびスカイライトをなすガラスのピラミッド——建物の中心軸に対してわずかに斜めに配置されている——という、二つの巨大な純粋幾何学立体が置かれ、北玄関の上方には、アルミのパンチングメタルで覆われた防災無線塔が斜張ワイヤーによって宙吊りにされた状態で高く（地上二五〇メートル）聳え立っている。外壁は四メートル間隔で障子形に細かく分節され、その外側に壁からわずかに離して設けられた二十四メートル単位の筋交い《ブレース》とともに、建物外観の独特な肌理《きめ》をかたちづくっている。隣接する残りの街区には、可動のクレーンや天幕といった仕掛けを備えた「祝祭広場」——「お祭り広場」を連想させるこの名称には丹下への目配せが感じられよう——および立方体の形状をした国際会議場が計画されている。

磯崎案によれば、「超高層が、高さに関して超越的であるのに対して、超中層は、空間に関して超越的である」[40]――スーパーブロックの内部空間にはヴァチカンのサン・ピエトロ大聖堂の主要部分がすっぽり収まってしまうのである。その圧倒的な空間の拡がりをさまざまな角度から降り注ぐ自然光が過飽和なまでに満たす。磯崎案はそれを「瞬時的にかいまみられる来迎」と呼び、その光を浴びることはこのうえない臨場感に溢れた体験になると言う――「新都庁舎は、このような超越的空間をうみだす、唯一の機会である。これを逸すると、もはや来迎は永劫にやって来るまい」[41]。

それを最後の「来迎」の機会と呼ぶとは、どこか終末論的な表現ではないだろうか。事実、磯崎案のなかにはこんな予言的な言葉もまた記されているのである――「空想だったはずの破局が現前するかもしれない。だから、新庁舎は方舟のかたちをしている。世紀末の虚像の大洪水を耐えぬくためにも、新宿の丘が東京都のアララット山になるためにも、それは、象徴的に、方舟のかたちをしている」[42]。

磯崎はここで、設計競技規定に対する異議申し立てを意図的に行なっている。結果が出たのちの『建築文化』一九八六年六月号で磯崎新アトリエ案を取り上げた特別記事が「違犯の意味」と題されている通りだ。磯崎のこうした姿勢に関して、当時のアトリエ所員だった青木淳は次のように語っている――「だから、磯崎さんって、基本的にものの考え方がアナーキーなんですよね。アナーキスト。磯崎さん特有のよく使う言葉っていうのがあって、『破れかぶれ』とか、『挙句の果て

15-1. 東京都新都庁舎計画案・模型写真

15-2. 東京都新都庁舎計画案より，「来迎」

に』とか。それってまあ要するに、世の中全部壊れたっていい、壊れた方が楽しいっていう（笑）そういう感じの言葉遣いですよね[*43]」。

『建築文化』の特別記事に磯崎は「超高層ではシティホールはなりたたない」と題された、設計競技の暗黙の前提およびその産物としての丹下案を否定するような文章を寄稿している[*44]。磯崎はそのテクストでまず、今回の自案がそもそも、丹下研究室にいた三十年前に手がけた研究テーマである「超高層建築、新宿淀橋浄水場跡地、都庁舎総合計画」の三者に遡る因縁のあるものだったことを語る。それは丹下のもとですでに、錯綜体的な立体格子状のオフィスビルの原型が見出されていたことを証している。

そのうえで磯崎は、設計競技規定が謳うシティホールはこの規定に準じた超高層型では困難であることを指摘し、さらに、東京都がみずから広大な土地を四つに分割して道路を造り、そのうちの一ブロックを売却してしまうという、適正な都市空間の将来的イメージを欠いた、自分の首を絞めるような安易な手続きを行なった結果として、この設計競技がそのしがらみに縛られ、超高層ビル二棟にデザインという衣裳を付けるだけのものになったのだ、と手厳しく批判している。その衣裳に関しては、「微細な要素の単純な集合というシステムしかないゴシック」は「ポピュリズム指向」であり、それが今回の設計競技における象徴性の評価基準にされたと述べることにより、丹下案のゴシック性を暗に指弾し、そのような評価基準が示す「建築的な思考の弱さ」を衝いている。磯崎によれば、シティホールはいずれ乗り越えられるような高さや派手な衣裳を競うべきではなく、

「崇高性をもつような過剰な空間」が有する象徴性こそを重視すべきなのである。そのような空間をもたらす建築型としての錯綜体がシティホールをユニークなものとする。

「錯綜体」が建築の形態ばかりではなく、思考の方式にも及んでいることを示すために、磯崎案は「新都庁舎のために提案される5つの概念《キーワード》＝手法」と題して「強度 intensity」「交通 traffic」「錯綜体 rhizome」「崇高 sublime」「ハイパーテック hyper-tech」という五概念を解説したうえで、その解説で用いられた三十九の用語を五十音順の相互参照的な「術語集」で詳しく説明している。たがいにレファレンスされた術語のネットワークが錯綜体《リゾーム》をなすということであろう。翻って、スーパーブロックの立体格子がドゥルーズ／ガタリ『千のプラトー』（一九八〇）を連想させる「錯綜体《リゾーム》」というやや大げさな名称で呼ばれるのは、じつのところ、超高層のように垂直的な樹状《ツリー》の繋がりだけをもつのではなく、水平方向にも連結したネットワークをなすという程度の意味合いに過ぎない。

磯崎案最上部の巨大な球やピラミッド、防災無線用の塔はルドゥやブレ、あるいはイワン・レオニドフの建築イメージを連想させる（石田了一が刷るシルクスクリーンで作成された繊細な断面図や石黒昭二制作の精巧な断面模型における球体部はとくに、ルドゥによる球形建築との類似を感じさせる）[45]。また、磯崎がゴシック批判の文脈でルドルフ・ウィットカウアーの『ゴシック対クラシック』を援用していることが示すように[46]、丹下案の超高層ゴシックに対置されているのは、比例やスケール、構成原理を重視する古典主義《クラシック》である。

では、メガロマニアックに空間を拡張して「崇高」を志向したスーパーブロックのスケール感や純粋幾何学形態の象徴的利用といった磯崎案の特徴は、いっそ新古典主義的なものと言うべきではなかろうか。磯崎は別の場で、新都庁舎の設計競技をいずれもゴシック・リヴァイヴァルが勝利した一八三五年の英国国会議事堂や一九二二年のシカゴ・トリビューン本社の設計競技と類比したうえで、「新古典主義が内側から徐々に変質しようという兆候をみせているときに、虚を突くようにゴシックが浮上することがある」[*47]現象の反復と見なしている。不確かで先が読めない時代だからこそ、間隙を縫うようにゴシック調が登場する。磯崎はさらに自案について、「崇高性を意図するために、新古典主義に遠くつらなるようなハイパーテックと呼べる技術がささえる、厳密な構成に従った」[*48]と述べ、みずからが先の二項対立のクラシック側に立ち、新古典主義を志向していることを率直に認めているのである。

だが、これに先立つつい数年前、新古典主義を——近代建築に密輸入されたその構成原理を含め——国家的な「様式」として真っ先に否定したのは、「都市、国家、そして〈様式〉を問う」の磯崎ではなかったか。それとも、そこが巨大なシティホールとして、都民が「来迎」のように崇高な超越性を体験する場となるならば、外形的な様式など問題にならないということだろうか。

しかし、超越者への信仰を欠いた「来迎」——神なき超越性の到来——とは、国家的イヴェントたる大阪万博のお祭り広場における「インヴィジブル・モニュメント」に託された麻薬的な集団的恍惚にも似たきわめて危険な何か、端的に言えば、ポピュリズムよりもいっそう禍々しいファシズム的な熱狂に通じうる、世俗政治的な崇高性ではないだろうか。「天・地・人の間」を満たす過飽和な光というヴィジョンには、「カーサ・デル・ファッショ」という一種の「ガラスの家」でジュゼッペ・テラーニが追求した極度の透明性、「汚れなきファシズム」のための合理主義に通底するものが認められる。[*49]また、上空から強烈な光が射し込むアトリウム内に、東京都の紋章や二十三区の区章をそれぞれ印刷した細長い旗がいくつも垂れ下がっている光景を描き出した「来迎図」めいたパース図は、黒い鉤十字の党章が染め抜かれた赤く細長い旗を幾重にも並べたナチスの党大会すら連想させる——これもまた、或る種のパロディなのだろうか。

あるいは、一九六八年の新宿騒乱を例に挙げて磯崎が指摘する、「占拠したときに初めて広場になる」[*50]という逆説に従えば、群衆による「占拠」こそがこのシティホールを人民広場に似たパブリックな空間とするのであり、磯崎はその瞬間にこそ「神なき超越性」の出現としての「革命」を幻視したのだろうか。もとより、実際に建造されたときに磯崎のシティホールがはたしてこうした空間になりえたかどうかはまったく定かではない。しかし、磯崎が殊更強調する「崇高な超越性」から導かれるこのような幻視の可能性が、この超中層ビルを一種の「革命建築」にも似たものにしているのである。

磯崎が「崇高」や「来迎」を語る背景には、ニューヨークのディスコ「パラディアム」のインテリア・アーキテクチュア(一九八五)を手がけた経験があろう。これは一九二六年建造の映画館だった建物の内部に、立体格子状の構造体《スケルトン》を挿入したものである。歴史主義的意匠の凝らされた既存の内装の色調が柔らかなブラウンであるのに対して、その内部に嵌め込まれたあらたなストラクチャー──「ピラネージ的な重い外観の構造体」[*51]と解説されている──はグレイ系の特殊なアルミニウム・ペイントで塗装され、際立った対照をなしている。照明・音響・ヴィデオ・舞台装置は一新され、さらにキース・ヘリングやジャン＝ミシェル・バスキア、フランチェスコ・クレメンテによる壁画もあらたに描かれた。要するにそこはハイ・アートとポピュラー・カルチャーを積極的に融合させた、知的スノッブたちのためのエンターテインメント空間であり、ロサンゼルス現代美術館を手がけていた磯崎はこのディスジャンクティヴな合体にいかにもふさわしい建築家として選ばれたのである。

そして当の磯崎はこのディスコに、かつての宗教施設──神に触れる場──に代わり、最新のテクノロジーによって超越的なものに出会うための空間を見ていた。それは通俗的なものの極みに「ヒエロファニー」（聖なるものの顕現）を期待することである。[*52]パラディアムのように音と光で全身を包み込んで高揚させるディスコとは、都市のなかに求められている「超越したものの立ち現われる空間」[*53]のひとつなのである。新都庁舎のシティホールがこの発想の延長線上にあることは明らかだろう。当時の磯崎が「アイロニーなしの建築」を標榜し「快楽機械 pleasure machine としての建築を夢見ている」と書いたとき、[*54]この「快楽機械」が志向していたものもまた、崇高な「ヒエロファニー」にほかならなかったと言ってよかろう。だが、その志向性は同時代のオウム真理教（一九八七年結成）に代表されるカルトとテクノロジーの合体に通底しかねないものでもあった。

磯崎は建築家がみずからの思想と方法を賭け、膨大な作業によって計画を提案する、ほとんど無償の営みに近い設計競技への参加を、人類学でいう「ポトラッチ」――とくにこの贈答儀礼の極限形態としての、相手に対抗するために自分の財宝をあえて破壊・蕩尽する行為――に喩えている。[*55] 規定違犯により敗退がほぼ予想された新都庁舎の設計競技で磯崎は、超技術《ハイパーテック》が生み出す厳格な構成に身を委ね、あらゆる恣意性を排除することによってこそ、シンボル性を目指した表層だけの情報論的操作とは比較にならぬ、「より強度にあふれた愉楽」と「確実に身体を貫通する力」を経験したという。たとえ提案は退けられても、そうした手応えだけはたしかに残っている――「不確かなこの時代のなかで、ポトラッチへの衝動が、その時代を生きる確信を与えてくれるわけだ。ともあれコンペは参加するべきものだ、というのが私の得た実感であった」。[*56]

磯崎の新都庁舎案が――純粋な蕩尽《ポトラッチ》に終わることをあらかじめ約束する――確信犯的な違犯によって、設計競技が前提としていた東京都による都市計画の失敗・欺瞞を暴くとともに、東京という都市の未来を真に切り開くポテンシャルを秘めた、圧倒的に優れた構想だったことに疑いはない。ほぼ二十年後の丹下の追悼文に「新東京都庁舎なんか、伝丹下健三としておいてもらいたい」[*57]とすら書いた磯崎の決然とした態度に、ほかならぬ丹下から磯崎が教えられた「〈建築〉とは何か」をめぐる確固たる信念を見ることができよう。「錯綜体《リゾーム》」などという当時流行の現代思想用語によるいささかミスリーディングな形容を剝ぎ取ってみれば、磯崎案はルドゥやブレ、レオニドフに通じる純粋幾何学形態の使用とともに、丹下のもとで学んだオフィス・ビルの可能性および都市的なスケール感を、敷地に合わせ超技術《ハイパーテック》によって発展させた超中層巨大アトリウムの存在を通じて、厳格な新古典主義の系譜に連なる幻視的《ヴィジョネール》な建築と化している。わずか三ヵ月余という短期間での計画立案を強いられ、理不尽な設計競技規定に対する違犯および師との対決を余儀なくされた緊迫した事態が、つくばセンタービルをめぐる論争などよりもはるかに鮮明に、磯崎が志向する〈建築〉のヴィジョンを露わにしたのである。つくばにおけるような表層的引用の装いはすでに脱ぎ捨てられている。磯崎が構想過程で味わった「より強度にあふれた愉楽」や「確実に身体を貫通する力」は、設計競技という蕩尽《ポトラッチ》に不可欠な「突出したアイディアの肉体化」がそこにあったことを示している。磯崎の言う「ポトラッチへの衝動」とはおそらく、建築家自身にすらあらかじめ結果の予想がつかない、この肉体化への欲望なのだ。

アトリウムを過剰なまでに満たす光が社会に「汚れなき」透明な可視性をもたらそうとするテラーニの合理主義にどこか通じるものであり、その明るい空間が徹底して世俗的な——だからこそ危うい——ヒエロファニーをもたらす快楽機械だったとしても、磯崎はそのような可視性が盲目を強いる闇を孕み、聖なるものが無気味さを宿していることを忘れてはいない。磯崎案「術語集」の項目「来迎」によれば、光が過飽和したアトリウムは闇を包み込んでいる。人びとを都市へと引き付ける魅力の源であるこの闇を体現するのは、東京の地下深くに棲息し、地下鉄の発展とともに勢力を拡大して複雑なネットワークを組織している姿の見えない生き物「やみくろ」であり、新宿新都庁舎の地下には「やみくろ」に棲みついてもらわねばならない——村上春樹の小説『世界の終りとハードボイルド・ワンダーランド』(一九八五)に登場する正体不明の地下生物を引用して、磯崎案はそう語る。他方、この庁舎のスーパーブロックが来たるべき「大洪水」という破局に備えた「方舟」と呼ばれたとき、そこには同時期の安部公房の小説『方舟さくら丸』(一九八四)への参照があったのかもしれぬ。この作品もまた、世界滅亡の危機に備え、地下宮殿のような巨大な採石場跡を「方舟」に見立てた待避壕《シェルター》にする、「もぐら」というあだ名の「船長」(元カメラマン)を主人公とした物語だった。

崇高な超越性の光は地下的な闇の分身であり、光溢れるシティホールとはそんな冥府的な「闇の空間」が地上で反転された姿である。『方舟さくら丸』の末尾には、物語の主要な舞台である地下迷宮から「合同市庁舎」地階の抜け道を経て地上に戻った「もぐら」の眼に、人間や街のすべてが透明に見えるという描写がある。この透明性とは磯崎案の新都庁舎を満たす過飽和した光にほかならないのではないか――「振り返って見ても、やはり街は透き通っていた。街ぜんたいが生き生きと死んでいた」[*58]。その光は闇を包み込んでいるかに見えてじつは、過飽和の挙げ句、逆に闇に包み込まれてしまい、「黒い太陽」と化しているのかもしれぬ(カルトによる崇高な超越性のテクノロジカルな追求はやがて、一九九五年の地下鉄サリン事件――「「やみくろ」たちの群を、東京の地下に、その深い闇の世界に解き放った」[*59](村上春樹)出来事――を生むに至る)。「快楽機械《パラディアム》」は同時に、ピラネージ的な「牢獄」でもあるのだ。磯崎の「方舟」がこうした対極的なイメージを秘めていることを見逃してはならない。そこには「やみくろ」が潜む地下世界《アンダーグラウンド》へと降ってゆく想像力、いわば重力的な想像力がつねに働いている。

この重力的想像力は若き磯崎に衝撃を与えた東大寺南大門の「〈建築〉の力」をいかにあらたなかたちで実現するかという、「無理な架構」の現代的実践へと彼を向かわせることになるだろう。その想像力の運動はまた、新都庁舎で丹下が手がけたゴシック的超高層とはまったく異なる、「反重力」の象徴たる純粋な「塔」の構想にも繋がる筈である。かつて「ピースセンター」がわたしを反逆者に仕立てた」という身体的反応から開始された師・丹下との関係は、新都庁舎設計競技ではっきり転機を迎えた。磯崎はそのとき、師の教えに忠実であることによって師にはっきり「反逆」しようとした。それはその教えの根源にあったもの、しかし、師の提案では見失われていると磯崎に思われたものが、まさしく「〈建築〉の力」だったからにほかならない。

第Ⅳ部

歴史と大地の亀裂

1987 - 1995

第16章　構造の力線

磯崎はつくばセンタービル（一九八三）、ロサンゼルス現代美術館（ＭＯＣＡ〔一九八六〕）、そして、一九九〇年二月に竣工した水戸芸術館という三つの建物を繋いでいくと自分の八〇年代は終了する、と書いている。[*1] この間にバルセロナのサンジョルディ・パレスやフロリダのティーム・ディズニー・ビルディングの設計・施工は始まっているが、いずれも未完成だったからである。だが、磯崎の言及はその点によるばかりではなく、水戸芸術館がつくばセンタービルに始まる系譜のうちにあることの表明と受け取ることができよう。事実、とくにつくばセンタービルとのあいだに共通点は多い。

プロポーザル方式によって選定され、磯崎が水戸芸術館の設計業務委託を結んだのは一九八六年十二月である。事前に当時の水戸市長・佐川一信の発案で磯崎に設計競技参加の要請があり、その際、磯崎のほうからプロポーザル方式導入の提案があったという。*2 これは水戸市の市制百周年を記念する建築複合体であり、劇場・コンサートホール・現代美術ギャラリーのほか、高さ百メートルのシンボルタワーからなる。敷地の南東に位置する、約六十メートル四方のほぼ正方形をなす広場に対し、三種類の文化施設はそれをL字形に取り囲むように配置されており、その一階と二階はそれぞれ回廊で繋がれ、この回廊はさらにシンボルタワーを経て広場の南東角まで延びている。コンサートホールと劇場のあいだに設けられた各施設共用のエントランスホールには、日本人によって作られた国内最大規模のパイプオルガンが設置され、演奏会場としても利用できる。敷地南西隅の会議場は広場を包み込むようにやや斜めに配置され、隣接する欅の樹三本とともに広場を柔らかく閉ざしている。

　この樹木のゲートを経て南側から広場に入ると、正面中央の奥にギャラリーのトップライトをなすピラミッドが見える。そこから視線を落とせば、両側の壁から張られたワイヤーで空中に吊られている岩——約二十トンの笠間産御影石——に、左右から激しく水流が吹きつけている光景に気づく。岩を挟み込む三対六枚の壁の間隔は奥に行くほど狭まっており、ちょうど舞台美術のように遠近が強調されている。岩に向けたジェット水流はその一番奥と真ん中の壁側面に発しているから、これはいわば上下方向ではなく奥行き方向に段差の付けられた段々滝《カスケード》なのである。磯崎自身が造形したこのいささか異様な滝は「水戸」という地名を象徴する「水の戸」《ウォーター・ゲート》と見なしうる。広場の右手には塔を支える三角形の基壇がある。チタン・パネルによって覆われ、身を捩《よじ》りながら天に昇る龍を思わせるこの塔は、一単位が一辺九・六メートルの正四面体を積み重ねることでかたちづくられており、その稜線は三重螺旋を描いている。基壇もまたその螺旋の運動を地上で引き継ぐようにやや斜めに傾いている。基壇の三つの頂点に固定された三本の方杖《バットレス》が目立たぬかたちで塔を支えている。

この塔は原理上、ひたすら伸ばしてゆくことが可能なのだが、ここではそれが市制百周年に合わせ、百メートルの高さで切断されている。この切断は逆にこの塔を、いくらでも延伸しうる時間軸の象徴としている。この高さに必要とされた正四面体は合計二十八個、最初の四面体を水平面から約三十八度傾けることにより、外部に露出する正三角形五十六面のどれひとつとして垂直な面はないにもかかわらず、軸線は垂直となる。[*3]

磯崎はこの塔の構造設計を木村俊彦に依頼した。北九州市立美術館以来、数多くの作品で協力を仰いできた構造家である。木村によれば、この三重螺旋の塔は荒縄を巻いたようなかたちであるため、風圧に対して有利であり、三角形のチタン・パネルの角度が微妙に変化するがゆえに光が複雑に反射することで航空標識にもなるところから、タワーを紅白に塗り分ける慣例の例外として認められたという。[*4] タワー中央には円筒形のエレヴェーターがあり、チタン・パネルに小さな丸窓が数多く開けられた展望室まで上がることができる。この丸窓から広場を見下ろすと、円形や正方形からなる各施設の平面的な輪郭がはっきり確認できる。

つくばセンタービルとの類似点としては、各文化施設を構成する（半）円筒、立方体、直方体、

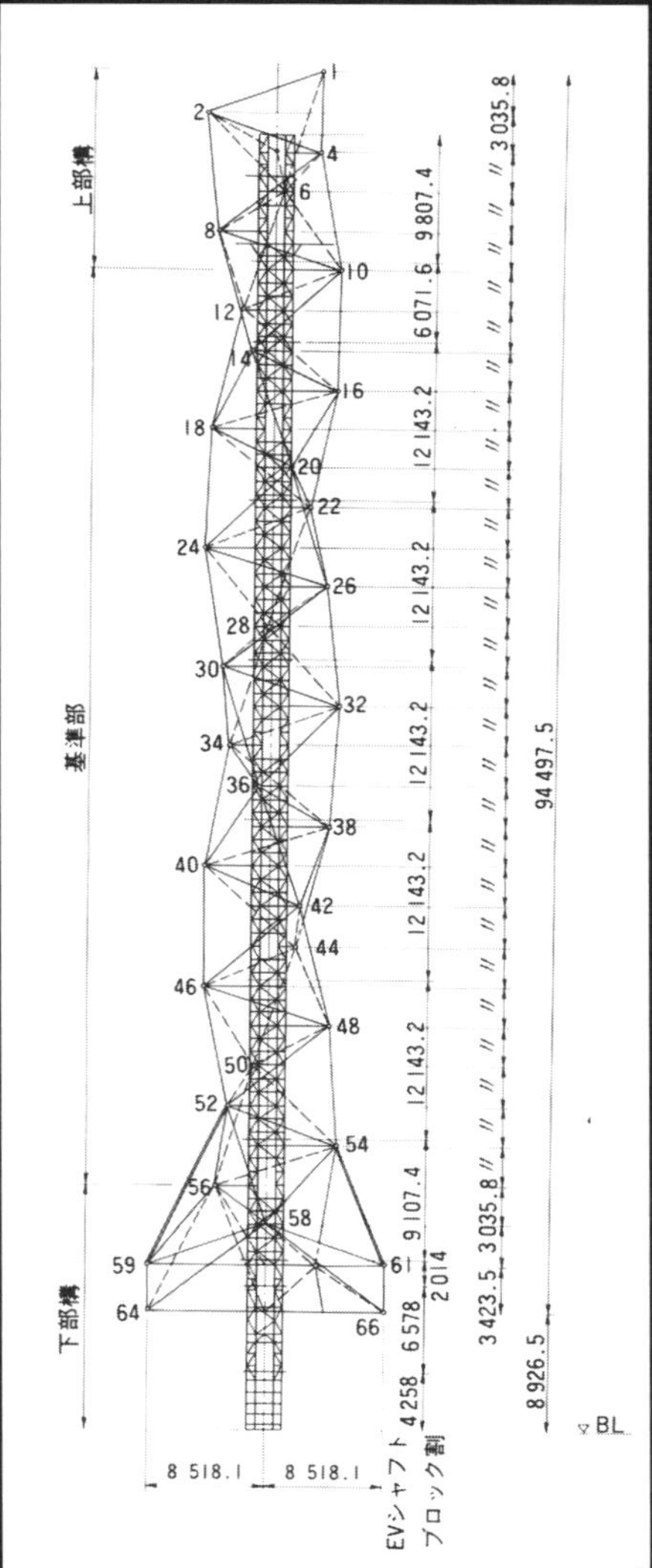

16-1．水戸芸術館シンボル・タワー構造一般図。中央はエレヴェーター・シャフト。番号で表示されているのは正四面体が接し合う頂点（節点）や方杖《バットレス》の支点（59 および 61）などのみ。1・6・12…，2・8・14…，4・10・16… がそれぞれ螺旋を形成している。

ピラミッドといった幾何学的な形態言語——これはMOCAとも共通する——のほか、中庭を囲む低層部外壁を粗石積み《ルスティカ》とし——ただし、MOCA同様、細い帯をなす磨かれた面と割肌の面とが交互に配置された水平縞のパターンをもつ——、上層部の外壁をより繊細な割肌の磁器タイルとして、地上階と主階の区分というヨーロッパ都市建築の伝統的形式に従っていることが指摘できよう。[*5] 地上階外壁の水平縞パターンをそのまま柱や付け柱《ピラスター》にした部分や塔の基壇にあるペディメントなど、古典主義的要素の引用と見られる部分も多い。ただし、それらはつくばのルドゥ的鋸歯状柱とは異なって特別に自己主張することはなく、地上階外壁の延長として自然に受け取られる。対照的に地上レヴェルで強く印象づけられるのは、広場の隅を押さえるかのように、粗石積み《ルスティカ》の基盤のうえに対になって立ち、鈍くメタリックに輝いている太い柱である。割肌磁器タイルが地上階にも用いられている西側道路に面した壁面や広場側の二階外壁では、抽象化された幾何学的な付け柱《ピラスター》が各施設を区切る位置に用いられている。

中庭へと通り抜けることのできるエントランスホールの道路側入口ファサードには、アーチの要石《キーストーン》を思わせる、上辺が長い台形の下部に小さな正方形が食い込んだかたちの開口部があり、この台形部分の嵌め殺し窓にはオニックスの板が使われている。これはつくばのコンサートホール開口部と同じ手法である。天井が高く平面的には細長い長方形をしたこの吹き抜けのホールには、コンクリート打ち放しのペア・コラムが左右に林立しているが、この点もまた、つくばのホール内ホワイエと同様、そこがなかば外部として扱われているためであろう。

水戸芸術館は音楽評論家の吉田秀和を館長に迎え、吉田・磯崎のほか、演出家の鈴木忠志なども加わった芸術館運営会議の議論を各施設の実施設計に反映させている。すでに美術館を数多く手がけてきた磯崎は、ジョン・ソーンのダリッジ絵画ギャラリー（一八一七）を参考に、現代美術ギャラリーの各部屋を二列に並べ、天井からの採光を活用した展示空間を実現している。

磯崎は早稲田小劇場（現ＳＣＯＴ）を主宰する鈴木と親交が深く、一九八〇年代初めにはこの劇団のため、富山県利賀村にホール（利賀山房）や野外劇場を設計している。水戸のＡＣＭ劇場では、ロンドンにかつてあったグローブ座やスワン座をモデルに、十二角形の舞台を三方向から取り囲むスラスト・ステージの形式を取り——十分割された舞台は昇降可能で、さまざまな演目に対応できる——、三階席からも俳優の表情が見えるように階高を抑えられている。つくばのノバホールのほか、お茶の水スクエア（一九八七）のカザルス・ホールを手がけている磯崎だが、水戸のコンサートホールＡＴＭは両者のようなシューボックス・タイプではなくアリーナ形式を採用し、舞台後ろのバルコニー席は合唱席にも使うことができる。天井中央には上下に可動の円形音響反射盤が設置され、演目に合わせて音響特性を変えられる。水戸芸術館ではこのように、日本の一般的な趨勢だった多目的ホールではなく、各文化施設を機能ごとに独立させたうえで、そのそれぞれで多様な使用を可能にする方法が取られたのである。

このように諸施設が分化されたうえで空間的に巧みに連結され、外壁などの処理を通じて落ち着いた一体感を与えられているため、この建築複合体全体の外観でとくに目立つ要素は現代美術ギャラリー棟屋根のピラミッド程度である。これに対し、複合体から切り離され、敷地のなかで特別な存在と化している、水戸芸術館という作品のもっとも重要な要素がシンボルタワーであることは紛れもない。磯崎は低層部――ここでは建築複合体全体を指す――が「比較的重力的に安定した形態」によって組み立てられているのに比して、「塔は意図的に対立的なデザインがなされている」[*6]と説明している。磯崎はそこでブランクーシの《無限柱》を着想源として挙げている。

だが、磯崎自身が別の場所で指摘しているように、[*7]もうひとりクレジットされてしかるべき人物がいる。イサム・ノグチである。ノグチはブランクーシの弟子であり、共同制作の経験があるバックミンスター・フラーのスペース・フレームによってこの師の《無限柱》に当たるタワーを実現する構想をもっていた。磯崎がインスタレーションを手伝った一九八六年ヴェネツィア・ビエンナーレのアメリカ館におけるノグチ展ではその骨組みが展示されており、さらにマイアミのベイフロント・パークにある、スペースシャトル・チャレンジャー号の事故で亡くなったクルーを追悼する作品《チャレンジャー・メモリアル》(一九八七)にもこのフレームが用いられている。[*8]

《無限柱》の記憶《かげ》は磯崎のほかの計画にも現われる。磯崎が一九八八年から設計を開始し、一九九五年まで修正を繰り返しながら、結局実現することのなかったJR上野駅の再開発計画では、高さ三百メートルの高層棟が五十メートルの同形ユニット六つを垂直に積み重ねた形態になっている。とくに一九九一年の案ではそれぞれのユニットが円弧状に膨らみ、全体としてだるま落としのようなシルエットをなしている。この同一形態が積層したイメージはブランクーシの作品をどことなく連想させる。この再開発計画の超高層ビルは下部を巨大な方杖《バットレス》四本で支えている（なお、磯崎はこのタイプの超高層ビルを二〇一五年に竣工したミラノのアリアンツ・タワーで実現している）。

他方、福岡市香椎浜に計画された集合住宅「ネクサスワールド」で磯崎が担当した百二十メートルのツインタワー計画案（一九八九）では、ニューヨークのかつての世界貿易センターのようにお互いが鏡像関係にある同一形態ではなく、円形と正方形の平面をもつ同じ高さの二つのビルを、さらにはっきり区別がつくように頭頂部を差異化して、いわば「壊れた鏡」[*9]のデザインとしている。

なるほど、計画上の必要性や意図は説明されているものの、このいずれの案も初期磯崎の超高層メガストラクチャー案「ジョイント・コア・システム」にはっきりと存在した――磯崎自身が計画案に求める――「作者の肉体の一部と化した概念」を内包する「デザインの力」を欠いている（上野駅の巨大方杖《バットレス》はたしかに印象的だが、超高層の本質的要素とは言えない）。どこかに根本的な逡巡がある。磯崎はまた、東京都新都庁舎設計競技で暗に求められていた超高層ビル案による計画の作成を拒否した。それ自体は戦略的な判断だったとしても、こうした拒否を含め、この当時の磯崎は超高層ビルを構想することに根深い障害を抱えていたように見えるのである。

磯崎は一九九一年に書かれた上記二つのプロジェクトを解説するテクストに「アルカイックな深層」というタイトルを与え、「塔も、巨大な幾何学的量塊も、めくるめく装置も私たちの深部にひそむ欲望の形式化なのである」[*10]と書いている。ピラミッド（「巨大な幾何学的量塊」）や迷宮（「めくるめく装置」）まで含む原型的な建築イメージ一般についての命題を装っているが、磯崎にとって制御困難な「慾望」の問題があくまで「塔」としての超高層にあったのは明らかだ（その傍証として、このテクストの冒頭では丹下の新都庁舎案が改めて批判され、超高層ビルは投機目的に最適である、と指摘されている）。磯崎は塔が出現し拡張するところに働くこの欲動に加え、「収縮し、攻撃し、破壊し、壊滅する」別種の欲動が同時に作用する、「生成流転の場」こそ都市であると主張する――「超高層のデザインはその成立条件からして、アノニマスたらざるをえない。自動的に生成されてしまうその過程に介入するのも、もうひとつの慾動で、ここには意味をなさぬ、理不尽なストラグルが常に発生しており、あげくに塔の姿は変形する。そして、とりだされた最後の貌も、明らかに異相を呈することになる」[*11]。この「もうひとつの慾動」が動かす手は「盲目となったデミウルゴスのように何をしでかすか分からない」。つまり、塔としての超高層ビルを建てることは即、無意味・理不尽で予測のつかない諍いの挙げ句に変形された「異相」をそこに与えることでなければならないのである。超高層ビル設計をめぐる磯崎の「障害」と呼んだものはここにある。

この障害を回避するには、投機目的を伴わない純粋な塔を自動的に生成させる、アノニマスなデザイン手法を独自に開発するしかない。水戸のタワーは――ブランクーシの「無限柱」という観念を出発点にノグチの先行例を踏まえた――そうした手法による、純粋な「塔」に還元された超高層ビルではないだろうか。新都庁舎設計競技で封じた超高層への欲望を磯崎はここで、天へと向けて解き放っているのではないか。チタン・パネルによる被覆はそのとき、フレームだけのノグチの作品にはない、建築物としての実在感をこの塔に与えている。

その実在感はこの塔という構造内に走る力の感覚に通じている。正四面体を連結した形態自体には水平も垂直もない。しかし、それを塔にしようとすれば、重力のみならず風圧や地震による揺れにも対処しなければならない。そうした対処を可能にしたのが木村による構造的な解析と設計である。磯崎は「建築構造をデザイナーとして理解するのは、重力や地震力がその中を流れるありさまを想像することにつきる」[*12]と述べ、木村はつねにそれを考えようとしている、と続けている。それはいわば「構造の力線」を読むことだ（磯崎はのちに、この力の流れが読める構造家として、木村のほかに川口衞や佐々木睦朗らの名を挙げている）[*13]。磯崎は学生時代に木村からこう教えられたという——「まず模型をつくる。そして、これを押し潰す。変形が起こって、壊れる寸前のかたちがある。それが論理的に合理的な最終形態だ、ということだった。崩壊寸前、破壊直前、その変形のあげく、ひとつの瞬間にぎりぎりの状態にそのシステムが到達する。その形態が求められるもっとも効果的なものだろうということだった」[*14]。

注意してほしい。木村は崩壊寸前の状態が「最終形態」としては論理的に合理的であると指摘しているのだが、磯崎はそれを「求められるもっとも効果的なもの」と言い換えているのである。これはすなわち、破壊されて廃墟化する直前の臨界状態を「求める」ことにほかならない。それは建築を破壊する力——重力や地震力——が「ぎりぎりの状態」で可視化されることを意味しよう。水戸の塔という「無謀」なアイディアがリダンダンシーのまったくない構造形式を要求すると考えたがゆえに、それを木村に委ねたのだ、と磯崎は言う。つまり、このシンボルタワーは、リダンダンシーのないぎりぎりの臨界域にある、初期状態にしてすでに崩壊寸前の「最終形態」を取った構造体なのであり、同時にそれが重力・地震力・風力の極限まで張り詰めた流れの表現となっているのである。

その諸力の流れのうち、ここでとくに重力を問題にする理由は、カスケードの吊るされた岩にある。それは地上に置かれた場合よりもはるかに、岩に作用する重力を感じさせているからである。この岩に強く吹きつけられる水流については、一九六八年の学園紛争における機動隊の放水銃のようだという鈴木博之の指摘がある。[*15] 鈴木はそこに近代建築の歴史やヒロイズムに遅れてきてしまった者の「ニヒルな哀しみ」[*16]を認めている。宙吊りになった岩に磯崎自身の象徴を見る評者もいたという。[*17] だが、こうした象徴的意味をそこに読み込むよりもまず、二十トン以上の岩が宙吊りにされている光景が喚起する（反）重力的な感覚にこそ注目すべきであろう。広場の主たる入口になる南側からアプローチしたときに眼に飛び込んでくる「宙吊りの岩」と「塔」の対によって、水戸芸術館の敷地には重力／反重力という垂直方向の緊張状態《サスペンス》が生まれるのである。

カスケードの岩をデザインした「彫刻家」としての磯崎新は、塔のデザインに関わりの深いノグチを念頭にしていたのだろうか。もしかしたら磯崎は、当時訪れることの多かったであろうバルセロナのクレウェタ・デル・コイ公園で、バスク人彫刻家エドゥアルド・チリーダの作品《水の礼讃》（一九八七）を眼にしたのかもしれぬ。チリーダはこの作品で五十四トンのコンクリート彫刻を周辺の山肌から張られた四本のスチール・ケーブルによって湖面上に吊り下げている。それは水面に映る自分の影像に見入るナルキッソスの似姿である。一方、磯崎はまったく対照的に、左右からの水流の噴射によって岩の下の水面を絶えず波立たせ、いわば「鏡」を割っているのである。この水流の操作が逆に、磯崎が《水の礼讃》を参照した可能性を示唆しているとも言えるだろう。

そのバルセロナに建つサンジョルディ・パレスは、つくばから水戸に至る系譜とは別の作品系列を開始するプロジェクトになった。これはそもそも一九八三年の国際招待設計競技に始まる。そこで求められたのは一九九二年開催予定のバルセロナ・オリンピック中核施設群の全体計画であった。敷地は旧市街のゴシック地区に隣接し、港を見下ろすモンジュイックの丘中腹である。設計競技ではとくに、一九二九年のバルセロナ万国博覧会の際に建設されたスタジアムを一部残したうえで、その収容人員を増やす改造が要求された。

この設計競技に提出された磯崎の案は、スタジアムやスポーツ・パレスの屋根にモンジュイックの丘のうねりに呼応する緩やかな曲面を与え、スタジアムの屋根を二つの巨大な放物線アーチから吊るというものである。結果として磯崎にはスポーツ・パレスの設計のみが委託されることになった(のちにバルセロナの守護聖人の名にもとづき、「サンジョルディ・パレス」と命名される)。当初予定されていた敷地がゴミ集積所だったために地盤が悪く、場所の変更がなされるといった紆余曲折の末、最終的な実施計画が提出されたのは一九八五年の年末だった。

このスポーツ・パレスは南北方向に長い長方形の敷地内にあり、北側に位置する収容人員最大一万七千人のメインアリーナと南側のサブアリーナ、両者の中間にあるサービス・ゾーンからなる。

全体の外観を決定づけているのはメインアリーナの基壇状下部構造に被せられた大屋根である。設計競技時の曲面案は構造的に無理があるために破棄された。最終的にこの大屋根はスパン一二八メートル×一〇六メートル、アリーナ面から屋根の頂部までの高さ四十五メートルのスペース・フレームによる構造体となる。その平面的な形状は、南側がわずかに長めの台形各辺をそれぞれ若干膨らませた、丸みを帯びた四辺形である。

こうした形状を決めるきっかけになったのは、そこで採用された「パンタドーム構法」である。この構法は磯崎がスポーツ・パレスの構造解析を依頼した川口衞が独自に開発したものであり、実施例は日本国内でも一例を数えるのみだった。磯崎にとって川口はワックスマン・ゼミナールにともに参加した仲間であり、デビュー作である大分県医師会館旧館の構造設計を担った一員でもあった。川口は坪井善勝のもとで丹下健三の代々木第一体育館や大阪万博お祭り広場大屋根の構造を担当しており、この時期までの磯崎の作品ではほかに、西日本総合展示場の斜張ケーブル構造がある。

川口によれば、パンタドーム構法とはドーム型の大空間構造をリフトアップ工法——構造物の組み立てや仕上げ工事の多くを地組み〔地上での組み立て〕で行ない、これをリフトアップする工法——で建設するための「構造システム」である。たんなる建て方としての「工法」ではなく「構法」であるのはこの点による。*18 その原理を概観しよう。*19

アーチ型をなす構造に荷重がかかっても、アーチ材に沿って生じる圧縮力によって荷重が支持されるため（これをアーチ作用と呼ぶ）、アーチの形態は変形しにくい。しかし、アーチに四個以上の蝶番《ヒンジ》を与えれば変形しやすくなり、折り畳むことができる。他方、ドーム型の構造に荷重がかかると、アーチ作用のほかに樽や桶の「タガ《フープ》」の方向に力が発生するため（これをフープ作用と呼ぶ）、アーチに比べてさらにかたちが変わりにくく荷重の支持力が高い。アーチのようにドームを折り畳むことができれば、リフトアップ工法が使える筈である。しかし、ドームにはそのままではヒンジを作ることができない。ではどうするか。

川口はそこで、部分的にドームのフープ作用を断ち切り、いわばタガを外すことを考えた。具体的にはドーム構造を形成する部材のうち、タガにあたるライン（ヒンジライン）上の部材（フープ材）を一時的に取り外すのである。これによって、たとえば半球面をなすドームであれば、取り外したラインをヒンジにしてドームを折り畳み、中央部分を地上近くの位置まで下ろすことができる（実際には下ろした状態で組み立てや仕上げの作業を開始できる）。中央部分の仕上げができたら、接地しているラインに空気圧でプッシュアップするための支柱を入れてリフトアップし、撤去してあったヒンジライン上のフープ材を取り付ければドームは完成して、仮設の支柱を取り除くことができる。この方法で設けられるヒンジは単純に一定方向のみに回転するだけなので、ドームはリフトアップの方向には無抵抗で追従するが、そのほかの方向には動くことができない。つまり、折り畳んで上下に動かせる程度には不安定だが、それ以外の方向については安定しているのである（ただし、リフトアップの速度が各点で同じことを条件とする）。リフトアップ中のドームの運動がこのようにしっかりと制御されており、それが製図用パンタグラフや電車のパンタグラフの動きと共通する点から、川口はこの構造システムを「パンタドーム」と名づけた。

バルセロナのスポーツ・パレスにパンタドーム構法を適用するにあたり、磯崎はこの手法を建築のデザインに反映させ、ドーム屋根のリフトアップ中の一コマをそのまま最終形態にすることを目論む。大屋根の中央部――母屋――とその周辺部――庇――とが連続せずに折れ曲がったまま組み合わされるのである。母屋はアリーナ面で組まれるため、メインアリーナの形状に対応した大きさとなり、庇はアリーナを取り囲む観客席の形状に対応する。母屋と庇のあいだに位置するヒンジライン、および、東西南北の庇が接する四隅斜線の空隙はそのまま残し、自然光を採り入れるゾーンにされた。ヒンジの部材自体もそのまま残されている。こうしてリフトアップ作業の痕跡がパンタドーム構法による「構造の力線」の可視化として視覚的に強調されたのである。川口によればさらに、母屋と庇を繋ぐ部分のヒンジは立体骨組みの一部となって回転しないが、庇の端で屋根を支える柱頭と柱脚の二点のヒンジは回転するので、この屋根は温度変化に応じて自由に膨張・収縮することができるという[20]。以上のように、ここでは平面・構造・構法がひとつのシステムで統合されているのだが、構法に応じて断片化された要素が最終的に集合させられるとき、その分節の多くが明示されるがゆえに断片性は維持されて、「シルエットに表れる全体像としての輪郭が幾分ゆらいで見える[21]」曖昧な状態が生み出されている、と磯崎は言う。

川口はパンタドームにおけるリフトアップのプロセスを昆虫の「羽化」に喩えている。屋根がリ

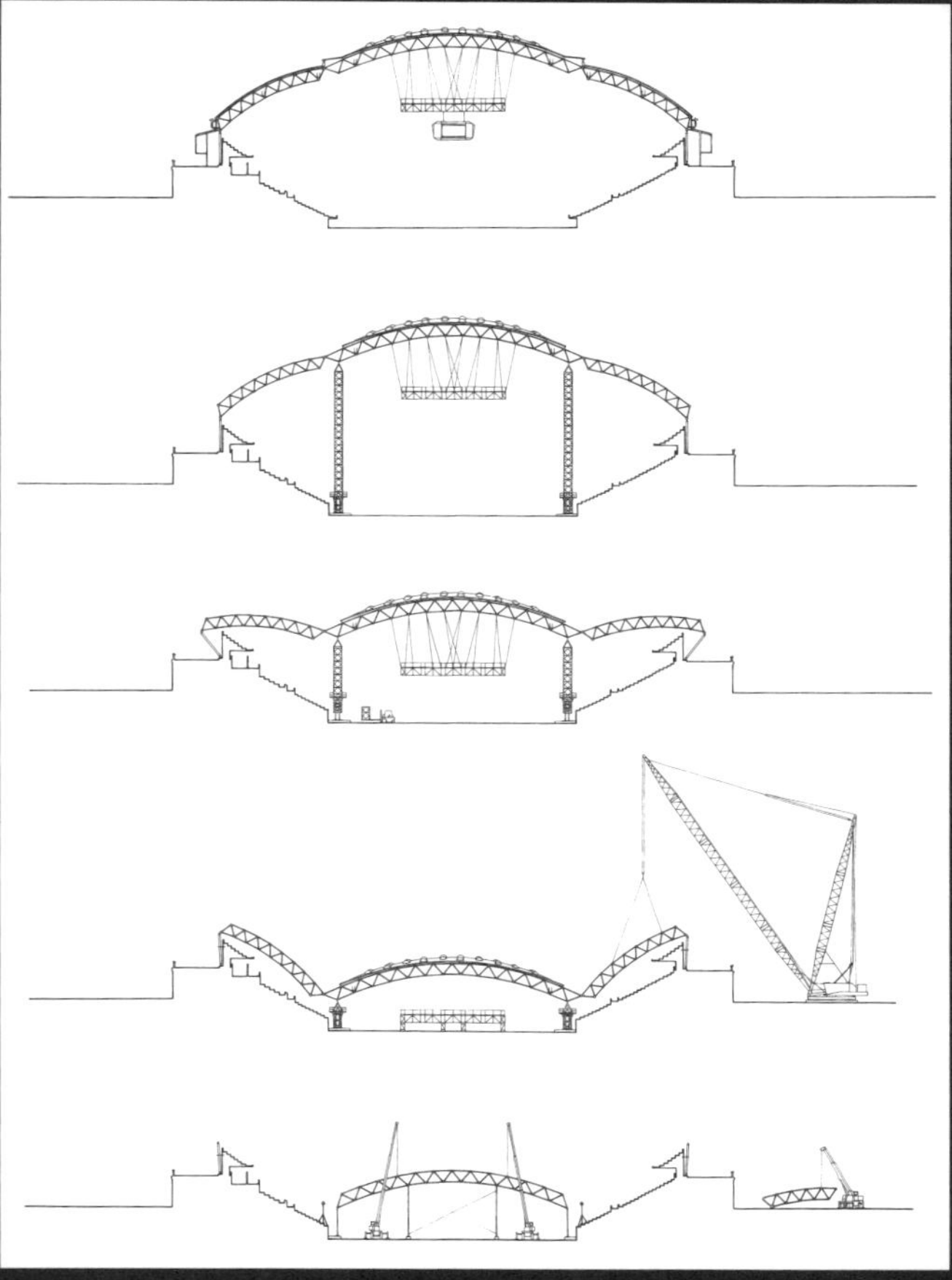

16-2. サンジョルディ・パレス，エレクションの計画（断面）。下から上へ：地組み中→地組みほぼ完了→リフトアップ中→リフトアップ完了→ジャッキ撤去・構造完成

フトアップされて本来の構造システムに移行する過程とは一種の「メタモルフォーゼ」であり、昆虫の羽化と同じく、もっとも無防備で危険な瞬間であると同時に、もっとも輝かしい瞬間である。[*22] スポーツ・パレスの場合、本来はいっさいの仕上げを地上で行なってからリフトアップする予定だったが、実際には母屋の屋根仕上げが完了した段階の一九八八年十二月に、この「羽化」のパフォーマンスが実施された。メタモルフォーゼに要したのは約十日間だった。市長の意向もあり、また、パンタドームはリフトアップ中の安全性が高いため、現場は見学者に積極的に開放されたという。

　百個のドーム型トップライトが設置された母屋は亜鉛《ジンク》平葺き、庇は墨黒釉薬のかかった現地産瓦葺き――晴れた日には青空を映して深い藍色に、曇った日は煙ったグレイに見えるという[*23]――で仕上げられている（こうした大屋根全体のイメージによるのであろうか、完成直後、建築家としてこの建物に付ける名前を問われた磯崎は「甲虫」と答えている）[*24]。さらにメインアリーナの会場を取り巻く回廊のうえには、うねるような曲面の屋根がいわば孫庇のように架けられている。この孫庇の先端部には、強い日差しを和らげるため、パンチング・メタルによるスクリーンが一種の簾として用いられた。エントランス・ポーチは磯崎の建築的「署名」である立方体フレームで構成されている。

　サンジョルディ・パレスの大屋根が持ち上げられて姿を現わしたとき、バルセロナの市民たちは聖堂の屋根が立ち上がったときのような、何ものかの出現を直感的に感知したのではないか、と磯崎は指摘している。[*25] その「何ものか」とは、或る都市の住人たちを全員収容できる拡がりをもったシェルターをもつことがひとつの都市共同体であることの意思表示でもあった時代に、「ドーム」が有していた社会的意味である。建築の竣工後、思いがけない数の一般市民が公開を待ちきれないようにそこを訪れる様子に接して、[*26]磯崎はこの社会的意味に目覚めさせられている（「ほとんど只事とは思えない熱狂」に触れ、「たじろぎながら〔中略〕理解しはじめた」[*27]と磯崎は書いている）。「守護聖人の名前を冠され建築家の手から共同体へと移譲される、その過程を実感させられた」[*28]――これはフィレンツェの「花の大聖堂（サンタ・マリア・デル・フィオーレ大聖堂）」を建てたブルネレスキやヴィチェンツァのバシリカの建築家パラディオにわが身を引き比べた言葉である。磯崎によれば、初期案のように屋根が自由曲面のままであったならば事情は違っていたのであり、こうした「ドラマ」が成立したのは構造的な理由ゆえに選択されたドーム（クーポラ）という形式による。都市を覆い、多くの市民をそのふところに包み込むこの形式は、西欧における歴史的な記憶と形態的イメージの両面で、視覚上の統合感を強く喚起するからである。そこに社会的次元における「ドーム効果」がある。

ただし、一般に「ドーム」と呼ばれる建造物に比べて、この大屋根は著しく低く抑え込まれている。磯崎は表向きには、モンジュイックの丘やバルセロナ周辺の小高い山脈が見せている緩やかな稜線に呼応しているという説明を与える。しかし、実際にはそれは自然形態のたんなる模倣ではなかった。問題は「構造的・構法的にリダンダンシィなしでありながら恣意的な過剰を強く印象づけること」[*29]だったからである。無柱の大空間を最小限の構造物で合理的に覆うという課題に対する「リダンダンシィなし」の臨界状態が、あたかも現地の地勢を模倣しているかのようであることがこの造形の要なのである。水戸芸術館の塔について確認したように、構造体が臨界状態にあるということは、それが完成段階ですでに崩壊寸前の「最終形態」であることを意味する。この大屋根を完全なドームの形態にまで至らせることなく、未完の状態で空中に停止させた磯崎の意図は明らかだろう。それは「未完」であると同時に、すでに始まった「崩壊」の表現でもあるのだ。バルセロナ市民の熱狂にもかかわらず、その社会的なドーム効果は共同体を寿ぐべき完成状態の寸前で凍結され、そのことによって逆に、市民たちのシェルターが瓦解し始めた瞬間をあらかじめ啓示するものにもなっているのである。揺らいで見える全体像の曖昧なシルエットは、それが解体開始の状態にあることの表われなのだ。

磯崎はサンジョルディ・パレスの建造過程についてこんな感想を述べている——「長編の物語が常に作家の予想を超えて自立した小さい物語の集積になっていき、作家が手を貸してはいるが、他者が語りはじめていく事態が発生し、おかげで作者とはその作品の産出機構そのものに充当されていくものだという解釈も生まれる、そんな事態を私は体験したように思う*[30]」。それゆえ、「イソザキ」という作者名のもとに語られる時期が過ぎれば、「これがバルセロナという《都市》が産出したドームなのだ、と認められる時が近いうちに訪れるはずだ*[31]」と磯崎は続ける。

ここで語っていた「他者」とはバルセロナという「場所《トポス》」の自然的・社会的・歴史的磁力であった。この点でバルセロナは磯崎にとって、東京のような「アンリアル都市」でもアメリカのディズニー・ワールドのような「ハイパーリアル都市」でもなく、「確実にリアルな都市*[32]」だった。ちなみに、ここで言う「リアル」は「場所が時空連続体として認識され、事物がそれを根拠として判断されている」世界、「アンリアル」は「連続体を根拠にできない現象が多数浸透し、その関係に混乱と転倒が発生している」世界、「ハイパーリアル」は「無根拠なものが仮空の法則を産出しながら支配する世界」である。[*33]

東京都新都庁舎の設計競技はサンジョルディ・パレスの実施設計最終段階と初期施工の時期にあたっている。磯崎による「超中層」新都庁舎案の巨大アトリウム――現代の「シティ・ホール」――にはバルセロナにおけるドーム効果に通じる発想を見ることができよう。バルセロナで市民たちのリアルな熱狂に接する以前に、磯崎は新都庁舎内の仮想のドームに崇高な「来迎」を幻視していたのである。では、バルセロナでの磯崎の体験はその幻視の正当性を証明したのだろうか。――そうではあるまい。リアルな都市・バルセロナでの市民の熱狂と、アンリアル都市・東京における「神なき超越性」の崇高な光に包まれた恍惚とは、まったく異なるものに違いないからである（ただし、バルセロナがたんにリアルなだけの都市でないこともまた、言うまでもない）。さらに、磯崎はバルセロナのドームを完成形態ではなく未完／崩壊の臨界状態で凍結させている。それはリアルな熱狂に思わずたじろいでしまう、アンリアル／ハイパーリアルな世界から来た建築家・磯崎の心理的な留保に対応していたように思われる。

サンジョルディ・パレスを喩えた「甲虫」という磯崎の言葉は、北九州市立中央図書館についてかつて語った「甲殻類」の比喩を思い起こさせる。「甲殻類」とはそこで、建築家自身にも解けぬ謎としての、自作建築物が孕む異様な他者性のイメージだった。このイメージに関して磯崎がカフカの『変身』に言及していたことを想起するとき、サンジョルディ・パレスという「甲虫」にもまた同じ連想が働いた可能性が浮上しよう。「甲虫」という言葉が現地で「ゴキブリ」と訳され、建築家の言葉として流布してしまったとき、磯崎はそれにあえて悪乗りしたという。この建築の敷地一帯は百年以上もバルセロナ全市民のゴミ捨て場――ゴキブリたちの棲み処――だったからである。磯崎のテクストは、「守護聖人の宮殿」をめぐる市民たちの熱狂にはあまりふさわしいとは思えない、こんな言葉で締め括られている――「いまだにこの建物の周辺はメタンガスが噴いている」[*34]。メタンガスとは地下に埋められた物質の変身した回帰である。バルセロナの都市的リアリティ――西欧的都市共同体の伝統――を寿ぐかに見えて、この建物もまた、磯崎の作品に執拗に付きまとう何か無気味なものの気配を漂わせているのである。

磯崎は最終案を見た現地の建築家から、サンジョルディ・パレスの大屋根は日本の寺院の屋根に似ているという指摘を受け、日本的な建築形式との対応関係にはじめて気づかされたという[*35]。すでに用いてきた「母屋」「庇」「孫庇」という言葉自体がこの対応にもとづいている。ただし、サンジョルディ・パレスの場合、この三層の形式は、パンタドーム構法によって屋根を地上で組み立てるために、断片化されたその形状をアリーナや観客席の平面形と可能な限り一致させる必要があったことに由来しており、最初から意図されたものではない。

だが、一九八七年以降、磯崎が木材を用いた建築を集中的に手がけていることは注目されてよかろう。武蔵丘陵カントリー倶楽部（現・さいたま梨花カントリークラブ）クラブハウス（一九八七）、ハラ・ミュージアム・アーク（一九八八）、東京キリスト教学園チャペル（一九八九）、由布院駅舎（一九九〇）、富山県立山博物館・遙望館（一九九一）といった作品群である。いずれも木を鉄骨の構法に置換することで近代建築を日本化する方式とは異なり、集成材や構造用材をそのまま露出させ、多くの場合、黒色の塗料《ステイン》で染めてしまう方法が取られている。磯崎はそれを「黒木造り」と呼ぶ。この場合の「黒木」とは丸太のままの状態の意味ではなく、非都市的・田園的なもののメタファーであり、磯崎が好んで使う粗石積み《ルスティカ》に通じる（カントリー倶楽部のクラブハウスでは両者がともに用いられている）。この視点を拡張すれば、サンジョルディ・パレスもまた「黒木（ルスティカ）造り」なのである。[*36] 大きさの異なる三つの部分球が接合された形態の、米松集成材からなるチャペル・ドームや、同じ集成材による遙望館の船底を伏せたかたちの大屋根——黒い玄昌石葺き——には、バルセロナを思わせる「起《むく》り」が認められる。ちなみに、遙望館は霊山・立山を信仰する女人信徒たちが女人禁制で立ち入れない立山を拝むための施設「おんば堂（うば堂）」の跡地に建てられ、かつての儀式を擬似体験する体験型映像ホールである。ドームに通じる一種の宗教施設と言ってよかろう。

甲虫のようなサンジョルディ・パレスとそのパンタドーム構法、さらに遙望館の起《むく》り屋根の系譜上にある磯崎の作品として、竣工はやや後年（一九九八年）になるものの、ここで「なら100年会館」に触れておきたい。これはJR奈良駅西口の再開発および市制百周年事業の一環として一九九二年に実施された「奈良市民ホール」国際設計競技で、磯崎がハンス・ホラインらと競い、当選した案による作品である。

完成した建物平面はかなり細長い楕円(長径一三八メートル、短径四十二メートル)で、その長軸は平城京の条里制における南北軸に沿っている。外壁断面は垂直方向に緩やかに彎曲して起《むく》りのある――下方で曲率が大きく、上方で小さい――クロソイド曲線、それを水平に断ち切る屋根の高さは二十四・八メートルである。建物の楕円を南端を支点にわずかに東へ回転させた位置にエントランス用の外壁が造られた。内部には約一七〇〇人収容の多目的大ホールと二重のガラス板で囲われた約四五〇人収容の中ホールがそれぞれ南と北に位置する。外壁の構造は鉄骨で補強されたプレキャスト・コンクリートパネルで、壁面内側は打ち放し面のまま、外側は燻し瓦風のタイルによって滑らかに処理されている。結果として、建物全体はほとんど開口部のない、堅い殻で閉ざされた単一のオブジェクトに近づいている。水戸のタワーが昇龍、バルセロナの大屋根が甲虫であるとすれば、これは外部からはまったくうかがい知れない出来事が内部で生じている蛹、ただし、化石のように固まった外皮をもつそれと言えようか。

外壁は一二〇個のコンクリートパネルを上下に分けた合計二四〇個のパネルに分割され、パンタドームの蝶番をなすヒンジラインはその頂部・中央部・脚部に設けられた。まず楕円形の屋根全体が地上で組み立てられ、次に外壁下部のパネルがコンクリートの土台に第三ヒンジで取り付けられる。続いて外壁上部パネルが第一ヒンジで屋根と、第二ヒンジで下部パネルとセットされる。この段階までに内外装はできるだけ完成させておく。以上の組み立てや仕上げが完了したのち、油圧ジャッキと仮設支柱を用いて屋根と外壁は一気にリフトアップされる。その後、外壁パネル同士がたがいにボルトと熔接で接合されて建物は完成する。なお、この細長い建物では大ホールと中ホールの中間にある二重隔壁が水平にかかる力に対する抵抗力の要であり、これらの障壁の建造についてもパンタドーム構法――名づけて「パンタウォール」――が適用された。磯崎はサンジョルディ・パレスと同様に構法の痕跡を残すため、頂部第一ヒンジライン沿いにはスカイライトを設け、第一および第二ヒンジの部材はそのまま見えるように残している。

リフトアップは一九九七年十二月初めに行なわれた。その間の一般見学者は延べ三千人に達したという。これまでのパンタドームが鉄骨構造、とくにスペース・フレーム中心だったのに対して、なら100年会館ではプレキャスト・コンクリートパネルのため、リフトアップにおける重量感の違いは一連の過程を記録した写真からも感じ取れる(なお、その総重量は四六六〇トン、バルセロナは屋根と鋼材の合計で三九五〇トンである)。それは押し潰されて屈曲した細長く巨大な桶――木村の言う、模型が壊れる寸前の「論理的に合理的な最終形態」――が徐々に圧力を跳ね返し、元の姿に必死で戻ろうとするかのようだ。下部パネルが斜め七十度ほどの角度で立ち上がった状態を楕円の頂点方向から撮影した写真では、屋根を胴体にした巨大な蜘蛛のような生物が、これから第二ヒンジの関節を伸ばして迎えようとしている「メタモルフォーゼ」の瞬間にも見える。完成形態の外観が堅く閉ざされて内部をうかがわせない仮面に似た印象を与えるのに対して、そこに至る途中段階はあたかも、二四〇本の柱をもった巨大な門が――開口部は楕円の北端と南端である――、古代奈良の条里制南北軸上にほんのつかの間、屹立したかのようなのである。

このリフトアップ中の形状こそは、同じ土地に建つ東大寺南大門へのオマージュではないだろうか。磯崎は設計競技時の案をめぐり、日本では奈良という都市だけがもつ超人間的スケール、東大寺や唐招提寺の人間を超えたスケールを手がかりに、建築物の全体を単純なオブジェクトにすること、こうした「古代の力」との関係を通じて、「〝構築する意志〟それをひとつの強度を持ったオブジェクトとして街の中に存在させること」[*37]というアイディアを語っている。この基本構想に応じ、建物外殻の形態は寺院の大屋根の曲線を模す[*38]と同時に、オブジェクト全体として、大きな瓦が載った東大寺の屋根に対抗しうるスケール感が与えられた。[*39] 磯崎はさらに、「寡黙な量塊」をなす「なら100年会館」の完成形態について、「重源が中世の〔東大寺〕再建時にイメージしたような気分を再現している」[*40]と述べ、東大寺南大門に漲っているような「構築力」に溢れるものをいつか造らねばならないという決意を語ったうえで、[*41]この建物のパンタドーム構法に言及し、「構築力がまったくちがったレベルでみなぎったものにしたい」[*42]と吐露している。以上の点からすれば、南大門との関係性は全身が寡黙な仮面のような「単純なオブジェクト」と化した完成形態よりもむしろ、パンタドームがもっともダイナミックな形状を取るリフトアップの過程で開示されたのではないか。

磯崎はのちに、南大門とは「暴力的で野蛮」であり、どだい「無理な架構」なのだと語っている。[*43] それが「無理」であるとは、木村が指摘していた意味で、リダンダンシーのない、壊れる寸前

16-3. リフトアップ中のなら 100 年会館

の「最終形態」として、構造に流れる極限的な力を触知可能にしているということであろう。「構築する意志」とはこの「無理な架構」を「暴力的」に実現する意志である。そこに「〈建築〉の力」が感受される。その力を若き磯崎が体験したもうひとつの建築物が、工事現場でピロティだけが立ち上がった状態の広島ピースセンターだったことが思い合わされる。それは工事中であるがゆえに廃墟のように見える物体だった。磯崎にとっては、その異様な物体が「理不尽に」立ち上がっていたことこそが、丹下を師とする決定的な契機だった。

磯崎は重源の門と同じ奈良の地で、「無理」かつ「理不尽」に見える巨大極まりない「門」を、広島ピースセンターのように工事中の状態ですっくと屹立させたのではないだろうか。東大寺の伽藍や門は条里制の町割りに沿って南北に配置されているから、南大門となら100年会館のこのかりそめの「門」の両者はいずれも、平城京の時代の南北軸を跨いでいる。思えば、川口と最初に組んだ大分県医師会館旧館がすでに、東大寺南大門を意識した「門」だった。言うまでもなく、パンタドーム構法自体は重量ある構造体の合理的で安全なリフトアップ法である。ここで指摘したいのは、リフトアップのパフォーマンスにおける形状もまた、この建築物の重要な一形態であり、じつはそこにこそ重力／反重力の相克を如実に演じる、「構造の力線」のドラマがあったのではないかという点である。その途中形態こそは暴力的な「構築する意志」を体現する、野蛮な「黒木(ルスティカ)造り」の貌なのである。

この「門」は一週間ほどで完全に閉ざされ、外部に対して堅く沈黙する仮面だけがそこに残る

（屋根周辺のスカイライトやヒンジの部材は、リフトアップを可視的に記録する痕跡ではあっても、所詮ディテールに過ぎない）。同時期の磯崎の建築に共通するこの仮面性については改めて検討しよう。それはバルセロナのようなリアルな都市における大屋根では――「甲虫」という比喩が暗示するとは言え――まだ稀薄だった性格である。奈良は古代の条里制や建築物を参照できる限りではリアルな都市なのだが、再開発という文脈で求められた「奈良市民ホール」はアンリアルないしハイパーリアルな次元を含まざるをえない（じつはバルセロナにおいても事情は同様であろう）。仮面性はおそらくこうした次元の分裂に対して〈建築〉が身を守る防御の盾なのである。逆に言えば、その防御姿勢が一瞬解かれた、あのリフトアップの数日間だけ、磯崎の〈建築〉はなまなましい素顔を見せていたのだ。

一九八〇年代を総括する水戸芸術館とバルセロナに始まるパンタドームの系譜に続き、一九九〇年前後の磯崎作品におけるハイパーリアル都市の建築に眼を向けなければならない。バルセロナのドームが日本建築・黒木造りの面影を帯び、東大寺南大門に対するオマージュが最新の構法でつかの間出現したのに匹敵する出来事が、ディズニー・ワールドという極めつきのハイパーリアル世界に生じていた。それはおそらく、リアル／アンリアル／ハイパーリアルという次元の区分を食い破る、無気味な〈建築〉の力の表われにほかならない。

第17章　ひもろぎ／コーラ、仮面的形式《テンタティヴ・フォーム》の場

一九八四年にウォルト・ディズニー・カンパニーのCEO（最高経営責任者）職に就き、凋落していた同社を再興したマイケル・アイズナーは、マイケル・グレイヴスや磯崎といった著名建築家たちを起用した自社建築物による社会的イメージの刷新を目論む。グレイヴスはフロリダ州オーランドのウォルト・ディズニー・ワールドにスワン＆ドルフィン・ホテル（一九九〇）を建てている。これは巨大な白鳥とイルカの像を二棟の大棟の両端にそれぞれあたかもシャチホコのように据え付けた、歴史主義的ポスト・モダニズムとすら言えないような建物である。磯崎はアイズナーから同じオーランドの地に、ディズニー本社のほか系列会社が集まるオフィスビル、「ティーム・ディズニー・ビルディング」の設計を委ねられた。MOCAの実績に加え、歴史あるブルックリン美術館増改築計画を担当することも決まった磯崎は、ディズニーにとってハイ・アートの文化価値を自社の

ために利用できるブランド建築家だったのであろう。

オーランドの一帯は内陸の湿原であり、ディズニー社が所有する広大な土地に設計の手がかりとなる文化的コンテクストはほぼないと言ってよい。敷地の境界線すら存在しないに等しい。そこで磯崎は平坦な土地に南北軸を設け、地上四階の二つのブロックをその軸に正確に沿わせることにする。これらを両翼とする中央の巨大な円錐台《コーン》に食い込むように、鮮やかな色彩と模様の直方体や立方体のブロックが配置され、メインエントランスもそこに位置する。コーンの内部は天井が抜けた中庭となり、そこに通じるメインエントランスホールの正面にはミッキーマウスの耳の輪郭を抽象化したかたちの「ミッキー・キャノピー（大庇）」が設けられている。建物全体は人工池に挟まれ、水中から浮かび上がったかのように、東西の壁面が水面すれすれから立ち上がることにより、実像と鏡像が連続して見える（その後、東側の池は埋め立てられた）。

磯崎はコーンを巨大な日時計と化し、「時間」をこの建築のテーマにすることを思いつく。それは南北軸に沿った建物が必然的に太陽の運行と関わりをもつがゆえに可能になったアイディアだった。磯崎はこの着想をルイス・カーン設計のソーク生物学研究所（サンディエゴ（一九六五））中庭の軸線と関連づけている（磯崎は一九九一年から始まるカーン回顧展の展示計画を担当していた）。その軸線は昼夜平分時《イクノクス》（春分・秋分）に太陽が沈む方角を正確に向いている。カーンもまた手がかりの乏しい土地で、太陽の運行にもとづく基準線を引いていたのである。

天空に向かって大きく開いたコーン頂部には先端が球状になった黄色い針が突き出し、その球が壁面や床に落とす影によって太陽時を知ることができる（太陽時は現地の時間とは一致せず、そのずれは季節によって変化する）。内壁に青く描かれているラインは、昼夜平分時《イクノクス》・夏至・冬至に針の影が辿る軌跡および正午を中心にした毎正時を表わしている。同じ線はコーン外壁の模様にもなっている。このように、ここではコーンが太陽光の「受容器」と化しているのだ。[1]「時間」というテーマを表わすため、アインシュタインの「時間とは時計が示すものだ」といったエピグラムが中庭のプレートに刻印された。

直径約三十六メートルの中庭には現地の河原石が敷き詰められた。その大きさ——鈴木博之の言葉を借りれば「ゴロゴロとした赤ん坊の頭ほどの丸石」[2]——を決めるに際して、磯崎は伊勢神宮古殿地の玉石を思い浮かべたという。[3]写真家の藤塚光政はこの中庭の石を踏んで歩く音がコーンに反響するさまを雷鳴に喩え、他方、鈴木はそれを「賽の河原」の「この世ならぬ響き」[4]と呼んでいる。磯崎は「世界観模型」としての日本の庭を論じるなかで、こうした小石や白砂が敷き詰められた空間はカミが降臨する「ひもろぎ」——ここでは依り代としての樹木ではなく聖域の意——であり、小石敷が「石浜」と呼ばれるように、それらは「うみ」のメタファーだったと言う。[5]米国南部の湿原地帯に造られた人工池のただなかに建つ建物の中心部に、磯崎はもうひとつの「うみ」を設けたのだ。そこは「ひもろぎ」としての「斎庭《ゆにわ》」だった。

「にわ」としてのフォーラムをもつ、つくばセンタービルを思い起こしてほしい。そこに日本的な要素の引用がないことを批判したのはグレイヴスだった。隈研吾はこのティーム・ディズニー・ビ

17-1. ティーム・ディズニー・ビルディング中庭。「Time is what a clock measures（時間とは時計が示すものだ）」というアルバート・アインシュタインの言葉を刻んだプレートが見える。

ルにおける「にわ」に「日本的手法」を認め、グレイヴスの批判に対する磯崎の「復讐」をそこに見ている。[*6] しかし、これは経緯からして当初から意図的な引用だったわけではないし、それをあえて「日本的」と呼ぶことが適切とも思えない。むしろ、つくばにおけるカンピドリオ広場の引用と同じく、「ディズニーに伊勢神宮を裏返して使う」がごとき、徹底して無根拠な転用ととらえるべきではないか。

ただし、そこに一種の「ひもろぎ」と見なしうる古代的な形式への参照があることは見逃せない。日時計が表わす太陽との関係もまた、夏至の日の出に対応する軸をもつストーンヘンジをはじめとする、原始的・古代的な建造物を連想させる。磯崎は一九八九年の多木浩二との対談で、スピードや消費といった資本やテクノロジーの論理を一切合財消そうとするとき、建築家は幾何学的形態や「動かないもの」に無意識的に向かうと述べている[*7]――フェイクの極みであるようなディズニー・ワールドで何万人もの人びとが時間を「潰す」ことによって時間に「耐えている」ように見えるかたわらで、その世界を作り上げている会社のオフィスの中心に、「太陽の影」という――不変という意味で――「もっとも動かないもの」を自分は仕込んだのだ、と。そこには、スピードに支配された娯楽資本に奉仕する労働空間のただなかの原始的・古代的な不動性という、まったく矛盾した複数の時間が衝突し合うアナクロニスムがある。

この中核施設に対して両翼をなすオフィス棟について、藤塚は刑務所のプランに似ていると指摘している。[*8] 中央軸上のアトリウムのおかげで非常に明るく、ソル・ルウィットの壁画が各所で視覚的刺激を与えている内部空間の透明性は、囚人を可視化することに最適化された刑務所のパノプティコン的透明性に通じてしまうのだ。そしてそれはまた、東京都新都庁舎案のあの「汚れなき」透明な可視性でもある。いみじくも磯崎は、ディズニーに通じるプランを最初に考えたのは新都庁舎の設計競技においてだったと語っている[9]。上空から強烈な光が射し込む新都庁舎アトリウムにおける「来迎」にあたるものが、オーランドの湿原聖地ではコーン中庭の「ひもろぎ」における太陽時の観照であり、この「賽の河原」に轟く雷鳴が告げるカミの降臨なのである。

　磯崎は中央にコーンをもつ横長の軀体が水に浮かぶかのような形状を大洋航路船《オーシャン・ライナー》に喩えている。コーンの形態にフロリダに存在する原子力発電所の冷却塔とのアイロニカルな類似を見る解釈もある。ロンドン南部に存在した石炭火力発電所の冷却塔内で撮影されたという、映画『未来世紀ブラジル』（一九八五）で主人公が拷問を受けるシーンを、その内部空間に重ねることもできるだろう[10]。また、中央に求心性のある空間——コーン——を挟み込む建築的布置には、新古典主義以降の建築史に参照例が数多くあることを磯崎も認めている。しかし、これらはいずれもこの建築物に与えられた形式の根拠にはなりえない。磯崎が言うように、「雑多な参照が可能であったということは、実はその形式が必然性と呼べるような理由がなく、無根拠である証拠にもなる[11]」。

　形式は無根拠であり、空虚なのだ。だが、だからと言って、ハイパーリアルなディズニー・ワールド自体を根拠にするとグレイヴス流のキッチュとなり、他方、普通のオフィス・ビルを建てたのでは、モダニズム建築という別種のキッチュに見えてしまう。そこで必要となるのは、「いっさいが無根拠であることを知っていながら、その間隙を突破するためのプロジェクトを組みたてること」[*12]だと磯崎は言う。その結果として、南北軸の設定に伴う太陽の運行との関係が日時計の発想を生み、さまざまなメタファーを引き寄せながら、具体的な建築物が作り上げられてゆく。しかし、「その思考の過程で絶対的な定点がないために、「不気味なるもの」「おぞましいもの」への恐れに常にさらされる」[*13]。逆に言えば、「不気味なるもの」「おぞましいもの」へのこの恐れと不安こそが、ティーム・ディズニー・ビルディングをキッチュへの転落からかろうじて救っているのである。

「絶対的な定点」の不在のもとでいかにプロジェクトを組み立てるか――磯崎の抱える方法論的課題はそこにある。磯崎がその考察の手がかりとするのは、水戸芸術館を訪問したスペインの建築家イグナシ・デ・ソラ＝モラレス・ルビオーが用いた「テンタティヴなフォーム」[*14]という言葉である。ソラ＝モラレスはそれを水戸芸術館のタワーの「決定的ではない実験」という性質を表わすために使っており、磯崎の近作では水戸の塔のほか、サンジョルディ・パレスのドームなどをその実例に挙げたという。磯崎は「テンタティヴ」の含意を「試行、試案、仮説、実験的、不確実」「宙吊り状態」と列挙したうえで、テンタティヴ・フォームを「無根拠性を隠蔽するために採用された仮面」[*15]と呼んでいる。

ソラ＝モラレスは「テンタティヴ・フォーム」という言葉を、作品が現実に纏った形態について用いている。しかし、磯崎自身はそこに、より方法的な含意を加味していったように思われる。そのときこの「フォーム」には、丹下健三が「伊勢のフォーム」などと述べるときに通じる、カーンによる用法の意味が与えられたのではないか。磯崎はカーンの方法論を「建築のデザインとは表層的な形態を操作することではなく、対象となるべき事象が原初の兆候のなかから組織化されてひとつの制度へと転化していく際に、その契機をつくりだす形式を発見することだ」[16]と要約しているが、ここで言われる「形式」が「フォーム」なのである。根拠をもたない仮面的形式《テンタティヴ・フォーム》だけがプロジェクトを始動させうる。

そんな仮面として設定されたコーンを中心として、異質性を際立たせた形態と色彩が衝突するかのように蝟集したティーム・ディズニー・ビルディング中央部の構成に通じる感覚は、旧作の西日本総合展示場に隣接して建てられた北九州国際会議場（一九九〇）にも認められる。先行する展示場との連続性を感じさせる大きくうねった波形コンクリート・シェルの屋根が架かる低層部に対して、塔をなす部分は鮮やかな赤や黄色で塗り分けられた、素材・形態の異なるブロック群が不安定に入り組んだハイブリッドな構築物をなしている。内部は八階ほどの事務室なのだが、それが「無秩序でランダムで偶発的な結合状態にあるかのように」[17]（傍点・引用者）組み立てられた構成体内部に収容されているのである。西日本総合展示場が水のメタファーに統一的に導かれていたのに対して、この会議場は周囲の環境に介入・衝突して刺激をもたらすため、船や波、「血の流れる海」を物語る、断片化された複数のアレゴリーからなっている、と磯崎は言う。[18]

全体を統合するシステムに逆らい、それが存在しないかのように断片が蝟集したこのアレゴリー的構造体のテンタティヴ・フォームは、時を隔てて見るとき、同時代の脱構築主義《デコンストラクティヴィスト》建築との形態的類似性を否定できない。フィリップ・ジョンソンがマーク・ウィグリーと企画した一九八八年のニューヨーク近代美術館における「脱構築主義《デコンストラクティヴィスト》建築」展では、アイゼンマン、チュミ、コールハース、ザハ、ダニエル・リベスキンド、ゲーリー、そしてコープ・ヒンメルブラウの建築が展示された。他方、磯崎は北九州国際会議場竣工と同年に大阪で開催された国際花と緑の博覧会で総合プロデューサーを務め、会場に点在するフォリーの設計者にリベスキンドやザハ、コープ・ヒンメルブラウらを選んでいる。それは小規模ながら実際の建造物によって実現された、一種の「脱構築主義《デコンストラクティヴィスト》建築」展だったと言ってよいだろう（これに対し、この博覧会で磯崎自身は、フォリーの脱構築主義とは一線を劃し、左右対称の安定した形状をもつハイテックな国際陳列館および国際展示水の館を建てている）。

ここで一九九〇年前後における磯崎のプロデューサー的活動に眼を向けておこう。いずれも故郷・大分に近い九州におけるプロジェクトである。ひとつは福岡市の民間ディヴェロッパー福岡地所と組んだ香椎浜集合住宅の計画「香椎国際住宅展」――のちに「ネクサスワールド」と命名――である（なお、福岡地所社長（当時）の榎本一彦は若き磯崎のパトロンだった福岡相互銀行頭取・四島司の甥である）。磯崎はベルリン国際建築展（IBA）に参加して一九八六年に集合住宅を完成させた経験を有しており――左右相称で屋階両端にヴォールト屋根のある三層構造のオーソドックスな印象の建物――、このIBAの方法を踏襲して、国外の建築家たちを積極的に選定し、その相互の刺激から生まれる街作りを提案する。コーディネーターとなった磯崎がそこで選んだのは、日本国内からは石山修武のみ、ほかにコールハースやクリスチャン・ド・ポルザンパルク、スティーヴン・ホールなど、計六名だった。磯崎自身は前章で触れたツインタワーを担当し、六名の建築家たちには低層棟用に等分された敷地が与えられている。磯崎の意図は、参加建築家たちが集って一九八九年五月に開かれた「福岡国際建築家会議'89」における、「ノンプランニングというプランニング[*19]」という言葉が象徴的に表わしていよう。ありうるのは一定程度のコーディネーションのみであり、あとは流動的で不安定な都市的状況のもと、「起こるがままに起こるようにする」のが今回の「プランニング」である、と磯崎は述べている。

磯崎は当初、この国際会議の一部を玄界灘に浮かぶ沖ノ島で催すことを考えていたという。[*20]宗像大社の神領（御神体島）である。この神域への上陸は不可能だったため、実際には宗像大社の辺津宮で開催された。この辺津宮には古代祭祀の遺構である高宮祭場がある。ここは宗像三女神の一柱である市杵島姫神《いちきしまひめのかみ》降臨の地とされ、石積みだけで社殿はない。磯崎はこの石壇について、自分が見たなかで最大規模の「ひもろぎ」だと語っている。「間《ま》」展で取り上げた「ひもろぎ」の極めつきの実例を参加者たちに実体験させることが、宗像大社を会議の会場に選んだひとつの理由だったに違いない。

宗像大社の秋大祭では、沖ノ島の沖津宮と筑前大島の中津宮でそれぞれ神迎えの神事がなされたのち、百数十隻にのぼる漁船を従え、御神体を納めた神輿を辺津宮の「ひもろぎ」へ運ぶ海上神幸（みあれ祭）が行なわれる。磯崎はこの儀式のうちに古代の群島的な共同体の残存を見る。そして、たとえば福岡という場に世界から建築家を集めてともに建築物を作り上げる営みのうちに、島々の神々を「ひもろぎ」に迎える神事に通じる、群島的ネットワークの形成を見出すのである。このプロジェクトの場自体が「ひもろぎ」なのだ。「ノンプランニングというプランニング」という発想も、中心をなすマスタープランをもたない、個々の建築家というアクターの相互作用から生まれる群島的秩序への志向に由来すると言えるだろう。その秩序こそは、「ひもろぎ」のうちに降臨する「ひ（霊）」としての、仮面的形式《テンタティヴ・フォーム》である。

九州におけるもうひとつのプロジェクトは一九八八年に始まった「くまもとアートポリス」である。きっかけは磯崎が親交のあった当時の熊本県知事・細川護熙から、公共建築に対する行政のあり方を相談されたことだった。磯崎は公共建築の設計者を推薦するコミッショナーとしてそこに関わることになる。この背景には日本の自治体が行なう実績主義の発注方法が閉鎖的に硬直化し、若い建築家たちの参入を阻む障壁になっているという事態があった。くまもとアートポリスでは、市町村に該当する物件を登録してもらい、磯崎がそれに合った建築家を――たいていの場合にはそれぞれひとりだけ――推薦するという方式が取られた。その成果が、篠原一男の熊本北警察署や安藤忠雄の県立装飾古墳館、伊東豊雄の八代市立博物館・未来の森ミュージアム、妹島和世の再春館レディース・レジデンスなどである。多くの建築家たちにとっては、これがはじめての公共的な建築作品だった。クライアントがプライヴェートに発注した建築よりも、公金を使うがゆえにさまざまなチェックのフィルターが入る公共建築の社会性こそが世界的に見て建築を評価する一般的な基準であり、磯崎はそうした評価基準のフレーム内へ建築家たちが参入できる仕組みを作ったのである。

ここにもまた、全体を支配する面的なマスタープランは存在せず、アートポリスで発注される建築が点々とできあがることにより、個々の「点の強さ」――デザインの力――こそを通じた、事後的なネットワークの形成が目論まれた。これは福岡の場合と同様、群島的秩序の発想と言えよう。初期に完成した山本理顕による県営保田窪第一団地は社会的批判を浴び、ジャーナリズムで問題化したが、磯崎はこうした政治化こそがアートポリスを面白くしたのだ、と一連の経緯を肯定する。[*21]住民の反応や行政の対応を通じて、公共建築をめぐる制度そのものが影響を受け、変化を促されるからである。

磯崎は多木との対談で、自分が若い世代――槇文彦が「野武士」と名づけた一九四〇年代前半生まれの建築家たちをおもに指すと思われる――に悪影響を及ぼしたとしたら、公共建築がもたざるをえないラショナリティ――行政上の合理性――を建築の方法論から排除することではじめて「建築的なもの」が生まれると、問わず語らず言ったりやったりしてきたからかもしれぬ、と語っている。[*22]磯崎自身はその部分をぼかしながら、いろいろな手を使ってすり抜けて公共建築を手がけてきたが、後続世代は公共建築から排除されてしまった。その責任から今は、非公共的になってしまった建築家たちをコンペを通じて公共建築に参入させようとしている、と磯崎は言う。福岡と熊本のプロジェクトもまた、こうした「責任」に発するものだろう。

ここで「責任」と言われているのは、一九七〇年代の磯崎について語られる「都市からの撤退」

が与えた影響をめぐるものに違いない。じつのところ、磯崎自身はこの言葉それ自体を自分では用いていない。[*23] 第12章で北九州市立中央図書館に関連して触れたように、都市からの「後退」は語っているが、磯崎はそこでこの建物を後退に後退を重ねた挙げ句の「カウンター・パンチ」であり、都市という「母」を犯す侵犯行為の産物、すなわち、都市に対する攻撃的な介入と説明している。しかし一般には逆に、この建築をはじめとする一九七〇年代の磯崎の作品や手法論は都市との関係を断ち切る「都市からの撤退」と解釈され、都市的公共性から切り離された「建築的なもの」の追求と見なされて、そのことが結果的に大きな影響力をもってしまったのである。一九八〇年代末の磯崎はその「責任」ゆえに、設計競技の審査員やコーディネーター、コミッショナーとして行なうのはあくまで、ディヴェロッパーや知事から建築家の選定をほぼ全面的に委ねられた磯崎の個人的建築家の選定を通じて、都市への介入を積極的に行なう。ただし、福岡や熊本でそれを可能にした信用だった。その結果として、くまもとアートポリスは事業としては存続するものの、一九九八年にコミッショナーが交代したのち、おのずと性格を変えてゆくことになる。

群島的秩序は自然発生しない。まず「ひもろぎ」を設ける者、具体的には、都市や制度のなかに空隙を穿つ者が必要とされるのである。磯崎がその役割を担った福岡と熊本のプロジェクトはいずれも、日本におけるバブル景気の絶頂から破綻に至る期間に進行した。それらはこの時期だったからこそ可能だったとも言えるだろう。バブルが弾けたため、ネクサスワールドの二期目に予定されていた磯崎のツインタワーは計画案に終わっている。磯崎による都市への介入は一九九〇年代以降、おもにアジアにおける建築の地政学として展開されてゆくことになろう。

一九八九年にはベルリンの壁が崩壊する。一九九一年のソ連解体に至る冷戦終結のプロセスを象徴する出来事である。磯崎はこの一九八九年に、一九八四年から同人を務める雑誌『へるめす』誌上で、すでに幾度か参照した、「世紀末の思想風景」と題する多木浩二との連続対談を行なっている。一九九一年にそれが『世紀末の思想と建築』として書籍化される際、磯崎は序文にあたる文章で、一九六八年からの約二十年間を「世界的な停滞の期間」[*24]と呼んでいる（それはのちに「歴史の落丁」[*25]とも称された）。磯崎はまた、《建築》や《人間》といった形而上学的概念の「死」を宣言する、一九六〇年代に自己形成した自分やアイゼンマン、ホラインらは「「死《デス》」の世代」であり、この世代は「死」をはじめとする極点を設定して現在を見るがゆえのラディカリズムを志向する、と自己規定している。[*26] 磯崎自身は極点を仮定するこうした思考の結果、建築物を「廃墟」「成長」「変化」といった時間の相でとらえることになった。日本文化における「間《ま》」への注目もそこに由来する。

一九八五年の『ポスト・モダン原論』で磯崎は、一九六八年における世界的な文化革命を神聖ローマ皇帝カール五世の軍勢がローマに侵攻した一五二七年の「ローマ劫掠」——ローマという中心的権威の消失に伴うルネサンスの終わり——になぞらえていた。[*27] それに続くのがマニエリスムの時代であり、磯崎にとっての一九七〇年代以降にあたる。マニエリスム期に建てられたジュリオ・ロマーノによるパラッツォ・デル・テ（一五三四）への磯崎の強い関心はこうした時代的対応に由来している。「歴史の落丁」を語るとき、磯崎はおのれのマニエリスム時代の終わりをも告げているように見える。

多木との対談には或る思惑があった。磯崎が還暦を迎える一九九一年に開催される予定の、一九六〇年から一九九〇年までの作品を展示する回顧展に合わせ、あらゆる形而上学に「死」を宣告しようとした自分たちの世代が過去二十年の停滞状況のもとで格闘した軌跡を整理・検証することである。[*28] 同じく『へるめす』に掲載されたアイゼンマンをはじめとする建築家たちとの対談集『建築の政治学』(一九八九)のほか、一九七〇年代中期から一九八〇年代後半に書かれた論考をまとめた二冊の著書『イメージゲーム――異文化との遭遇』『見立ての手法――日本的空間の読解』(ともに一九九〇)を磯崎がこの時期に刊行していることも同じ趣旨であろう。つくばセンタービルの設計直前から手がけられていた翻訳『ウィトゲンシュタインの建築』がようやく一九八九年に書籍化された点にもまた、磯崎の「内部風景」を支配する「同一性の罠」――〈建築〉の罠――をめぐる、建築と哲学を横断した問いの一里塚を認めるべきかもしれない。

他方、冷戦構造の終焉やそれに伴う政治的な変化自体が磯崎の思考に大きな影響を与えたようには見えない(より決定的な切断は阪神・淡路大震災をはじめとする事件が集中した一九九五年に訪れる)。当時の磯崎にとって、さしあたりの問題は、依然として次の点にあった――「「死」を宣告したはずの大文字となった形而上学は、いまでは全部復活しています。私は大文字の《建築》をあらためて引きだそうとしています。死刑宣告してもまったく刑は執行されていないので、これをもういちど見なおさねばならぬと感じたからに過ぎません。問題を混乱させているのは、それを引きだす際に、かつて消滅していたはずの数々の亡霊も一緒に立ち現われてしまうので、それを区分けする手間がかかって、あげくに本体まで見えなくなる、こんなまどろっこしい事態ができあがってしまいました」[*29]。

すなわち、二十年間の停滞期とは殺した筈の《建築》が秘かに生き延びていた潜伏期だったわけである。磯崎はそれゆえ、この残存する《建築》をもう一度法廷へと召喚しなければならない。だがそのとき、消滅に委ねられるべき亡霊たちと《建築》は峻別できるのだろうか。《建築》こそがいったん死んで復活させられた——磯崎によって黄泉の国から呼び戻された——極めつきの亡霊ではないのか。

一九九〇年の一年間、『新建築』に連載された論考「《建築》という形式」はこの腑分け作業ないし黄泉からの招魂の儀式である。第一回の冒頭、磯崎は《建築》を「大文字の建築」を表わす表記とし、《》の記号を用いることによって発生するメタ・レヴェルへの概念の垂直的移動と、建築というジャンルを逸脱する横滑りの水平的移動という二方向の思考的運動を指摘している（なお、この時期の磯崎はおもにこの《建築》という表記を用いており、ここではそれに従うが、のちには〈建築〉と書かれることも多く、二種類の表記に意味の違いはないと見てよい）。

磯崎によれば、《建築》とは「形式」にほかならない。それはひとつのジャンルを構成し、ジャンルはそれ自体の「掟」、すなわち広義の制度を有する。磯崎の目標はあくまで建築の具体例を介して、この「掟」の作用を解明することにある。「形式」それ自体は普遍的・一般的な論理の可視化でありうるが、ここでそれはあくまで建築の特殊性に即して扱われる——「形式を《建築》と等置することによって、建築の生成する機制でありかつ方式でもある、伝統的にポエティックスと呼ばれる部分にそれを接続したいと考えている」[*30]。

出発点とされるのは具体的な建築物であり、とくにそれが成立するに至る紆余曲折したプロセスである。形式としての《建築》はそこから事後的・帰納的に発見される詩学の原理なのである——「だからこのエッセイは必ずしも最初から整理された理論として記述されない。むしろ、その整序された方法に他者がいかに介入し、混乱を招き、時に挫折し、失敗を繰り返しながら、その方法から限りなく逃れていくかについて語ることになろう。ポエティックスの所在は、完成した建物の厳密な解釈学的記述にあるのではなく、この混沌とした発生中の事件のさなかにこそみいだせるはずだからである」[*31]。以上の理由により、連載時には磯崎の作品やプロジェクトに関する情報が雑誌に同時掲載されている。

連載初回に明確に提示されている重要な指摘は、《建築》が歴史に登場したのは一七五〇年頃である、という歴史認識である。この時代までは古典主義建築として具体化されていた建築物そのものを語ることで十分だったのに対して、ルネサンス以来のそうした自動的展開が十八世紀半ばに飽和状態に達して停止する危機が発生し、メタ概念としての《建築》が要請されることになった——「ひとつのプロブレマティックを組みたてて、プロジェクトをすることによって、初めて建築的言説は成立するが、その意図を欠くと単なる建物にしかならないという、近代という時代が知の全領域に要請した共通の課題を建築も引き受けることになった」[*32]。

問題となる十八世紀中期、建築家は古典主義以外の建築言語の存在を認め、限定された規範からの逸脱を始める。その例として挙げられるのが、ロージエ神父による「原始の小屋」への建築の還元（『建築試論』〔一七五三〕）、ヴィンケルマンによる古代ギリシアへの遡及（『ギリシア芸術模倣論』〔一七五五〕）、パルテノン神殿よりも重厚なパエストゥム神殿をはじめとする原ドリス式への考古学的関心、エドマンド・バークによる「崇高」の美学（『崇高と美の観念の起原』〔一七五七〕）、「ピクチャレスク」なものへの建築の還元、フィッシャー・フォン・エルラッハ『歴史的建築の構想』〔一七二一〕における さまざまな様式のカタログ化、ピラネージによる古代ローマ建築の想像的復元、ルドゥやブレの幾何学的形式を露出させた建築案などである。古典主義様式は数ある建築言語のひとつでしかなくなり、以上のすべてが建築であることを主張できるようになった。磯崎はそこに《建築》というメタ概念が形成されたと見るのである。十九世紀から二十世紀にかけて生じた、テクノロジーの産物である工業製品や機械の建築的言語への導入という、近代建築の問題構制《プロブレマティック》もこの流れに連なっている。磯崎によれば、歴史的な退行性・非連続性・重層性を特徴とするポスト・モダニズムは、先に挙げた二百年あまり前のプロブレマティック群の再演と見なしうる。

磯崎は連載初回にこう書いている――「やはり《建築》は立ちあらわれてくるということである。避けるわけにいかないだろう。〔中略〕《建築》は問うつもりがなければ立ちあらわれない、いささかやっかいなものでもある。忘れていればそれですむ。だが、もしプロジェクトを構成し、これに建築的言説を組みこんだなら、それは自動的に《建築》とかかわってしまう」[33]。「忘れていればそれですむ」のであれば、忘れていればよい。磯崎は、しかし、《建築》の存在を忘れることができないのであり、《建築》を問うことを避けるわけにいかないのである。そこで問題になるのは《建築》を問わずにはいられない「建築家」とは何者かであり、磯崎はそれを翌年から『へるめす』における連載「他者としての建築家」で自問することになるだろう。

　注意しなければならないが、《建築》はかつての古典主義的建築言語のように模範となる絶対的基準ではなく、それに引き当てて建築物の評価を可能にする価値基準とは無縁である。このメタ概念は「プロジェクトを組みたてえたときに初めて姿をあらわし、プロジェクトが消えたら必然的に無効になる」[34]といったものなのだ。《建築》のこの性格を表わす言葉が「テンタティヴ・フォーム」にほかならない。一面でそれは外的諸条件やテクノロジーのほか、偶発的な「他者」の介入の結果として生じる一回限りの具体的「形態《フォーム》」なのだが、同時にまた、そのプロジェクト限りの問題構制《プロブレマティック》として仮に設定される「形式《フォーム》」でもある。

　この『新建築』の連載で磯崎は「建築型《ビルディング・タイプ》」の解体《ディコンストラクション》＝構築に強い関心を寄せている。その理由は、紋切型《ステレオタイプ》化した建築型《ビルディング・タイプ》とは、《建築》の枠外にある都市が「自らの内側に抱えこむ見えない制度を〔建築との〕相互の接触をつうじて可視化したもの」[35]であるがゆえに、その解体《ディコンストラクション》＝構築はおのずとこの「見えない制度」の再編成にも繋がるからである。建築型《ビルディング・タイプ》の解体《ディコンストラクション》＝構築におけるテンタティヴ・フォームの発明・発見による《建築》という形式の追求は、したがって、けっして「都市からの撤退」ではなく、都市的制度へのラディカルな介入となるのである。

ここにはさらに、リアルな都市のアンリアル化、さらにはハイパーリアル化という変化が加わる。バブル景気下の日本をはじめとして、マネーゲームによって蹂躙され、実態から剝離したイメージが過剰流動するアンリアル都市では、いっさいが虚構であることを前提に虚構として組み立てられた、「捏造《フレームアップ》された主題[36]」が必要とされる、と磯崎は言う。そんな虚構的主題を操作する「イメージゲーム」によって建築家は都市へと介入し、そのことが都市をよりいっそうアンリアル化する。ティーム・ディズニー・ビルディングにおける南北軸の設定に発し、コーンが日時計となり、時間が全体の主題と見なされるに至るプロセスは、極めつきのハイパーリアルな世界におけるそんなゲームにほかならない。

しかし、ではなぜ、そこでなお《建築》が呼び出されなければならないのか。アンリアル都市において場所《トポス》がその場所性を失い、建築がそこに根拠を求めえなくなった状態のもとでは、「建築的(論理的)構築物[37]」を成立させる別の何ものかが不可欠だからだ、と磯崎は述べる。ここで「論理的」と言われるのは、虚構を通じて生み出される仮面的形式《テンタティヴ・フォーム》であっても、その内部には一定の「合理性《ラショナリティ》」が保持されると考えるからである。逆に言えば、この合理性の論理こそが《建築》を出現させる。もとより、その「論理」とはアンリアルな虚構の論理、論理それ自体に向けられた解体《ディコンストラクション》=構築の論理以外のものではなかろう。

《建築》という「形式」をめぐる磯崎の考察が建築と論理、すなわち、哲学的言説との関係を問うに至る実践上の必然性は以上で明らかだろう。磯崎はさらにより理論的な課題として、哲学的言説が建築を論証的に基礎づけるのではなく、《建築》というメタファーのほうが哲学を基礎づけているという「転倒」に注目する。これは柄谷行人の『隠喩としての建築』およびドゥニ・オリエのバタイユ論（英訳題名はAgainst Architecture――「建築に抗して」）のテーマである。

磯崎はそこで、柄谷からはゲーデルの不完全性定理に由来する論理体系の「決定不能性《アンディサイダビリティ》」の概念を、オリエからはバタイユが論じた《建築》の支配に対する「違 犯《トランスグレッション》」の発想を、建築固有の論点として引き受けようとする。決定不能性に関係づけられるのがテンタティヴ・フォームの虚構的暫定性である。他方、バタイユ的違犯については、それが攻撃の標的とする人像的形象主義《アントロポモルフィスム》との関係が問われる。

円と正方形に内接する男性像を描いたレオナルド・ダ・ヴィンチのいわゆる「ウィトルウィウス的人体図」に象徴されるように、ルネサンス期の人文主義による古典主義建築の解釈では、《建築》と《人間》とが分かちがたく結びつけられていた（ちなみに、これに先行するヨーロッパ中世の教会建築とキリスト教神学体系との照応は「神像的形象主義《テオモルフィスム》」と呼ばれる）。その流れは人体比例をもとにしたル・コルビュジエのモデュロールのうちにも生き続けている。では、《建築》におけるこうしたアントロポモルフィスムへの「違犯」をいかに行なうべきか。

そのための補助線を磯崎は、柄谷の論じる「決定不能性」とも深く関わるデリダとアイゼンマンが、チュミの依頼によってラ・ヴィレット公園で試みた共同作業「コーラル・ワーク」に求める。*38

デリダはそこで、対話篇『ティマイオス』における宇宙論でプラトンが語っている「コーラ」の概念を取り上げている。コーラとはあらゆる生成の受容器として、つねにあらゆるものを受け入れながら、そこに入ってくるいかなるものとも類似したかたちをけっして取らない、或る「場」である。『ティマイオス』ではコーラが、穀物が箕《み》（ふるい）によって選り分けられてゆくように、火・水・空気・土の四元素を不規則に揺すって選り分ける容器として語られている。この「箕」というイメージが暗示するのは選別・濾過が起こる揺れ・震動なのだが、その運動によってもこのコーラという場自体は動じることなく、決定されることもなく、かたちもなさぬままに留まる——こうした考察を踏まえ、デリダはアイゼンマンに対して具体的には、グリッド状の網目構造のパターンを提案する（もっとも、このパターン自体はむしろアイゼンマンがすでに建築で多用してきたものだった）。ちなみに、この「コーラル・ワーク」のプロジェクトは最終的に破綻しており、そこに至るデリダ、アイゼンマン、チュミ三者間の関係については東浩紀による考察がある。*39

コーラが磯崎の《建築》論にとって重要なのは、それがトポスではない「場」の概念であり、解体＝構築《ディコンストラクション》の論理を内在させているからである。トポスが可視的に劃定されるリアルな場所であるのに対して、コーラは輪郭が曖昧でとりとめなく変化し、感覚によってはとらえきれない。歴史的・文化的な意味が固着したトポスに比べ、コーラは非限定的・非定着的な場であるがゆえに、決定不能な宙吊り状態における《建築》にはより適切な概念なのだ。建築の分野で言えば、トポスとしての敷地にはコンテクストや地霊（ゲニウス・ロキ）に着目する方法がふさわしい——「いっぽうで、その意味を剝離させ、非定住化させ、共同体の帰属を消失させ、ひたすら文脈の破壊を進行させるには、場《コーラ》の概念がより有効に作用するだろう」[*40]。磯崎にとってコーラは、ポスト・モダニズム的歴史主義のコンテクスト至上主義や地霊《ゲニウス・ロキ》論に対抗するための戦略的な概念だったのである。

だが、それだけではない。コーラが四元素を揺すって選別する容器とされていた点に注目してほしい。『ティマイオス』において火・水・空気・土の四元素はそれぞれ正四面体、正二十面体、正八面体、正六面体というプラトン立体に対応していた。プラトン立体やそれに準じる幾何学立体を自作に用いてきた磯崎は、敷地がもつトポス的な意味とは無関係な建築形態を、一見したところ無根拠に選択させる「場」の作用に、コーラの箕に似た働きを認めたのではないだろうか。また、多木との対談で磯崎は、自分のなかにインプットされた情報を「搔き混ぜるメカニズム」が「かなりいい加減に活躍するからおもしろい」と語り、この「攪拌のメカニズム」に自分という建築家固有の「形而上学」を認めていた[*41]。磯崎がここで言う「攪拌」もまたコーラ的な箕の運動に通じていよう。

さらに、ティーム・ディズニー・ビルディングのコーンを太陽光の「受容器」と呼んだとき、磯崎はこのコーン全体を「箕」としてのコーラに見立てていたのではなかろうか。もしそうだとすればそこは、「ひもろぎ」とコーラという、いずれも非場所《アンチ・トポス》的な場が重なり合うテンタティヴ・フォームだったのであり、雷鳴のごときこの世ならぬ響きと太陽に即した絶対時を示す影とが「降臨」する、もはやリアルでもディズニー的なハイパーリアルないしアンリアルでもない、《建築》固有の時空だったのである。

論考「《建築》という形式」に戻ろう。磯崎はコーラを《建築》に結びつけた議論へ向かうのではなく、アントロポモルフィスムへの「違犯」というテーマに立ち返っている。そのとき手がかりとされるのは、『ティマイオス』で宇宙すなわち自然のもとづく三つの究極的原理が、存在者の原型としての「イデア」、場としての「コーラ」のほかに、造形者としての「デミウルゴス」とされていた点である。このデミウルゴスとは何者か——

「デミウルゴスは職人や技術者で、靴屋や大工、すなわち建築家でさえある。この造形者は神であり父であり、創造者である。だが、いっぽうで理性《ロゴス》や秩序の賦与者ではあるが、必ずしも万能ではない。彼は存在者の永遠の原型であるイデアを眺めながら、すでに存在している素材を用いて世界を造形する。それはギリシャにおいては秩序づけることとして理解されていたが、世界を完全に支配することができない。場《コーラ》がこの秩序づけに抵抗して、宇宙に無秩序を生起させるからである。いわばデミウルゴスの形態の賦与作業は、場《コーラ》の非場所《アンチ・トポス》作用によって常に崩されていくことになる」[*42]。

アントロポモルフィスムやテオモルフィスムに代わる、決定不能性に取り憑かれたデミウルゴスによる建築形態生成の論理を、磯崎は「デミウルゴモルフィスム（造形者像的形象主義）」と名づける。具体的な人体イメージとの繫がりを含意するアントロポモルフィスムとは異なり、「モルフィスム」の部分は可視的類似性を意味するものではない。重要なのはあくまで、コーラ的な場——非場所《アンチ・トポス》——との不確定な関係のなかで、建築形態をとりあえず作り上げなければならない建築家のアレゴリーとしてのデミウルゴスであり、それが体現するポエティクス／ポリティクスの論理である。「デミウルゴス」が「他者としての建築家」の別名であることは言うまでもなかろう。《建築》をめぐる磯崎の形而上学的言説はこうして建築家の自画像たるデミウルゴスに辿り着いた。還暦を前に回顧展を組織しつつある磯崎にとってデミウルゴス論は、過去三十年の自作を通して「他者としての建築家」を発見する自己分析となる。アイゼンマンと共同で構想したプロジェクトであるAny会議が「誰でもない誰か」としてのAnyoneというテーマから開始されたのは当然だったのだ。Anyoneとは事後的に発見されるべきデミウルゴスの他者性そのものの名だからである。それゆえわれわれは次に、この会議で磯崎が浅田彰と演じたもうひとつの「コーラル・ワーク」に始まるデミウルゴス論を集中的に検討しなければならない。

第18章　建築（家）の両性具有的身体《ヘルマフロディトス》

造物主《デミウルゴス》は半陰陽だ。
——アルフレート・クビーン『裏面』

磯崎の回顧展「磯崎新 1960/1990 建築展（Arata Isozaki: Architecture 1960-1990）」は一九九一年三月から六月にかけてロサンゼルス現代美術館で開催されたのち、一九九三年まで東京ステーションギャラリーをはじめとする日本各地を巡回した。その後、構成を変えた「磯崎新　建築作品（Arata Isozaki: Works in Architecture）」展が一九九七年まで欧米の美術館を巡っている。自作の美術館で建築家が個展を開くのは異例のことであり、六十歳を迎える年にそれが実現できた事実は、磯崎が同世代のホラインやアイゼンマンと比べ、いかに数多くの建築を建ててきたかの証だった。

磯崎は一九九六年に刊行された『建築家捜し』のまえがきにあたる「序名」で、この展覧会は一九八六年に朝日賞を受賞したのち、新聞社の企画で始まったものであり、自分自身は回顧展などを行なうつもりはなかった、と書いている（ただし、磯崎の受賞は実際には一九八七年度である）。回顧展はプリツカー賞のような業績賞の授与と同じく、当人を精神的な引退に追い込むための策略にも思えたというのである。[*1] 磯崎自身には自分が「建築家」であることについても、その対象である《建築》についても、何の確信もなかった。そこでいわば開き直り、議論に値するような建物と計画案を開けっぴろげに提示したのがこの展覧会だった。

「磯崎新 1960/1990 建築展」は次の五つのセクションから構成されている——「I　空想の懐胎」「II　建築家の誕生」「III　カタストロフィー・ジャパン」「IV　世界市民としての建築家」「V　ハイパーテック TOKYO」。「空中都市」の計画群や「コンピューター・エイディッド・シティ」を取り上げたIから、日本国内の作品に限定されたIIおよびIIIのセクションまではおおよそ時系列に沿っている。第IIIセクションのタイトルは「つくばセンタービル」を念頭に置いたものだろう。IVのセクションにはMOCAをはじめ、海外に建造・計画された作品が集められている。第V部はセクション名が示すように、新都庁舎案など、東京を舞台とする計画群である。

磯崎はここで三十年間の業績から計画案を含む三十の建築作品——「空中都市」や住宅などはグループでひとつと数える——を選び、その各々について、作者によるコンセプトの要約と象徴的なイメージを合わせたシルクスクリーン、ドローイングなどの平面作品、木製スケール・モデル（大部分は二〇〇分の一）、そして、実物写真およびヴィデオのハイヴィジョン画像という四種類の素材が展示された。模型を木製にしたのは、プラスチックよりもはるかに長持ちすることが経験的にわかっていたからであるという。[*2]

実物の写真をパネルにして展示することは避けられている。磯崎はその意図を「展示空間に送り込まれる情報ノイズを最小限にとどめようとした」[*3]と説明している。この場合の「情報ノイズ」とはたとえば、写真に写り込んでしまう天候や人物などである。こうした「ノイズ」を排除するのは、「建築家の内部に胚胎する独自の概念が作品中に組み立てられていくことが設計過程において最も重要である」と考えるがゆえであった。

この展覧会については英語版・日本語版のカタログが存在するが[*4]、実作の写真を多用した通常の作品集と同様の造りの英語版、同じく実作写真を用いながらドローイングなどとモンタージュしたレイアウトが目立つ日本語版のいずれも、磯崎のこうした意図を記録するものにはなっていない（この両者のどちらにも木製モデルの写真は収められていない）。その点では、石元泰博の撮影による木製スケール・モデルのモノクロ写真を中心に、シルクスクリーンのコンセプト・パネルとドローイングなどの二次元作品のみを収録して一九九二年に刊行された『磯崎新の建築30［模型、版画、ドローイング］』こそが、展覧会本来の目論見に忠実な記録と言うべきだろう。

この作品集を通読したときの或る種の閉塞感は、ＭＯＣＡの展覧会を深夜たったひとりで鑑賞した中村敏男の次の感想に通じるように思われる——「深夜一人で展覧会場にいると、精密に組み立てられた透明な迷宮に絡め取られた感覚に襲われて居たたまれない焦燥感に駆り立てられる。だから、案内をしてくれたディレクターにはイソザキの肉声が聞こえてこないなどと悪足掻きを口走ってしまうことになった」[*5]。多くの展覧会を手がけてきた磯崎にとって、この展覧会というメディアは「書物という形式によらないディスクール」なのであり、そのような言説形式としての有効性を磯崎は熟知している。そのうえさらに、「自作の建物の中での展覧会ともなればそれは自己を、つまり主体を形而上的にも形而下的にも解体して論理的に展開することになる。外からも内からも主体を露呈することになるだろう」。そんなふうに解体のうえで露呈された「主体」の論理＝言説が「精密に組み立てられた透明な迷宮」と化すのである。ＭＯＣＡという展示空間の作用を欠くとはいえ、磯崎の言う「情報ノイズ」をより削ぎ落とした書物というメディアのほうが、この迷宮性を強めるのは当然だろう（書物では展覧会が便宜的に必要としたセクション分けも放棄されている）。木製モデルのモノクロ撮影をはじめとして、そこで選択されているのは建築家内部の概念をいかに透明に表現するかという言説戦略なのである。

中村はこの展覧会で磯崎は「外からも内からも主体を露呈することになるだろう」と一方では指摘しつつ、他方では「イソザキの肉声が聞こえてこない」と述べ、後者の点については、コールハースやザハ・ハディドなどの若手からの刺激による磯崎の変貌の結果として生じた「一見してイソザキと指示することのできた指標群」の「希釈化」による、という説明を加えている——それは「ディスコンフィギュレーションとでも言うべき不確定で自己言及的な断片の浮遊状態」[*6]であると。

中村のこの一見したところ矛盾した印象が示しているのは、回顧展における磯崎の「主体」がもはや「肉声」をもつ「イソザキ」ではなく、解体されて浮遊する自己言及的な断片が不確定なまま関係し合う状態にあることではないだろうか。言うまでもなく、こうした「主体の脱構築」は、磯崎の経時的な変化の結果というよりも、展覧会や書物というディスクールの産物である。

会場に展示されたコンセプト・パネルには、一様に「ARCHITECTURE 1960…」といった書き出しで始まる、すべて大文字の英文による作品解説が簡潔に記されている(年号はその作品の竣工年ではなく、最初に構想された年と思われる)。『磯崎新の建築30』の日本語訳ではこれが「《建築》1960……」と訳されている。すなわち、ここで選ばれた作品はいずれも、「大文字の建築」の一例なのだ。灰色の地に白抜き大文字のみによる英文と、同じく色を欠いてミニマムな要素に還元された作品イメージからなるこのパネルは、《建築》の生年を記した一種の記念碑なのかもしれない。だが、その色調ゆえか、それは墓碑のようにも見える。この墓碑銘《エピタフ》すべての末尾には「Arata Isozaki」の署名がある。磯崎はここで、過去の自作を一律な表現形式でノイズなき《建築》として再現表象すると同時に、それらを象徴的に葬っているようにも思えるのだ。

数年後の『建築家捜し』で磯崎自身がこう種明かしをしている――「一九九一年という年に私は還暦をむかえるので、展覧会をこの東洋の占星術に従って、ひとまとめにくくって墓場に送る。そして、私はここで再生し、ただ今ゼロ歳ということになる。私自身でやった仕事を区切ることによって、他人事にしてしまう」[*7]。中村が閉じ込められた「透明な迷宮」としての展覧会会場とは、木製模型を「墓石」とし、コンセプト・パネルを「墓碑」とした、そんな「墓場」だったのである。そこに集められた作品の数々は磯崎にとってもはや「他人事」であり、彼は「こんな仕事をやってしまった建築家とは私自身にとって何だったのかを考えてみる」作業へと早々に移ってゆく――のちに『建築家捜し』として一書をなす、雑誌『へるめす』一九九一年七月号から連載が開始された「他者としての建築家」である。

ＭＯＣＡにおける回顧展期間中の一九九一年五月十日と十一日の二日間、その後、十年間に亘って毎年一回続けられることになるAnyコンファレンスの第一回会議「Anyone」が同じロサンゼルスで開催された。中心となったのは米国のアイゼンマン、日本の磯崎に加え、スペインのイグナシ・デ・ソラ＝モラレス・ルビオーの三人、実施母体は「Anyone コーポレーション」と称され、事務局をシンシア・デヴィッドソンが務めている。

磯崎はこの会議の意図をめぐり、哲学・美学・社会学などの他領域の言説を積極的に根拠づけるような「非アカデミックな建築的言説」を促す「インスティテュート」*8の形成に言及している。そこでキータームとされたのが、決定不可能性を表わすAnyを共有する一連の英単語であり、初回の「Anyone」は建築の作者に関わる主体・主体性の問題を扱うものだった。以降、「Anywhere」（湯布院）、「Anyway」（バルセロナ）、「Anyplace」（モントリオール）、「Anywise」（ソウル）、「Anybody」（ブエノスアイレス）、「Anyhow」（ロッテルダム）、「Anytime」（アンカラ）、「Anymore」（パリ）、そして、二〇〇〇年の「Anything」（ニューヨーク）に至る。決定不可能性を鍵概念としていることも示すように、開始当初のAnyコンファレンスはデリダの脱構築の思想的影響下にあった。事実、「Anyone」および翌年の「Anywhere」にはデリダが招待されている。

磯崎は浅田彰と二人一組となり、交互にそれぞれの断片的なテクスト――磯崎＝浅田はそれを「プレイするためのいくつかのカード」と呼ぶ――を語るという、意図的に「分裂的《ディスジャンクティヴ》」な発表方法を取った。[*9] そのタイトルは「デミウルゴスとしてのAnyoneの断片的肖像」である。それはまず磯崎がテオモルフィスムやアントロポモルフィスムに代わる「デミウルゴモルフィスム」の概念を導入したのを受けて、浅田はプラトンの『ティマイオス』における「コーラ」へと注意を促し、それに応えて磯崎が「間《ま》」について語ると、浅田はグノーシス主義におけるデミウルゴスへと話題を展開する、といったように進んでゆく。浅田がジョン・ソーンにおける「島国のネオクラシシズム」について言及すれば、磯崎はつくばセンタービルを例示する、といった具合である。

浅田は空虚によって駆動される近代資本主義のニヒリズムからデミウルゴスを解き放つ可能性をヴァルター・ベンヤミンの「ガラスの迷宮」、すなわち、『パサージュ論』におけるパリのパサージュへの着眼に見出す。その思想的営為を建築の問題として捉え返す可能性を問うのである。それに対して磯崎は最後に、デミウルゴモルフィスムの三要素として「テンタティヴ・フォルム」「主・客体の互換性」「トポスの虚構化」を挙げる。一方の浅田は最終のカードとして、いずれもオイディプスが登場するアンドレ・ジッドとジャン・コクトーの作品を取り上げ、ジッドにおけるオイディプスにモダンな意志の主体、コクトーにおけるスフィンクスにポスト・モダンなアイロニカルな主体の典型を認めて、暗に磯崎を指す「東洋の建築家」は「コクトー的な饒舌なスフィンクス」ではないのか、と自問する。

だが、浅田はこの見立てをみずから否定し、ニーチェやフロイトにおけるオイディプス、すなわち、スフィンクスと一体化した――それによって内在的に分裂した――「ギリシア的＝エジプト的複合体」としてのオイディプスという別のモデルによって応える。「東洋の建築家」はモダンな意志の主体でもポスト・モダンなアイロニーの主体でもなく、「それじたい主体の他者でもあるような主体」と見なされるのである――「その姿は創造主の他者／他者としての創造主であるデミウルゴスの肖像にどこか似通っている」。

「合唱《コーラス》」を思わせるこの発表形式は、デリダとアイゼンマンの「コーラル・ワーク」――共同作業とその挫折――を踏まえ、Anyコンファレンスにいかにもふさわしい建築と哲学の交錯――けっして「弁証法的統合」ではない「非－対話」（デリダ）[*10]――を演出している。それがこの会議全体のなかで抜きん出て洗練されたプレゼンテーションだったことは疑いない。

しかしそれは同時に、浅田が「東洋の建築家」について語ったことにより、結果的には磯崎をオイディプス＝スフィンクス的な主体として神話化する効果を発揮してしまっている。他方、ベンヤミン的パサージュの建築としての可能性といった刺激的な論点を含む浅田の言説は、「《建築》という形式」の主張をほぼ繰り返している磯崎のそれに――少なくともこの会議内では――まったく反響をもたらしていない。それはこのAnyコンファレンスにおける建築と他領域との――「非－対話」ならぬ——たんなる分裂状況をプレゼンテーションの内部で典型的に演じていたようにも見えてしまうのである。

「Anyone」の会場では、ロザリンド・クラウスのテクストを代読したシルヴィア・レイヴィンが或る「不快さ」を指摘している——「不快を感じるのは、発言者の多くが男性だからというよりは、むしろ、発言者があくまで男性の声で語ることを選択しているからです。主体は理論化されていますが主体は不特定の男にとどまっています」[*11]。事実として、発表者（主たる発言者）のうちの女性はクラウスとレイヴィンのみだった。また、討議では浅田やデリダによって間《ま》やコーラの——ブランショ的な意味での——「中性性」が強調される一方で[*12]、会議そのものにおける性的差異の政治はこれ以上問題とされずに終わっている。

この点を含め、「Anyone」の議場をおおむね支配していたのは、先ほど「分裂状況」と述べた事態の自覚よりもむしろ、建築と他領域とを包括して論じる知的地平——たとえば、デリダ的脱構築——のほとんど無意識化した共有であったように思われる。磯崎および浅田との鼎談で筆者がかつて指摘したように[*13]、その同質性に楔を打ち込む発表として際立っていたのは、ヴェネツィアの建築評論家フランチェスコ・ダル・コーの「時間を考える」だった。それは建築を建築たらしめる「時間」とは何かという問題に関わる。この建築とは磯崎であれば《建築》と書くような対象を意味する。

ダル・コーは「建築はけっして民主主義的なものではないのです[*14]」と言明することによって、

はっきりと反時代的な建築観を披瀝する。彼によれば、現存するもっとも非民主主義的な建築物とはブルネレスキがフィレンツェに建てたサンタ・マリア・デル・フィオーレ大聖堂の円屋根《クーポラ》である——「それは人々がつぎつぎと死につつあった街、下水道設備のなかった街のなかにふてぶてしく存在する巨大な塊体です。〔中略〕ブルネレスキのキューポラが、生まれたばかりの子供たちが数時間後には死んでしまうという恐るべき惨状を見下ろすように傲然と聳え立つさまをみなさんは想像できるでしょうか。民主主義的な代物と言えるでしょうか。いいえ、そのまったく反対です[*15]」。討議でダル・コーが「建築家の目のみがもつ特殊な知覚能力[*16]」を語り、他領域との交流よりもむしろ、建築固有の知の体系の重要性を強調するのもまた、こうした「非民主主義的」な建築それ自体の価値に根ざした反時代的姿勢と言えよう。《建築》を問題にする磯崎は本来、こうしたダル・コーの建築論にきわめて近い位置にいた筈なのである。その点はブルネレスキに重源を重ねる磯崎の歴史観がやがて示すことになるだろう。

一連のAnyコンファレンス全体については、二〇〇〇年のニューヨーク会議以降になされた磯崎や浅田の総括を待って検討しよう。ここで唯一先取り的に指摘しておきたいのは、このAnyコンファレンスが磯崎とアイゼンマンによって発案され——中庸な理論家であるヨーロッパ代表のソラ＝モラレスはあくまで控え目な役割に留まる——、徹底してこの二人のプロジェクトであり続けたという点である。磯崎とアイゼンマンの関係を知るためには、一九八八年の『季刊へるめす』十四号に掲載された両者の対談「過激さは、中心からの距離！——建築と現代思想」を——磯崎の意向が反映されていると思われる、その訳文の語り口を含めて――一瞥するに如くはない。

アイゼンマンはそこで磯崎に「お前は親しい兄弟のように思えてきた。まったく俺と同じ誤謬をおかすところがね」あるいは「分かってくれないと困るんだ。お前は俺の誤謬なんだ。俺の誤謬がお前のなかにみえるんだ」などと語り、磯崎は「僕だって、君の仕事をみてると、自分の誤謬が分かるよ」と応じる――「コンセプチュアル・アーキテクチュア、デコンストラクションの建築、これはみんな僕もやりかけて、失敗した部分だ。論理的に成立しても「建築」ではなかった」[*17]。アイゼンマンはグレイヴスやゲーリーには抱かない「怒り」を磯崎に対しては感じると告げる――「イソ、お前は俺をいらいらさせる、分かるか、いらいらするんだ。だから、いつもその原因を捜そうとして、お前のなかに分けいろうとする」。Anyコンファレンスとは、双生児的に似通ったこの二人の極度に知的な非建築家的建築家たちが、鏡像であるお互いの「なかに分けいろうとする」企ての挙げ句に生んだ、二重化によって増幅された「誤謬」だったのかもしれぬ。

「Anyone」における建築と他領域――とくに哲学――との分裂は、磯崎自身の建築および言説の受容と相似形をなしている。これも磯崎還暦の記念と言える、『建築文化』一九九一年十月号の特集「磯崎新の解体新書」(鈴木博之・石山修武監修)を見てみよう。磯崎のインタヴューや近作紹介を除いた誌面構成は、それぞれ堀口捨己・三島由紀夫・伊東忠太との比較を軸にした磯崎論三篇、磯崎の著作から抽出されたキーワードの年表、磯崎に関するアンケートの回答一覧(「他者から見た磯崎」)と磯崎が言及している人名の事典(「磯崎から見た他者」)という「言説」の部分と、磯崎による建築の基本要素として「廃墟」「組積造」「ヴォールト」「キューブ」「ドーム」の五つを挙げて解説した「建築」の部分とに大きく二分され、明らかに言説に比重が置かれている。この分断を如実に表わしているのは「キューブ」の項目執筆者である江幡修の次の言葉であろう――「いわば、磯崎の作品を論じることは、彼の作成したゲームを、彼の解説書にのっとってスタートするようなものだ。〔中略〕だとすれば、われわれに残されているのは、めくるめく言説にあえて耳をふさぎ、作品に向けて無知を装った視線を投げてやることぐらいだろう」[*18]。

だが、磯崎はそもそもなぜ、建築についてこのように膨大な言説を紡がねばならないのだろうか。それは自作を建てた自分自身を含めて、「建築家」が彼にとって「他者」だからであろう。連載「《建築》という形式」をめぐって三宅理一は、「そこに張り巡らされた言説は形而上学と政治のちょうど中間にあり、そうであるがゆえに毒のある物語」にほかならぬ「磯崎が巧妙に仕組んだ罠」[*19]であると指摘したが、それは日本の建築家や批評家を誘い込むための「罠」ではなく、むしろ、「建築家」とは何かを問わずにはいられない、自問自答の独白に終始する自縄自縛の――磯崎自身にとっての――「罠」だったように思われる。アイゼンマンという双生児的兄弟との共同プロジェクトであるAnyコンファレンスや論考「他者としての建築家」のほか、一九九二年秋に創刊された雑誌『GA JAPAN』の連載「《建築》――あるいはデミウルゴスの〝構築〟」もまた、「建築家」と相関する《建築》をめぐる「毒」のある「罠」にほかならない。自分の吐く糸によって縛られてゆく磯崎はそのとき、みずからの分厚い言説という「繭」によって他者による批評的言説から堅固に守られて、いやむしろ、それらを寄せ付けなくなってしまう。『建築家捜し』と『GA JAPAN』連載にもとづく『造物主義論《デミウルゴモルフィスム》』（一九九六）という二冊の書物はそんな「繭」に似た「罠」なのである。

磯崎は『建築家捜し』の「序名」でこう書いている――「直観的にそれ〔建築家〕は私という自我にとっての他者であると思った。それが私の内部に侵入することによって私自身が建築家という他者になっていく。私が他者になるという論理矛盾ともいえる過程をつきとめることが唯一、私にとって建築家とは何かを探す手がかりになるだろうと予測した」[*20]。岡崎乾二郎が的確に指摘しているように、この自問の根底にあるのは「〈建築をしているのに建築をしている気がしない〉〈建築家であるのに建築家である気がしない〉」[*21]という無気味さ《ウンハイムリッヒ》の感覚、存在論的な「底なしの不安」であり、その根源的な不安とは裏腹な実作と言説の多産さゆえに、「彼〔磯崎〕にとっては存在しないはずのものが、（それが存在しないと指摘しつづける彼の身振りによって）周囲の人間たちにはかえって実体として存在するものとして扱われるという悲劇」[*22]がそこに生まれる。

『建築家捜し』の各章は「署名」「命名」「襲名」「分名」などといったように、「名」を共通項とする象徴的なタイトルのもとに綴られ、ゴシップめいたものを含むエピソードをちりばめたエッセイからなる。それが「名」を問題にするのは、磯崎が「建築家」という職名を自然に名乗ることに困難を感じた経験が、その「他者性」を自覚する発端だったからである。叙述はおよそクロノロジカルに展開し、第Ⅰ部が一九六〇年代、第Ⅱ部が一九七〇年代にあたり、一九七〇年代末で終えられている。二〇〇〇年代に書かれた『建築家捜し』岩波現代文庫版のあとがきで磯崎は、この時期で終えたのは「社会と自我の諍いに、決着をつけ得たと思ったため」[*23]と書いている。他方、それにもかかわらず一九九〇年代に入って改めて「建築家」を問題にした点については、一九九一年のソ連解体に至る「歴史の落丁」を経たのち、先の「諍い」のプロセスを転倒させて社会と自我の分裂を問い直し、「建築家」の概念の拡張を図るためだった、と説明している。

こうした事後的な認識はともあれ、『建築家捜し』とは存在論的不安を抱えた磯崎の「自我」をめぐる自己分析の記録であり、一種の自伝だったわけである。そのことがこのテクストのところどころにきわめて不透明で謎めいた記述——磯崎の無意識に通じるような「夢の臍」(フロイト)——をもたらす結果になっている。それがこの自伝をどこか異様なものにしているのだ。たとえば、本書第10章で触れたフェミニストという「他者」と建築家という「他者」の「暴力」が通底し合ってしまう箇所がそんな「臍」のひとつである。

もうひとつはデュシャンの《大ガラス》との関連で言及される、ローマのボルゲーゼ美術館にある古代ローマの大理石彫像《眠れるヘルマフロディトス》をめぐる記述である。それは部屋の入口から眺めると横臥した女体らしき彫像なのだが、壁際に回って注意深く見ると、両性具有を示す男性器が認められる。このキッチュとも言える古代彫像では、《大ガラス》の「吐息さえ到達しない独身者と花嫁の引き裂かれた性別という一線が、簡明な接合法によって容易に越えられていた」[*24]と磯崎は言う。デュシャンの錬金術師めいた造形よりも、「単純明快な不可能性としての物体、いや肉体にひきつけられた」と──「それは他者ではあるが、欲望の投下さえ刻々と裏切られる。同時に両性であるが故に、デュシャンが「大ガラス」の中央に横一直線に引いた境界線も、〔デュシャンの遺作の〕あの最後ののぞき穴の前にある扉のような区切りもない。私が欲望をもって介入することが最初から拒絶されているのだ[*25]」。

注目すべきはこの彫像が「建築」と関係づけられてゆく点である──「建築はあのヘルマフロディードのように、視線、感触のすべてから常にのがれていくような、到達不能の状態につくりあげるべきではないか、と私は心身ともに疲労したあげくに考えはじめた[*26]」(「疲労」が語られているのは、磯崎が過労で倒れた大阪万博開会直後の時期をめぐる回想だからである)。このヘルマフロディトスの両性具有的肉体からの連想で生まれたのが、「視ることからも、触ることからものがれていくような建築形式[*27]」であり、「のっぺらぼうでとりつく島のない非建築的な[*28]」建築のイメージだったという。具体的な実作として磯崎の念頭にあったのは、建物の内外が均質なグリッドで覆われた福岡相互銀行長住支店と思われる。

「独身者と花嫁の引き裂かれた性別という一線」である《大ガラス》中央の境界線やデュシャン遺作の扉といった「区切り」を、男性器の追加によっていとも簡単に乗り越えてしまっているがゆえの、ヘルマフロディトス像の到達不能性が問題になっている点に注意してほしい。別の箇所で磯崎は「閾そのものに私の何らかの心理的な傷痕が関わっているに違いない[*29]」と書いている。閾のうえに踏み出すこと、踏んではいけない敷居上にあえて立つことを自分は選ぶ、と磯崎は言う。漂泊の芸人や渡り職人など、「これらの閾上に存在するものにとって共通する点は、一時的で、次の瞬間には消えており、いや消される運命にあり、いざというときに、共同体が供犠のために殺戮する保存品であり、記録からさえも消え失せよう」[*30]。それは日本と異国との「閾」に身を置いてきた磯崎の実感でもあったかもしれぬ。

だが、ここでとくに注目したいのは、この「閾」のイメージが性的差異に重ねられている点である。ヘルマフロディトス像において性別はデュシャン作品のように明示的な「区切り」によって示されてはいない。男性器の追加という即物的であっけらかんとした処理によって逆に、磯崎にとってはヘルマフロディトスの肉体全体がひとつの「閾」と化し、その接近不可能性ゆえ、逆説的に官能化されているのではないだろうか。それはのっぺらぼうの「殆ど零度に冷却された表面」[*31]が発散する、無感動《アパシィ》のエロティシズムにほかならない。

この点は磯崎に「なぜ建築を愛するのか」と訊ねられたフィリップ・ジョンソンが、「誰だって母親を何故愛するのかといわれて、まっとうな返答はできない」[*32]と応じ、つまり、建築を母親と見なしていたことをめぐる磯崎の考察にも関わる。この応答を踏まえて磯崎は、ジョンソンの建築とは「ぬめっとした肌ざわり」の「ゲイの肉体」[*33]であると言う。他方で、ジョンソンの発言に自分が引っかかるのは、磯崎自身は建築をむしろ父親性をもつものととらえ、日本という共同体こそが母親として立ち現われると考えていたためだろう、と自己分析する。「きみの母を犯し、父を刺せ」というみずからのアジテーションをめぐって磯崎が或る時期に採用した精神分析的な見立てである。

だが、『建築家捜し』の磯崎は母親性と父親性の対立もまた単純な二項対立の図式でしかないことを自覚している。問題はこの見立てそれ自体ではなく、《建築》というメタ概念と日本共同体が「ジェンダーとしての差異に類似して、決して和解したり同一化したりはしない[*34]」という根源的な亀裂のほうなのである。ジョンソンにはこうした亀裂がない。では、磯崎はどうなのか。磯崎はこの亀裂という「閾」自体を無意識に、おのれの身の置き所と思い定めたのではないか。だからこそ、ヘルマフロディトスの両性具有の身体、その不可能性の肉体が磯崎の建築イメージを先導するものになりえたのではないだろうか。

浅田の言う「東洋の建築家」のオイディプス＝スフィンクス的な主体が有する二重性もまた、この半陰陽《ふたなり》の肉体に重なるものに違いない。さらに、「フェミニスト」の女性と「建築家」が連鎖するように暴力的な「他者」として表象されるという、一見したところ奇妙な連想関係は、磯崎におけるこうした一種のヘルマフロディトス・コンプレックスの表われだったように思われる。「他者」のイメージが両性具有化されるのである。

第13章で取り上げたホラインによる磯崎の解剖図を思い出してもらいたい。そこでは尻がマリリン・モンロー、男性器が丹下健三にあたるとされていた。『建築家捜し』のなかには、映画作家マイケル・ブラックウッドが磯崎に関する映画を撮影した折り、この解剖図の部位一覧表を磯崎に読み上げさせたというエピソードがある。フィルムの編集段階になり、発音が悪くて聞き取れないという理由で或る箇所の読み上げが再録される。それは「バトック（尻）――マリリン・モンロー」という部分だった。磯崎はOKが出るまで、同じ台詞を幾度も繰り返させられたという――「どうもバトックだけは、発語するのに何か抵抗感があったのだろう。マイケルはそれをみつけて、私を精神分析的拷問にかけようとしたに違いないと考えたが、私は被写体たることを承諾し、恥しいことに我が身をカメラの前に曝さねばならなかったのだ[*35]」。

磯崎は若い頃に自画像だけは描きたくないと感じたことが芸術家にならない理由だった、と回顧している。幼少時、鏡に映った自分らしい奴は大嫌いだと感じてそっぽを向き続けたことが最初の記憶だとも言う。テレビ出演をしないのもこの「自画像恐怖症」のゆえである。この症状は映画撮影に関する先の発言にもうかがえよう。鏡をめぐる幼時体験のくだりをはじめとして、『建築家捜し』ではジャック・ラカンの鏡像段階説がたびたび言及されるが、磯崎がそこで強調するのは、鏡像という「他者」への同一化を通じて自我の統一的輪郭を形成することへの強い拒否なのである。

これに対して、統一的輪郭をもった人体筋肉図ではあれ、各身体部位が異なる人物の名で呼ばれているホラインの磯崎解剖図は、磯崎のような自画像恐怖症者にとってはむしろ見つめやすい、ばらばらに分裂したままの自我のイメージだったのではないだろうか。そこで女性の名が割り当てられているのは「バトック（尻）」のみである。この部位に与えられたのは磯崎が製図用定規の曲線を写し取った、「極めつきの女性的肉体」としてクリシェ化していた人物の名であった。「バトック」の発語にあたって実際に磯崎に心理的抵抗があったかどうかはわからない。むしろ、「バトック」

へと注意を向ける無意識の発語だったのかもしれない。いずれにしても、このエピソードは同じ連載のなかに記されたヘルマフロディトス像の尻《バトック》を連想させずにはおかない。解剖図中で皮を剝がれた磯崎自身の肉体イメージがあのヘルマフロディトス像に重なり合う。それは「闕」としての両性具有者の肉体である。ヘルマフロディトスは視覚的にも触覚的にも接近不可能な「建築」のイメージとして導入されたのだが、それが同時に「建築家」の寸断された身体をも表わすものとなっているのである。

『建築家捜し』というテクストがこうした特異な肉体イメージを浮かび上がらせるに至った理由のひとつは、このテクストにおける磯崎の自己分析が、少し遅れて始められ併行して書き進められた連載「《建築》——あるいはデミウルゴスの〝構築〟」におけるデミウルゴス論、その「デミウルゴモルフィスム」と深く関係していたからであろう。アントロポモルフィスムのように人体イメージとの可視的繋がりを強く意味するものではないとしても、「形象論」を意味する「モルフィスム」という語形はデミウルゴスという造物主の「形態」を否応なく連想させるものだからだ。これは論考「《建築》という形式」で「コーラ」の概念に辿り着いた磯崎が、コーラそれ自体ではなく、建築家のアレゴリーとしてのデミウルゴスを論じることへと転回したことの帰結である。

『建築文化』の特集が「解体新書」と題されていたように、一九九〇年代初頭の建築批評の言説は奇妙なほど、磯崎の肉体について比喩的／実体的に語ろうとしていたように見える。三宅は磯崎論のなかで、若い女性たちが繰り広げる「セックス・シンボル」磯崎の肉体をめぐる争奪戦のゲームといった、真偽定かでない話をその枕にしているほどだ。[36] 磯崎自身の『建築家捜し』もまた、それが「建築家」という「他者」との鏡像段階における「自我」の分析であるがゆえに、よりいっそうこの磁場のなかにある。後年になって岡崎が同書の解説中で、「建築の解体を語りつつ磯崎は、そのたったひとつの身体でフランケンシュタインさながら、それを、ひとつの体として統合して見せてしまう」[37]〔傍点・引用者〕と書くことになる所以であろう。ここで辿ってきたのは、磯崎の自己分析を通じて浮かび上がる、そんな想像的身体が秘めている両性具有性であった。そしてそれはおそらく、デミウルゴスの性は何か、という問いに直結しているのである。

『GA JAPAN』誌の連載「《建築》——あるいはデミウルゴスの〝構築〟」は誌面を上下に二分割して掲載されている。上段は磯崎流の「デミウルゴス」の思想史であり、「決定不可能性」と表裏一体をなす《建築》の歴史である。それは一定の共軛性をもった概念をめぐる批評的エッセイとして、ひとつのロジックのもとに語られる。[38] 他方、下段では磯崎の自作を主たる参照例としながら、図書館、美術館といった「建築型《ビルディング・タイプ》」が論じられ、作者の思い通りにはならない「他者」による変形や意図の裏切り、偶発的な事件などが記される。それによって上段のロジックが必然的に帯びてしまう完結性が破られることこそが目論まれている。上下のテクストはこうしておたがいの「補註《サプルメント》」をなす。

この上下の分割は磯崎の活動に纏わり付く「言説／建築」の分裂を追認しているように見える。Any コンファレンスにおける浅田／磯崎の非－対話的プレゼンテーションに似た形式をそこに認めることもできよう。「補註《サプルメント》」の概念や二分割されたテクスト形式からして、「代補」をめぐるデリダの思想やヘーゲル論とジャン・ジュネ論が併行して進行するその『弔鐘』のようなテクストが参照されていることも明らかだ。誌面上で二つのテクストを区切る太い破線は、上部の花嫁と下部の独身者たちとを引き裂く《大ガラス》中央の境界線を連想させなくもない。いずれにしてもそれらは、二つ一組で統一的な全体をなすテクストではなく、ときに同期を示すことはあれ、基本的には交差せずに平行なまま進行する。両者はたがいの「他者」なのだ。

実作との関係をもつ建築型《ビルディング・タイプ》論はともかく、デミウルゴスをめぐる思想史、いやむしろ神学ないし形而上学は、《建築》の歴史と格闘せずにはいられない磯崎の孤高な内的必然性をうかがわせるものではあれ、当時も、また数十年後の現在も、客観的な理解や批判を寄せ付けない「繭」となってきたように思われる。なぜならそれは、検証可能な歴史ではなく、《建築》を「構築」する主体としてのデミウルゴスの変身を物語る、一種の神話と化しているからだ。その「繭」のなかに入るために、ひとはデミウルゴスの神話を信じるしかない。

この神話の語り部である磯崎は或る恐ろしい出来事の舞台の名から語り始めている――「パエストゥム[*39]」と。「ウル・ドリック」と呼ぶべき、より原初的で「おどろおどろしいまでに力強い」列柱群をもつ古代ギリシア神殿の再発見は、古典主義建築への信頼を突き崩し、《建築》概念の成立を促すに至る、「恐ろしい無気味なもの《アンキャニィ》[*40]」との遭遇にほかならなかった。そんな驚きの体験をこの語り部はゲーテ『イタリア紀行』（一八一六〜一七）からの引用によって裏づけ、こう述べる――「ゲーテも想いをはせている建築家たちは、何故、そして如何にして、この人間技と思えぬ恐ろしさをたしかに人間技として創りだしてしまったのだろうか[*41]」。この問いに答えるために召喚されるのがデミウルゴスなのである。

そのデミウルゴスの神話は「補註」である建築型《ビルディング・タイプ》論、および、そこで取り上げられる磯崎の実作によって脱構築されなければならない。だが翻って同時に、建築型《ビルディング・タイプ》論と実作のうちには、「デミウルゴス」と呼ばれる恐ろしくも無気味な力の作動が見出されなければならないのである。そのうえで、一九九五年という決定的な亀裂の年を挟み、磯崎の建築そのものが「建築であるのに建築である気がしない」無気味さを増してゆくさまを、われわれはやがて目撃することになるだろう。

第19章 造物主義論《デミウルゴモルフィスム》の射程

『GA JAPAN』における連載「《建築》——あるいはデミウルゴスの〝構築〟」は一九九二年の創刊号に始まり、一九九四年の第六号まで続けられた。誌面上段の歴史論は、先行する『《建築》という形式I』の史観を踏まえ、一七五〇年前後における《建築》というメタ概念の発生を象徴する出来事のひとつであるゲーテのパエストゥム体験を通じて、アントロポモルフィスムからの逸脱を生むデミウルゴスという存在を導入したのち、プラトン『ティマイオス』から出発し、新プラトン主義やグノーシス主義における「デミウルゴス」概念の検証へと向かう。そこで磯崎は、《建築》を救出するために必要とされたのは、アントロポモルフィスムの支配下では抑圧されていたグノーシス主義的なデミウルゴス像——「異貌の、傲《おご》りたかぶり、盲目的でさえあり、間違いばかりをしでかす、大嘘つきの、破壊し、荒ぶるデミウルゴス」[*1]——の奪還ではなかったか、と指摘する。

古典主義建築が十八世紀半ばに迎えた危機以降、建築史の背後で暗躍してきたのはそんなデミウルゴスなのだ。建築家たちはもはや古典主義という閉ざされた体系にもとづく閉ざされた「本」を書くのではない。その営みは「建築の古典主義の行間にひたすら書き込みをつづけることによって、それを開いたままに放置させることでもあった」。*2 規範が消え失せた宙吊り状態におけるこの行間への「書きこみ《エクリチュール》」が《建築》の出現を誘《いざな》うのであり、書き込もうとする欲動こそが「〝構築〟への意志」なのである。磯崎はデリダの『グラマトロジーについて』におけるヘーゲルに関する記述を参照して、古典主義的建築言語の規範《カノン》を「書物《リーヴル》」に、その規範《カノン》の余白や亀裂に建造される仮定的《テンタティヴ》な計画を「書きこみ《エクリチュール》」に対応させている。*3 そのとき、《建築》はもはや個々の書きこみ《エクリチュール》の次元にはない筈である。とすればそれは、けっしてそれ自体としては到来しない——その意味で「書物《リーヴル》」の不在と同義の——「来るべき書物」のような理念であろう。

磯崎はこれ以降、秘密結社フリーメイソンからソーンやシンケルを経て、クリスタル・パレスの出現へ、さらに、ゼンパーの『様式論』（一八六一～六三）に始まり、オットー・ヴァーグナーの『近代建築』（一八九五）、そしてロースの装飾犯罪論へと続く系譜において形成される、芸術的な「構成《コンポジション》」よりも「必要性」に応じた「構　築《コンストラクション》」を重視する近代的な建築観に至るまでを辿ってゆく。それはデミウルゴスが「技術《テクネー》」の神になる過程であると言ってよい。人間中心主義的かつアントロポモルフィスム的な建築に対するバタイユの批判など、多様な論点をそこに交える磯崎のデミウルゴス神学は、増殖する横道によってかなり錯綜しているが、テクノロジーの無作法で無目的な作動にこそ、近代建築におけるデミウルゴスの所在が見定められている点は一貫している。

　この過程の到達点として示されるのが、一九二七年、ハンネス・マイヤーがバウハウスの二代目校長に就任するにあたって語った次の言葉である――「世界内に存在する全事物は、函数（機能×経済）の産物である。それゆえこれらの事物は芸術作品ではありえない」。磯崎によれば、これは芸術的「構成」に対する最終的な拒絶の宣言であり、「建築的エクリチュールのほとんど最終型」[*4]である。《建築》は徹底的に解体されてしまう。それゆえに二十世紀の建築的エクリチュールは、大量の空想的図面というかたちで《建築》の不可能性のモニュメントを生産し続けることになる。かつて《建築》を存続させるために要請されたデミウルゴスが、そこでは《建築》の解体をもたらすに至る。近代建築のこの臨界点ののち、こうした状況を逆手に取り、「空想を虚構化し、それを手がかりに逆に現実を操作する可能性」[*5]に賭けるところに、磯崎はみずからのデミウルゴモルフィスムを構想するのである。その具体例が誌面下段の建築型《ビルディング・タイプ》論ということになろう。

　歴史論と建築型《ビルディング・タイプ》論を接続する意味合いをもつ連載第4回のまえがきで磯崎は、「さしあたり、デミウルゴスは、建築におけるエクリチュール《writing in architecture》を可能ならしめるもののアレゴリーとして用いられている」[*6]と整理している。エクリチュールとしての《建築》は、「広義の形式化作用の隠喩」であると同時に具体的な建築物でもあって、一定の目的のために「構築」されるもの――自然に「生成」するのではなく――と見なしうる。その「構築」という行為の主体が独我論やロマン派的なものではないことを表わす、「無人称の主体」に与えられた名が「デミウルゴス」なのである――

「デミウルゴスは『ティマイオス』においては造物主、グノーシス主義においては神の他者、フィチーノにおいては芸術家、フリーメーソンでは大宇宙の建築家、ニーチェにおいてはツァラトゥストラと姿を変えて語られてきた。そして、今日ではテクノクラートのなかにエイリアンのように寄生しているようにみうけられる。

自らが産出した《建築》を、その出自と振る舞いを確認するために召喚されたにもかかわらず、ときに、デミウルゴスは《建築》を扼殺しようと試みもする。

この逆説的な宿命を記述《エクリチュール》することも今後の課題であるが、まずはテクノロジーを乗っ取る作戦が展開されている」[*7]。

この「作戦」が磯崎自身のデミウルゴモルフィスムにほかならない。

そこで、この双面神《ヤヌス》的連載のもうひとつの貌である建築型《ビルディング・タイプ》論に移ろう。磯崎が実作を挙げながら論じる建築型《ビルディング・タイプ》は、図書館、美術館、コンベンションセンター、劇場・ホール、オフィス・ビルディングである。個別の検討に先立ち、磯崎は「受容器《リセプタクル》」という概念を提案する。これはデリダの『ティマイオス』論で「コーラ」の性格とされたものであり、磯崎もおそらくそれを踏まえてティーム・ディズニー・ビルディングのコーンを太陽光の「受容器」と呼んでいた。それがここでは、「場《コーラ》」ばかりではなく、カーンの言う「部屋《ルーム》」、デリダの「間隙《エスパスマン》」、そして「間《ま》」といった概念を重ね合わせ、「輪郭があいまいでありながら、その領域性を想起させ、そのうえ雑多な事件の発生を許容し、事物の生成も可能にする」[*8]ひとつの単位として扱われることになる。磯崎がそこで具体的に想定しているのは、群馬県立近代美術館や北九州市立美術館の立方体フレームである。

図書館を論じるための自作として磯崎は「豊の国情報ライブラリー」（一九九五）を取り上げている（以下、こうした作品例については、雑誌連載時には未完成であっても、最終的に完成した状態をもとに言及する）。これは旧作である大分県立大分図書館が手狭になったため、約四倍規模の新図書館としてふたたび磯崎に設計が委ねられたものである（旧図書館は保存運動の結果、アートプラザとして存続することになった）。*9 その基本構成は玄関ホールと主閲覧室との併置である。これはミケランジェロによるラウレンツィアーナ図書館における、垂直性を有して狭いことで緊迫した高揚感と期待感を感知させる前室《リチェット》と、空間の水平性によって静寂で安定した印象を与える読書室との対位法的な配置関係を踏襲している。

玄関ホールは一辺十五メートルのほぼ立方体をなす「受容器」である。ホールの四周は各辺三十センチメートルの比較的小さな正方形ガラスブロックが規則的に配列された壁で囲われている。天井には正方形に内接する巨大な円盤が吊るされ、壁との隙間から自然光ががらんどうの内部空間に差し込む。他方、主閲覧室では各辺七・五メートルかつ柱と梁が同寸の立方体フレームが「受容器」として構成上の単位になり、九列×九列の枡目をかたちづくっている。このフレームが明瞭に感知できるように、天井はそのうえに浮き上がったように設けられている。外周を含めれば柱が百本立つ「受容器の束」としてのこの四五〇〇平方メートルの広大な一間には、エジプトやペルシャの神殿ないし王宮を連想させる「百柱の間」という名が与えられた。この大空間は内部に固定壁を必要としないため、公共図書館が宿命的に背負い込む書架などの配列の移動を広く許容することができる。磯崎はそこに、図書館という建築型《ビルディング・タイプ》の基本型たりうる可能性を見ているのである。

実際の建物では、百柱の間のトップライトの位置が枡目の中心からフレーム枠のうえにずらされることで、立方体フレームが与える固定した印象が崩され、天井が枠とは無関係に拡がってゆくかのような印象が生じている。だが、この作品における磯崎の関心があくまで、玄関ホールの「壁」と百柱の間の「柱」による二種類の立方体＝受容器の対位法的構成にあったことは間違いない。この建築をミニマムな要素に還元したシルクスクリーン作品のイメージは、大小の「箕《み》」という、『ティマイオス』でプラトンがコーラを喩えた比喩を思い起こさせる。玄関ホールでは天井や壁面から入る自然光が、百柱の間では書架に並ぶ書籍群に蔵された知が、これらの箕によって揺すられ選り分けられていると言えようか。百柱の間における書架の移動可能性といった着眼にも、箕の運動のイメージが宿っているように思われる。

次いで、建築型《ビルディング・タイプ》としての美術館論で磯崎が展開するのは「第三世代の美術館」という思想である。第一世代は王侯貴族のコレクションに発するルーヴル美術館のような、制度化された美的判断基準によって選別された所蔵美術品をかつての王宮などの内部に展示する美術館である。第二世代は第一世代が作り上げた権威に対する反抗として生まれた芸術運動と深く関わる近代美術館であり、ライトのグッゲンハイム美術館をはじめとして、究極的な形態としてはポンピドゥー・センターのような、きわめてフレキシブルな均質空間内における企画展を主たる機能としている。

問題となる第三世代の美術館は、一九六〇年代以降の現代美術でアーティストが作品を空間内に自由にインスタレーションする傾向に対応し、これらサイト・スペシフィックな作品にその「サイト」を提供する建築として構想されている。必然的にそこには一般解は存在しない。展示される作品の数だけ、異なったサイトの設定が要求されるからだ。磯崎がそのような要請に応え、展示空間としての可動性や可変性をいっさい排除した――したがって企画展は開催されない――、サイト・スペシフィック作品だけのための美術館として設計したのが、奈義町現代美術館（一九九四）である。

これは鳥取県境近くの岡山県奈義町からの美術館建設の申し出に対し、磯崎がこのまったく新しいタイプの現代美術館を提案したことによって実現したものである。磯崎によって選ばれたアーティストは荒川修作と岡崎和郎、そして妻・宮脇愛子の三人、それぞれの作品――《遍在の場・奈義の龍安寺・心》、《HISASHI ――補遺するもの》、《うつろひ―― a moment of movement》――とその展示空間は磯崎との共同作業を通じて制作された。荒川作品の展示室は「太陽」、岡崎作品の展示室は「月」、宮脇作品の展示室は「大地」と名づけられている。磯崎はそこにおける作品と建築との関係を、仏像とそれを覆う鞘堂としての寺院の金堂のそれに喩え、美術作品と建物が一体化した状態を作り出すことが《建築》である、と述べている。*10

展示室「太陽」は敷地に横たわる鉄骨造の円筒が金色の化粧板《スパンドレル》で覆われ、内部の曲面左右には龍安寺の石庭を模した庭が円筒の中心軸を対称軸にして貼り付いている。円筒がやや傾いて接地し、一部地中に埋まっているせいもあり、鑑賞者はその内部で身体の不安定感を強く味わうことになる。同じく鉄骨造で銀色の化粧板《スパンドレル》で装われた「月」はかなり扁平な半月形の平面をもち、内部の白く仕上げられた煉瓦壁から、金色の庇が突き出ている。半ば地下に埋められた細長い直方体の「大地」は鉄筋コンクリート造で外装は黒い煉瓦タイル、内部はコンクリート打ち放しである（その一端には町立図書館が接続している）。丸石が敷き詰められ、一部は池になっている展示室内では、しなやかなステンレスのワイヤー群からなる《うつろひ》が空間に無数の優雅な曲線を描き出している。「太陽」の中心軸は南北軸と重なり、「月」の彎曲していない側の壁は中秋の名月の午後十時における方向を向き、「大地」の中央を貫く長軸の先には、伊邪那岐命《いざなぎのみこと》と伊邪那美命《いざなみのみこと》が降臨した伝説をもつ那岐《なぎ》山山頂が位置する。三つの展示室は「大地」を挟んで東に「太陽」、西に「月」が配置されており、これは中央に聖なる山の情景を置き、月と日をその左右に描く日月山水図の構図に照応する。「太陽」「月」「大地」という名は――それが収める作品とは無関係な――この見立てによる命名にほかならない。それが各々の展示室の外装も決定している。

このような日本的紋切り型《クリシエ》の引用について磯崎は、紋切り型《クリシエ》化した虚構としての「日本」の意識的な虚構化――二重の虚構――であるという弁明を行なっている[*11]。だが、いずれにせよ、サイト・スペシフィックな三作品それぞれに最適化された三つのまったく異なる展示室をひとつの美術館として一体化し、なおかつ、それ自体がサイト・スペシフィックな建築作品となるために、この見立ては必要不可欠なものだったと言えよう。敷地にごろんと転がされたような金色の円筒形をはじめ

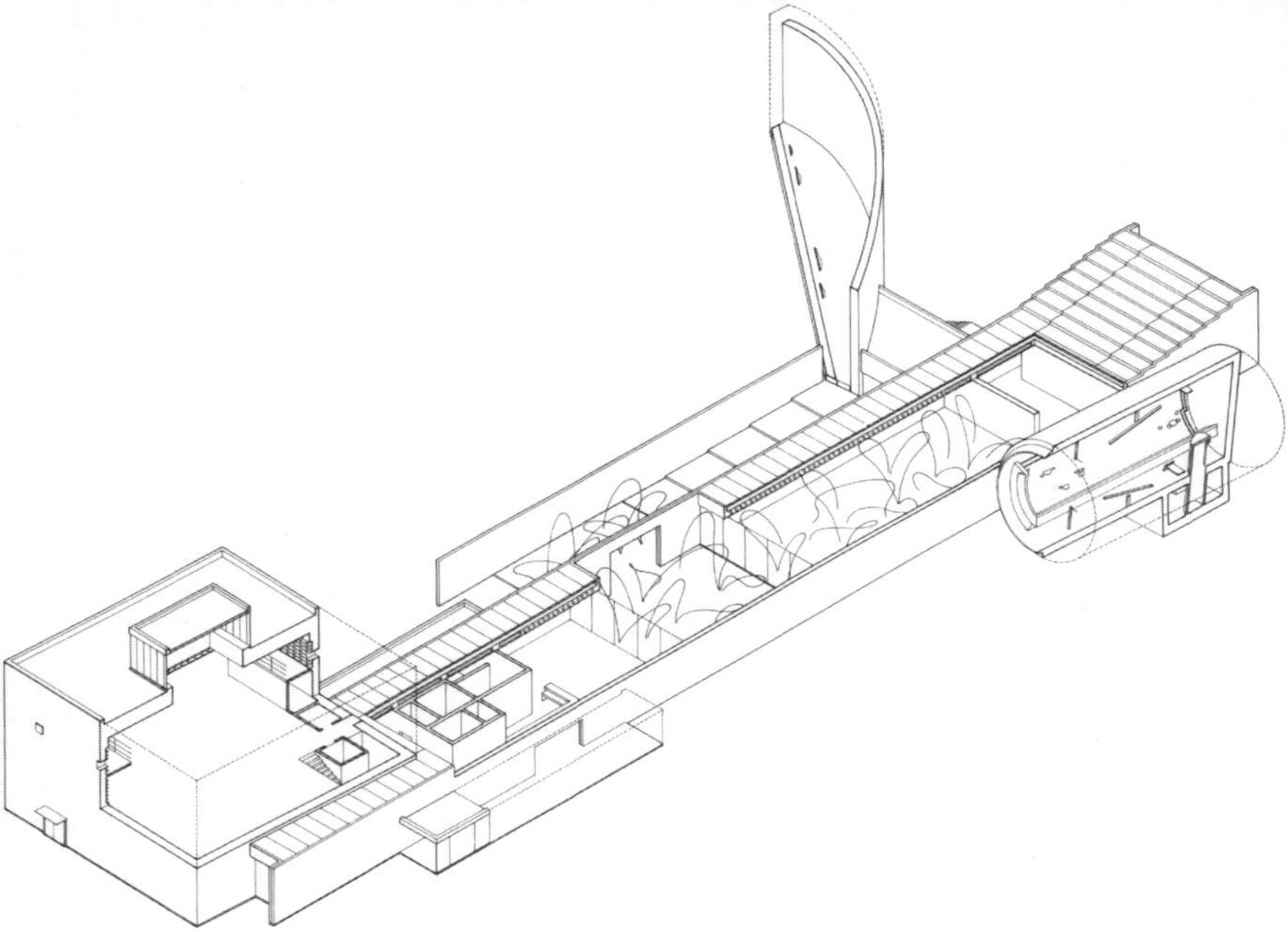

19-1. 奈義町現代美術館アイソメトリック図

とする建築群は、三本の軸線によってこの土地の地形に結びつきつつ、敷地を特別な「サイト」へと変容させる、一種の「インスタレーション」なのである。

「受容器」は輪郭の曖昧さを特徴としていた。それを建築物として具体化するとき、可視的形態は一種の「仮面《マスク》」となる。コンベンションセンターの建築型《ビルディング・タイプ》を扱うにあたって磯崎が振り返るのは、「サイバネティック・エンバイラメント」に始まる「環境」の「保護膜」として構想されてきた「仮面」の系譜である。仮面としての保護膜は個々の建築の「貌」としてのファサードを消し去ってしまう。「コンピューター・エイディッド・シティ」はその究極的なヴィジョンにほかならない。

もともとコンベンションセンターとして構想された「なら100年会館」や別府の「ビーコンプラザ」(一九九五)はこの系譜上にある。仮面性は第16章ですでに取り上げた前者に顕著だ。この建物はその堅い被膜の内側に、昇降床とそれぞれ可動の平土間席・バルコニー席・プロセニアムをもつ大ホール、および、二重のガラス壁で囲われた四角い箱型のコンサート用中ホールの二つのホールを包摂している。他方、ビーコンプラザでは、扇形のコンベンションホール、馬蹄形のフィルハーモニアホール(市民ホール)、円筒形の国際会議場、楕円形のレセプションホールがそれぞれ自立した形態となるように壁で囲われたうえで、ホワイエを介して集合させられている。コンベンションホールと市民ホールは外殻をなすガラスの箱で覆われているため、外観の与える印象はなら100年会館の仮面性とは異なっているが、こちらのコンベンションホールでも、天井を走行する二基のガントリー・クレーンによる舞台の位置変化が空間の伸縮を可能にしている。こうした自在な可変性がコンベンションセンターという建築型《ビルディング・タイプ》のひとつの核をなしているのである。

だが、ビーコンプラザでよりいっそう注目すべきは、緩やかな円弧を描いて敷地の外れに立つ、一二五メートルの高さのシンボルタワー「グローバルタワー」であろう。これは別府公園の中心、海抜〇メートルの地点を中心とする、直径一キロの巨大な仮想球の一部を取り出した形態である。プラザ前の広場や建物内部の床にはこの球心に向かう放射線と同心円のパターンが描き出されている。すなわち、この球はビーコンプラザをはじめとする各種公共施設を広く包み込む、ほとんど不可視でヴァーチュアルな「被膜」なのである。コンベンションセンターの建築型《ビルディング・タイプ》をヴァーチュアル・リアリティや情報空間のアーキテクチュアへと発展させようとする予告のようなものがこの塔によって表わされている。それは「さいたまアリーナ」提案競技（一九九五）における、より巨大な「サイバー・アリーナ」の案へと繋がるものでもある。

劇場・ホールの建築型《ビルディング・タイプ》として、とくにコンサートホールで一般に支配的なのはシューボックス型である。京都コンサートホール（一九九五）の設計競技では、それが大ホールの与件とされた。設計者の指名を得た磯崎は、舞台上のオルガンの位置を中心から外すなどのわずかなずれを幾重にも加えることで、このタイプのホールがおのずと備えてしまうシンメトリーを崩している。他方、六角形の平面をもつ小ホールは、高度制限に由来する容積不足が強いる音響上の不備を克服するため、壁を外側に向けて傾斜させた擂り鉢状にし、その壁に反射した音がさらに天井で跳ね返るようにすることにより、適切な遅れを伴って複合された豊かな音響を実現している――「この〔壁の〕傾斜は下部ではスパイラル状のスロープをささえる。このスロープ〔で〕は上方に配置された音の世界へとむかう予備的な心の準備がなされる。参道、露地庭、町家を結ぶ小路など京都の街を特徴づける「道行き」の空間の比喩とみてもらうこともできよう」[*12]。素材色のベースも京都という風土に合わせ、燻銀や黒が選ばれた。磯崎がそこで参照するのは硯箱に鉛を使った光悦であり、陶板がもつ「はんなり」とした感触であり、十五世紀フィレンツェで使われた灰色砂岩《ピエトラ・セレーナ》の地味な色調である[*13]。奈良における重源を意識した大胆な構造の冒険とはまったく異なる、京都という土地に対する磯崎の細心すぎるほどの配慮が感じられる。

磯崎はオフィス・ビルの建築型《ビルディング・タイプ》を一望監視施設《パノプティコン》から均質空間へと辿り、アーキズーム〔アンドレア・ブランジ〕の「ノーストップ・シティ」のうちにその臨界点を見たうえで、均質空間に代わる建築型《ビルディング・タイプ》として、東京都新都庁舎案で自分の提案した錯綜体ネットワークを挙げている。ティーム・ディズニー・ビルディングもまた、これとほぼ同じ建築型《ビルディング・タイプ》にもとづいている。他方、ウィーンの「ドナウ・シティ・ツインタワー」設計競技〔一九九三〕で磯崎は、構造フレームを外壁に出してバットレスの機能も担わせ、内部を純粋にオフィス空間のみにする建築型《ビルディング・タイプ》を提案しているが、これは実現には至らず、さらに、ツインタワーという与件に強く縛られた案に留まっている。

磯崎は五つの建築型《ビルディング・タイプ》を以上のように検証したうえで、「批評的〔書籍版では「批判的」〕道具としての建築型」と題された、なかば総括めいた考察を記している。そこでは「建築型《ビルディング・タイプ》」なるものが、

「一つの機構《インスティテューション》が自律的に生成、展開し、それが都市という外部と接触するなかで、自己再組織的に編成していく建築的形式、あるいはそこで析出されていく基本的な布置」*14と改めて定義されている。建築型《ビルディング・タイプ》論で列挙したみずからの作品群を通して磯崎は、「国家理性の概念的産出物」としての西欧近代的な「都市」が与える明確な文脈が欠けた場においても、個別の建築型《ビルディング・タイプ》を自生的に創出可能であることを示そうとしたのだと言う。そのとき、磯崎による建築型《ビルディング・タイプ》は社会とのあいだに「諍《あらが》い」を生みかねない「批評（批判）的道具」として設計されていた。なぜなら、それによって建築は都市の制度的な機構の内部にまで踏み込むことが可能になるからである。

磯崎は建築作品を「時代精神」からの流出や建築家の「自我」の表出ととらえる立場を取らない。作品を生み出す経路としての「チャンネル」は、時代精神や自我といった超越的な源泉に発する一方通行的なものではなく、むしろ、そうした超越性は作品からの「逆流」によって遡行的に幻影として立ち現われるのであり、そのような運動を含めた錯綜体的なチャンネル自体の作動のほうが本質的と考えるからである（ここにはデリダやドゥルーズの思想の影響がうかがえよう）。こうした発想をもとにした設計方法が磯崎の手法論であった。都市との関係のなかで批判的な「諍い」をもたらす建築型《ビルディング・タイプ》とはこのような「チャンネル」にほかならない。

こうした「諍い」の行方は予測することができず、あらかじめ決定することは不可能なものであるしかない——「つまり結末は常に予測不能であり、定型はなく、そのつどの、恣意的で偶然的な判断の集積である。この操作を可能にするのは、ＳＩＴＥを構築しようとする意志であり、その意志の行使は無人称のデミウルゴス、このような構図が描かれえよう」[*15]。同時期の別のテクストで磯崎はそこに生じる「諍い」をめぐって、「不意の、偶然の、気まぐれの、非論理的な、べらぼうな、制限不能の、不可能なままの、といった、いっさいの予定されていない要素の侵入と錯乱」[*16]を語っている。予定調和や一般化、あるいは、ロマン主義的主体による意識的統御を徹底して排除するこの挙動こそ、デミウルゴスの本領であった。

ここで言う「サイト」の構築とは、さまざまな「諍い」を通じた場所の再編を意味する。それは敷地の側に視点を置いてとらえられた建築物の作用であり、トポスとしての敷地を非場所《アンチ・トポス》としてのコーラに作り変える営みと述べることもできよう。そのとき、建築物はあらかじめ存在する敷地《トポス》に適合するがゆえにではなく、みずからサイト《コーラ》を構築するがゆえに、サイト・スペシフィックなものとなるのだ。それはけっして「定型」にはなりえない、その不可能性を表わす「建築型《ビルディング・タイプ》」なのである。

建築型《ビルディング・タイプ》論の最後に磯崎がこうした「サイト」を論じているのは、そこに批判的建築型《ビルディング・タイプ》を生み出す「諍い」が顕著に表われるからに違いない。取り上げられる実作はパラフォルス（スペイン、カタルーニャ）のスポーツ・センター（一九九六）、クラコフ（ポーランド）の日本美術技術センター（一九九四）、ア・コルーニャ（スペイン、ガリシア）の人間科学館（一九九五）、いずれも日本国外のプロジェクトであり、それぞれの土地の文化的文脈に深く組み込まれている（雑誌連載時にはここにマイアミ・ビーチホテルが加えられていたが、書籍化に際して削られた）。この文化的文脈ゆえに、「そのSITEの裏側にひそむ、眼に見えない諸力を感知する必要[*17]」が生じる。磯崎は「異人《まれびと》」として、現地の共同体のなかに入り込み、その土地をめぐる住民たちの言葉の群れを視覚的デザインに翻訳しようとする。それは「土地神[*18]」との会話にも似る。そこに交歓とともに「諍い」が発生する。

一九八〇年代後半で人口二千人ほどの「村」と言ってよい規模の小都市パラフォルスから、そのシンボルともなる体育館設計の依頼を受けた磯崎は、建設予算がほとんどないことを踏まえ、矩形のプランで半透明材によって覆われた蒲鉾型の建物という、控え目な案を提案する。ところが、かつてのヒッピーで現在は精神科医である型破りの市長ないし「村長」――「みずからが狂気にとりつかれているので、私は彼が狂気を研究対象にしているのではないかと疑ったほどだった[*19]」と磯崎は書いている――がそれにクレームを付け、円形のプランでスペース・フレームを屋根に使うという、コストを度外視した条件を逆に提示してくる（共同体からの「諍い」である）。

その結果、磯崎による実施案は、煉瓦で円形の囲いを作り、その南側の半円の部分にのみ、均等なスペース・フレームがうねっているような――サンジョルディ・パレスの初期案に類似した――屋根を架け、円を二つに区切る切り口にはカーテン・ウォールを取り付けるというものになった――「予算に合わぬではないかというと、いい案であれば予算はいつか来るだろう、というのだ。〔中略〕小さい体育館だと考えたのは私の誤解だった。これは村にとってのカテドラルなのだ[*20]」。単そういえばカテドラルは完成の見込みなしで着工している。何百年かかっても工事は継続される。年度経理の日本とはまったく異なる公共建築のあり方がそこにはあった。

クラコフのセンターは映画監督アンジェイ・ワイダの構想に発する。建設費用の多くは寄附により、磯崎による設計もボランティアである。蛇行するヴィスワ川沿いの敷地に建つ建物の平面は、その岸辺のラインに対応して彎曲し、屋根は複合的な波のうねりを模している。そこにはこのセンターが所蔵する北斎《冨嶽三十六景》に描かれた波のイメージも重ねられているという。計画案が修正されるなかでいったん屋根の波のうねりが消滅したとき、その復活を強く要望したのはワイダであったという。[*21] これもまた一種の「諍い」であろう。磯崎は設計にあたって、現地の在来工法である煉瓦の組積壁と木造の小屋組を活かし、その工法により可能な限界内で、しかし、通常とはまったく違った形状を生み出すことに腐心している。

ア・コルーニャはイベリア半島北西の端に位置する古代から重要な港町で、ローマ時代に築かれた現存する最古の灯台「ヘラクレスの塔」を有する。「人間科学館」は人体のメカニズムをインタラクティヴな方法で解説する科学博物館の一種である。敷地はオルサン湾の入り江、切り立った花崗岩の岩盤が急勾配をなして海へと落ち込んだ崖のうえにある。周囲には花崗岩が露出し、荒々しい表情を見せている。外洋からは激しい風が吹きつけ、荒い波が押し寄せて、小刻みに雨が襲う。

この厳しい風土に対抗すべく、磯崎は風を孕んだかのように海に向かって彎曲した、全長九十四メートルの巨大な壁を造った。それはなら100年会館の壁と同じく、平面的には円弧を描き、垂直方向には起《むく》りのあるクロソイド曲線で、二・六メートル×十七メートルのプレキャスト・コンクリートパネルを連結してかたちづくられている。この海側外壁には現地産の緑がかったスレート板

19-2. ア・コルーニャ人間科学館

〈五〇センチ×五〇センチ〉が一面に葺かれ、天候や太陽の位置によってその相貌を変える。他方、展示空間を挟んで建物の背面をなすのは、日本の屏風のようなジグザグ状をした、鉄筋コンクリートで補強された五・五センチの厚さの花崗岩からなる十一メートルの高さの壁である。まったく表情の異なるこれら二つの壁のあいだは一部スカイライトをもつ屋根で覆われ、張弦梁で連結されている。

磯崎は海側の壁を「仮面」と呼んでいる。それは内部の展示内容をいっさい告げていないからだ。同時にそれは、激しい風土に対する「保護膜」でもあろう。ただし、この壁は内部の環境を守るだけの被膜というよりもむしろ、荒々しい自然に拮抗する緊張力、その「強さ」の表現となっている。ア・コルーニャ人間科学館という建築における「諍い」はここにあり、先の二例のように共同体との関係にはない。「SITEはその周辺もふくめて、単純な仮面をみせることによって、変貌するだろう」[*22]と磯崎は書く。それはこの仮面がその単純さゆえに、風雨の激しさや大地の荒々しさといった自然の諸力と見事に競い合っているからにほかなるまい。逆に言えば、この建築物こそが根源的な自然力に似た「力」を体現しているのである。スレートや花崗岩といった素材が現地産である点もその効果を強める。

「ローマ時代の灯台が、補強されながらも今日も使われているように、ここでは建物の生命はそんな時間に耐えねばならない」[*23]——磯崎はア・コルーニャ人間科学館をめぐるこの言葉で建築型《ビルディング・タイプ》論を終えている。この「時間」こそ、建築がこの土地で対峙しなければならぬ最大の自然の力だとも考えられようか。この認識を綴ったときに磯崎は、この建物が――「灯台」という機能を保ったヘラクレスの塔とは異なり――人間科学館という用途・機能をまったく失い、抜け殻のように純粋に建築物それ自体となった未来を見据えていたように思われてならない。それは廃墟化しても残る建築の生命を信じることである。断崖のうえに建つ仮面的建築はそのとき、あらかじめ廃墟の相貌を帯びた古代神殿にも似たものに見えてくる。磯崎は連載の最終回であるいは、その冒頭で言及したパエストゥムと対をなす建築として、この建物を取り上げたのかもしれない。

ア・コルーニャにおけるこうした「諍い」の様相からは、ハイデガー『芸術作品の根源』におけるギリシア神殿をめぐる考察、その「世界と大地との間の闘争」[24]（傍点・引用者）としての芸術作品という思想を連想させられる。磯崎はとくにこの文脈でハイデガーに言及しているわけではない。ハイデガーの『ヘルダーリンと詩の本質』を青年時代の「バイブル」とした師・丹下健三[25]のような深い影響を、磯崎がこの哲学者から受けた形跡はない。デミウルゴス論でもハイデガーの名が挙げられることはない。また、「世界」や「大地」といった概念はハイデガー固有のものであり、とくに「大地」は文字通りの土地を意味するものではない。

にもかかわらず、「サイト」を語る磯崎の言説とその極めつきの実現形態としてのア・コルーニャ人間科学館のうちには、ギリシア神殿を念頭に、世界と大地の闘争における戦線としての「亀裂《リス》（Riß）」[26]――ドイツ語のRißには「設計図」の意味もあり、Grundriß（平面図《グルントリス》）、Aufriß（立面図《アウフリス》）、Durchriß（透視図《ドゥルヒリス》）、Umriß（見取図《ウムリス》）といった派生語をもつ――を語るハイデガーと通底する思考が感じられてならないのである。それは《建築》の形而上学と格闘し、哲学を根拠づける「建築的なるもの」を言説および設計によって脱構築しようとした磯崎が——déconstruction（脱構築）という概念がハイデガーの用いたドイツ語 Destruktion や Abbau（いずれも「解体」の意）の訳語に由来するデリダとは別の道筋を通って——おのずと辿り着いた地点だったのかもしれぬ。ここで注目したいのはハイデガーの哲学的論理以上に、『芸術作品の根源』の次のような一節でこの哲学者が思い浮かべている神殿のイメージである。それはあたかもア・コルーニャ人間科学館の描写のようだからだ——

「そこに立ちながら、この建築作品は岩の土台の上に安らう。作品のこのような安らいは、岩からそれの不従順で、しかも何ものにもせき立てられることのない、担うことの暗さを取り出す。そこに立ちながら、この建築作品は、その上で荒れ狂う嵐に耐え、そのようにしてはじめて嵐そのものをその威力において示す。岩石の光沢と光輝とは、それ自体ただ太陽の恩恵によるとしか見えないが、実は昼の明るさ、天空の広さ、夜の闇をはじめて輝き-現れることへともたらす。このように確然とそびえることとは大気という眼に見えない空間を見えるようにする。作品の不動なることが、海の波浪の波立ちに対して張り出し、その静けさからして海の荒れ狂いを出現させる」[*27]。

磯崎は人間科学館の海側壁面について、「ミステリアスな器官を皮膚の下に隠している人体の表相がそれでも表情をもつのと同じように、この施設の性格の表象になり得ることを期待している」[*28]と述べている。それはもとより、人間科学の展示というこの建物の用途を踏まえた比喩だが、ここで人体のイメージが殊更参照されていることに注目したい。外壁が「仮面」である以上、「ミステリアスな器官」を隠した内部とその表層の「表情」とは自明な関係で結ばれてはいない。そこにおける表象の作用はまったく透明なものではない。この建築にたんなる仮面性以上の「表情」があるとしたら、それは徹底して表層的なものである筈だ。有機的な統一性をもつ人体のイメージにもとづくアントロポモルフィスムがもはや存在しないところに、それでもなお残存している建築の「表情」――それこそは無気味な、デミウルゴスの貌であろうか。*29

改めて振り返るとき、誌面上段の歴史論と下段の建築型《ビルディング・タイプ》論は、たとえば劇場・ホール論でリヒャルト・ヴァーグナーが言及されることに応じて、上段でもヴァーグナーやニーチェが取り上げられるなど、一定の参照関係を有しており、そのことがとくに歴史論のロジックを必要以上に錯綜させている印象は否めない。だが、このテクストが孕む根本的な問題はむしろ、歴史論と建築型《ビルディング・タイプ》論を隔てる時間的な断絶のほうである――後者が磯崎の位置する一九九〇年代の問題構制《プロブレマティック》のもとにあるのに対して、前者は一九二七年――奇しくもこの年、「存在論の歴史の解体(Destruktion)」を唱えるハイデガーの『存在と時間』が刊行されている――のマイヤーによる《建築》扼殺宣言で終わっているのだから。近代建築のその後の展開やファシズム、ナチズムの問題、さらには、磯崎が『建築の解体』に集約した動向などにおけるデミウルゴスの所業がほとんど扱われていないのである。

磯崎は晩年の二〇一九年に、以前とほぼ同名の「造物主義論 〈建築〉――あるいはデミウルゴスの〝構築〟」という雑誌連載を開始し、そこで「ハンネス・マイヤーの宣言文がバウハウスを自滅させたいきさつからはじめる」[30]と述べるなど、続篇を書く意欲をいったんは示すが、結果として同じような形式でそれが書き続けられることはなかった。連載タイトルは第二回で早々に「デミウルゴス」と変えられ、この荒ぶる怪物をオイディプスやリアといった流謫の王——その背後には譲位した上皇がいる——になぞらえた、はるかに異様な物語が語られてゆくことになる。

デミウルゴスとは建築的エクリチュールを駆動する欲動、すなわち、「〝構築〟する意志」の無人称的主体のアレゴリーである、と磯崎は言う。[31]だが、デミウルゴスおよび《建築》とは、人称的な「建築家」を延命させるための装置、ひとつの虚構に過ぎないようにも思える。いや、事後的に生み出される《建築》を担保することで、生身の建築家にはつねにテンタティヴな構築しかできぬことを事前に正当化するための隠れ蓑が、デミウルゴスという、別なる《建築家》なのかもしれぬ。「さりながら死ぬのはいつも他人なり」（瀧口修造訳）[32]というデュシャンの墓碑銘をもじれば、「さりながら建てるのはいつも他人なり」——デミウルゴスとはそんな他者なのだ。

では、磯崎のような人称をもつ建築家はそこでいったいどんな役割を演じていることになるのか。磯崎がデミウルゴス論と併行して「他者としての建築家」を問わねばならなかった内的必然性はここにある。サイトをめぐって磯崎が、土地神との対話や視覚的デザインへの翻訳を語ることなどに表われているように、人称的建築家とはデミウルゴスを作動させる媒体《メディウム》（霊媒）のような存在なのかもしれぬ。そのとき、磯崎にとっての本質的な問題は、「建築家」という社会的制度への同一化ではなく、デミウルゴスという無人称的主体を迎え入れるメディウムと化す術だったのではないか。

建築型《ビルディング・タイプ》論で取り上げられる実作群で顕著なのは、敷地となる土地に内在する地形的・気候的・素材的・工法的・文化的諸要素に対して細心の注意を払いながら、たんにそうしたコンテクストへの同化を図るのではなく、それら外在的条件をあらたな「サイト」へと再編成して最終的な形態化へともたらす、磯崎の臨機応変な——「諍い」をかならず含む——翻訳過程である。「受容器」やその大元になった「箕《み》」としての「コーラ」、さらには「間《ま》」といった概念は、この翻訳のために必要とされる媒体《メディウム》の基本型を表わしている。その具体例である立方体フレームは、可視的に固定化した磯崎個人の署名的様式と言うよりもむしろ、人称をいったん消して受容器であることに徹するためのニュートラルな形式化の装置なのだ。

デミウルゴス論の補論と言える「枠(フレーム)」論で磯崎は、あくまでファサードを重視する「壁の建築家」としてのアルベルティの人文主義に、ファサードに対して無関心なブルネレスキの「アパシイ」を対置している。現代であれば「テクノ・ニヒリズム」と呼ばれるべき性格である。*33

それはひとつの空間システムの自動的展開に——徹底した無関心《アパシイ》を保ったまま——固執する特性であり——サント・スピリト聖堂における半円形のニッチの機械的増殖がその一例である——、人体比例との関係などのアントロポモルフィスムはそこで無化されてしまう。

磯崎がその「手法」によって引き継いだのはこのアパシイないしテクノ・ニヒリズムである。たとえば、豊の国情報ライブラリーの「百柱の間」においては立方体フレームこそが主役であり、その空間システムは「作者」を退場させてしまう。「無関心《アパシイ》をもって固執する」という矛盾した心理がそこで働いている点に注意されたい。空間システムの機械的作動による作者の消滅という「関心」すらもが消去された状態が、しかし、「固執」によって偏執的に追求されるのだ。重要なのはこのニヒリズムの空転によって開ける空虚な場のほうなのである。

　これもデミウルゴス論の補論である「仮面（マスク）」論で磯崎は、ミラン・クンデラが小説を論じるのにセルバンテスとカフカだけを取り上げているのに合わせて、《建築》を論じるにはブルネレスキとロースでほぼ足りる、と言う。[*34] 彼らがつねにテンタティヴなものに留まる作品を通じて屈折を続けた過程からは、《建築》を手探りで探ろうとする探し方の面白さが伝わってくるからだ。ブルネレスキに――磯崎にとっての「枠（フレーム）」の利用に通じる――テクノ・ニヒリズムがあったとすれば、ロースの場合には――建築型《ビルディング・タイプ》論の自作群を通して磯崎が辿り着いた重要概念である――「仮面」の駆使があった。ロースにおける謎めいた仮面の利用を磯崎は「エニグマ（ティック）・ニヒリズム」と名づけている。[*35]

　ロースが「犯罪」と見なした装飾的要素を建物から剝ぎ取った果てに達したロースハウスなどの平滑なファサードは、建築の「素顔」などでは毛頭なく、「空間計画《ラウムプラン》」と呼ばれた迷宮的空間を内部に隠し持つ、都市へと向けた無表情な「仮面」だった。だが、こうした種類の仮面のみには留まらず、アメリカン・バー（ケルントナー・バー）の星条旗をあしらったキッチュなファサード、ジョセフィン・ベーカー邸案の黒白縞模様の壁、高層建築にドリス式円柱の形態を用いた――新聞の「コラム《コラム》」にかけている――冗談のようなシカゴ・トリビューン社社屋案といったロースによるデザインは、いずれも「謎《エニグマ》」を秘めたテンタティヴな「仮面」なのである。

コンピューター・エイディッド・シティ、北九州市立中央図書館、なら100年会館、ア・コルーニャ人間科学館といった磯崎の建築群において、被膜としての外壁が内部と外部を遮断する「殻《シェル》」と化した「仮面」であることは見やすい。磯崎は京都コンサートホールにおいてもまた、対立する二つ以上の要素を相互に作用させることにより、「ヤヌスの貌」としての「仮面」をかたちづくろうとしたのだ、と言う。[*36] 先に見たように磯崎は京都というコンテクストへの適合をじつはかなり綿密に計算しているが、なるほど、異質な要素の「いささかぶきっちょに見えるような」[*37] 取り合わせによるデザインは、ロースのアメリカン・バーなどに通じる、都市建築のテンタティヴな解法と言えるかもしれない。

だが、何よりもまず「殻《シェル》」が磯崎の建築における「仮面」の原型であることは紛れもない。磯崎が北九州市立中央図書館の「仮面」を「甲殻類」の硬化した被膜に喩え、ほかならぬカフカの『変身』やサルトル『嘔吐』の蟹人間に言及していたことを思い起こしたい（第12章参照）。この「仮面」は自作の建築が異様な「他者」となり、磯崎自身にとって「謎」と化していたことの徴だった。それはこの仮面的建築が磯崎という個人の意識／無意識ではなく、「建築」という観念それ自体の無意識の表われだったからである。ここでそれを「デミウルゴスの表われ」と言い換えてよいだろうか。この甲殻類的建築の誕生によって磯崎が味わっていた「放出感」やひたすら眠り込みたくなる「心地よい疲労感」とは、デミウルゴスが憑依して作動する純粋な霊媒《メディウム》と化した果ての虚脱状態であったのかもしれぬ。

一九九四年の『GA JAPAN』六号に掲載された連載最終回冒頭の但し書きで磯崎は、これが「《建築》――あるいはデミウルゴスの〝構築〟」第I部の完結であることを告げる。それがあくまで西欧世界に限定された議論だったのに対して、第II部の「和様論」は、日本共同体が外部からアイディアを移入し、その「和様化」を反復する構図を扱うものになるという。この場合の「和様化」とは「自己言及的に日本的な形式を洗練させていく回収の過程[*38]」にほかならない。そのうえで第III部は、近代建築をはじめとする西欧の普遍性信仰と日本共同体の閉鎖的独自性とを同時に批判的に見据えて解体する、「デミウルゴモルフィスム」の論述になる予定だった。

第I部は補論にあたる文章などと合わせ一九九六年に『造物主義論《デミウルゴモルフィスム》』という書物にまとめられる。[*39] そのあとがきで磯崎は「デミウルゴス」の訳語に「造物主《ぬし》」をあてた理由を説明している。それによれば、デミウルゴスは人間でも神でもない、この二分法の中間にいる存在であるため、『古事記』で「大国主《オオクニヌシ》」の名などに用いられる「主《ヌシ》」をあてたのだという。[*40] アントロポモルフィスムを「人体形象主義」、それ以前のテオモルフィスムを「神像形象主義」と訳すとすれば、次に来るべきデミウルゴモルフィスムは「造物主形象主義」だが、これでは長すぎるため、「形象」を削除したうえで重複する「主」を詰めて「造物主義」とされ、この論文集の書名になった。

デミウルゴモルフィスムの発想はそもそも、篠山紀信と行なったグランドツアーの記録である『建築行脚』全十二巻（一九八〇～九二）で、西洋建築におけるテオモルフィスムとアントロポモルフィスムの系譜を実地に辿った末に浮かび上がったものである、と磯崎は言う。[*41]『建築行脚』所収の論考はこの数年後、『人体の影《アントロポモルフィスム》』（二〇〇〇）および『神の似姿《テオモルフィスム》』（二〇〇二）の二冊に分けて編集・刊行されている。他方、第Ⅱ部として予告された和様論は『造物主義論《デミウルゴモルフィスム》』とほぼ同時期、『始源のもどき《ジャパネスキゼーション》』（一九九六）にまとめられた。

西欧近代と日本共同体の双方を撃つ磯崎の二正面作戦は、珠海市の都市計画「海市」などによる中国との関係を通じ、それまでとは異なる地政学的な文脈を得ることになるだろう。一九九五年一月の阪神・淡路大震災は建築の脱構築主義に引導を渡す、時代を劃する亀裂になる筈だ。造物主義論の続篇そのものは磯崎の晩年を待たねばならない。しかし、デミウルゴスのメディウムとしての建築家自身は、その媒体的な活動の領域をますます拡大してゆくことになる。

第20章　「しま」の美学、あるいは「つくることの悲劇」

磯崎による日本文化論としては、「間《ま》」展をめぐる諸テクストに始まり、桂離宮論などの一九八〇年代の論考を中心とした『見立ての手法――日本的空間の読解』（一九九〇）がある。そのあとがきで磯崎は「何故か「日本」にたいしては愛憎がいりみだれ、そのアンビバレンスはけりがつきそうにもない」[*1]と書いている。「日本」に激しい憎悪をもち、それとの対決を通じてみずからの方法を組み立てた先達たちもまた、成熟とともに「日本」回帰を図ってきた――「少しでもひっかかりが残っていると、こんなやっかいな相手はない。注意深く選りわけをしていないと、たちまちその毒に全身をおかされるだろう」。その「毒」の危険性の自覚ゆえに、磯崎は「「日本」を常に異国人（他者）の眼でみること」「西欧のロジックに従って、この異質な感性を裁断してしまうこと」を選ぶ。「間《ま》」展で採用された戦略である。それは学術的な客観性に依拠・安住した「研究」ではない。

「日本」の土着的固有性を近代西欧の普遍性のうちに解消してしまいかねないこの戦略を、自分があえて取り続ける背後に潜む心理について磯崎は、「「日本」は決して中和されてしまう程に柔ではないことを、どこかでたよりにしているのかも知れない」と認めている。そこにアンビヴァレンスが生まれる。西欧的近代を日本的共同体に回収する「近代の超克」とも、独自性をひたすら強調する「日本特異論」とも異なる視点を維持するためには、けりのつかないこの緊張状態に留まるしかない。いや、すでに国際的建築家として「日本」からその外部へと越境してしまった磯崎は、「日本」からの逃れがたさを熟知しながら、「「日本」とは何か」を「他者」の立場から問い直すという、内在的かつ外在的という二律背反的事態に否応なく身を晒し続けなければならないのである。それは「日本」の内部／外部の「閾」それ自体のうえに立つことである。したがって磯崎の日本文化論は、「日本」を近代西欧の論理で批判的に読解・解体しつつ、同時にその論理に逆らう残滓として残る「日本」の「毒」をもって西欧的普遍性を相対化する、二正面作戦とならざるをえない。

閾上に立つ者は媒介者であることを求められる。「間《ま》」展から十余年後、磯崎はロンドンのヴィクトリア・アンド・アルバート博物館で開催される「ヴィジョンズ・オブ・ジャパン」展のコミッショナーとなり、一九八九年に展示全体のシノプシスを作成している。それは日本の社会・文化の仕組みを、「ルール」という形式が尊重・洗練された「ゲーム」に類似したものと捉え、博物館三部屋の展示をこの「ゲーム」の三相である「クリシェ」「キッチュ」「シミュレーション」（それぞれが伝統・現在・未来に対応する）にあてる、という内容であった。「クリシェの世界」では「道」としての型を生み出してきた遊芸が、「キッチュの世界」では現代日本における「見かけの競争」の産物であるさまざまな現象が、「シミュレーションの世界」ではコンピュータ・ゲームをはじめとして、実像と仮象の区別が混乱し、人間と機械が連動する状態が取り上げられる。実際の展示では各部屋が石井和紘、石山修武、伊東豊雄によってデザインされた。

英国側が他の案をさんざん蹴った挙げ句に最後に採用した磯崎のシノプシスは、日本側関係者のあいだでは「国辱もの」とさえ考えられるほど評判が悪かったらしい。だが、そのこと自体は磯崎らしい二正面作戦の成果と言うべきだろう。問題はむしろ、この展覧会が開催された折りに書かれた一九九一年の文章で磯崎自身が認めているように、[*2] 日本の社会・文化を形式化されたルールに従って行なわれるゲームに見立てるという観点が、江戸時代以降の日本に先取りされたヘーゲル的歴史の終わりと純粋状態のスノビズムを見出すアレクサンドル・コジェーヴの指摘に一致してしまっている点にある。なるほど、ゲーム愛好的スノビズムが「歴史の終わり」を錯覚させる閉鎖的日本社会の特質であるとしても、それ自体は歴史の産物であり、重要なのはむしろ、日本において同様の構造が歴史的に反復されてきたという事態のほうである。「日本」の「毒」はコジェーヴが考えているよりもはるかに根深いのだ。シノプシスを作成した時点でコジェーヴの指摘との一致におそらく気づいていなかった磯崎は、日本社会が「歴史の終わり」に至る過程とそれが反復される原因こそを問わねばならなくなる。そこで展開されるのが「和様化」論にほかならない。

磯崎は『新建築』一九九一年四月号から「《建築》という形式II」の連載を開始している。その

第一回は「和様化と「外部」」と題された。「和様」とは一般に、平安時代において中国伝来の寺院建築の様式に変形が加えられて成立した折衷様式を指し、鎌倉時代に同じく中国から輸入されたあらたな様式との違いを通して生まれた言葉とされる。「和様化」はこのプロセスを踏まえて、磯崎が建築のみならず日本文化全体に拡張した概念である。

日本建築史における節目では、つねに「外部」との関係の再編を通じて、危機の切り抜けが図られてきた、と磯崎は指摘する――「それは、七世紀中期、一二世紀中期、一六世紀中期、一九世紀中期で、その時点までに日本の「内部」で独自に展開していた和様化が停滞し、そのつど社会的な動乱を介して「外部」よりの移入または全面的な開港による混交を加えることで、事態が推移していることである。そのときの「外部」としての異文化は、それぞれ韓国、中国、南蛮、西欧という具合に変わっている。そして、いずれもが、その後に和様化という日本的な変形過程に組み込まれる」[*3]。

七世紀中期の壬申の乱ののち、百済や新羅からの渡来人が伝えた大陸文化は天平の唐風文化をもたらすが、それはやがて平安時代の藤原文化へと和様化されてゆく。十二世紀中期の源平の合戦で焼失した東大寺は、重源の指揮のもと、「もっとも非和様的な構成」[*4]である天竺様によって再建されるが、その剛直さは嫌われ、和様化された適度なバランスをもつ禅宗様が支配的となり、石庭に代表される東山文化が栄える。十六世紀中期の戦国時代には南蛮文化の渡来によって活性化が起きるものの、その後の歴史もまた、江戸の文化文政期に頂点を迎える和様化を免れてはいない。そして、「ヴィジョンズ・オブ・ジャパン」展が示したように、十九世紀中期以降に導入された西欧近代の文化は現代に至る和様化の過程のただなかにある。

　和様化における文化の形式化は、自発的な自己再組織化に転じることなく、ひたすらな縮減の果ての消滅を志向するように見える——「光景を圧縮し、深度をなくし、充満から逃れ、エネルギーを放出して最小限の流通だけを許容する。すなわちニルヴァーナを欲望の霧散状態として想起している」[*5]。この閉塞状況を打破してきたのはつねに、「外部」の意図的な導入のみなのだ。その間隔は五世紀、四世紀、三世紀と一世紀ずつ短くなっており、磯崎はそこから、次の大きな転換点は二十一世紀であろうと予想する。他方、二十世紀においてはより短い二十五年周期で、建築における「日本」の焦点化が確認できるという。一九三五年前後の「日本的なもの」をめぐる堀口捨己などの議論に始まり、一九六〇年頃の伝統論・民衆論、そして、一九八〇年代半ばの東京論がその表われである。

　磯崎自身もそこで言及しているように、こうした「和様化」の現象は、「「外来」思想を「日本化」させ、修正させる契機として繰返し作用する思考のパターン」[*6]を世界像の「原型」や歴史意識の「古層」あるいは「執拗低音《バッソ・オスティナート》」と呼んだ丸山眞男の指摘に通じるものである。磯崎は一九九〇年代末に、堀口の論文名を意識した雑誌連載「建築における「日本的なもの」」において、近代建築の受容過程で周期的に顕在化する「日本的なもの」という問題構制《プロブレマティック》につき、丸山らを援用して論じることになるだろう。

磯崎の和様化論の特徴は、和様化の一時的破綻と「外部」の文化的輸入による反復開始の契機を壬申の乱などの「内戦」に見る視点と、和様化を可能にした環境的条件を「島国」という特性に求めている点にある。後者の認識は「ヴィジョンズ・オブ・ジャパン」展がロンドンで開催されたことに発し、磯崎が一九九四年に英国ロイヤル・アカデミー・オヴ・アーツ名誉会員に選ばれた際の記念講演「島国の美学（The Island Nation Aesthetic）」でいっそう深められている。

前者の認識に関しては、一九九三年の伊勢神宮式年遷宮（式年造替）にあたり、通常は天皇も踏み込めない領域で石元泰博が撮影——磯崎も同行[*7]——した記録写真集のために書かれた解説「イセ——始源のもどき」のなかで、壬申の乱の勝利者である天武天皇、およびその后の持統天皇による文化政策が詳しく論じられている（なお、磯崎自身は「イセ」「テンム」「ジトウ」といったカタカナ表記を用いている）。磯崎によれば、伊勢神宮は『古事記』編纂と同じく、国際情勢の緊張下における異文化への対抗という政治的要請に由来するナショナリズムの産物であり、虚構的な「始源」としての「日本的なもの」の創出だった。式年遷宮が始まった七世紀末に「日本」という国号が生まれたという説を踏まえ、「島国の美学」講演で磯崎は、この時期に「日本」は「捏造」された、と述べている[*8]。

それが政治性を孕んだ「捏造」である以上、伊勢神宮の成立過程を遡行すれば本来の純粋な「起源」にたどり着けると考えること自体が錯覚である、と磯崎は断じる。無垢な「起源」は存在しないにもかかわらず、伊勢神宮においては建造物・祭祀・歴史的事実のすべてが「隠されている」がゆえに、そのような「起源」を探し求める誘惑が生じる。しかし、注視されるべきはむしろ、式年遷宮の制度を通じて虚構が捏造され続けてゆく「隠し方」のレトリックのほうなのである。事実としての虚構的「始源」は、それをそのままのかたちで再現することを強制する「もどき」という反復の過程を通じて、実際にはより純粋な型へと形式化されてゆく。実態が幾重にも隠蔽されているために、「もどき」を通じて「始源」の政治性は消去され、「起源」への誘惑ばかりが喚起されることになるのだ――「これがイセにしかけられている罠であり、ナショナリズムとして、「日本的なるもの」、天皇的なものに絶えず回収されていく絶妙な文化的機構として保持されているものなのである」[9]。そして、この反復による純化された型への形式化こそは、極めつきの和様化の原理にほかならない。

　ロイヤル・アカデミー・オヴ・アーツにおける記念講演で磯崎は、本居宣長による『古事記』の「再語り」と式年遷宮とを重ね合わせ、その両者に共通する「初源の回復」への意志とそれに伴う「和様化」を可能にしてきた地理政治学的条件を、日本が島国であることに求めている――「島国は外側から攪乱されずに、徹底して独自なものをうみだします。それは生々しく生産的なエネルギーを枯渇させ、死滅寸前の状態にまで追いやることからうまれる美学で、かぎりなくタナトスに接近することによって獲得できるエロティシズムと呼んでもいいでしょう」[10]。

　では、現代日本の建築家として磯崎は和様化に対してどんな立場を取るのか。そこでは和様化への加担（ナショナリズム）とその枠組みの解体（コスモポリタニズム）の双方が退けられ、「この島国のうみだした固有な美意識や手法をグローバルなレベルに拡張すること」[11]の必要性が主張される。そうした手法とそれによる自作として磯崎は、「もどき」（遙望館）、「とりあわせ」（有時庵《うじ》）、「見立て」（奈義町現代美術館）を挙げている。これらはデザインにおける二正面作戦と見なすことができよう。たとえば「もどき」は、和様化の核心をなす原理として批判的観点から抽出される一方で、遙望館の敷地にかつて位置した「おんば堂」が担った立山信仰の儀礼的仕掛けの「擬態」という手法へと転換されるのである。

ここでとくに茶室「有時庵」（一九九二）に注目したい。日本建築のなかでも茶室は磯崎にとって特別な関心の対象であり続けたからである。そこには、建築における「日本的なもの」という問題構制《プロブレマティック》を先駆的に切り拓き、何よりも茶室にこそ、近代建築に通じる純粋な「建築性」を見出した堀口の「もどき」を認めることもできそうに思える。磯崎自身による茶室としては、群馬県立近代美術館内の「白鷺庵」（一九七四）――磯崎はこの美術館と由縁の深い井上房一郎の号により「戸方庵《こほうあん》」と呼ぶ――、「間《ま》」展におけるモンドリアン風の茶室模型（一九七八）、勅使河原宏主催の沼津大茶会に際して仮設された高床の茶室「酩酊船《よいどれぶね》」（一九九二）――名称はランボーの詩に由来するが、ひとの動きによって揺れるため、長時間の滞在が船酔いを引き起こしかねないからであったという[*12]――、磯崎が設計した博多の料理屋「やま中」内の茶室（一九九七）、セラミックパークMINO（二〇〇二）の茶室「懸舟庵《けんしゅうあん》」などがあるが、「とりあわせ」をはじめとする茶室の建築的可能性がもっとも積極的に試された作品は有時庵であると言ってよい。

この茶室には前史がある。一九八三年にニューヨークのレオ・カステリ画廊で開かれた「フォリー」展に出品されたドローイング「草庵フォリィ」がその原型である。これは、ヨーロッパの庭園内に、特別な機能をもたず、純粋な視覚的楽しみのためにのみ建てられた「フォリー」という展覧会のテーマに対し、磯崎が草案風茶室のデザインによって応えたものである。日本と西洋の「田園的なるもの」の非統合的な「とりあわせ」という折衷的手法がそこですでに自覚的に用いられており、屋根は藁葺きとされている。その一部がロサンゼルス現代美術館の磯崎展で実寸展示されたのち、最終的に現在の品川の地に茶室が恒久的に設置された。

二畳台目の小間に立礼席が付いた茶室全体の平面は九間《ここのま》、すなわち正方形で、外形一辺の長さは六・三メートル、壁は垂直に立ち上がるため、全体はやや扁平な直方体となり、それをわずかに起《むく》りのあるお椀形の丸屋根が覆う。これは藁葺きが法規上不可能なためだった。数寄屋大工の棟梁・中村外二が集めた古木のなかから選ばれた床柱は薬師寺古材の檜、中柱は丹波椿、囲い板は屋久杉だが、他方で磯崎は茶室の伝統的素材を大胆に置換している。床の間は油壁から鉛壁へ、竹組みないし網代の天井はエッチング加工されたステンレス鋼板へ、障壁画で飾られるべき壁は鉛色に鈍く光る彎曲したチタニウム板へ、踏み込みの杉板戸は古味を感じさせる着色仕上げが施されたアルミ鋳物《キャスト》へといった具合である。茶席が発生した頃には存在しなかった新しい素材へのこうした置換は、総檜造りだった書院を変化に富んだ田舎家風の素材に置き換えることで成立した数寄屋の手法を反復している、と磯崎は言う。それはいわば古文を現代文に読み替える翻訳なのである。*13

「有時《うじ》」という号は道元の『正法眼蔵』「有時の巻」から取られている。道元はそこで中国の禅僧

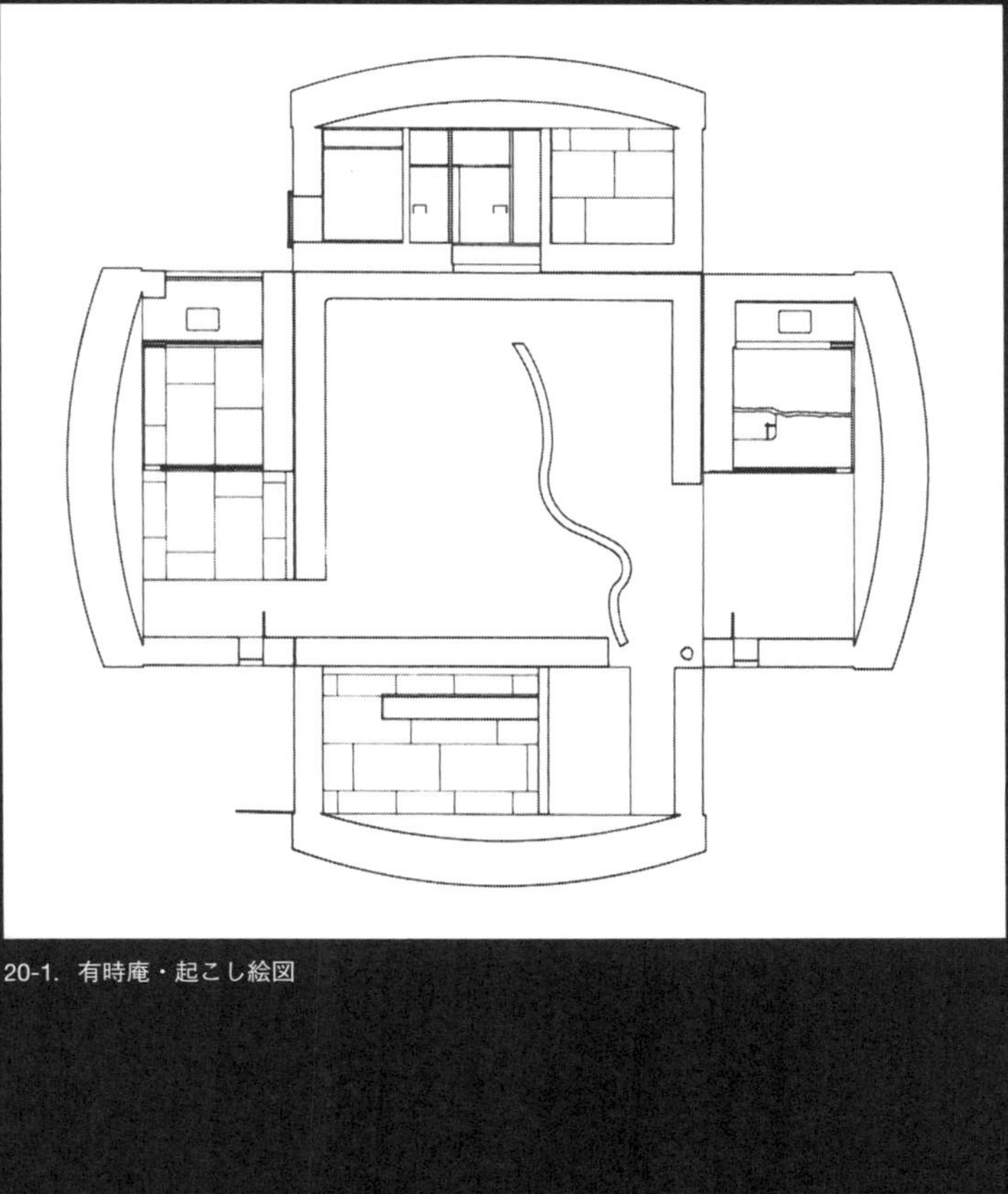

20-1. 有時庵・起こし絵図

が用いた「有時」(「或る時」の意)という言葉に「いわゆる有時《うじ》は、時すでに有《う》なり、有はみな時なり」という注釈を加えている。「有時」というそれ自体としては日常的な言い回しを、「時は存在であり、存在とは時である」という思想へといわば「誤読」しているのである。磯崎が関心を寄せたのは、引用したテクストの原意をこのように転倒させる道元の「創造的誤読[*14]」だった。これに倣えば、有時庵における素材の置換は「創造的誤訳」と言えようか。「有時」という庵名はこうした誤読/誤訳を象徴する称号なのであり、それが同時に、茶室というミニマムな空洞と時=存在とが一体化した、建築物による或る概念の提示となっているのである。その概念とは、空間と時間、空虚と存在に先行して、その両者を媒介する「間《ま》」にほかならない。

磯崎は二〇一〇年代に「国宝茶室三名席(「待庵」「密庵《みったん》」「如庵」)にひそむ謎のすべてを「有時庵」で取り込んだ。茶室ではなくこれを〈建築〉に仕立てた[*15]」と書くことになる。それは国宝茶室の内部で身体が感知する強力な張力《テンション》——周りから引っ張られるような力——を有時庵が写し取ったということである。自分は「立方体を〈建築〉に仕立てることに腐心してきた」と語り、「茶室もその一つの作業だったと見てほしい」と述べる磯崎にとって、茶室が〈建築〉になりうる条件とは、それが三間、一間半、一間といった正方形の平面をもち、少なくとも原理的には立方体として構想できるからであったに違いない。とすれば、茶室とは磯崎固有の〈建築〉と「日本的なもの」とがついに宥和的に一体化する建築型《ビルディング・タイプ》だったのだろうか——だが、結論を語るのはまだ早い。先の「これを〈建築〉に仕立てた」という一文に続けて磯崎は、「すると違う謎が生まれてしまった」と記している。このあらたな「謎」については、建築における「日本的なもの」をめぐる磯崎のその後の探究を経たうえで、改めて検討しなければならない。

講演「島国の美学」に立ち返ろう。この講演でもまた、祖国にして同時に異国であるという、日本との愛憎関係が語られている。だが、ここで注目すべきは講演終盤で磯崎が、世界のすべての人びとが国境線なしに発想し、文化的優劣なしに対等の立場となれば、「島国」が国という呼称を捨てて「島」になるというヴィジョンを語っている点である。*16 それをさらに推し進めれば、大陸もまた、多くの「島」――群島となる。もはや「島国の美学」ではなく、「しま」の美学が展望されるのである。

磯崎が「島国」ないし「しま」の限界のみならず、その可能性に注目する背景に触れておかねばならない。一九七〇年代末にパリで開かれた会議で磯崎が自作とルドゥやブレの建築の関係を説明した折り、その解釈の不十分さを指摘するフランス人建築家たちに対して、たまたま同席していた英国人のピーター・クックは、フランス側が問題にする正統的で合理的な解釈など、英国や日本のような島国ではありえない、そんな解釈が問題になるのは中心にいる場合だけだ、と発言したという。*17 クックによれば、ロンドンと東京の共通点はドグマティックたらざるをえないことである。なぜか。それはパリや中国といった中心が別に存在するからだ。この場合のドグマティズムとは「中心」に発する正統性や合理性とは必ずしも一致しない「教義《ドグマ》」――磯崎の場合であれば〈建築〉――を徹底して追究する姿勢のことであろう。島国の非中心的な環境は、独自な「教義《ドグマ》」を生む

「創造的誤読」をあえてなしうる地理的条件でもあるのだ。

「しま」や「群島」は一九九〇年代後半に向けて、磯崎の活動の重要な鍵概念となる。そのきっかけは、一九九三年にマカオに近い中国・珠海市からの依頼で始まった「海市(ミラージュ・シティ)」計画である。これは珠海市南端にある横琴島の沖、南シナ海上に人工島を造ろうとするものであり、「海市」には「海上の都市」と「蜃気楼」の二重の意味が込められている。磯崎によるその案では、やや不定形に歪んだ卵形の島が二本の橋で横琴島と結ばれている。そこにはトマス・モア『ユートピア』一五一八年版に掲載された挿画でユートピア島に対岸から架けられた二本の橋のように見えるもの——実際にはユートピア島の都市名を飾るカルトゥーシュの一部[*18]——のイメージが重ねられている。海市の都市計画には風水説が積極的に活用され、先述の橋や人工島の中央軸上に設けられる淡水池などは地中の「気」の流れに応じているという。蜃気楼的なこの人工島はあらたなユートピアの構想でもあり、具体的には「アジアの政治的共同体の中心機関」「新しい情報メディア網を介してのビジネス活動施設」「文化活動諸機関の交流拠点」といったものの建設が目論まれていた。[*19]結果的に実現せずに終わったこの人工島計画は、それが一九九七年のNTTインターコミュニケーションセンター(ICC)開設記念展「海市——もうひとつのユートピア」の母胎となった点でも重要である。

さて、ここで磯崎の設計競技審査員やコーディネイターとしての活動を辿っておきたい。磯崎が同時代日本の建築をめぐる状況にどのように介入したかを知るためである。磯崎は一九九五年に

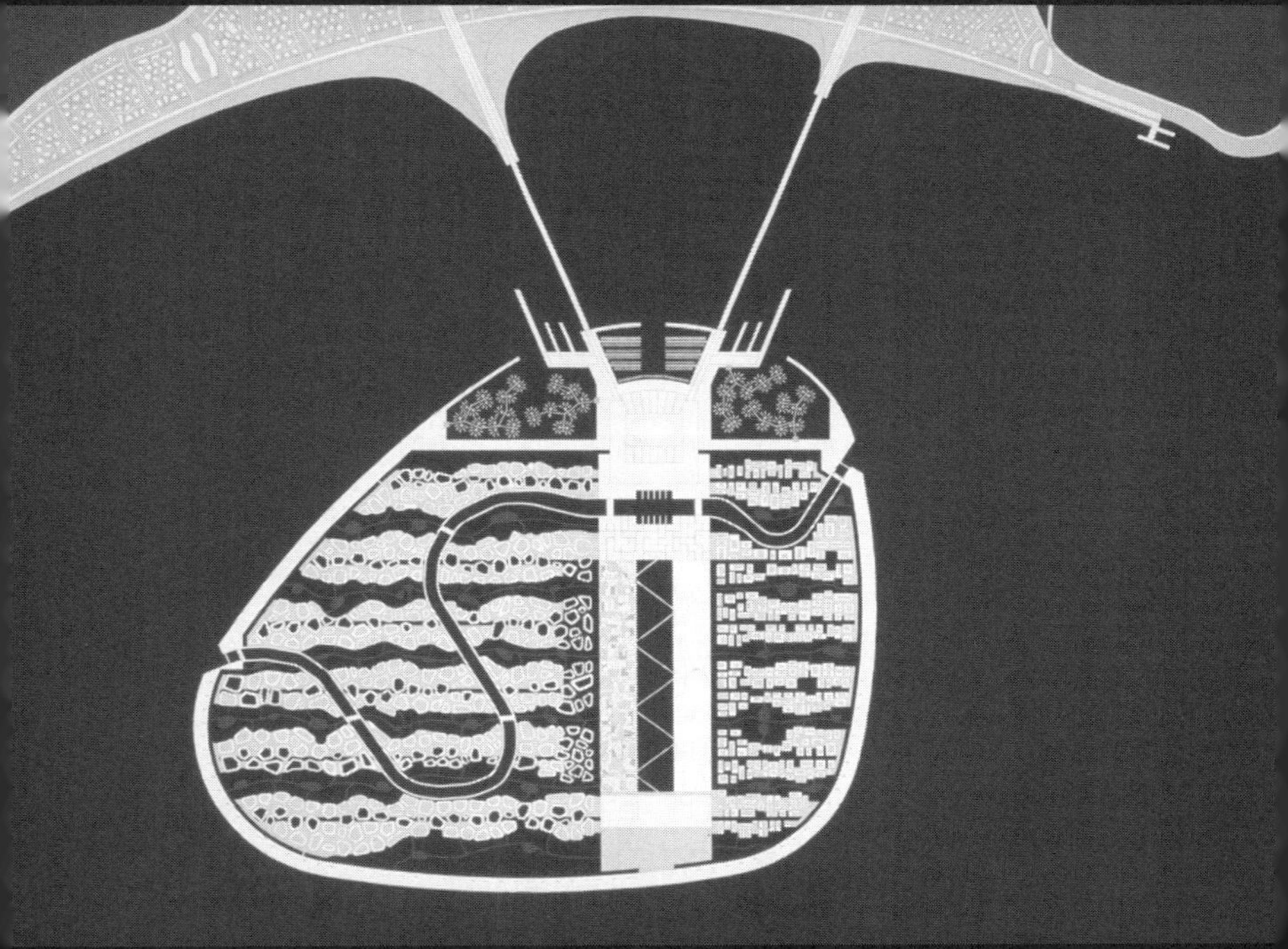

20-2.「海市」計画平面図

「横浜港国際客船ターミナル」国際建築設計競技（二月）と「せんだいメディアテーク」設計競技（三月）の審査員、さらに「水俣メモリアル」設計競技（七月）の単独審査員を務めている。[20]このうち、伊東豊雄案が選出されたせんだいメディアテークの設計競技では審査の一部がライヴ中継で公開され、全プロセスの詳細な記録が刊行されて、審査過程の透明化――審査員が逆に審査されるような状況――が実現している。こうした徹底した公開性の――国内唯一の――先駆けとなったのが、磯崎が審査委員長を務めた一九八八年の「坂本龍馬記念館」構想設計競技だった。その記録を通して確認できるのは、海へと伸びる細長い直方体の建物を中心とする――ザハ・ハディドの香港「ザ・ピーク」案をどこか思わせる――高橋晶子案が、事前審査ではけっして上位ではなかったにもかかわらず、最終審査でそのシンボリックな構成の妙と若々しい感性を評価する声が徐々に高まり、ついに審査委員長一任で最優秀案に選ばれるに至るスリリングなプロセスである。[21]

磯崎は友人である国際的建築家たちに加え、自分自身も参加した「さいたまアリーナ」提案競技（一九九五）が、実際にはデザイン・コンペではなく、「単なる業者選定会議」に過ぎなかった実態を痛烈に批判した「審査批評」を公にしている[22]（なお、磯崎がそこで提案したのは、せんだいメディアテークと同様の「情報ネットワークの建築化」という課題に応える「サイバー・アリーナ」だった）。設計競技は参加者にとって多大な犠牲を伴う「ポトラッチ」だからこそ、その審査過程には公開性や専門性が徹底されなければならないのである。

横浜港国際客船ターミナルをめぐる磯崎の審査講評は、松本洋子と篠原一男による案のモニュメンタルな「シンボリズム」を問題視したために、根拠なく「シンボリズム」というレッテルを貼る「デマゴーグ」である、という篠原の強い抗議を招いた。[23] それに応えて磯崎は、日本刀を連想させる松本・篠原案は限りなくエレガントでありながら、まさにその洗練ゆえに――丹下健三のデビュー作「大東亜記念造営物」に匹敵する――日本共同体への回帰を示唆するシンボルと化している、と改めて批判している。[24] 和様化論を展開していた磯崎にとってこの種のシンボリズムは、一度目は悲劇――丹下の大東亜記念造営物――だったものが笑劇《ファルス》と化す歴史の反復に見えていたのかもしれぬ。これとは対照的に磯崎は、水俣メモリアル設計競技で最優秀作品となった、段差のある敷地上にステンレスの球体が散らばるジュゼッペ・バローネの案を、シンボル性の強い形態を用いない、ひっそりとした「失われた霊魂を呼び寄せるような詩的な解法」[25] ゆえに高く評価している。非シンボリズム的なランドスケープ・デザインへの志向は、横浜港の設計競技で最優秀とされたアレハンドロ・ザエラ＝ポロとファッシド・ムサヴィの案にも共通している。

　磯崎新アトリエがコーディネーションを行なったプロジェクトとしては、一九九四年に始まる岐阜県営住宅ハイタウン北方《きたがた》（南ブロック）がある。磯崎は岐阜県の梶原拓知事に、県営住宅の建て替えをすべて女性の手によってのみデザイン・設計することを提案する。磯崎による依頼状の文言によれば「住空間における「フェミニズム」」「文化的課題としての「ジェンダー」」[26] の建築的かつ社会的提案のために編成されたのが、クリスティーヌ・ホーリィ、エリザベス・ディラー、妹島和世、高橋晶子（坂本龍馬記念館の設計者）という四名の建築家のほか、いずれも女性のランドスケープ・アーキテクト（マーサ・シュワルツ）、デザイナー（福澤エミ）、アーティスト（宮脇愛子）からなるチームだった。

日本の公営住宅を支配してきたｎＬＤＫ型の核家族マイホームのイメージはすでに崩壊し始めているという認識のもと、磯崎は住戸棟の平面型のみをまず建築家たちに提案してもらったという。その結果はたしかに磯崎の思惑通り、ｎＬＤＫ型には囚われないものとなったが、括弧書きで強調されていた「フェミニズム」や「ジェンダー」といったテーマが「女性」建築家たちの起用によって適切に扱われたかという点には疑問が残る。このプロジェクトにおける「「ジェンダーの視点」は、居住性を高めるという名目のための単なるレトリックとして、男性建築家（磯崎）によって利用されたのであり、女性設計者は、あたかもその視点を実現するかのようにみせるための主体として選定された」[27]（村田陽平）という手厳しい批判が衝いている点である（ただし、磯崎にとっての真の関心はあくまで、ｎＬＤＫ型に象徴される住居観念を解体させる、あらたな住宅型を社会的に提案することだったのであり、じつのところ、居住性などはおのずと二義的であっただろう）。

村田は、磯崎は自己の「男性」という「ポジショナリティ」（立場性）にあまりに無自覚だったと指摘する。なるほど、公営住宅の設計における従来の「男性原理」に代わる「女性原理」を「女性」建築家の起用によって実現しようとする思考法自体が、一九九〇年代前半という時代的制約のもとにあったことは否めない。こうした方針がいずれも男性である知事と建築家のもとで決まった点もまた、現在であれば問題視されるに違いない。しかし、くまもとアートポリスの場合と同じく、磯崎がここでもみずからの社会的位置《ポジション》とそれによる影響力を十分に自覚して、公営住宅のあり方に根本的な問題提起を行ない、四人の建築家たちを抜擢して大規模な公共建築に参与させたこと自体は正当に評価されるべきだろう。さらに言えば、磯崎は「建築家」としてのポジショナリティを安穏と受け入れることができなかったように、「男性」としての自己規定にも――すくなくとも無意識的な次元では――揺らぎを抱えていたように思われてならない。第18章で「建築（家）」の両性具有性《ヘルマフロディトス》を論じた際に示した通りである。

妻となった女性たちと磯崎との関係はこの点からも重要なトピックだが、あくまで磯崎自身の作品とテクストを通してその思想に迫ろうとする本書では、残念ながら資料的な限界からも詳しく論じることが難しい。アーティストとして経歴や業績が広く知られている宮脇愛子については、マン・レイをはじめとする芸術家たちとの宮脇の交友関係が一九七〇年代以降の磯崎の国際的活躍に大きく寄与したことは疑いなかろう。ハイタウン北方以前にも、サンジョルディ・パレスをはじめとして、多くの磯崎作品で《うつろひ》をはじめとする宮脇の作品とのコラボレーションがなされている。宮脇は磯崎の私的なパートナーであると同時に、公的な共作者でもあった。磯崎晩年のパートナーだった辛美沙が、アートマネージメント・ディレクターとして磯崎による数々の展覧会企画を支え、みずからのMISA SHIN GALLERYで磯崎の手がけたアート作品を扱うほか、磯崎新アトリエの運営も担うなど、公私に亘る絆で結ばれた間柄であったことも同様である。この二人のみには留まらない女性のパートナーたちと磯崎との物語は、それにふさわしい場において、別のかたちで物語られなければならない。[*28]

一九九〇年代に立ち返ろう。一九八八年の坂本龍馬記念館設計競技で高橋（当時は篠原事務所所属）の案をその明快な形態の――ザハ・ハディドに通じる脱構築主義的な――シンボル性ゆえに選出した磯崎が、一九九五年の各種審査では建築物のシンボル性に対してきわめて否定的になり、とくにモニュメンタルな象徴化を批判して、バローネやザエラ・ポロ＋ムサヴィ案のようなランドスケーピング（「景観」以上に総合的な「地形」の形成）を重視するに至った背景には、一九九五年一月十七日の阪神・淡路大震災による都市・建築の壊滅的な破壊があったと考えて間違いあるまい。六千人を超える死者を出した震災は、水俣メモリアルという鎮魂の場が取るべき表現のあり方について、磯崎によりいっそうの熟考を促す契機ともなったに違いない。

大震災による都市の廃墟化は翌一九九六年のヴェネツィア・ビエンナーレ国際建築展で磯崎がコミッショナーを務めた日本館のテーマとなる。この建築展のディレクターはホラインであり、磯崎を含む五名からなる専門委員会との協議で決定された全体テーマは「未来を感知する――地震計としての建築家」だった。展覧会カタログに専門委員会の一員として寄稿したテクストで磯崎は、阪神・淡路大震災と地下鉄サリン事件を都市の物質的基盤と交通システムの脆弱性を露呈させた出来事と位置づけ、第二次世界大戦による戦禍やアウシュヴィッツのガス室の記憶と結びつけている。磯崎はこれらの事象のうちに、建築デザインが記号の表層的ゲームから物質的形式・構造へとシフトする徴候を認める。さらに、もうひとつの注目すべきパラダイム的変化は、近代建築における物理学的モデルのメカニズムから生物学的モデルによるサイバネティクスへの移行であるという。*29

日本館コミッショナーとして磯崎が選んだ展示作家は建築家の宮本佳明・石山修武と写真家の宮本隆司の三名。主たるインスタレーションは宮本佳明が担当し、神戸の瓦礫二十トン超がヴェネツィアに運び込まれ、ボランティアたちの手によって展示室内に積み上げられた。宮本隆司の撮影した震災のモノクロ記録写真は展示室の壁面を埋め尽くした。石山のデザインによる透明な墓標が瓦礫のなかに立ち、同じく石山の設置した半ば壊れたコンピュータ機器から震災当時のニュース音声が流れ、電話機のベルが会場に鳴り響く。石山はさらに、レスキュー隊のオレンジ色の服を着せた工事用ロボット「安全太郎」を展示館の外に十体並べ、蛍光色の旗を振らせている。なお、招待作家のセクションで磯崎は、奈義町現代美術館や「海市」計画の模型などとともに《ふたたび廃墟になったヒロシマ》のフォトモンタージュを展示し、日本館の内容と呼応させている。

日本館における「廃墟」のダイレクトな展示は、図面や模型を使った従来型のプレゼンテーションに終始した他のパヴィリオンとは際立って異質で注目を集め、はじめてパヴィリオン賞（金獅子賞）を受賞している。二川幸夫との対談で石山が語るところによれば、コンテナ何台分もの凄まじい量の「ゴミ」を運び込むという「ばかばかしさ」の成果である。*30 石山や二川が指摘するように、それは強い反撥や批判を十分に「読んだ」うえで磯崎が仕掛けた確信犯的な挑発だった。しかし、その暴挙が建築展の形式のみならず現代建築それ自体の国際的閉塞状況を逆照射することになったのである。「ディズニーの建築」をテーマにした米国館が旧態依然とした展示でそのポテンシャルを活かせなかったのに対して、日本館はいわば「廃墟のテーマパーク」として大成功したのだ。

この日本館は四つの問題に対する批評になっている、と磯崎は語っている。[*31] 第一は、地震計それ自体が壊れてしまうほどの地震の実態が示す、「地震計としての建築家」という展覧会テーマに対する批評、第二は、建築物の解体を擬装する類の「デコン」（脱構築主義建築）の終わりという、建築界のモードに関わる批評、第三は、表層的記号のゲームから物質的基盤へのシフトという都市論的批評、第四は、有効な復興計画を示せない日本の行政に対する批評である。日本館が成功した要因は「なにもつくらないということをやった」点にあった、と磯崎は言う――「建築家はつくることで自分の表現をしてきたはずなのに、今回はその部分をむしろ無くしてほしいと一番に思ったし、三人も感じていたと思います[*32]」。磯崎はルイジ・ノーノの『プロメテオ』（一九八四）の副題が「聴くことの悲劇」であることを踏まえて、日本館には「つくることの悲劇」の意味合いがあったと指摘する。それは「ギリシャ悲劇が構造的に人間の運命を決めていくように、建築家はつくるということを悲劇として、自らの仕事の中に持っていたはずだ」という認識である。明るい未来に向けて単純に構築・復興しようとすることが良い建築を生み出すことには繋がらないからこそ、この悲劇性の自覚を通して、「なにもつくらない」ことをむしろ突破口にしようとするのである。

では、建築家・磯崎新はこの時代、「つくることの悲劇」をどのように受け止めることで、建築作品を生み出していたのだろうか。一九九〇年代に入ってからの磯崎の作品には、建築物の輪郭を消去し、形態を非完結化させてゆくような傾向が現われる。たとえば、中谷宇吉郎雪の科学館（一九九四）に前庭からアプローチするとき、雪の結晶を意識した六角形のトップライトをもつ台形・木造の塔三つが一列に並んだ部分を残して、その下の基壇は姿を見せず、敷地の前に拡がる柴山潟やその向こうの白山連峰を広く眺望できる。スロープになった中庭は、中谷晩年の研究地であるグリーンランドから運び込まれた約六十トンの石が敷き詰められ、人工的な霧が立ち込める、次女・芙二子による修景作品「グリーンランド氷河の原」である。「雪」と「霧」をモチーフにしたランドスケープのデザインがあくまで主眼とされているのである。

岡山西警察署（一九九六）の場合、幅十六×高さ十六×長さ六十四メートルの直方体が前後に併置され、留置場を含む背後の直方体は全面的に亜鉛《ジンク》板で覆われる一方、前方の直方体は左右に二分割されて、東側には鋼管の列柱群のみが規則的に立っている。西側のファサードは斑点のあるピンク色の花崗岩（万成石）の小片をプレキャスト・コンクリートに埋め込んだパネルおよびガラス面からなる市松模様の部分とガラス面のみの部分に二分されたうえで、それぞれのガラス面の上部は半透明、下部は透明にされている。建物が幾重にもシステマティックに分割され、その分割が素材の変化によって表わされているのである。磯崎はこの手法を「二分法による輪郭線の消去」[*33]と呼んでいる。なるほど、建物全体の前面では段階的にオープンなものへと推移する構成が外郭を曖昧なものにしているが、対照をなすことでそこに緊張感を与えているのは、公開されない警察機能が集中した亜鉛《ジンク》の直方体である。警察署の二面性が建築化されているのだ。

磯崎によれば、「建築物をひとつの完結した物体としてデザインすることは、その建物の建つ土地を所有したという事実を表明する手段[34]」だったのであり、「輪郭線の消去」は情報資本主義のもとにおける土地の「非占有化」への欲望に対応している。磯崎はこの点を、横浜港国際客船ターミナルのザエラ＝ポロ＋ムサヴィ案の——独立した輪郭を強調するシンボリズムとは対照的な——形態の非完結性と同じ文脈で論じている。さらにその背景には、デジタル・メディアによって建築のイメージが容易に操作されるようになった結果、輪郭線という建築物の最大のデザイン目標が不安定になった、という認識がある。

建築ないし建築群を周囲の地形のなかに隠すかのようなデザインは、それぞれ一九九三年から一九九六年のあいだに計画が開始された、静岡県舞台芸術センター（一九九七）、秋吉台国際芸術村（一九九八）、セラミックパークＭＩＮＯに共通している。鈴木忠志率いる劇団ＳＣＯＴのあらたな根拠地である静岡県舞台芸術センターは、眼下に三保の松原を見下ろし富士山を遠望する台地・日本平の森のなかにあって、野外劇場「有度《うど》」、稽古場、アトリエ棟「楕円堂」といった建物——いずれも自然環境に馴染むように、木造で黒色塗料《ステイン》の下見板張りという黒木（ルスティカ）造り——はその起伏に富んだ地形になかば埋没していたり、あるいは崖地の下に位置していたりする。六〇年代アングラ演劇を彷彿させる上演空間の再現が意図された楕円堂では、楕円平面の長軸を挟んで舞台と観客が対面する。観客は上方の玄関からその地下空間《アンダーグラウンド》へと暗い階段で降りなければならない。

秋吉台国際芸術村は「秋吉台国際20世紀音楽セミナー&フェスティバル」の参加者の宿泊棟や研修・制作・発表の施設として設計された。磯崎が複数の候補地から選んだ敷地は、低い丘陵に囲まれた、隠れ里のような袋状地である。狭く括《くび》れた入り口から敷地内に入り込めば、そこはもう一種の「内部」なのであり、それゆえこの施設群は都市建築的なファサードをもたない。わずかに傾斜したこの地に建物を分散配置してゆくなかで、磯崎は自分が日本の伝統的な手法を用いていることに気づいたという――「庭全体を海に見立てて、そのなかにさまざまな島を浮かすこと、庭園の原型となっていたイメージが浮きあがる。石庭においては白砂が大海を、岩が島を表象していた。ここでは建物が島であった。島々を編成すること、つまり群島をつくりだすことである」[*35]。建物の外壁や床、屋根などの随所に地元産の石灰岩が用いられており、その柔らかな灰色の色調が全体を包んでいる。

「群島」はノーノの『プロメテオ』日本初演のために設計された、秋吉台国際芸術村コンサートホールの基本コンセプトでもある。『プロメテオ』は各楽章が「島《イーゾラ》」と題されているほか、この作品のためにマッシモ・カッチャーリが編纂したテクストもまた、ヘシオドス（『神統記』）、アイスキュロス（『縛られたプロメテウス』）、ヘルダーリン（『ヒュペーリオン』の「運命の歌」）、ベンヤミン（「歴史の概念について」）などの断片的引用からなる、「群島」の様相を呈している。この作品の上演のためにはさらに、オーケストラが合唱隊、ソロ歌手、朗読者、打楽器の四グループに分かれ、それぞれ異なった位置を占めなければならない。指揮者は二人、さらに音響をコンピュータで制御する操作者たちがここに加わる。

磯崎によるデザインの出発点となったイメージは、カルスト台地である秋吉台特有の鍾乳洞から発想された「洞窟」内に「島」としての舞台や観客席が浮いている、というものだった。実際のホールでは、異なる音の発信源となるプラットフォームの「島」が立体的に分散配置され、観客席とも交じり合うように空間が構成されたうえで、空中にはスピーカーがリング状に吊るされた。それぞれの「島」に発する音は反射・屈折して混ざり合い、コンピュータで変調された音と干渉し合って交錯し、渦状の音の流れが生まれる。このホールで演奏された『プロメテオ』は、音が発せられた方向から聞こえてこずにさまよい続けているような印象を与えたという。[*36]

磯崎はリヒャルト・ヴァーグナーによるバイロイト祝祭劇場を端緒とする、観客席がすべて均等な条件で舞台に向いている――それによって舞台の主役や指揮者が中心に位置する――近代劇場の構造を一望監視施設《パノプティコン》に喩え、秋吉台のホールの群島モデルと対比させている。[*37] このホールはたんに『プロメテオ』のためだけの特殊解ではなく、近代劇場の均質空間的な一望監視施設《パノプティコン》モデルに対する批判的建築型《ビルディング・タイプ》なのである。そこにおける聴取体験は渦巻いて交錯する音流に全身体が浸される内触覚的なものになる、と磯崎は指摘する。

秋吉台国際芸術村についてもう一点特筆すべきは、磯崎が手がけた最初の住宅・中山邸（N邸）がここにそっくり再建され、サロンとして使われていることであろう（オリジナルはバブル経済期に地上げ・解体された）。石山修武が指摘しているように、ここには建築家が自作を復元する際の歴史家的な手つきによる時間操作に伴うタイムギャップがある。[*38] それは建築物の群島化に時間軸が加わり、異なる時代がひとつの「島」と化したということではないだろうか。そのとき、隠れ里めいた敷地で一九九〇年代と一九六〇年代とが干渉し合うのだ。あるいは、そこが人里離れた一種の桃源郷《ユートピア》であるからこそ、建築家は初期作品をあえて再生させたのかもしれぬ。

やや遅れて完成したセラミックパークＭＩＮＯもまた、里山に囲まれた谷間の袋状地にあり、駐車場に着いた来訪者は、準絶滅危惧種の植物シデコブシが自生する沢のうえに架けられた橋を渡り、トンネルを通ってはじめてその屋上広場に達する。エントランスホールから降りて行くと現代陶芸美術館のレヴェルに至り、その展示室は屋上広場を支える梁から吊り下げられることによって「並進振り子型」の免震構造になっている（構造設計は川口衞）。[*39] つまり、ひとまわり大きな架構体のなかに展示室が軽く吊られているのである。展示室の下は傾斜地の地形を活かした階段状の外部空間「カスケード広場」、奥まった山側には段々滝《カスケード》と池からなる中庭があり、その周りにロビーやレストラン、国際会議場、茶室（大徳寺孤篷庵忘筌および密庵の写し）などが配されている。

磯崎は外部が囲われているために視線が内側に向かうセラミックパークＭＩＮＯの敷地の構造を京都などの「坪庭」に喩えている。[*40] 山や森のなかに作られたこれらの作品群はいずれも「にわ」なのであり、畢竟それは群島が浮かぶ「うみ」――多島海――のメタファーである。つくばセンタービルをめぐって引いた「ヘテロトピア」をめぐるフーコーの指摘を思い起こせば、歴史的にもっとも古いヘテロトピアとしての「にわ」がもつ、相容れない複数の空間をひとつの場所に併置する性質とは「群島性」にほかならなかったことに気づく。ア・コルーニャ人間科学館を縮小したような部分を有する「県立ぐんま天文台」（一九九九）の敷地には、ストーンヘンジとジャイプールの日時計および黄道十二宮測定台のレプリカが、オリジナルと同様の測定機能を果たせるように設置されている。このいささか異様な「文化科学史的なテーマ・パーク」[*41]もまた、「うみ」としての「にわ」にほかなるまい。

これらとは対照的に都市中心部に建造された巨大な作品「静岡県コンベンションアーツセンター」(一九九八)もじつは、まったく異なるかたちで「うみ」のメタファーに依拠していることに注目したい。「グランシップ」という愛称が示すように、その形状は船をモチーフとしている。これはこの建物が、同じく陸上の船を原イメージとする、ヨーロッパ都市における大聖堂《カテドラル》に匹敵するスケールと収容量をもつ大空間として構想されたことの帰結である。

六十メートルの天井高をもつ五千人収容の大ホールとその前庭にあたる広場との関係はとくに大聖堂《カテドラル》を強く連想させている。他方、約八百人収容の中ホールはバイロイト祝祭劇場の形式を踏襲した多目的施設であり、約四百人収容の静岡芸術劇場は舞台芸術専用の小ホールとして水戸芸術館の小劇場を下敷きにしている。磯崎は小ホールをかつて論じた「闇の空間」、大ホールを「虚の空間」に対応させ、とりわけ後者がもたらす浮遊してゆくような離脱感――神不在の「大聖堂《カテドラル》」における超越性の経験――を「ハイパーな」内触覚的臨場感として重視する。[*42]

グランシップの外壁はなら100年会館と同じくスペイン産暗緑色スレートで葺かれ、後者ほどではないにせよ、ディテールを欠いた固い殻の印象を与える。いずれも駅や線路に隣接していることれら二つの建物は、船舶や潜水艦を思わせる閉じた形態とヒューマン・スケールを超えた巨大さによって、都市交通のスピードと拮抗している。身体的スケールからの内的／外的な断絶感が、通常の可触域には収まらないハイパーな経験を生むのだ、と磯崎は言う――「このとき人間的なスケールを超えた閉ざされた受容器《コンテナー》は、私たちの流動している都市を、巨大船の停泊する波止場か、宇宙船の発射基地の光景へと導くことになるだろう」[*43]。すなわち、これら二体の建築は都市を離脱せんとしているのだ。単体で自律・完結するために外界を遮断するかのようなその形状は、輪郭を消去するどころか、このうえなく明快に際立たせている。

磯崎はこうした巨大船の造形によって、それらが建つ都市の一帯を――想像上の大洪水により「うみ」に変容させていると言えるのではないだろうか。高速で移動する交通機関の車窓から眺める直近の都市がイメージとして流動化するのに対し、「閉ざされた受容器《コンテナー》」は人間的スケールを逸脱したその不動性自体によって逆に、周辺環境を仮想的に流体化するのではないか。丘陵で守られた袋状地にひっそりと隠れた群島のような建築群とは対極的に見えながら、しかし、これもまた「にわ」をかたちづくる想像力の産物ではないだろうか。そのとき、これらの固い外殻で覆われた内部が空洞の舟（うつふね）[*44]は、「うみ」を漂うひとつの「しま」――都市のただなかの蓬萊山――となるからである。

実作としては両極的な様相を見せる一九九〇年代の磯崎の作品群に通底しているのは、こうした「しま（じま）」の美学であり、それは同時に「にわ」の美学、「うみ」の美学であった。ノーノによる音楽的達成のひとつの極致である『プロメテオ』に呼応した建築空間をかたちづくるといった難題に応えるなかで、磯崎はその美学を他ジャンルとの交感に向けて開き、同時代の社会的・文化的変動の核心を衝く概念に鍛え上げてゆく。反和様化とでも呼ぶべきその営みの「執拗低音」をなしていたのは、阪神・淡路大震災を大きな契機として自覚された「つくることの悲劇」のドラマトゥルギーであった。その一例はＩＣＣのオープニングを飾った「海市――もうひとつのユートピア」展のうちに見出せよう。ＩＣＣ創設が示しているように、大震災や地下鉄サリン事件が発生した一九九五年はウィンドウズ95が発売され、「インターネット元年」とも呼ばれる、メディア環境の転換点でもあった。その影響は「海市」展にも及んでいる。あらたな千年紀《ミレニアム》へと向け、磯崎の〈建築〉はふたたび大きな変容を遂げてゆく。

第Ⅴ部

〈アーキテクチュア〉という戦場

1996 - 2022

第21章 「日本なき日本《しま》」への垂直的下降

日本建築学会をはじめとする建築関係五団体は毎年、建築をひとつの文化として社会にアピールするために「アーキテクチュア・オブ・ザ・イヤー」展を開催している。磯崎は一九九六年度のそのプロデューサーとなった。磯崎の指名によるキュレーターは田中純、中谷礼仁、松原弘典、貝島桃代の四人、実行委員長は三宅理一、テーマは「カメラ・オブスキュラあるいは革命の建築博物館」とされた。これは建築史を暗箱《カメラ・オブスキュラ》に見立て、そこに映し出される歴史像を通して、社会革命をはじめとする政治と建築との関係を取り上げようとしたものである。

この展覧会のカタログにあたる『磯崎新の革命遊戯』(一九九六)の序文で磯崎は、建築史に視線が向かう最大の動機は「時間の巻き戻しを行なうことによって読み方が変化する」[*1]ところにある、と書いている。「初源《ビギニング》」へと時間を遡行する筋道が虚構としてデッチ上げられるとき、過去をめぐる歴史叙述は未来のユートピアを計画することと同様の幻視的《ヴィジョナリー》な営みとなる。〈建築〉というメタ概念成立のために必要とされたもろもろの「初源」が十八世紀半ばに「発明」されたように、これは近代的な時間に内在する構造にほかならない――「悪循環にも似たこの近代という構造がつくりだした枠組みがいつクラッシュするのだろうか。システム崩壊はいつ起こるのだろうか。それをあらためて、建築史というカメラ・オブスキュラのなかで考えてみたい[*2]」。

韓亜由美のデザインによる会場構成は正方形の平面をもつ大・中・小の箱からなる入れ子構造を取り、大・中の箱のあいだの第一層が四名のキュレーター――ただし、田中のセクションについては五十嵐太郎を中心とするチームが担当――による個別展示に充てられ、中・小の箱のあいだの第二層は田中のセレクションによる磯崎やキュレーターたちの文字テクストを壁面にちりばめた「言説の部屋」とされた。もっとも小さな箱の内部には磯崎の蔵書が展示され、武野紹鷗による四畳半の茶室を写したその空間の中央――炉の位置――に埋め込まれたモニターに、会場全体の俯瞰映像がリアルタイムで映し出された。なお、磯崎の蔵書展示に際して行なった調査にもとづき、田中は東京のアトリエや軽井沢の別荘書斎の蔵書の網羅的なリストを作成し、書籍の配置に関する情報と併せ、『磯崎新の革命遊戯』に掲載している。

第一層をなす四つのセクションのテーマは、「幻視の器械――フランス革命と建築」(田中/五十嵐)、「世界・建築・地図――もうひとつの明治計画」(中谷)、「究極の建築――社会主義国家のファンタズム」(松原)、「都市量産業――メイド・イン・トーキョー」(貝島)である。歴史との関係が見て取りやすい他のセクションとは異なり、貝島のセクションは、文化的・商業的な価値には乏しいが、東京ならではの高密度性やダイナミズムを具現する「歴史をもたない建物」[*3]をテーマとすることにより、建築史をその「外部」として指し示す展示だったと言えよう。

筆者が担当した「言説の部屋」や磯崎の蔵書が壁面を埋め尽くす四畳半の構成が、あたかも「磯崎新」を展示するがごとき趣向となった点は磯崎自身の与り知らぬことだった。磯崎はキュレーションや会場構成にほとんど関わることがなかった。比較的若いキュレーター四人にすべて委ねた一種の「実験」という意図だったのかもしれぬ。それゆえか、カタログのために行なわれた四者それぞれとの対談で磯崎は、かなり率直に語っていたように感じられる。たとえば筆者との対談でのこんな発言である――「私が建築家であろうとするならば、そこで単なる言説をいずこかの側へと押し込め、揚げ句に突き抜けさせねばならない。大げさな言い方ですが、歴史をもし背負い込むと、こんなテンタティブなプロジェクトをつくることが、歴史に対しての責任を果たすための義務になります。そんな問題の所在が現れてこなければならない」[*4]。あるいは松原との対談における次のような発言は、磯崎の建築観を如実に表わすものだろう――「何よりもまず、建築家として一つの建築的形式を扱い具体的な構築物をつくるときに、僕はそこに張力もしくは強度を常に充満させたいと願っています。Tension あるいは Intensity といっても、それは Power そのものの別形式でもあります。だから、力あるいは権力、訳しかたによってずいぶん語感が違ってきますが、それは建築の不変の主題なのです。〔中略〕これは建築家の宿命でもあります。そしてこの力は、いわゆるネーションステートとか集中された資本としての企業の権力を再現＝表徴させたいという力とは別種のものだと考えています。この別種の力とは何かと問われるでしょうが、それがデミウルゴスなんだ、と今は答えておきます」。[*5]

展覧会とは「問いかけの形」[*6]である、と磯崎は語っている。翌一九九七年のNTTインターコミュニケーションセンター（ICC）における「海市――もうひとつのユートピア」展は、都市計画をめぐる巨大な「問いかけ」として企画された。これは磯崎新アトリエによる珠海市沖合の「海市（ミラージュ・シティ）」計画を出発点に、単一のマスタープランによらない都市計画の方法自体の実験が試みられたものである。それは同時に、至るべき目的をあらかじめ有した近代的なユートピアに代わり、自己組織的に生成する「もうひとつのユートピア」の可能性を探る試みでもあった。

展覧会場では「プロトタイプ」「シグネチャーズ」「ヴィジターズ」「インターネット」という四つのモデルの「上演《パフォーマンス》」がなされた。「プロトタイプ」は原型となる磯崎の構想である。ほかの三つのモデルはいずれも「プロトタイプ」と同じ卵形の模型を上演の舞台とした。「シグネチャーズ」では世界中の著名建築家四十八名――実際に応答があったのは二十四名――に対し、模型に転写されたピラネージの版画《カンポ・マルツィオ》上の指定された建築物を各自の作品に置換することが要請された。「ヴィジターズ」では十二名の「デジタル・アーキテクト」――建築家ばかりではなくアーティストなども含まれ、筆者もその一員だった――が十二週間の会期中、毎週入れ代わって連歌風にモデルを作り変えてゆくことになった。「インターネット」では、インターネットを介して寄せられた不特定多数からの提案を模型に反映させることが目論まれた。以上のような三通りの方法により、複数の主体の相互的《インター》コミュニケーションによる、ヴァーチュアルな都市《ユートピア》のプランニングが構想されたのである。

だが結果として、或る程度の改変が予告された「プロトタイプ」は——イレギュラーな破壊を除き——ほとんど変化せず、地割りにもとづく福岡のネクサスワールド（香椎国際住宅展示場）を方法上の先例とする「シグネチャーズ」は、目立った相互交渉を発生させることなく、ほぼ純然たる棲み分けがなされただけだった。「インターネット」のアイディアは模型上での具体化が困難だったために方針が転換され、コンピュータによる都市的ネットワークの自己生成モデルをもとに模型が制作されるに留まった。

これらに対して、岡崎乾二郎に始まり入江経一に終わる「ヴィジターズ」では、前週の模型がその都度大幅に作り変えられたばかりではなく——「連歌」という見立てはおのずと放棄された——、他のモデルや「海市」展のコンセプトに対する批判が展開されるなど、ときに混沌とした様相を呈しつつも、唯一活気のある「上演」がなされたと言ってよい。筆者はそこに参加した当事者として、展覧会の会期中に「もうひとつの帝国主義」および「自然生成性というイデオロギー、民主主義のリミット」という文章を公にし、この二篇はのちに『磯崎新建築論集8』（二〇一五）にも収められている。*7

前者では、現代においてなお帝国主義的な領土拡張を続けようとする中国の政治的動向を踏まえ、海市とはこの国が断固として内化しようとしている島・台湾の反転像ではないか、と問いかけた。つまり、プランニングのレヴェルにおける政治性を問題にしたのである。会期中の一九九七年七月一日には、珠海市にもきわめて近い香港の主権が英国から中華人民共和国へ返還・移譲されている。こうした同時代的な政治的コンテクストが「海市」展でほとんど顧慮されなかったのは、香港のその後の歴史を考えればいっそう異様なことだったと言うべきだろう。磯崎はのちに「ヴィジターズ」について、「列島においてはサチアン《ママ》砦落城（一九九五年）の衝撃が醒めやらず、諸提案は政治化することなく逆に芸術化へと突っ走った」[*8]と総括しているが、そうした非政治性はそもそも、磯崎が海市を欧州連合（EU）に対応する将来の政治的アジア共同体という「ユートピア」の中心都市と性格づけたことに由来する。この設定のもとで、実際には緊張を孕んだアジアの地政治《ジオポリティクス》はあらかじめ抽象的に宥和されてしまっていたのである。

後者の文章で筆者は、「海市」展がメタ・プランニングのレヴェルで前提とする、「無数の他者からの介入によって自然生成する都市」という発想のイデオロギー性を批判し、「ヴィジターズ」とはたがいに相手の首を際限もなく切り落とし合うウルトラ民主主義者たち、すなわち、フランス革命におけるジャコバン派のシミュラクルのようなものだ、と指摘した。これに倣えば、「プロトタイプ」は古代専制政治の王の墓、「シグネチャーズ」は奴隷制度にもとづく古代ローマ共和制のアレゴリーとでも見なすことができよう。「インターネット」はさしずめ、情報テクノロジーによる直接民主制のヴァージョンアップである。都市《ユートピア》のプランニングが共同体の構想でもある以上、それは純粋に理論的に考察可能なオートポイエーシス的閉鎖系の解法には留まりえず、政治的な意思決定の問題に逢着せざるをえない。筆者は展覧会終了後にその点についてこう述べている——「《海市》展の4つの模型からなる群島は、だから、歴史的に異なる政体の寓意化を通じて、21世紀へと向けた政治的意思決定のシステムを、ひとつのユートピア像として示そうとしたものであったと解釈できるかもしれない」[*10]。そこで筆者が、当時政治問題となっていた沖縄県名護市のアメリカ軍海上ヘリポート基地建設に触れ、この出来事は「沖縄という島と群島共同体国家日本との関係を問い直している点においてもまた、徴候的なものと言わなければならない」[*11]と書いていることは、磯崎がのちに沖縄に移住した事実を踏まえるとき、それ自体がひとつの予兆だったようにも思える。

注目すべきは「ヴィジターズ」第五週に、丸山洋志が模型を支える四本の鉄柱を逆に島のうえに溶接したことにより——それによって模型自体は床に置かれた——、四体の高層ビルが林立するような光景が作り出されたことである。丸山はまた、「外科手術」と称して「プロトタイプ」の模型中央を刳り貫き、その地下から得体の知れない何かが噴出するかのような造形を施している。この両者は磯崎の「孵化過程」(一九六二)を連想させないだろうか。四本の鉄柱はジョイント・コア、「プロトタイプ」模型の穴から出現するのは、磯崎が都市の「孵化」の始まりを告げるものとしていた、「大地から湧出するどろどろの不定形な物質」に対応する。翻って考えれば、「ヴィジターズ」で反復された都市模型の全面的破壊は、磯崎が「孵化過程」と同時期に空想した「都市破壊業KK」を数十年後に反復した笑劇《ファルス》だったのかもしれぬ。

卵形をした模型は「ヴィジターズ」セクションで「たまごっち」と呼ばれた。一九九六年から販売された育成型電子ゲーム機の名称である。この人工島が二本の橋で珠海市・横琴島と結ばれているさまにはまた、どこか胎児を思わせるものがあり、筆者自身が繰り返し、胎児や水子――国生み神話における水蛭子《ヒルコ》――のイメージを語っていたことに気づく。[*12] この人工島の輪郭は二本の軸線の関係から決定されており、本来、その卵形に象徴的な意味はない。しかし、まったく任意に決定できる形態だったからこそ、そこに与えられた卵のかたちがかつての「孵化過程」と無意識裡に通底していた可能性は考えられないだろうか。いや、「海市」展に磯崎が――意識的／無意識的に――仕組んだのは、不特定多数を含む集団で実践する第二の「孵化過程」であり、「ヴィジターズ」で顕著だったように、幾度も繰り返される破壊による廃墟化を通して、「未来都市は廃墟そのものである」というテーゼを改めて証明することだったようにも思えるのである。丸山による模型の加工から生まれた光景や筆者が抱いた胎児・水子幻想は、磯崎による仕掛けをもとにそこでおのずと集団的に共有された、「しまをめぐる夢《ユートピア》」だったのかもしれぬ。岡崎は海市をシェイクスピアの『テンペスト』の島に喩え、磯崎を魔法使いプロスペローに模している。[*13] 海市という「しま」はまた、海上に橋懸かりで突き出した能舞台のようにも見える。磯崎の言うモデルの「上演《パフォーマンス》」とは、そこで演じられた一種の夢幻能だったと言うべきかもしれぬ。

このように考えるとき、磯崎が二〇〇〇年の第七回ヴェネツィア・ビエンナーレ国際建築展[*14]における個人展示を、海市を補完する「パフォーマンス[*15]」と位置づけたことが頷けるものとなる。磯崎は「憑依都市《トランス・シティ》」[16]と称するこの展示で、「超越瞑想《トランセンデンタル・メディテーション》（TM）」の創立者マハリシ・マヘーシュ・ヨーギーの思想に大きく依拠している。前年の一九九九年に磯崎はオランダでマヘーシュに出会い、結果的に実現しなかったものの、一万ヘクタールの都市計画を依頼されていた。瞑想者千人が太陽の運行に従って集団的瞑想に入ることで生まれる、いっさいの邪悪の侵入を阻むバリヤーによって覆われた「しま」を作るべく、海市の提案がきっかけとなって、マヘーシュから磯崎にコンタクトがあったともいう。[17]

　磯崎による個人展示中央の壇は瞑想のための場とされ、その三方にはそれぞれ、世界各地のTMセンターのある「リアルな都市」がプロッティングされたバックミンスター・フラーのダイマクション地図、重層化したネットワーク構造が描き込まれた「ヴァーチュアルな都市」海市の計画案、そして、「宇宙意識の大洋、現実の水、サイバーネットの液晶のうえに漂う、あらゆる「しま」の理想的モデル」[18]である「導師《マハリシ》」の居所《サイト》を表わす地図のパネルが「超越的な都市」（ないし「憑依都市《トランス・シティ》」）[19]の事例として設置された。磯崎は英訳解説文中のtranscendental（超越的）という単語に当たる箇所を日本語ヴァージョンでは「トランス（trance）する」と表わしており——この場合のtranceとは「忘我・恍惚・憑依状態」の謂いである——、「トランス（trance）する世界」において「〈しま〉は個々の身体の保持する意識（生命）であり、「それは自然法が支配している宇宙的意識（生命）の海に浮いて」いるため、瞑想を通してその海に媒介されることによって「しま」相互の交通が可能になると言う。それが「トランスする」ことであり、「憑依（trance）や空中浮揚（flying yogi）

は身体が強度の受信状態にあることを示唆する」[20]。そのことを示すべく、ビエンナーレでは壇上でTMの行者が空中浮揚を実際に行なっている。オウム真理教を否応なく連想させるこのパフォーマンスからは、磯崎自身が「サチアン《ママ》砦落城」の衝撃のもとにあったようにも見える。

TM思想のここまであからさまな援用は、一見すると大規模プロジェクトのクライアントに対する迎合にも思われかねまい。だが、「トランス」によって相互に媒介される「しま」の集合体としての「群島」モデルという発想ばかりではなく、宇宙意識の表われである振動・波動が生まれる源を磯崎が「うつ」や「ま」と呼んでいる点を見ても[21]、磯崎の思考の底流にこの種の「憑依《トランス》」に向ける関心が継続的に存在していたことはたしかだろう[22]。ヴェネツィアにおける展示をめぐり、磯崎が建築を「意識から身体の外側にひろがる波動が宇宙を満たす波動と相互干渉して析出した輪郭」[23]と定義し、身体を取り巻くオーラやその視覚化である光輪や光背といった極薄の「被膜」に建築の起源を求めている点[24]もまた、磯崎特有の身体論的な建築観として、「コンピューター・エイディッド・シティ」や「A邸」をはじめとする作品に現われる「被膜」と密接に関係している。

同じ第七回国際建築ビエンナーレ日本館のコミッショナーを務めた磯崎が、キュレーターの小池一子に託したテーマが「少女都市」であったこともまた、「憑依《トランス》」へのこうした関心とけっして無縁ではあるまい。このコンセプトの解説で磯崎は「少女」を十三歳と特定し、年齢的にもジェンダー的にも中間にある存在と見なしている[25]。そんな少女たちの皮膚感覚の延長であるグッズ、ファッション、ライフスタイルの脱領域的・脱制度的性格が、東京というメトロポリスの形態や制度を

「一挙にふきとばそうとさえしている」とまで磯崎は言う。一方、建築家として妹島和世と西澤立衛を起用し、できやよいのフィンガー・スタンピング作品などを取り上げた小池は、「これらの少女たちの心理的および肉体的でさえある存在のすべてが彼女たちの感知器《センサー》になった」*26と書いている。少女たちとは都市の深層における変化を探知する「感知器《センサー》」なのだ。それはいわば、十三歳という限定された年齢の少女を「巫女」とし、宇宙意識にも似た都市の無意識の「憑依《トランス》」をこの巫女たちの振る舞いのうちに見出そうとすることではないだろうか。すなわち、「少女都市」としての現代の東京はひとつの「憑依都市」なのである。

この時期の展覧会への磯崎の関与としてはほかに、一九九七年の水戸芸術館における「日本の夏1960-64　こうなったらやけくそだ！」展、および、一九九八年に大分市のアートプラザ——保存運動の甲斐あって「転生」したかつての大分県立大分図書館——で開館記念展として開催された、「ネオ・ダダJAPAN 1958-1998 ——磯崎新とホワイトハウスの面々」展がある。磯崎はいずれの展覧会でも企画監修を担った。前者では、一九六〇年代の報道映像や証言者のヴィデオ・インタヴューによって時代背景が示され、読売アンデパンダン展や各種前衛芸術グループの活動を紹介する展示がなされたほか、関連企画としてさまざまなパフォーマンスの上演や実験音楽の演奏会が催された。磯崎はかつての《ジョイント・コア・システム（孵化過程）》のイヴェントを再現し、観客が釘とワイヤーで作った都市模型を石膏で埋蔵するパフォーマンスをふたたび演じている。大分の展覧会は、副題が示すように磯崎およびネオ・ダダのメンバーの活動を展覧会の時点まで辿った

21-1.《ジョイント・コア・システム（孵化過程）》に石膏を流し込み，未来都市を埋蔵する磯崎，1997 年 9 月 28 日，水戸芸術館現代美術ギャラリー

内容だが、実質的な中心は一九六〇年前後に置かれていたと言ってよかろう。いずれの展覧会でもネオ・ダダをはじめとする前衛美術、とくに「反芸術」への志向性が再評価されている。水戸の展覧会カタログに寄稿されたテクスト「システムが自走した」で磯崎は、三島由紀夫と日本赤軍を両極的な象徴的事件とするラディカリズム崩壊の端緒と兆候は一九六〇〜六四年という五年間にすでに発生しており、いったんは結末を迎えていた、と書いている――「それ以降は、単純に反復がなされたに過ぎないと私は考えている」[*27]。

これら二つの展覧会は、その「反復」の「始源」を自覚的に「もどく」ことによって、一九六〇年代初頭のラディカリズムを甦らせようとした営みと見なすことができる。磯崎は一九六八年の体験、とくにミラノ・トリエンナーレ占拠事件によるショックを繰り返し語る一方で、この年からベルリンの壁が崩れる一九八九年頃までの約二十年間を「歴史の落丁」と呼んでいる。一九六八年、五月革命下パリの街頭に落書きされた「ユートピアは死んだ」という言葉もまた、一九九〇年代の磯崎がたびたび引くところだ。「海市」展で「もうひとつのユートピア」をテーマとした背景には、「歴史の落丁」を経たからこそ、一九六八年に死んだ筈のユートピアをもう一度取り上げようとする意図が認められよう。一九九〇年代中期から二〇〇〇年前後に至るまでの磯崎は、一九六八年を起点として歴史を巻き戻すように遡行し、いったんは破綻したものと思われていた一九六〇年代初めのラディカリズムをあらたなかたちで再生させようとしていたように見える。それは懐古ではないし、復古でもない。むしろ、実現せずに終わったプロジェクトを含む、歴史的過去の潜勢力とでも言うべきものの活性化である。過去の自作を対象とするそうした（再）活性化は、東京藝術大学における「間《ま》――20年後の帰還」展（二〇〇〇）を経て、ギャラリー・間《ま》で二〇〇一年一〜三月に開催された「アンビルト／反建築史」展に結実することになる。

同様の関心は日本建築史にも向けられる。阪神・淡路大震災による都市の大規模破壊に直面した日本の建築を、ヴェネツィア・ビエンナーレ国際建築展の日本館で瓦礫それ自体の展示によって「廃墟のテーマパーク」として表現した磯崎は、その瓦礫ばかりの土地にいったい何をどのように建てるのかという課題を背負う。その課題への答えは同時に、磯崎による国際建築界の現状診断である、記号の表層的ゲームから物質的形式・構造へのシフトを貫徹するものでもなければならなかった。そのとき磯崎があらためて眼を向けたのが、焦土と化した南都・奈良の地に東大寺を再建した重源である。雑誌『批評空間』における連載「『重源』という問題構制」は一九九七年に始まっている。

重源は大仏様（天竺様）と呼ばれる様式を宋から直輸入し、その純粋形を東大寺再建において超大規模で実現した。にもかかわらず、その様式は重源が大勧進職という権力の座にあったわずか二十五年しか保持されなかった。連載のタイトルは磯崎がこの事態そのものを「問題構制《プロブレマティック》」としていることを表わしている。*28 それは磯崎の言う「和様化」の典型的な事例である。だが、磯崎による実際の論述の焦点はむしろ、和様化に先だって重源が採用した大仏様の異様さ、その一種の「革命建築」的な性格にこそあった。

そうした性格を如実に示すのが、重源が建てた浄土寺浄土堂に伝承する金銅製の五輪塔（高さ四十センチ弱）を構成する純粋幾何学形態——下から立方体、球、正四面体、半球、楕円体——である。とくに五輪のうちの火輪は通常、底面が四角のピラミッド状とされ、塔の方形屋根に見立てられるのに対して、重源は各面がすべて三角形の正四面体としており、視覚的に不安定な印象が生じている。五大のうちの火を表わす三角形という幾何学形態の論理のみが徹底され、純粋幾何学形態を通じて観念性が無骨なほど即物的に露呈しているのだ。磯崎はその点にフランス革命期のルドゥやロシア革命期のレオニドフに通じる要素を見出している。ひとつの断絶を意図したとき、重源はもっとも効果的に作動するシステムを導入したのであり、その細部における表われがこの正四面体である、と磯崎は言う。そのシステムは浄土堂の配置計画、架構方式、平面形式、空間演出——夏の夕刻、中央の阿弥陀三尊像背後にある蔀戸が押し上げられると、そこから差し込む西日により、部材が全面朱色に塗られた堂内が幾重にも屈折した光線で充満する「示現《ヒエロファニィ》」の仕掛けなど[*29]——にまで及び、すべてがユニークでときに常軌を逸している。先行する時代の通念との断絶の深さという点で、磯崎は重源をブルネレスキに重ねる。ブルネレスキの過激なテクノ・ニヒリズムがアルベルティの古典主義によって整序されてしまったように、重源の大仏様も一代限りで終わり、大勧進職を受け継いだ栄西は、のちに寺院建築を席巻し和様との折衷へと向かう、禅宗様のさきがけとなる。

浄土堂は正確に正方形の平面をもち、内部には天井がなく、構造体がすべて露出している。構造形式において純粋に宋様であり、天井の分節や堂内の荘厳《しょうごん》といった和様の技法は放棄されている。見上げればゴツい横架材が空中に重なり合い、その粗雑だが劇的な構築性が空間に漲る張力を感じさせる。和様の繊細な建築空間とのこうした違いを踏まえれば、はるかに巨大な東大寺大仏殿では、桁外れの断絶が起こっていたと想像できる——「〔重源が再建した〕大仏殿の内部は立体格子の連続するガランドウの一体的空間だった。今日の大仏殿の内部の容量が三倍以上にふくらんで、肘木や虹梁が縦横に飛び交う。大仏というひとつの銅像の単なる覆い屋ではなく、その大仏をそっくり包み込みながら、更に大きいスケールにおいて、巨大な空間の存在を感知させたに違いない。〔中略〕字義通りに構築する力としての《建築》の実在を感知できただろう」[*30]。それは人間わざとは思えぬ「デミウルゴス」の出現である。磯崎はここでも、ブルネレスキが二重シェルによって実現したフィレンツェの花の大聖堂〔サンタ・マリア・デル・フィオーレ聖堂〕の巨大クーポラを引き合いに出している。

「重源のみた原光景」と題した節で磯崎は、齢六十ほどの僧・重源が大仏殿焼亡の直後にその現場を訪れたことに触れてこう述べる——「大仏はそのとき焼け落ちた瓦礫に埋まり、首はふたたびころがり落ち、半壊した胴体は後方に傾いていた。〔中略〕一面の焼亡した光景をみて、重源にははたして成算が最初からあったのだろうか」[*31]。磯崎はここですぐさま、「私も類似の光景をみた記憶がある」と書きつける。自分自身の「原光景」、南都焼討から七六五年後、磯崎が十四歳で眼にした、大空襲で焼け野原となった故郷・大分の風景である。還暦を過ぎた年齢になってひとつだけ確信をもって言えることとして、「全面的な焼失を前にしたとき、最初におとずれるのは、茫漠とした空白感でしかあり得ない」[*32]と磯崎は断言する。成算などそこにはない。ひとつの世界が消滅し、歴史が終わる瞬間に脳裡に描きうるのは、煌びやかで壮大な伽藍などではない。磯崎がそこで想像する重源の建築的ヴィジョンは、磯崎自身のそれにおのずと重なっていたに違いない——「無定形にゆれうごく何物かではあろうが、その奥には無限の空虚がただよう。重源は、その空白を埋めるものを捜そうとしただろう。そのとき想い浮かべたに違いない幻想が、彼の歴史のうえでのポジションを確定することになる。

〈桁はずれに巨大なものを構築すること〉

〈いっさいの連続性を絶ちきること〉

〈みたことのない光景を現出させること〉

空白が充満している瞬間には、平常時を支えてきた安定した均衡が崩れている。そんな不均衡状態が過剰と逸脱と飛躍を可能にする。人間のスケールを超えたデミウルゴスの業が作動するのはそんな瞬間である」[*33]。

隣接する藤原氏の菩提寺である興福寺の復興が和様のできる棟梁たちによって着々と進められていたとき、勧進による再建しか方法がなかった後発の東大寺は、建築物のデザインの差異で興福寺を凌駕するしかなかった。そのとき重源は、強大な架構を可能にする宋様を巨大なスケールで技術移転することから生じる「軋轢」によってこそ、和様という技術の限界を突破しようとした、と磯崎は見る。[*34] 他方、宋様の原型に近かったと推測される大仏殿よりものちに建てられ、和様の細部が入り込んでいる東大寺南大門でさえ、現在に至るまで伊勢神宮や桂離宮ほどの美的評価がなされないのは、大仏様の構築性を受容する下地が日本にはないことに原因があるという。それゆえ、構築的な様式もいずれまた、「執拗低音」としての日本的な好みに侵略され変形されてしまうのである。丸山の『日本政治思想史研究』（丸山眞男）（一九五二）を参照しつつ、磯崎はそこに、重源的な構築性という「作為」と日本的な好みの「自然《じねん》」との対立を認める。

こうした建築史観は同じ雑誌での連載「建築における「日本的なもの」」（一九九九〜二〇〇〇）に引き継がれる。この題名は、堀口捨己の論文「建築における日本的なもの」（一九三四）を踏まえ、「日本的なもの」を括弧に括って「問題構制」として際立たせたものである。そこでは伊勢神宮や桂離宮、茶室、あるいは縄文／弥生論争をめぐって、ブルーノ・タウト、堀口、丹下健三らが展開した「日本的なもの」をめぐる議論が辿り直されている。

磯崎はとくに、戦時下で発表された浜口隆一の「日本国民建築様式の問題」（一九四四）——前川國男と丹下が参加し、丹下の案が選ばれた「日泰文化会館」設計競技に関する批評——における、西欧の建築意欲は「物質的・構築的」、日本の建築意欲は「空間的・行為的」な傾向を示すという説のうちに、それまでの「日本的なもの」をめぐる問題構制を総括する重要性を認めている。磯崎によれば、丹下の広島ピースセンターは友人である浜口の理論の具体化にほかならず、それが可能になったのは、両者がともに、近代／日本、構築／生成、物体的／空間的という異なる系譜の二項対立を同時に批判する視点を探していたからであるという。[35]

丹下はそこからさらに、当時民衆的と言われていたディオニュソス的縄文の側へと移行するため、「自然」に対抗する「作為」としての創造を担う近代的主体の自覚のもと、ニュー・ブルータリズム的な国立代々木屋内総合競技場（一九六四）を完成する。第6章で触れたように、磯崎が一九五九年に大分・高崎山万寿寺別院の設計を依頼され、まだ学生だった磯崎の代わりに名目上の設計者となった岸田日出刀にはじめて会った折り、岸田は磯崎に「作為に陥らぬように」とひと言だけ告げている。[36] 磯崎はそれを、丸山の『日本政治思想史研究』を踏まえて発せられた、建築の先達から聞けた「唯一の批評的言語」であったと回想し、自分の弟子である丹下の当時の仕事に対する批評だったと解釈している。

しかし、丹下自身のうちにじつは「作為」と「自然」の分裂があった。磯崎はその点について、「いっぽうで「自然」への受動性をもつ日本的建築を批判し、「自然」を克服する能動性の側に立ちながら、伊勢神宮の評価においては、近代主義的な方法に従いながらも、西行的なものとしての「自然」の畏怖力の評価へ、つまり「自然」との調和の世界としてとらえる」[37]と指摘している。「西行的なもの」とは伊勢神宮を訪れたこの歌人の「何事のおわしますかは知らねどもかたじけなさに涙こぼるる」という和歌に代表される感動のあり方を指す。磯崎によれば、丹下が抱えたこうした分裂状態は、大阪万博お祭り広場の大屋根を岡本太郎の太陽の塔が突き破るようにして屹立したとき、分裂した姿のまま実現されたのであり、それこそが建築における「日本的なもの」のひとつの帰着点だった。

　この連載論考でとくに注目したいのは、磯崎が菊竹清訓の「か・かた・かたち」の創作方法論に触れ、仮説を「か」、型を「かた」、形態を「かたち」とそれぞれ和語に変換する操作をめぐり、こう述べている点である――「そんなロジックが和語に変換されると、折口信夫が「ひ」や「ち」を用いて日本古代の宇宙観を説明すると無条件に納得した気分になるのと似て、とたんに安心してしまう。それ以上に問うことができなくなる（丸山眞男「日本の古層」も同様の構図に基づいている）。建築のデザインにおける「日本的なもの」は、まず、日本語という言語にひそんでいる不気味な引力に基づいているとみなさざるを得ない。単純に発音される語でありながら、根源的とみえる何ものかに呪縛されている。その言語の束にむかってひき寄せられていくことが、「日本的なもの」が問題化していく契機となるのだろうか」[*38]〔傍点・引用者〕。最後の自問に磯崎は明確に答えていない。だが、「間《ま》」をめぐってそうだったように、磯崎自身は和語による「日本的なもの」の問題化をむしろ率先して行なってきており、この連載中でも盛り場の「かいわい」における「ひ」（霊）の出入りや輪郭が曖昧な日本的都市空間における「ひ」の充満について語っている[*39]。日本語に潜む「根源的とみえる何ものか」の「不気味な引力」にあえて引き寄せられてゆくことが選ばれているのである。磯崎の論考はこの方法的問題にのちほど立ち返ることになるだろう。

　この連載論考の最後に磯崎は、一九九〇年代のグローバル化の波をかつての大東亜共栄圏に重ね合わせる視点を提示している。日本の建築家は当時、まったく気候風土の異なる満州や東南アジアなどの地に建築することを要請された。「日本的なもの」という問題構制はそこで、島国日本の枠を越える正当化を求められたのである。たとえばタイのバンコクに建てられる日泰文化会館の計画案を論じる際、浜口が「環境」という概念を導入していることに磯崎は注目する。「スーパーフラット」という概念で語られていた一九九〇年代の社会・文化状況においても、建築物の輪郭を消すことで外周を取り巻く自然などの「環境」へと溶解させる傾向が生じていたからである。

だが、磯崎のより大きな関心は、「環境」志向のこの反復現象よりもむしろ、一九四二年に書かれた二人の文学者のテクストに向けられている。彼らはそこで示された立場によって、大東亜共栄圏の思想という「波」に溺れることから逃れていたからである。そのうちのひとつは坂口安吾の「日本文化私観」であり、もうひとつは小林秀雄の「無常といふ事」である。「タウトは日本を発見しなければならなかったが、我々は日本を発見するまでもなく、現に日本人なのだ[*40]」と言い切る安吾について磯崎は、「眼前にある生活、梃でも動かないような存在にむけて、退嬰的ともみえる語り口によって、垂直の下降をはかる」「新即物主義的な視点[*41]」と評している（磯崎はそこに、堀口の言う「様式なき様式」——「建築の様式は即物的要求を工学技術的に解決することで生まれるがゆえに事後的にしか見出せない」という様式観のアイロニカルな表現——に通底するものを見ている）。「法隆寺も平等院も焼けてしまって一向に困らぬ。必要ならば、法隆寺をとりこわして停車場をつくるがいい[*42]」という安吾の断言は、「日本的なもの」の美や歴史をめぐる言説など、テンタティヴに組み立てられた虚構に過ぎない、という認識の帰結にほかならない。「日本的なもの」はその「停車場」のうちに事後的に現われればよいものなのである。「様式なき様式」に倣えば、それを「日本なき日本」と呼べるだろうか。

他方、小林は「歴史といふものは、見れば見るほど動かし難い形と映つて來るばかりであつた」と書き、本居宣長の『古事記伝』をめぐり、「解釋を拒絶して動じないものだけが美しい」という認識こそ、「宣長の抱いた一番強い思想だ[43]」と言い切る。そこに磯崎は「そもそも虚構に過ぎない歴史が操作した解釈を拒絶して、始源を再語りするという、擬態《もどき》にみずからを投入する選択[44]」を見る。磯崎によれば、即物的に生活に向けて下降することで虚構としての「日本的」な美を破壊する安吾の態度が「退行」であるとすれば、『古事記』の再語りである『古事記伝』をさらに再語りする『本居宣長』に至る小林のそれは「擬態」である。そして、前者は東大寺南大門で構造を即物的に露出させた重源に、後者は伊勢神宮の式年造替の制度に通じるという。

だが、もしそうだとすれば、「退行」は構築性を志向する「作為」に、「擬態」はかつて磯崎自身が論じていたように、「初源の回復」への意志に伴う「和様化」という日本的な「自然《じねん》」に対応することになりはしないか。しかし磯崎は逆に、「退行」と「擬態」という、表面的には対極的な方法には共通するものがあると言う。それは「日本的なもの」という問題構制に付き纏ってきた島国の境界線や輪郭を枠組みとして必要とせず、ひたすら垂直に下降してゆく徹底性である——「そのあげくに浮かびあがるのはひとつの固有性《スペシフィシティ》をもつ〈しま〉である[45]」。「退行」と「擬態」はそんな「しま」を作るための技法なのだ。「退行」が重源を介して、磯崎自身の建築における構築性や純粋幾何学形態への志向に繋がることは見やすい。他方の「擬態」は、かつて遙望館について語られた

「もどき」の手法よりもむしろ、和語のあの「不気味な引力」に積極的に身を委ね、「ひ」や「ま」を「再語り」する、磯崎の言説戦略に通じていよう。和語の与える納得感や安心感が「再語り」という垂直的下降によっていわば根こぎにされ、その引力の無気味さこそが「しま」の固有性とされるのである。それは磯崎にとって、「ひ」や「ま」を日本的な「自然」として自明視するのではなく、建築的な観念として構築することにほかならなかった。

同時期の磯崎の建築作品に眼を向けるとき、なら100年会館やグランシップが重源的な巨大スケールにおける構築性の実現だったことは明らかだろう。重源論のなかでブルネレスキによる花の大聖堂のクーポラが繰り返し言及されていることとの関連では、一九九八年の設計競技で最優秀となった、同じフィレンツェのウフィツィ美術館新ゲートの案が挙げられる。これは美術館に面するカステラーニ広場の四隅に鉄骨の支柱を立てて平面が台形のフレームを設け、美術館側から道路へと放射状に延びた梁のうえに成形したポリカーボネートの屋根を架けてスカイライトとし、シニョリーア広場のロッジア・ディ・ランツィと呼応する回廊《ロッジア》をかたちづくるものである。フィレンツェ産の石、ピエトラ・セレーナの石板が美術館の四つの出口をあらたに縁取り、緩やかに傾斜した広場にも同じくピエトラ・セレーナが敷き詰められ、広場入り口には四体の彫刻が一列に並ぶ。

美術館から出てきた来訪者は、巨大な天窓を支える梁が扇のように開かれているとともに地面が下に傾斜していることがもたらす視覚的効果により、広場の空間に実際以上のダイナミックな拡がりを感じることだろう。道路側からアプローチする場合には逆に、奥行きが強化されて知覚されることになる。梁はそのとき透視図法で消失点へと向かう直線のように作用する。同様の錯視をもたらすテアトロ・オリンピコの圧縮遠近法も連想されよう。これは透視図法を用いた最初の人物とされるブルネレスキへのオマージュである。磯崎によれば、ロッジア・ディ・ランツィのようなアーチを用いずにフレームにしたこともまた、「空間の立方体」をすべての背後に控えさせるブルネレスキの発想に拠るという。*46 この「門《ゲート》」はさらに、同じ時期に書き進められていた重源論を介して、東大寺南大門にも通じていたのではないだろうか。

「《建築》の根源はフィレンツェに違いあるまい」*47 という磯崎の言葉からも、この計画案がブルネレスキ的な《建築》に対する応答として、磯崎にとっていかに重要なものであったのかが推し測られる。一九九九年、フィレンツェでのレクチャー中に眩暈を起こして倒れた磯崎は、それがフィレンツェでフレスコ画の美に触れて興奮のあまりに失神したという作家の故事に因む「スタンダール・シンドローム」だったと自己分析している。*48「《建築》の根源」は磯崎にとってみずからの存在のおぞましい根源であり、そんな根源への度を越した接近はつねに危険を伴う。「ロッジア・イソザキ」とも呼ばれるこの計画案は、文化次官ヴィットリオ・スガルビによる「イタリア人以外の建築家にウフィツィ美術館の増築デザインをやらせてよいのか」という介入を端緒とした政治問題化によって膠着状態に陥り、いまだ実現の目処が立っていない。*49

「『重源』という問題構制」と「建築における「日本的なもの」」は、先行して発表されていた「カツラ――その両義的な空間」(加筆された節を含む)および「イセ――始源のもどき」と併せ、二〇〇三年に単行本『建築における「日本的なもの」』として刊行された。二〇〇六年には英語ヴァージョン『Japan-ness in Architecture』も出版されている。[*50] 日本語版のあとがきで磯崎は、いずれの論考においても建造物をオブジェクト・レヴェルだけで論じるのではなく、出来事かつテクスト空間と見立て、メタ・レヴェルに視点を移行させて論じた、と書いている。[*51] また、第二章以下のテーマに関しては、伊勢神宮は輸入済みの寺院の形式を排除して「反」を作り上げ、再建東大寺は宋からの丸ごとの技術移転を図りながら、その原型を「超」え、桂離宮は書院造りという正統から逃れて「非」を生み出しているといったように、「反」「超」「非」という異なる型を通じて、文化的外圧のなかで「日本的なもの」を手探りで探索した「発生期」の営みと見なされている。[*52] 一九四二年における安吾の「退行」と小林の「擬態」もまたそのような営みだったことになろう。この「発生期」における「日本的なもの」とは、和様化のなかでクリシェ化されたそれではなく、むしろひとつの固有性《スペシフィシティ》の名であることに注意しなければならない。成立時のイセ、再建東大寺、カツラはそんな固有性《スペシフィシティ》をもつ「しま」としての建築なのである。日本建築史はそんな「しまじま」からなる群島として書き換えられる。それは歴史を、一方向のみに線形的《リニア》に進行する時間軸に沿ってではなく、空間的な配置としてとらえることである。一九九〇年代の磯崎が行なおうとする「時間の巻き戻し」はそれゆえ、純粋な起源を探し求める近代的な遡行運動でも、歴史上のすべての対象を等距離で扱うポスト・モダンな相対化でもなく、現在との緊張関係のなかで歴史上の特異点を浮かび上がらせる、「歴史の逆撫で」(ベンヤミン)となった。[*53]

建築史における「日本的なもの」というテーマは、磯崎の構想にもとづき、鈴木博之と石山修武が中心となって二〇〇〇〜二〇〇一年に開催された日本建築学会主催の連続シンポジウム「批評と理論」に引き継がれる。そこでは日本の各時代から次の建築作品と人物が取り上げられた――「古代／伊勢神宮／天武帝」「中世／浄土寺浄土堂／重源」「近世／密庵席／遠州」「近代／法隆寺／岡倉天心」「戦前／桂離宮／タウト」「戦後／お祭り広場／岡本太郎」。これを見ても、磯崎史観の骨子は変わっていない。磯崎によれば、ヨーロッパでは建築理論は建築家が独断と偏見で作るべきであり、建築批評は建築史家が行なうものとされてきた。[*54] この連続シンポジウムの趣旨は、過度の実証主義に囚われて歴史記述に批評を持ち込むことを避けてきた日本の建築史家に「批評」の実践を、ドグマティックにならざるをえない理論を実務的でないとして嫌ってきた建築家に「理論」の構築を促すことだったと言ってよかろう。[*55] 日本建築の歴史はそのとき、「理論」の観点から解読され、「批評」の根拠として再編されるのである。

筆者は「古代」の回に参加し、磯崎の唱える「和様化」の反復という歴史観が「文化的遺伝子」といった発想で歴史的事象を自然化した一種の日本特殊論になっていることを批判した。[*56] 磯崎はこの点に関して、むしろ和様化に逆らって事件を起こすような対抗策に関心があると応じている。[*57] テーマに設定された建築物や人物からもそれは明らかだろう。磯崎はそこで、椹木野衣が美術の分野で、「悪い場所」としての日本には新しい提案が出されても沈んで元に戻ってしまう悪循環構造が存在する、と指摘していることに触れているが、問題なのは、はたしてそのような「悪い場所」は日本に限られるのか、という点なのである。[58] 磯崎の日本(建築)論が批評的理論/理論的批評として重要なのはむしろ、時代を垂直に断ち切り、固有性《スペシフィシティ》をもった「しま」と化している歴史上の特異点を通じて、日本という国を越え、現代にも通じるそんな「しま」を発生させる方法を見出しているからにほかならない。

康芳夫が企画して二〇〇一〜二〇〇二年に雑誌『論座』で行なわれた福田和也との連続対談「空間の行間」もまた、各時代の日本の建造物と同時期の文学作品を併せて論じるという趣向を取っている。[59]『磯崎新の革命遊戯』における中谷との対談を含め、こうした一連の磯崎による日本建築史の展望から浮かび上がるのは、重源と伊勢神宮に加え、小堀遠州に対する継続した関心であろう。カツラ論のなかで磯崎は堀口による桂離宮の読解を利休の茶、丹下のそれを織部の茶に譬えたうえで、次の読解装置は遠州の茶でなければならないと予測している――「茶にかかわるあらゆる知識と手法の集積を眼の前にして、そこから独自の好みを抽出し、キッチュ化することをもおそれずに、これを一般化するシステムへと変換した遠州の姿勢が参照されるだろう。もはや丹下健三のような英雄的身振りが不可能であることを感じはじめた時代と世代にとって、採用しうる、只ひとつ残された道なのではないか、とさえ思えるのだ」。[60] ここで言われる「時代と世代」が磯崎自身のそれであることに疑いはない(ただし、この文の初出が一九八三年、つくばセンタービルが竣工した年であることに注意しなければならない)。これはたんに桂離宮読解に留まらず、磯崎自身を建築史的に遠州の立場に位置づけているに等しい。

中谷礼仁との対談で磯崎は遠州について一番関心がある対象として、遠州の実作ではない桂でも、密庵・孤篷庵でもなく、茶室の八窓席や東照宮、鶴亀の庭までフルセットで揃えた塔頭・金地《こんち》院《いん》を挙げ、建物や庭のひとつひとつがのちにキッチュ化される原型となる基本形を組み立てている点のほか、それらを一箇所に集めた遠州のプロデュース力やスケール感に注目している。[*61] 中谷が遠州を「革命の季節の終わりにおける建築家」[*62]と呼び、磯崎に「重源」で終わるよりも「遠州」として生き残ったほうがよいのではないか、とリクエストするのに対し、磯崎は一九六〇年代ラディカルのひとりとして、ブルネレスキや重源に依然として惹かれていると告白し、しかしいずれは、遠州とパラディオを目標にするだろうと応じている。[*63]

だが、磯崎にとって重源／遠州という対はおそらく二者択一ではなかった。両極的な貌を見せる一九九〇年代の作品群のなかで、なら100年会館やグランシップが重源的建築であるとすれば、孤篷庵忘筌および密庵の写しを有するセラミックパークＭＩＮＯや秋吉台国際芸術村は、金地院のように構成された「遠州好み」の「にわ」である。「未来都市は廃墟そのものである」という捩れた時間性から出発した建築家にとって、重源的な革命と遠州的なポスト革命は繋がり合っていた。いや、磯崎にとっては遠州もまた、「日本的なもの」の「発生期」、すなわち、革命期の建築家だったのではないだろうか――密庵に磯崎が見出す「斜線」による動的均衡は将軍家と天皇家のあいだの政治的緊張という時代の亀裂のなかから生み出されていたのであるから。[*64] また、「「好み」は「手法《マニエラ》」に限りなく近い」[*65]のだとすれば、磯崎における「手法」には「遠州好み」に通底する次元が孕まれていたのである。

一九九八年、アルハンブラ宮殿で行なわれたアガ・カーン〔アーガー・ハーン〕建築賞授賞式で、磯崎は中東カタールの王族シェイク・サウド・アル・サーニ〔サウード・ビン・ムハンマド・アル・サーニ〕に出会う。彼は世界有数のアート・コレクターであり、カタールの文化芸術遺産大臣でもあった。磯崎はアル・サーニから自邸の設計を依頼され、これがカタールにおける大規模プロジェクトのきっかけとなる。アガ・カーン四世とのコネクションはカザフスタン・キルギス・タジキスタンの三国を跨ぐ中央アジアでの活動に繋がる。他方、二〇〇〇年には十年に亘ったAnyコンファレンスがニューヨークで完結する。同じ年、磯崎は「アンビルト／反建築史」展を準備しているが、カタールでのプロジェクトは「アンビルト」だったものが突如現実に建造可能となったかのような反転現象すら見せることになる。中国をはじめとする世界各地でのプロジェクトにより、二〇〇四年までの四年間における磯崎の仕事量はそれまでの四十年間に匹敵するほどだったという。[*66] 二〇〇一年九月十一日のアメリカ同時多発テロによる建築地政治《ジオポリティクス》の変化を含め、明らかにフェーズが変わるのだ。二つの千年紀を跨いで生じたこの激しい相転移の最中、磯崎がさまざまな手段で残そうとした固有《スペシフィック》な「しまじま」誕生の軌跡が辿られなければならない。

第22章　千年紀《ミレニアム》、虚実の間《ギャップ》

一九九一年に開始されたAnyコンファレンスは二〇〇〇年ニューヨークにおける「Anything」で幕を閉じる。すでに詳しく見た初回会議「Anyone」で磯崎は浅田彰とともにデミウルゴスを論じていた。この二人一組でのプレゼンテーションの形態は続くすべての会議で貫かれている。磯崎が主宰者となった第二回「Anywhere」ではメイン会場の湯布院と東京をサテライトで繋ぎ、会議の「場所」そのものを二元化するメディア・イヴェントを仕掛けている。以降、「Anyway」における磯崎パートのテーマは和様化論、「Anyplace」では風水論、「Anywise」では「海市」計画、「Anybody」ではデミウルゴモルフィスム、妻・宮脇愛子が病で倒れたために磯崎が欠席した「Anyhow」では「孵化過程」と「海市」計画のプランニング手法、「Anytime」ではプロセス・プランニング論と「始源のもどき」、「Anymore」では「深圳文化中心」と中山邸などを取り上げたコンテクスト論、「Anything」ではストックホルムでの「うつ」展とヴェネツィアにおける「憑依都市」だった。磯崎がほぼ一貫してみずからの建築・都市計画や著作のコンセプト紹介を行なっていたことがわかる。哲学的言説との接続を担う浅田との役割分担がそれを可能にしていた。

Any会議のすべてに臨席した浅田はとくに顕著だった動向として、「言語学モデルとデリダ的脱構築の結合（一時期のピーター・アイゼンマンに代表される）から、コンピューター・グラフィック・モデルとドゥルーズ的（というよりベルクソン的）生気論の結合への、パラダイム転換」[1]、ないし、パラダイム転換の不発を挙げている。「不発」と言うのは、磯崎が欠席した一九九七年の「Anyhow」で、そうしたパラダイム転換を仕掛けようとした面々がアイゼンマン世代に対するクーデターを試み、はかばかしい成果を挙げなかったからである。その代わりに支配的となったのは、理論的なヘゲモニー闘争に見切りを付け、グローバル資本主義の波に乗ることを積極的に選択するレム・コールハースのシニシズムだった、と浅田は言う[2]。最終回「Anything」におけるコールハースの演題は「¥€$体制」、すなわち、当時の世界三大通貨である円、ユーロ、ドルが支配する経済体制についてだった。「Anything」ではまた、このコンファレンスの中心人物であったアイゼンマンが「切断を生み出すこと」と題された講演で──「建築と他領域の言説との対話」を謳ったコンファレンス当初の趣旨を自己否定するように──「建築の自律性」や建築固有の理論の必要性を唱えるに至っている。これは初回会議で筆者が注目した──当時はきわめて異質だった──フランチェスコ・ダル・コーと同様の主張であろう。以上のような経緯からすれば、Anyコンファレンスは「ある種の建築理論の崩壊過程を表現したものだった」[*3]という磯崎および浅田の総括的印象は否定しがたい。翌二〇〇一年九月に起きたアメリカ同時多発テロは、この崩壊を決定づけたばかりではなく、磯崎を取り巻く建築家ネットワークにも「切断」をもたらすことになる。ネオコン（新保守主義）化する米国建築界に対する距離が増大するのである。[*4]

浅田はAnyコンファレンスを振り返った二〇〇〇年のテクストで、この会議シリーズそれ自体よりも、「Anything」終了後に会議参加者たちがフィリップ・ジョンソンの自邸——有名な「ガラスの家」をはじめとする建築群——を訪問した出来事にほとんどの紙幅を割いている。九十四歳の誕生日を間近にしたジョンソンは、「ガラスの家」の前で来訪者ひとりひとりを出迎えたという——「意地の悪い批評家なら、二〇世紀最後の建築の前衛たらんとしたAnyコンファレンスも、建築界の「天皇」との謁見の儀式に終わった、と言うところだろう」[*5]。一部同じ顔ぶれを揃えた一九八二年のシャーロッツヴィルにおけるP3会議を思い起こしてもらいたい。米国では二十年近い歳月ののちもいまだ、ジョンソンに媚びを売るような儀式が繰り返されたのである。建築をめぐるこうした国際会議は一周回って始点に戻ってしまったかのようだ。

約二十年後の再演——二〇〇〇年秋に東京藝術大学・大学美術館で開催された「間《ま》——20年後の帰還」展で磯崎は、伊勢神宮の式年造替をなぞるように、ほぼ二十年前の「間《ま》」展の「もどき」を行なう。自覚的に「儀式」を繰り返すのである。タイトルに「帰還」とあるのは、トロイア戦争に出陣したオデュッセウスが流浪の果て、ようやく二十年後に妻ペネロペのもとに帰還したことをそこに重ねているからである。[*6] この式年展ではかつて「間《ま》」展に参加したアーティストたちの「帰還」が目論まれていた。磯崎はその点について、「二〇年という加齢」[*7] そのものを展覧会にすると述べている。

展覧会では美術館の四つのギャラリーがそれぞれ「もどき」「みたて」「うつ」「ま」をテーマとする展示に割り当てられた。「ま」は「間《ま》」展の記録である。その他のテーマについては、かつての「みちゆき（道行）」などのサブカテゴリーを三つに再編したうえで、現存作家たちのその後の仕事や物故した芸術家たちを継承する展示が組まれた。このうち、「もどき」と「みたて」はこの二十年のあいだに磯崎が著書のタイトルでも用いてきた馴染みの概念である。「うつ」のテーマ展示は、磯崎が企画監修し二〇〇〇年五〜八月にストックホルムで開かれた「うつ」展の内容にもとづく。「うつ」展のサブタイトルと展示作品を挙げよう――「うつはた（うつ＋幅、織）」：三宅一生「A―POC」、「うつくし（うつ＋奇し）」：倉俣史朗「ミス・ブランチ」、「うつろひ（うつろ＋ひ（霊・気））」：宮脇愛子「うつろひ」、「うつふね（うつ＋ふね（舟））」：磯崎新「なら100年会館」（この模型のみ、「帰還」展では「ま」のギャラリーに展示）[*8]。

この式年展に際して示された磯崎による「間《ま》」論のあらたな観点としては、「うつ」「うつろ」「うつり」「うつし」……といった「うつ」の連鎖のなかに去来する「ひ（霊）」や「かげ」への注目がある。そこでは「かみ」のかすかな「かげ」が僧形の神体とともに描かれた「僧形八幡神影向図」がたびたび参照されている。磯崎は相互に相容れない両極と見えていた《建築》と「日本」のあいだに引きうる補助線のひとつが「影」だったと言う。[9] さらにまた、この両者間により強い関係線を引くべく、プラトンの『ティマイオス』と折口信夫の『石に出で入るもの』の相互の視線を交錯させた読解が予告されてもいた。それは『見立ての手法』や『始源のもどき』に続く、「うつ」をめぐる日本文化論であると同時に、『造物主義論《デミウルゴモルフィスム》』の《建築》論をそこに接合した、いわば《建築》影向論のヴィジョンだったのかもしれない。

この「帰還」展もその一部として、一九六〇~七〇年代の日本の建築や現代美術の動向が国際的に再評価されるのに伴い、磯崎は一九九〇年代以降、その時代の証言者たることを強く要求されるようになる。それはいわば「回想」を強いられる立場だが、磯崎は一九九八年から二〇〇一年にかけ、『GA JAPAN』誌における「反回想」と題した連載によってその社会的要請に応じている。磯崎によれば、「反回想」とは事実を羅列するたんなる回想ではなく、過去の事実と思われているものを逆に宙吊りにして、むしろその「事実」に批評的に介入し、そこから多様な意味を生み出させる営みである。[10]「反芸術」や「反建築」といった概念の「反」と呼応する「反回想」は、「回想」の単純な否定ではなく、宮川淳が芸術について語った「存在しないことの不可能性」という語り口をもどけば、「回想しないことの不可能性」の謂いなのである。磯崎は二〇〇〇年代以降も請われるままに回想めいたインタヴューを数多く残し——その集成のひとつが日埜直彦編の『磯崎新インタヴューズ』（LIXIL出版、二〇一四）である——、みずから過去のテクスト群のリミックス・ヴァージョン『磯崎新建築論集』全八巻（岩波書店、二〇一三~一五）を刊行しているが、それらはこの「不可能性」ゆえにつねに、事後的に「騙られた」「反回想」であることに注意しなければならない。本書がそうした事後的な語り＝騙りよりもむしろ、磯崎の言う「日付のついたエッセイ」のその「日付」を重視してきた所以である（言うまでもなく、インタヴューやリミックスにも日付がある）。

磯崎は自作をめぐるこうした「反回想」の一種として、二〇〇一年一〜三月にギャラリー・間《ま》で「アンビルト／反建築史」展を開催する。これは磯崎によるアンビルトの計画案をめぐる展覧会であり、一九六〇年代のセクション「空中都市」の展示には「孵化過程」や「新宿計画（ジョイント・コア・システム）」など、一九七〇年代の「電脳都市」には「電気的迷宮」「A邸」「EXPO'70お祭り広場」「コンピューター・エイディッド・シティ」、一九八〇年代の「虚体都市」には「東京都新都庁舎」、一九九〇年代の「蜃楼都市」には「海市」と「深圳国際交易広場」が選ばれている。最後の「深圳国際交易広場」は一九九五年の設計競技で当選案に選ばれながら、設計競技自体がキャンセルされてしまったものである。

深圳市は人口数百人の寒村から四百万人の巨大都市へと変貌した経済特区であり、ここで計画されたのは民間ディヴェロッパーによる大型開発の商業施設で、その約一割が「交易広場」、すなわち、株式取引所である。磯崎案では全施設が各辺一二〇メートルの立方体内に収められ、その上半分にはホテル、オフィス、住居が中庭を囲むように層状に配置されている。下半分には巨大な階段が設けられて公共広場の役割を果たし、その階段の下が商業施設となる。交易広場は立方体の中間に吊られて集会室や宴会場を収め、有機的な曲面をなすその屋上は建物の中庭となる空中庭園をかたちづくっている。存在感の強い巨大立方体のなかに広場や緑地まで含む都市機能が内蔵され、多雨熱帯気候の風土に合わせた半戸外的な公共空間をなしている。つまり、深圳というひとつの都市のなかに輪郭が明瞭な小型都市が入れ子のように作られるのである。*11

　岡崎乾二郎がこの展覧会をめぐる磯崎との対談で指摘しているように、*12アンビルトの構想のほうが歴史的に残るのは、それが建築を規定するさまざまな前提条件としての「プログラム」それ自体に変更を迫るものだからに違いない。時間の経過によってプログラムが相対化され疑われるときにこそ、アンビルトの価値が（再）発見されることになるのだ。岡崎はそこで、「空洞《うつ》」や「アンビルト」を取り上げる磯崎は、外形のある建築よりもむしろ、或る自律した連続体をなす領域ないしヴォリュームの捕捉に関心を移しているのではないか、と問いかけている。*13

　なるほど、磯崎のアンビルトな計画案の数々はたしかに、霊（ひ）を迎え入れる「うつ」な容器の性格を有している。それらはあれこれのプログラムを満たす形而下的な建築物に安住するものではなく、いわば《建築》という霊（ひ）が影向する虚ろな舞台なのである。折口の『石に出で入るもの』を踏まえて磯崎が言うように、卵形をした石や岩は内部が密でありながら「空洞」として認知されるがゆえに、その周辺にある霊（ひ）がそこに吸い込まれて宿る。*14「海市」展の模型「たまごっち」はまれびと《ヴィジターズ》たちの霊（ひ）を誘い寄せる、そんな「うつ」なる舞台にほかならなかった。そこで喚起される卵のイメージは、磯崎の出発点である「孵化過程」〔傍点・引用者〕の予言的な含意を明かすものでもあろう。

磯崎はこの展覧会のカタログ二分冊のうちの一冊『反建築史』に「流言都市《ルーマー・シティ》」というテクストを書いている。[*15] これは「都市破壊業KK」の後日譚である。約四十年ぶりに現われたSを相手に、語り手の「私」はかつての「都市破壊業KK設立趣意書および事業内容書」の「物理的破壊」「機能的破壊」「いめーじノ破壊」といった項目を、その後の四十年の都市の歴史に照らし合わせて検証する。「私」はSが「見えない都市」という「裏世界」、つまり「虚の世界」に「虚体」を挿入したに違いないと考える。その結果が一九六八年、世界各地に勃発した文化革命なのだ。「流言都市《ルーマー・シティ》」というタイトル通り、「アンビルト」をめぐる両者の応酬はときに主語が見失われるほどに錯綜する。「アンビルト」とは「アン」という否定冠詞（否定辞）による否定神学の一種だとSは批判し、背中合わせになった実と虚の世界には「間＝ギャップ」があるのだと語り手に教える――「何ぼやいている。アンとビルトとの間を考えろ。二項対立に基づく否定神学じゃないぞ。間＝ギャップだ。否定をいうな、肯定をいうな。昔濫用したアンビギュイティを忘れよ」[*16]。語り手が「お前の正体は？」と訊ねると、Sは「他者」とひと言言って立ち去る――「後になって、アンビルトを解凍するさなかに、Sという存在の周期性から、あいつは「歴史」だったのかも知れないと思った。かくいう私ARATAは《建築》を慾動の相手にしている。二人の出逢いの不幸は間＝ギャップが介在すること。それが冠詞、反の由縁」[*17]。「アンビルト」が「反建築史」となる理由はここにあるという。「反」とは磯崎が言う「否定冠詞」ではなく、あくまで「間＝ギャップ」のしるしなのだ。すなわち、「反建築史」とは《建築》を欲動の対象にする者と「他者」としての「歴史」

とが出会う虚虚実実の「間＝ギャップ」なのである。それは「反建築・史」、つまり、《建築》にほかならない「反建築」の「歴史」であると同時に、「建築史」なるものの「間＝ギャップ」を指す「反・建築史」でもあろう。

磯崎はこのテクストの末尾で、中国本土で「磯崎新」はJi Qi Xinと呼ばれるがゆえに、そこにはARATA ISOZAKIは存在しない、と書いている。日本語のローマ字表記でSinと書かれる名がXinになる以上、ARATAと対になるSINもまた存在しない。つまり、「都市破壊業ＫＫ」に登場する磯崎の二人の分身はいずれも中国では消失してしまうのである。だがそれはむろん、自己分裂の解消ではない。『建築家捜し』ではSIN/ARATAの分裂が「分名」と称されていた。Ji Qi Xinもまたそんな分名に加わったひとつの名以外のものではない。

「流言都市《ルーマー・シティ》」でSが行なう次の指摘は、この展覧会に選ばれたプロジェクトに共通する性格を明かしている——「お前のやったプロジェクトは、都市を建築として構想し、建築を都市としてデザインした。物質・構築・形式・決定に加えて、主体・生成・インスティテューション・テクネにかかわる問題構制をくんだと思っている。都市と建築を固定させたいという欲動に駆られながら、はてしなくズレが生じる悪循環に陥ってしまった」[*18]。Sによれば、「空中都市」に始まり「蜃楼都市」に至るプロジェクトの数々は都市＝建築という同定を実現しようとして、そこに生まれる「ズレ」ゆえにその同定が不可能となる失敗の過程を残した。とすれば、「アンビルト」の「間＝ギャップ」とは都市と建築とのこの「ズレ」でもあり、「反建築史」は「建築」からひたすらズレ続ける「都市」の歴史／物語とも読めそうに思える。

同じ年の四月から頒布が開始された磯崎の手になる連刊画文集『百二十の見えない都市』は、虚実の皮膜を縫うそんな物語の展開ではなかっただろうか。これは一九九八年から翌年にかけて同様の形態で刊行された連刊画文集『栖十二《すみか》』に続くシリーズである。仕掛け人はいずれも編集者の植田実とギャラリー「ときの忘れもの」の綿貫不二夫、一年間で十二のエッチングとエッセイを三十五名の購読者に届けた『栖十二《すみか》』の成功を受け、『百二十の見えない都市』は十年間で百二十の都市を取り上げる画文集とする計画だった（第二期の途中で中断）。第一期は「漏斗都市」「地中都市」「垂直都市」「方城都市」「異物都市」「浮揚都市」「冥界都市」「無停都市」「蝸牛都市」「蜃楼都市」「乱磁都市」「水辺都市」の十二都市、毎回オリジナル版画二点とエッセイが、二〇〇一年から二〇〇三年にかけ、三十五名の購読者のもとに届けられた。

たとえば「浮揚都市」のエッチング《浮揚都市1》は丘陵上に点在する廃墟らしきもの（エッセイによれば、シチリア島アグリジェントの遠景）、《浮揚都市2》はエル・リシツキーとマルト・スタムによる「雲の鐙」（磯崎は画中に「水平スカイスクレーパー」と併記し、エッセイ中では「鉄の雲」と呼んでいる）を描いている。アグリジェントのヘラ神殿は「孵化過程」のモンタージュに使われた写真の古代遺跡である。磯崎はエッセイでこう語る――「あのとき私のさがしていた「見えない都市」は、存在の不可能性のなかに立ちあがるイメージのなかにあった。存在を規定する時間と重力を、錯乱させ反転させる。すなわち、過去から未来へとむかう時間の流れが逆流し、切りきざまれる。重力場から解放される。さらには、廃墟を過去よりの落下ととらえ、構築を未来への浮揚とみる」[19]。「孵化過程」でアグリジェントの遺跡にモンタージュされた磯崎のジョイント・コア・システムは、リシツキーたちの「鉄の雲」(「雲の鐙」)と同じく、水平方向に展開されたスカイスクレイパーだった。「都市を空中に浮揚させる欲望を私は持ちつづける」と磯崎はエッセイに書いている。ヘラ神殿(紀元前五世紀)、「鉄の雲」計画(一九二四)、そして、磯崎自身の「空中都市」(一九六二)のあいだに引かれた補助線が「浮揚都市」という都市観念なのである。磯崎によればそれは、蠟で取り付けた翼で飛翔しシチリアへ向かいながら、地中海の海中に墜落してしまうイカロス——建築の匠ダイダロスの息子——の欲望にほかならない。

『百二十の見えない都市』はいくつかの展覧会で公開されたのみで、エッセイまで含めたすべてを網羅した画文集は存在しない。その全貌を詳しく知る植田によれば、版画に描かれた対象の多くは単体の建築ないし荒涼とした場所にぽつんと建つ小屋や廃墟であり、現在と中世と古代が入り交じり、建築が到来する以前の風景までもがそこに加わっている。「心乱されるような」不思議な都市の呼び名は「世界のすべてを同時に見てしまっている建築家像を否応なく浮き彫りにする」——「実在する個々の場所や建築は観念の瞬時の表れにすぎず、夢想された場所・建築は何千年も人類の心のなかに根をおろしている。虚実の境界がなくなってしまったとき、彼は実際的な建築家の資格を失ない、また同じ理由で永遠に動かし難く存在する建築家となる」[20]。「アンビルト/反建築史」展で展示された磯崎自身のプロジェクト群がこれら「見えない都市」の同類であり、虚虚実実の都市観念の表現であることは言うまでもあるまい。

それらの都市は「見えない」。なぜなら、本質的なのは都市の「観念」であり、「存在の不可能性」だからだ。ただし、磯崎はそこで否定神学的になることなく、まったく逆に、イタロ・カルヴィーノの『見えない都市』でマルコ・ポーロがフビライ汗に空想都市の話を延々と語るがごとく、虚実の「間=ギャップ」に都市のイメージをひたすら増殖させるのである。「流言都市《ルーマー・シティ》」の「流言《ルーマー》」とは、都市をめぐるそんな「騙り」の謂いでもあろうか。

ここで『百二十の見えない都市』に先立つ『栖十二《すみか》』に触れておきたい。これはそもそも、植田がみずからの出版社で刊行した書籍シリーズ『住まい学体系』百冊目の執筆を磯崎に依頼したことに端を発している。それがオリジナル銅版画一点と本文冊子などを毎月購読者に書簡形式で送る連刊画文集の企画に発展した。その冊子に掲載されたエッセイと銅版画は同名書籍として刊行されており、画文集全体の内容をおおよそうかがうことができる。

磯崎には「ヴィッラ・シリーズ」と称される一連の個人住宅作品があるものの、八田利也名での「小住宅設計ばんざい」をはじめとして、「小住宅」を建築の主要な課題とすることには一貫して批判的だった。[*21] 一九七〇年代半ばないし一九八〇年前後の篠原一男がいた酒席で磯崎が「住宅は建築ではない」と発言し、篠原や野武士世代の建築家たちを激怒させたという逸話もまた、しばしば語られるところである。[*22] この連刊画文集で、「住まい」や「住居」、「住処《すみか》」ではなく、「栖《すみか》」という言葉が用いられている点には、既存の住宅論に対する磯崎のそうした距離感が表われている。磯崎によれば、「住処」が人間の文化的現象と見なされるのに対し、「栖」には鳥や獣の巣、あるいは、鬼や盗賊などの悪者が潜むところといった、人間に限られない、より即物的な含意がある。[*23] それは日本の建築界で偏重されてきた――と磯崎が考える――「小住宅」とは対照的な概念なのである。

　購読者を募るためのパンフレットに磯崎はこう書いている――「作品としてまとめるなどと気負ったりせずにやったもののなかに、その人の裸の気分がふっとほころびてにじみでる、そんな住宅を十二えらんでみました」[*24]。最終的に選ばれた栖は、第一信のクルツィオ・マラパルテの自邸カサ・マラパルテに始まり、ル・コルビュジエの母の小さな家やアドルフ・ロースのミュラー邸、コンスタンティン・メルニコフの自邸、ルートヴィッヒ・ウィトゲンシュタインのストンボロウ邸などである。磯崎は二十世紀的な栖の究極の姿をミース・ファン・デル・ローエのレイクショア・ドライブによって示したあと、当初の予定を変え、最後の第十二信でみずからデザインしたルイジ・ノーノの墓をひとつの「終《つい》の栖」として取り上げることにより、この連作を終えている。ヴェネツィアのサン・ミケーレ島の墓地にあるノーノの墓は、現地産の白大理石の縁石に囲まれた敷地上部に溶岩が固まったバサルト石の黒い岩塊を置き、手前に故人の名と生没年の彫られた研磨された石板が埋められ、蔦がその両者をびっしりととり巻いている。

『栖《すみか》十二』の書簡体のエッセイは、《建築》や造物主義論《デミウルゴモルフィスム》、あるいは建築における「日本的なもの」を論じるときとは打って変わり、磯崎自身の「裸の気分」を感じさせている。そこには登場人物たちのときに虚実定かでないエピソードが織り込まれ、寝室に並べられたいずれもハイバックのマッキントッシュ・チェアと磯崎のモンロー・チェアの写真がヤン・ファン・エイクの《アルノルフィーニ夫妻像》に似て見えたとか、F・L・ライトの片持ち式のデッキからタトリン設計の人力飛行機「レタトリン」を発射させてみたいとか、ハイデガーの言う「ダス・マン」の収容所である超高層ビルを横に寝かせたらアウシュヴィッツの収容所になるなどといった、鮮やかなイメージの奇想・連想の数々が無造作に語られている。磯崎はこの著作の執筆を通して、そんな新しい語り口を獲得しているのである。それゆえであろう、植田は書籍化にあたり、「極端にいえば一種の小説のようにつくってみたかった」[*25]と告白している。

わたしがこの書物に特別な愛着を覚えるのは、『磯崎新の革命遊戯』に掲載した蔵書リスト作成のため、磯崎が夏の書斎とした軽井沢の「鳥小屋《トリー・ハウス》」[*26]に幾度か通う機会があったせいかもしれない。異様なほど幅の狭いプリミティヴな木の階段を上ってようやく辿り着く、見張り台のような方丈の木造家屋である。その名の通り、それは人間的な「住処《すみか》」ではなく、鳥の巣に似た「栖《すみか》」だった。書物に囲まれたその空間でしばし時を忘れた軀の記憶が、磯崎の言う「栖《すみか》」なるものの感触を身近に感じさせてくれるのである。そして、同時に思い起こされるのは、「鳥小屋《トリー・ハウス》」が鳥の巣のごとく樹海のなかにあってさえ、まぎれもなく〈建築〉にほかならなかったことである。それはいわば磯崎流の「原始の小屋」だったのだ。

『栖《すみか》十二』最終信に磯崎は「人々は生涯をかけて決定的な風景を捜しています」[*27]と書いている。これは第一信で、カサ・マラパルテのテラスから見渡せるカプリ島周辺の景観すべてを、マラパルテ

22-1. 軽井沢の「鳥小屋《トリー・ハウス》(treehouse)」。左手に宮脇愛子の《うつろひ》と磯崎の山荘が見える。

が「自分でデザインした」と語ったことに呼応している。そんな決定的な風景のなかに住まうことが「終の栖」の理想的条件ならば、磯崎にとってのそんな風景とはいったい何なのか。自分が育った土地には瀬戸の内海があるうえ、西方に山脈があり、ひたすら西へ沈む太陽もある。だから地中海に惹かれ、「浄土への日没」[28]に惹かれるのだ、と磯崎は言う――「日没が日の出と違うのは、その後に世界が反転するためです。西方に浄土があると考えた理由が分かりもします。この世が闇につつまれた頃、向こうの世界は輝いているはずだから」[29]。それゆえ、西の山の端に沈む太陽が消え去る瞬間を凝視することはすなわち一種の臨死体験となる。米国の西海岸、テル・アビブ、アマルフィ、そして、スペイン北西部ガリシアの大地の終わり岬《フィニステレ》で磯崎は、洋上の日没ばかり眺めていたという。

こうした栖論の延長線上で二〇〇〇年代に磯崎は、カリフォルニア郊外の砂漠地帯にプレハブ住宅を自分で作って住んでいる友人のため、夏、春／秋、冬用の三つのベッドルームを設計している（施工はクライアントのセルフメイド）。そのプロジェクトはObscured Horizon（隠された地平線《オブスキュアード・ホライゾン》）と名づけられ、磯崎自身は「砂漠の寝所」とも呼んでいる[30]。雨がほとんど降らないこの地域では夜に屋外で寝ることができる。もっともシンプルな夏用のベッドルームは蛇対策のために六フィート（約一・八メートル）ほどの高さに持ち上げたコンクリートの台と階段のみで、夜空が天井、台の背後の岩がベッドのヘッドボードに見立てられる。春／秋用は露がかからないようにいちおうヴォールトの天井を架けるが、側壁はない。冬用は天井や周囲のかなりの部分がガラスで囲われている。それぞれの平面は三メートル角の方丈である。

プレハブ住宅を居間とすれば、そのまわりに三つのベッドルームが配置され、空が天井、床は大部分が砂漠、周囲の岩や山並みが壁らしきものやパーティションにあたる。住宅の概念が周りの自然環境にまで拡張されていると見ることができよう。その場合、敷地は眼に見える範囲すべて、建物の高さは空の高さとしても差し支えないわけだ。Obscured Horizon とはそんな無限定性の表現なのかもしれぬ。三つのベッドルームはいわば「決定的な風景」それ自体をコンセプチュアルに「栖」とするための極小のデザインなのである。磯崎はそれを、中国の山水画で山の中腹に点景として描かれる書斎やお堂、亭《ちん》といった「山居」に近いものとしている。鴨長明『方丈記』の方丈もまた、じつはそんな小屋だった。砂漠の山居から見える日没時の太陽が姿を消す大地の際《きわ》――それが「隠された地平線」に違いあるまい。

こうした「栖」の系譜とは対極をなす、千年紀前後の大規模プロジェクトに眼を向けよう。一九九七年秋に行なわれた「深圳文化中心」の国際指名設計競技で磯崎新アトリエの案が当選する。これは深圳市新市街の文化中心地区に約二千人の客席を有するコンサートホールと蔵書数四百万冊の図書館を建造する計画である。敷地はその中心を道路で分断されている二街区だが、両者は地上六・六メートルのデッキによって連結される。敷地西側を走る八車線の高速道路に面したファサードは高さ四〇メートル、全長三〇〇メートルに及ぶ黒御影石の壁となり、エレベーター・シャフトの放つ赤色光と頂部の青色光の帯が高速で移動する車からの視線を引き付ける。これとは対照的に、歩行者がアプローチする東側のファサードは緩やかなカーヴを描くガラスの垂れ幕で、背後の黒壁とのあいだに大屋根が掛け渡されて南北に二つの大空間を形成する。多面体状のガラスのアトリウムがそれぞれのエントランスロビーをなし、それらを支持する樹状構造体の幹や枝は、コンサートホール側は金箔、図書館側は銀箔で覆われ、金樹・銀樹と呼ばれる。この金樹・銀樹の対は文化中心区の城門という象徴性も担う。磯崎によれば、これが中国で初めての本格的な国際設計競技による公共事業だったこともあり、建設工事は手探りで進めざるをえず、竣工までに十年近くを要した。[*31]

一九九八年に設計競技が行なわれた中国「国家大劇院」は、天安門に近い敷地に国立オペラ座を建てる計画である。磯崎による案は、隣接する故宮の壁と人民大会堂の列柱を立面の主要な構成要素とする一方、天安門の壇のうえに浮かぶ積層した屋根を「波」と解釈し、それに呼応したうねるような波の形状の屋根を新しい工法で架けるというものだった。それがあらたな政治体制の視覚的表象になるという提案である。磯崎案は最終段階まで残り、もっとも評価が高かったと見られるものの、天安門広場という国家的に重要な場所に適切かどうかという点で判断が保留され、実施案に選ばれることはなかった。[*32]

この計画案で構造を担当したのが佐々木睦朗である。とくに重要なのが一五〇メートル×二二五メートルの平面を覆う大屋根の構造設計だった。その設計過程では、まず磯崎新アトリエで「スプライン（区分多項式）」によって定義される曲面（スプライン曲面）が初期条件をなす大屋根の形状とされ、その座標情報にもとづいて佐々木が構造解析を行ない、応力や変形の状態を見きわめながら人力による曲面形状の修正・調整を幾度も繰り返すことにより、ようやく構造的に成立する最終案に至ったという。[*33]

佐々木は多大な労力を要したこの経験を踏まえ、人力による試行錯誤をコンピュータに代行させ、構造的に合理的な自由曲面シェルを生成させる方法を研究する。その際に参考とされたのが、アントニオ・ガウディがコロニア・グエル教会設計のために行なった三次元逆さ吊り模型実験であったという。これは天井から両端を留めた麻紐を垂らし、所々に錘《おもり》を付け、紐の長さや錘の位置を変えて撮影した写真の天地を反転させることにより、合理的に力が流れるドームの形状を得ようとしたものである。こうした実験にあたる作業をコンピュータに行なわせるのである。佐々木の形態解析手法は二〇〇一年頃に開発され、磯崎はそれを「北方町生涯学習センター　きらり」（二〇〇五）の設計で最初に適用する。磯崎が決めた初期形態を出発点として、佐々木が力学的に合理的な形状をコンピュータに探索させたところ、最終的に採用した曲面の計算に要した時間はわずか十数秒だったらしい。[*34]

佐々木が開発したもうひとつの手法が拡張ＥＳＯ法（拡張進化論的構造最適化手法）である。既存のＥＳＯ法が構造体内部の非効率的要素を順次削除することで進化させ、荷重に対して効果的に抵抗できる構造形態を探索する手法であるのに対して、佐々木の拡張ＥＳＯ法は、削除のみならず要素の復活や成長も可能な双方向的進化を通じ、最小限の使用材料で最大限の力学的効果を生み出す構造形態をより効率よく求めることができる。佐々木がこの種の手法に着目するきっかけになったのは、磯崎が見せてくれた中国庭園の奇岩・太湖石（上海・豫《よ》園《えん》の太湖石、宋徽《き》宗花《そうか》石綱《せきこう》）の写真だったという。[*35] これは浸蝕によって多くの穴が開き複雑な形態となった石灰岩であり、その生成過程はＥＳＯ法的な削除に対応する。他方、佐々木は拡張ＥＳＯ法を、枝に発する気根が地上に達すると根づいて支柱となり、その上部か下部を膨らませることで構造的に安定させて元の枝を支える、亜熱帯植物バンヤン（ベンガル菩提樹）の自己組織化になぞらえている。[*36]

　拡張ＥＳＯ法が初めて実際に用いられたのは「フィレンツェ新駅」設計競技案（二〇〇二）だった。これは長さ一八〇メートルの細長い駅舎の屋根をヘリポート用に完全にフラットにする案で、内部を高速鉄道が通るため、支持体の数をできるだけ減らすことが課題だった。拡張ＥＳＯ法による形態解析を行なうと、フラットな屋根から支柱が成長して膨らみ、植物に似た有機的かつ流動的な構造形態が進化してゆく。設計者（建築家と構造家）はモニター上でその進化の様子を見ながら、美的価値判断は建築家が、構造的なそれは構造家が行ない、必要に応じて設計変数を修正することによって最終形態を導く。そのようにして得られた太い幹と枝からなる不可思議な支持体構造を、磯崎は「フラックス・ストラクチャー（流動体構造）」と命名している。磯崎と佐々木によるこの駅舎案は、あまりにも斬新で実現不可能と思われてしまい、一等に選ばれることはなかった。

　フィレンツェ新駅案のフラックス・ストラクチャーは、ドーハのカタール国立コンベンションセンター（二〇一一）で実現している。これは磯崎がマスタープランを担当したカタール・エデュケーション・シティの一部として、大学キャンパスに隣接して計画された建物で、三千人収容の劇場をはじめとする各種施設を結びつける幅三〇メートル×長さ二五〇メートル×高さ二〇メートルのコンコース——西洋建築の伝統からすれば列柱によるロッジアとされるべきファサード——にフラックス・ストラクチャーが適用され、フラットな屋根を地上の二点で支える巨大な二本の樹木のような有機的形態が生まれている。それはカタールで古くから愛されているシドラの樹に見立てられた。

実際の施工にあたっては、近似的な骨組みとして多角形断面の鉄骨を組み、そこに成形鉄板の皮膜を巻いてこの「樹」が造られたという。[*37] 結果として、表面はスムーズにできたものの、構造上の力は骨組みを流れるから、拡張ESO法の理論通り完璧に力が分布するわけではない。このように現実には、拡張ESO法で得られた形態をどのような施工法で建てるかという問題が生じるのである。同様のフラックス・ストラクチャーを用いた上海の「証大ヒマラヤセンター」(二〇一〇)はスムーズなコンクリートで施工されたため、一定の厚みのあるコンクリートが本来の構造的原理をほぼ実現している。

佐々木が明言しているように、[*38] こうした場合の理想的な最終形態はコンピュータによって自動的に得られるわけではない。初期条件を与えるのも、最終形態を導く美的価値判断を行なうのも建築家である。だが、磯崎は北方町生涯学習センターの屋根の形状について、「形を恣意的なラインで決めるのではなく、コンピュータ・アルゴリズムに従って自動的に抽出させる」[*39] ことを実験したと述べ、フィレンツェ新駅の構造形態の進化を示すアニメーションをめぐっては、「重力場において一番いいポジションを自ら探しながら変形している」ように見える、あるいは、「最も均等に力が流れるポジションを、コンクリートあるいはコンクリートに近い素材自らが探した結果として現われる合理的な形」[40]（傍点はいずれも引用者）であるなどと語っている。構造的に最適な形態がおのずから探索されるかのような過程こそが注目されているのである。

この点に関連し、磯崎はガウディの逆さ吊り実験を、「模型が自動的に形を作り、建築家は後からそれをフォローする」という「建築の歴史が始まって以来の大転換」[41]ときわめて高く評価し、ガウディが目指した「構造的合理性」を達成する方法を自作のフラックス・ストラクチャーに見ている。磯崎がガウディから学んだのは、構造的合理性の追求を通じて一見非合理で異様に見える造形を生み出すこと、言い換えれば、「建築になるかならないか分からないものを作ること」[42]だった。ガウディの実験はじつに十年間に及び、コロニア・グエル教会は地下聖堂のみを完成させ、あとは未完のまま放置されることになった。初めて訪れたとき、それは廃墟のように思えた、と磯崎は書いている――「ひとりの建築家が全能力を賭して果敢に挑んだ建築的闘争の果てに獲得したものが、廃墟のイメージだった――（中略）アンビルト（未建築）であるがゆえに、もっとも本質的なビルト（建築）がガウディのイマジネーションのなかで達成され、しかもそれを後世のわれわれが共有することができる。それは建築家にとって、なによりの存在証明ではないでしょうか」[43]。ガウディに対する磯崎のシンパシー、いや、ガウディに託して磯崎がみずからを語っていることは明ら

22-2. カタール国立コンベンションセンター

かだろう。

ここまで見てきたいくつかのプロジェクトが示すように、新しい世紀を迎える前後から磯崎の作品の多くは中国やカタールで建てられている。その点について磯崎は、自分は一九八〇年代から米国、ベルリン、中国、中近東の順序で仕事をしてきたが、これは世界の流動資本の流れと重なっている、と分析している。[*44] 国際設計競技がこうした移行のきっかけとなり、磯崎のような国際的建築家たちはグローバリゼーションの波ないし津波に「乗り」、仕事の現場を次々と移していったのである。

カタールについて言えば、磯崎は王族の一員シェイク・サウド・アル・サーニを介して王（首長《エミール》）と王妃に紹介され、カタール国立図書館や国立銀行のほか、米国有名大学――ニューヨークのコーネル大学医学部など――の教育システムを丸ごと移植しようとするカタール・エデュケーション・シティのマスタープランといった大規模プロジェクトをいくつも委ねられている。このうち国立図書館は、磯崎の作品集を眼にした首長《エミール》が一九六〇年代の「空中都市」（とくに東大寺南大門の挿肘木を参照した「渋谷計画」）の図版を「これがいい」と指さし、その要望に沿って計画案（二〇〇二）が作成されたことから――ただし、見た目の安定感を重視して、一本だったコアの柱は三本とされた――、アンビルト建築の思いがけぬ実現として、日本でもおおいに話題となった。[*45] 過密な東京の土地所有の問題から発想された計画案が、そうしたコンテクスト抜きで、たんにアイコニックな形態ゆえに選ばれ、現実化することになったのである。

のちの磯崎はそこに、啓蒙主義以降、二十世紀まで存続した代理表象《リプレゼンテーション》のシステムが失効し、建築を評価する価値基準がアイコンを中心とするものに変化した状況の帰結を見ている。*[46] ただし、建築家が意図してアイコンを作れるわけではない。アイコンを決定するのはマーケットだけではなく、「大文字の他者」である、と磯崎は言う。*[47] 建築のアイコン性は、CCTV（中国中央電視台）本部ビルの国際設計競技（二〇〇二）で、磯崎が審査員としてレム・コールハース案——二体の高層ビルが捩れて合体したような形態——を推すにあたって依拠した論理でもある。*[48]

こうした「アイコニック・ビルディング」や建築が彫刻化した「アーキスカルプチャー」が二〇〇〇年代以降の流行現象となったことの背景には、フレドリック・ジェイムソンが指摘している、すべてを3C——「商業化《コマーシャリゼーション》（Commercialisation）」「商品化《コモディフィケーション》（Commodification）」「消費主義《コンシューマリズム》（Consumerism）」——のなかに取り込もうとするグローバル資本主義の新世界システムがある。*[49] 或る社会学者は建築のこうしたアイコン化を、グローバル経済を支配する「超国家的資本家階級」の権力・イデオロギー・美学が一体化した「アイコン・プロジェクト」と呼んでいる。*[50] たとえば、二〇一〇年代半ばの時点でそれを体現していた、群を抜いて「アイコニック」な「スター建築家」たちとは、フランク・ゲーリー、ノーマン・フォスター、コールハース、ザハ・ハディドの四人だった。*[51]

他方、建築物のアイコン性を磯崎に強烈に自覚させた出来事としては、9・11におけるニューヨーク世界貿易センター（WTC）ビルの破壊、すなわち、建築物に対する巨大な規模のイコノクラスムがあった。磯崎はそれこそが「超高層＝アイコン問題」[*52]を生み出したと語っている。（ア）イコン愛好とイコノクラスムは表裏一体である。WTCを破壊されるべきアイコンとして選んだ「大文字の他者」はアルカイダなのだ。9・11以前からブリュノ・ラトゥールやペーター・ヴァイベルによって企画され、磯崎の「電気的迷宮《エレクトリック・ラビリンス》」が復元展示された、ドイツのZKM（カールスルーエ・アート・アンド・メディア・センター）における二〇〇二年の「イコノクラッシュ（聖像衝突）」展は、この両者をたんなる二項対立ではない、より錯綜した関係性のもとでとらえようとする展覧会だった。ラトゥールがそこで展開しているイコノクラッシュ論[*53]などを踏まえるとき、代理表象《リプレゼンテーション》からアイコンへという磯崎の単線的な議論はやや図式的と言わざるを得ない。

そして、そのことに磯崎自身気づいていた筈なのだ。二〇〇六年から二〇〇八年にかけて雑誌『新潮』に連載され、生前には書籍化されなかった「極薄の閾のうえを」では、甲骨文字が記すト占の「亀裂」にまで遡行して漢字のアイコン性がテーマとされる一方で、マルセル・デュシャンやカジミール・マレーヴィチらによる芸術上のイコノクラスムがあらためて検討されるなど、アイコンとその破壊の「極薄の閾」こそが主題になっているからである。この「極薄の閾」には「かげ」をめぐる《建築》影向論もまた関わる。磯崎はアイコン・プロジェクトに否応なく呑み込まれるスター建築家のひとりでありながら、グローバル資本主義のアイコンとして商品化されるのみではない、或る種のあらたなイコノクラスムないしイコノクラッシュ――「亀裂」が象徴する――を模索していたように思えるのである。こうした点については、「漢字文化圏における建築言語の生成」

をテーマとして、磯崎がコミッショナー、岡崎乾二郎がディレクターとなった二〇〇二年第八回ヴェネツィア・ビエンナーレ国際建築展日本館の展示を含め、次章で改めて取り上げることとしよう。

カタールのケースに限れば、アンビルトな計画案が実現することになったのは、磯崎自身も認めている通り、[*54]かつてイタリア都市国家の領主がパラディオなどを抱えて街や建築を作らせたのに似た、きわめて古典的なパトロンと建築家の関係ゆえの現象であろう。「大文字の他者」とは、建築家の場合、何よりもまずクライアントだからだ。その関係が古典的なパトロネージである以上、計画案の採用も中止もパトロンの意向やその財力・権限次第である。事実として、カタール国立図書館は、すでに一部着工していたにもかかわらず、計画自体がやがて中止されてしまう。[*55]

マーケットのみに依拠するのでなければ、問題となるのはやはりクライアントなのである。北京に建造が予定されるプロジェクトの国際設計競技――たとえば北京金融街設計競技（二〇〇一）――で幾度も当選案に選ばれながら実現に至らなかった苦い経験をもつ磯崎によれば、中国の場合、公共建築の設計競技では政治家が最終決定権をもつがゆえに、政治家の多くが留学先である米国のマンハッタン、ラスヴェガス、ディズニーランドを建築のモデルとしている以上、良い建築は結果的に選ばれない構造になっている。[*56]可能性はむしろ民間のディヴェロッパーにある。上海・証大ヒマラヤセンターのクライアントのほか、磯崎に南京で開催される「中国国際建築実践展」――美術館、ホテル、クラブハウス、国際会議場と二十棟のヴィラからなるプロジェクト――のマスタープラン、および、その一部となる「国際会議中心」（二〇一三）の設計を依頼したクライアントなどがその例である。彼らはいずれもアートの愛好家で、後者は自分の全財産をかけた一種の実践的な展覧会として、実物の建築群を広大な土地に建てる長期的な構想を磯崎に委ねたのである。

　中央アジア大学のクライアントであるアガ・カーン四世はイスラム教イスマイル派の世襲指導者《イマーム》で、祖父の代からヨーロッパで経済的に成功し、アガ・カーン建築賞を設けていることが示すように建築にも詳しい。中央アジア大学はアガ・カーン財団とキルギス・タジキスタン・カザフスタンの三国政府による共同プロジェクトとして二〇〇〇年に開始され、キルギスのナリン、タジキスタンのホログ、カザフスタンのテケリの三箇所に大学キャンパスを作るという計画である（ナリン・キャンパスは二〇一六年、ホログ・キャンパスは二〇一七年に開校、テケリ・キャンパスは二〇二四年現在でプランニング段階）。*[57]このプロジェクトはアガ・カーン一族の出自である中央アジア山岳地帯に住む部族――ロシアからの独立後、ほとんど産業的基盤がない――を援助する一種の慈善事業《フィランソロピー》として立ち上げられたものだという。*[58]磯崎はそのマスタープランの設計者に指名された。マスタープランによらない都市計画を「海市」などで率先して構想していた磯崎が、カタールや中国と同じくここでも、マスタープランの策定を担うことになったわけである。

　中央アジア大学の敷地はいずれも標高二千メートル以上の高地に位置し、千人を超える学生と教師が居住するキャンパスをそこに作らねばならない。磯崎はそれを砂漠のキャンプや中世の修道院に譬えている。*[59]使える技術や資材も極端に制限され、「「石器時代に戻って建築をつくるということから考えてくれ」と言ったりするはめになる」[60]。現地を理解するための資料として磯崎は若いスタッフに、一九九〇年代のタジキスタン内戦に派兵されたロシア軍兵士たちの苛酷な生活のドキュメンタリー『精神《こころ》の声』（アレクサンドル・ソクーロフ監督）を勧めたという――

「妙に付き合うと一生を誤るかもしれない。だけどこのようなプロジェクトをやることこそが、この次の世界に関わることのできる唯一の資格が取れることなのかもしれませんよ。カタログとか標準仕様とか、流行のデザイン雑誌とかのすべてが役に立たない世界があるのです。何もない、何も見えない、テクノロジーもない、そんなところに放り込まれてプロジェクトに関わる。戦後六〇年間、日本で最も欠落していた条件と向かい合うことになります」[61]。

このプロジェクトには、近代世界システムがまったく作動してこなかった場所でひとつの文化が生み出される有り様に関わる面白さがある、と磯崎は言う[62]。また、ネオリベラリズムに対抗しうるものは「文化」であり、ネオリベラリズムの津波が不可抗力的に地球上をいったん洗い流してしまったあとに残るもの、姿を変えながらそこに凝固する残骸が「文化」であるとも[63]。そんな残滓としての「文化」とは、グローバリゼーションないしネオリベラリズムの津波に一方では「乗り」つつ、そこから――一九四二年の坂口安吾や小林秀雄のように――垂直に下降して――いわば津波を被る側に身を置き――、その津波が去ったあとに「しま」として残ろうと考えている、という磯崎の発言[64]の「しま」にほかなるまい。磯崎はそうした「文化」をともに残しうるクライアントからの仕事を引き受けることで、文化やアートをコアにした「しまじま」を、中国やカタール、中央アジアに点々と築こうとしたのだ。鈴木博之の言葉を借りれば、どこか損得を越えたところのあるその選択は、磯崎が「大陸浪人の血」[*65]を引くゆえなのかもしれぬ。

磯崎は二〇〇九年に、Anyコンファレンス開始時の頃から明らかになってきたのは、建築を論ずる手がかりが消えてしまった「建築不全症候群」である、と述べている。もとより、それ以前から建築は幾度も殺されてきた。磯崎がそこで取ってきた立場は、建築を自己言及的に批評することによって活性化することだった――「しかし、9・11は決定的な一撃だった。建築（物）が壊れただけでなく〈建築〉についての論議が無意味になったのだ[66]」。マンハッタンから瓦礫がたちどころに除去され、著名建築家たちによる変わり映えのしない高層ビル案が競ったWTCの跡地計画は、そんな「建築不全症候群」の極めつきの表われだった。〈建築〉を論じる意味もそのための場も失われた。だが、グローバリゼーションの津波のもとで、磯崎が手がける建築プロジェクトの数は急速に増えてゆく。建築アイコン化の肯定はその波を切り抜けるための方策だったのかもしれぬ。だが、阪神・淡路大震災を受けて磯崎が語った「つくることの悲劇」という透徹した認識はそのときどうなってしまうのだろうか。磯崎自身もまた〈建築〉を見失ったのか。

二〇〇五年、磯崎にとってきわめて重要な存在だった二人の建築家が亡くなっている。ひとりは一月に没したフィリップ・ジョンソンである。磯崎はその追悼文で、一九九六年のジョンソン九十歳を祝う会における記念撮影を振り返っている。[*67]ジョンソンはそこで磯崎を自分の隣席に指定した。ほかの建築家たちの誰とも等距離を保つため、隣りの席をニュートラルにする必要から自分がそこに座らされたのだろう、と磯崎は言う。プリツカー建築賞の審査委員として磯崎を一種の手駒にしたのと同じ遣り口である。他の連中を押し退けてまで横に座りたいと思っていない磯崎は、シャッターが切られるとき、少しばかり身を引いたらしい。この追悼文自体、建築界におけるフィクサーとしてのジョンソンの重要性を改めて指摘しつつも、どこか身を引いているようなところがある。それは彼を中心とした米国建築界に対する距離の表われなのかもしれぬ。

三月、丹下健三が九十一歳で亡くなる。丹下の作品でもある東京カテドラル聖マリア大聖堂（一九六四）における葬儀で磯崎は弔辞を読んだ。磯崎はそこで「〈建築〉そのものに化身されていた先生[*68]」と丹下に呼びかける。建築することとは街や建物の設計にはとどまらず、社会・都市・国家に至るまでを構想し、それを眼に見えるように組み立てることである――そんな「〈建築〉の本義」を丹下は体現していた。ところがいまや、日本という国家は彷徨い、〈建築〉は消えている、そう丹下は嘆いているのではないか、と磯崎は故人に問いかける。「〈建築〉を構築しようとする意志、それを忘れてはいけない」――この難問がいま身に沁みてきつつあると磯崎は師に告白し、こう結ぶ――「そこで、私は誰もが口にする、やすらかにお眠りくださいという決まり文句をいいたくありません。／丹下健三先生、眼をみひらいて、見守っていてください。／弟子どもが道をふみはずさずに、先生の遺志を継いでいくことができるかどうかを。／弟子の甘えで、申し上げました[*69]」。

師の見開かれた両眼を弟子がしっかりと見つめ返しているさまをまざまざと感じさせる弔辞である。新聞に寄稿された追悼文で磯崎は、丹下の建築のうちに宿る超越的なものへ向けて引かれた一本の軸線こそが「国家への想い」[*70]だったと書いている。しかし、丹下と日本という国家とのあいだには一九七〇年代以降すれ違いが生じてしまった。弟子の眼にそれ以後の丹下は本来の姿とは違って見える——「あらゆる無理を覚悟で骨太の軸線を引きつづけた、あの時代の姿こそが、建築家丹下健三だったと今も思う。列島改造に引き出されて後は、もう余生だったのだ。新東京都庁舎なんか、伝丹下健三としておいてもらいたい。弟子の身びいきで勝手にそう考えている」[*71]。この弔辞と追悼文からは、師・丹下が〈建築〉と日本という磯崎の二つの主題の結節点だったことがうかがえよう。そこに共通するのは弟子であることの強烈な自覚だ——「弟子の甘え」「弟子の身びいき」といった言葉が逆に、この弟子と師の厳しい緊張関係をおのずと表わす。丹下が引いた軸線もその国家との関係も磯崎が継承しようとするものではない。では、この弟子はいったいどのように〈建築〉への意志を引き継ぎ、どのように日本と対峙しようとするのか。二〇〇〇年代以降、磯崎は〈建築〉をより広義の〈アーキテクチュア〉へと定義し直し、こうした問いに答えてゆくことになるだろう。そのとき、磯崎が「〈建築〉の化身」であった師のまなざしを強く感じていたことだけは、まず間違いないように思われる。

第23章 「進むべき道はない、だが進まねばならない」

かつて磯崎のゲリラ建築論を「ボヘミアンの思想」と呼び、その政治的機能の曖昧さを鋭く指摘した宮内康（一九九二年没）の『怨恨のユートピア』（一九七一）をはじめとする著作が二〇〇〇年にあらたに編まれて出版されるに際し、磯崎は宮内のラディカリズムを讃えた一種の追悼文を寄稿している。そこで磯崎は「宮内康が志として背負ったマニフェスト」は、「私が別に背負ってしまった建築家としての宿命からは、まったく反対側の遠い彼岸にある絶対的なユートピアでもあって、到達不能であるが故に、いつまでも私の心の底に焼きついているものでもある」[*1]と書いている。磯崎がここで言う「マニフェスト」とは、任俠映画で高倉健が耐えに耐えた挙げ句にドスを抜くのにも似た、「最後の忍を突きぬけて激情の走る瞬間」、ラディカリズムの帰結としての「悲劇」結末の台詞である。そのひとつは『怨恨のユートピア』序文末尾のこんな言葉だ——「ユートピアのもつ、あの新たなるものと蒼古の世界との短絡と交接の構造は、われわれに、ある直接的ではあるが幻想的な、暴力的ではあるが至福に満ちた、そのような都市と建築を暗示する。その時、「建築」は、初めて括弧がとり払われ、「建物」でも「建築」でもない、あるアノニマスな建造物として出現する」[*2]。

ヴァルター・ベンヤミンの「パリ――十九世紀の首都」を踏まえた宮内のこのマニフェストは――「反対物の一致」であるかのように――、「遠い彼岸」に位置する磯崎のデミウルゴス論へと通底するように読める。「ユートピア」を語る宮内の論のうちに二〇〇〇年の磯崎はまた、「もうひとつのユートピア」をめぐるみずからの「海市」計画の予言を聞き取ることもできたのではないだろうか。「海市」とは蜃気楼めいた「アノニマスな建造物」としての都市を「アノニマスな」複数の主体から生成させようとするプロジェクトだったからである。

磯崎は宮内論のなかでさらに、より決定的なマニフェストを宮内の別のエッセイ末尾に置かれた次の一節のうちに認める――「つくられるべきアジテーションとしての建築、抑圧された大衆による建造物は、極くありふれたかたちをとり、しかしそのスケールは可能なかぎり大きくなければならぬ。それは、かたちの特権的なあり様をもって空間の私有化を容認するのではなく、姿かたちの馬鹿馬鹿しさをもって空間の共有化を宣言せねばならぬ。それは、全体の了解可能性と部分の不可解さにかえて、部分の限りなき透明さと全体の還元不可能性をもって応えねばならぬ」[*3]。のちの二〇一三年に磯崎は、こうした「建造物宣言」によって宮内はユートピアを「刺殺」したのであり、ユートピアの廃墟のあとに出現した奇怪な「建造物」を自分はオウム真理教の「サティアン砦」に見た、と記している。[4]

だが、これはいささか韜晦気味の合理化された事後的解釈であろう。二〇〇〇年の時点で磯崎が「建造物宣言」を「新しい時代にたいしての最初のマニフェスト」[5]と評価したとき、宮内の言う極大なスケールを有する「姿かたちの馬鹿馬鹿しさ」は、同時代における建築のアイコン化現象と重ね合わされ、グローバル資本主義における「商品化」をはじめとする「3C」（フレドリック・ジェイムソン）の世界システムを突破するためのラディカリズムと見なされていたに違いないからである。それは宮内の考える「抑圧された大衆」による「極くありふれたかたち」を取った「建造物」のむしろ対極をなすヴィジョンだったかもしれぬ。だが、「まったく反対側の遠い彼岸にある絶対的なユートピア」であるからこそ、磯崎はその「ユートピア」に賭けられた宮内の「志」が孕む極めつきのラディカリズムをあえて参照したのだ。

磯崎は「建造物宣言」がかくまで徹底したものになりえたその淵源をパウル・シェアバルトのガラス建築のイメージに見出している。宮内はそのイメージを――ブルーノ・タウトではなく――ベンヤミンに寄り添って解釈し、視線や所有のヒエラルキーを崩して絶対的な自由をもたらす透明空間ととらえた、と磯崎は言う。[6]さすれば、宮内のこのマニフェストは、一九九一年のAnyone会議で浅田彰が近代資本主義のニヒリズムからデミウルゴスを解き放つ可能性として言及した、「ガラスの迷宮」としてのパリのパサージュに対するベンヤミンの着眼に通じるものとも考えられよう。

「ブルジョワジーの廃墟」[*7]を語るベンヤミンの口吻を思わせる宮内の言葉によれば、磯崎の「未来都市は廃墟だ」という認識がおそらく正しいのは、「われわれの描き得る唯一の未来の都市が、資本主義的都市の廃墟である」[*8]からなのだ。この「廃墟」への志向において、磯崎が「背負ってしまった建築家としての宿命」は宮内の「志」と交錯する。ここに視座を据えるとき、「商品」としての建築やアート作品をめぐる磯崎の議論は、宮内の「建造物宣言」を介して、「資本主義的文化の幻像《ファンタスマゴリー》」[*9]をめぐるベンヤミンの十九世紀パリ論に結びつく。その一端はシャルル・フーリエの「ファランステール」に対する磯崎の関心となって表われ、そこで磯崎はＷＴＣ（世界貿易センター）の崩壊を、二十世紀末に大都市に生まれたアイコン的建築が「ファンタスマゴリー」であったことの証拠と見なしている。[*10]

二〇〇四年に刊行された作品集『GA DOCUMENT 77 Arata Isozaki』の論考「発起（“The Road Not Taken”）」で、磯崎はこの時点でのみずからの都市・建築論を総括している。そこで示された次のダイアグラム[*11]は磯崎の史観と現状認識を表わしている——

	〈主題〉	〈パラダイム〉	〈手法〉
19世紀	主都《キャピタル》	計画《プランニング》	目標＝テロス
20世紀	大都市《メトロポリス》	代理表象《レプリゼンテーション》	大量数《グレーター・ナンバー》
21世紀	〈島〉《アーキペラゴ》都市	虚体《ヴァーチャル・ボディ》	図像＝イコン

磯崎によれば、「虚体《ヴァーチャル・ボディ》」の増殖の結果、都市の建築は二つの対極的な方向に向かう。ひとつは輪郭線を崩して周辺環境に溶融し、存在感を消し去った非物質化である。だが、まさにそうした傾向が一方で存在するがゆえに、建築を巨大なアイコンと化して、その本来性を回復しようとする欲望もまた発生する。この両者を磯崎は「「建築の零度」への接近と離反[12]」と呼ぶ——「外部を持たないグローバリゼーションは反復して内部に異質な要素をかかえこみ、微震動ではなく幾重もの重層《レイヤリング》がうまれる。あげくに亀裂が走り綻びが起る。私はそれを〈島〉の発生と呼んでいる。その〈島〉は相互に不連続であり、異質である。固有性を主張しはじめる。それがイコンとなる。あげくに、世界は無数の〈島〉の集合体としての列島《アーキペラゴ》になるだろう[13]」。磯崎自身はこの趨勢に対し、「孵化過程」や「空中都市」、「お祭り広場」といった一九六〇年代の自作のほか、ガウディの逆さ吊り実験など、アナログな方法で構想されていた提案をデジタライズすることで応えようとする。その「再演算[14]」の産物が、たとえばカタールにおける空中都市の翻案であり、佐々木睦朗の助けを借りた新しい構造形態の探索であり、「お祭り広場」を先例として最大限のフレキシビリティを追求した、トリノ冬季五輪アイスホッケースタジアム（二〇〇五）なのである。

　そのとき、漢字が重要な役割を演じたことに注目したい。漢字とは一種のイコンと化した無数の「しまじま」だからだ。前章で宿題とした二〇〇二年ヴェネツィアでの「漢字文化圏における建築言語の生成」をテーマとする展示を概観しよう。コミッショナー磯崎のもと、ディレクターを務めた岡崎乾二郎はその基本方針として、日本館をアジア館にすること、現代アートまがいのインスタレーションではなくオーソドックスな建築展とすること、大がかりな建築ではなく住居をテーマにすること、文字として建築をとらえ、漢字を手がかりに表意性を組み立てる行為として考察することの四点を挙げている。[*15] 東アジアを中心とする地域の文字体系の共通基盤である漢字は、国別展示を強いられるビエンナーレの枠組みを崩し、日本館を実質的にアジア館とするための根拠となった。具体的には京都（岸和郎）、ハノイ（小嶋一浩とハノイ建設大学）、北京（張永和《チャンユンホ》）、ソウル（承孝相《スンヒョサン》）の四都市における町屋的な住宅実践を取り上げ、それらのケース・スタディを通して、漢字という文字システムと建築言語の生成過程の平行関係が探られた。[*16] 漢字と建築とのアナロジカルな関係性の考察と展示はおもに岡崎が担当している。岡崎によれば、ハングル、チュノム（ヴェトナムで使われていた文字）、仮名といった各地域の文字は、際限なき多様性を有する漢字のシステムの「怪物性」をなんとか合理的に統御し、具体的な生活現場で使いこなそうとする試みのなかで派生してきている。[*17] 建築とのアナロジーは、アジア四都市の住宅実践における漢字的構造とその合理化・実用化としてのローカライズを検証しようとするものだった。

磯崎の実作で漢字の構成法を建築言語として用いた作品に、上海・証大ヒマラヤセンターがある。磯崎によれば、その立面構成はへんが「光」、つくりが「易」をイメージして設計され——当初は合わせて「陽」とすることが目論まれたが変えられた——、建物全体の下部両端には漢字の諸要素をバラバラにして組み合わせたデザインのレリーフが対になって配置されている。下部中央のコンピュータ・アルゴリズムによるフラックス・ストラクチャーに対するに、こちらはいわば「漢字的アルゴリズム」という発想だが、これは一般的解法にはほど遠く、この建築単体の特殊解でしかない。他方、ビエンナーレ終了後、岡崎はドグマとしての強制力をもってしまう漢字それ自体よりも、既存の漢字を書いている身振りをしながら、別の文字を生成させる「書」の書法こそが面白い、と指摘している。[18] それを建築に当てはめれば、イコンとしての文字性をどう解体するか、その「書法」こそが問題である、ということになる。それは書を一種のきわめて洗練されたイコノクラスムの手法ととらえることにほかなるまい。

　磯崎が二〇〇六年に雑誌『新潮』で連載「極薄の閾のうえを」を始める背景にあったのは、以上のような経緯による漢字という（ア）イコン的エクリチュールへの関心と、二〇〇二年の「イコノクラッシュ」展を大きな契機として浮上した、（ア）イコン愛好とイコノクラスムとが表裏一体化した問題構制《プロブレマティック》である。この連載当初のテーマが「漢字考」であったことはこうした点に由来する。連載タイトル中の「極薄」はマルセル・デュシャンの inframince に東野芳明が与えた訳語であり、磯崎によればそれは「眼にみえない差異を換喩することによって可視化（記述可能性）する解読装置」[19] であって、「極薄の閾のうえを」という題名は、二項対立の間にありながらいまや限りなくぼやけ始めているもろもろの「閾」――「眼にみえない差異」――をあらためて定義＝可視化するため、「ひとつのイメージが非ロジカルに立ちあがること」[20] を期待してなされた命名であるという。では、漢字における「極薄の閾」とはいったい何であることになるのか。

磯崎は「漢字考」の一連の考察のなかで、ヴェネツィアにおける展示を紹介する一方、ラフカディオ・ハーンの漢字体験や中島敦の「文字禍」、エズラ・パウンドの『中国詩《キャセイ》』(一九一五)——アーネスト・フェノロサのノートにもとづく中国古典詩の翻案的翻訳——やパウンドが編纂したフェノロサの『詩の媒体としての漢字考』(一九一八)を取り上げてゆく。そこで磯崎が注目するのは、パウンド『中国詩《キャセイ》』の表紙を飾る、筆で書かれた「耀」という一字である。この書はフェノロサの遺稿のなかにあったものらしい(菅原道真十一歳のときの漢詩「月夜見梅花」冒頭の一句「月耀如晴雪」より)。磯崎はそこに、詩が成立するための最小限の言語的要素を求めたパウンドの探求の結実を見る。その志向性がほぼ同時代のアドルフ・ロースによる装飾犯罪論に引き合わされ、さらに『中国詩《キャセイ》』の出版年である一九一五年こそ、一種のイコノクラスム運動としてのモダニズム発生の兆候が同時多発した年であることが指摘される。この年、ペトログラードの「〇・一〇」展にはカジミール・マレーヴィチの《黒い方形》が展示され、デュシャンは《彼女の独身者たちによって裸にされた花嫁、さえも(通称・大ガラス)》の制作を始めている。コンスタンティン・ブランクーシの無限柱やガウディの逆さ吊り実験のアイディアもこの頃に出されているという。そこに共通したのは「零度への還元」[*21]であった。パウンドにおける「漢字という文字への凝縮」もその一例である。真に「二十世紀的なもの」はここから始まったのであり、磯崎は同じような意味で「二十一世紀的なもの」は二〇〇七年頃に現われるのではないか[*22]という予感のもと——磯崎自身はそれを「零の流体(Flux of Zero)」[*23]という魅力的な響きの提案にまとめていたという——、この歴史的な見取り図を描いているのである。

　磯崎の「漢字考」はこののち、二〇一六年開催を予定する「福岡（博多湾）オリンピック構想」やチベット旅行など、その都度のトピックに関する記述を挟んでやや散漫に展開されるため、「零の流体」案やその歴史的背景が明確に示されることはない。だが、磯崎がデュシャンをはじめとする二十世紀前衛たちのイコノクラスムを再考し、そこで破壊された像《イコン》の瓦礫のなかからあらたな生成の原理を見出すためにこそ、漢字を考察の対象としたことは間違いない。そこで注目すべきは、磯崎が自分自身にちょうど二十五年ごとに訪れた「零度の状態」として、第一に一九四五年の敗戦時における焼け跡の廃墟という原光景、次いで一九七〇年代初めのポスト・フェストゥム――一九六〇年代という祭りのあと――の最中、エーゲ海の旅から帰国したのち、日本の湿潤な青空を正方形に切り抜こうという衝動に襲われたことの二件と並べ、一九九五年の阪神・淡路大震災が生んだ瓦礫とオウム真理教のサリン事件後の「空白」を挙げ[*24]、この最後の空白のなかに浮かんだのが文字だったと書いている点である[*25]。それが「漢字考」を始めた理由でもあるという。磯崎はさらに、イコノクラスムの極致である《黒い方形》現物の表面に走った無数のヒビ割れに触れ、これら制御不能のヒビこそが、「文字という記号の発生状態」[*26]を見せている、と指摘して、獣骨に生じたヒビ割れによるト占およびそこに刻まれた甲骨文へと連想を拡げてゆく。

　磯崎は大震災によって都市に走った亀裂のうちに「文字」を見たのである。阪神・淡路大震災の翌年、一九九六年のヴェネツィア・ビエンナーレ国際建築展日本館で磯崎は、その「文字」こそを展示したのだ。その「文字」はけっして書かれたものではない。ベンヤミンがよく引くホフマンスタールの言葉のように、「まったく書かれなかったものを読む」のが占いの魔術的な読解であり、そのとき亀裂は文字と化す。「つくることの悲劇」を経験した建築家は、その書かれたことのない文字からあらたな文字群、あらたな文を紡ぎ出そうとしたのだ。「零の流体」とは、瓦礫にほかならぬ亀裂から文字テクストを編む、そんな魔術的実践だったのではないだろうか。デュシャン、マレーヴィチ、ブランクーシはそうした実践の手法を開拓した先達たちだった。磯崎が同じ連載のなかでデュシャンの「極薄《アンフラマンス》」を「かげ」と関連づけていること[27]を踏まえれば、〈建築〉の影向もまた、そうした実践のうちにとらえられていたことが推測できよう。[28]

　二〇〇六年三月に発表された磯崎を制作総指揮者とする「博多湾オリンピック」構想は、二〇一六年に予定される第三十一回オリンピック競技大会国内立候補都市に名乗りを挙げた福岡市のために立案されたものであり、国威発揚を目的とする二十世紀型ではなく、世界からアスリートが集う地域の拠点という、二十一世紀型オリンピックへの転換を謳っている。[29]その構想によれば、姜尚中の唱える「東アジア共同の家（コモンハウス）」の東隅に位置する九州であるからこそ、釜山、上海、台北、ウラジオストックなどの沿岸諸都市で各種の地区予選を行ない、これら各都市を結ぶ催事船《イヴェント・シップ》「かぐや姫」でアスリートが練習するなど、海を手がかりとしたネットワークによる実施が可能となる。博多湾全域が主会場として編成され、地上の諸施設に加え、大型客船を活用して水上にも会場が拡張されるという。

同年八月末の選定会議では、安藤忠雄が招致案を担当した東京都が福岡市を退けた。磯崎によれば、最終投票は案の優劣ではなく、招致都市の経済力の規模で決めるという評価基準の変更が行なわれたという。それでは福岡に勝ち目はない。磯崎はそこで、「世界の紛争地帯にこそオリンピックを」というスローガンを掲げたプレゼンテーションにより、今回の招致案「博多湾モデル」を世界的規模で展開する国際戦略に組み替えることを考えたが、実現はしなかった。[*30] 石山修武はこの時点までの磯崎によるプロジェクトのなかで「博多湾モデル」はもっとも優れた「社会モデル」になっている、と評価している——「磯崎さんはこれまでこんなふうに真面目に社会構成にまで注目した計画をやっていないでしょう。何しろ政治と経済は無関係だなんて言いながら逃げてばっかりいたんだから（笑）[*31]」。

だが、「東アジア共同の家（コモンハウス）」といった理念を掲げなくとも、すでにヴェネツィアで日本館をアジア館にするといった試みはなされていた。この「博多湾モデル」を磯崎は「オリンピック群島[*32]」と呼んでいる。先行する「海市」は「政治的〈しま〉モデル」であった。これらに類似したモデルとして磯崎が挙げるのは、第二回横浜トリエンナーレのため、二〇〇四年に提案した「世界地図《ワールド・アトラス》」という国際アート展のモデルである。

これはすでに一年延期の結果として二〇〇五年に開催予定であったトリエンナーレに向け、二〇〇四年七月にそのディレクターに就任した磯崎が構想したモデルである（副ディレクターは辛美沙）。その骨子は、従来のようにキュレーターがアーティストを指名するのではなく、多くは非営利・非政府の組織である美術財団などにアーティストと会場構成を行なう建築家（トリエンナーレ側が推薦）とのコラボレーションの編成を委ねるというものだ。アーティストの選定は当該組織に任されるので、その組織がキュレーターの役割を担うことになる。

この構想が披露されたシンポジウムでは、キュレーターの位置づけをめぐって磯崎と南條史生とのあいだで激しい応酬がなされた。[*33] 磯崎は別案[*34]も示したうえで横浜市に開催の再延期を求めたが容れられず、先のシンポジウムの数日後にはディレクターを辞任している。これもまた磯崎にとっては、NPO組織を「しま」と見立て、国境を越えた群島状の「世界地図」を描こうとする企図だったと言えよう（南條が批判するように、[*35]「しま」に財力の格差があるなど、それが石山の言う「社会モデル」として適切かという点はまた別の問題である）。

注意すべきは激論となったシンポジウムにおける磯崎の発表が「Art as Commodity」と題されていたことである。アート作品が商品であることは或る意味では自明だが、磯崎があえてそれを強調した点には、「世界地図《ワールド・アトラス》モデル」によってその商品のオルタナティヴな流通・消費の回路を作ろうとする意図を読み取るべきだろう。他方、このモデルでアーティストと建築家がカップリングされたことは、建築もまたアート作品と同様のレヴェルまで商品化されている状況の追認にも見える。もとより、そこにおける「商品」としてのアートや建築は「（ア）イコン」であり、「資本主義的文化の幻像《ファンタスマゴリー》」（ベンヤミン）にほかならない。ベンヤミンに倣って、国際美術展とはこれら商品の幻像が織りなす「集団が見る夢」の場であるとすれば、そこを群島状に組織しようとする磯崎のヴィジョンもまた、畢竟、そんな夢の変奏であるしかない。

だからこそ、と言うべきだろうか、磯崎の関心はこの時期以降、「社会モデル」の設計により強く傾斜していったように思われる。トップライトの天井へと連続する緩やかな曲面壁で包まれた、従来のホワイト・キューブとは大きく異なる企画展示室をもつ北京・中央美術学院現代美術館（二〇〇八）など、とくに中国を中心として、磯崎のデザインによる建築はこののちも陸続と建てられてゆく。テサロニキ・コンサートホール（二〇一〇）をはじめ、上海シンフォニーホール（二〇一四）、哈爾浜《ハルピン》コンサートホール（二〇一五）、大同大劇場（二〇一九）といった音楽ホールや劇場がその中心をなす。しかし、それらはあくまで、文化施設を数多く手がけてきた磯崎のプロフェッショナルな手腕の枠内にある。

だが、たとえば中央アジア大学キャンパスの場合、重要なのは全体計画それ自体や建築物のデザインではなく、その「社会モデル」としての性格であろう。西溪湿地博物館（二〇〇九）を建てた杭州・西湖周辺の湿地帯についても、磯崎はこの地にかつて栄えた江南文化を再生させるべくアーティスト・イン・レジデンスを作るという別の構想のほうにより強い関心を示し、回想記『陶庵夢憶』の著者・張岱《ちょうたい》や書画船で各地を巡遊した董其昌《とうきしょう》といった明末清初の文人たちを範として、現代版の書画船を屋内に繋ぐヴィラの案を考えている――「そして水路のつづく限り、似たような隠者を訪れる。電脳のネットワークをかいくぐって、超スローライフの水路ネットワークをさまよう」[*36]。隠逸文人たちに倣った、そんな異なる時間性の経験を通じて、文化のオルタナティヴなモデルが提案されるのである。

四川省成都市大邑《だいゆう》県の安仁鎮《あんじんちん》にある成都日本侵略軍博物館（二〇一五）もまた、中央アジア大学のアガ・カーンに通じる強烈な個性のクライアント、樊建川《ファンジェンチュアン》との関係から生まれている。磯崎は一九九〇年代末に毛沢東《マオ》グッズの大規模なコレクションを始めていた樊と出会い、国共合作を大きなテーマとする四十棟ほどの博物館作りを手伝うことになったという。[37] この建川博物館集落は現在、抗日戦争、民俗、革命時代、四川大地震の四大テーマのもと、数多くの分館からなっている。日本侵略軍博物館は十六ある抗日戦争関連の分館のひとつである。

たとえば、四川大地震博物館内にはさまざまな階層の住民の居室が、生活用品まで含めて地震で破壊された状態のまま、数十室並んでいる。磯崎はマオ・グッズをはじめとする樊のコレクションのうちに、停止することがない「欲望のラディカリズム」[38]を見ている。中国最大とも言われる民間博物館を作り上げたそのラディカリズムに、グローバル資本主義の運動を逸脱する過剰さを認めていたのかもしれぬ。そのラディカリズムはおのずと、資本主義の「廃墟」としての「建造物」に接近していたに違いない。

二〇〇九年に磯崎が現地を訪れて構想されたキルクーク現代美術館の計画は、イラクからの亡命クルド人アーティストの依頼に発している。それはいまだ現実には存在していない国家「クルディスタン」の自立を記念するため、数百人の同胞がフセイン政権によって化学兵器で虐殺された土地に美術館を築くというプロジェクトである。[39] 磯崎は市場《スーク》で入手した地図に「アララト山」という地名を見つけ、大洪水伝説が伝える方舟《アーク》の寸法をもつ建物を、あらたに創生される国家のナショナル・アイコンとすることを着想する。候補地は市場《スーク》の隣の高台に聳え立つ城塞《シタデル》の廃墟に変えられ、その中央を広い池にして、方舟《アーク》の輪郭をもつ美術館をそこに浮かせる案が作られた。[*40] それは未生の国家の先取られたアイコンであると同時に、国境を無化する大洪水を幻視させるイメージでもあるのだ。

二〇一一年、磯崎は雑誌『思想』が「建築家の思想」特集のために企画した伊東豊雄と山本理顕の対談（二〇一〇年九月六日）に対する応答「建築＝都市＝国家・合体装置《メガ・ストラクチュア》」を書いている。この対談で伊東は一九七〇年頃、磯崎が「建築に未来はない」と語ったことを自分たちの世代は信じてしまったと回顧し、磯崎のつくばセンタービルのうちに、建築が現代社会のなかでは表層に過ぎないというシニシズムや、「好み」による歴史的建築の引用を通じた知的快楽の追求を見ている。[*41]

磯崎はこれに対し、一九九五年を区切りとして「建築家の思想」を語ることはもはや不可能になったのであり、その種の「思想」を有する建物の設計を建築家が行なえると信じるのは前世紀の惰性である、と切り返している。その史観によれば、「東京計画1960」から一九七〇年の大阪万博に至るまでは、「建築＝都市＝国家・合体装置《メガ・ストラクチュア》」が国家的祝祭を通じて探究されていた（磯崎はそれを「二〇世紀の日本が世界に自慢できるただひとつの発明」[*42]と評する）。しかし、もはやこの三位一体のセットは「マネー＝ネット＝グローバル・ヴィレッジ」のセットに転換しており、ここに「思想」や「建築家」の割り込む余地が残されているかどうかこそ、問われなければならない。この認識がも

とづくのは、二〇〇四年に示された磯崎流の歴史段階説を微妙に変えた次のダイアグラム[43]である

——

（タイプ）	（エポック）	（建築家の仕事場）	（手法）
都市《シティ》——	(19c)——	「官僚」組織——	『計画』
大都市《メトロポリス》——	(20c)——	自由経済「市場」——	『投機』
超都市《ハイパー・ヴィレッジ》——	(21c)——	電脳「ネットワーク」——	『X』

以前は「群島《アーキペラゴ》」と称されていたタイプが「超都市《ハイパー・ヴィレッジ》」と呼ばれている。「都市《シティ》」や「大都市《メトロポリス》」からの質的転換が、「ヴィレッジ」という「しま」のイメージを喚起する呼称で示されているのだ。「グローバル・ヴィレッジ」がグローバル資本主義によって席巻された都市の現状であるのに対し、「ハイパー・ヴィレッジ」はおそらく、その先にデザインされるべきヴィジョンである。この応答を磯崎はこう結んでいる——「この新世界システムはいまポスト・ツナミの兆候で混沌としてしまっています。『X』がまだみえていないのです。あらためて」[44]。二〇〇四年のダイアグラムにもとづけば、Xにあたるのは「虚体」をパラダイムとする「イコン」となろうが、七年後のこの時点で磯崎の戦略は変化している。「X」がまだ見えないのは「あらたな段階のポスト・フェスティウム（宴の後）が意外に長くつづいているため」[45]であるという。この「ポスト・フェスティウム」や「ポ

スト・ツナミ」とは具体的には、グローバリゼーションの津波が二〇〇八年のリーマン・ショックで沈静し泥沼化していた状況を指す。

この応答をさらに発展させた認識を、磯崎はほぼ同時期（二〇一一年二月十八日）に行なわれた雑誌『atプラス』のインタヴュー「建築《アーキテクチュア》――不可視《インヴィジブル》から不可侵《インヴィンシブル》へ」で語っている。そこで磯崎は「建築＝都市＝国家」の合体が成立しえたのは、「建築《アーキテクチュア》」という概念が建築物の設計のみならず、政治やテクノロジーなどの広範な領域に亘る、社会的な拡がりをもっていたからである、と指摘している。*46 毛沢東やヒトラー、スティーヴ・ジョブズはいずれも「アーキテクト」なのだ。大阪万博の会場設計が秘密裡に行なわれていた東大都市工学科の一室で「よど号ハイジャック事件」のプランもまた秘かに練られていたという逸話*47を紹介しつつ、「ハイジャック」というそれまで存在しなかった闘争方法は、中国共産党の革命方針などと同様に、ひとつの「プロジェクト」であると磯崎は言う。柄谷行人の「アソシエーション」「世界共和国」といったアイディアもまた、そんな「プロジェクト」である――「僕が言う「プロジェクト」とは歴史的必然性というものが定義されていない、位置づけられていないような何か、そうした試みの総称です」*48。それはあらゆる既存の枠組みの外部にある「無場所《ユートピア》」へと向け、「目標《テロス》」を棚上げにして無根拠のままなされる行為なのである。

磯崎は行者が空中浮揚を行なったヴェネツィアにおける「憑依都市」がそうした建築的プロジェクトだったと語っている。インタヴューのタイトルにある「不可侵《インヴィンシブル》」とは、その行者の師であるマハリシ・マヘーシュが唱えた、集団瞑想によって作り出され、悪の力をはね除ける防御壁《バリア》のもつ「不可侵の力《インヴィンシブル・パワー》」に由来する。磯崎が「お祭り広場」に夢見た「インヴィジブル・モニュメント」という「不可視の建築」が、より積極的な社会的力をもつ「アーキテクチュア」である「不可侵の建築」へと発展するのだ（磯崎によれば、ジョン・レノンが歌った「イマジン」もそんな「アーキテクチュア」にほかならない）。ここには磯崎の「見えないモニュメント」を高く評価したバックミンスター・フラーという「アーキテクト」の影響がうかがえよう。「防御壁《バリア》」という非物質的な皮膜のイメージが伴っていることにも注意しておきたい。

　これらのインタヴューや寄稿の直後、磯崎は馬王堆漢墓の出土品を展示する湖南省博物館全面改修・国際設計競技のため中国に渡る。現地・長沙で磯崎がプレゼンテーションを行なっている最中、日本では東日本大震災が発生し、巨大津波が東北・関東地方の太平洋沿岸部を襲って膨大な死傷者や被害をもたらしたうえ、福島第一原子力発電所の事故が発生する。磯崎は東京に戻れず、上海、福岡、広島、京都を転々とする流民生活ののち、ようやく帰京して、震災から二週間後、『思想』の論考に「後記」を書いている。そこでは次稿に予定されていた内容として、日本ではすでに一九七〇年頃に終焉した「建築＝都市＝国家」の「合体装置《メガ・ストラクチュア》」をあえて「計画」しうる国家としての中国の可能性、および、日本における建築の命運——生活習慣を枠付ける「文化」の一部門への縮小・撤退——の二点に加え、ソーシャル・ネットワークを含む社会全域の制度設計への「建築」概念の拡張が挙げられている。最後の点は『atプラス』インタヴューにおける「アーキテクチュア」にほかならない。この後記末尾には世界各地の友人たちから寄せられた大震災に対する見舞いへの磯崎の礼状の一部が引かれている。磯崎はそこで、日本列島に必要とされる全面的な社会的制度設計を「異次元の建築設計[*49]」と呼び、「アーキテクト」としてそんなモデルを考えたい、と記している。

だが、その一週間後、磯崎自身の身体を大激震が襲い、高熱が続いて、あらゆる予定はキャンセルされてしまう。大動脈解離が疑われ、のちにそれが原因と判明して、磯崎は手術を受けることになる。『atプラス』インタヴューに対する四月三日付の「追記」では、アンドレイ・タルコフスキーの『ストーカー』『ノスタルジア』『サクリファイス』における廃墟・世界の終わり・核戦争の描写の予見性が言及されている。この追記および四月十二日付の「追々記」で磯崎は、「異次元の建築設計」の「アーキテクト」として、同時代の貴族が「物狂いの沙汰」と評したという「建武の新政」の後醍醐天皇やフリーメイソンの一員だったアメリカ建国の父トマス・ジェファーソンを挙げている。[*50]だがその一方で磯崎が追々記の末尾に掲げるのは、病床から復帰したら定家流の書体で臨書したいという、『明月記』の次の一行なのだ——「紅旗征戎吾ガ事ニ非ズ」。絶対的政治権力者たちの独断専行《アーキテクチュア》と貴族歌人の非政治宣言《ノンポリ》——これは時代的・肉体的危機の最中で極大化した、磯崎というアーキテクト／アーティストの分裂を示すものだろうか。

同時期に雑誌『現代思想』編集部から震災後に読むべき書物を問われた磯崎は、ルイジ・ノーノ最晩年の作品『進むべき道はない、だが進まねばならない……アンドレイ・タルコフスキー』（一九八七）を聴き、タルコフスキーの作品全七作やクリス・マルケルによるタルコフスキーの記録映画『アンドレイ・アルセニエヴィッチの一日』（一九九九）の視聴を勧めている。そこでもまた、後醍醐天皇とジェファーソンが「アーキテクト」として名指されている。前者は宋学を先行モデルとして新政を強行し、後者はフランス革命の理念やパラディアニズムを米国に移植して大陸上に直交グリッドを引きまくった。いずれも無謀なシステムを導入したのである――「いま日本列島に必要とされているのは、この手のアーキテクトです。いっさいの先行モデルがないときに線を引く蛮勇です。さもなければタルコフスキーの幻視した世界が立現れることでしょう」[*51]。磯崎はここでも、タルコフスキーおよびノーノのような幻視者的アーティストと政治的蛮勇を行使するアーキテクトの二面に引き裂かれていたように見える。だが、ノーノがタルコフスキーに捧げた作品題名の「進むべき道はない、だが進まねばならない」という言葉に注目するとき、磯崎はこの二人の幻視者たちが眼にした「進むべき道はない」世界を共有するからこそ、「だが進まねばならない」と決意し、先行モデル――「進むべき道」――のないところで「線を引く蛮勇」を引き受けるアーキテクトたらんとしたように思われる。だとすれば、「紅旗征戎吾ガ事ニ非ズ」を掲げたのもまた、「紅旗征戎」とは別の「吾ガ事」によってアーキテクトとなることの宣言だったのである。その「吾ガ事」とは幻視的なアートにほかならない。

同じ年の六月五日に開かれたシンポジウム「震災・原発と新たな社会運動」に参加した磯崎は、基調講演「アーティスト／アーキテクトは災害（事件）をいかに作品化（プロジェクト）するか」で、みずから蛮勇の「線」を引いてみせている。磯崎は「プロジェクト」の一例として、オサマ・ビン・ラディン殺害のリアル・タイム映像を見つめる、シチュエーション・ルームに集ったオバマ大統領をはじめとする米国政府要人たちの光景を「アーキテクト殺害の実況中継を見るホワイトハウス群像」と名づけ、これをジャック＝ルイ・ダヴィッドの《ナポレオン一世の戴冠式と皇妃ジョゼフィーヌの戴冠》（一八〇七）に匹敵する歴史画として絵画に描くべきだ、と主張する。[*52] ビン・ラディンが「アーキテクト」と名指されるのだ。

もうひとつのプロジェクトは福島遷都計画である。磯崎は日本の首都が歴史的に移動してきた地図上のラインを「神話的構造線」と名づけ、この無根拠な遷都提案の証明不可能な根拠とする。磯崎によれば、古代の首都は若狭と熊野を結ぶライン上を藤原京↓平城京↓平安京と北上した。近代の首都は出雲‐鹿島ライン沿いに東上し、富士山の引力で旋回して江戸に到達した。一九五〇年代以降、繰り返し提案されてきた首都移転の構想は、このラインを再度、北北東に動かそうとするものだったと指摘したうえで、磯崎は福島を横断する北緯三十七度三十分の線上に、メガ・フロートに乗せた国会（立法府）のほか、行政府、宮内府を配置する案を描いている。この講演を締めくくるのは、アートや思想構築にいま必要なのは「「言挙げ」せずに、ヤレ!!!」でしかありえない、という断言である。講演タイトルが示唆するように、ここで言う「アーキテクト」とは、アーティストの自由自在さを備えた「アーティスト・アーキテクト」という存在である。そこで唱えられるのはいわば、「紅旗征戎吾ガ事ニ非ズ」と嘯《うそぶ》く歌人がその歌によって敢行する「物狂いの沙汰」の「新政」提案にほかならない。

石山はこの福島遷都計画を評して「磯崎自身のプロセス・プランニングの神話学的デフォルメ・ヴァージョン」[*53]であり、磯崎自身が考えているほど大きな価値の転倒を企てたものではないと言う。なるほど、自然災害や事故といった不確定・予測不能な事態への対応をもプロセスの一部として計画しようとするプロセス・プランニングの思想が、ここでも神話的軸線の継承というかたちで反復されているととらえることはできよう。福島遷都というアイディアのポテンシャルを措けば、構造線による首都移転という発想自体がアナクロニスムに見えることも否めない。

しかし、より本質的な問題は石山が述べる次の点にある——「福島遷都計画では大震災で亡くなった膨大な人々の死、そして日本列島の東北地方の巨大な特異性でもある死者達への親近性、ひいてはそれとの交信性＝鎮魂性とでも呼ぶべきものが、そのプロジェクトから感得できぬのはどうしたことであるのだろうか。大きな欠落としか言いようがない。〔中略〕磯崎新に敗者の声、それこそインヴィジブルで不可侵な世界への視線は似つかわしくはないのだろうか」[*54]。

石山のこうした批判に応えうるかもしれぬプロジェクトの構想を磯崎は五月に始めていた。「ルツェルン・フェスティヴァル」の芸術総監督ミヒャエル・ヘフリガーが音楽イヴェント企画制作会社の梶本眞秀に被災地支援を申し出、彼らが依頼した磯崎とアニッシュ・カプーアによって構想された、空気膜構造の可動式コンサートホール「アーク・ノヴァ（ARK NOVA）」（ラテン語で「新しい方舟」の意）である。これはカプーア特有の巨大な風船を思わせる形状をした、塩化ビニールでコー

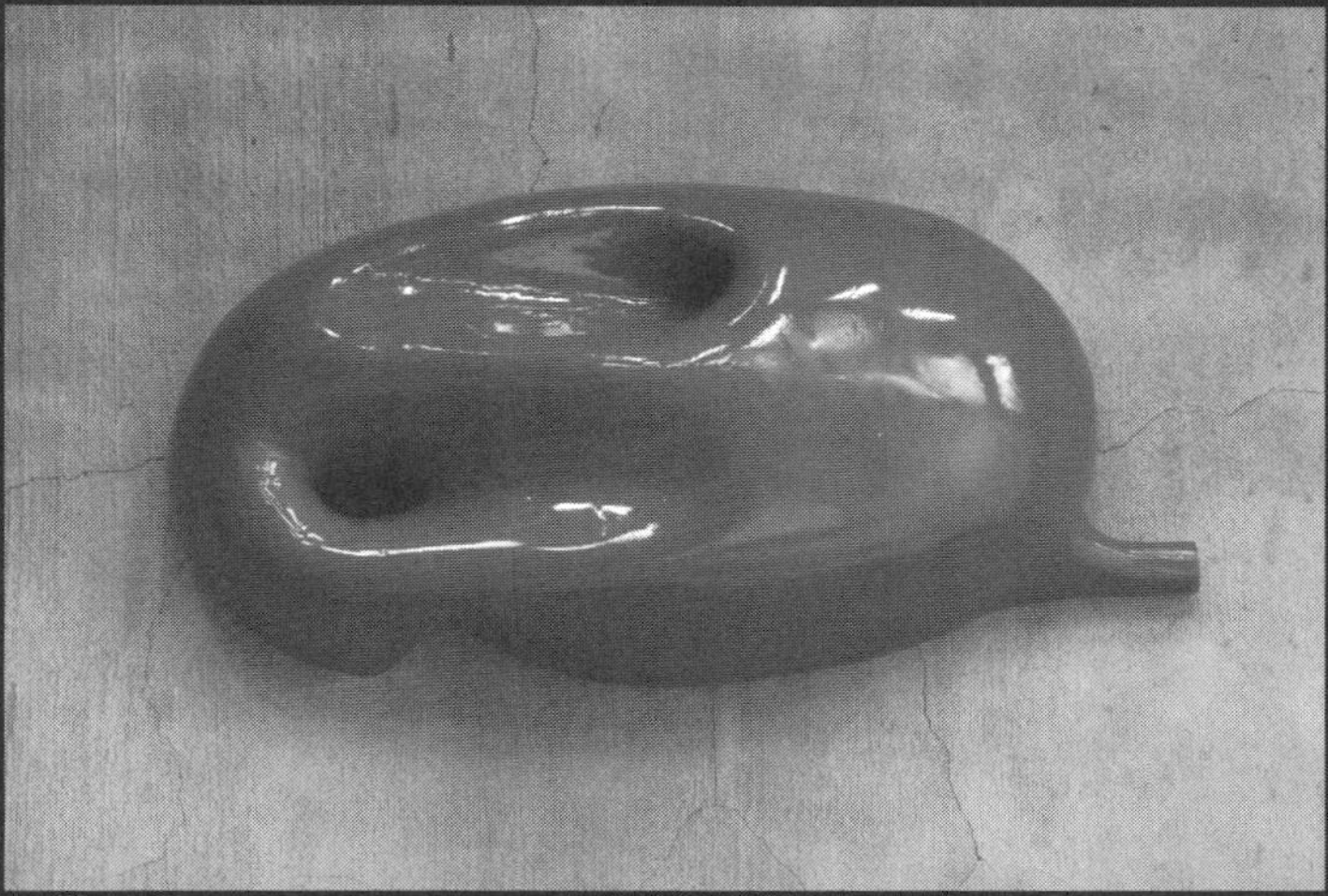

23-1. アーク・ノヴァ外観模型。

ティングされたポリエステル製の薄い皮膜からなる構造体で、高さ十八メートル、幅三十メートル、奥行き三十六メートル、オーケストラの公演時には約五百人を収容可能である。紫色の膜で包まれた空間はあたかも、釣り鐘状のホタルブクロの花の内側にいるかのようで、夜には内部照明で構造体全体が明るく浮かび上がる（ただし、初期案の模型は全体が鮮烈な赤のため、その外観からは心臓、外皮の断面模型からは血管を連想させられる）。[*55] このアーク・ノヴァは二〇一三年の松島を筆頭に、二〇一四年に仙台、二〇一五年に福島に設置され、毎年、ルツェルンと地元が交流する音楽会が開かれた（二〇一七年には東京ミッドタウンにも展示）。

　磯崎は企画段階で作られたプロモーション・ヴィデオに短いメッセージを寄せている――「梓弓を手に、空船に乗った／〈まれびと〉の訪れが、／村人のくらしをよみがえらせた／（日本のフォークロアより）」[*56]。「梓弓」は楽器の隠喩である。「まれびと」がルツェルン・フェスティヴァルの演奏団であることは言うまでもなかろう。この仮設ホールは「うみ」を漂う「うつふね」である。それを覆う皮膜は限りなく薄いからこそ、マハリシ・マヘーシュの「防御壁《バリア》」のような、「不可侵な《インヴィンシブル》建築」となっているのではないか。そこが楽音の振動で満たされるべき空間であることにも注意したい。アーク・ノヴァの「アーク」は、来日してここで指揮をする筈で果たせずに亡くなったクラウディオ・アバドがノーノの《プロメテオ》を一九八四年に初演した方舟型の演奏会場《アーク》――ないしそれがもとづくノーノによる会場スケッチ――に由来するという[*57]。震災直後に「ルイジ・ノーノ作曲『進むべき道はない、だが進まねばならない……アンドレイ・タルコフスキー』を聴いて下さい」というメッセージを発した磯崎にとって、アーク・ノヴァの内部は即、楽曲の空間的フォームだったのではないだろうか。音楽が演奏されるたんなる場ではなく、人びとが音楽によって包み込まれた状態の表現としての「うつふね」――そこは死者たちの「霊《ひ》」を迎え入れた「交信性＝鎮魂性」の媒体でもありえたように思われる。[58]

二〇一二年の第十三回ヴェネツィア・ビエンナーレ国際建築展は、磯崎と伊東の「アーキテクト」観の違いを如実に示す場となった。磯崎は二〇一〇年、国際指名設計競技を経て、中国内陸部鄭州市の鄭東新区――二〇〇七年に没した黒川紀章が全体計画を設計――のうち、北側のビジネス・商業地区「CDB〔中央商務区〕副中心」の都市計画を担当することになった。ここは龍湖と呼ばれる湖に囲まれ、なおかつ、その中心に三十ヘクタールほどの湖を有するドーナツ状の島として計画されている。磯崎はそこで、公共交通主体のレイヤー状の交通体系をはじめとするインフラストラクチャーの構築に羽藤英二の協力を仰いだほか、内側の湖――各種イヴェントが行なわれる「水上慶典広場」――を取り囲む外環の建物のデザインを国際的な建築家たちに、内環の建物を中国国内の建築家たちに依頼する「建築家コーディネーション」により、いわば建築の図面付きで土地をディヴェロッパーに売る仕組みを作り上げている。

磯崎はヴェネツィアでこのプロジェクトを取り上げ、「中原逐鹿《ちゅうげんちくろく》（Run after Deer!）」と題した展示を行なっている。[59] このタイトルは「群雄が天子の位を狙って争う」という意の故事成語「中原に鹿を逐《お》う」に由来する。将来的には中国の中心をなすとされる、交通の要衝でもある中原地区最大の都市・鄭州の都市計画を群雄割拠する競争《ゲーム》に譬えたものであろう。会場展示は「海市」展と類似する「ヴィジターズ」「シグネチャーズ」「ソーシャル・ネットワーク」という三部屋に分かれ、「ヴィジターズ」では鄭東地区を中心とする「都市の生成」が来場者とのコミュニケーションを通じてシミュレートされ、「シグネチャーズ」では建築家たちの相互作用を通して島内環の建築物がデザインされ、「ソーシャル・ネットワーク」ではインターネットを介した「逐鹿ゲーム」の結果が水上慶典広場で行なわれるイヴェントとして可視化された。*60

この「中原逐鹿」展の背後にあるのはおそらく、磯崎が〈アーキテクチュア〉の「「戦争」モデル」*61と呼ぶものである。このモデルを磯崎は、アンドレア・パラディオ誕生五百年を記念する二〇〇八年の展覧会で実見した、この建築家が晩年に手がけたポリュビオス『歴史』などのイラストから着想している。パラディオはこの『歴史』およびユリウス・カエサル『ガリア戦記』の挿絵として、ローマ軍とカルタゴ軍の軍団配置を鳥瞰図的に描いた戦闘図やローマ軍の戦闘陣形図などを残している。磯崎はそこに「戦争にこそ「術《アルス》」としての〈アーキテクチュア〉が露出している」*62という発想を見出し、従来は「都市」モデルで組み立てられてきた〈アーキテクチュア〉は「戦争」モデルで補完されなければならないと言う。*63それは軍団の野営《キャンプ》がひとつの「都市」の原型であるという認識に繋がり、現代の難民キャンプが都市へと変成する展望をも示唆する。「中原逐鹿」展はこの「戦争」モデルをゲームとして実演するものであり、これがのちには、仮設の「陣営」を拠点に集団を動員して大規模イヴェントを仕掛け、二〇二〇年の東京オリンピックをまったく組み替えようとする「東京祝祭都市構想」を生むことになる。

他方、伊東をコミッショナーとする日本館では、「ここに、建築は、可能か」と題された、陸前高田に「みんなの家」を建てるというプロジェクトの展示がなされた。この展示は、社会と建築との関係を問う「Common Ground」というビエンナーレ全体のテーマとの合致もあり、国別パヴィリオンの金獅子賞を受賞している。二川由夫はその展示について、「「調整作業の結果」や「大衆がもつ建築イメージへの迎合」という側面が拭えない」[*64]と評している。それは磯崎の戦争モデル的な都市計画に対し、スケールとアプローチの両面でまったく対極的だった。原理的に対立するものだったとさえ言えるだろう。伊東の真摯な自問に対して、一九九六年にはその自問に対応する「つくることの悲劇」を語った磯崎がここでは、「これが未来の都市だ!（「言挙げ」せずに、ヤレ!!!）」と言い切っているように見えるからだ。そのような、ときに無謀な断言を行なう者こそが磯崎にとっての「アーキテクト」なのである。

大震災後の磯崎晩年の言動にはどこか、極度の明晰さを保ったうえでの「物狂い」の気配が漂う。その気配を強めてゆく、と言ってもよい。この鄭東新区龍湖地区CDB副中心計画をひとつの舞台に、「海市」展と同じICCギャラリーで二〇一三年十二月から翌年の三月初めまで開催された「都市ソラリス」展もそうかもしれぬ。この展覧会は、一九六〇年代からこの時点に至るまでの磯崎による都市計画プロジェクトの変遷を辿る、集大成的な意味も有することになった。

第24章　デミウルゴスの巫《かんなぎ》

「都市ソラリス」展の趣旨説明で磯崎はまず、「わが宇宙船地球号は、その表層をうずめる都市環境に狂いが生じて、航行不能に陥りつつあります。新しい操縦マニュアルを必要としています[*1]」と現状認識を述べる。それは全地球を襲った大津波のようなグローバリゼーションの結果である。津波が通過したあとには澱が溜まり、それが触媒となってあらたに「しまじま」が出現する。そんな「しまじま」が群島的にギャラクシーへと成長しつつある現在、『惑星ソラリス』を参照しながら、集合知や免疫性《イムニタス》などを都市論として討議する場を作り出したい、と磯崎は言う。

なぜ『惑星ソラリス』なのか。この題名を用いているところから推して、磯崎が念頭に置いているのはスタニスワフ・レムの小説『ソラリス』よりもまず、それを脚色したアンドレイ・タルコフスキーの映画だろう。惑星ソラリスの表面を覆う海は巨大な知性体であり、観測ステーション内の人間の心の奥底に隠されたものを読み取り、たとえば人物の姿に実体化させてステーション内に送り込んでくる。主人公である心理学者クリス・ケルヴィンはそんなふうにして擬態形成された自殺した妻ハリーに出会う。映画のクライマックスで、クリスは自然豊かな両親の家に戻っているように見えるが、じつはそこは、彼の記憶にもとづいてソラリスが海のうえに作り上げた小さな島だった……。

趣旨説明の文中に磯崎はいささか謎めいたことを書いている――「〈しま〉に収容される住民は「海市」の作業のなかでは「リヴァイアサン」（トーマス・ホッブズ）に統治される〈ビオス〉（ミシェル・フーコー）として扱われていました。しかしモナドとしての〈ビオス〉には、「意識」、そして「知」がそなわっています。そこで地表の都市は、渾沌（『荘子』応帝王篇）＝カオス（複雑系）状態をみせるのです」（傍点・引用者）。荘子の語る軟体動物のような渾沌にあたるものがソラリスの海と考えてよかろう。それはグローバリゼーションの津波によって崩壊・溶解した二十世紀的大都市《メトロポリス》のあとに到来する「超都市《ハイパー・ヴィレッジ》」のイメージである。[*2] ホッブズ『リヴァイアサン』の扉絵に描かれた巨人のような怪物レヴィヤタンの身体をかたちづくる無数の「ビオス」は、その人型のアントロポモルフィスムを外せば、「渾沌《カオス》の海」にも見える。

問題はビオスと渾沌《カオス》の両者を繋ぐ接続詞「そこで」が意味する論理である。渾沌《カオス》でありながら同時に高度な知性体でもあるソラリスの海に磯崎は、マハリシ・マヘーシュ・ヨーギーの唱える、集団瞑想によって生まれる不可侵な力の防御壁《バリア》を重ねているのではないだろうか。それは二〇〇〇年の「憑依都市《トランス・シティ》」における「宇宙的意識（生命）の海」のヴィジョンでもあろう。「都市ソラリス」展および「中原逐鹿」展はこうした系譜上に置かれた「超都市《ハイパー・ヴィレッジ》」のプロジェクトだったのである。

ここでレムによる原作『ソラリス』から、磯崎が明示していない補助線を引いておこう。タルコフスキーの映画『惑星ソラリス』が地球の家のシミュラクルを「しま」として浮き上がらせるノスタルジアで終わるのに対して、レムの原作は人間の理解を絶した「他者」ソラリスとのコンタクトに重点を置き、ソラリスを人間中心主義的・人体形象主義的《アントロポモルフィスム》にとらえるアプローチの挫折を執拗に描き出す。[*3] この点でレムのソラリスは磯崎が語るデミウルゴスに類似している。意思を知ろうとするコミュニケーションがいっさい不可能で、人間が「山樹」「長物《ながもの》」「キノコラシキ」「擬態形成体《ミモイド》」「対称体」「非対称体」「脊柱マガイ」「速物《はやもの》」[*4]といった苦し紛れの造語交じりの言葉によってしか形容できない形成物を次々と作り出すソラリスの海は、ときに「欠陥を持った神」[*5]、不完全さをもっとも本質的・内在的な特徴としている神に譬えられることもあり、その点からも、傲りたかぶり、間違いばかりしでかす、信用ならない神という、グノーシス主義的なデミウルゴスの相貌を連想させる。すなわち、レムによるそもそもの設定としては、ソラリスは渾沌《カオス》である以上にそんな、常軌を逸した造物主《デミウルゴス》だったのだ。ソラリスとしての「超都市《ハイパー・ヴィレッジ》」はこのように、デミウルゴス論に接続するものなのである。

「都市ソラリス」展では鄭東新区龍湖地区CDB副中心計画の二〇〇分の一模型を用いて、水上慶典広場を舞台にしたイヴェント案のインスタレーションが行なわれ、都市モデルをめぐるワークショップがもたれたほか、磯崎による都市計画プロジェクトの数々に関するトークセッションが開催された。その討議——ＩＣＣのサイトで録画が公開されている——の内容は磯崎による圧縮と脚色を経て、あらたな論考とともに『週刊ソラリス』に掲載された。[*6] これはMISA SHIN GALLERYを発行元として、展覧会の会期中から終了後の四月にかけ、十四号まで刊行されたメール・マガジンである。磯崎によってきわめて簡潔なものに編集され、ときに創作されたトークセッションは、録画映像よりもはるかにスリリングな内容になっている。とくに架空のトークセッションは、かつての「都市破壊業ＫＫ」やその続篇「流言都市《ルーマー・シティ》」のごとく、磯崎の人格を複数に分裂させた芝居仕立ての自己批評と言うべきだろうか。これもまた「物狂い」の兆候である——「——ハッカーのパンデミック。／——それこそが「見えない都市」のなれの果て。スマート・シティです。／——残念ながら「ソラリス」展のワークショップはハック能力を欠いていた。（スノーデン）／——超都市革命！（ネオネオ・マオイスト同盟）」（『週刊ソラリス』第十三号より）。

　この展覧会に対する批評として、『週刊ソラリス』第三号に寄稿された岡﨑乾二郎の「海に浮んだ光の泡」というテクスト末尾の文章を引こう——「だから、建築家にとって、もはや建築は囮である。たましひ、さらに絞り込んで、「ひ」（海に浮かんだ光の泡）が、そこから抜け出したことを気づかせぬための囮」。「囮」を巧妙に「囮」として機能させるための仕掛けがこの建築展というわけである。磯崎の関心が物体としての建築ではなく、ここで言う「ひ」の去来によりいっそう向かっていたことは間違いない。その背景には、東日本大震災と大病以降、みずからの肉体という

「囮」が「囮」であると露呈してしまう出来事にほかならぬ「死」を否応なく意識させられる経験がありように思われる（心臓や血管を連想させるアーク・ノヴァの初期模型には、磯崎がみずからの肉体の一部を建築と化そうとしているかのような異様さがありはしないか）。「都市ソラリス」展が磯崎都市論の回顧展的な意味合いをもったのもそれゆえであろう。数年後に磯崎は「意識＝物質《マター》が人体からぬけでたあとの〈建築〉を捜している」[*7]と書いている。

二〇一三年二月から刊行が開始され、当初予定では年内に全八巻が完結する筈だった『磯崎新建築論集』（岩波書店）もまた、磯崎が著わしてきた膨大な言説群を集約する作業である（最終巻の刊行が遅れ、全巻完結は二〇一五年七月）。それが「建築論集」と題されているわけを磯崎は最終巻末の「あとがき」でこう釈明している――「手術を待つ無為の日々のなかで、前世紀末頃から建築ということばの重みがその有難みと共に消えていき、いまや建築という記号に転落して、気安く使える単なる道具になっていると思い至ったからだった」[*8]。《建築》または〈建築〉と表記することが必要だった時代は過ぎ去り、「建築」という言葉はもはやたんなる符丁である。それは磯崎にとって、自分の著作や思考をすべて「化石」としてフラットに扱うことを意味した。そのうえで編集協力および各巻解説には、磯崎の文章を同時代人としては読んだことのない、年齢的に三十五歳以上若い研究者が選ばれたという――「大げさにいえば、著者にとっての未来の他者にむかっていっさいの想い入れを捨てて、球を投げたのである」[*9]。

だが、「化石」とは言っても、実際にはすべての巻で書き下ろしの著者解題「反回想」が巻頭を飾り、ほとんどの巻には磯崎によるあらたな論考が収められているうえ、若手研究者の編集協力がそれぞれ一巻限りの体制であったため、論集全体の構成からはこれら協力者たちの強いエディターシップを看取することはできない。巻ごとの内容についてもほぼ同様である（磯崎の意向で編集方法がほかの巻とは大きく異なる、豊川斎赫が編集協力者となった第八巻は除く）。各巻のテーマを簡潔に示せば、「日本の近代建築」「都市」「手法」「〈建築〉」「日本的なもの」「ユートピア」「キュレーション」「プロジェクト」となろう。書き下ろしのテクストは「ユートピア」をテーマにした第六巻と「プロジェクト」をめぐる第八巻に多く、この時点での磯崎の関心の所在を反映している。

石山修武はこの論集についてこう評している――「建築論集の歴然とした構図は編集協力者として、本来ならば当代随一の近代建築史家であった鈴木博之に監修させるべきところを、磯崎新らしい戦略であろうが、ひと廻りもふた廻りも若い（若過ぎる）世代の人材にそれをゆだねてしまったキライがある。／これが、この建築論集に不必要な歪み、ねじれを生じさせていた。どんな歪みかと言えば、磯崎新の濃厚極る身体性を全く知らぬ（関心も無い）年端もゆかぬ、人間の複雑な精神のヒダもわからぬ者達の平担《ママ》な知性の動きに本の枠組を任せてしまう大きなミスを犯してしまった。／堂々たる大伽藍が脆弱な基礎に乗る如くの形式が露出した。／鈴木博之は決して断わらなかったろう。ケンケンゴーゴー、磯崎新と議論（ケンカ）を重ねて、驚くべき本の形式だって作り出したのではなかろうか[*10]」。

辛辣だが急所を衝いた評と言うべきだろう。しかし、石山が「平担《ママ》な知性の動き」による「本の枠組」と呼ぶフラットさは、編集協力者たちの身の丈の問題であるよりもむしろ、おのれの著作を「化石」と呼んだ――なおかつ、もう一方では各巻の著者解題や新稿で幾重にも介入した――磯崎自身の意志の表われにほかならないこともまたたしかだ。磯崎の築いた知の「大伽藍」はその時点ですでにいったん「化石」の集積へと瓦礫化していたと見るべきなのである（磯崎による中途半端な介入は――第八巻以外――それを再編するには不十分だった）。他方、磯崎がこの論集の構想にあたって鈴木博之の存在を強く意識していたことは、磯崎自身が先に引用したあとがきで「建築論集」を編むことへの躊躇に言及しつつ、鈴木――二〇一四年二月に亡くなり、この時点で故人だった――は自分を建築家と認めておらず、「建築（業・学・史）界の秩序を攪乱する迷惑者と考えていた」[*11]とわざわざ触れていることから推して知れる――磯崎は鈴木のそうした評価「にもかかわらず」、「建築」論集を編纂してみようと思い立った、と書いているのだから。

にもかかわらず、鈴木が磯崎の論集を監修したら、という石山の思いを筆者も共有する。そんな論集は「建築（業・学・史）界の秩序」を守ろうとする者とこの攪乱者との正面切っての対決がそれ自体歴史的な痕跡――亀裂？――として刻印されたスリリングな構成になったであろうからである。[*12]そこに生まれたかもしれぬ「驚くべき本の形式」に準じる次善の策は、磯崎の著作を完全に時系列的に、一字一句初出のままで編纂する年代記の方法により、もはや「建築」という概念も外して――すでに符丁でしかない言葉を冠することにどれほどの意味があろう――、「磯崎新集」といったシンプルな書名のもとに――「文」人・磯崎の「文集」として――編むことだろう。それこそは磯崎自身が最初の著書ですでに自覚して称した、「日付のついたエッセイ」や「年代記的ノート」といったテクスト群の本質にもっとも即した編集方法だからだ。それゆえに、『磯崎新建築論集』全巻のなかで際立って貴重なページは、「化石」でも「反回想」でもなく、第八巻巻末に「関係資料」として収められた二つの年譜（一九三一～八九年を藤本貴子、一九九〇～二〇一五年を染谷李枝が作成）なのである。とくに一九八九年までの年譜は磯崎からの聞き取りにもとづく補足や注記が豊富で、個人史としてきわめて充実している。

　磯崎は「都市ソラリス」展が「ネーション＝国家側からの力学」に焦点を当てた内容だったのに対して、それを補充する「アート＝建築側の力学」に接続した展覧会として、二〇一四年の「12×5＝60」展を開催した、と述べている。[*13] 磯崎によれば、この二つの力学に共通するのが「文」人の思考であり、ネーション＝国家側に傾けば、それは毛沢東から習近平に至る政治家＝アーキテクトとしての「文」人になり、アート＝建築側であれば、艾未未《アイウエイウエイ》をはじめとする「文」人＝アーティストとしてのアーキテクトになる。磯崎はこの「文」人的思考をみずからについては端的に「建築外的思考」と言い換える。磯崎が同じような「外的思考」の「文」人の典型とするのが、すでに名を挙げた明末清初の文人・張岱《ちょうたい》と清初の画家・石濤《せきとう》である。前者の『陶庵夢憶』と後者の画論『画語録』は自分の軽井沢の書斎「鳥小屋《トリー・ハウス》」、その方丈サイズのほぼ立方体の空間を満たすに足りて余る内容があったと言う――「思索など高尚なことはしません。明末清初、すなわち大国が夷戒《ママ》によって制圧され没落し、「内なる辺境」に我が身を寄せざるを得なかった二人に想いを馳せることでした。西にあけた小窓から、ときに頭をのぞかせる浅間山を山越阿弥陀と見立てておりました。なにしろ下界に下ると「建築」が待っている。この狭い暗闇が「建築外」的たりうる私の極私的空間でした」[14]。ワタリウムにおける展示では会場に鳥小屋《トリー・ハウス》の実物大模型が作られて展示室とされた。ここがひとつの中心をなす空間として取り上げられたことは、この展覧会が『栖《すみか》十二』とトポスを同じくしていることの表われである。張岱と石濤の名が挙げられるのは、磯崎自身が必要とした「内なる辺境」のゆえなのかもしれぬ。

　展示内容を解説した文中では「建築外的思考」という語について、建築の外側にある文化表象をめぐる思考という側面に加え、「硬直化した近代（建築）」の解体と再編を試みる文明論的・思想的「建築外」を指す「アーキテクチュア」というもうひとつの側面の存在が指摘されている。[15]すなわち、近代的な思考に内在する「建築」の外部が「アーキテクチュア」と名指されているのだ。この「外的思考《アーキテクチュア》」こそは磯崎の求める「文」なのである。[16]

　会場にはそれぞれ十二のテーマからなるセクションとして、「建築外的思考」（「間《ま》」展など）、「コラボレーション」（展覧会などの会場構成）、「栖《すみか》」（連作版画）に加え、磯崎が旅先で描いたスケッチブックが東洋篇と西洋篇に分けて展示された。これは現地で眼にした建築物のスケッチばかりではなく、自作の初期構想《デッサン》や論考のメモなどを含む、きわめて私的な記録である。国家＝都市＝建築の合体装置《メガ・ストラクチュア》を強引に成り立たせる中国の「文」人政治家＝アーキテクトたちの伝統と国家解体ののち都市を逃れた隠逸「文」人＝アーティストたちの系譜の二極、巨大規模の超都市《ハイパー・ヴィレッジ》「鄭東新区龍

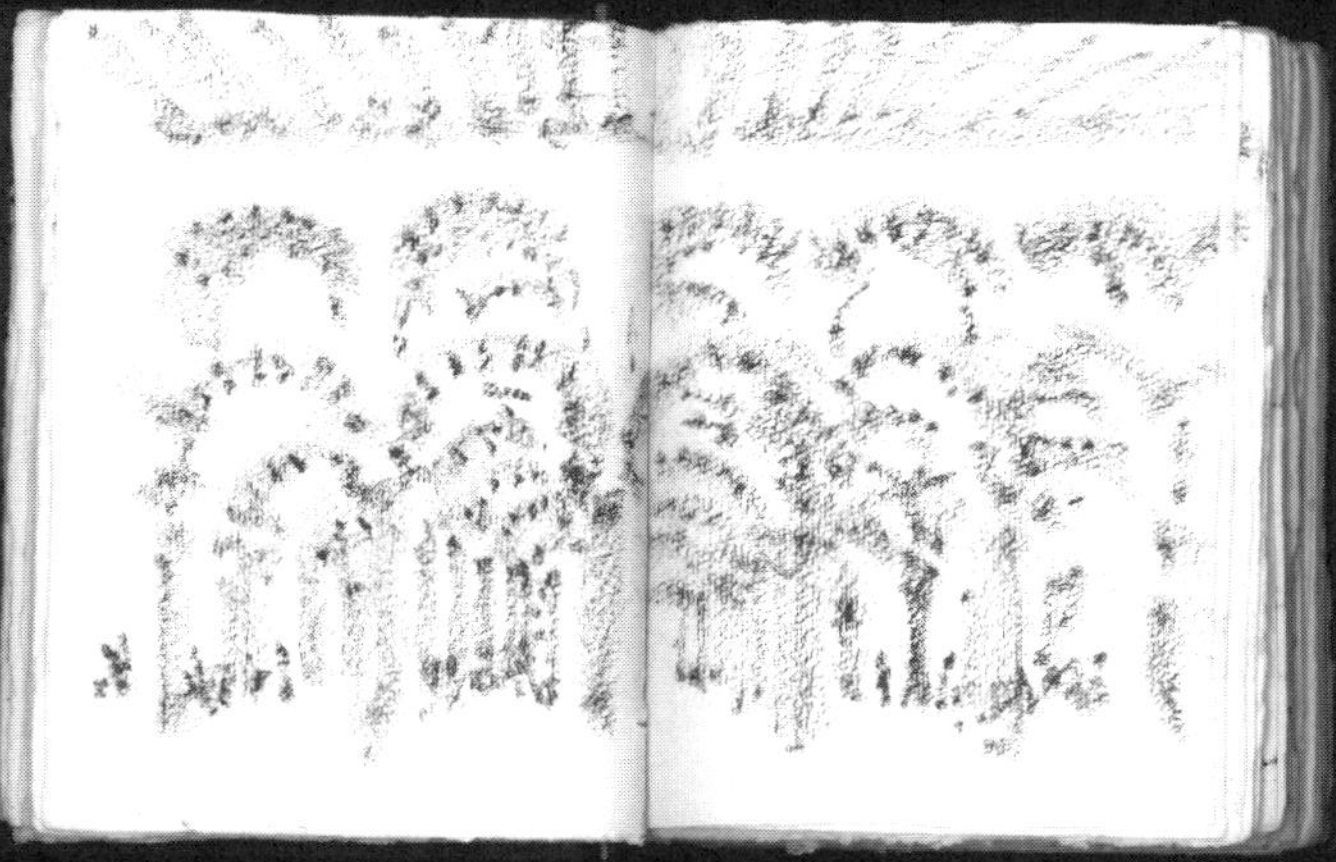

24-1. スケッチブックより。描かれたのは 1998 年 10 月 8 日，
コルドバの「メスキータ」（聖マリア大聖堂）内「円柱の森」と思われる。

24-2. スケッチブックより。2002 年 5 月 3 日，杭州にて。
右ページに「西湖十景」を挙げ、左ページに「平湖秋月」を描く。

湖地区CDB副中心」と極小の書斎「鳥小屋《トリー・ハウス》」の二極、そして、建築とアーキテクチュアの二極――磯崎が身を置いたこれら二極のあいだの緊張関係が、「都市ソラリス」展と「12×5＝60」展という二つの展覧会のうちに反映されている。

文人的隠逸に安住することもできたであろう晩年の磯崎を、ふたたびそれとは対極的な蛮勇のアーキテクチュアへと駆り立てて消耗させ、建築界をはじめとする日本社会に対する一種の絶望感――と言ってよいだろうか――を抱かせることになったのは、ザハ・ハディド案による新国立競技場の整備計画が迷走を続けた挙げ句、二〇一五年七月に安倍晋三首相（当時）によって白紙撤回、再度の設計競技で同年末に隈研吾の案が選ばれるという一連の経緯、そして、二〇一六年三月のザハの急死という出来事だったように思われる。ザハ案に対する槇文彦の批判に端を発する反対運動が声を強めていた二〇一四年十一月五日、磯崎は国内外の報道機関に意見書を配信するという、いままでにない直接のアクションを起こしている。磯崎はそこで、「サスティナブルな競技場として現在地で更新するが、一過性のイヴェントであるオリンピック開会式にはつかわない」、「メディアの時代のライブ性（十万人程度でなく、同時に十億人がテレビを見る）をいかす舞台として、二重橋前広場で二〇二〇年の東京オリンピック開会式を挙行する」、「国際コンペの審査結果を尊重する」[*17]（具体的には審査で選ばれた建築家ザハ・ハディドが新しい案の作成者になる）という三点を主張した。

この開会式に関する磯崎自身の提案が二重橋前広場（皇居前広場）で百日間のイヴェントを行なう「東京祝祭都市構想」あるいは「プラットフォーム2020」である（本書第2章参照）。磯崎はそれを超都市時代《ハイパー・ヴィレッジ》のイヴェントの基本フォーマットとして構想していた*18――「皇居前広場だけが未定義のまま、空虚な都市空間としてのこされているのです。それは虚でもあるため、一挙に全世界と連結される力（エネルギー）を秘めている」*19。安藤礼二との対話のなかではそんな空間の先行例として沖縄の御嶽《うたき》や宗像大社の沖ノ島が言及されている。磯崎がイメージするのは「渦巻く〈ひ〉＝霊の群が降り舞う場《コーラ》」であり、メディア・テクノロジーを駆使して「地球上のすべての〈ひ〉が集合、離散する」*20ような、生霊と死霊とが交わる回路にほかならない。この構想には、リアルな会場に集まる十万人の人びとに加え、メディアを介した世界中からの参加者、そして死者たちまで動員した、戦争モデルによる都市的空間の編成がある。それは磯崎が「モノ（物）的思考」に代わる「コト（事）的思考」*21と呼ぶ思考モデルでもあろう。こうしたプラットフォーム２０２０にファシズムやナチズムの政治的祝祭に通じる側面があることは否定しがたい。だが、第２章で触れたように、磯崎にとってこれは、まさにそうした危険性を孕むからこそ、皇居前広場を一九五二年の「血のメーデー」事件が起きた人民広場の時空へと直結させることのできる、革命的な時間反転の構想でもあったように思われる。

安倍首相による白紙撤回表明は磯崎と安藤による対談の直後になされた。磯崎は雑誌『現代思想』二〇一五年十月臨時増刊号「総特集・安保法案を問う」に「「安保法制」問題は「新国立競技場」問題と構造的に同根なのである」*22と指摘する「偶有性操縦法」を寄稿し、さらに同名の連載を始めて、事ここに至った顚末の徹底的な検証を行なっている。磯崎によれば、その直接の原因はロビーイスト的政治家が組み立てた官民一体の「ハイパー談合システム」にあり、日本型密議による秘かな決定については誰の責任であるかが問えない。他方、決定的なひとつの解が存在しない「偶有性《コンティンジェンシー》」に対処不能な官僚組織は、最終的な政治的決定を上位の審級へ引き上げることしかできない。その結果が首相による白紙撤回表明なのである。

ザハを「魔女狩り」のごとく排除したうえで、再設計競技では「日本らしさ」への配慮を謳うといった動向を、磯崎は「「日の丸」排外主義《ショービニズム》」と断じ、中国の習近平主席が文芸講話で「奇奇怪怪的建築」は不要であると語ったこととパラレルであると説く。再コンペにおける「負ける建築」隈研吾案（A案）と「みんなの建築」伊東豊雄案（B案）の対決については、「いずれも真正面から「力」の集約体のイメージの創出と取り組むのではなく、その「力」を回避し、なりゆきまかせで放置する、正攻法を避けて逃げを打つ方策をみずからの建築主張にしていたというべきだろう[*23]」と容赦ない。「リテラルに「負けてしまった建物」といわざるを得ない[*24]」、「現代日本建築は救い難い頽廃に陥ったとみえる[*25]」といった厳しい批判もまた、偽らざる真情だったに違いない。そこに伴うのは、自分が内外報道機関を通じて訴えた「国際コンペの審査結果を尊重する」といういぎりぎりの一線すらテクノクラート官僚に無視されたという、磯崎自身の「失敗」の苦い自覚である。そこで露わになったのは、テクノクラート官僚機構に高度なPM（プロジェクト・マネージング）が作動している筈だと期待した自分の誤認だった、と磯崎は言う。「負けてしまった建物」を選ぶに至る過程で、日本はPM機構の機能不全を全世界に向けて発信してしまったのである。

だが、真に注目すべきは磯崎のこうした分析や評価以上に、二〇一六年正月、仮囲いされて整地された新国立競技場用地を眼にしたことで駆動された、磯崎自身の都市ヴィジョンのほうである。磯崎はこう宣言する――「A案、B案ともに廃棄せよ！ そして、／空地となっている神宮外苑の現在地を「原ッパ」として残せ！」[*26]。「魔女狩りの処刑地跡」、だがそこは、さまざまな「決定」の結果として奇蹟的に都市の中心部に生まれた空洞である。磯崎の宣言はこう続く――「この「空地」をあらたな御嶽《うたき》に見立てる。／この「空地」を大規模な文化的祝祭の場にする」[*27]。これはプラットフォーム２０２０の拡張計画にほかならない。明治神宮外苑の「空地」と皇居前「広場」の両者が祝祭の場として連携的に編成されるのだ。そこには二つの場を繋ぐ祝祭路までもが生まれる。[*28]奇蹟的に生まれた「空地」を建物――装飾――で埋めることは――アドルフ・ロースがかつて指弾したのと同じ意味で――「犯罪」である――「東京が東京であり、日本が日本であり、同時に地球上のひとつの場所であることを示すことのできる祝祭の機会が失われてしまう。何もない「空地」こそが次世代への最高の贈物なのである」[*29]。同じように「これが二一世紀に日本を存在させるための唯一の方策である」[*30]と語るとき、磯崎は――再設計競技の条件を逆手に取るように――この「空地」こそは極めつきの「日本らしさ」であると主張しているのである。

二〇一六年三月末、安保法制（平和安全法制）の施行から二日後、ザハ・ハディドが心臓発作により六十五歳で亡くなる。一週間後にロンドンのモスクで行なわれた葬儀に磯崎はメッセージを送っている。それは「〈建築〉が暗殺された」[*31]という言葉から始まり、「ザハ・ハディドの悲報を聞いて、私は憤っている」と続く――「彼女は建築家にとってはハンディキャップになる二つの宿命――異文化と女性――を背負っていたのに、それを逆に跳躍台として、張力の漲《みなぎ》るイメージを創りだした」。そのイメージの片鱗を五輪招致の切り札に利用しながら、極東の島国の政府は廃案にしてしまった。ザハの計り知れない心労に思いを馳せ、磯崎は最後にこう繰り返す――「〈建築〉が暗殺されたのだ。／あらためて、私は憤っている」[*32]。

この追悼文を解説する磯崎のテクスト「ザハ、無念」は、井筒俊彦のイスラム神秘主義（スーフィズム）研究に説き及んだかと思えば、ここ数十年の建築界の流行《モード》の変遷を辿るといった迂回路を経たうえで、ザハのデザインの本質は近代建築のロジックはもちろん、アンチ・ロゴスに見えてじつはロゴス中心主義的なＤＥＣＯＮ（脱構築主義）とも無縁であり、「唯識論で語られる積層される無意識の底部にひそむアラヤ識（蔵識）に埋まる、姿をみせる以前のイマージュ[*33]」がロゴスを介することなく、そのまま出現しようとしているところにある、と指摘する（「アラヤ識」をめぐる記述は井筒の論の援用である）。ザハの香港「ザ・ピーク」案ではそんなイメージだけが浮遊していた。それは「呪言」のようだった、と磯崎は回顧しつつ、「間」展が取り上げていたような、見えない「もの」を呼び出す呪言の「声」とザハのイメージとの照応に気づく――「呪言（文）によって呼びだされたカミの〈声〉を受信するのは、古来巫女《ミコ》（神女）であった。何ものかに憑かれた巫《かんなぎ》が、発するのは〈声〉である。ザハ・ハディドが描いた（発した）のはイマージュ（像）であった。巫のように何かの〈声〉を聞いていたに相違あるまい[*34]」。磯崎は最後にこう書きつける――「ザハ・ハディドはシャーマンだった」。

「ザハ、無念」に続く『現代思想』における連載「瓦礫《デブリ》の未来」（二〇一七年八月号〜二〇一九年三月号）は二〇一九年に単行本にまとめられる。その序にあたる「縁起」は、磯崎自身が巫《シャーマン》と化して、呪言の〈声〉に似たイメージを見てしまった経験を語っている。それは大動脈ステント・グラフト手術のための昏睡状態のなか、無意識のさらにその下層にあるイメージが渦巻く世界、〈イメージ〉[*35]と書くべきものの立ち現われだったという。大津波のあとに残された散乱する大量の瓦礫《デブリ》を眼にしたことにより、アラヤ識を埋める〈イメージ〉が出現したのだ、と磯崎は言う。ウルトラマリンの液体のなかを泳ぐように意識がさまようなか、アーク・ノヴァのプロジェクトやそれに絡んだマーラーの交響曲第十番《アダージョ》の響き、水没した都市の光景、平清経入水の地への連想、安部公房『第四間氷期』の水中人間やアーサー・C・クラーク『海底牧場』の鯨牧場の記憶が次々に去来する――「ここは補陀落ではないのか。四方に鳥居を建て密閉された虚船（補陀落船）、その姿が「那智参詣曼荼羅」に描かれていたな。南島へと流れる船に乗り込むのはミロク（弥勒《ミロク》菩薩）神、伊勢、鹿島の神々をひきつれている。ミロクとは「未来」を表象する徴《しるし》としてのカミだ。熊野沖に押しだされた虚船は琉球に漂着する。水底に向かって落下する」[*36]。そこで幻視された補陀落渡海を「もどく」べく、二〇一七年、磯崎はこんなメッセージを知人に送って沖縄に移住する――「脱東京流民／擬冬虫夏草／登記民琉球[*37]」。「瓦礫《デブリ》」に発する〈イメージ〉の果てに訪れた弥勒＝「未来」仏――これが「瓦礫《デブリ》の未来」というタイトルの由来である。

連載「瓦礫《デブリ》の未来」は、こうしたヴィジョンに登場した洪水・弥勒・虚船《うつふね》といったモチーフをキルクーク現代美術館やアーク・ノヴァをはじめとする磯崎のプロジェクトと絡ませながら物語ってゆく。そこには母方の実家である糸長家が天皇家のシャーマン役だった息長《おきなが》氏に繋がる可能性といった、みずからの血筋にまつわる話も織り交ぜられる。デュシャンの「極薄《アンフラマンス》」の思想とも重なる「気配＝影」としての「カミ」の「影向《ようごう》」、重源が伊勢神宮に参籠して得た「夢告」という「カミ」の〈声〉、「世界を水晶《ミロク》の世に致すぞよ」という「艮《うしとら》の金神《こんじん》」の〈声〉を伝える出口なおの御筆《おふで》先《さき》とそれを補完する出口王仁三郎が幻視した『霊界物語』——こうした一連の主題をめぐる磯崎の考察は、あの〈イメージ〉に接触するために手探りでなされた、シャーマン的身体技法の探索であったように思える。アーク・ノヴァの初期模型に顕著な心臓や血管との類似は、そんな身体性に根ざした〈イメージ〉の反転した外的表出だろうか。この種の身体技法はまた、沖縄行脚の果てに神女《かみおんな》・久高《くだか》ノロに出会い、芸術を突き抜けて呪術を扱う者となった岡本太郎の足跡のうちにも探られている。

一種の夢告に応じた沖縄への移住を、磯崎は「補陀落渡海」と称した。元来の意味としては行者がうつぼ船に乗って行なう捨身行だが、それは同時に「補陀落」という浄土への旅でもある。もちろん実際には、高齢になった身を故郷九州のように温暖な地で休め、「冬虫夏草」に似た変身をもどくための選択だったのであろう。だが、『偶有性操縦法《コンティンジェンシーマニュアル》』（二〇一六）に吐露された新国立競技場問題をめぐる苦い思いや「ザハ、無念」が伝える怒りからは、磯崎が東京を中心として動く日本社会に覚えた絶望感がその動機のひとつだったように思われてならない。その意味でこれは一種の「亡命」だったとも言えよう。移住の数年後、磯崎は「琉球民」という強い自覚のもと、上皇明仁《あきひと》のための新仙洞御所を沖縄の奥間レスト・センターに作る提案を行なうことになる。

連載「瓦礫《デブリ》の未来」のもうひとつの軸は、クルディスタンや安仁鎮（建川博物館）を経て、北朝鮮の平壌という「主体《チュチェ》思想」都市に至る、グローバリゼーションによって覆われた世界になお残された、「辺境」の物語にある。磯崎は「将軍さま」金日成をスターリン、ヒトラー、毛沢東を継ぐ、「導師《グル》」としての政治指導者と見て、首都・平壌の都市デザインを高く評価し、その中心広場を貫く軸線上に立つ主体思想塔などのうちに、レーニンや毛沢東といった指導者の遺骸のフェティッシュ化とは異なり——磯崎はその理由として、北朝鮮の権力継承が日本の大嘗祭やダライ・ラマの場合と同じく、霊の転位によるからであると言う[*38]——、むしろ、フランス革命時の「最高存在の祭典」や米国のジェファーソンの思想に通じる、啓蒙主義的な国家理念の表われを認めている。社会主義圏が自壊していた一九九一年に発表された二代目・金正日の『建築芸術論』もまた、磯崎によれば愚直なまでに正統的な建築論であり、政府と軍の関係を逆転させたその「先軍思想」はシャルル・フーリエの『四運動の理論』の現代版、かつ、フレドリック・ジェイムソンが二重権力論にもとづいて提唱する米国国民皆兵制の先取りなのである[*39]。磯崎の基準に従えば、北朝鮮の「導師《グル》」たちはまぎれもなく「アーキテクト」にほかならない。平壌はＡＩによって実験飼育された『第四間氷期』の人工人間のようなメンタリティからなる、突然変異的な〈しま〉都市になりつつあるのではないか、というのが、彼らの〈アーキテクチュア〉をめぐる磯崎のユートピア的な幻視《ヴィジョン》である。[40]

磯崎にとって、そんなヴィジョンを確証してくれるイメージが、アンドレアス・グルスキーが平壌におけるアリラン祭のマス・ゲームを撮影した写真《平壌III》（二〇〇七）であった。磯崎はそこに「巨大数《グレーター・ナンバー》」の力のダイレクトな表現を見る。そんな力のもうひとつの記録は、アハマド・マーテルがメッカで撮影した、黒い立方体――カアバ神殿――を目指して蝟集する無数の巡礼がかたちづくる渦の写真《パランの荒野》（二〇一六）である。こうしたイメージの様相のうちに磯崎は、〈アーキテクチュア〉による統治と制御がうみだす都市空間のスペクタクル＝〈まつり〉を見出す。[41]

「巨大数《グレーター・ナンバー》」は一九六八年ミラノ・トリエンナーレのテーマだった。なぜそれがいま問題なのか。「巨大数《グレーター・ナンバー》」は、人間身体の比例感覚にもとづくすべての思考――人体形象主義《アントロポモルフィスム》――を支配している「数」の均衡を無効にしてしまうからである。巨大数を扱う〈アーキテクチュア〉は必然的に非人間主義的なものとなる。磯崎がここであくまで、グルスキーらの写真というイメージをアレゴリーとして解釈していることに注意しよう。それはいわば、「書かれていなかったこと」を徴候として読み取る、卜占的なイコノロジーなのである。

磯崎は前著『偶有性操縦法《コンティンジェンシーマニュアル》』に収められた文章「フクシマで、あなたは何もみていない」で「巨大数《グレーター・ナンバー》」について語っており、岡本太郎の巨大壁画《明日の神話》（一九六八〜六九）を二十世紀に「巨大数《グレーター・ナンバー》」となった都市すらも消滅させる事件としての核爆発のアレゴリー画ととらえ――この絵の中心で「爆発」している人体は岡本自身だと磯崎は言う[42]――、みずからのフォトモンタージュ《ふたたび廃墟になったヒロシマ》を同様のアレゴリーと見なしている。その廃墟の光景は、麻酔による昏睡状態のなか、アラヤ識に埋まった〈イメージ〉が浮上するきっかけになったものと同様の、瓦礫《デブリ》の散乱状態である。それが同時に、消失した「巨大数《グレーター・ナンバー》」を陰画として表わす未来都市の姿でもあるのだ。すなわち、あのフォトモンタージュは一九六八年における「瓦礫《デブリ》の未来」であり、このフレーズは「未来都市は廃墟そのものである」というテーゼの言い換えにほかならないことが明らかとなろう。

一九六八年にはいまだ予兆だった「巨大数《グレーター・ナンバー》」はすでに、人体形象主義《アントロポモルフィスム》を逸脱してそれを破壊し、都市・建築・かたち《イメージ》全般を創出している――それはレムの考えるソラリスの海のような、人間の想像を絶した「他者」なのだ。「瓦礫《デブリ》の未来」の連載を終えた磯崎は、「巨大数《グレーター・ナンバー》」の〈アーキテクチュア〉を産出する存在としてのデミウルゴスに立ち返る。『現代思想』での新しい連載は、一九九〇年代の『GA JAPAN』における「《建築》――あるいはデミウルゴスの〝構築〟」を引き継ぐかたちで、二〇一九年四月号から「造物主義論〈建築〉――あるいはデミウルゴスの〝構築〟」と題されて始められた。だが、その連載名は第二回で「デミウルゴス」のみに変えられ、二〇二〇年五月号まで続けられたが中断、結果として未完に終わっている。磯崎は二〇二〇年四月に心臓大動脈瘤関係の緊急手術を受け、日常生活には戻ったものの、執筆活動への復帰は難しかったことがこの連載中断の理由である。

筆者はこの連載をまとめた書籍『デミウルゴス――途上の建築《アーキテクチュア》』（副題は書籍化にあたってあらたに

付けられたもの）の解説（本書「余白に《マルジナリア》」2）を執筆しているため、[*43] 内容に関する詳細はそれに譲り、ここには要点のみを記すこととしたい。タイトルが連載開始早々に変えられた背景には、二〇一九年四月三十日の天皇明仁退位がある。磯崎は明仁が退位させられたのではないかという見立てのもと、「西欧世界では退位させられた盲目の王の悲劇がデミウルゴスの命運を物語っている」[*44] と述べ、そこにデミウルゴスの姿を重ねる。そして、磯崎はこのデミウルゴスの栖《すみか》としての新仙洞御所をめぐる〈アーキテクチュア〉を披露する。「基地の中に沖縄がある」という東松照明の言葉を手がかりに、いわば「基地の中」かつ沖縄の「外」である奥間レスト・センターに冬の離宮を建てる、というのがその構想である。

磯崎はまた、天皇代替わりにあたる大嘗宮の設営についても、宮内庁の方針を「いかもの」と批判するなど、天皇制をめぐる〈アーキテクチュア〉に関心を見せていた。同世代の上皇に対する個人的シンパシーとともに、「琉球民」という自覚が日本という共同体の制度を改めて問う距離を磯崎に与えていたと考えてよかろう。磯崎は日本に亡命した禅僧・東皐心越《とうこうしんえつ》およびブルーノ・タウトを「難民」と呼んで、そのまなざしのありかたにおそらく、沖縄へと移住したおのれを重ねている。

この連載には三段階ないし三幅対《トリプティック》の形式を取ったダイアグラムがしばしば登場している。とくに注目すべきは次のような三段階説のそれである[*45]（原図にある画像は省略する）——

均衡性——崇高性——超絶性
数　——巨大数——超京数
〈都市《シティ》〉——〈大都市《メトロポリス》〉——〈超都市《ハイパー・ヴィレッジ》〉

「巨大数」の扱いが変化していることが見て取れよう。〈超都市《ハイパー・ヴィレッジ》〉に対応するのはいまや「超京数」である。磯崎によれば、「超絶性／超京数／〈超都市《ハイパー・ヴィレッジ》〉」の段階とは、「村落単位に凝縮した集団が、相互に別個な制度と法をつくりだし衝突と結合を繰りかえす量子論的ギャラクシー世界」であり、「半跏思惟するミロクの世界」[*46]であるという。これこそ「瓦礫《デブリ》の未来」にほかなるまい。かつて「X」とされたその手法はおそらく、呪言の〈声〉を聞き、アラヤ識の〈イメージ〉を見る、シャーマン的な身体技法である。

新型コロナウイルス感染症（COVID-19）によるパンデミックが顕在化した連載終盤はそれまで以上の緊張感を帯び、磯崎は虚実皮膜の境界膜を破る「ウイルス言語《ヴァイラル・ロジック》」について語り、それが浸透した「免疫都市〈イムニタス〉」という「パンデミック都市」を思い描いている。コロナ禍への対策として中国が官僚制《ビュロクラシー》支配を強めたことは、磯崎に官僚制《ビュロクラシー》という〈アーキテクチュア〉の再考を促した。デヴィッド・グレーバーの官僚制論よりもマーク・フィッシャーのＬＳＤ共産主義に関心を示している点は幻視的ラディカリスト磯崎らしいところだが、その考察がさらに展開されることはなかった。

筆者は以前、この連載における磯崎の文体について、「かつてのアジテーターは米寿を越えてラッパーめいた語り口のリズムに近づいてゆくかのようだ[*47]」と書いた。たとえばそれは、こんなくだりである――「絵画を観る眼は難民の眼である。美術批評家はみずからの眼を難民の眼に重ねあわさぬ限り、何も見ていない。その眼線を誰がたどっているのか。いまだに大量に発生しつづける難民の眼である。〔中略〕にもかかわらず難民は大量発生しつづける。全員が違った眼で見ているのに、ひとつだけの実像がみえると思い込ませる。逆らうと暗殺される。強制送還される。ツナミに巻かれる。無差別爆撃で粉微塵になる。眼線も宙を舞う[*48]」。

『週刊ソラリス』架空トークセッションの語り口も同様である。そこでもどかれているのは、磯崎が「呪言」と呼ぶものであろうか。この「かたり」は呪術や芸能の領分にこそふさわしい。デミウルゴスにはいまやとりわけ、芸能の神の面影が漂っている。磯崎は「都市ソラリス」展の頃からしきりとみずからを「翁」と称したが、能『翁』の源流にある「黒い翁」という芸能のカミの古態は、ゆがんだ相貌の「うそふき面」であり、口をすぼめた「うそふき面」(「もどき面」とも言う)は、権力や権威に対して「うそふく」ことによる芸能的抵抗を表わすという[*49]。

デミウルゴスとは磯崎新の「うそふき面」なのかもしれぬ。「デミウルゴス」というシンプルなタイトルに変更されてからのちの連載は、もはやかつてのような「デミウルゴス論」ではなく、磯崎がその面を被って演じる仮面劇なのだ。二〇一九年に筆者はその劇をめぐってこう書いた――「仮面の黒い眼窩から覗いているのは「難民の眼」か。なるほどそれは擬態《もどき》かもしれぬ。だが、この異形の仮面を通して磯崎新が構築する〈アーキテクチュア〉は、それが実在する政治構造の巧妙な擬態《もどき》の徹底化であるからこそ、その無気味な挑発の強度と凄みをますます増しているように思われるのだ」[*50]。

連載「デミウルゴス」と重なる二〇一九年九～十一月には、大分市美術館で「磯崎新の謎」展〈いき〉篇＋〈しま〉篇が開催されている[*51]。これは全六部門からなる「磯崎新の全仕事」展の第一弾となる二部門であった（残る〈うつし〉〈かげ〉〈ながれ〉〈うたげ〉の四部門は未実現）。媒体《メディア》をテーマとする〈いき〉篇は磯崎のインスタレーション・ワークやアーティストとのコラボレーション、〈しま〉篇はおもに都市デザインに関するプロジェクトを取り上げている。総合キュレーターはエリック・チェンが務めた[*52]。

注目すべき細部として、〈しま〉篇会場のダイマクション地図が掲げられた片隅には、木製の小さな弥勒菩薩半跏思惟像が展示された。これはこの地図の創案者かつ『宇宙船地球号操縦マニュアル』の著者バックミンスター・フラーを暗示している。磯崎はフラーの追悼文中で、或る会議に際し、夕刻の薄明のなか、フラーがひとり背を伸ばして椅子に腰かけているさまを眼にした思い出を語り、彼を「弥勒菩薩」と呼んでいる――「人類を、その不均衡発展による自滅から救済する方策を探しつづけた生涯は、誰かが受け継がねばならないほどに貴重なものであった」[*53]。「瓦礫《デブリ》の未来」の発端となる〈イメージ〉のなかで弥勒《ミロク》＝未来仏と遭遇して以降、フラーの存在は磯崎にとってよりいっそう重要なものとなったに違いない。

この展覧会については連載「デミウルゴス」で「謎の檄文」と呼ばれている文書がある。末尾にAI（JiQi Xin）と署名のあるこの一種の「詩」は展覧会開催直前になって送られてきたもので、会場のどこにも掲示されず、展覧会終了後の十二月に刊行された美術館作成のブックレットでまず発表され、『現代思想』二〇二〇年三月臨時増刊号「総特集・磯崎新」にも若干異なるヴァージョンが掲載されている。[*54] ブックレットでは「私が半世紀かけてやった仕事です」とあるところが、『現代思想』臨時増刊号では「彼が」となっているのだ（連載「デミウルゴス」も後者と同様である）。

「チンプン　かんぷん／ちんぷん　カンプン」と始まる、それ自体が謎めいたこの詩／檄文の語り（騙り）口は、文中の「謎が謎をうんでもらいたい」という言葉をなぞっている。磯崎はそこで、うねった左向きの矢印と螺旋を描いた逆方向の矢印を示し、それらが「謎」解読の手がかりなのだと言う――「矢印はあなたの身体の深部へ、そして外部世界の果てのブラックホールまで到達する指示記号です。解読はあっても解答はない」。この檄文全体がそんな指示書であり、ひいては展覧会全体もまた、「身体の深部」および「外部世界の果て」へと向けた――シャーマン的な？――旅《トリップ》の装置なのであろう。「謎」を中心に据えたこうした展覧会の性格付けはおそらく、すべての作品制作を「謎の形式」[*55] で提出したと磯崎が言う、マルセル・デュシャンから学ばれている。

磯崎はこの展覧会の歴史的先例をなす、「宇宙船「地球号」の救出戦略をつくった秘密の室《ラウム》〈間〉」として次の四者を挙げている――「クンストカマー（アタナシウス・キルヒャー）／コニーアイランド（アルフレッド・ヒッチコック）／イマジナリウム（山口勝弘）／データアーカイブ（バックミンスター・フラー）」。「クンストカマー」は「驚異の部屋《ヴンダーカマー》」の別名もある博物陳列室、「コニーアイランド」は「マンハッタンの胎児」[*56]（レム・コールハース）としての遊園地《ルナ・パーク》（ヒッチコックとの関係は不明）、山口の「イマジナリウム」はメディア・ネットワークからなる環境芸術作品である。フラーの「データアーカイブ」とは、磯崎が「没後に残された孤独な発明家〔フラー〕の研究ノートには、「地球号」の安全運転で資源をシナジーとして有効に利用するための膨大な量の基礎データが残されていた」[*57]と書いているものを指すと思われる。いずれもハイブリッドな物体や情報からなる「虚の空間」と見なしてよかろう。磯崎は同時にまた、みずからの展覧会を「宇宙船「地球号」の救出戦略」の系譜に位置づけており、「未来仏」フラーの存在の大きさはこの点にも表われている。

謎に解答はない。磯崎自身にも解答があるわけではない。磯崎が長年に亘って「孵化過程」や《ふたたび廃墟になったヒロシマ》について語り続けられたのは、自作であってもそれらが彼自身にとって謎であり続けていたからにほかならない。謎が謎を生むとはこの場合、作者にも解答できぬ謎としてのプロジェクトが作者自身または他者たちの別のプロジェクトを生み、そのプロジェクトがふたたび謎として機能するという、連鎖的な創造のプロセスを意味するものに違いない。還暦にあたって開かれた回顧展に関して磯崎は、この展覧会で自分の仕事を区切り、他人事にしてしまうのだ、と語っていた。米寿の年の「謎」展もまた、「こんな仕事をやってしまった「磯崎新」とはいったい何者だったのか」という、「磯崎新」なるひとりの他者を「謎」として対象化する作業だったのであろう。展覧会直前の檄文に登場する「私」が終了後には「彼」に変えられた理由である。

二〇一九年五月、磯崎はヴェルサイユ宮殿における授賞式でプリツカー建築賞を授与されている。魯迅を思わせる黒い衣裳を纏った磯崎は謝辞の冒頭で、みずからの装いがおよそ百年前の東北アジア漢字文化圏の文人――man of arts and letters あるいは man of humanities――が好んだスタイルだったことに触れ、「私自身が或る意味でのいわゆる建築でもない、デザイナーでもなくて、man of letters というふうに呼ばれることを一番望んでいるわけでございます」[*58]と述べている。いわば「文人」であることを宣言しているのだ。磯崎はそこで続けて、この賞の創設に関わったことを回顧し、創設者ジェイ・プリツカーを現代のメディチ家となって Architecture をパトロネージした存在と讃えている。[*59]磯崎自身が自分に対するパトロネージに謝意を捧げた人びとは、カタールの首長とその夫人、アガ・カーン、スペイン国王と王妃、マイケル・アイズナー（ウォルト・ディズニー社元CEO）、原俊夫（アルカンシェール美術財団理事長・原美術館館長）、そして、潘公凱《パンゴンカイ》（北京・中国中央美術学院院長）であった。磯崎は Architecture がいまやその意味を拡げて、Art のみならず、国家、情報システム、外交戦略まで設計する営みになっているという持論を述べ、プリツカー建築賞が Architecture にどんな含意をもたせるのかという本質的な問題が今後議論されてゆくだろうと予想している。みずからの受賞はまさにそのターニング・ポイントだった。或る時期から名誉とは無縁でありたいと公言してきた磯崎にとって、あるいはそれは、創設時を知る自分はそんなターニング・ポイントの二面性を体現する者として、この賞だけは受賞することを受諾したのだ、という含意だったのかもしれない。

同年九月、ハラ・ミュージアム・アークで催された米寿を祝う会での磯崎は凛として矍鑠《かくしゃく》たる佇まいを見せていた。十二月の浅田彰との対談[*60]では、超越《トランス》について旺盛に語り、一種の呪文によるメディテーションを習得したと述べ、アメリカ国家安全保障局（NSA）による違法な通信傍受を内部告発したエドワード・スノーデンを現在最高のアーティストかつアーキテクトと評したうえで、システムを暴走させる「ネット極道」こそ、二十一世紀で唯一のアーティストたり得る資格だと最後に言い放っている——そんなラディカルなアジテーターぶりもまた健在だった。

だが、コロナ禍のもとの翌年四月以降、磯崎の動静はほとんど伝えられなくなる。唯一の通信は二〇二一年七月に届けられた卒寿の挨拶、自分は芸術・建築・都市のすべてを貫通する〈アーキテクチュア〉を司るデミウルゴスの化身になることを欲した、というメッセージだけだった。そして、翌二〇二二年十二月二十八日、磯崎は沖縄で九十一歳の生涯を終えた。

筆者自身の追悼の思いは公にしている[*61]（本書「余白に《マルジナリア》1」）。あくまで磯崎新自身の作品と言葉を辿ってきたこの場で、柩を置いたのちに語られたさまざまな磯崎評を取り上げることは控えたい。それよりも、二〇一九年の冬至前日、磯崎が浅田とともに杉本博司の江之浦測候所で日の出を眺めた出来事をきっかけに生まれた、磯崎によるひとつの句を引こう（筆者の知るかぎり、磯崎がこの種の文学形式に遊ぶのは稀なことである）。「有時庵」と号して詠まれたこんな句である[*62]——

江《ごう》の浦《うら》宗二も見たり海景色

「宗二」は豊臣秀吉の怒りを買ったために江之浦測候所のある小田原で鼻耳そぎの刑によって殺された山上宗二《やまのうえそうじ》。だが、ほかでもない俳句に使われた人名として、その音が磯崎の父の俳名「藻二」および実名「操次」を連想させること、しかもそこで詠まれた光景が磯崎の愛した「うみ」という場所であることを指摘しておきたい。ここでもまた、俳句という「ひとつの形式」は複数の「遠い世界との交感」を媒介しているように思われてならない。

磯崎の建築《アーキテクチュア》は、いかに変容を繰り返そうともつねに、そのような形式をあらたに作り出す営みだったのではないか——磯崎新の環球的《グローバル》で根源的《ラディカル》な創造活動の足跡を辿り終えようとする今、晩年のこんな余興の手遊びが、ふと、その底流をなす本質に気づかせる。カプリ島のカサ・マラパルテをめぐって磯崎は、「デザインの力」とは反復を強いる場所や光景の力、「かぎりない誘惑をつづける力」[*63]であると書いていた。その力が果てしなく遠い、未知の世界へと誘う。

磯崎新が作り上げた景色は、そんな誘惑を止めない。

結論《エピローグ》　磯崎新とは誰か

二〇〇〇年の夏、磯崎はシチリアに旅している。外郭の列柱が整然と残るドリス式神殿や大劇場の遺構を有するセジェスタからアグリジェントの「神殿の谷」へ。その旅の途上、磯崎はセリヌンテの神殿群に立ち寄った。古代ギリシアの植民都市セリヌスの遺跡である。その地で眼にした光景について、磯崎はスケッチブックにこう書いている――

「このE、F、Gと名づけられた神殿のうち、Eだけが列柱を残す。FGは瓦礫の山。よくみると柱とかキャピタルなどが判別できる。自然石の塊とはちがって、これは痕跡、人工物かなにかの断片。これが無類なスケールでつみ重なっている。地震のための崩壊ということだが、半壊の廃墟とは異って、原型がみえないところがあらためて、廃墟と自然による崩壊との違いをみせる。物質が人工物←岩石《ママ》↕自然と変貌している。過程。一九六〇年頃、私は何故こんな言葉にとらわれつづけたのだろうか」。

最後に辿り着いた「神殿の谷」で磯崎は、かつて「孵化過程」で用いた廃墟の写真が同地のヘラ神殿のものであったことに気づく。セリヌンテにおける「私は何故……」という自問はあたかも、磯崎がその発見を予感していたかのようだ。神殿Gの瓦礫を描いたページを含むこのスケッチブック末尾の見開きに、磯崎は「デミウルゴス　ダイダロス　構築（者）」と書きつけ、「生成↕崩壊」の「プロセス」を示す自身のプロジェクトとして「孵化過程」「ふたたび廃墟になったヒロシマ」「阪神淡路大震災」（ヴェネツィア国際建築ビエンナーレ日本館）を列挙する一方、「「ひ」が充満する」「うつ＝空洞」への「影向」というキーワードのもと、「空洞としての美術館」（群馬県立近代美術館）や「うつふねとしてのホール」（なら１００年会館）を例示している。そこにはさらに、「空　エンプティネス」の根源としての「ギャップ」からの「振動の発生」――「場　ふるい」としての「コーラ」の振動――を、「意識の拡張」「オーラ」「身体のシェルター」「憑依」といったテーマへと展開する、同時期の「憑依都市《トランス・シティ》」や『反建築史』、『建築における「日本的なもの」』に通じる着想が記されている。セリヌンテで古代神殿の完全な瓦礫を目撃したことや、アグリジェントにおける「孵化過程」――磯崎にとっての原光景――の大元になった遺跡との思わぬ遭遇が、このダイアグラムに結晶化しているのだ。

「孵化過程」のモンタージュや《ふたたび廃墟になったヒロシマ》といったイメージは、作者・磯崎自身にとってすら謎めいた寓意画《エンブレム》となり、その晩年に至るまで、意味の拡張作用を止めることがなかった。《ふたたび廃墟になったヒロシマ》について、その拡張と変容の過程を辿り直してみよう。この作品を含む一九六八年のミラノ・トリエンナーレにおける磯崎の展示の正式名称は

25-1. スケッチブックより。2000年夏，
セリヌンテ（シチリア）にて，瓦礫と化した神殿。

25-2. スケッチブックより。2000年夏，
シチリア旅行ののちに書かれたダイアグラム。

「巨大数《グレーター・ナンバー》——領域《テリトリー》のマクロな変容」だった。展覧会の総合テーマ「巨大数」を磯崎はここで、広島の廃墟において示される「巨大数」として表現している。だが、広島の焦土が表わす「巨大数」とは、そこで破壊され失われた生命や物体の膨大さにほかなるまい。その意味で、磯崎がこのモンタージュの光景に見ていたものは、実体性を残した建築物の残骸ではなく、むしろ、「巨大数」と化した喪失や虚無であったと言うべきなのだ。かろうじて残った建物群や二体のねじくれたメガストラクチャーよりも、大地上に広く散乱した無数の瓦礫とそれが陰画として浮かび上がらせる空虚こそがこのイメージにおける「巨大数」なのである。ちなみに、フォトモンタージュの「地」となっている焦土化した広島の写真が奇妙なほど明るいのは、被爆直後から軍部によって主要道路が素速く清掃され、一九四五年九月十七日夜の台風による洪水で地面が洗われたからであるという。[*1]すなわちこれは、「洪水のあと」の光景でもある。

磯崎はのちの「建築における「日本的なもの」」で、「孵化過程」や《ふたたび廃墟になったヒロシマ》は都市崩壊の状態に焦点を当てており、これら以降、自分は「生成と死滅の循環」という「非構築」としての「過程」を選択してきた、と述べている。[*2]この場合の「過程」とは、『平家物語』の盛者必衰や『方丈記』の「行く川の流れ」が示しているような、古代末日本の社会解体期に特徴的な「流れ」であるという。生成と崩壊を循環的に繰り返す「非構築」的な「流れ」としての「過程」を選んだ点に、磯崎は自身にとっての「日本的なもの」を認めている。

戦禍による焦土を眼にした世代の心理的傷痕ゆえに、日本が中世以来抱え込んだモチーフを自分は無意識のうちに回復させようとしていたのかもしれない、と磯崎は言う。そこに書きつけられているのがこんな一節である――「「枯れかじけた」（宗祇）〝さび〟は凍りついた死滅の風景である」[3]。磯崎が目撃してきた、第二次世界大戦直後の故郷・大分の焼け跡、大学占拠のバリケード、阪神・淡路大震災で地表を埋めた瓦礫はいずれも、そんな「枯れかじけた」光景だった。

磯崎における「廃墟」の観念はここで、より徹底して物質的で「枯れかじけた」、「瓦礫」へと尖鋭化される――「瓦礫は物質そのもの、建築物や都市的構築物として、さらにはその表相の装飾として意味づけられていた存在の様式が、一挙に破産する。そして露呈されたのが内側に隠されていた物質そのものだった。廃棄される寸前の最終形態である。その光景、「枯れかじけ」ているではないか」[4]。連歌師・宗祇が「寂《さ》び」をめぐって語った「枯れかじけた」という言葉を介して、磯崎の廃墟論は連歌や茶の湯をめぐる日本中世の美学に接近した「瓦礫論」へと変貌する。廃墟はそこでいわば、枯山水的な「にわ」となるのだ。その「にわ」をかたちづくるのは――「色即是空」と称されるように――「もの」であると同時に即「うつ」であるような、物質化した虚無――「虚体」――としての瓦礫である。《ふたたび廃墟になったヒロシマ》もまた、巨大数をなすそんな瓦礫の洲浜に巨岩じみたメガストラクチャーの残骸が左右に配された、枯れかじけた「にわ」にほかならない。

『磯崎新と藤森照信の「にわ」建築談義』で藤森は、歌人の塚本邦雄から教えられた「庭は末期の目で見るべし」という江戸時代の言葉に触れている[5]。庭は健康な人間が見て理解できるものではなく、それが本当にわかって必要になるのは死の直前であり、だからこそ、庭は「末期の目」で見なければならない。その意味で、浄土庭園とは「末期の目」のための景色なのである。そんな目こそが「にわ」を発見させるのだ。爆撃による徹底した焦土を見てしまった磯崎のような者たちにはそんな「末期の目」があらかじめ宿り、それゆえに彼らにとっては都市や世界がつねに、枯れかけた「にわ」と化してしまうのかもしれぬ。

東日本大震災と福島第一原子力発電所の事故を経て、「瓦礫」には「瓦礫《デブリ》」とルビが振られることになる。磯崎が未来仏・弥勒菩薩の姿とともに「瓦礫《デブリ》の未来」を幻視するきっかけになったのは、大震災による大津波のあと、まさに「巨大数」と呼ぶべき大量の瓦礫《デブリ》を目撃したことだった。大手術に伴う昏睡状態のなかでその光景は磯崎の脳裡に、水底へと深く沈み込んでゆく水没や補陀落渡海に似た漂流の幻想を喚起している。そのとき、無数の瓦礫《デブリ》は「うみ」のイメージと結びつく。それは世界観模型としての日本の「にわ」が「大海《うみ》」のメタファーにもとづいて構想されてきたことに通じる。

瓦礫《デブリ》の「うみ」は磯崎の脳裡でおそらく、小石だけが敷き詰められた伊勢神宮の古殿地をはじめとする、小石や白砂からなる「斎庭《ゆにわ》」のイメージへと接続している。そこは「うつ」なる空洞であるがゆえに、「霊《ひ》」によって満たされ、「かみ」が影向する場でもあるのだ。瓦礫《デブリ》からなる「にわ」に影向するのが弥勒であろうか。「未来都市は廃墟そのものである」という若き磯崎の幻視はこのようにして、未来仏が瓦礫《デブリ》のただなかに顕現するヴィジョンへと変容するのである。「瓦礫《デブリ》の未来」

とはすなわち、瓦礫《デブリ》のうちに弥勒の仏性が宿るということかもしれぬ。「孵化過程」や《ふたたび廃墟になったヒロシマ》といった自作を眺める磯崎の「末期の目」そのものがそんなふうに変化しているのである。

磯崎にとって究極の「にわ」かつ「うみ」であったかもしれぬものを推し測るための手がかりとしてひとつのエピソードを引こう。二〇二三年十月に大分市アートプラザで開催された追悼シンポジウム「「磯崎新の謎」をよみとく」において演出家の高山明は、二〇一九年五月の法政大学における磯崎による講演会「東京は首都足りうるか——大都市病症候群」ののち、その懇親会の終わりに、ちょうど天に昇った月を眼にした磯崎が語ったこんな言葉を伝えている——「建築というのは月と人間のあいだに差し挟まれるようなものだ」。月に或る種の超越性を見て、超越的なものと人間的なものとの「あいだ」に位置するのが建築である、という認識をそこに認めることは可能だろう。日本庭園に月見の舞台として「差し挟まれる」建築への連想を読み取ることもできるかもしれぬ。

だがここでは、すべてが瓦礫《デブリ》化せずにはおかぬ地上の建築・都市をあいだに差し挟んだ、人間にとって究極の「にわ」かつ「うみ」を、磯崎は月にこそ見定めていたのではないか、と考えてみたい。なぜなら、月面の「海」と呼ばれる平原地帯とは、これ以上ないほどに枯れかじけた「うみ」としての「にわ」と見なしうるからである。たとえば、三島由紀夫が遺作連作の題名とした「豊饒の海」（豊かの海）は一面玄武岩で覆われているばかりで、「豊饒」という言葉に値するものなど何もない。この小説末尾の「庭は夏の日ざかりの日を浴びてしんとしている。……」[6]という一文は、或る美意識のもとにおける月の「うみ」と日本の「にわ」との接近を明かしているようにも思える。

ここで指摘したいのは、都市を枯れかじけた「にわ」と化してしまう磯崎の「末期の目」が、「非構築」的な「流れ」へと吸い寄せられ、きわめて「日本的」な美意識へと帰着しかねない可能性である。そのニヒリスティックで観照的な美意識は三島にも通底するものだろう。端的に言えばそれは、磯崎自身が批判する「和様化」の極めつきの産物であり、一種の涅槃《ニルヴァーナ》状態や無関心《アパシィ》を志向している。

その点は磯崎の実作にもたびたび露呈しており、同世代のハンス・ホラインにも共通する涅槃《ニルヴァーナ》状態を介した建築空間のエロス化は、福岡相互銀行長住支店をはじめとして、磯崎が「増幅」の「手法《マニエラ》」を駆使して追求した効果であったし、《眠れるヘルマフロディトス》像のように両性具有であることによって逆に男女両性の欲望から逃れ出てしまう、「到達不能」な非建築的建築といったモチーフもまた同様である。磯崎は和様化の原理の帰結を「末期の目」として深く身体化していたからこそ、それに対する自覚的な批判をなしえたとも言えよう。

「にわ」や「うみ」はつくばセンタービルをはじめとする磯崎の都市計画や建築を強力に先導する原イメージであった。それは「にわ」が異質な場所の混在するヘテロトピアの典型であり、「うみ」は——大地とは異なり——トポスへの明確な分割を知らないからに違いない。《燕子花図屏風》を連想させるジョイント・コア・システムによる新宿計画に始まり、袋状地に作られた桃源郷のような秋吉台国際芸術村やセラミックパークＭＩＮＯ、さらには「海市」計画などのグローバルなプロジェクトの数々に至る作品系列はいずれも「にわ」であり、島々の浮かぶ「うみ」、「群島／多島海《アーキペラゴ》」である。「末期の目」が見てしまった瓦礫の「うみ」は、「しまじま」が築かれることによってあらたな「にわ」となる。

磯崎を稀有な「建築家」たらしめたのは、みずからの「末期の目」の執拗さゆえにおのずとそれに逆らって駆動される、「非構築」的な「流れ」に抗する「構築」、いや、桁違いな「超構築」への意志であったと言ってよかろう。「非構築」的な「流れ」もまた、それ自体が「過程《プロセス》」としてプランニングされ、「流れ《フラックス》」そのもののテクノロジカルな構築――フラックス・ストラクチャー――が図られる。和様化の果ての滅びの美意識が深く身体化されているがゆえに、その美意識を根源的《ラディカル》に反転させた（超）構築こそが、グローバルに通用する手法によって追究されるのである。

『重源』という問題構制」で磯崎は、十四歳で故郷・大分の焦土を眼にした実感として、「全面的な焼失を前にしたとき、最初におとずれるのは、茫然とした空白感でしかあり得ない」[*7]と書き、それを大仏殿焼亡の直後に奈良の現場を訪れた重源の心理に重ねていた。無限の空虚が漂う空白を埋めるために重源が思い浮かべたものこそは、「桁はずれに巨大なもの」の構築や「みたことのない光景」の現出であり、「いっさいの連続性を絶ちきること」だったに違いない、と磯崎はそこで述べていた。

さすれば、十四歳で磯崎が見てしまった光景に根ざす《ふたたび廃墟になったヒロシマ》のメガストラクチャーもまた、いまだ誰も見たことのない「未来都市」の、法外に巨大な、あらかじめ廃墟として構築された建築物だったとは言えないか。このフォトモンタージュには、「末期の目」が見出した増殖して巨大数をなす瓦礫《デブリ》の「にわ」が拡がるばかりではなく、その「凍りついた死滅の風景」に逆らって発動される、「人間のスケールを超えたデミウルゴスの業」[*8]としての「超構築」への意志が漲っていたのである。そうした意志こそは「暴力的で野蛮」な東大寺南大門や「理不尽に立ち上がる」工事中の広島ピースセンターが若き磯崎に与えた衝撃の源にほかならない。

この意志は磯崎の言う「過程」における自然→人工物、崩壊→生成の局面に作用する。その点で象徴的なプロジェクトは、溶岩からなる火山の不定形な形態をプラトン立体に変換する、一九七二年の「ヴェスヴィオ大作戦」であろう。それは「孵化過程」で語られた都市を破壊する「どろどろの不定形な物質」からプラトン立体、とくに磯崎の建築的署名となる立方体を生成させる、模型化の思考実験だったからである。磯崎にとってはプラトン立体もまたじつは、確固として不変な先験的存在ではなく、このような手続きによって構築されなければならない対象だったのである。自然↕人工物、崩壊↕生成という循環過程がいかに執拗に磯崎の思考を呪縛しているかをそこに見るべきだろう。一方的に崩壊に向かうだけの「流れ」があるのではない。そのような志向を「逆撫で」する（超）構築が身体的に要請されるのである。

「身体的に」と述べた。磯崎は東大寺南大門で自分を襲った、身体を垂直に貫く（反）重力や、待庵などの国宝茶室でおのれの身体が味わった強力な張力《テンション》など、建築物との遭遇における身体経験について繰り返し語っている。磯崎の論じた「闇の空間」もまた、濃密な身体感覚によってはじめて発見される対象だった。新都庁舎設計競技に際し、あらゆる恣意性を排除した技術的に厳格な構成を追究する、採算を度外視したポトラッチ的な設計過程が磯崎に経験させたものも、身体をはっきりと貫通する力にほかならなかった。磯崎はまた、丹下のもとで無数の図面を引くことによって徹底的に身に染みついたプロポーションの感覚を「消す」ためにこそ、正方形や立方体を基本形態としてあえて選択することを身体的に必要とした。さらに、磯崎にとって「手法《マニエラ》」とは、近代建築の諸規範を同様に「消去」するための戦略だったが、そのそもそもの着想源はマニエリスト白井晟一における「稽古」という肉体の営為であり、道元やロヨラの修行法に対する磯崎の関心もそこに発していた。磯崎においては、建築家としてのおのれの身体をいかに作り上げるかこそがもっとも主要な関心事だった、と述べることさえできるかもしれない。その意味で、最大の「磯崎新の謎」とは磯崎の身体なのである。

『瓦礫《デブリ》の未来』で磯崎は、昏睡状態における幻視《ヴィジョン》を出発点として、シャーマン的な身体技法の探索を行なっている。巨大数をなす瓦礫《デブリ》を目撃したことによって引き起こされた、魂の奥底への旅をめぐる磯崎の言葉を引こう――「意識を失った。無意識のさらにその下層にあるに違いないと想われるイメージが渦巻く世界をみた。〈イメージ〉が立ち現れたというべきか。覚醒してからその〈イメージ〉の存在がまとわりついた。補陀落山系の寺院のセンターには弥勒菩薩がいる。浙江省の寺院を巡って、それが「未来」であることを知った。瓦礫をみたことによって私のアラヤ識を埋める

〈イメージ〉が立ち現れた。ここには文字《ロゴス》がない。形象《イメージ》だけが不定形に渦巻く。論理《ロゴス》を組み立てる意味も消えている」[9]。

一種の神秘主義体験を自己分析したこの文章の背後にあるのは、スーフィズムや唯識論をめぐる井筒俊彦の著作である。[10]磯崎がおそらくザハ・ハディドやアガ・カーンの文化的バックグラウンドに対する関心から手にしたのであろう井筒のスーフィズム研究では、意識の深層のイメージ化がこの神秘主義思想の大きな特徴とされている。[11]スーフィー自身の言う「魂の鏡」が磨かれることにより、意識の深層の構造を反映する思いもかけぬイメージが次々とそこに現われてくるのだ。それを踏まえて井筒が「根源的イマージュ」[12]あるいは「「元型」イマージュ」[13]と呼んでいるものが、磯崎の言う〈イメージ〉に当たろう（それはおそらく、かつて磯崎が好んで語った「原イメージ」であり、「裸形の観念」である）。そのような元型的イメージが現われる深層意識の領域には、「創造的想像力」の強烈なエネルギーが充満しているという。[14][15]

磯崎が触れている「アラヤ識」、すなわち、阿頼耶識《アラヤ》（蔵識）は、唯識学派の意識の構造モデルでもっとも奥底に位置するとされる領域である。井筒自身は「言語アラヤ識」ないし「意味アラヤ識」といった概念でその言語的性格を重視するのだが、磯崎はスーフィズム的なイメージ化の段階をそこに重ね、井筒が次のように語る「意味可能体」――唯識哲学に言う「種子《しゅうじ》」――を〈イメージ〉と呼んでいるように思われる――「人間の経験の一片一片は、必ず心の奥に意味の匂いを残さないではいない。意識深層に薫きこめられた匂いは、「意味可能体」を生む。〔中略〕辞書に記載された形での語の意味に固形化する以前の、多数の「意味可能体」が、下意識の闇のなかに浮遊している。茫洋たる夜の闇のなかに点滅する無数の灯火にでも譬えようか。現われては消え、消えては現われる数かぎりない「意味可能体」が、結び合い、溶け合い、またほぐれつつ、瞬間ごとに形姿を変えるダイナミックな意味連関の全体像を描き続ける」*16。言語アラヤ識は時間的にも空間的にも個人の心の限界を超出する。この深層意識の次元は、「憑依都市《トランス・シティ》」における「宇宙意識の海」といった発想にも通じていよう。

磯崎にとって「ソラリス」とは、「超都市《ハイパー・ヴィレッジ》」のイメージであると同時に、〈建築〉やより広い〈アーキテクチュア〉の〈イメージ〉を生み出すアラヤ識的な深層意識の「うみ」でもあったのではないか。人間には理解できない論理で擬態《ミモイド》形成体を次々と作り出すレムの「ソラリス」には、磯崎が執拗に語り続けたデミウルゴスの相貌が宿っている。とすれば、ソラリス＝デミウルゴスとはじつは、〈建築《アーキテクチュア》〉を産出する「創造的想像力」にほかならなかったのではないだろうか。それはロマン派が信じたような個人的天分ではなく、他方、テクノロジーや社会的制度に還元されてしまうものでもない。磯崎はこの創造的想像力の働きを「孵化過程」に始まるアンビルト／ビルトの建築・都市〈イメージ〉によって如実に具現する一方、そのメカニズムを「手法《マニエラ》」として抽出し、建築設計において実地に駆動させたのである。プラトン立体とはソラリス＝デミウルゴスの「うみ」で蠢く元型的イメージであり、この「うみ」こそが「機械」――一種のＡＩ――としてこの〈イメージ〉群を振動させて結びつけ、かつ、ほどきつつ、〈建築《アーキテクチュア》〉をダイナミックに編成するのだ。

バルトが「ロゴテシス」と呼んだ言語体系の創設とは、言語アラヤ識としてのソラリス＝デミウルゴスの作動以外のものではない。この「うみ」は磯崎個人を越えた〈建築《アーキテクチュア》〉それ自体の深層意識であり、たとえば、磯崎とルドゥの建築の類似などはその帰結である。

磯崎がつくばセンタービル設計の直前に描いた《展望台》とは、ソラリス＝デミウルゴスの「うみ」というみずからの深層意識を覗き込むために必要とされた、精神的な立脚点のイメージだったのかもしれぬ。そうした凝視はときとして危険な賭なのだ――この「うみ」は煩悩の根源でもあり、魑魅魍魎に満ちているのだから。つくばセンタービルの設計を導いた「地下迷路への下降」という原イメージは、磯崎にとって深層意識への沈下を意味していたのであろう。結果として、この建築群には通過儀礼を連想させる空間がいくつも出現し、そんな空間への入り口となる門の数々は、異様な鋸歯状柱という幾何学的怪物たちによって守護されることになったのである。つくばの沈床園《サンクン・ガーデン》でなされた、「ローマの臍」であるカンピドリオ広場をそっくりそのままひっくり返すという操作は、狂った神であるソラリス＝デミウルゴスにいかにもふさわしい。そのとき、広場の中心を占めていたマルクス・アウレリウスの騎馬像はいわば地下に埋められ、代わりに小さな水流が噴水となって残されるだけである。この建築竣工と同じ年に公開された映画『ノスタルジア』でローマ皇帝の騎馬像に火を放ったタルコフスキーが『惑星ソラリス』の監督でもあったという事実は、磯崎とタルコフスキーの両者がともに、相通じるアラヤ識の「うみ」がもたらす〈イメージ〉に先導されていた証左にも思える。

ソラリス＝デミウルゴスの「うみ」は個体を越えていながら、しかし、磯崎個人の経験と無縁のまま不変なのではない。あらゆる行為がひとの無意識の深みにそっと残してゆく印象を唯識派はそこはかとない移り香に喩え、その過程を「薫習《くんじゅう》」という美しい言葉で呼ぶ。さまざまな身体経験を通したこの「薫習」により「意識深層に薫きこめられた匂い」は、アラヤ識にあらたな「種子」としての〈イメージ〉を生み、その〈イメージ〉は連鎖的に新しい経験を触発して、別の〈イメージ〉を生成させる。アラヤ識はそのように絶えず生成変化しているのである。

身体の感覚経験ばかりではなく、言葉もまたそこに強く働きかける。井筒は発音された「語《コトバ》」によって言語アラヤ識における元型的イメージの浮上を促す「言語呪術」について語っている。[*17] 磯崎もまた、おそらくは井筒のこうした認識を踏まえ、ザハ・ハディドのシャーマン性に関連し、見えないものを呼び出す呪言の「声」に言及していた。いや、「声」ばかりではない。「文字」もまた、「ロゴス」に集約されてしまうものではなく、磯崎が「漢字考」で論じていたごとく、卜占によって解読されるヒビ割れのように、呪術的な〈イメージ〉招喚の力を有しており、だからこそ磯崎は、阪神・淡路大震災によって都市に走った「亀裂《リス》（Riß）」のうちに予言的な「文字」――かつ「設計図《リス》（Riß）」――を見たのである。

さすれば、文人・磯崎新の書き残してきた膨大な言説とは、それ自体が言語呪術の実践ではなかったか。「孵化過程」や「都市破壊業ＫＫ」がそうした呪術的な「詩」であったことは言うまでもない。自作解説のほか、建築理論や建築史的な体裁を取った磯崎の論考・エッセイにもまた、言語呪術の次元がおのずと存在している。「場《コーラ》」などと日本語と異言語の「声」を二重化するルビの使用はそのひとつである。〈建築〉《建築》といった括弧書きによる概念の差異化も純粋に論理的な要請だけによるものではない。

だが、磯崎が駆使した呪術的言語の最たるものは、「デミウルゴス」という名にほかならない。筆者は第18章で磯崎のデミウルゴス論を「繭」に喩え、それは「検証可能な歴史ではなく、《建築》を「構築」する主体としてのデミウルゴスの変身を物語る、一種の神話と化している」と書いた――「その「繭」のなかに入るために、ひとはデミウルゴスの神話を信じるしかない」。それは磯崎の言語呪術を何とか客観視して相対化し、距離を取ろうとした論述だったが、しかし、この種の神話化は磯崎の創造行為において避けがたいものだったといまにしてわかる。

なぜなら、創造的想像力の宿るアラヤ識に現われる〈イメージ〉は、その本性からして「神話創造的（mythopoeic）」だからである。[18] この場合の「神話《ミュトス》」とは、井筒の言葉を借りれば、「神話として物語的に発展する可能性をもったダイナミックな象徴的なイマージュ」[19]の謂いである。すなわち、それは〈イメージ〉にほかならず、「デミウルゴス」とはそうした〈イメージ〉に発して言説化された神話物語の主人公の名なのだ。最晩年に向けて磯崎の語り口が芸能的な「騙り」に近づいたこともまた、〈イメージ〉の有するこのような神話創造機能の帰結であろう。磯崎が創造活動の糧にしていたのは「おとぎ話」だったのではないか、という直感的な仮説にもとづき、本書の物語を筆者は沈んだ島をめぐる「おとぎ話」から始めた。そして、「おとぎ話」とはまさに、「ミュトス」にほかならない。

　翻って思えば、「豚の蚊遣」のような大分県医師会館旧館に始まり、「孵化過程」の物語およびモンタージュ、《ふたたび廃墟になったヒロシマ》の枯れかじけた「にわ」のヴィジョン、いや、「空中都市」のメガストラクチャーの数々から甲殻類的な北九州市立中央図書館、あるいは、つくばの奇怪な鋸歯状柱群、新宿をアララット山に変える「方舟」としての東京都新都庁舎、猛威を振るう自然との闘争の戦線＝亀裂をなすア・コルーニャ人間科学館の壁、「もうひとつのユートピア」海市を舞台とする混乱を極めた群像劇、ごく短期間のみ屹立する大門としてのなら100年会館、はてはカタール国立コンベンションセンターの巨大樹構造に至るまで、磯崎の作り上げてきた建築物や建築・都市のヴィジョンはいずれも、「神話《ミュトス》」の産出を促す強烈なエネルギーを湛えていたのではなかったか。そのエネルギーこそが「磯崎新の謎」の核心なのだ。ここで綴られてきたこの長い物語もまた、筆者自身がそんなエネルギーに突き動かされた末の産物だったのであろう。それは磯崎の作品や言説からの「移り香」を通じて、ソラリス＝デミウルゴスの「うみ」という超個人的なアラヤ識が生み出した、「磯崎新」の擬《もどき》態形成体だったとでも言えようか。

　「デミウルゴスの化身」たらんとした磯崎は神話創造的な構築者だった。スーフィズムをはじめとする神秘主義に磯崎が接近したのは、自己の身体経験を徹底して掘り下げることにより、論理すら超えた次元に達することを目指したからである。井筒は神秘主義を「伝統的宗教の中における解体操作[*20]」、一種の脱構築《デコンストリュクシオン》運動と定義しているが、磯崎が標榜した「反建築」もまた、近代建築との関係において、同様の解体操作にほかならなかった。磯崎の神秘主義的ラディカリズムは、いっさいの先行モデルがない場所であえて線を引く蛮勇を引き受ける「アーキテクト」像に至った。その晩年の「物狂い」めいた危機感の性急さもまた、タルコフスキーや盟友ノーノに通じる幻視者的な「末期の目」が見てしまった、神秘主義的終末のヴィジョンのゆえだったのかもしれぬ。

「謎の檄文」末尾の署名「ＡＩ」は、〈アーキテクチュア〉をいまだかつてない「神話《ミュトス》」へと作り変えるために、ソラリス＝デミウルゴスの「うみ」という「機械」を暴走させるArtificial Intelligenceの謂いにも思える。この「つくりもの」の知性——謎が謎を生むアラヤ識——を磯崎は、無数の建築空間の体験と創造、および、イメージと言語の呪術による際限もない「薫習」を通して、おのれの身体のうちに作り上げたのだ。それこそが磯崎による極めつきの〈アーキテクチュア〉だった。そして、その肉体が喪われたのちもなお、磯崎の数々の遺産からの移り香は、われわれの身体内の「うみ」に謎めいた「種子」を宿すことを止めない。だからこそ、磯崎の〈アーキテクチュア〉はいまだ途上にあり、途上にあり続ける。

「磯崎新」という存在の「孵化過程」は、いまもなお、進行中なのである。

余白《マルジナリア》に

1 見えない建築へ——追悼 磯崎新

重力の悲しみ
空間の力
造りだされる万象
わが
デミウルゴス
——磯崎新、スケッチブックより*

磯崎新が生涯に亘って追求したのは、完成した作品がその生成プロセスの切断面でしかないような、来たるべき「見えない建築」だった。柱状のメガストラクチャーと古代ギリシア神殿の崩れた石柱とがモンタージュされた「孵化過程」の図版イメージはよく知られているだろう。そのテクストは「未来都市は廃墟そのものである」と宣言している。問題作つくばセンタービルについても、竣工間もない段階で廃墟図が描かれている。他方で磯崎はシルクスクリーンをはじめとするさまざまな技法により、現実に建てられた建物と計画案のいずれについても、その原型をなす形態・空間のイメージを定着させることに熱心だった。建築や都市はそのとき、未来・現在・過去それぞれの時間が衝突して放たれた閃光のようなイメージ＝観念として、「見えない建築」を一瞬垣間見させるのである。実現した建築物もまた、この「見えない建築」を幻視——ないし空間体験として幻触——させるための装置だったと言えるかもしれぬ。磯崎新にあっては、この幻視・幻触的な原イメージとしての「見えない建築」という観念が強固に肉体化されていると同時に、それを建築物として実現しようとする確乎たる意志において、実務的なリアリズムが徹底されていた。

その原イメージおよびリアリズム両者の根幹に

あるのは、地上の建築物が逃れられない重力とそれに拮抗する構造の力がせめぎ合うダイナミズムの感覚だった。ここではそれを重力感覚ないし重力的想像力と呼ぼう。その感覚は磯崎が丹下健三を師とする動機となった建造途中の広島ピースセンターや、重源が指揮して造らせた東大寺南大門との出会いに由来する。いずれも大地にすっくと立ち上げられた、こうした建造物の「理不尽」で「無理な」架構こそが若き磯崎新に衝撃を与え、「建築」なるものの力を実感させたのである（その力を体現するものを磯崎は〈建築〉と書き表わす）。なら1000年会館を川口衞のパンタドーム構法で建てたとき、磯崎は完成した建物以上に、巨大な壁をリフトアップする——同じ土地の東大寺南大門のようにすっくと立ち上げる——六日間の工程においてこそ、そんな〈建築〉の力を如実に示しえたのではないだろうか。

丹下の広島も重源の奈良も、それぞれの建物建造時には焦土だった。磯崎の重力感覚にとって重要な背景は、彼もまた〈建築〉と対になる焦土を故郷・大分で経験していたことである。磯崎にとっての〈建築〉は敗戦の日の一瞬の空虚を象徴する青空のイメージと表裏一体をなしている。実体と空虚が同時共存する廃墟が「見えない建築」、すなわち、〈建築〉の原イメージとなる所以である。そこにロマンティシズムやノスタルジアはない。ひとの本質が、意識的に構築された論理的言説よりも、むしろちょっとした言い回しのほうに如実に表われるのだとすれば、磯崎の場合にそれは、たとえばアトリエの所員だった青木淳が伝えている「破れかぶれ」や「挙げ句の果て」といった表現の多用が示すアナーキーなニヒリズムだろう。圧倒的な理論家であった磯崎の言説という鎧の隙間から、建築家としてのより根源的な身体性が顔を覗かせているのである。この身体性において磯崎は、青年時代に付き合いの深かったネオ・ダダの反芸術的ラディカリズムの体現者であり、岡本太郎の鬼子のひとりだった。

そうした身体性はたとえば、最初期の作品である大分県医師会館旧館のデザインを練りながら、それが豚の蚊遣に見えて自分でも笑ってしまいつつ、その馬鹿馬鹿しさゆえにこのデザインをあえて選択するという、それこそ破れかぶれの決断にすでに表われている。大分県立大分図書館（現・アートプラザ）の外観を決定づけているコンクリート・ダクトの黒い正方形をなす切断面が感じさせる、どこか論理を超えた奇怪な闇の印象もまた同様であろう。後年の建築で言えば、カタール国立コンベンションセンターのファサードの大庇《キャノピー》を支える巨大な樹木状の柱の造形にも、一見したところの無理な理不尽さを感じさせる重力的想像力の表出がある。

だがこれらがいずれも構造上の根拠をもつことはもちろんであり、たとえば構造家・佐々木睦朗によるカタールの支柱のフラックス・ストラクチャーは、重力場に対する最適解としてコンピュータで生成されている。〈建築〉を重力との現実的な関係のうちに根付かせるためのこうした独自なアイディアの活用を、ここでは磯崎のリアリズムと呼んでいるのである。建築家としての磯崎はつねにリアリスティックなアヴァンギャルド、戦略を忘れない幻視家《ヴィジョネール》だった。

磯崎が一九七〇年代に考案した、プラトン立体群を一種の「機械」として作動させる「手法《マニエラ》」がすでに、形態生成を自動化するための方法だった。そこでは「作者の死」が演出されていたのだが、じつのところ、この機械を駆動しているのはあくまで、磯崎という建築家に発する原イメージである。関東平野に立方体の積木を並べたような群馬県立近代美術館、四角い双眼鏡を思わせる北九州市立美術館、ねずみ花火の運動に大元の着想を得ている北九州市立中央図書館など、この系列の作品にはどこか子供の玩具めいた性格が共通している。

つくばセンタービルのフォーラムに用いられた、ミケランジェロのカンピドリオ広場を反転して沈床園《サンクン・ガーデン》にするアイディアをはじめとして、その都度の課題に応じて手法《マニエラ》を発明し、原イメージや重力的想像力を建築物に具現化することは、磯崎にとって本質的には壮大な遊びだったのかもしれぬと思う。もとより、師・丹下と競った東京都新都庁舎をはじめとする設計競技を磯崎が蕩尽的なポトラッチに見立てたように、それは真剣極まりない遊びであった。

一九六八年の世界的文化革命を神聖ローマ皇帝カール五世の軍勢がローマに侵攻した一五二七年の「ローマ劫掠」――ルネサンスの終わり――になぞらえた磯崎には、かつての盛期ルネサンス的古典主義にあたる丹下の世代までの近代建築にすでに乗り遅れてしまったマニエリストの自覚があった。それは磯崎の場合、丹下のあとに、しかし、丹下的ではない「建築家」であるにはどうすべきか、という課題を意味していたに違いない。マニエリスト磯崎は、『建築の解体』でハンス・ホラインをはじめとする同世代欧米の建築家たちを取り上げ、第二「ローマ劫掠」以後の建築状況をめぐるルポルタージュを書いたのち、手法《マニエラ》の基本要素としてのプラトン立体や自分自身の肉体に根ざす〈建築〉という観念それ自体の歴史性を徹底検証することへと向かう。他方で磯崎は、伊勢神宮や桂離宮、あるいは重源から堀口捨己をはじめとする一九三〇年代の建築家たちに至るまで、「建築における「日本的なもの」」を問い続けた。そこにアカデミズムとは異質で、歴史・理論・実作が緊密に絡み合った、磯崎独自の建築史観・建築理論が生まれたのである。

『空間へ』に始まる数多くの著作のほか、編集同人だった雑誌『へるめす』やピーター・アイゼンマンらと組織したAny会議の活動は、芸術・思想など他ジャンルとの対話を通じて、建築・都市をめぐる知を活性化させた。しかし、磯崎にとってそれらは、知に自足した知ではなく、建築や都市計画の思想を尖鋭化させ、ラディカルな文化運動にするための方法だったように思える。東京オリンピックに際して皇居前広場を実質的に占拠するイヴェントを企画したり、上皇が住む仙洞御所を沖縄の米軍管理地内に築造することを提案したりといった晩年の言動は、磯崎のラディカリズムが衰えるどころかますます過激化し、「見えない建築」が狭義の建築・都市計画を越え、国家や社会のデザインまで包摂するきわめて広義の〈アーキテクチュア〉に至っていたことの表われである。卒寿の挨拶に磯崎は、老師と呼ばれる翁になった今、この〈アーキテクチュア〉を司る「デミウルゴス」の化身になることを欲していると書いていた。

さまざまな事件を仕掛けるときの磯崎のオーガナイザーとしての稀有な力量は、大分港の荷役に携わる沖仲仕たちの束ね役を務めていたという父方の祖父・徳三郎や、大分有数の運送会社社長にして俳人だった父・操次との血の繋がりを感じさせる。磯崎は十三歳で母を、十九歳で父を亡くしている。若き建築家としての磯崎のパトロンになったのは、岩田正をはじめとする父の人脈に属する人びとだった。この九州コネクションが大分や福岡における磯崎の、かなり早い時期からの活躍を可能にしたのである。磯崎がつねに若い世代を抜擢してみずからの仕事に関わらせた背景には――わたしもそんなひとりだった――、自分がかつて受けた恩恵に似たものを次世代に継ぐという心情があったように思う。

父と子ほども年齢が離れていたせいか、わたしが個人的に接した磯崎に感じたのは、悠揚として迫らない大人《たいじん》の風である。若くして亡くなった友人の宮川淳は磯崎が「ものすごく」という口癖を独特のイントネーションで「モノスゴーク」と発音する点に、いかにも建築家らしい「スケール」に対する肉体的な感覚」を感じたと書いている。これは石山修武が眼にしたという、博多祇園山笠の法被を纏ったふんどし姿の磯崎の、ただボーッと立っている「デッカイ」印象に通じるものだろう。宮川は磯崎の建築を鯨に喩えたうえで、さらにこの友人自身が鯨に見えてくると続けていた――「こんどはそれはやさしさと親しみ深さのイメージとしてなのであった」。磯崎が或る座談会の場で自分にとっての根源的なイメージは「海」だと語り、帰省するときに眼に飛び込んでくる別府湾を「ぼくの海」と呼んでいたことが思い合わされる。「ぼくの海」を泳ぐ鯨――その大きさ、大らかさのイメージが、懐かしさと哀しみを帯びて、記憶のなかを泳ぐように漂う……。

最晩年に暮らした沖縄の海もまた、磯崎にとっての「ぼくの海」となっていたのだろうか。移住の選択は、先の上皇御所の提案からもうかがえる、日本という国家やその政治権力の中心に対する批判的な距離にも由来するのであろう。亡くなることでその終の栖からも旅立った磯崎の後ろ姿を想像するとき、脳裡に浮かぶのはトラベルノートを兼ねたスケッチブックの数々に素速い筆致で描かれ、無数の「見えない建築」が立ち現われる気配に満ちた、さまざまな建築物のドローイングである。ヴァルター・ベンヤミンが引く中国の説話によれば、とある画家――原話では唐代玄宗に仕えた呉道玄――は老年の或る日、友人たちに自分の絵を見せると、いつの間にかその絵のなかに入り込み、そこに描かれた庵《いおり》の戸口の前で振り返り、ほほ笑んで、戸の隙間に消え失せてしまったという。磯崎もまた、スケッチブックのあの絵のどれか、その戸口の向こうの「見えない建築」のうちへと姿を消したのかもしれぬ。

振り返ってほほ笑む姿が眼に浮かぶような気がするのだ。

＊エピグラフとした磯崎の書き込みには「チリーダ財団庭園にて、二〇〇〇・十二・一」とあり、スペイン出身のバスク人彫刻家エドゥアルド・チリーダに捧げられている。チリーダは大西洋に面した入江の岩から突き出た巨大な鉄塊からなる《風の櫛》などの規模の大きな抽象彫刻で知られている。

（文中敬称略）

2 磯崎新という謎——憑依・寄生するデミウルゴス〈磯崎新『デミウルゴス』解説〉

　本書『デミウルゴス——途上の建築《アーキテクチュア》』（青土社）は雑誌『現代思想』二〇一九年四月号〜二〇二〇年五月号に磯崎新が連載したエッセイをその内容としている。磯崎は二〇二〇年四月に心臓大動脈瘤関係の緊急手術を受け、日常生活には無事に戻ったものの、執筆活動への復帰は難しく、この連載はやむをえず中断された。二〇二二年十二月に磯崎が九十一歳で生涯を終えたことにより、本書は永遠に未完となった（なお、「途上の建築《アーキテクチュア》」という副題は書籍化にあたってあらたに付されたものである）。

　だが、同じく青土社から刊行された『偶有性操縦法《コンティンジェンシーマニュアル》——何が新国立競技場問題を迷走させたのか』（二〇一六）および『瓦礫《デブリ》の未来』（二〇一九）と同様に、本書もまた、磯崎初の著書『空間へ』（一九七一）ですでに自称されていた、「日付のついたエッセイ」集にほかならない。それは磯崎の生の時間と深く結びついた記録であり、或る意味でそもそも完成という終点をもたないテクストだったのである。読者は本書の随所にその年代記的な性格を認めることになるだろう。

琉球民の双制的思考

　たとえば、この連載のタイトルは、第一回では「造物主義論〈建築〉——あるいはデミウルゴスの〝構築〟」と銘打たれていたのに対して、第二回ではすでに、「デミウルゴス」のみに変えられている。初回のタイトルは一九九二年から一九九四年にかけて『GA JAPAN』に連載された「《建築》——あるいはデミウルゴスの〝構築〟」（一九九六年に『造物主義論《デミウルゴモルフィスム》』として鹿島出版会より刊行）を踏襲している。本書第I部第一章末尾の「まずは中断した二五章のハンネス・マイヤーの宣言文がバウハウスを自滅させたいきさつからはじめる」（二一頁）というくだりは、『造物主義論《デミウルゴモルフィスム》』の続篇――第Ⅱ部をなす「和様（化）論」としての『始源のもどき《ジャパネスキゼーション》』（一九九六）に続く第Ⅲ部――を予告するものだった（本書第Ⅰ部のタイトル「見取り図」は、その「序論」程度の意味合いだったのではあるまいか）。しかし、そうした目論見は早々に撤回され、連載自体があらたに名付け直されるのだ。これはいったい何故なのか。

連載第二回（本書第Ⅰ部第二章）は『現代思想』二〇一九年五月号に掲載されている。その内容からも明らかだが、それがもとづく同時代的な出来事とは同年四月三十日の天皇明仁《あきひと》退位である。磯崎はそこで、「西欧世界では退位させられた盲目の王の悲劇がデミウルゴスの命運を物語っている」（二二頁）と指摘し、ソポクレスの『オイディプス王』やシェイクスピアの『リア王』、そしてこれらを背景とする黒澤明の『乱』の狂王、一文字家の「棟梁」秀虎の翁《おきな》姿のうちに零落したデミウルゴスの化身を認め、安定した統治を成し遂げながら、みずから退位した途端に栖《すみか》すら与えられずに彷徨うこのかつての王をめぐる物語群に、ひとつの「模像《もどき》」を見定める。そこで発せられる、いささか唐突にも響く言葉が一挙に核心を衝く――「平成天皇は退位を強いられたのではないか」（二三頁）。現在の上皇明仁は流浪するデミウルゴスの系譜のうちに置かれるのである。連載タイトルが端的に「デミウルゴス」を謳うに至った所以であろう。

磯崎が構想するのはこのデミウルゴスの栖《すみか》としての新仙洞御所をめぐる〈アーキテクチュア〉である。それはもはや建造物単体を意味するのではなく、磯崎がかつて《建築》と表記した建築のメタ概念であることも超えて、アート、アーキテクチュア、アーバニズムを貫通する、高度に政治的なデザインとでも言うべきものに変貌している。その政治性は、一九九〇年代の中国・珠海市近海に浮かぶ人工島「海市」計画に始まり、「東アジア共同の家（コモンハウス）」の理念にもとづく福岡オリンピック計画案（二〇〇六）や東日本大震災・原発事故直後の福島遷都計画（二〇一一）、さらに、東京オリンピックに合わせた皇居前広場を舞台とする東京祝祭都市構想（二〇一五）に至るまで、磯崎が手がけてきた数々の大胆なプロジェクト群に通底するものである。

沖縄に移住した「琉球民」磯崎は、「基地の中に沖縄がある」という写真家・東松照明の言葉を手がかりに、いわば「基地の中」かつ沖縄の「外」である奥間レスト・センターに、新仙洞御所を冬の離宮として構築することを提案する――「修学院離宮をモデルにできる地形があり、海に囲われている。大海中にそびえる須弥山の趣きを盆山としてとりいれることもできよう」（三九頁）。後水尾上皇が造らせた修学院離宮や小堀遠州が築庭を行なった京都仙洞御所など、日本の「にわ」をめぐる該博な知識にもとづく建築家としての磯崎のヴィジョンが、政治的にラディカルな構想に明快な輪郭を与えている。天皇代替わりにあたり、宮内庁による大嘗宮の設営方針を「いかもの」（ブルーノ・タウト）と批判したうえで、平成天皇（明仁）の大嘗宮まで遡って詳しく検証し、「平成帝が受肉したカミは巽のカミ、太平洋のかなたの宗主国の魂（民主主義）だったのではないか」（五〇頁）という驚くべき指摘に達する推理もまた、磯崎ならではの建築家的ヴィジョンの賜物と言ってよかろう。同世代の上皇明仁に対する個人的シンパシーをうかがわせながらも、磯崎が天皇をめぐる制度や日本という共同体の政治的境界＝限界《リミット》を鋭く問い直すことを可能としたのは、「琉球民」という自覚であったように思われる。同じように沖縄を思想的な拠点とした先達が『沖縄文化論――忘れられた日本』の岡本太郎であり、『全南島論』の吉本隆明だった。

本書第Ⅱ部のタイトル「双制《デュアル・システム》」は、伊勢神宮の内宮・外宮のように、同型だが由来の異なるシステムを併置して一体化した制度を指す。漢字と仮名が入り混じる日本語の表記体系もまた、「双制的思考」の産物である。それを磯崎は（1・1）と表わし、1と1のあいだの間隙、すなわち「空」としての「間《ま》」を感知することだと言う。母方の大叔父である画家・幸松春浦《ゆきまつしゅんぽ》の師匠筋にあたる田能村竹田《たのむらちくでん》を論じて、〈わ〉様化した江戸文化が〈から〉様好みのなかで成立したと見る視点もまた、そんな「間《ま》」の思考であろう。竹田の画論『山中人饒舌』とジョルジョ・ヴァザーリの『画家・彫刻家・建築家列伝』に共通する思考形式を見出すところなどにも、磯崎のこうした双制的思考が表われている。

磯崎が珍しく父の俳人・藻二《そうじ》の句をいくつも引いて、その牡丹愛好に〈から〉様好みの残滓を認めるくだりには、この肉親に向けられた微妙に屈折した感情の翳りが宿る。前衛俳句を追究することに挫折して牡丹と花街に逃れた父を回想することは、中国本土で追い詰められ、東海の〈わ〉に亡命した文人たち、とくに禅僧・東皐心越《とうこうしんえつ》への関心に通じていたのかもしれぬ。磯崎は心越にタウトを重ね、彼らはいずれも「難民」であったと語る。「難民の眼」をもつことはすなわち、極めつきの双制的思考である。さすれば、琉球民となったことは磯崎にとって、〈わ〉から沖縄に「亡命」し、そんな「難民」としてあらたな「双制《デュアル・システム》」を身をもって生きることを意味したのではないだろうか。

磯崎は一五二七年の「ローマの劫掠《サッコ・デ・ローマ》」に一九六八年の「世界文化大革命」の歴史的先例を見出し、ヴァザーリやアンドレア・パッラディオ、ジャコモ・バロッツィ・ダ・ヴィニョーラら、ポスト・「サッコ・デ・ローマ」世代の建築を、ポスト・モダニズムをはじめとするここ五十年間の建築を取り巻く状況に擬《なぞら》える。これ自体は以前からの磯崎史観だが、本書ではさらに、文化・文政期の文人・竹田と「サッコ・デ・ローマ」世代、そして磯崎自身の世代に共通する笑劇《ファルス》的な性格として、「核心的な中心が消えた挙句に、それでも核心は存在するかの如くに騙りつづけること」（九八頁）が指摘されている。かつて『建築の解体』（一九七五）で「《建築の解体》症候群」のひとつとされた「「主題の不在」という主題」である。

磯崎の思考は竹田からヴァザーリへ、パッラディオから心越へ、そしてまた、心越からタウトへと、文字通り双制《デュアル・システム》的に時代と地域を行き来しながら、『建築における「日本的なもの」』（二〇〇三）で論じた問題構制《プロブレマティック》を辿り直し、「法隆寺をとりこわして停車場をつくるがいい」と嘯《うそぶ》く坂口安吾の「日本文化私観」を、一九六八年の世界文化大革命が生んだ論法「異議申し立て」に通じる、笑劇《ファルス》的に騙られた「対抗的論理《カウンターロジック》」として評価する。それは磯崎自身が「異議申し立て」の果てに至り着いた帰結でもあった——「一九七〇年頃の文化論的回転のあげくに問われることになったのは、意識下に渦巻く無定形のイメージと、それを定着する論理《ロジック》とのズレが、ダークマターのように立ち現れたことだった」（一二四頁）。第Ⅱ部を締め括る、連載執筆当時に準備中だった「磯崎新の謎」展に関する「謎の檄文」（一二五〜一二七頁）は、そんな「ズレ」を言語と記号で演じた笑劇《ファルス》的「騙り」にほかなるまい。本書では、そこで騙られている「謎」がすべての作品制作を「謎の形式」で提出したマルセル・デュシャンから学ばれていることもまた、やがて明かされることになる。

三幅対の間《ま》

第Ⅲ部のタイトルは「虚諧」、これは聲明にともなう打楽器の演奏に際し、同一リズムを反復しているとき、その一部で音を出さずにおく奏法を指す。聲明を唱える僧侶をはじめとする人びとは、その沈黙という「間《ま》」のなかに音を聴くのである。この第Ⅲ部の冒頭に一種の「賛」として置かれた、サム・フランシス、瀧口修造、ジョン・ケージの英日バイリンガルの三テクストのうち、「ま」について語る瀧口のそれは、磯崎の構想によって一九七八年秋パリで開催された「間《ま》——日本の時空間」展に寄せられたものである。本書で宮川淳が言及されるのもこの「間《ま》」展との関連からであり、その背景には「磯崎新の謎」展〈いき〉篇における「間《ま》」展再現の計画があった。

磯崎は二〇〇〇年に東京で「間《ま》——20年後の帰還」展を開催している。それからさらに二十年後、伊勢神宮の式年造替をもどくようにして、「間《ま》」の式年展を中国大陸で行なうことを磯崎は構想するのだが、山水画の余白に画賛を所狭しと加えてゆく過剰好みの中国よりも、拝火教の開祖ゾロアスターを生んだペルシャ語圏の思考方式のほうが「間《ま》」の空白に近いのではないか、と考える。この着想をもとにした式年展の計画は磯崎の死後も引き継がれ、二〇二四年三~四月にはイランのタブリーズで「間《ま》」展が開かれたほか、かつて拝火教を飛鳥に伝えたシルクロードを辿り、トビリシ（ジョージア）、サマルカンド（ウズベキスタン）、西安（中国）での開催も予定されている。

本書の流れはこの第Ⅲ部でもまた、突発的な出来事によって中断される。アフガニスタンで中村哲医師が武装勢力によって殺害された事件である。磯崎は本書で、かつてバーミヤンの石窟を訪れた折りに遭遇したトラック野郎の思い出しか語っていないが、中村医師がかの地に導入した用水路の工法をめぐり、「アナクロニックなローテク（土法）こそが生政治の罠から抜けだせる」（一四五頁）と書いたとき、磯崎自身が手がけたカザフスタン・キルギス・タジキスタンの三国を跨ぐ「中央アジア大学」のプロジェクトがその念頭にはあったのかもしれぬ。二〇〇四年に磯崎はこの計画についてこう語っている——「何もない、何も見えない、テクノロジーもない、そんなところに放り込まれてプロジェクトに関わる。戦後六〇年間、日本で最も欠落していた条件と向かい合うことになります」（磯崎新・鈴木博之・石山修武監修『批評と理論』、INAX出版、三七二頁）。中村医師殺害（二〇一九年十二月四日）に続いて起きた、米軍によるイラン・イスラム革命防衛隊ガセム・ソレイマニ司令官の暗殺（二〇二〇年一月三日）、これらに先立つ首里城炎上（二〇一九年十月三十一日）と、不穏な出来事の数々がこの「日付のついたエッセイ」に時代の痕跡を穿つ。

賛の著者である瀧口、フランシス、ケージという三名それぞれの、空白・無《ナッシング》・静寂《サイレンス》をめぐる磯崎の夢想・追想が語られるなか、やや唐突にそこに挿入されるダイアグラム（一五四頁）に注目してほしい。「均衡性・崇高性・超絶性」「数・巨大数・超京数」「〈都市《シティ》〉・〈大都市《メトロポリス》〉・〈超都市《ハイパー・ヴィレッジ》〉」という三段階に、アルブレヒト・デューラーによる横たわる裸婦を透視図法《パースペクティヴ》で素描する画家を描いた版画、バーネット・ニューマンの《Vir Heroicus Sublimis（英雄にして崇高なる人）》の展示写真（アンドレアス・グルスキー撮影）、五〇〇メートルの直径をもつ球面電波望遠鏡の写真がそれぞれ対応させられている。「巨大数」とは、磯崎のフォトモンタージュ、通称《ふたたび廃墟になったヒロシマ》が展示された一九六八年ミラノ・トリエンナーレの全体テーマだった。その崇高性の美学は人体形象主義《アントロポモルフィスム》を無効化した、と磯崎は言う。それはデューラーの版画が象徴する透視図法の解体でもあろう。この「巨大数」までは前著『瓦礫《デブリ》の未来』ですでに論じられていた。

問題なのはあらたに加わった「超絶性／超京数／〈超都市《ハイパー・ヴィレッジ》〉」の段階である。それは「村落単位に凝縮した集団が、相互に別個な制度と法をつくりだし衝突と結合を繰りかえす量子論的ギャラクシー世界」であり、「半跏思惟するミロクの世界」（一五三〜一五四頁）であるという。伝統的なリアルな都市、および、東京のようなアンリアルな都市に対する、ハイパーリアルな都市としてのディズニー・ワールドといった発想は、一九八〇年代の磯崎にすでに存在した。一九九〇年代には、自作のなら100年会館や静岡県コンベンションアーツセンター「グランシップ」（いずれも一九九八年竣工）をめぐり、人間的スケールを超えた大聖堂のような巨大建築空間におけるハイパーな経験について語ってもいる。それはまた、二〇〇〇年の第七回ヴェネツィア・ビエンナーレ国際建築展での「憑依都市《トランス・シティ》」の展示における「憑依《トランス》」の観念とも通底していよう。さらに、ここで「量子論的ギャラクシー世界」と言われているヴィジョンは、一九九〇年代から二〇〇〇年代にかけて磯崎が「群島」と称していたものをいっそうハイパーにレヴェル・アップしたモデルであるに違いない。

「半跏思惟するミロクの世界」という言及に関連し、「磯崎新の謎」展〈しま〉篇会場の「ダイマクション・マップ」が掲げられた片隅には、木製の小さな弥勒菩薩半跏思惟像が展示されていた。これはこの地図の創案者かつ『宇宙船地球号操縦マニュアル』の著者バックミンスター・フラーを暗示している。磯崎は或る会議に際し、夕刻の薄明のなか、フラーがひとり背を伸ばして椅子に腰かけているさまを眼にしたという。そこには瞑想に沈む仏陀のように、何ものも近づけない厳しさが張り詰めていた。磯崎はフラーを「弥勒菩薩の化身」と呼び、「人類を、その不均衡発展による自滅から救済する方策を探しつづけた生涯は、誰かが受け継がねばならないほどに貴重なものであった」と書いている（『挽歌集──建築があった時代へ』、白水社、四九頁）。「謎の檄文」の最後にフラーの名や宇宙船地球号への言及が現われることから見ても、晩年の磯崎にとってこの思想家・発明家の存在が大きなものとなっていたことはたしかだろう。ダイマクション・ドームをはじめとして、純粋に幾何学的な原理にもとづく数々の発明を成し遂げたフラーはそこで、弥勒菩薩とともにデミウルゴスの化身という側面も有していたのかもしれぬ。

本書には先のダイアグラムのような三段階ないし三幅対《トリプティック》のイメージが繰り返し登場してくる。一六七頁にはデューラーの《メレンコリアⅠ》、ジョヴァンニ・バッティスタ・ピラネージの《カンポ・マルツィオ》、マルセル・デュシャンの《Tu m'（おまえはわたしを）》および《三つの停止原基》、一八三頁では「パンデミック都市」のタイトルのもとに、トーマス・マンの『ヴェニスに死す』とパッラディオのレデントーレ教会、アルベール・カミュの『ペスト』とタイタニック号の広告、大友克洋の『ＡＫＩＲＡ』とその一部の画像といった具合である。これらがすべて「超絶性／超京数／〈超都市《ハイパー・ヴィレッジ》〉に至る三段階説に厳密に対応しているわけではなかろう。むしろ、三者で一体をなす点が本質的だ。

　磯崎が宮川に加え坂部恵の名を挙げてその著書『〈ふるまい〉の詩学』に言及し、さらに市川浩の身体論における錯綜体の概念と自身の東京都新都庁舎案における同名の概念との呼応に触れたうえで次のように語るとき、宮川・坂部・市川の三者もまた、磯崎にとって三幅対をなす鏡のような存在だったのではないだろうか――「専門的知識は西欧から学んでいる。古語を手掛かりに思考を支配する論理に亀裂を入れる点では宮川、坂部、市川と私も共通していた。同世代として応じていた。虚諧していたのだなと思う」（一七四頁）。すなわち、磯崎は暗黙のうちにこの三者と、既存の論理に亀裂を刻む拍子《リズム》を共有していたのである。このような三幅対的思考は本書第Ⅳ部のタイトルとされた「鼎制」に繫がる。そこではフランシス・フクヤマ、デヴィッド・グレーバー、マーク・フィッシャーの三人が鼎の足をなすことになる。

虚実反転の空間的書法

　磯崎は〈超都市《ハイパー・ヴィレッジ》〉の村落単位をなす〈しま〉の〈アーキテクチュア〉を「書き込み」の書法《エクリチュール》として考察する。それは近代建築の三要素とされた「空間・時間・建築」に対する違和感から出発した磯崎が、宮川や坂部と併走しながら開拓してきた道だった――「図面を描くこと。都市の生成プロセスを編成すること。そして、アーキテクチュアを見えない領域に拡大すること。全てがエクリチュールである」（二六六頁）。本書でその手がかりとされるのは、現代の文人と呼ぶべき磯崎にふさわしく、芭蕉の句「象潟《きさがた》や雨に西施が合歓《ねぶ》の花」から始めて紡ぎ出される「江湖《ごうこ》」のテクスト空間である。「江湖《ごうこ》」は原義としては川と湖、とくに揚子江と洞庭湖を意味するが、転じて世の中や世間、さらに都を遠く離れた隠者の住む地、禅宗の世界などのほか、『水滸伝』の梁山泊のような遊侠の徒が集まるアジールを指す、武侠小説のトポスともなった。

架空のテクスト空間だった「江湖《ごうこ》」としての梁山泊やシャングリラ――ジェームズ・ヒルトンの小説『失われた地平線』の舞台――が、現代の中国では実在する場所や都市――香格里拉《シャングリラ》市――とされ、テーマパーク的に開発されている事実を磯崎は引く。「実空間《リアル》」と「虚空間《バーチャル》」はメビウスの輪のように反転するのであり、それゆえ、かつての「海市」――「蜃気楼」の含意がある――もまた、〈超都市《ハイパー・ヴィレッジ》〉の時代には「着地してひとつの〈しま〉になるだろう」（一六四頁）と磯崎は言う。そのために開拓されるべきものが、テクスト的な虚構《フィクション》空間に「書き込み」を行なう書法《エクリチュール》なのだ。磯崎の説く「騙り」の重要性はここに由来する。アナログからデジタルへの書法《エクリチュール》の変化を経たうえで、磯崎は本書でさらに、暗号――謎――を素数列問題に還元してしまうデジタル化よりもむしろ、それを曖昧で多様な形象《イメージ》として扱うアナログ書法がヴァージョンアップして回帰する可能性を示唆している。

二〇一九年に大分市美術館で開催された「磯崎新の謎」展〈いき〉篇＋〈しま〉篇は、展覧会という「書法《エクリチュール》」による「磯崎新」というテクスト空間の編成だったと言えるかもしれない。これは全六部門からなる「磯崎新の全仕事」展の第一弾となる二部門であり――残る〈うつし〉〈かげ〉〈ながれ〉〈うたげ〉の四部門は未実現――、媒体《メディア》をテーマとする〈いき〉篇は磯崎のインスタレーション・ワークやアーティストとのコラボレーション、〈しま〉篇はおもに都市デザインに関するプロジェクトを取り上げている（詳しくは大分市美術館発行の同展パンフレット、および、『現代思想』二〇二〇年三月臨時増刊号「総特集・磯崎新」、三七一～四〇二頁参照）。「謎の檄文」で磯崎はうねった左向きの矢印と螺旋を描いた逆方向の矢印を示し、それらが「謎」解読の手がかりだと言う（この二種類の矢印はそれぞれ、「磯崎新の謎」展〈しま〉篇の27「海市計画」と22「孵化過程」の壁面に赤い点線で描かれていた）。本書でデュシャンの「謎解き絵画」と呼ばれている《Tu m'》にあたるのがこの檄文ということになろうか。先の二つをはじめとする展示会場壁面の矢印は、磯崎が若き日に新宿「ホワイトハウス」で出会った荒川修作の後年の作品「ダイアグラム」シリーズも連想させよう。

　檄文の末尾に書かれた「ＡＩ（JiQi Xin）」という署名のうち、ＡＩは磯崎のイニシャル、JiQi Xinは「磯崎新」の中国語読みである。磯崎はかつてエッセイ「都市破壊業ＫＫ」（一九六二）で「新」という名をＡＲＡＴＡとＳＩＮという対立する二人格に分裂させ、都市の計画と破壊をめぐる対話劇を演じさせた。一方ここでは、JiQi Xinと名乗ることでその対立の根拠が消え失せているうえ、「人工知能」を暗示するＡＩというイニシャルのみの表記によってさらに、「磯崎新」という人物からは遠ざかっている印象を与える。言い換えれば、「磯崎新」が「ＡＩ（JiQi Xin）」という暗号に変換されているのである。その暗号化自体が展覧会に対する「謎解き」の鍵なのかもしれぬ。

免疫都市のウイルス言語《ヴァイラル・ロジック》へ

　本書は終盤一挙にそれまで以上の緊迫感を帯びる。「虚譜」第三章は次の一文で終わる――「武漢は閉鎖されている」（一六九頁）。新型コロナウイルス感染症（COVID-19）によるパンデミックは「日付のついたエッセイ」を否応なく変える。コロナ禍初期のまったく不透明な状況のなかで、磯崎の現状認識も大きく揺れている。「パンデミック都市」の分析を試みながら、その考察は突然、かつてラディカリズムが「自滅」した世界文化大革命の時代に磯崎が陥った肉体的・精神的危機の記憶によって切断される。そんな危機の最中で綴られた自分の文章は冷静さや正気を失ったものだった、と磯崎は言う。そこで語られる経験は磯崎の創造プロセスを明かす告白として貴重であろう――「浮遊する影、私の分身らしい。その影が私を見透かしている。他人のように眺めている」（一八一頁）。それは統合失調症、あるいは、「巫の憑依」に似て、そんな憑依状態での譫言《うわごと》が「お筆先」として記述される。磯崎はここで、肉体的・精神的危機における自分のテクストやイメージが、そんな「お筆先」の一種であったと語って（騙って）いるように見える――「影はソラリスの海のように、平穏であるが、ときに渦巻く。差し詰め脳内ニューロンがランダム・コネクションする発火状態だ。そして正気が戻ってくる。影《イメージ》の文字化《ロゴス》、つまり、書記《エクリチュール》を試みる」（一八一頁）。デザインを仕事とする磯崎にとってこの「書記《エクリチュール》」とは、「投企《プロジェクト》」の「実演《パフォーマンス》」にほかならない。

コロナ禍という危機を受けて磯崎が構想したものもまた、「パンデミック都市」をめぐる投企《プロジェクト》だった。そのモデルは「免疫都市〈イムニタス〉」というキーワードで予告される。「ウイルス言語《ヴァイラル・ロジック》」は虚実皮膜の境界膜を破ってしまったのではないか、と磯崎は書く。人類が残らずウイルス・キャリアになって寄生状態となったとき、「その生体の種もまた高次の群体に寄生する」（一九九頁）。その群体が〈都市〉――免疫都市〈イムニタス〉である。

この免疫都市は本書の前段で「超絶性／超京数／〈超都市〉《ハイパー・ヴィレッジ》」の三幅対で示唆されていた世界の延長線上にはあれ、それとけっして同一ではなかろう。「実《リアル》」と「虚《バーチャル》」とのあいだの境界膜――デュシャンの「極薄《アンフラマンス》」を含め――を無化してしまう、磯崎が「量子論的」と形容する

「ウイルス言語《ヴァイラル・ロジック》」なるものの作用が、パンデミックを契機にここであらたに発見されている、と考えるべきなのだ。磯崎によれば、「ウイルス言語《ヴァイラル・ロジック》」とは〈都市〉＝国家＝社会の骨格である官僚制《ビュロクラシー》と人間という生体種との寄生《パラサイト》関係の論理であり、テクノロジーの浸透によって官僚制《ビュロクラシー》が変質して生まれたテクノクラシーの記述言語である。こうした発想は期せずして、通常の言語そのものを人間に寄生して支配するウイルスと見なし、それに対する対抗戦略として「カットアップ」をはじめとする言語改造の方法を案出した、作家ウィリアム・バロウズの思想と共振している。

磯崎が官僚制《ビュロクラシー》を重視するのは、コロナ禍の緊急事態下で中国の官僚制《ビュロクラシー》が強力に発動されたことをきっかけにしている。磯崎は中国における数々のプロジェクトで、この国の官僚制《ビュロクラシー》に翻弄され、苦汁を嘗めさせられた経験をもっていた。現代社会における官僚制《ビュロクラシー》支配を論じたフクヤマ、グレーバー、フィッシャーを磯崎が取り上げるのは、官僚制《ビュロクラシー》に内在して虚実皮膜の閾を無化する、「ウイルス言語《ヴァイラル・ロジック》」の語法を探るためである。

この三者のうち、磯崎はとくにフィッシャーに注目している。コンサバな「中庸」的民主主義者フクヤマ（米国国家戦略官《ストラテジスト》）やアナーキーな規範《レギュラシオン》的自由主義者グレーバー（ウォール街オキュパイの運動家《アクティヴィスト》）よりも、ラディカルな電脳《サイバネティック》的過激主義者フィッシャー（サイバー・パンクのネットブロガー）を選ぶのである。グレーバーが第三次産業革命（情報社会）のレヴェルに留まっているのに対し、フィッシャーのＬＳＤ共産主義はＡＩによる第四次産業革命に対応可能な視点を有し、磯崎がかつて「見えない都市」（一九六七）で唱えた「サイバネティック・エンバイラメント」のテクノクラシー・ヴァージョン――人類の頭脳がＡＩに凌駕される特異点《シンギュラー・ポイント》――を幻視しているからである。そこでは「実《リアル》」と「虚《バーチャル》」の皮膜同様、正気と狂気の境界が消滅する。フィッシャーは自死してしまい、もはや「応える声はない」（二〇一頁）。その応答の代わりとして本書の末尾に置かれた、四半世紀近く前に磯崎が書いた言葉〔「そして今日ではデミウルゴスはテクノクラートのなかにエイリアンのように寄生しているようにみうけられる」――（『造物主義論《デミウルゴモルフィスム》』函書き）〕は、いまやあたかも予言のように響き、本書のタイトル「デミウルゴス」こそが極めつきの「ウイルス言語《ヴァイラル・ロジック》」であったことを告げている。

本書は「磯崎新」という「謎」の鍵であると同時に、その「謎」からさらにあらたな「謎」を生むための装置であると言ってよい。「デミウルゴス」とは磯崎のなかに宿り、そんな装置を駆動させていた何ものかの名である。「磯崎新の謎」展の檄文が謳っているように、「解読はあっても解答はない」（一二六頁）のであり、双制的・鼎制的に論旨が二重三重に錯綜しつつ、ラップめいたリズミカルな断言を連ね嘯《うそぶ》いてそこを突破してゆく磯崎の騙りは、アルチュール・ランボーの言う「見者《ヴォワイヤン》」ないし「幻視者《ヴィジョネール》」の高度に明晰なヴィジョンを指し示す矢印的な言語であり、だからこそ、読者には謎々めいて迷宮的にも思えるのだが、その言語の迷宮性を憑坐《よりまし》のように身体を通して――虚諧により――経験する「解読」の営みは、単純な「解答」に至る単線的《リニア》な過程ではありえず、むしろ、複線化して分岐する多様な創造行為へと発展せずにはおかないものなのである。本書を読む者は、磯崎が惜しげもなく至るところにちりばめた謎や暗号、ダイアグラムの数々を、けっしてひとつの解答に還元することなく、あらたな謎の数々へと増殖させる「投企《プロジェクト》」を構想すべきなのだ――予測可能な「ゲーム」としてではなくオープンエンドな「プレイ」（一九九頁）として。そのとき、磯崎が宿していた「デミウルゴス」は、読者ひとり一人のなかに「エイリアンのように」――あるいはAIという名のウイルスのように――寄生あるいは憑依することになるだろう。

3　磯崎新「東京大学教養学部美術博物館」改造計画案をめぐって

磯崎新は一九七九年に東京大学教養学部美術博物館（現・東京大学大学院総合文化研究科・教養学部 駒場博物館）で、《空洞としての美術館Ⅰ・Ⅱ》や《ヴィッラ》のシリーズをはじめとするシルク・スクリーン作品による個展を開催している[*1]（ギャラリー「ときの忘れもの」のサイトでオープニングの模様などの記録が公開されている[*2]）。この展覧会に際し、磯崎は同博物館の改造計画案を構想し、オリジナル図面三枚（俯瞰図および一階と二階の平面図）を同博物館に寄贈しており、個展でもそれらが展示された[*3]。このうちの俯瞰図（アイソメ図）と一階平面図は現在も駒場博物館に所蔵されていることが判明している。現代版画センターの協力を得てこの磯崎展を企画した横山正氏によれば[*4]、個展のあとに磯崎新アトリエから要請があり、二階平面図のみはアトリエに返却されたとのことである。なお、磯崎新アトリエには下書きの図面二枚（二階平面図と全体の断面図）が残されている（基本構想は同一だが、階段の設け方に違いがある）。

これらの図面は一九七九年の磯崎展以外の場で展示されたことも、雑誌に掲載されたこともないものと思われる。上記「ときの忘れもの」サイトの写真でも、何枚かの背景にわずかにその一部が確認できるのみである。そのため、駒場博物館の許可・協力を得て、同博物館が所蔵するオリジナル図面二枚の展示を企画した（二〇二三年七月八日十三～十七時、東京大学駒場キャンパス 21KOMCEE East 地下K011 入り口付近通路）。このテクストは、その展示に際して作成された、一九七九年当時の文書や写真など、基礎となる情報を収めた資料[*5]に寄稿されたのち、若干の加筆修正[*6]を施したものである。

磯崎による計画案では、一階に美術博物館収蔵品の小展示室および収蔵庫が並び、二階中央部は広い展示室とされている。これは現在の駒場博物館とは異なり、高い吹き抜けの空間全体を二層に分けて使っていた当時の状態を踏襲したためであろう。[*7] この建物は東京大学の建築物を数多く手がけた内田祥三の設計によって一九三五年に竣工した旧制第一高等学校図書館であり、元来は二層に分けられておらず、吹き抜けの空間が閲覧室、奥の細長い部分が書庫だった。それが戦後になって二層化され、一階は教務課の事務室、二階は美術博物館とされていたのである。

俯瞰図によれば、二階奥のさらに半階上がったレヴェルが、マルセル・デュシャン《彼女の独身者たちによって裸にされた花嫁、さえも（通称・大ガラス）》レプリカ（東京ヴァージョン）の専用展示室になっている。この東京ヴァージョンは横山氏が中心になって一九七九年当時制作中であり、翌年完成することになる（現在は駒場博物館内に展示）。磯崎は作品背後の壁面中央に実際とは異なる開口部をひとつだけ設け、その外側に実在しない大木を位置づけることで、オリジナルを所蔵するフィラデルフィア美術館の、窓越しに噴水が見える《大ガラス》の展示方法に近づけている。

《大ガラス》レプリカを含めた全展示空間の中央を貫く軸線上の二箇所には立方体フレームが配置され、磯崎の建築的署名になっている。一九七四年竣工の群馬県立近代美術館をはじめとして、立方体フレームは磯崎の作品にのちのちまで頻出する形態である。版画《空洞としての美術館Ⅰ・Ⅱ》にも立方体フレームの立体模型が取り付けられている。プラトン立体のひとつである立方体はもっとも原型的であるがゆえに強力な支配力をもち、だからこそ建築家にとっては――「偏愛」の対象であると同時に、いや、だからこそ――「敵」なのだ、と磯崎は述べている。[*8] 立方体フレームはまた、可動化された美術品を任意に引用する「場」を限定するためだけの純粋な「枠」として、美術館――のちの磯崎の呼び方に倣えば「第二世代の美術館」――のメタファーである。[*9]すなわち、改造計画案の二つの立方体は、ここが「美術館」であることを顕示する記号でもあったことになろう。

二体の立方体フレームが配置された美術博物館の中心軸は、正門と1号館を結ぶ南北軸に対して直交する駒場キャンパス東西軸の一部であり、博物館と対称をなす位置には、同時期に内田が設計して一九三八年に竣工した講堂（九〇〇番教室）が建つ。丹下健三の師である岸田日出刀が内田のもとで安田講堂を設計したといった系譜を思えば、内田のいわば曽孫弟子の世代にあたる磯崎は、いわゆる「構造派」の内田が引いた軸線のうえに、構造とは無縁なメタファーにして署名である美的オブジェクトの小さな立方体を置いたのである。しかもその軸線はこの博物館内で、デュシャンの《大ガラス》レプリカという謎めいた作品を鑑賞する理想的な視線に重ね合わされている。

今回の展示を実見した建築家の加藤道夫氏は筆者への私信で、この計画案では「二つの立方体フレームの間での振動を生み出す空間」が構想されている、と指摘している。その「振動」は《大ガラス》レプリカや屋外の大木をも巻き込んで、さらに増幅されていると言えるだろう。磯崎はこの振動を通して、曽祖父的な建築家・内田が駒場キャンパスに引いた強力な軸線に局所的な揺らぎを与えようとしたのではないだろうか。

このように考えるとき、なるほど磯崎自身が記している通り「エスキース」であり、「現況があまりに無惨なので、せめてこれくらいの改造をやってみたいと考えた」[*10]がゆえの産物であったとしても、この改造計画案は東京大学駒場キャンパスの歴史に根ざし、そこに引かれた軸線をあらたなものへと変換する可能性を指し示したものであるように思えてくる。横山氏が一九七九年に書いたテクスト末尾の「本当に必要なものは必ずや生れ来る筈であるから」[*11]という一文はいまも生きて

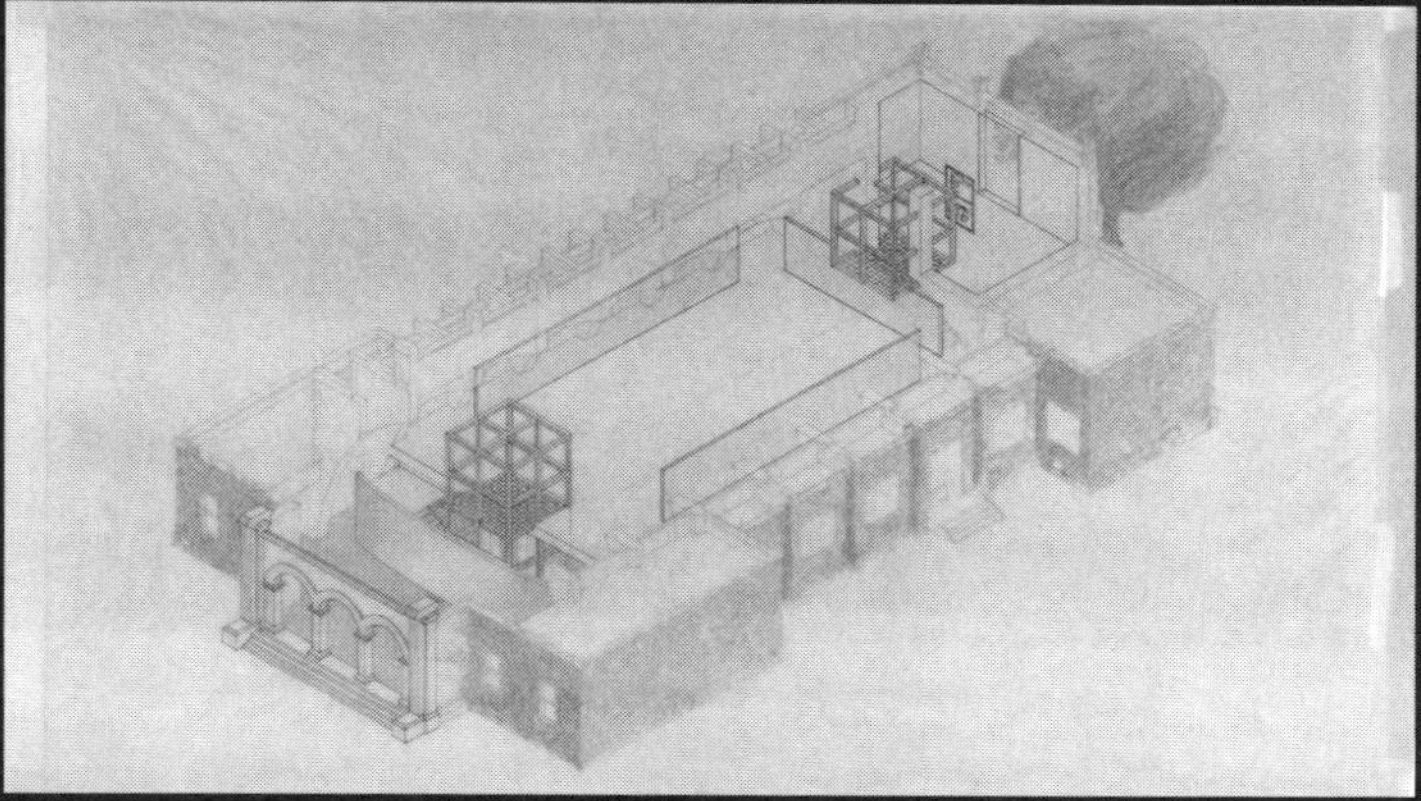

M3-1.「東京大学教養学部美術博物館」改造計画案・俯瞰図（1979）

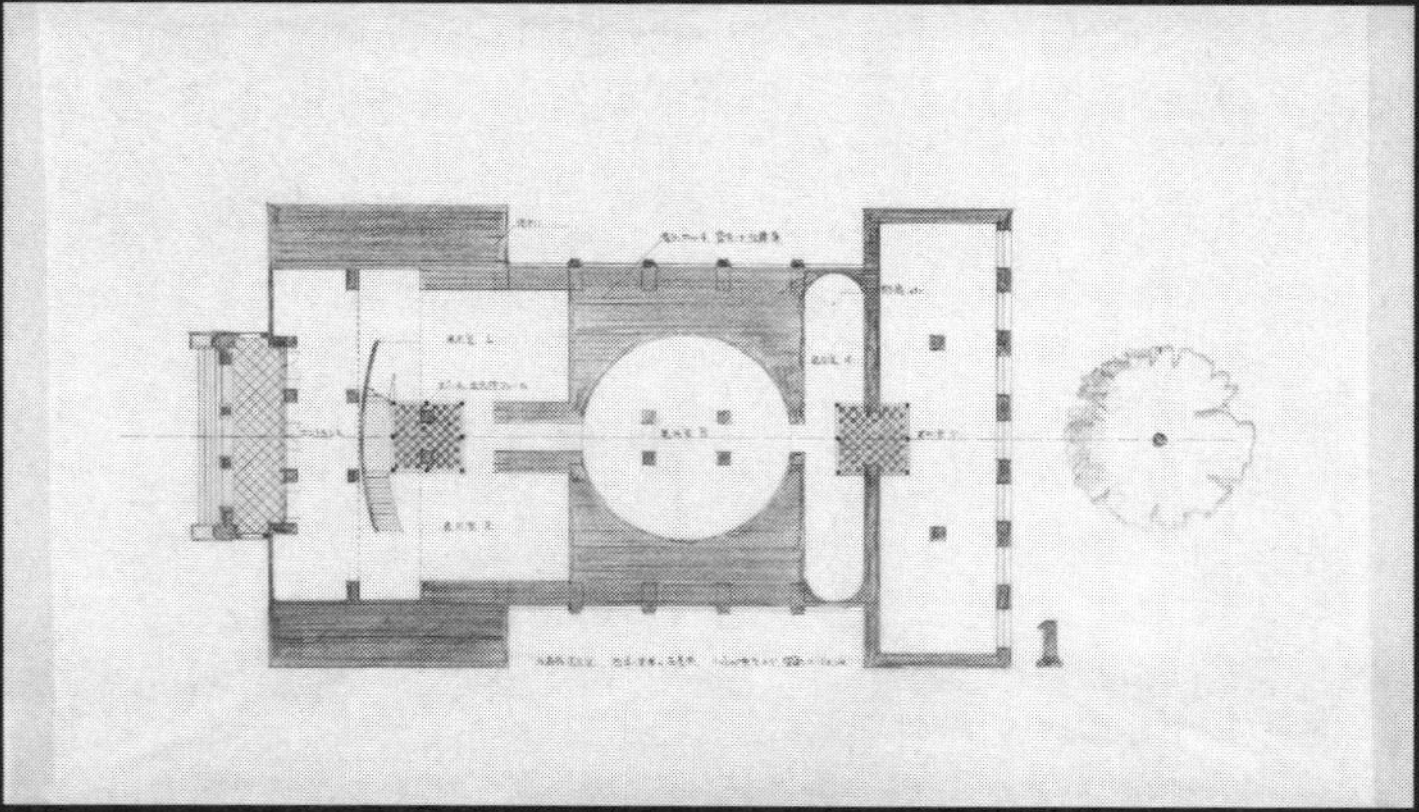

M3-2.「東京大学教養学部美術博物館」改造計画案・1 階平面図（1979）

いる。磯崎新によるこの計画案が、駒場博物館ひいては駒場キャンパスの「建築的未来」を構想するきっかけになることを期待したい。

4　磯崎新と雑誌『希望《エスポワール》』

磯崎新はインタヴューなどで、東京大学二年生の頃（一九五一～五二年）、駒場寮で同室の友人が作っていた同人雑誌に穴埋めのイラストを描いていた、という話を繰り返し語っている。[*1] その同人雑誌からは有名な作家が二、三人登場したともいう。磯崎は父親の急死（一九五一年五月）後、おそらく一九五二年から、縁があって仏文学者・渡辺一夫の自宅で書生として暮らしている。渡辺から言いつけられて近くに住む作家・野間宏に届け物をした折り、磯崎は大学生活について尋ねられ、先の同人誌を野間に見せたところ、「どうして廃墟ばっかり描くの？」と質問されたという。磯崎はそこではじめて、自分がそんなイラストばかり描いていたことに気づく。それらはイヴ・タンギーの絵に似た光景だったらしい――「草一本ない荒涼とした地面に小さなオブジェがうち捨てられている、終わりとも始まりともつかない風景だ」[*2]。磯崎は「いやあ、わかんないですけど、もうこれしか描くネタが無いですから」と答え、野間は、描くならもうちょっと社会主義リアリズムで描け、と諭した。磯崎は、ブリューゲルの絵をめぐる『暗い絵』（一九四六）を書いた野間はシュルレアリスムについても知っていた筈で、自分に対する批評には皮肉が交じっていた、と語っている。

磯崎はこれらのインタヴューや回想で、雑誌名やそれを作っていた友人の名を明らかにしていない。筆者が調査した結果、磯崎がイラストを描いたのはガリ版刷りの雑誌『えすぽわーる』第4号（一九五一年六月二十五日発行）、寮で同室の友人とはこの同人雑誌の中心人物であった河本英三《かわもとえいそう》と思われる。*3 河本が中心になって刊行された同人雑誌としては、東京都目黒区駒場東大構内のエスポワール編集室を発行所とし、一九五二年一月一日に創刊号が刊行された、『希望《エスポワール》』がよく知られている。*4 上記の『えすぽわーる』第4号は、河本が広島の高校生だった一九四八年に創刊した『Espoir　エスポワール』の最終号であり（第4号の誌名表記は表紙・奥付とも「えすぽわーる」）、発行所としては広島の住所に加えて「東大北寮十四」と記されている（一九四九年の第3号までは広島のみで発行）。*5 これは磯崎が駒場寮で住んでいた美術研究会の部屋にほかならない。

磯崎は『えすぽわーる』第4号や『希望《エスポワール》』の同人ではなかった。だが、河本をはじめとする同人たちとは交流があった。『希望《エスポワール》』同人の竹内泰宏は、編集室だった駒場寮の部屋で磯崎と面識を得たと回想している。*6 竹内の妻で同じく同人の高良留美子によれば、編集室が本郷キャンパス農学部近くに移っても、磯崎は姿を見せていたという。*7 以上を勘案すると、磯崎が関わった同人雑誌はまず間違いなく『えすぽわーる』第4号ないし『希望《エスポワール》』だが、『希望《エスポワール》』については毎号、「美術構成」担当者として森芳雄をはじめとする画家たちの名が明記してあり、同人でもない学生の磯崎がイラストを描いた可能性はまずない。*8 唯一残るのは『えすぽわーる』第4号のみである。

ただし、この号にはイラストの担当者名が記されておらず、イラストへの署名もごく一部に留まるため、磯崎がイラストを描いたかどうか、さらに、どのイラストを描いたのかを特定するのは容易ではない。パウル・クレーの作品数点からの転写を含む、掲載されたイラストは大きく分けて九点、[9]磯崎が叙述するような廃墟とオブジェの光景にぴったり合致するものはない。しかし、デフォルメされオブジェ化した人体を描いた扉のイラストにはタンギーの絵に通じる感覚が認められる。また、当時の磯崎はパブロ・ピカソの《ゲルニカ》(一九三七)の影響下にあったと語っており、[10]このイラストには《ゲルニカ》に登場する叫ぶ人物像の要素も感じられよう。さらに付け加えれば、このイラストは対象を簡略化された線で彫塑的・三次元的に描いており、なおかつ、その空間にどこか捻れを感じさせるのである。このような空間性の表現にのちの建築家・磯崎新の片鱗を見るのは錯覚だろうか。ル・コルビュジエの絵画からの影響もありうるかもしれない。[11]

この『えすぽわーる』第4号が出版された時期と磯崎が野間宅を訪れたと思われる時期のあいだにはかなりの隔たりがある。その間には非常に充実した内容・造本の『希望《エスポワール》』がすでに創刊されている。磯崎は前年に発行されたガリ版刷りの過渡的な『えすぽわーる』第4号をわざわざ持参したことになる。想像を逞しくすれば、これは——磯崎がインタヴューで示唆するように[12]——作家に友人たちの文学作品を紹介するためと言うよりは、『暗い絵』の作者に自分のイラストを披露するためだったのではないだろうか。『暗い絵』で描写されるブリューゲルの絵では、大地に黒い漏斗形の穴がいくつも開いているばかりではなく、爬虫類のような尾をつけた人間の股のあいだにも漏斗形の穴がぽっかりと開いている。執拗に反復されるこの穴のイメージに通じるものが、扉絵の彫塑的人体像中央に穿たれた空洞に感じられてならないのである。

もとより、これは推測に推測を重ねた解釈であり、このイラストを磯崎のものと断定することは

M4-1.『えすぽわーる』第 4 号（1951 年）扉。『希望《エスポワール》 復刻版』別巻（三人社、2012 年）より。

できない。学生時代の磯崎によるこうした表現活動の成果は、大分で結成された美術サークル「新世紀群」関連のものを含め、ほとんど知られていない。たとえば、いわゆる「血のメーデー」事件を主題にした――磯崎本人の言うところ――「最後の油絵」《五月》の所在も不明である。未確定事項ながら、若き磯崎新の手になる可能性のあるイラストをここで紹介することにより、世の関心を惹起し、広く情報を求めたい。

跋

本書は磯崎新をめぐる評論である。時系列に沿った論述のため、一種の評伝として読んでいただいてかまわない。しかし伝記とは本来、生前の磯崎をよく知る人びとの肉声にもとづき、よりなまなましく書かれるべきものだろう。それはわたしの任ではない。また、本書はいままでの「磯崎新論」を網羅的に踏まえることもしていない。これはアカデミックな「磯崎新研究」でもないからだ。わたしの関心は、磯崎新という人物の圧倒的な創造活動の核心にあったものは何かを、あくまで磯崎自身の作品とテクストに即し、その生の時間に沿って——いわば「伝」と「論」の狭間で——追究することに尽きていた。『磯崎新論《いそざきあらた》』に振られた「シン・イソザキろん」というルビは、そうした関心の所在を象徴的に表わすための異名である。

本書のもとになった原稿は、磯崎さん——個人的な思いを綴ることが許されるこの後書きの場では、以下、こう呼ばせていただく——の最晩年となる二〇二一年秋に書き始められ、磯崎さんの訃報に接した翌年十二月には、二年間に亘る雑誌『群像』連載のちょうど折り返し点に達したところだった。残念ながら、拙論についてのご感想を磯崎さんご自身から直接うかがう機会はもてなかった。亡くなられた直後となる年明け発行の号に掲載されたつくばセンタービル論（本書第14章）は、わたしにとって渾身の論考だっただけに、磯崎さんにお読みいただけなかったことが無念でならない。宮脇愛子さんのご生前、妻とともにお二人にお目にかかる機会があったことを思い出すにつけ、個人的な感慨はとても深いのだけれど、その思いは本書に収めた追悼文（「余白《マルジナリア》に1」）の行間に込めたつもりでいる。

　ここで本書のエピグラフについて触れておこう。J・G・バラード「終着の浜辺」のフレーズ、「この島は未来という時間の化石だった」の原文に並べてそこに引いた、蘇東坡「登州海市」冒頭部の書き下し文と訳は次の通りである（小川環樹・山本和義選訳『蘇東坡詩選』〈岩波文庫〉などに依拠する）。

東方の雲海　空《くう》復《ま》た空《くう》
　東の彼方は雲と海が拡がり、うつろ、どこまでもうつろだ。
群仙　出没す　空明《くうめい》の中《うち》
　その仄白い明るさのうちに、もろもろの仙人たちが出没するという。
浮世《ふせい》を蕩揺《とうよう》して　万象を生ず
　いや、この世界はたえず揺らめき動き、すべての現象はそこから生まれる。
豈《あ》に貝闕《ばいけつ》の珠宮《しゅきゅう》を蔵する有らんや

　貝殻で飾られた楼門の陰に、真珠の宮城があるはずはなかろうに。
心《まこと》に知る　見る所の皆幻影なるを
　眼にするものはすべて幻影だ、と知りぬいてはいるが、
敢て耳目を以て神工《デミウルゴス》を煩わす
　あえて耳目のために神の手わざを煩わそう。

「神の手わざ」を意味する「神工」に「デミウルゴス」とルビを振った。またエピグラフでは、この七言古詩の六句を正方形にデザインしている。これらはいずれも、磯崎さんに対するわたしからのオマージュである。

　本書は雑誌『群像』における連載（二〇二二年一月号〜二〇二三年一二月号）にもとづき、部分的に若干の加筆修正を施したほか、誌面上では省略した註を付した。ただし、やや気負いすぎた筆致だった前口上《プロローグ》は大幅に削り、結論《エピローグ》は書き下ろしである。「余白に《マルジナリア》１」は『群像』二〇二三年三月号、「余白に《マルジナリア》４」は同誌二〇二三年一一月号に掲載された文章がもとになっている。「余白に《マルジナリア》３」はわたしが編集・発行した『磯崎新「東京大学教養学部美術博物館」改造計画案　資料集』（二〇二三）に収めた解説文を加筆修正した内容である。「余白に《マルジナリア》２」の磯崎新『デミウルゴス——途上の建築《アーキテクチュア》』解説は、同書の書肆である青土社のご厚意によ

り、若干の誤植などを修正し、最新の情報を加えたうえで、本書に再録した。

なお、本書は日本学術振興会（JSPS）科研費（課題番号 19H01199, 19H01205, 22H00609, 23K21881）による助成を受けている。


謝辞を記したい。

本書のそもそものきっかけとなった『群像』連載は、同誌編集長である戸井武史さんからのご提案だった。コロナ禍が始まった二〇二〇年年頭だったと記憶する。じつは思いもかけぬお話だったため、さんざん逡巡した挙げ句、また、コロナ禍に伴って身動きがまったく取れないという事情もあり、連載開始は二年後になってしまった。しかし、「所詮自分の身の丈に応じたものしか書けぬ」と覚悟を決めたからか、二年間に及ぶ連載自体は一度も休むことなく書き続けることができた。戸井編集長には、連載のお声がけのみならず、当初の予定よりも長大なものになりがちだった論考を掲載し続けてくださったことに対して、心から御礼申し上げたい。

連載および本書制作の担当編集者である森川晃輔さんには、松浦寿輝さん、沼野充義さんとの共著『徹底討議　二〇世紀の思想・文学・芸術』（講談社）のもとになった鼎談に引き続き、大変お世話になった。いつも変わらずきめ細やかな対応をしていただき、拙稿についての感想を律儀に返してくださることが、連載執筆のリズムをなす励みとなった。予想通り、と言うべきか、磯崎新という人物の巨大さに応じてこのような大著になった本書編集のためにおかけしたご苦労も合わせ、この間のご尽力に対して、深い感謝の念を捧げたい。

磯崎さんのパートナーでいらっしゃったばかりでなく、磯崎新アトリエの現代表でもある辛美沙さんには、『群像』連載中からわたしの質問にお答えくださるなど、多くの情報と資料を提供していただき、本書の制作にあたってはさらに、図版の使用などについて多大な便宜を図っていただいた。まったく御礼の言葉もないほどである。磯崎新アトリエの染谷李枝さんには、情報の確認や資料提供、さまざまな手続きにつき、非常に細かな点にまで及ぶご相談に応じていただいた。お二人に対する心からの謝意をこの場に記しておきたい。

画像データのご提供を受け、図版としての使用を許可していただいた諸氏・諸機関に対し、深く御礼申し上げる。装幀をお願いした大倉真一郎さんは、亀裂が縦横に走って文字と交錯するカヴァー・デザインなどにより、内容にふさわしい貌《ファサード》を本書に与えてくださった。感謝の気持ちをお伝えしたい。また、『群像』連載中から本書の校正に至るまで、校閲者の方々からのご指摘には大変助けられた。記して謝辞とさせていただく。

二〇二三年七月の表象文化論学会大会におけるシンポジウム「「間」のポエティクスをめぐって」のパネリストである松井茂さん、石井美保さん、原瑠璃彦さんの発表からは大きな刺激を受けた。このシンポジウムは本書の結論《エピローグ》を着想するきっかけになっている。わたしが体調不良のために対面参加できず、ヴィデオ映像で発表を行なった同年十月の大分市アートプラザにおける追悼シンポジウム「「磯崎新の謎」をよみとく」では、青木淳さん、高山明さん、浅田彰さんの貴重なお話から、結論《エピローグ》が着地すべき点の示唆を得た。これらの皆さん、および、追悼シンポジウムにお招きいただいた当時の大分市美術館館長・菅章さんに感謝の念を表したい。そのほか、本書各所の具体的な論述に関してご助言やご助力を頂戴した方々については、註の該当箇所に謝意を記している。

客観的であるべき学術書で唯一パーソナルな思いを託せる跋（後書き）のなかでもとくに、わたしは謝辞をとても大切に思ってきた。連載期間中、幸いにも生き死にの大事には至らなかったが病を得て入院した経験から、その思いはいっそう強まったように感じている。わたしにとって謝辞は書物のかけがえのない一部なのである。

それゆえ、本書執筆の時間をともにした、人生のパートナーである妻・有子に対する感謝をこの場に記したい。先にも書いたように、妻と二人で磯崎さんたちの軽井沢の別荘を訪れたあの夏の記憶はいまだに鮮明だ。けっして密接な交際ではなかったとしても、人生の或る時期に実際に出会った、恩人でもある磯崎さんという人物について、集中して評伝を書き綴っていたがゆえの複雑で深い思いに由来するのか、とくに磯崎さんの没後、故人をめぐってさまざまな言説が語られた時期、本書には書かなかった激しい感情に駆られることがしばしばあった。そうした感情を共有ないし理解してくれる妻の存在は、なおのこといっそう、わたしにはありがたかったのであり、その気持ちを改めてここで表わしておきたい。こうした経緯ゆえに、本書は妻とともに書いた書物なのだと実感している。

「巨人の肩に乗る」という言葉がある。その原義からはいささか逸れるが、磯崎さんの人生と作品の軌跡を自分なりにようやく辿り終えた今、ひとりの「巨人」の肩によじ登ったかのような感覚を覚えなくもない。他方で、わたしがなしえたことは、磯崎さんの残した膨大な芸術的・知的遺産にアプローチする糸口をようやく探し当てた、といったところなのかもしれぬ。しかし、磯崎新という稀有な文人——この言葉の含意については本書をお読みいただきたい——の建築的／建築外的営みが一貫して根ざしていた、その身体奥底の謎めいた渾沌《うみ》の景色だけは、本書によっていささかなりとも描きえたと信じたい。

最後に、このうえない感謝を込め、本書を磯崎新そのひとの霊《ひ》に捧げる。

二〇二四年九月九日

田中　純

註

前口上《プロローグ》

1 三宅「虚構のフレームアップ」（一九九一）、三一頁。

2 鈴木「第15信　ブレーク」（二〇一二）。

3 石山「作家論・磯崎新　第2章　丹下健三と磯崎新2」（二〇一三）。

4 浅田・岡崎・日埜「磯崎新をどのように読み継ぐか」（二〇一四）。

5 本書においても図版は〈建築〉の寓意画《エンブレム》と見なしうるものを中心に厳選した（もとより、紙面上の制約が大きな理由である）。磯崎が設計した建築物のイメージについては、書誌「作品集・展覧会カタログ」に挙げた書籍のほか、インターネット上で公開されている実景写真などを検索してご覧いただきたい。

第Ⅰ部

1 沈んだ島、牡丹の庭

1 「瓜生島」調査会編『沈んだ島』（一九七七）、二〇五－二〇六頁。

2 近年の調査報告として、三澤ほか「瓜生島の消失とその原因へのアプローチ」（二〇一六）。この調査によれば、瓜生島と呼ばれた地域があったと推定されるのは現在の5号埋立地沖合であるという。

3 「瓜生島」調査会編『沈んだ島』（一九七七）、表・裏見返し参照。

4 加藤「別府湾の謎に迫る」（二〇〇四）、一八頁に掲載。「原図は戦災で焼失」とある。

5 磯崎『偶有性操縦法《コンティンジェンシーマニュアル》』（二〇一六）、一二頁。

6 磯崎「私の履歴書（2）」（二〇〇九）。磯崎はのちに大江健三郎、原広司との鼎談で、自分にとっての根源的なイメージは「海」だと語っている――「ぼくが田舎に帰るときに、ぼくの海が、小さい湾の海の水が見える瞬間があるわけ。〔中略〕だから海というのは、ぼくにとってはエロスみたいなものだし死みたいなものだし……という感じがいつもある」。磯崎・大江・原「鼎談〈言葉と空間のブリコラージュ〉」（一九八〇－九）、四三頁。

7 「瓜生島」調査会編『沈んだ島』（一九七七）、二五三頁。

8 渡辺克己『大分今昔』（一九六四）、六七頁。

9 渡辺克己『大分今昔』（一九六四）、一〇七頁。

10 衛藤『党人郷記』（一九三三）、五一頁。

11 衛藤『党人郷記』（一九三三）、五一頁。

12 海事彙報社編『海運興國史　附錄』（一九二七）、八五六－八五七頁。

13 磯崎「私の履歴書（2）」（二〇〇九）。

14 石山「作家論・磯崎新　第1章――第31信　作家論　磯崎新7」（二〇一二）。

15 磯崎「私の履歴書（3）」（二〇〇九）。

16 林房雄「林房雄年譜」（一九六八）、四四七頁。林房雄『緑の日本列島』（一九七三)、二〇頁。

17 狭間『大分県文化百年史』(一九六九)、八三頁。

18 狭間「大分が選択した保存再生のシナリオ」(一九九八)、二二頁。

19 「磯崎藻二年譜」(一九五一)、九三頁。この年譜には四月入学とあるが、当時の東亜同文書院は三年制で八月入学、六月卒業であったから、正しくは一九一九年(大正八)八月入学と思われる。

20 「大分貨物自動車株式会社申請の通運事業のためにする一般貸切貨物自動車運送事業の指定について」(一九五〇)。この書類では三月卒業になっているが、正しくは一九二二年(大正一一)六月卒業と思われる。

21 磯崎「私の履歴書(3)」(二〇〇九)。

22 林房雄「林房雄年譜」(一九六八)、四四九頁。

23 磯崎「私の履歴書(3)」(二〇〇九)。

24 藻二は『郷土句集』刊行と同じ年の一一月に創刊されたプロレタリア文学系の雑誌『九州文壇』の同人になっている。狭間『大分県文化百年史』(一九六九)、四六七頁。

25 「磯崎藻二年譜」(一九五一)。

26 人事興信所編『人事興信録・上』第14版(一九四三)、イ一八五頁。

27 磯崎『瓦礫《デブリ》の未来』(二〇一九)、一一七頁。

28 糸長『蓬莱詩鈔』(一九五八)。

29 磯崎『瓦礫《デブリ》の未来』(二〇一九)、一一七頁。

30 磯崎『瓦礫《デブリ》の未来』(二〇一九)、一一八頁。

31 『大分合同新聞』、一九五一年五月九日付朝刊、二面。なお、二〇一九年四月一四日に行なわれた青木淳・西沢大良によるインタヴューで磯崎は「親父には芸妓との間に娘、僕の腹違いの妹がいて、戦争中はその置屋のどこかから会社に出勤していました」と語っている。磯崎・青木・西沢「インタヴュー1」(二〇二〇)、一三頁。

32 平松『磯崎新の「都庁」』(二〇〇八)、七七五-七八頁。

33 磯崎「私の履歴書(3)」(二〇〇九)。

34 磯崎「私の履歴書(4)」(二〇〇九)。磯崎のパートナーであった辛美沙さんは、京都ではなく大阪という話も聞かされたという(筆者への私信に拠る)。女性が身ひとつで暮らすには、京都よりも大阪のような大都市のほうが受け入れられる余地が大きかったであろうし、別府と大阪は船で結ばれ、別府には大阪商人の別荘が多いなど、大分との繋がりも深かった(以上、辛さんのご教示に感謝する)。

35 磯崎藻二「無題」(一九四七)。

36 狭間『大分県文化百年史』(一九六九)、四七七頁。

37 磯崎藻二「宗麟忌」(一九三六)、七五頁。

38 山本「藻二の俳句」(一九五一)。筆者の山本益樹は『大分合同新聞』夕刊編集部長である。

39 磯崎「大友宗麟の墓」(一九七八)、一五八頁。

40 磯崎藻二「或る日記」(一九三七)、七四頁。

41 磯崎「私の履歴書(3)」(二〇〇九)。

42 磯崎『ポスト・モダンの時代と建築』(一九八五)、一一一頁。

43 吉岡「序文」(一九五一)。

44 磯崎藻二『藻二句集　牡丹』(一九五一)、五〇頁。

45 磯崎「私の履歴書(4)」(二〇〇九)。『大分合同新聞』、一九四五年四月一六日付。

46 磯崎藻二「牡丹」(一九四七)。

47 大分の空襲を記録する会編『大分の空襲』(一九七五)、一一頁。

48 磯崎「私の履歴書(4)」(二〇〇九)。磯崎から同人誌を渡され、そのイラストについて「なぜ廃墟なのか」と問いかけ、磯崎にはじめてこの点を自覚させたのは作家の野間宏である。また、或るインタヴューで磯崎は、自分のイラストに似た作品を描いた画家のことを、サルバドール・ダリの作品の時計のように「妙な溶けた絵画を描く人」と呼び、マックス・エルンストやジョルジョ・デ・キリコではなく、もっとマイナーな、ジャン・アルプ風のオブジェを地上に描いている人物としている(「磯崎新オーラル・ヒストリー　2012年3月31日」)。これらの形容から推して、その画家とはイヴ・タンギーであろう。藤森照信によるインタヴューでも磯崎は野間とのエピソードに触れ、地平線があってオブジェが散らばっているタンギーの作品に非常に関心があったこと、自身のうちでシュルレアリスムと廃墟とが繋がっていたことを回想している(磯崎・藤森「戦後モダニズム建築の軌跡・丹下健三とその時代」(一九九八〜九九)、九五頁)。以上の点に関しては、本書「余白《マルジナリア》に4」参照。

49 磯崎藻二「牡丹」(一九四七)。

50 山本「藻二の俳句」(一九五一)。

51 おそらくは同紙に「藻二の俳句」を寄稿している山本益樹であろう。

52 「東西南北」(一九五一)。

53 磯崎「建物が残った」(一九九八)、六二頁。

54 磯崎「建物が残った」(一九九八)、六四-六五頁。

55 狭間「大分が選択した保存再生のシナリオ」(一九九八)、二三頁。

56 狭間「大分が選択した保存再生のシナリオ」(一九九八)、二五頁。

57 磯崎「建物が残った」(一九九八)、六三頁。

58 磯崎「建物が残った」(一九九八)、六四頁。

59 磯崎『瓦礫《デブリ》の未来』(二〇一九)、一一八頁。

2 前衛の季節

1 藤原「われら前衛の徒　大分新世紀群の軌跡(4)」(二〇一九)。

2 磯崎「私の履歴書(5)」(二〇〇九)。

3 磯崎『建築家捜し』(一九九六／二〇〇五)、三一頁。本書における同書からの引用はすべて岩波現代文庫(二〇〇五)に拠る。

4 具体的には「小林秀雄が隅田川のポンポン蒸気にのりながらランボーの原書をふところにつっ込んでいた」というくだりである。磯崎『建築家捜し』(一九九六／二〇〇五)、三一頁。

5 磯崎『建築家捜し』(一九九六／二〇

〇五)、三一頁。

6　ランボオ『ランボオ詩集』(一九四八)、一二七頁。

7　磯崎『建築家捜し』(一九九六／二〇〇五)、三五頁。

8　磯崎「「新世紀群」由来」(一九八五)、七－八頁。

9　瀧口『近代藝術』(一九四三)、五頁。

10　瀧口『近代藝術』(一九四三)、六頁。

11　瀧口『近代藝術』(一九四三)、七頁。

12　林道郎「『近代芸術』」(二〇〇五)、一九〇頁。

13　瀧口の書中における引用は「犬がその主人のあとを追ひつゝ描く曲線のやうに美しく……解剖臺でミシンと蝙蝠傘とが偶然に遭遇したやうに美しく……」である(瀧口『近代藝術』(一九四三)、七六頁)。それはこの書物のなかでとくに重要な引用ではない。

14　磯崎『建築家捜し』(一九九六／二〇〇五)、三三頁。

15　瀧口『近代藝術』(一九四三)、一九五頁。

16　瀧口『近代藝術』(一九四三)、一九六頁。

17　瀧口『近代藝術』(一九四三)、二〇九頁。

18　磯崎「或る魂の位置」(一九四九)。この文章が掲載された『青窓』第七號は、大分県立大分上野丘高等学校(旧大分第一高等学校)文芸部に所蔵されている。この貴重な資料に関する情報提供について、同文芸部および大分市美術館美術振興課・山之上理加さんに感謝する。なお、「或る魂の位置」のテクストは――コクトーや小津の映画の感想などを省略したうえで――文字情報のパネルにされ、大分市アートプラザ・磯崎新建築展示室に展示されている。

19　「磯崎新オーラル・ヒストリー　2012年3月31日」。

20　「磯崎新オーラル・ヒストリー　2012年3月31日」。ここで「ナカノ(表記不明)さん」と言われているのが中野純である。

21　高橋『回想の東大駒場寮』(一九九四)、七五頁および一三八頁。

22　「磯崎新オーラル・ヒストリー　2012年3月31日」。磯崎・日埜『磯崎新インタヴューズ』(二〇一四)、一一三頁。高橋『回想の東大駒場寮』(一九九四)、viii頁。

23　大野『全学連血風録』(一九六七)、一〇二頁。

24　「磯崎新オーラル・ヒストリー　2012年3月31日」。

25　「磯崎新オーラル・ヒストリー　2012年3月31日」。なお、この紙芝居の制作にあたっては、山田のほか、磯崎と同じく建築学科を経て丹下健三研究室に所属した阿久井喜孝(軍艦島の実測調査・研究で知られる)も作画を担当したらしい。池田『日本古代史を学ぶための漢文入門』(二〇〇六)、一二頁。

26　このエピソードを磯崎は好んで語っている。磯崎「「新世紀群」由来」(一九八五)、七－八頁。磯崎「私の履歴書(6)」(二〇〇九)。「磯崎新オーラル・ヒストリー　2012年3月31日」。

27 「磯崎新オーラル・ヒストリー　2012年3月31日」。
28 一九五〇年八月の『世紀ニュース』に附記された「世紀会則」より。桂川『廃墟の前衛』（二〇〇四）、二八頁。
29 鳥羽「関連年表」（二〇〇七）、三〇七頁。
30 瀬木慎一の回想より。鳥羽『運動体・安部公房』（二〇〇七）、八七－八八頁。
31 岡本「「夜の会」前後」（一九七四）、二三七頁。
32 岡本「對極主義」（一九四九）、一二頁。
33 岡本「對極主義」（一九四九）、一五頁。岡本「悲劇的な立場の自覚」（一九四八）。『綜合文化』一九四八年三月号の座談会「悲劇について」（岡本、花田、加藤周一らが参加）。
34 「磯崎新オーラル・ヒストリー　2012年4月1日」。
35 磯崎「岡本太郎の鬼子たちは」（一九九九）、一五六頁。
36 磯崎は花田の『錯亂の論理』を読んだらしく、回想では一九五〇年代初期における花田の影響力の大きさを語っているが、瀧口や岡本ほどの直接的な言及はない。「磯崎新オーラル・ヒストリー　2012年3月31日」。
37 磯崎「年代記的ノート」（一九七一）、四八四頁。
38 「磯崎新　関係資料――資料1　磯崎新　年譜（1931～89）」（二〇一五）、一－二頁。
39 「磯崎新オーラル・ヒストリー　2012年3月31日」。
40 磯崎「年代記的ノート」（一九七一）、四八三頁。
41 磯崎「年代記的ノート」（一九七一）、四八四頁。
42 磯崎「年代記的ノート」（一九七一）、四八五頁。
43 磯崎「年代記的ノート」（一九七一）、四八五頁。
44 藤原「われら前衛の徒　大分新世紀群の軌跡（6）」（二〇一九）。「磯崎新オーラル・ヒストリー　2012年3月31日」。磯崎ほか「建築論壇「新宿ホワイトハウス」を巡って」（二〇一一）、四六頁における吉村益信の発言。なお、磯崎はこの座談会で吉村に指摘されるまで、自分が《五月》を描いたことを忘れていた、と語っている（「磯崎新オーラル・ヒストリー　2012年3月31日」）。驚くべき記憶力の持ち主であり、語り部である磯崎が「何を忘れていたか」は注目すべき点であろう。
45 磯崎・安藤「プラットフォーム2020」（二〇一五）、八頁。
46 磯崎・安藤「プラットフォーム2020」（二〇一五）、一〇頁。
47 磯崎・安藤「プラットフォーム2020」（二〇一五）、八－九頁。
48 磯崎・安藤「プラットフォーム2020」（二〇一五）、三八頁。
49 磯崎・安藤「プラットフォーム2020」（二〇一五）、一八頁。
50 丹下・藤森『丹下健三』（二〇〇二）、三五一頁参照。

3 （反）重力の衝撃

1 磯崎「私の履歴書（1）」（二〇〇九）。

2 磯崎・藤森「戦後モダニズム建築の軌跡・丹下健三とその時代」（一九九八–九九）、五三頁。

3 丹下・浅田・大谷ほか「廣島計画 平和都市の建設」（一九五〇）。

4 磯崎・藤森「戦後モダニズム建築の軌跡・丹下健三とその時代」（一九九八–九九）、五四頁。

5 磯崎「反回想5 「わ」の所在（著者解題）」（二〇一三）、vii頁。

6 太田『奈良の宿・日吉館』（一九八〇）参照。同書末尾に掲げられた「日吉館のおばさんに感謝する会」の「協力賛同者名簿」からは、この旅館を愛した人びとの顔ぶれがうかがえる。そこには磯崎やその夫人だった宮脇愛子の名も見つかる。

7 『奈良の宿・日吉館』を編集した太田のほか、「日吉館のおばさんに感謝する会」の「雑用係」は磯崎の友人でもあった建築史家・伊藤ていじ（鄭爾）が務めている（太田『奈良の宿・日吉館』（一九八〇）、二三二頁）。

8 磯崎「建物が残った」（一九九八）、六二頁。

9 磯崎「反回想5 「わ」の所在（著者解題）」（二〇一三）、vii頁。

10 太田「重源と快慶」（一九七五）、九頁。

11 宮本「東大寺伽藍の歴史と特色」（一九九二）、一〇二頁。

12 太田「重源と快慶」（一九七五）、五頁。

13 磯崎「反回想5 「わ」の所在（著者解題）」（二〇一三）、viii頁。

14 磯崎「反回想5 「わ」の所在（著者解題）」（二〇一三）、ix頁。

15 磯崎「反回想5 「わ」の所在（著者解題）」（二〇一三）、vii–viii頁。

16 磯崎「架空座談会『ゲートルを巻いた丹下健三』」（二〇一三）、二一八頁。

17 磯崎・藤森「戦後モダニズム建築の軌跡・丹下健三とその時代」（一九九八–九九）、五五頁。

18 磯崎「架空座談会『ゲートルを巻いた丹下健三』」（二〇一三）、二一八頁。

19 「磯崎新オーラル・ヒストリー 2012年3月31日」。

20 ル・コルビュジエにおける「ひとつの建築」へのアナクロニックな遡行については、田中「近代というナルシス」（二〇〇八）参照。

21 磯崎「私にとってのアクロポリス」（一九八四）、一一頁。

22 Le Corbusier 1948, p.66.

23 磯崎「私にとってのアクロポリス」（一九八四）、一二頁。

24 磯崎「全身での身の任せきり」（二〇〇五）、九八頁。磯崎「丹下健三の「建築＝都市＝国家」共同体としての日本」（二〇一三）、一九六頁。

25 磯崎「全身での身の任せきり」（二〇〇五）、九八頁。磯崎「丹下健三の「建築＝都市＝国家」共同体としての日本」（二〇一三）、一九六頁。磯崎はこの光景に照応する都市景観を、アンドレアス・ファイニンガーが撮影したマンハッタンの写真に見出している。そのうちの一枚では、クイーンズのユダヤ人墓地の背景にマンハッタンの高層ビル群が写り、墓石と摩天楼がダブル・イメージになっている。磯崎・横手『日本建築思想史』（二〇一五）、一八〇－一八一頁、および、磯崎「廃墟論」（一九九〇）、三一三頁参照。なお、この都市表象については、田中「未来の化石」（二〇〇〇）、三〇－三一頁参照。

26　磯崎「全身での身の任せきり」（二〇〇五）、九八頁。磯崎「丹下健三の「建築＝都市＝国家」共同体としての日本」（二〇一三）、一九六頁。

27　岸・原・豊川『TANGE BY TANGE 1949-1959』（二〇一五）、三二一－三三頁参照。

28　丹下・浅田・大谷「廣島計画　1946～1953」（一九五四）、一二頁。

29　丹下・藤森『丹下健三』（二〇〇二）、一四三頁。

30　磯崎「反回想1　散種されたモダニズム（著者解題）」（二〇一三）、vii頁。

31　磯崎・横手『日本建築思想史』（二〇一五）、一八〇頁。

32　丹下・藤森『丹下健三』（二〇〇二）、一四五頁。

4　（祖）父なる建築家

1　磯崎「架空座談会『ゲートルを巻いた丹下健三』」（二〇一三）。

2　磯崎「架空座談会『ゲートルを巻いた丹下健三』」（二〇一三）、二三〇－二三一頁。

3　磯崎「架空座談会『ゲートルを巻いた丹下健三』」（二〇一三）、二四八頁。

4　長谷川『神殿か獄舎か』（一九七二／二〇〇七）、一七八頁。

5　長谷川『神殿か獄舎か』（一九七二／二〇〇七）、一二一－一二三頁。

6　磯崎「架空座談会『ゲートルを巻いた丹下健三』」（二〇一三）、二二五頁。

7　「内田祥三先生のお話」（一九七二）、一五三頁。

8　岸田「監獄建築之研究（抄）（東京帝国大学卒業論文）」（一九二二）。

9　磯崎「架空座談会『ゲートルを巻いた丹下健三』」（二〇一三）、二二四頁。

10　磯崎・日埜『磯崎新インタヴューズ』（二〇一四）、一三頁。

11　この点に関連しては、戦時中に丹下や立原が思想的に接近した日本浪曼派との関係など、磯崎が取り上げている興味深い論点があるが、ここでは触れない。

12　その関心の所在は当事者たちとの対談集である磯崎『建築の一九三〇年代——系譜と脈絡』（一九七八）にうかがえよう。しかしその対談相手に師・丹下の名はない。

13　磯崎「架空座談会『ゲートルを巻いた丹下健三』」（二〇一三）、二二四頁。

14　磯崎・日埜『磯崎新インタヴューズ』（二〇一四）、一三－一四頁。

15　岸田「オットー・ワグナー」（一九二七）、四〇〇頁。

16　田中『建築のエロティシズム』（二〇一一）、二六－四〇頁。

17　磯崎「架空座談会『ゲートルを巻いた丹下健三』」（二〇一三）、二二二頁。

18　磯崎・日埜『磯崎新インタヴューズ』（二〇一四）、一四頁。

19　磯崎「建物が残った」（一九九八）、五二－五五頁。

20　磯崎・日埜『磯崎新インタヴューズ』

（二〇一四）、一四頁。

21 伊藤「無名に徹した十年間」（一九九一）、八八頁。同様の逸話は次でも語られている。伊藤「瞥見・磯崎新」（一九七八）、三三頁。

22 磯崎「丹下健三「私はチームの中の一人」」（二〇一〇）、二一三頁。

23 豊川『群像としての丹下研究室』（二〇一二）所収の「丹下研究室主要プロジェクト（1942-1970）へのスタッフ配置一覧表」（三八〇－三八一頁）に挙げられた四〇名余りのスタッフのうち、女性はグドヴィッチ夫人と冨田玲子のみである。

24 豊川『群像としての丹下研究室』（二〇一二）、五頁。

25 磯崎・藤森「戦後モダニズム建築の軌跡・丹下健三とその時代」（一九九八－九九）、七〇頁。

26 磯崎・藤森「戦後モダニズム建築の軌跡・丹下健三とその時代」（一九九八－九九）、七二頁。

27 豊川「丹下研究室主要プロジェクト（1942-1970）へのスタッフ配置一覧表」（二〇一二）に拠る。

28 磯崎・日埜『磯崎新インタヴューズ』（二〇一四）、一四五頁。

29 磯崎・日埜『磯崎新インタヴューズ』（二〇一四）、一四八頁。

30 長谷川『神殿か獄舎か』（一九七二／二〇〇七）、二二〇頁。

31 長谷川『神殿か獄舎か』（一九七二／二〇〇七）、一八一頁。

32 磯崎「闇の空間」（一九六四）。磯崎『空間へ』（一九七一）、一四六－一六四頁。

33 白井晟一やアドルフ・ロースに対する磯崎の強い関心も、彼らの建築の獄舎性と深く関わっていると言えよう。

5 コア・ジョイント・ラビリンス

1 磯崎・藤森「戦後モダニズム建築の軌跡・丹下健三とその時代」（一九九八－九九）、五五頁。

2 豊川『群像としての丹下研究室』（二〇一二）、五頁。

3 豊川『群像としての丹下研究室』（二〇一二）、七九頁。

4 磯崎・藤森「戦後モダニズム建築の軌跡・丹下健三とその時代」（一九九八－九九）、五五頁。

5 磯崎・横手『日本建築思想史』（二〇一五）、一三五－一三六頁。磯崎・藤森「戦後モダニズム建築の軌跡・丹下健三とその時代」（一九九八－九九）、五五－五六頁。

6 磯崎・横手『日本建築思想史』（二〇一五）、一三六頁。

7 磯崎ほか「コア・システム」（一九五五）、五一頁。

8 磯崎ほか「コア・システム」（一九五五）、五二頁。

9 磯崎ほか「コア・システム」（一九五五）、五三－五四頁。

10 磯崎ほか「コア・システム」（一九五五）、五五頁。

11 丹下「現在日本において近代建築をいかに理解するか」（一九五五）、一八頁。磯崎はこれを、一九六〇年頃までの丹下の言説における「決定的発言」と呼び、「丹下さんに反対していた人たちはこの簡明な一言をついに撃破できなかったのではないですか」と評している。それは一九三〇年代の「権力と美」に関わる政治性を背景にした言説にいまだ連続した、非マルクス主義的で新カント派的なテーゼだった。磯崎・日埜『磯崎新インタヴューズ』(二〇一四)、二三頁。

12 豊川『群像としての丹下研究室』(二〇一二)、一〇三頁。

13 四名の代表のひとりには選ばれている。『読売新聞』、一九五四年三月一三日付朝刊、七面参照。

14 日本建築学生会議「現代建築と国民的伝統」(一九五四)。文末の署名は「日本建築学生会議・運営委員川上秀光」だが、「文責磯崎新」とある。なお、日本建築学生会議の機関誌『核』第一号(一九五四)に磯崎は「小椋智夫」の筆名で、「変革の意識から実践へ——《モダニズムと国民的伝統》をめぐって」と題する記事を書いている。そこでは総評会館の共同設計をはじめとする設計機構変革の問題が論じられていた。詳しくは印牧「協同と創造の論理」(二〇二四)、八六-八九頁。『核』掲載の論考が磯崎による執筆であることの検証は加治屋健司が行なっている。Kajiya 2015, p.36, n.9. 磯崎自身による言及として、磯崎・日埜『磯崎新インタヴューズ』(二〇一四)、三五頁。

15 磯崎ほか「参加したわれわれの反省」(一九五五)。磯崎・日埜『磯崎新インタヴューズ』(二〇一四)、三〇頁。

16 磯崎・日埜『磯崎新インタヴューズ』(二〇一四)、三〇頁。

17 国立国会図書館設計競技問題から五期会発足に至る時期の建築運動については、松井・本多『近代日本建築運動史』(二〇〇三)、一三三-一四四頁参照。

18 磯崎「年代記的ノート」(一九七一)、四九一頁。

19 磯崎「年代記的ノート」(一九七一)、四九二頁。

20 「松本哲夫オーラル・ヒストリー　2005年11月18日」。

21 磯崎・小野「ワックスマン ゼミナールの感想と問題点」(一九五六)、一九頁。

22 磯崎「年代記的ノート」(一九七一)、四八八頁。

23 磯崎「年代記的ノート」(一九七一)、四八八頁。

24 東大工学部建築学科・丹下研究室「現代建築の方法と課題」(一九五六)。

25 丹下研究室「創作方法論定着への試み」(一九五六)。

26 丹下研究室「創作方法論定着への試み」(一九五六)、七七-八〇頁。

27 磯崎・日埜『磯崎新インタヴューズ』(二〇一四)、三五頁。この機関誌とは註14で触れた『核』である。そこに掲載された、磯崎が(匿名ではなく)筆名で書いた記事ではたしかに、モダニズムが帝国主義支配に資する形式主義的イデオロギーとして批判されているが、「均質空間」やミース、ル・コルビュジエへの具体的言及はない。

28 磯崎「年代記的ノート」(一九七一)、四八九頁。磯崎は「菊坂の崖地」と書いているが、その内部空間の描写からうかがわれる建物の規模などから、森川町にあった巨大な木造下宿屋「本郷館」（一九〇五年建造、二〇一一年解体）の可能性がある。

29 磯崎「年代記的ノート」（一九七一）、四九〇頁。

30 磯崎「年代記的ノート」（一九七一）、四八九頁。

31 「磯崎新　関係資料——資料1　磯崎新　年譜（1931~89）」（二〇一五）、二頁および一八頁、注記6。

32 「八田利也」が「はったり屋」の語呂合わせから命名されたものであることは明らかだが、おそらくそうであるがゆえに、この名の読みは磯崎たちによっては示されていない。しかし、一九六一年に八田利也の著書として『現代建築愚作論』が彰国社から刊行された際、その「《補》」である川添登による「八田利也論——建築界妖怪伝のうち」では、この名の読みが「やだとしや」と明記されている（川添「八田利也論」〔一九六一／二〇一一〕、二一三頁）。

6 複数のデビュー作

1 磯崎ほか「建築論壇「新宿ホワイトハウス」を巡って」（二〇一一）、四七頁。

2 赤瀬川『反芸術アンパン』（一九八五／一九九四）、一四七頁。

3 赤瀬川『反芸術アンパン』（一九八五／一九九四）、一四七頁、挿図参照。

4 磯崎ほか「建築論壇「新宿ホワイトハウス」を巡って」（二〇一一）、四三頁。

5 磯崎ほか「建築論壇「新宿ホワイトハウス」を巡って」（二〇一一）、四九頁。

6 磯崎『建築家捜し』（一九九六／二〇〇五）、七六頁。

7 東野「読売アンデパンダン展から①」（一九六〇）。

8 磯崎「建物が残った」（一九九八）、五一頁。

9 『近代建築』、一九六〇年六月号、および『新建築』、一九六〇年六月号。

10 磯崎「建物が残った」（一九九八）、五四頁。

11 磯崎「建物が残った」（一九九八）、五一頁。磯崎は「ヴィガーノがコモ湖畔につくった」と書いているが誤りであろう。

12 磯崎「建物が残った」（一九九八）、六〇頁。

13 磯崎「建物が残った」（一九九八）、六〇頁。

14 大分県医師会史編集委員会編『大分県医師会史』（一九七二）、四六二頁。

15 磯崎「建物が残った」（一九九八）、六五頁。

16 磯崎「シンボルの再生」（一九六一）、四五-四六頁。磯崎『空間へ』（一九七一）、四二頁。

17 磯崎「シンボルの再生」（一九六一）、四六頁。磯崎『空間へ』（一九七一）、四四-四五頁。

18 磯崎「シンボルの再生」（一九六一）、四六頁。磯崎『空間へ』（一九七一）、四五頁。

19 磯崎「シンボルの再生」（一九六一）、四六頁。磯崎『空間へ』（一九七一）、四五頁。

20　『磯崎新《現代の建築家》』（一九七七）、一七七頁。

21　磯崎「建物が残った」（一九九八）、六六頁。

22　磯崎「建物が残った」（一九九八）、六六頁。

23　『GA ARCHITECT 6 ARATA ISOZAKI 1959-1978』（一九九一）、一七頁。

24　磯崎「建物が残った」（一九九八）、六六頁。

25　磯崎「建物が残った」（一九九八）、六六－六七頁。

26　磯崎「建物が残った」（一九九八）、六七頁。

27　磯崎「年代記的ノート」（一九七一）、四九三頁。

28　磯崎「１９６０年の刻印」（一九九八）、一〇頁。

7　都市の孵化と破壊

1　この論文で磯崎は、池辺の作品に言及しながら、ビュロクラシー的住宅公団や建て売り住宅会社が住宅建設を推進している現状のもとでは、建築家が本業として取り組むだけの社会的魅力が小住宅設計から失われつつある、という認識を示している。

2　丹下ほか・磯崎（文責）「建築家よ都市像を持とう」（一九五八）、一〇頁。

3　八田「都市の混乱を助長し　破局の到るを待て」（一九五九）、二二頁。

4　岡本ほか「ぼくらの都市計画」（一九五七）。岡本は「いこい島」の構想を発展させ、東京に不満をもつ者たちが移り住む「アンチ東京」を千葉県の海岸沿いあたりに作るという、「オバケ都市論」を一九六五年に発表している。岡本『岡本太郎の眼』（一九六六）、二二四－二二五頁。

5　磯崎・藤森「戦後モダニズム建築の軌跡・丹下健三とその時代」（一九九八－一九九九）、一二二頁。

6　丹下・藤森『丹下健三』（二〇〇二）、三四四－三四六頁。

7　磯崎『瓦礫《デブリ》の未来』（二〇一九）、七六頁。

8　磯崎『瓦礫《デブリ》の未来』（二〇一九）、八二頁。

9　安部『第四間氷期』（一九五九／一九七〇）、三三〇－三三一頁。

10　ちなみに、丹下は一九五九年の九月から翌年の二月までの五ヵ月弱のあいだ、オランダで開催されたＣＩＡＭ（近代建築国際会議）第11回大会出席とＭＩＴ（マサチューセッツ工科大学）における授業のために海外に滞在しており、帰国後の世界デザイン会議では、ＭＩＴの学生たちと仕上げた海上人工島案「２５０００人のためのコミュニティ計画」を発表している。

11　川添編『METABOLISM/1960』（一九六〇）、四頁。

12　磯崎・藤森「戦後モダニズム建築の軌跡・丹下健三とその時代」（一九九八－一九九九）、九〇－九一頁。

13　磯崎「現代都市における建築の概念」（一九六〇）、一八頁。磯崎『空間へ』（一九七一）、三七頁。

14　『GA ARCHITECT 6 ARATA ISOZAKI 1959-1978』（一九九一）、

二七頁。

15 磯崎「現代都市における建築の概念」(一九六〇)、一九頁。磯崎『空間へ』(一九七一)、三八頁。

16 磯崎・藤森「戦後モダニズム建築の軌跡・丹下健三とその時代」(一九九八-九九)、一〇〇頁。

17 磯崎・藤森「戦後モダニズム建築の軌跡・丹下健三とその時代」(一九九八-九九)、一〇〇-一〇一頁。

18 彰国社編『日本の都市空間』(一九六八)、四二頁。

19 伊藤「無名に徹した十年間」(一九九一)、八八頁。

20 こうした発想は、東大の高山英華研究室と丹下研究室合同で行なわれた静岡市中心部再開発計画(一九五九〜六〇)の作業中、磯崎が丹下に提案した構想にもとづいている。これによって、再開発のネックとなる用地買収に際し、買収できた飛び地を活用した三次元的な都市計画が可能となるのである。豊川「II 孵化過程——編者による背景説明」(二〇一五)、四〇頁。

21 磯崎「現代都市における建築の概念」(一九六〇)、一九頁。磯崎『空間へ』(一九七一)、三九頁。

22 磯崎「孵化過程」(一九六二)、四五頁。磯崎『空間へ』(一九七一)、四七頁。

23 磯崎「孵化過程」(一九六二)、四六頁。磯崎『空間へ』(一九七一)、四七頁。

24 磯崎「孵化過程」(一九六二)、四七頁。磯崎『空間へ』(一九七一)、四八頁。

25 磯崎「孵化過程」(一九六二)、四八-四九頁。磯崎『空間へ』(一九七一)、四九-五〇頁。

26 磯崎「孵化過程」(一九六二)、五〇頁。磯崎『空間へ』(一九七一)、五〇頁。

27 モンタージュ作成時にはどこの神殿か不明だったが、四〇年後の二〇〇〇年に磯崎がシチリアのアグリジェントにあるヘラ神殿を訪れた際、そこが「孵化過程」に写真を用いた場所であることに気づいたという。磯崎『反回想I』(二〇〇一)、二九〇頁。その旅に同行した浅田彰はこう書いている——「デミウルゴモルフィズムを唱える建築家の源泉は、ギリシア本土のアポロン的に整った空間ではなく、マグナ・グレキア、とくにシチリアの、重層する廃墟の空間——デミウルゴスの暴乱の跡にあったのである」。浅田「磯崎新の夢/レム・コールハースの現実」(二〇〇一)、三五頁。

28 ここでは一貫して「モンタージュ」と呼ぶが、実態は切り抜かれて貼り付けられた写真図版とイラストとの合成イメージである。そのコラージュ的な性格が古代神殿と未来都市を一体化するのではなく、あくまで両者のあいだの亀裂や異質性を残している点は重要である。後年の磯崎はこうした制作法についてこう述べている——「「切り抜く」という行為に賭けよう、と思った。「孵化過程」も「ヴェスヴィオ大作戦」もコラージュである。全体像をもとめるモンタージュとはちがっている。切り貼りしている。切断している。断片でしかない。行為だけがある」。磯崎「反回想4〈建築〉という基体（著者解題）」（二〇一三）、xi頁。通称《ふたたび廃墟になったヒロシマ》もまた、写真プリントのうえに切り抜かれた写真断片が貼り付けられた同様の構造をもつ。

29 磯崎「現代都市における空間の性格」（一九六二）、六七頁。磯崎『空間へ』（一九七一）、五九頁。

30 『空間へ』にこの論文が収められた際、「対応」は「対抗」に変えられている。

31 磯崎『空間へ』（一九七一）、六〇頁。磯崎「現代都市における空間の性格」（一九六二）、六七頁。磯崎『空間へ』（一九七一）、六〇頁。

32 磯崎「孵化過程」（一九六二）、四六頁。磯崎『空間へ』（一九七一）、四七頁。

33 『磯崎新《現代の建築家》』（一九七七）、一六六頁。

34 磯崎「建物が残った」（一九九八）、六八頁。

35 磯崎『空間へ』（一九七一）、二三頁

36 磯崎「年代記的ノート」（一九七一）、四九七頁。

37 磯崎『空間へ』（一九七一）、二三頁。

38 磯崎「破壊のなかの未来像」（一九六二）。

39 出展が実現したのは菊竹の取りなしによるという。磯崎・藤森「戦後モダニズム建築の軌跡・丹下健三とその時代」（一九九八〜九九）、九二頁。

40 磯崎・藤森「戦後モダニズム建築の軌跡・丹下健三とその時代」（一九九八－九九）、九五頁。

41 椹木「「熱」狂と「熱」力学」（一九九七）、一三頁。

42 『空間へ』に収める際、磯崎はこのテクストを巻頭に据え、しかもほかのページよりも大きな活字で印刷している。

43 磯崎「都市破壊業ＫＫ」（一九六二）、一八三頁。磯崎『空間へ』（一九七一）、一一頁。

44 磯崎「都市破壊業ＫＫ」（一九六二）、一八三頁。磯崎『空間へ』（一九七一）、一二頁。

45 磯崎「都市破壊業ＫＫ」（一九六二）、一八三頁。磯崎『空間へ』（一九七一）、一五頁。

46 同じ月に発表された「破壊のなかの未来像」で磯崎はより明確に、「新しい東京のイメージは、現在の東京を構成しているあらゆるイメージを徹底的に破壊していくときにはじめてかい間みることができるのだ」と断言している。われわれが内部にもつ東京のイメージを否定し続けることではじめて、東京という都市は揺らぐ――「こういう破壊があらゆる角度から東京に集中され集積されたときに東京の未来がはじめて出現するのではないかと思われる」。

47 磯崎「都市破壊業ＫＫ」（一九六二）、一八四頁。磯崎『空間へ』（一九七一）、一九頁。

48 磯崎「都市破壊業ＫＫ」（一九六二）、一八四頁。磯崎『空間へ』（一九七一）、一九頁。

49 磯崎『空間へ』（一九七一）、二〇頁。

50 磯崎「建物が残った」（一九九八）、七

二頁。

8 虚体の形而上学

1 松井『虚像培養芸術論』（二〇二一）、一一七－一二二頁。磯崎「年代記的ノート」（一九七一）、四九四－四九五頁。磯崎『建築家捜し』（一九九六／二〇〇五）、七七－八〇頁。

2 磯崎「年代記的ノート 1954－1964」（一九六五）、六九頁。

3 計画時には「県立大分中央図書館」と称されているが、竣工後の名称は「大分県立大分図書館」であるため、こちらを用いる。

4 磯崎「現代都市における空間の性格」（一九六二）、六七頁。磯崎『空間へ』（一九七一）、五九頁。

5 磯崎「プロセス・プランニング論」（一九六三）、三八頁。磯崎『空間へ』（一九七一）、七八頁では「渦中に立った決断をせまらせる」となっている。

6 磯崎「プロセス・プランニング論」（一九六三）、三九－四四頁。磯崎『空間へ』（一九七一）、八一－九五頁。

7 磯崎「年代記的ノート」（一九七一）、五〇九頁。

8 磯崎「プロセス・プランニング論」（一九六三）、四一－四五頁。磯崎『空間へ』（一九七一）、八九－九七頁。

9 磯崎「媒体の発見」（一九六五）、一五五頁。磯崎『空間へ』（一九七一）、三二三頁。

10 「大分県立大分図書館 磯崎新 推せん理由」（一九六七）。

11 『磯崎新《現代の建築家》』（一九七七）、一六八頁。

12 たとえば、磯崎「建物が残った」（一九九八）、八五頁。

13 磯崎「建物が残った」（一九九八）、八三頁。

14 伊藤「《見えない建築》への指向」（一九六八）、二一九頁。

15 伊藤「《見えない建築》への指向」（一九六八）、二二〇頁。

16 この「転生」の経緯については磯崎『建物が残った』（一九九八）参照。なお、「転生」とは磯崎の言葉である。

17 藤井「現代建築の新しい切断面」（一九六八）、二二八頁。

18 「大分県立大分図書館 磯崎新 推せん理由」（一九六七）。「勾」は「匂」の誤字かもしれない。

19 磯崎『反回想Ｉ』（二〇〇一）、五七頁。ただし、ここではこの体験の場所がサン・マルコ寺院であったことは明示されていない。その点は次の文献で明かされている。磯崎「闇に浮かぶ黄金」（一九八八）、一三－一四頁。

20 磯崎「闇に浮かぶ黄金」（一九八八）、一二－一四頁。

21 磯崎「闇の空間」（一九六四）。磯崎『空間へ』（一九七一）、一四六－一六四頁。

22 磯崎「闇の空間」（一九六四）、六六頁。磯崎『空間へ』（一九七一）、一五九頁。

23 磯崎「闇の空間」（一九六四）、六八頁。磯崎『空間へ』（一九七一）、一六三頁。

24 磯崎「虚像と記号のまち ニューヨーク」（一九六四）。磯崎『空間へ』（一九七一）、一六八－一八一頁。

25 磯崎「世界のまち13 ロサンゼルス」(一九六四)。磯崎『空間へ』(一九七一)、二〇六−二〇七頁。より詳しくは、磯崎「見えない都市に挑む」(一九六七)。磯崎『空間へ』(一九七一)、三八〇−四〇四頁(「見えない都市」と改題)。

26 磯崎「座標と薄明と幻覚」(一九六五)、一六−一七頁。磯崎『空間へ』(一九七一)、三〇〇−三〇一頁。

27 磯崎「都市デザインの方法」(著者名なし)。磯崎『空間へ』(一九七一)、九八−一三一頁。

28 磯崎「幻覚の形而上学」(一九六五)、一二一頁。磯崎『空間へ』(一九七一)、三四〇頁(太字による強調なし)。

29 磯崎「岡本太郎の鬼子たちは」(一九九九)、一五六頁。

30 向かい合った北側の棟が高く、南側の棟が低い建物の非対称的な対に、のちの磯崎はバロック建築で多用された、中央部が欠けたブロークン・ペディメントを連想している。『GA ARCHITECT 6 ARATA ISOZAKI 1959-1978』(一九九一)、五〇頁。

31 磯崎「媒体の発見」(一九六五)、一五八頁。磯崎『空間へ』(一九七一)、三三一頁。

32 磯崎「磯崎新 作品と方法2」(一九六七)、一一七頁。

33 磯崎「磯崎新 作品と方法2」(一九六七)、折込頁(「彩色された光の分布」)。色彩計画に際して、磯崎は来日した画家サム・フランシスに助言を求めたという(磯崎「年代記的ノート １９６５−１９６６」〔一九六七〕、九六頁)。

34 『日本の都市空間』では「間《ま》」がimaginary space と訳されている(彰国社編『日本の都市空間』〔一九六八〕、四二頁)。

35 宮川「反芸術」(一九六四)、九四頁。

36 磯崎「年代記的ノート １９５４−１９６４」(一九六五)、七三頁。

37 磯崎・藤森「戦後モダニズム建築の軌跡・丹下健三とその時代」(一九九八−一九九九)、九五頁。

38 磯崎・藤森「戦後モダニズム建築の軌跡・丹下健三とその時代」(一九九八−一九九九)、七四頁。

9 ミラノ/大阪、見えない廃墟

1 磯崎「年代記的ノート １９５４−１９６４」(一九六五)、三頁。

2 丹下・藤森『丹下健三』(二〇〇二)、三八一頁。

3 磯崎「年代記的ノート １９６５−１９６６」(一九六七)、一〇〇頁。

4 磯崎「年代記的ノート １９６５−１９６６」(一九六七)、一〇〇頁。磯崎「年代記的ノート」(一九七一)、五一〇頁(表現が若干変えられている)。

5 磯崎・日埜『磯崎新インタヴューズ』(二〇一四)、八五頁。

6 磯崎「年代記的ノート １９６５−１９６６」(一九六七)、九四頁。

7 磯崎「年代記的ノート １９６５−１９６６」(一九六七)、九五頁。磯崎「年代記的ノート」(一九七一)、五〇二頁。

8 磯崎「年代記的ノート １９６５−１

966」(一九六七)、九三頁。磯崎「年代記的ノート」(一九七一)、五〇一頁。

9 磯崎は大分県立大分図書館でも蛍光塗料の利用を構想したらしいが、経費がかかり過ぎるために断念したという。松井茂は、この図書館のブルーの部分について、磯崎がサム・フランシスから授かった「秘伝」と称しているのは蛍光塗料のことであった、と推測している(松井『虚像培養芸術論』〔二〇二一〕、一四三頁)。

10 エンバイラメントの会「〈空間から環境へ〉展　趣旨」(一九六六)。

11 磯崎「年代記的ノート　1965－1966」(一九六七)、九六頁。磯崎「年代記的ノート」(一九七一)、五〇四頁。

12 磯崎・東野「対談：〈環境〉について」(一九六六)、一〇五頁。

13 磯崎「虚像と記号のまち　ニューヨーク」(一九六四)、一三二－一三三頁。磯崎『空間へ』(一九七一)、一七六－一七八頁。

14 東野「色彩の発見」(一九六八)、二〇三頁。

15 磯崎「福岡相互銀行大分支店のための広告用下書き」(一九六八)、六六頁。磯崎『空間へ』(一九七一)、三五〇頁(「サモン・ピンクのエンバイラメント」の一部として)。

16 磯崎「磯崎新　作品と方法2」(一九六七)、折込一二五－一二七頁。磯崎『空間へ』(一九七一)、三四八頁(「サモン・ピンクのエンバイラメント」の一部として、表現が若干変えられている)。

17 磯崎「磯崎新　作品と方法2」(一九六七)、一二〇頁。磯崎「年代記的ノート　1965－1966」(一九六七)、九八頁。磯崎「年代記的ノート」(一九七一)、五〇六頁。

18 それを図解したのが『SD』一九六八年三月号の折り込み記事とされた「CAMPOPOP」図法によるピンク色のドローイングである。CAMPOPOPはCAMP, POP, OPの合成語であり、「スーパーグラフィックス」という呼称を作った建築評論家C・レイ・スミスの考案に拠る。磯崎によれば、この図法は「多焦点化していく空間の連続した記憶の系を、内部をはしる通路上の眺めにして組み合わせたもの」である(磯崎「福岡相互銀行大分支店のための広告用下書き」〔一九六八〕、七六頁)。

19 磯崎・藤森「戦後モダニズム建築の軌跡・丹下健三とその時代」(一九九八－九九)、一一三－一一四頁。

20 『お祭り広場を中心とした外部空間における、水、音、光などを利用した綜合的演出機構の研究(修景調査報告書)』(一九六七)、四頁。

21 『お祭り広場・綜合的演出機構の研究』(一九六七)、一一頁。

22 コンピュータによって制御されるシステムのプログラムを設計することになるのは丹下研究室の後輩・月尾嘉男である。

23 『お祭り広場・綜合的演出機構の研究』(一九六七)、一九四頁。

24 磯崎「資料1．日本万国博覧会」(一九六七)、二五六頁。

25 磯崎『建築の解体』(一九七五)、一四六頁。

26 磯崎「梱包された環境」(一九六八)、五六頁。磯崎『空間へ』(一九七一)、四三六頁。

27 磯崎「見えない都市に挑む」(一九六七)、六二頁。磯崎『空間へ』(一九七一)、四〇四頁。この論文は『空間へ』に収められるにあたり、「見えない都市」と改題されている。

28 デ・カルロから磯崎に宛てた一九六七年九月一八日付けの手紙より。Nicolin 2011, p.163.

29 デ・カルロから磯崎に宛てた一九六七年一一月一〇日付けの手紙より。Nicolin 2011, p.163.

30 ただし、東松は自分が撮影した原爆関係の写真を杉浦が手ひどくトリミングしたことを理由に、途中でこのプロジェクトからは離脱している。「東松照明オーラル・ヒストリー　2011年8月7日」。なお、磯崎は展示に用いられた広島や長崎の写真を東松が見つけて提供したと語っているが(二〇〇二年の「イコノクラッシュ」展に際した、ハンス・ウルリッヒ・オブリストによる磯崎のインタヴュー参照)、東松によればそのような事実はない。Obrist 2002, p.372.

31 これは一九四五年一〇月に林重男が中國新聞社新館屋上から撮影したパノラマ写真である。

32 ニューヨーク近代美術館所蔵のオリジナルでは、もとになるパノラマ写真のうえに切り抜かれた写真が貼付され、さらにインクおよびグワッシュで柱や骨組みが描き加えられている。https://www.moma.org/collection/works/816

33 Isozaki 1968, p.40.

34 二〇〇二年の「イコノクラッシュ」展に際した、ステファノ・ボエリによるデ・カルロのインタヴューより。Obrist 2002, pp.362-364.

35 磯崎「ソフト・アーキテクチュア」(一九七〇)、六九頁。磯崎『空間へ』(一九七一)、四四二頁(一部を「占拠されたトリエンナーレ」と改題して所収)。磯崎は論拠としてブルーノ・ゼヴィの報告を挙げている。なお、この「ソフト・アーキテクチュア」は、序論に続く「I.装置化空間モデルとしてのお祭り広場計画　CYBERNETIC ENVIRONMENT」「II.装置化空間モデルとしてのトリエンナーレ計画　ELECTRIC LABYRINCE［ママ］」「III.装置化空間モデルとしての生活場計画　SEMANTIC ENVIRONMENT」の三部からなり、IIのかなりの部分を月尾嘉男が執筆している。さらにIとIIは誌面構成が入り組んでおり、お祭り広場の技術的機構解説のページを、ミラノ・トリエンナーレの展示に関する磯崎のテクストおよび広島の焦土や地獄のイメージが挟み込むかたちになっている。

36 抗議活動に参加した彫刻家アルナルド・ポモドーロの指摘を参照。Nicolin 2011, pp.30-31.

37 Nicolin 2011, p.169.「危機のプロジェクト(progetto di crisi)」は建築

史家マンフレード・タフーリに由来する概念である。

38 二〇〇二年の「イコノクラッシュ」展に際した、ハンス・ウルリッヒ・オブリストによる磯崎のインタヴューより。Obrist 2002, p.372.

39 磯崎「ソフト・アーキテクチュア」（一九七〇）、八七頁。磯崎『空間へ』（一九七一）、四四七頁（一部を「占拠されたトリエンナーレ」と改題して所収）。

40 磯崎「ソフト・アーキテクチュア」（一九七〇）、七〇頁。磯崎『空間へ』（一九七一）、四四四－四四五頁（一部を「占拠されたトリエンナーレ」と改題して所収）。

41 平野『岡本太郎と太陽の塔』（二〇〇八）、一六二頁。

42 磯崎「アイコンがうまれた!」（二〇一八）。

43 磯崎「わたしは失望する」（一九六七）、一〇八頁。

44 磯崎「年代記的ノート」（一九七一）、五一二頁。

45 磯崎「年代記的ノート」（一九七一）、五一一頁。

46 Nicolin 2011, p.166. 一九六八年に投影された画像の内訳は判明していない。二〇〇二年の「イコノクラッシュ」展に際して磯崎による展示物の再制作が行なわれており、その折りに投影された画像の資料は存在するが、そこには一九六八年以後のプロジェクトなど、明らかに異質なイメージが混在しており、ミラノ・トリエンナーレで用いられた画像のみを特定することは難しい。しかしながら、この資料にもとづく限り、丹下チームのスコピエ計画や「東京計画１９６０」、あるいは、磯崎の各種の空中都市のほか、槇文彦のK地区計画（一九六四）およびボストン交通網計画（一九六五）、黒川紀章の垂直壁都市（一九六〇）、霞ヶ浦湖上都市（一九六一）、箱型量産アパート計画（一九六二）、菊竹清訓の塔状都市（一九五八）および海上都市（一九五九）、大高正人と槇の新宿ターミナル再開発計画（一九六〇）および大高の大手町人工土地計画（一九六三）、大谷幸夫の麹町計画（一九六一）などがそこに含まれていたと推測できる（資料の提供について、磯崎新アトリエに感謝する）。

47 磯崎・藤森「戦後モダニズム建築の軌跡・丹下健三とその時代」（一九九八－九九）、九四頁。

48 丹下・藤森『丹下健三』（二〇〇二）、三八七頁。

49 磯崎「ソフト・アーキテクチュア」（一九七〇）、七〇頁。

50 「お祭り広場計画」を「トリエンナーレ計画」の焦土や地獄のイメージで挟み込んだページ構成もまた、この推測を支持するように思われる。なお、一九七五年刊行の『建築の解体』では「ヒロシマの焼土のうえに廃墟と化した未来都市」となり、「(?・)」が消されている。磯崎『建築の解体』（一九七五）、一四三頁。

51 多木「磯崎新論」（一九六九）、一六八頁。

52 磯崎「ソフト・アーキテクチュア」

（一九七〇）。磯崎『手法が』（一九七九）、九四―一一一頁。なお、A邸（荒井邸）はのちに「レスポンシーヴ・ハウス」と呼ばれている。『GA ARCHITECT　6 ARATA ISOZAKI 1959-1978』（一九九一）、九六頁。

53 磯崎『反回想I』（二〇〇一）、二〇六頁。

54 村松「EXPO'70 の歴史的意義」（一九七〇）、二九〇頁。

55 村松「EXPO'70 の歴史的意義」（一九七〇）、二九二頁。

56 磯崎「観念内部のユートピアが都市の地域の　ターミナルのそして　大学におけるコンミューンの構築と同義語たりうるだろうか」（一九六九）、三五頁。磯崎『空間へ』（一九七一）、四五三頁。

57 磯崎「観念内部のユートピアが都市の（後略）」（一九六九）、三五頁。磯崎『空間へ』（一九七一）、四五三頁。

10 エロス的／ゲリラ的マニエリスムへ向けて

1 磯崎「年代記的ノート」（一九七一）、五〇五頁。

2 磯崎「年代記的ノート」（一九七一）、五〇六頁。

3 磯崎「ランドスケイプ化したモニュメント」（一九六七）、九八頁。

4 磯崎「冥府閻魔庁気付　マリリン・モンロー様」（一九六七）、一一九頁。磯崎『空間へ』（一九七一）、三四五頁。

5 磯崎「冥府閻魔庁気付　マリリン・モンロー様」（一九六七）、一一九頁。磯崎『空間へ』（一九七一）、三四五頁。

6 磯崎「年代記的ノート」（一九七一）、五〇六頁。

7 磯崎『空間へ』（一九七一）、三一七頁。

8 磯崎『空間へ』（一九七一）、三一七頁

9 『磯崎新《現代の建築家》』（一九七七）、一五六頁。

10 『磯崎新《現代の建築家》』（一九七七）、一五六頁。

11 磯崎『建築家捜し』（一九九六／二〇〇五）、三七頁。

12 磯崎・原「変わりつつある建築の思想と建築家」（一九六八）、一二五頁。なお、この種の磯崎による「ゲリラ論」を同時代の宮内康は「ボヘミアンの思想」と呼んでいる――「彼〔磯崎〕の政治的機能の曖昧さは、ボヘミアンの経済的立場の曖昧さに対応する」（宮内『怨恨のユートピア』（一九七一）、一四五頁）。

13 磯崎『建築の解体』（一九七五）、四〇六頁。

14 磯崎「ハンス・ホライン」（一九六九）、一〇〇頁。

15 磯崎「ハンス・ホライン」（一九六九）、一〇三頁。

16 磯崎「ハンス・ホライン」（一九六九）、一〇三頁。

17 磯崎「ハンス・ホライン」（一九六九）、一〇三頁。

18 磯崎「ハンス・ホライン」（一九六九）、一一九頁。

19 磯崎『建築の解体』（一九七五）、四四頁。

20 磯崎「きみの母を犯し、父を刺せ」（一九六九）、一一頁。磯崎『空間へ』

(一九七一)、四七八頁。

21 磯崎「きみの母を犯し、父を刺せ」(一九六九)、一二頁。磯崎『空間へ』(一九七一)、四八〇頁。

22 すべての応募作品は『都市住宅』一九七〇年五月号に掲載されている(一一-三〇頁、三五-五四頁、五九-六六頁)。展示会場を訪れた来場者からは、「60~70%が胎内回帰のイメージ」という感想があったという(「特集/都市住宅展01 日録」(一九七〇)、九頁)。コア・スタッフによる講評でも全体に共通する要素として胎児のイメージが挙げられている(大谷ほか「Criticism」(一九七〇)、六九頁)。

23 磯崎・土居『対論 建築と時間』(二〇〇一)、ⅷ頁および二六三頁。

24 磯崎「自戒の弁」(一九六九)、九二頁。磯崎『手法が』(一九七九)、一九一頁。

25 磯崎「自戒の弁」(一九六九)、九二頁。磯崎『手法が』(一九七九)、一九二頁。

26 磯崎「福岡相互銀行 本店」(一九七二)、四七頁。

27 磯崎「反建築的ノート そのⅡ」(一九七二)、六七-六八頁。磯崎『建築の修辞』(一九七九)、三七-四六頁。磯崎はそれを「《素材の性格を自然に表出する》という近代デザインが確立し、保持してきた倫理的軌範に違犯して、物体の扼殺を企てた場所」として「犯行現場」と呼んでいる(六七頁。磯崎『建築の修辞』(一九七九)、三七頁)。

28 磯崎『空間へ』(一九七一)、四一三頁。

29 磯崎『空間へ』(一九七一)、四一五頁。

30 磯崎『空間へ』(一九七一)、四一六頁。

31 磯崎『空間へ』(一九七一)、四二〇頁。

11 青空・手法《マニエラ》・不在《アブセンス》

1 磯崎「年代記的ノート」(一九七一)、五一四頁。

2 磯崎「鹿島出版会版へのまえがき」(一九九七)、五四九頁。この新版に際しては書名に「根源へと遡行する思考」という副題が付け加えられている。河出文庫版(二〇一七)にはこの副題はない。

3 磯崎「鹿島出版会版へのまえがき」(一九九七)、五五〇頁。

4 磯崎「文庫版あとがき」(二〇一七)、五五九頁。

5 磯崎「文庫版あとがき」(二〇一七)、五五九頁。

6 磯崎「鹿島出版会版へのまえがき」(一九九七)、五四九-五五〇頁。

7 内藤『著書解題』(二〇一〇)、三六頁。

8 内藤『著書解題』(二〇一〇)、一六頁。

9 磯崎「反建築的ノート そのⅠ」(一九七二)、七四頁。磯崎『建築の修辞』(一九七九)、二七頁。

10 磯崎・青木・西沢「インタヴュー1」(二〇二〇)、三七頁。

11 磯崎「選択・転写・断片化・地」(一九七一)、七二頁。磯崎『手法が』(一九七九）、二〇四頁。

12 『磯崎新 《現代の建築家》』（一九七七）、一三四頁。

13 磯崎新アトリエ「概念として描き出された7つの手法」（一九七二）、二一頁。

14 磯崎「反建築的ノート　そのI」（一九七二）、七三－七四頁。磯崎『建築の修辞』（一九七九）、二三－二五頁。

15 磯崎「何故《手法《マニエラ》》なのか」（一九七二）、一五頁。磯崎『手法が』（一九七九）、一二頁（「なぜ手法なのか」と改題）。

16 磯崎「何故《手法《マニエラ》》なのか」（一九七二）、一七頁。磯崎『手法が』（一九七九）、一四頁。

17 磯崎「何故《手法《マニエラ》》なのか」（一九七二）、一八頁。磯崎『手法が』（一九七九）、一六頁。

18 磯崎「何故《手法《マニエラ》》なのか」（一九七二）、一八頁。磯崎『手法が』（一九七九）、一七－一八頁。

19 磯崎「何故《手法《マニエラ》》なのか」（一九七二）、一八頁。磯崎『手法が』（一九七九）、一八頁。

20 磯崎「何故《手法《マニエラ》》なのか」（一九七二）、一八頁。磯崎『手法が』（一九七九）、一八頁。

21 磯崎「《手法》について」（一九七二）、一九二頁。磯崎『手法が』（一九七九）、三五頁（「手法について」と改題）。

22 磯崎「《手法》について」（一九七二）、一九三頁。磯崎『手法が』（一九七九）、三七頁（「手法について」と改題）。

23 磯崎「政治的言語とマニエラ」（一九七二）、一一五頁。磯崎『手法が』（一九七九）、四八頁。

24 磯崎編『建築の一九三〇年代』（一九七八）、二七三頁。

25 磯崎「政治的言語とマニエラ」（一九七二）、一一八頁。磯崎『手法が』（一九七九）、五四頁。

26 Beckett 1955. Beckett 1967, p.85.

27 フーコー『作者とは何か?』（一九六九／一九九〇）、一九頁。

28 磯崎新アトリエ「概念として描き出された7つの手法」（一九七二）。

29 磯崎新アトリエ「POST UNIVERSITY PACK」（一九七二）。磯崎『手法が』（一九七九）、一一一－一一六頁（「PUP＝ポスト・ユニヴァーシティ・パック」と改題）。

30 磯崎「模型的思考」（一九七二）。磯崎『手法が』（一九七九）、八二－九〇頁。

31 磯崎「〈円筒〉および〈半円筒〉にかかわる個人的な記録」（一九七五）、一六六頁。磯崎『手法が』（一九七九）、二四二頁。

32 磯崎新アトリエ「POST UNIVERSITY PACK」（一九七二）、一六〇頁。磯崎『手法が』（一九七九）、一一六頁（「PUP＝ポスト・ユニヴァーシティ・パック」と改題）。

33 磯崎・丹下「世界現代建築の行方」（一九七〇）、一五三頁。なお、丹下は一九八三年の篠原一男との対談（三宅理一がオブザーバーとして参加）でも「情報化社会を意識し始めた」一九六〇年頃から「いままでさらっとしていた空間が、大変ねばっこくて、ノリのような感じに見えてきた」と語っている――「いままでは空間というのは物を引き裂くものだと思っていたら、空間というのはノリのようにひっつけるものだという実感が強くなってきましてね」（丹下・篠原「ポストモダニズムに出口はあるか」（一九八三）、一四四頁）。

34 磯崎ほか「情報・空間・建築」（一九九六）、三一〇頁。

35 磯崎「〈建築の解体〉症候群――（上）」（一九七三）、一六〇－一六一頁。磯崎『建築の解体』（一九七五）、三〇五頁。

36 磯崎「〈建築の解体〉症候群――（上）」（一九七三）、一六一頁。磯崎『建築の解体』（一九七五）、三〇六－三〇七頁。

37 磯崎「〈建築の解体〉症候群――（下）」（一九七三）、一九九頁。磯崎『建築の解体』（一九七五）、四〇〇頁。

38 磯崎『建築の解体』（一九七五）、四〇二頁。

39 磯崎『建築の解体』（一九七五）、四〇四頁。

40 磯崎『建築の解体』（一九七五）、四〇五頁。

12 プラトン立体の機械的作動

1 磯崎「反建築的ノート　そのⅠ」（一九七二）、七一頁。磯崎『建築の修辞』（一九七九）、一〇頁。

2 磯崎「反建築的ノート　そのⅩ」（一九七五）、四三頁。磯崎『建築の修辞』（一九七九）、一六八頁。

3 磯崎「反建築的ノート　そのⅠ」（一九七二）、七一－七二頁。磯崎『建築の修辞』（一九七九）、一一－一五頁。

4 宮川「〝永遠の可能性〟から不可能性の可能性へ」（一九六四）、一〇二頁。

5 宮川「絵画とその影」（一九六五）、一三九頁。

6 宮川「不可能性の美学」（一九六六）、一七五頁。

7 磯崎「反建築的ノート　そのⅡ」（一九七二）、六五頁。磯崎『建築の修辞』（一九七九）、三一頁。

8 磯崎「反建築的ノート　そのⅡ」（一九七二）、六六頁。磯崎『建築の修辞』（一九七九）、三五頁。

9 磯崎「反建築的ノート　そのⅦ」（一九七五）、八〇頁。磯崎『建築の修辞』（一九七九）、一二七頁。

10 井上は画家の斎藤義重を通じて磯崎を知り、土方定一および河北倫明と相談の結果、群馬の森に美術館のほか博物館、文学館を建てることを計画したという。博物館と文学館は大高正人と槇文彦に設計を依頼することになっていたらしい。磯崎「私の履歴書（20）」（二〇〇九）。

11 磯崎「反建築的ノート　そのⅢ」（一九七二）、七七頁。磯崎『建築の修辞』（一九七九）、五四頁。

12 磯崎「反建築的ノート　そのⅢ」（一九七二）、八〇頁。磯崎『建築の修辞』（一九七九）、五七頁。

13 磯崎「反建築的ノート　そのⅢ」（一九七二）、八〇頁。磯崎『建築の修辞』（一九七九）、五八頁。

14 磯崎「反建築的ノート　そのⅦ」（一九七五）、七八頁。磯崎『建築の修辞』

（一九七九）、一二〇頁。

15　磯崎「反建築的ノート　そのⅢ」（一九七二）、八〇頁。磯崎『建築の修辞』（一九七九）、五七頁。

16　磯崎「反建築的ノート　そのⅢ」（一九七二）、八〇頁。磯崎『建築の修辞』（一九七九）、六三頁。

17　磯崎「反建築的ノート　そのⅢ」（一九七二）、八六頁。磯崎『建築の修辞』（一九七九）、六六頁。

18　磯崎「反建築的ノート　そのXIII」（一九七八）、四五頁。磯崎『建築の修辞』（一九七九）、二三二頁。

19　磯崎『手法が』（一九七九）、二二一頁。

20　市川『現代芸術の地平』（一九八五）、一四六頁。

21　『GA ARCHITECT 6 ARATA ISOZAKI 1959-1978』（一九九一）、一三七頁。

22　『GA ARCHITECT 6 ARATA ISOZAKI 1959-1978』（一九九一）、一六六頁。

23　磯崎「反建築的ノート　そのⅣ」（一九七四）、七五－七六頁。磯崎『建築の修辞』（一九七九）、七三頁。「グロリエッテ」はヨーロッパ庭園内の高台に位置する東屋の総称だが、シェーンブルン宮殿のそれは最大規模でとくに名高い。これはオーストリアが戦った七年戦争後の和平を記念する「名声《ルーメス》の殿堂《テンペル》」として建てられた。磯崎はこの建物を「栄光の宮殿」と呼んでいる。

24　「反建築的ノート　そのⅨ」（一九七五）はそのような事例の図版中心に構成されている。磯崎「反建築的ノート　そのⅨ」（一九七五）、四五－四八頁。磯崎『建築の修辞』（一九七九）、一四七－一五八頁。

25　磯崎・高階「見えない都市を見る」（一九七五）、二七七頁。

26　磯崎「反建築的ノート　そのⅣ」（一九七四）、七七頁。磯崎『建築の修辞』（一九七九）、七六頁。

27　磯崎「私の履歴書（2）」（二〇〇九）。

28　磯崎「反建築的ノート　そのⅣ」（一九七四）、八四頁。磯崎『建築の修辞』（一九七九）、八二頁。

29　磯崎「反建築的ノート　そのⅣ」（一九七四）、八四頁。磯崎『建築の修辞』（一九七九）、八三頁。

30　磯崎「反建築的ノート　そのⅣ」（一九七四）、七九頁。磯崎『建築の修辞』（一九七九）、八〇－八一頁。

31　磯崎「反建築的ノート　そのⅤ」（一九七四）、七五頁。磯崎『建築の修辞』（一九七九）、八五頁。

32　磯崎『手法が』（一九七九）、二三五頁。

33　磯崎「反建築的ノート　そのⅩ」（一九七五）、四二頁。磯崎『建築の修辞』（一九七九）、一六三頁。

34　磯崎「反建築的ノート　そのⅩ」（一九七五）、四二頁。磯崎『建築の修辞』（一九七九）、一六三頁。

35　磯崎「反建築的ノート　そのⅩ」（一九七五）、四二頁。磯崎『建築の修辞』（一九七九）、一六四頁。

36　この「後退」は一九七〇年代における磯崎の「都市からの撤退」と解釈されている。しかし、磯崎自身はこの「反建築的ノート　そのⅩ」で、一九六〇年代の廃墟化した未来都市のイメージですでに自分は「後退を開始することを予定行動にしていたような感じ」であったと書いており（磯崎「反建築的ノート　そのX」（一九七五）、四一頁。磯崎『建築の修辞』（一九七九）、一六二頁）、一九七〇年代になってにわかに後退ないし撤退がなされたわけではない。さらに、北九州市立中央図書館は「後退に後退を重ねてきた結末」「後退の極限」でなされた都市に対する「カウンター・パンチ」（磯崎「反建築的ノート　そのX」（一九七五）、四二頁。磯崎『建築の修辞』（一九七九）、一六五頁）――「母」を犯す侵犯行為――なのであり、都市との関係を断ち切って建築固有の領域に閉じ籠もることを意図したものではなかった。少なくとも磯崎の自己理解において、それはむしろ逆に、都市に対する攻撃的な介入だったのである。

37　磯崎「反建築的ノート　そのX」（一九七五）、四三頁。磯崎『建築の修辞』（一九七九）、一六七頁。

38　磯崎「反建築的ノート　そのX」（一九七五）、四三頁。磯崎『建築の修辞』（一九七九）、一六九頁。

39　磯崎『手法が』（一九七九）、二八四－二八五頁。

40　宮川「〈手法論〉の余白に」（一九七五）、六頁。宮川『宮川淳著作集　I』（一九九九）、五一七頁。

41　バルト『サド、フーリエ、ロヨラ』（一九七一／一九七五）、四頁。

42　磯崎「反建築的ノート　そのXIII」（一九七八）、三五－四八頁。磯崎『建築の修辞』（一九七九）、二〇四－二四三頁。

43　磯崎「反建築的ノート　そのXIII」（一九七八）、四三頁。磯崎『建築の修辞』（一九七九）、二二六頁。

44　バルト『サド、フーリエ、ロヨラ』（一九七一／一九七五）、八頁。

45　宮川は最晩年に友人の吉田喜重が撮影したルドゥ設計「ショーの製塩工場（アル＝ケ＝スナンの王立製塩所）」のラッシュ・フィルムを眼にしている。吉田・小林・西澤『宮川淳とともに』（二〇一一）、五三頁。

46　磯崎「墓石――宮川淳のために」（一九七八）、二八一頁。磯崎『建築の地層』（一九七九）、四一二頁。

47　『宮川淳著作集I』「解題・校異」（一九九九）、六一八頁。再構成原稿のひとつは『エピステーメー』一九七八年一一月号に発表されている。

48　磯崎「墓石――宮川淳のために」（一九七八）、二八一頁。磯崎『建築の地層』（一九七九）、四一二頁。なお、磯崎はこの墓石案とゲーテの「理性のモニュメント」との類似について語っている（磯崎・日埜『磯崎新インタヴューズ』（二〇一四）、一七〇－一七一頁）。これはヴァイマルのイルム公園内、ゲーテの別荘近くにある「幸運の石（Stein des guten Glücks）」、別名「幸運の女神の祭壇（Altar der Agathé Tyché）」のことであろう。この記念像は立方体の石のうえに球体の石が載ったものであり、磯崎による墓石案と完全に一致した形態ではない。

49　宮川「人物スケッチ」（一九七三）、七〇二頁。宮川は磯崎が一九七二年に結婚した宮脇愛子とも親しかった。一九七三年に制作された、カヴァーをはじめ多くのページに銀紙が用いられた宮脇の作品集は、宮川が編集にあたっている。夫妻をともによく知る宮川はあるいは、真鍮製のパイプを積層させた一九六〇年代後半の宮脇作品などに、磯崎の「増幅」に通じる「固執性」を見出していたかもしれぬ。結婚以前の時期まで含め、宮脇の作品が磯崎に与えた影響もまた想定すべきであろう。

50 磯崎『手法が』（一九七九）、二三六頁。

13 〈建築〉と間《ま》の修辞法

1 磯崎「反建築的ノート　その VIII」（一九七五）、五九頁。磯崎『建築の修辞』（一九七九）、一三六－一三七頁。なお、同様の二層構造はSクリニック（一九七八）にも見られ、そこではピアノ・ノービレにあたる三階に丸柱が用いられている。

2 磯崎「反建築的ノート　その VIII」（一九七五）、六二頁。磯崎『建築の修辞』（一九七九）、一四四頁。こうした着想には宮川淳およびジル・ドゥルーズのキャロル論からの影響がうかがえる。

3 市川『現代芸術の地平』（一九八五）、一四六頁。

4 磯崎「反建築的ノート　その XIII」（一九七八）、四七頁。磯崎『建築の修辞』（一九七九）、二三八頁。

5 磯崎「反建築的ノート　その XIII」（一九七八）、四七頁。磯崎『建築の修辞』（一九七九）、二三八頁。

6 磯崎『手法が』（一九七九）、二九二頁。

7 磯崎『手法が』（一九七九）、二九一頁。

8 磯崎「反建築的ノート　その XII」（一九七七）、三三頁。磯崎『建築の修辞』（一九七九）、一八八頁。

9 磯崎「反建築的ノート　その XII」（一九七七）、三三頁。磯崎『建築の修辞』（一九七九）、一九一頁。この「表面」にはキャロルを論じた宮川のエッセイ「表面について」への連想が働いているかもしれぬ。

10 磯崎『手法が』（一九七九）、二九四頁。

11 『GA ARCHITECT 6 ARATA ISOZAKI 1959-1978』（一九九一）、二〇四頁。

12 『GA ARCHITECT 6 ARATA ISOZAKI 1959-1978』（一九九一）、二〇五頁。

13 磯崎「反建築的ノート　その XI」（一九七七）、五五頁。磯崎『建築の修辞』（一九七九）、一七三－一七四頁。

14 『GA ARCHITECT 6 ARATA ISOZAKI 1959-1978』（一九九一）、二〇五頁。

15 磯崎「反建築的ノート　その XI」（一九七七）、五五頁。磯崎『建築の修辞』（一九七九）、一七四頁。

16 磯崎『手法が』（一九七九）、三〇一頁。

17 磯崎『手法が』（一九七九）、七〇頁。

18 磯崎『手法が』（一九七九）、七四頁。

19 磯崎『手法が』（一九七九）、七七頁。

20 磯崎『手法が』（一九七九）、七七頁。

21 磯崎『手法が』(一九七九)、三〇一頁。

22 磯崎『手法が』(一九七九)、三〇二頁。

23 磯崎『手法が』(一九七九)、一七九頁。これらの版画は一九七九年に東京大学教養学部美術博物館(当時)における磯崎の個展で展示されている(本書「余白《マルジナリア》に3」参照)。

24 磯崎「建築家が版画をつくること」(一九八三)、ページ番号なし。

25 磯崎「反建築的ノート　そのXIII」(一九七八)、三四頁。磯崎『建築の修辞』(一九七九)、一九八頁。

26 Hollein 1977, p.6.　英語原文からの拙訳に拠る。

27 Hollein 1977, p.6.

28 「磯崎新　関係資料――資料1　磯崎新　年譜(1931~89)」(二〇一五)、七頁および二五頁、注記70。なお、この展覧会にはイラン出身の建築家ナデル・アルダランが参加している(ドイツ出身で当時テヘランで活動していたアーティスト、カール・シュラミンガーとの共同出展)。アルダランは磯崎に、みずからの展示のコンセプトは井筒俊彦から学んだと伝えたという(磯崎『瓦礫《デブリ》の未来』(二〇一九)、二〇-二一頁)。米国で学んだアルダランは当時すでに、「ペルシア建築におけるスーフィズムの伝統」をめぐる共著『統一の感覚(The Sense of Unity)』(一九七三)があった。アルダランと磯崎、井筒との関係については、安藤『死者たちへの捧げもの』(二〇二三)、二二〇-二二一頁参照。

29 磯崎『イメージゲーム』(一九九〇)、一七二頁。

30 Isozaki 1976, p.67.　なお、ここで用いられた天使像のもとになった作品はおそらく、ディオチェザーノ美術館(コルトーナ)所蔵のフラ・アンジェリコ《受胎告知》(一四三三~三四)である。二〇一九年に大分市美術館で開催された「磯崎新の謎」展における再制作ではそれが、レオナルド・ダ・ヴィンチ《受胎告知》(一四七二~七五)の天使像に変えられた。

31 Isozaki 1976, pp.58-67.　このテクストの日本語原文と思われるものは、『建築文化』一九七七年三月号所収の磯崎新「日本の何が売れるか」中に全文掲載されている(磯崎『イメージゲーム』(一九九〇)、一六五-一六七頁)。そこでは英文カタログにはない「ハシの語彙集」というタイトルがこのテクストに与えられている。しかし、これがあくまで英文カタログのために書かれた点を踏まえ、本書におけるその要約は、日本語テクストを参考にしつつ、カタログ中の英文にもとづくこととする。

32 Isozaki 1976, p.59.

33 磯崎『イメージゲーム』(一九九〇)、一六〇頁。

34 磯崎『イメージゲーム』(一九九〇)、九四-一七一頁。

35 パリ展のカタログ(仏・英語併記):*MA, espace-temps du Japon* (1978). このカタログのPDFはパリ・フェスティバル・ドートンヌのサイトで公開されている。https://www.festival-

automne.com/uploads/Publish/evenement/448/FAP_1978_AP_01_JP_PRGS.pdf 巡回展用カタログ：*MA, Space-Time in Japan* (1979). 巡回展用カタログの内容は次に掲載されている。「日本の時空間〝間〟展カタログより」（一九八一）。

36 Isozaki 1978, n.p. 磯崎「日本の時空間」（一九八一）、一二〇－一二一頁。

37 レヴィ＝ストロースはカタログに寄稿している（「ひかえめな神々」、「日本の時空間〝間〟展カタログより」（一九八一）、一六二－一六三頁）。バルトは展評を書いている（「愛と苦悩の間で」（一九七八））。デリダは一九八四年の日仏文化サミットで「間《ま》」展を見た折りの強い印象に言及し、「間《ま》」の価値、そこを訪れる者のための時間的インターバルの価値」とハイデガーが「住まい」という言葉で表わしているものとの類似について語っている（朝日新聞社編『文化の将来』（一九八四）、二三〇頁）。

38 磯崎・日埜『磯崎新インタヴューズ』（二〇一四）、二〇二頁。

39 一例として、二〇〇〇年の「間《ま》――20年後の帰還」展カタログに寄せたテクスト「〈間（MA）〉の帰還、20年後」で磯崎は、「間（MA）は日本人の生活、文化、そのままである。誰もが瞬間ごとに感知している」（傍点・引用者）と書いている（磯崎「〈間（MA）〉の帰還、20年後」（二〇〇〇）、ページ番号なし）。

40 磯崎「ちょっとばかりジャパネスク」（一九八一）、一一五頁。ちなみに、松岡は或る磯崎論のなかで日本近代建築史に関わる磯崎の論考「デザインの刻印」を取り上げ、磯崎が過去一〇〇年に日本で建造された建築作品から抽出している代表的な七つの修辞的手法――転写、暗示、迷宮など――が、日本語の「うつし／もどき」「かたり」「すさび」などに対応することを示したうえで、「磯崎コンセプトがかなり適切に日本的様式にかかわる特質を抽出している」と指摘している（松岡「奏者《プレイヤー》から指揮者《コンダクター》へ」（一九八三））。しかしこれは逆に、「うつし／もどき」「かたり」「すさび」といった松岡の言う「ジャパネスク・コンセプト」が「転写」をはじめとする記号論の用語で説明できることの証明でしかなかろう。

41 磯崎は「〈間（MA）〉の帰還、20年後」（二〇〇〇）で、そのままのかたちで帰国展を行なっても「屋上に屋を架すこと、トートロジーにしかなるまいと考えた」と述べている。

42 磯崎『見立ての手法』（一九九〇）、三頁。

43 磯崎『建築の地層』（一九七九）、四四七頁。

44 磯崎「ちょっとばかりジャパネスク」（一九八一）、一一五頁。

45 磯崎「ちょっとばかりジャパネスク」（一九八一）、一一五頁。

46 Isozaki 1978, pp.14-17. 磯崎「日本の時空間」（一九八一）、一二一頁。

47 これらはいずれも一九七七年に描かれた黒鉛筆と色鉛筆によるドローイングである。前者は《展望台I》、後者は

《展望台Ⅱ》と題されている。後者のドローイングは一九八二年にリトグラフにされ、それも《展望台》と題されている。『The Prints of Arata Isozaki, 1977-1983』（一九八三）、ページ番号なし、作品番号37。

14 つくば、「つくりもの」のヘテロトピア

1 藤江「つくばセンタービルの構成と機能」（一九八六）、二二頁。

2 「磯崎新インタビュー」（一九七九）、一八頁。

3 藤江「つくばセンタービルの構成と機能」（一九八六）、二二－二三頁。

4 藤江「つくばセンタービルの構成と機能」（一九八六）、二三頁。原文では「バルメザン」だが、これは明らかに「パルメザン」の誤りと思われるので修正して引用する。

5 磯崎「自註」（一九八四）、九七頁。磯崎『建築のパフォーマンス』（一九八五）、二六三頁（タイトルには「不在者としての王の位置」という副題があらたに付け加えられている）。

6 一九七九年四月二十日の深夜、カンピドリオ広場の正面に位置してローマ市庁舎となっているセナトーレ宮近くで、ネオ・ファシストによるテロとされる大規模な爆発があり、周辺の建造物に加え、騎馬像の台座も損傷した。その後の調査により、馬の脚に生じた亀裂のほか、深刻な腐蝕が発見されたために、騎馬像はローマ中央修復研究所で修復を施されることになった。オリジナルの騎馬像は現在、カピトリーノ美術館内にカルロ・アイモニーノの設計で新設された「マルクス・アウレリウスのエクセドラ（半円形のホール）」に展示されている。なお、オリジナルの像表面にはかつて全体を覆っていた黄金が一部残っているが、広場に立つ複製では再現されていない。

7 「磯崎新オーラル・ヒストリー　2012年8月17日」。

8 伊東孝「野外劇場」（一九八六）、九六頁。

9 渡辺誠「ホール南面」（一九八六）、三四頁。

10 藤江「つくばセンタービルの構成と機能」（一九八六）、二四頁。

11 磯崎新アトリエ「つくばセンタービル」（一九八三）、八二頁。

12 磯崎「都市、国家、そして〈様式〉を問う」（一九八三）、一四二頁。磯崎『建築のパフォーマンス』（一九八五）、三六頁。

13 Vidler 2021, p.72.

14 磯崎新アトリエ「作品〈つくばセンタービル〉」（一九八三）、四七頁。

15 つくば市「30つくばセンタービルあり方検討業務報告書」（二〇一九）、二二頁（「設計者：磯崎新氏へのヒアリング」）。

16 大江・藤森「キッチュの海とデザインの方法」（一九八三）、一三二頁。磯崎『建築のパフォーマンス』（一九八五）、九五頁。

17 磯崎・藤森『磯崎新と藤森照信の「にわ」建築談義』（二〇一七）、二六九頁。

18 磯崎『見立ての手法』（一九九〇）、一

〇四頁。

19 磯崎・藤森『磯崎新と藤森照信の「にわ」建築談義』（二〇一七）、八〇頁。

20 峯村「吟遊詩人は方位ゼロの極点に向かった」（一九九四）、八五頁。

21 峯村「吟遊詩人は方位ゼロの極点に向かった」（一九九四）、八五頁。

22 磯崎・藤森『磯崎新と藤森照信の「にわ」建築談義』（二〇一七）、二二一頁。

23 磯崎「都市、国家、そして〈様式〉を問う」（一九八三）、一四五頁。磯崎『建築のパフォーマンス』（一九八五）、五七頁。なお、ブロンズと金を素材とする《樹》を磯崎が選ぶにあたっては、この「にわ」の逆転したモデルであるカンピドリオ広場中央に立つマルクス・アウレリウスのブロンズ製騎馬像が、かつては全面黄金で覆われ、現在もその一部を残していることが影響したかもしれぬ。もしそうだとすればここには——素材の共通性を踏まえたうえで——人物像の実在／不在（消滅）の対比とともに、権力者としての男性／性的暴力の被害者である女性という対立関係もまた反映されていることになろう。

24 磯崎・藤森『磯崎新と藤森照信の「にわ」建築談義』（二〇一七）、二二〇頁。鈴木博之も後年の一九九一年になってから、この月桂樹に磯崎の「精神の基調」を認めている。鈴木「磯崎新——喪失の風景」（一九九一）、九五－九六頁。

25 この点は日埜直彦が指摘している。磯崎・日埜『磯崎新インタヴューズ』（二〇一四）、二四九－二五〇頁。

26 磯崎「磯崎新からの応答1」（一九八三）、一二四頁。磯崎『建築のパフォーマンス』（一九八五）、八一頁。

27 磯崎・植田「対談　この次できる建物は」（一九八一）、一七〇頁。

28 磯崎「筑波研究学園都市センタービル制作日録より」（一九七九）、四一頁。

29 磯崎「筑波研究学園都市センタービル制作日録より」（一九七九）、四一頁。

30 ただし、ウィトゲンシュタインの住宅（ストンボロウ邸）の平面図は正確には写真に対応していない。

31 作品名はそれぞれ次の通り——《内部風景Ⅰ　ストンボロウ邸——ルートウィッヒ・ウィトゲンシュタイン》、《内部風景Ⅱ　カトルマル精神病院——アントナン・アルトー》、《内部風景Ⅲ　増幅性の空間——アラタ・イソザキ》。

32 磯崎「〝内部風景シリーズ〟について」（一九七九）、二頁。

33 磯崎『いま、見えない都市』（一九八五）、一一三頁。

34 以下、このテクストからの引用は磯崎「都市、国家、そして〈様式〉を問う」（一九八三）、一三七－一四三頁（磯崎『建築のパフォーマンス』（一九八五）、二二一－三六頁）に拠り、個別の出典註は略す。

35 このような国家権力との関係には、クラウス・テーヴェライトがファシズムやナチズムに接近した詩人・作家・芸術家たちについて指摘した「抽象急進主義《アブストラクト・ラディカリズム》」に通じるものが認められる。なるほど、磯崎は国家権力に対して逆らう――その貌を描くまいとする――身振りを演じているのだが、実際にはそのラディカリズム自体が、現実の国家権力ではなく、それをめぐる幻想との結びつきにもとづいているのである。この点はテーヴェライトが、ゲルハルト・リヒターとその連作《1977年10月18日》に描かれたドイツ赤軍の死者たちとの関係のうちに見出している、リヒターの抽象急進主義にも通底している。次を参照。田中『政治の美学』(二〇〇八)、九〇－九七頁、および、田中『「かげ《シャイン》」の芸術家』(二〇二二)、六九－七九頁。

36 磯崎『ポスト・モダン原論』(一九八五)、一七頁。

37 磯崎『ポスト・モダン原論』(一九八五)、一〇頁。

38 藤江「つくばセンタービルの構成と機能」(一九八六)、二四頁。

39 渡辺誠「あとがき」(一九八六)、一一五頁。

40 磯崎「ディスジャンクティヴのディテール」、磯崎新アトリエ『磯崎新のディテール』(一九八六)、七頁。この展覧会は東京で一九八三年一〇月に開かれた「槇・磯崎アーキテクチュラル・フィールド・レポート」展とそれがニューヨークに巡回した一九八五年五～六月の「新しい公共建築――槇文彦と磯崎新の近作 (New Public Architecture: Recent Projects by Fumihiko Maki and Arata Isozaki)」展である。次を参照。「磯崎新オーラル・ヒストリー 2012年8月17日」。

41 磯崎・大江・原「鼎談〈言葉と空間のブリコラージュ〉」(一九八〇－八)、四二頁。それは砂漠の盆地に位置するマリナルコという町の斜面の一画に建つ、中庭をもつ昔のスペイン風の家だった。そこにはドイツから亡命したフィリピン問題の研究家で、フィリピンとの関係から日本文学を研究し始めている男が住んでおり、この男がメキシコ人を指導して、家の真ん中を占める長方形のコンクリートの部分に日本建築を作っていたという――「障子もあって畳も置いてあって風呂もあるのですが、その風呂というのは、大きい、底の深い棺桶みたいなものがコンクリートにじかに置いてあって、白い障子紙に「御湯」と書いてある(笑い)。そう書いてなければ誰もお風呂と思わないようなものなんです。その日本間はコンクリートの建物に対して異質で、その水の入っていないお風呂にひとりでしゃがんでみると、砂漠の中のメキシコの町に住んでいるドイツ人の孤独がひしひしと伝わってきた(笑い)。そしてぼくは小説としてのそういうもの、絶対的に異質なものを含み込んだ世界をつくりたいと思ったものです」。なお、大江の『同時代ゲーム』(一九七九)にはこのドイツ人をモデルにしたと思われるアルフレート・ミュンツァーという人物が登場し、マリナルコの町に「鉄筋コンクリートの箱にすぎぬが、内装は日本建築を模倣した異様な建物」を建てたという描写がある(大江『同時代ゲーム』(一九七九/一九八四)、一一頁)。菊間晴子さんのご教示に感謝する。

42　磯崎「自註」（一九八四）。磯崎『建築のパフォーマンス』（一九八五）、二六四－二六五頁。

43　磯崎「自註」（一九八四）、九八頁に掲載されている英訳にもとづき、「空洞《ヴォイド》」を補う。

44　磯崎「自註」（一九八四）、九九頁。磯崎『建築のパフォーマンス』（一九八五）、二六五頁。

45　磯崎『ポスト・モダン原論』（一九八五）、二八－三〇頁。

46　磯崎・浅田「対話　アイロニーの終焉」（一九八五）、一七四頁。

47　鈴木「主題のない物語」（一九八四）、一〇三頁。磯崎『建築のパフォーマンス』（一九八五）、二六一－二六二頁。

48　磯崎・浅田「対話　アイロニーの終焉」（一九八五）、一七六頁。および、浅田「浅田彰のブックインタビュー」（一九八五）。後者で浅田はつくばセンタービルに代表される様式を「空虚な場による包摂というアルカイックな回収（再属領化）機能と資本主義的な差異化メカニズムとのアイロニカルな接合」と呼び、「磯崎新自身、自らのアイロニカルな屈折を誰よりもはっきりと意識している」と書いている。

49　鈴木「主題のない物語」（一九八四）、一〇三頁。磯崎『建築のパフォーマンス』（一九八五）、二六二頁。

50　磯崎・浅田「対話　アイロニーの終焉」（一九八五）、一七六頁。

51　「ポスト・モダンの巨大な神殿　つくばセンタービル」（一九八三）。記者名は「M」（松葉一清）である。

52　この「無《ナシング》という主題」との関わりにおいて、建築における磯崎の社会的身振りはロックにおけるデヴィッド・ボウイのそれに接近する。それらはいずれも、建築をめぐる建築というメタ建築、ロックに関するロックというメタ・ロックといった自己言及的な――それゆえに引用を駆使した折衷的な――形式を取り、そこにはモダニズム建築や一九六〇年代ロックといったそれぞれの領域の「革命」に遅れてしまった「ポスト革命期」の意識が反映している。磯崎やボウイにおけるスタイルの絶えざる変化もこの点に由来する。ボウイについては田中『デヴィッド・ボウイ』（二〇二一）参照。

53　磯崎『建築のパフォーマンス』（一九八五）、二七〇－二七二頁。

54　磯崎『建築のパフォーマンス』（一九八五）、二二五－二二六頁。

55　鈴木・三浦「建築における〝道化〟の役割」（一九八三）、一四八頁。磯崎『建築のパフォーマンス』（一九八五）、一五三頁。

56　Isozaki 1985, pp.46-47.　日本語ヴァージョンは、磯崎新「イメージゲーム」（一九八五）、三七頁（磯崎『イメージゲーム』（一九九〇）、二七六－二七七頁）。「アイロニーなしの建築」をめぐっては次も参照。磯崎・浅田「対話　アイロニーの終焉」（一九八五）、一七七頁、および、磯崎・宮内「建築と国家」（一九八五）、一一二－一一五頁。なお、この時期以前の磯崎の発言に「アイロニー」の概念はさほど頻繁に登場してはいない。一例として、

『建築の解体』の索引によれば、同書で「アイロニー」が登場するのは六箇所のみであり、そのうち磯崎自身に関係するのはただ一箇所に過ぎない。

57 長沢の彫刻を通じて最終段階でフォーラムに導き入れられたダフネのイメージが、ここで指摘したような連想関係によって、「地下迷路への下降」という暗喩《メタファー》を補完するものであった可能性を想定するのは、磯崎が語っている「大地というか暗い部分に降て行く気持ち」への関心のうちに、抽象急進主義とも関わる一種の「オルフェウス・コンプレックス」が感知されるからである。オルフェウス・コンプレックスについては次を参照。田中『「かげ《シャイン》」の芸術家』(二〇二二)、七六－七九頁。

58 磯崎「世界観模型としての庭」(一九八三)。

59 フーコー『言葉と物』(一九六六／一九七四)、一六頁。

60 「磯崎新オーラル・ヒストリー　2012年8月17日」。

61 フーコー『ユートピア的身体／ヘテロトピア』(一九六六／二〇一三)、三四－三五頁。同書では*contre-espaces*が「反場所」と訳されているが、原語に即して「反空間」とする。

62 フーコー『ユートピア的身体／ヘテロトピア』(一九六六／二〇一三)、四二頁。

63 磯崎『建築のパフォーマンス』(一九八五)、一八七－一八八頁。

64 カンピドリオの丘や広場がローマにおいて担った象徴的な地位については次を参照。長尾『ミケランジェロのローマ』(一九八八)、四八－六二頁。

65 カンピドリオ広場という「古代世界の中心」の中心をなすべきマルクス・アウレリウスの騎馬像は、つくばセンタービルの竣工時には修復のために「不在」であった。だが、この点に関する磯崎の言及は見当たらない。ミケランジェロの台座上にはのちに、黄金を欠いた不完全な複製という代用の「つくりもの」が置かれることになる。

66 こうした撮影が可能になったのは、カンピドリオ広場に騎馬像が不在だったからこそである。このシーンでは、登場人物のひとりドメニコが終末を迎えつつある世界を救済しようと騎馬像に上って演説を行ない、最後にはガソリンを被って焼身自殺を遂げ、その炎がマルクス・アウレリウスの像にも燃え移る。『ノスタルジア』が最初に上映されたのは一九八三年五月のカンヌ国際映画祭であるから、磯崎が遠く離れたつくばの地でローマ皇帝の像に「水」のエフェメラルな戯れを対置するフォーラムを完成させたのとほぼ同時期に、タルコフスキーはその像それ自体が「火」に包まれるイメージを発表していたのである。なお、磯崎は後年になって、この自作と『ノスタルジア』との同期性に言及している。磯崎「アーティスト／アーキテクトは災害(事件)をいかに作品化(プロジェクト)するか」(二〇一一)、二一一－二二二頁。

67 鈴木「主題のない物語」(一九八四)、一〇三頁。

68 ビュトール『心変わり』（一九五七／二〇〇五）、四四七頁。

15 設計競技《ポトラッチ》の政治的／肉体的ダイナミクス

1 Amery 1999, p.40.

2 ドレクスラーはニューヨーク近代美術館でジョンソン直属の部下だった。そのほか、事務局にはジョンソンの大学時代のルームメイトがいるなど、ジョンソンに対して審査委員会が中立とは言えないものだったという見方もある（ラムスター『評伝フィリップ・ジョンソン』〔二〇一八／二〇二〇〕、四四五頁）。なお、磯崎もこの時点ですでにジョンソンとは親交があった。

3 磯崎「イメージゲーム」（一九八五）、三四頁。磯崎『イメージゲーム』（一九九〇）、二六四頁。ただし、雑誌掲載時には「なだめられて」ではなく、「賞揚されて」とある。

4 この作品の設計プロセスに関する記述はおもに次にもとづく。松葉「〈見えない都市〉が見えてきた」（一九八三）。菊池「MOCA　プレビュー」（一九八三）。

5 Goldberger 1982.

6 これを不服としたパレフスキーは一〇〇万ドルの寄附金を半額に減額することを申し立て、美術館側と法的に争っている。

7 「磯崎新　関係資料――資料1　磯崎新　年譜（1931～89）」（二〇一五）、三〇頁、注記１２８。

8 磯崎「建築家が版画をつくること」（一九八三）。

9 磯崎『磯崎新の建築30［模型、版画、ドローイング］』（一九九二）、一六三頁。この種の説明を磯崎は最終実施案以降に繰り返している。

10 磯崎・植田「対談　この次できる建物は」（一九八一）、一七〇頁。

11 松葉「〈見えない都市〉が見えてきた」（一九八三）、一三九頁。

12 磯崎「海外のプロジェクトとコンペ審査の経験から」（一九八六）、一二頁。

13 磯崎「MOCA（ロサンゼルス現代美術館）」（一九八七）。

14 以下の論述は次にもとづく。磯崎「なぜ日本勢は振わなかったのか」（一九八三）。磯崎『イメージゲーム』（一九九〇）、二一〇‐二三〇頁。

15 磯崎・浅田・長木・ラッヘンマン「ルイジ・ノーノと《プロメテオ》」（一九九九）、一三〇頁。

16 磯崎「なぜ日本勢は振わなかったのか」（一九八三）、四〇頁。磯崎『イメージゲーム』（一九九〇）、二二八頁。

17 磯崎「なぜ日本勢は振わなかったのか」（一九八三）、四三頁。磯崎『イメージゲーム』（一九九〇）、二二九頁。

18 この名称は秘密結社めいた神秘的な印象を与えるためのものであるとともに、アイゼンマンのイニシャルPEの含意もあったという。石山友美監督『だれも知らない建築のはなし』（二〇一五）におけるアイゼンマンの発言参照。

19 *The Charlottesville Tapes* 1985.

20 *The Charlottesville Tapes* 1985, p.62.

21 *The Charlottesville Tapes* 1985, p.63.

22 石山友美監督『だれも知らない建築の

はなし』(二〇一五)。
23 ラムスター『評伝フィリップ・ジョンソン』(二〇一八/二〇二〇)、四一八頁。
24 磯崎「イメージゲーム」(一九八五)、三四頁。磯崎『イメージゲーム』(一九九〇)、二六四頁。
25 *The Charlottesville Tapes* 1985, p.19.
26 *The Charlottesville Tapes* 1985, p.26.
27 *The Charlottesville Tapes* 1985, pp.72-73.
28 磯崎「私の履歴書(23)」(二〇〇九)。
29 *The Charlottesville Tapes* 1985, p.119.
30 *The Charlottesville Tapes* 1985, p.127.
31 磯崎「私の履歴書(23)」(二〇〇九)。
32 *The Charlottesville Tapes* 1985, p.199; 202.
33 *The Charlottesville Tapes* 1985, p.222.
34 *The Charlottesville Tapes* 1985, p.6.
35 「東京都新都庁舎指名設計競技　要項」(一九八六)。
36 平松『磯崎新の「都庁」』(二〇〇八)、二五頁。
37 「審査講評」(一九八六)、一六頁。
38 平松『磯崎新の「都庁」』(二〇〇八)、二六-二七頁。
39 以下、磯崎案については次を参照。磯崎新アトリエ「磯崎新アトリエ　応募案」(一九八六)。
40 磯崎新アトリエ「磯崎新アトリエ　応募案」(一九八六)、一二六頁、「02 5 超越的スケール」。磯崎案のプロポーションは磯崎がきわめて高く評価する丹下の旧都庁舎に近いという指摘がある(次における岡崎乾二郎の発言を参照。磯崎の応答によると、浅田彰がすでにそうした指摘を行なっているという。磯崎・岡崎・浅田「枠と容積」(二〇〇一)、一〇七頁)。丹下のプロポーションを「完全に描ける」と断言するほどまで肉体化していた磯崎が、無意識にそれをなぞってしまった可能性はある。しかし、スケールの極端な違いは両者を別のものにしていると言うべきだろう。
41 磯崎新アトリエ「磯崎新アトリエ　応募案」(一九八六)、一三一頁、「03 9 来迎」。
42 磯崎新アトリエ「磯崎新アトリエ　応募案」(一九八六)、一二八頁、「03 0 方舟」。
43 平松『磯崎新の「都庁」』(二〇〇八)、一五六頁。
44 磯崎「超高層ではシティホールはなりたたない」(一九八六)。
45 なお、この新都庁舎計画案で磯崎はコンピュータ・グラフィックスをはじめて導入している。その制作はエイ・アール・シー・ヤマギワ社(現在のインフォマティクス社)による。アレン「磯崎新と見えない技術者」(二〇一六/二〇二〇)、二六五頁、註四。
46 磯崎「超高層ではシティホールはなりたたない」(一九八六)、七一頁。
47 磯崎「新都庁舎コンペをめぐって下」(一九八六)。磯崎『見立ての手法』(一九九〇)、二七四頁。
48 磯崎「新都庁舎コンペをめぐって下」(一九八六)。磯崎『見立ての手法』(一九九〇)、二七五頁。
49 田中『政治の美学』(二〇〇八)、四一六-四二六頁。

50 磯崎・安藤「プラットフォーム2020」(二〇一五)、一八頁。

51 渡辺真理「パラディアム」(一九八五)、四八頁。

52 磯崎『ポスト・モダン原論』(一九八五)、五七頁。

53 磯崎『ポスト・モダン原論』(一九八五)、五六頁。

54 Isozaki 1985, p.47. 磯崎「イメージゲーム」(一九八五)、三七頁。磯崎『イメージゲーム』(一九九〇)、二七七頁。

55 磯崎「新都庁舎コンペをめぐって上」(一九八六)。磯崎『見立ての手法』(一九九〇)、二七一頁。

56 磯崎「新都庁舎コンペをめぐって下」(一九八六)。磯崎『見立ての手法』(一九九〇)、二七五頁。

57 磯崎『挽歌集』(二〇一四)、一五〇頁。

58 安部『方舟さくら丸』(一九八四/一九九〇)、四四二頁。

59 村上『アンダーグラウンド』(一九九七/一九九九)、七七四頁。

16 構造の力線

1 磯崎『《建築》という形式I』(一九九一)、一二八頁。

2 磯崎・佐川・二川「鼎談:世界の中の日本」(一九九四)、一六-一七頁。

3 木村「水戸芸術館」(一九九六)、九八頁。

4 木村「水戸芸術館」(一九九六)、九八頁。

5 水戸芸術館の建築的ディテールについては次が詳しい。五十嵐「第一章 水戸芸術館を歩いて見る」(一九九九)。

6 磯崎「水戸芸術館の設計」(一九九一)。

7 磯崎『《建築》という形式I』(一九九一)、一五〇頁。

8 木村によれば、このかたちはノグチがフラーと旅行した際、退屈しのぎに紙を六枚に折って三角形に細かく畳み、それをしごいたときにできたものだという。木村は生前のノグチに会った折り、この形態で一〇〇フィート(約三〇・五メートル)のモニュメントを作ろうとしているのだが構造設計が難航している、という話をしたノグチに対して、磯崎が一〇〇メートルの高さのエレヴェーターをもつタワーを建てようとしていることを伝えている。ノグチは驚き、「それはイソザキが僕のアイデアを盗んだみたい」と語ったという。木村「水戸芸術館」(一九九六)、九四/九八頁。他方で磯崎は、この塔の模型を見たノグチが「あなた、これはリダンダンシーないでしょ」と指摘したという逸話を伝えている。リダンダンシーをめぐるこの問題の解決のために磯崎は、最終段階で塔に三本の方杖《バットレス》を付けている。磯崎・佐々木「現代建築の構造的系譜と展開」(二〇〇二)、八一頁。

9 『磯崎新4 1985-1991 PART 2《現代の建築家》』(一九九三)、一〇四頁。

10 磯崎「アルカイックな深層」(一九九一)、一〇三頁。

11 磯崎「アルカイックな深層」(一九九一)、一〇三頁。

12 磯崎「リダンダンシィの所在を探すこ

と」(一九九六)、二二一頁。

13 磯崎・日埜『磯崎新インタヴューズ』(二〇一四)、一〇三頁。ほかに磯崎が言及しているのはピーター・ライスとセシル・バルモンドである。

14 磯崎「リダンダンシィの所在を探すこと」(一九九六)、二二一頁。

15 鈴木「磯崎新——喪失の風景」(一九九一)、九五頁。

16 鈴木「磯崎新——喪失の風景」(一九九一)、九六頁。

17 五十嵐「第一章　水戸芸術館を歩いて見る」(一九九九)、一九頁。

18 川口『構造と感性』(二〇一五)、一〇八頁。

19 以下の説明は次に拠る。川口『構造と感性』(二〇一五)、一〇四－一〇八頁。

20 川口『構造と感性』(二〇一五)、一二〇頁。

21 磯崎「守護聖人の宮殿」(一九九〇)、二三三頁。磯崎『《建築》という形式Ｉ』(一九九一)、二四七頁。

22 川口『構造と感性』(二〇一五)、一〇二－一〇三頁。

23 稲川「実施案とその実現」(一九九〇)、二六〇頁。

24 磯崎「守護聖人の宮殿」(一九九〇)、二三四頁。磯崎『《建築》という形式Ｉ』(一九九一)、二五一頁。

25 磯崎「守護聖人の宮殿」(一九九〇)、二二九頁。磯崎『《建築》という形式Ｉ』(一九九一)、二三八頁。

26 竣工式後に三日間一般公開された際には、当時のバルセロナの人口一八〇万人のうち、約三十万人がここを訪れたという。稲川「実施案とその実現」(一九九〇)、二六一頁。

27 磯崎「守護聖人の宮殿」(一九九〇)、二三二頁。磯崎『《建築》という形式Ｉ』(一九九一)、二四六頁。

28 磯崎「守護聖人の宮殿」(一九九〇)、二二九頁。磯崎『《建築》という形式Ｉ』(一九九一)、二三九頁。

29 磯崎「守護聖人の宮殿」(一九九〇)、二三〇頁。磯崎『《建築》という形式Ｉ』(一九九一)、二四一頁。

30 磯崎「守護聖人の宮殿」(一九九〇)、二三四頁。磯崎『《建築》という形式Ｉ』(一九九一)、二五一頁。

31 磯崎「守護聖人の宮殿」(一九九〇)、二三四頁。磯崎『《建築》という形式Ｉ』(一九九一)、二五一頁。

32 磯崎「守護聖人の宮殿」(一九九〇)、二二六頁。磯崎『《建築》という形式Ｉ』(一九九一)、二三一頁。

33 磯崎「守護聖人の宮殿」(一九九〇)、二二八頁。磯崎『《建築》という形式Ｉ』(一九九一)、二三七頁。

34 磯崎「守護聖人の宮殿」(一九九〇)、二三四頁。磯崎『《建築》という形式Ｉ』(一九九一)、二五一頁。

35 磯崎「守護聖人の宮殿」(一九九〇)、二三三頁。磯崎『《建築》という形式Ｉ』(一九九一)、二四八頁。この建築家はオリンピック委員会の施設担当建築家ルイス・ミレットである。磯崎『バルセロナ・ドローイング』(一九九〇)、三八頁。

36 磯崎「黒木について」(一九九三)、七三頁。

37 磯崎ほか「現代建築シンポジウム：

「歴史的環境の中で何をつくり得るか」セッション3」(一九九三)、一二七頁。

38 宇野「「なら100年会館」の設計」(一九九九)、一〇八頁。

39 磯崎『造物主義論《デミウルゴモルフィスム》』(一九九六)、八七頁。

40 磯崎『磯崎新の仕事術』(一九九六)、一六七頁。

41 磯崎『磯崎新の仕事術』(一九九六)、一七〇頁

42 磯崎『磯崎新の仕事術』(一九九六)、一七一頁。

43 磯崎新「反回想5「わ」の所在(著者解題)」(二〇一三)、ix頁。

17 ひもろぎ/コーラ、仮面的形式《テンタティヴ・フォーム》の場

1 磯崎『《建築》という形式Ⅰ』(一九九一)、五七頁。

2 鈴木「磯崎新——喪失の風景」(一九九一)、九七頁。

3 磯崎・藤塚『ティーム・ディズニー・ビルディング』(一九九三)。

4 鈴木「磯崎新——喪失の風景」(一九九一)、九七頁。

5 磯崎『見立ての手法』(一九九〇)、一一二－一一五頁。

6 隈「復讐のファンタジア」(一九九三)。

7 磯崎・多木『世紀末の思想と建築』(一九九一/二〇一一)、二二七頁。

8 磯崎・藤塚『ティーム・ディズニー・ビルディング』(一九九三)。

9 磯崎・藤塚『ティーム・ディズニー・ビルディング』(一九九三)。

10 この類似に触れるのは、拷問の挙げ句に主人公が幻想のなかへと完全に自閉してしまう結末がディズニー・ワールドへの連想を生むからである。なお、磯崎はこの映画の別のシーンについて、ポンピドゥー・センターのパロディではないか、と指摘している。磯崎・多木『世紀末の思想と建築』(一九九一/二〇一一)、一五二頁。

11 磯崎『《建築》という形式Ⅰ』(一九九一)、五三頁。

12 磯崎『《建築》という形式Ⅰ』(一九九一)、五四頁。

13 磯崎『《建築》という形式Ⅰ』(一九九一)、五四頁。

14 磯崎『《建築》という形式Ⅰ』(一九九一)、一六四頁。

15 磯崎『《建築》という形式Ⅰ』(一九九一)、一四一頁。

16 磯崎『始源のもどき』(一九九六)、一二頁。

17 磯崎『《建築》という形式Ⅰ』(一九九一)、二七一頁。

18 『磯崎新 4 1985－1991 PART 2《現代の建築家》』(一九九三)、三一頁。

19 「福岡国際建築家会議'89」(一九九〇)、八一頁。

20 石山友美監督『だれも知らない建築のはなし』(二〇一五)における磯崎の発言より。

21 磯崎「くまもとアートポリス」(一九九三)、一二頁。

22 磯崎・多木『世紀末の思想と建築』(一九九一/二〇一一)、一三五－一三六頁。

23 「磯崎新オーラル・ヒストリー 20

12年8月17日」。ここで磯崎は「都市からの撤退」というフレーズを自分では用いていないと述べている。

24 磯崎・多木『世紀末の思想と建築』（一九九一／二〇一一）、二頁。

25 磯崎「さらに二〇年後のいま」、磯崎・多木『世紀末の思想と建築』（一九九一／二〇一一）、二三九頁。

26 磯崎・多木『世紀末の思想と建築』（一九九一／二〇一一）、四－五頁。これに対して、一九八〇年代に自己形成した世代は「終焉《エンド》」の世代」だと言う。

27 磯崎『ポスト・モダン原論』（一九八五）、一七二頁。

28 磯崎・多木『世紀末の思想と建築』（一九九一／二〇一一）、四－七頁。

29 磯崎・多木『世紀末の思想と建築』（一九九一／二〇一一）、九頁。

30 磯崎『《建築》という形式Ⅰ』（一九九一）、七頁。

31 磯崎『《建築》という形式Ⅰ』（一九九一）、七－八頁。

32 磯崎『《建築》という形式Ⅰ』（一九九一）、一一－一二頁。

33 磯崎『《建築》という形式Ⅰ』（一九九一）、一五頁。

34 磯崎『《建築》という形式Ⅰ』（一九九一）、七二頁。

35 磯崎『《建築》という形式Ⅰ』（一九九一）、一四六頁。

36 磯崎『《建築》という形式Ⅰ』（一九九一）、一八五頁。

37 磯崎『《建築》という形式Ⅰ』（一九九一）、二六七頁。

38 磯崎『《建築》という形式Ⅰ』（一九九一）、二二一－二二四頁。

39 東「Socrate non-performatif」（一九九九）。なお、デリダとアイゼンマンの共著『コーラル・ワークス』（一九九七）については丸山洋志のエッセイがある。丸山「個人的な感想」（一九九九）。アイゼンマンは磯崎との対談でこの共同作業について、たがいが相手を恐れたがゆえに——とくにデリダがまず恐れて身を引いたがゆえに——結果として何も変わらなかった、と語っている——「俺は彼〔デリダ〕とやってると、自分を失うんじゃないかと感じたし、彼もそう思ったに違いない。それが俺たちの共同の最重要点だった。言説の枠組がその内容からはずれてしまうと感じたんだろう。彼はその枠組を固く守ろうとしているからね」。磯崎・アイゼンマン「過激さは、中心からの距離！」（一九八八）、一七五頁。磯崎『建築の政治学』（一九八九）、八一頁。

40 磯崎『《建築》という形式Ⅰ』（一九九一）、二二六頁。

41 磯崎・多木『世紀末の思想と建築』（一九九一／二〇一一）、一七六頁。

42 磯崎『《建築》という形式Ⅰ』（一九九一）、二二六－二二七頁。

18 建築（家）の両性具有的《ヘルマフロディトス》身体

1 磯崎『建築家捜し』（一九九六／二〇〇五）、二－四頁。

2 磯崎『建築家捜し』（一九九六／二〇〇五）、五頁。

3 磯崎『磯崎新の建築30［模型、版画、ドローイング］』（一九九二）、三六二頁。

4 Arata Isozaki. *Arata Isozaki: Architecture 1960-1990*. New York: Rizzoli, 1991.「磯崎新 1960/1990 建築展」カタログ（一九九一）。

5 中村「イソザキ・コネクション」（一九九一）、五六頁。

6 中村「イソザキ・コネクション」（一九九一）、五九頁。

7 磯崎『建築家捜し』（一九九六／二〇〇五）、五頁。

8 磯崎「Anyone への招待」（一九九二）、七頁。

9 磯崎・浅田「デミウルゴスとしてのAnyone の断片的肖像」（一九九一）。

10 磯崎ほか「Anyone　討議　A-1」（一九九一）、九九頁。

11 『批評空間』臨時増刊号「Anyone」（一九九二）、二二〇頁。

12 磯崎ほか「Anyone　討議　A-3」（一九九一）、二四七－二四八頁。

13 磯崎・浅田・田中「ANY コンファレンスの軌跡」（一九九七）、二八六頁。

14 ダル・コー「時間を考える」（一九九一）、一三四頁。

15 ダル・コー「時間を考える」（一九九一）、一三五頁。

16 磯崎ほか「Anyone　討議　B-1」（一九九一）、一五五頁。

17 磯崎・アイゼンマン「過激さは、中心からの距離！」（一九八八）、一七二－一七三頁。磯崎『建築の政治学』（一九八九）、七六－七七頁。

18 江幡「キューブ Cube」（一九九一）、一八八頁。

19 三宅「磯崎新の新たな展開」（一九九一）、一九頁。

20 磯崎『建築家捜し』（一九九六／二〇〇五）、五頁。

21 岡崎「解説――イソザキとは誰か?」（二〇〇五）、二九八頁。

22 岡崎「解説――イソザキとは誰か?」（二〇〇五）、二九九頁。

23 磯崎「現代文庫版あとがき」（二〇〇五）、二九二頁。

24 磯崎『建築家捜し』（一九九六／二〇〇五）、一三七頁。なお、磯崎は一九七六～七七年の個展「引用と暗喩の建築」ですでに、自作のコンセプトを表わす九つの「暗喩」のひとつとして「ヘルマフロード」を挙げている。それは単純な透明感をもたずに幾重にも屈折した、「ほのかで、しかし艶やかな肌合い」を有する空間や、実体と虚体が併存して異種混淆した宙吊り状態にある物体の性質を示す言葉であった（磯崎「引用と暗喩の建築」（一九七七）、二一五頁）。この個展のために制作された杉浦康平と植田実のデザインによるポスターでは、磯崎作品のクロノロジーを垂直軸とし、各作品ごとに「パラディオ」「陰陽説」「不思議の国のアリス」「マリリン・モンロー」といった「引用」の九つの原典と「官能機械」「プラトン立体」「廃墟」「闇」などの九つの「暗喩」からなる、合計十八のパラメーターを円を分割する半径に対応させ、それぞれのパラメーターの度合いを図示することで、全体として複雑に凹凸のある曲面からなるシリンダー状の物体が描き出されている。磯崎によればこれは、「充填されていない中心」——「主題の不在」——を「引用」や「暗喩」によってひたすら「囲繞」し続けた過程の可視化であり、その彎曲は囲繞の「濃度変化」を表わしているという（磯崎「引用と暗喩の建築」〔一九七七〕、二一四頁）。この有機的な皮膜のような形態はいわば、ホラインとは異なる手法で描き出された「イソザキの身体」と言えよう。

25 磯崎『建築家捜し』（一九九六／二〇〇五）、一三七―一三八頁。

26 磯崎『建築家捜し』（一九九六／二〇〇五）、一三八頁。

27 磯崎『建築家捜し』（一九九六／二〇〇五）、一三八頁。

28 磯崎『建築家捜し』（一九九六／二〇〇五）、一三九頁。

29 磯崎『建築家捜し』（一九九六／二〇〇五）、一九六頁。

30 磯崎『建築家捜し』（一九九六／二〇〇五）、二〇五頁。

31 磯崎『建築家捜し』（一九九六／二〇〇五）、一四二頁。

32 磯崎『建築家捜し』（一九九六／二〇〇五）、二五九頁。

33 磯崎『建築家捜し』（一九九六／二〇〇五）、二五九頁。

34 磯崎『建築家捜し』（一九九六／二〇〇五）、二七一頁。

35 磯崎『建築家捜し』（一九九六／二〇〇五）、二二八―二二九頁。

36 三宅「磯崎新の新たな展開」（一九九一）、一二頁。なお、三宅はこの部分などを削除したヴァージョンを「虚構のフレームアップ——《建築》という形式」と題して「磯崎新 1960/1990 建築展」カタログ（一九九一）に発表している。

37 岡崎「解説——イソザキとは誰か？」（二〇〇五）、二九八頁。

38 こうした記述形式については次を参照。磯崎「《建築》——あるいはデミウルゴスの〝構築〟第1回」（一九九二）、二〇頁。磯崎『造物主義論《デミウルゴモルフィスム》』（一九九六）、三頁。雑誌掲載時には「普遍性」だった箇所を書籍化にあたって磯崎は「共軛性」と変えている。

39 磯崎「《建築》——あるいはデミウルゴスの〝構築〟第1回」（一九九二）、二一頁。磯崎『造物主義論《デミウルゴモルフィスム》』（一九九六）、四頁。

40 磯崎『造物主義論《デミウルゴモルフィスム》』（一九九六）、四頁。磯崎「《建築》——あるいはデミウルゴスの〝構築〟第1回」（一九九二）、二一頁では「恐ろしい、不思議《アンキャニィ》なもの」となっているが、ここでは書籍版に従う。

41 磯崎「《建築》——あるいはデミウルゴスの〝構築〟第1回」（一九九二）、二三頁。磯崎『造物主義論《デミウルゴモルフィスム》』（一九九六）、八頁。

19 造物主義論《デミウルゴモルフィスム》の射程

1 磯崎「《建築》——あるいはデミウルゴスの〝構築〟第1回」（一九九二）、二九頁。磯崎『造物主義論《デミウルゴモルフィスム》』（一九九六）、二二頁。

2 磯崎「《建築》——あるいはデミウルゴスの〝構築〟第1回」（一九九二）、三四頁。磯崎『造物主義論《デミウルゴモルフィスム》』（一九九六）、三六頁。

3　磯崎「《建築》——あるいはデミウルゴスの〝構築〟第1回」（一九九二）、三五頁。磯崎『造物主義論《デミウルゴモルフィスム》』（一九九六）、四〇頁。

4　磯崎「《建築》——あるいはデミウルゴスの〝構築〟最終回」（一九九四）、一六五頁。磯崎『造物主義論《デミウルゴモルフィスム》』（一九九六）、二〇八頁。

5　磯崎「《建築》——あるいはデミウルゴスの〝構築〟最終回」（一九九四）、一六四—一六五頁。磯崎『造物主義論《デミウルゴモルフィスム》』（一九九六）、二〇六頁。

6　磯崎「《建築》——あるいはデミウルゴスの〝構築〟第4回」（一九九三）、二五五頁。磯崎『造物主義論《デミウルゴモルフィスム》』（一九九六）、一〇三頁。

7　磯崎「《建築》——あるいはデミウルゴスの〝構築〟第4回」（一九九三）、二五五頁。磯崎『造物主義論《デミウルゴモルフィスム》』（一九九六）、一〇三頁。

8　磯崎「《建築》——あるいはデミウルゴスの〝構築〟第1回」（一九九二）、二〇頁。磯崎『造物主義論《デミウルゴモルフィスム》』（一九九六）、七頁。

9　その経緯は磯崎『建物が残った』（一九九八）に詳しい。

10　磯崎「Nagi MOCA」（一九九四）、四頁。

11　磯崎『造物主義論《デミウルゴモルフィスム》』（一九九六）、二四三頁。

12　『GA ARCHITECT 15 ARATA ISOZAKI 1991-2000』（二〇〇〇）、三二頁。

13　『GA DOCUMENT EXTRA 05 ARATA ISOZAKI』（一九九六）、九二／九八頁。

14　磯崎「《建築》——あるいはデミウルゴスの〝構築〟最終回」（一九九四）、一五〇頁。磯崎『造物主義論《デミウルゴモルフィスム》』（一九九六）、一七一頁。

15　磯崎「《建築》——あるいはデミウルゴスの〝構築〟最終回」（一九九四）、一五四頁。磯崎『造物主義論《デミウルゴモルフィスム》』（一九九六）、一八七頁。

16　磯崎「工事現場 CONSTRUCTION SITE」（一九九三）、一七頁。

17　磯崎「《建築》——あるいはデミウルゴスの〝構築〟最終回」（一九九四）、一五五頁。磯崎『造物主義論《デミウルゴモルフィスム》』（一九九六）、一九五頁。

18　磯崎は「地霊（ゲニウス・ロキ）」という言葉を使うことを避けている。磯崎は別の場所で「私はいまだ、この国〔日本〕においては定義があいまいで、所在をつまびらかにできていない、この地霊を棚上げにして、日本的な土地神を取り出してみたい」と書いている（磯崎「工事現場 CONSTRUCTION SITE」（一九九三）、一五頁）。この場合の「日本的な土地神」とは地鎮祭という神事で鎮められるべき神々であり、すなわちそこには建設行為との「諍い」が予感されている。

19　磯崎「《建築》——あるいはデミウルゴスの〝構築〟最終回」（一九九四）、一五八頁。磯崎『造物主義論《デミウルゴモルフィスム》』（一九九六）、一九七頁。

20　磯崎「《建築》——あるいはデミウルゴスの〝構築〟最終回」（一九九四）、一五八頁。磯崎『造物主義論《デミウルゴモルフィスム》』（一九九六）、一九七／一九九頁。

21　『JA:The Japan Architect』、一二号（特

集：磯崎新／Construction Site)、一九九三年、一一七頁。

22 磯崎「《建築》——あるいはデミウルゴスの〝構築〟最終回」（一九九四）、一六五頁。磯崎『造物主義論《デミウルゴモルフィスム》』（一九九六）、二〇七頁。

23 磯崎「《建築》——あるいはデミウルゴスの〝構築〟最終回」（一九九四）、一六五頁。磯崎『造物主義論《デミウルゴモルフィスム》』（一九九六）、二〇七頁。

24 ハイデッガー『芸術作品の根源』（一九五〇／二〇〇八）、七五頁。

25 「バイブル」という指摘は浜口隆一による。丹下・藤森『丹下健三』（二〇〇二）、六一頁。

26 ハイデッガー『芸術作品の根源』（一九五〇／二〇〇八）、一〇二頁。

27 ハイデッガー『芸術作品の根源』（一九五〇／二〇〇八）、六〇－六一頁。

28 『GA ARCHITECT 15 ARATA ISOZAKI 1991-2000』（二〇〇〇）、一〇九頁。

29 磯崎はこの建物の二つの対照的な壁面をいずれも「仮面」と呼び、「この建築的身体は二つの仮面にはさまれて、アクシデンタルに生成される」と述べている。そこには「胎児が発生していく際の形態の異様さ」との類似がある。磯崎・浅田「デミウルゴモルフィズムの輪郭」（一九九六）、四三頁。

30 磯崎「造物主義論〈建築〉——あるいはデミウルゴスの〝構築〟見取り図（一）」（二〇一九）、二二九頁。磯崎『デミウルゴス』（二〇二三）、二一頁。

31 磯崎「《建築》——あるいはデミウルゴスの〝構築〟第4回」（一九九三）、二五五頁。磯崎『造物主義論《デミウルゴモルフィスム》』（一九九六）、一〇三頁。

32 瀧口『寸秒夢』（一九七五）、三四頁。

33 磯崎『造物主義論《デミウルゴモルフィスム》』（一九九六）、二四九頁。

34 磯崎『造物主義論《デミウルゴモルフィスム》』（一九九六）、二六一－二六二頁。

35 磯崎『造物主義論《デミウルゴモルフィスム》』（一九九六）、二七三頁。

36 磯崎『造物主義論《デミウルゴモルフィスム》』（一九九六）、二七七頁。

37 磯崎『造物主義論《デミウルゴモルフィスム》』（一九九六）、二七七頁。

38 磯崎「《建築》——あるいはデミウルゴスの〝構築〟最終回」（一九九四）、一五一頁。

39 磯崎は一九七九年に出版した『手法が』と『建築の修辞』を再編・加筆修正した新版『手法が』を一九九七年に刊行している。その「新版へのまえがき」で磯崎は、『手法が』の「手法論」を主とし、『建築の修辞』所収の「反建築的ノート」を「サプルメント」にする構成は『造物主義論』と同様である、と指摘している。『手法が』（一九九七）、ix頁。

40 磯崎『造物主義論《デミウルゴモルフィスム》』（一九九六）、三二五頁。

41 磯崎『造物主義論《デミウルゴモルフィスム》』（一九九六）、三二六－三二七頁。

20 「しま」の美学、あるいは「つくることの悲劇」

1 磯崎『見立ての手法』（一九九〇）、三二七頁。

2 磯崎『始源のもどき』（一九九六）、八一頁。なお、同書、一〇四－一〇五頁も参照。
3 磯崎『始源のもどき』（一九九六）、五五頁。
4 磯崎『始源のもどき』（一九九六）、五七頁。
5 磯崎『始源のもどき』（一九九六）、五九頁。
6 丸山眞男「思想史の方法を模索して」（一九七八）、三四二頁。
7 磯崎『始源のもどき』（一九九六）、八八頁。
8 磯崎『始源のもどき』（一九九六）、一〇二頁。
9 磯崎『始源のもどき』（一九九六）、四九頁。
10 磯崎『始源のもどき』（一九九六）、一〇五頁。
11 磯崎『始源のもどき』（一九九六）、一〇六頁。
12 Isozaki 2007, p.44.
13 磯崎・土居『対論　建築と時間』（二〇〇一）、一五五頁。
14 磯崎・土居『対論　建築と時間』（二〇〇一）、一五〇－一五一頁。
15 磯崎「茶室とは何か。」（二〇一五）、四一一頁。
16 磯崎『始源のもどき』（一九九六）、一〇八頁。
17 磯崎『イメージゲーム』（一九九〇）、二〇二－二〇三頁。
18 次における浅田の「付記：橋と（しての）カルトゥーシュ」を参照。磯崎・浅田「海市島」（一九九五）、二一二頁。磯崎による『ユートピア』の「創造的誤読」である。
19 磯崎・浅田「海市島」（一九九五）、二〇頁。
20 これらの審査講評については次を参照。磯崎「三つの審査講評とひとつの審査批評」（一九九五）。磯崎『造物主義論《デミウルゴモルフィスム》』（一九九六）、二七九－三〇六頁。
21 『「坂本龍馬記念館」構想設計競技記録1987.11→1988.9』（一九八八）。
22 磯崎『造物主義論《デミウルゴモルフィスム》』（一九九六）、二八九－二九四頁。
23 篠原「不当なデマゴーグ・〝シンボリズム〟」（一九九五）。
24 磯崎『造物主義論《デミウルゴモルフィスム》』（一九九六）、二八四－二八五頁。
25 磯崎『造物主義論《デミウルゴモルフィスム》』（一九九六）、二八七頁。
26 磯崎「依頼状より」、「新たな居住環境への挑戦」、（一九九七）、九三頁。
27 村田『空間の男性学』（二〇〇九）、三六頁。
28 そのようなパートナーのひとりは、パリのジョルジュ・キャンディリスの設計事務所で磯崎と出会い、一九六三～七二年に磯崎新アトリエでともに働いた建築家であり当時の妻、林のり子である（林は現在、パテ専門店店主としてよく知られている）。次を参照。「林のり子　My Style of Living」（二〇二三）、四〇頁。なお、磯崎におけるこうしたパートナーシップの重要性は松井茂が指摘している。松井「境界線を引く場所」（二〇二三）、三一五頁。
29 Isozaki 1996.
30 石山・二川「日本館展示作家の石山修

武氏に聞く」(一九九六)、二一頁。

31 磯崎・二川「日本館を演出した磯崎新氏に聞く」(一九九六)、二五－二六頁。

32 磯崎・二川「日本館を演出した磯崎新氏に聞く」(一九九六)、二七頁。

33 磯崎「岡山西警察署」(二〇〇〇)、一二〇頁。

34 磯崎「輪郭線消去と2分法」(一九九七)、一〇八頁。

35 磯崎「秋吉台国際芸術村」(二〇〇〇)、二〇三頁。

36 次における長木誠司の発言より。磯崎・浅田・長木・ラッヘンマン「ルイジ・ノーノと《プロメテオ》」(一九九九)、一三五頁。

37 磯崎「《パノプティコン》から《アーキペラゴ》へ」(一九九九)、五五－五七頁。

38 磯崎・原・石山「鼎談　建築の近代と現代の表現」(一九九九)、一五頁。

39 川口「新しい免震手法「並進振り子」」(二〇〇二)、七八－七九頁。

40 磯崎「セラミックパークＭＩＮＯ」(二〇〇〇)、二四〇頁。

41 磯崎「県立ぐんま天文台」(二〇〇〇)、二二九頁。

42 磯崎「身体的——リアルとハイパー」(一九九九)、一一五－一一六頁。

43 磯崎「身体的——リアルとハイパー」(一九九九)、一一六頁。

44 磯崎・浅田「物の小系譜学」(二〇〇〇)、一四四頁。

21 「日本なき日本《しま》」への垂直的下降

1 磯崎・田中『磯崎新の革命遊戯』(一九九六)、九頁。

2 磯崎・田中『磯崎新の革命遊戯』(一九九六)、九頁。

3 磯崎・田中『磯崎新の革命遊戯』(一九九六)、二二六頁。

4 磯崎・田中『磯崎新の革命遊戯』(一九九六)、四〇頁。

5 磯崎・田中『磯崎新の革命遊戯』(一九九六)、一八九頁。

6 磯崎・田中『磯崎新の革命遊戯』(一九九六)、四〇頁。

7 田中「もうひとつの帝国主義」(一九九八)、田中「自然生成性というイデオロギー、民主主義のリミット」(一九九八)。磯崎『制作の現場　磯崎新建築論集8』(二〇一五)、二二八－二三一頁。

8 磯崎『制作の現場　磯崎新建築論集8』(二〇一五)、二一九頁。

9 こうした解釈の例として次を参照。青木「現在という時間だけがあるということ」(二〇〇一)、一九一－一九二頁。

10 田中「国生み神話の陰に」(一九九八)、三三一頁。

11 田中「国生み神話の陰に」(一九九八)、三三二頁。

12 田中「国生み神話の陰に」(一九九八)、三三二頁。

13 磯崎『海市』(一九九八)、三四七／三五〇頁。

14 一九九六年に続く四年ぶりの開催であり、マッシミリアーノ・フクサスによる総合テーマは「美学ではなく倫理を」であった。

15 磯崎『制作の現場　磯崎新建築論集

8』（二〇一五）、二二一頁。

16 ただし、展覧会カタログにおける英語名称はTranscendental Architecture: A Project for World Peace（超越的建築——世界平和のプロジェクト）である。Città 2000, p.218.

17 磯崎・福田『空間の行間』（二〇〇四）、三四一頁。磯崎によれば、マヘーシュはバックミンスター・フラーと宇宙論をめぐって論戦しており、近代科学を背景にしながら、それを超越的なレヴェルに引き上げようとする点でフラーと共通しているという。

18 Città 2000, p.220. 磯崎・土居『対論　建築と時間』（二〇〇一）、一一九頁。

19 展覧会カタログではTranscendental Cityだが、磯崎はTrance Cityとしている。Città 2000, p.220. 磯崎・土居『対論　建築と時間』（二〇〇一）、一一九頁。

20 磯崎・土居『対論　建築と時間』（二〇〇一）、一一七頁。Città 2000, p.218.

21 Città 2000, p.219. 磯崎・土居『対論　建築と時間』（二〇〇一）、一一七頁。

22 磯崎自身はその点について、北京原人の研究でも知られるピエール・テイヤール・ド・シャルダン神父の『現象としての人間』を一九五〇年代の初めに読み、そのキリスト教的宇宙進化論から強く影響されたことを述懐している（磯崎『反建築史』（二〇〇一）、二一〇－二一一頁）。磯崎はそこに、一〇〇万年後に到達する「オメガ点」では地球上のあらゆる意識がひとつに収斂して宇宙意識になるという思想を読み取り、アーサー・C・クラークのSF小説『地球幼年期の終わり』とも関連づけている。

23 磯崎・土居『対論　建築と時間』（二〇〇一）、一一八頁。Città 2000, p.219.

24 磯崎『反建築史』（二〇〇一）、二三六頁。ヴェネツィア・ビエンナーレでは、建築の起源を暗示する被膜状のキューブが展示されている。

25 磯崎「あなたにとって異星人が住むかにみえる〈少女都市〉」（二〇〇〇）。

26 Città 2000, p.106.

27 磯崎「システムが自走した」（一九九七）、一七頁。

28 磯崎『建築における「日本的なもの」』（二〇〇三）、二二三頁。

29 磯崎『建築における「日本的なもの」』（二〇〇三）、二四五－二四六頁。

30 磯崎『建築における「日本的なもの」』（二〇〇三）、二二一頁。

31 磯崎『建築における「日本的なもの」』（二〇〇三）、二二五－二二六頁。

32 磯崎『建築における「日本的なもの」』（二〇〇三）、二二六頁。

33 磯崎『建築における「日本的なもの」』（二〇〇三）、二二七頁。

34 磯崎『建築における「日本的なもの」』（二〇〇三）、二三六頁。

35 磯崎『建築における「日本的なもの」』（二〇〇三）、二七頁。

36 磯崎「建物が残った」（一九九八）、五四頁。

37 磯崎『建築における「日本的なもの」』

38　磯崎『建築における「日本的なもの」』（二〇〇三）、五八頁。

39　磯崎『建築における「日本的なもの」』（二〇〇三）、六七－六八頁。

40　磯崎『建築における「日本的なもの」』（二〇〇三）、六九－七一頁。

41　坂口「日本文化私観」（一九四二）、一〇〇頁。

42　坂口「日本文化私観」（一九四二）、一一八頁。

43　小林「無常といふ事」（一九四二）、三二八頁。

44　磯崎『建築における「日本的なもの」』（二〇〇三）、三五八－三五九頁。

45　磯崎『建築における「日本的なもの」』（二〇〇三）、一二二頁。磯崎はフレドリック・ジェイムソンによる本書の書評「茶匠たちが作り上げたもの」（二〇〇七／二〇一〇）に対する応答「〈やつし〉と〈もどき〉」（二〇一〇）で、「退行」を「やつし」、「擬態」を「もどき」と言い換え、『建築における「日本的なもの」』執筆時にはこうした日本の古語の用法を踏まえていた、と述べている（同、二一七頁）。これは同書英訳で「退行」がFall、「擬態」がMimicryと訳されたことからくるニュアンスの差を古語に立ち返って説明するためだった。

46　磯崎『制作の現場　磯崎新建築論集8』（二〇一五）、二四六頁。

47　磯崎『制作の現場　磯崎新建築論集8』（二〇一五）、二四五頁。

48　磯崎『制作の現場　磯崎新建築論集8』（二〇一五）、二四四頁。

49　この経緯については次を参照。磯崎『制作の現場　磯崎新建築論集8』（二〇一五）、二四三－二六七頁。より詳しくは次を参照。磯崎「極薄の閾のうえを——ウフィッツィ問題（1）〜（6）」（二〇〇七）。

50　Arata Isozaki. *Japan-ness in Architecture*. Trans. by Sabu Kohso. The MIT Press: Cambridge, Mass. / London, 2006.「建築における「日本的なもの」」が第一章である点は共通しているが、それ以降は日本語版はカツラ、重源、イセと時代を遡行するのに対して、英語版は逆の順序となっており、イセ論は「始源《オリジン》のもどき《ミミクリー》——天武天皇の伊勢神宮」、重源論は「浄土《ピュア・ランド》の構築——重源の東大寺再建」、カツラ論は「斜線の戦略——「遠州好み」による桂」といったように、よりわかりやすく改題されている。

51　磯崎『建築における「日本的なもの」』（二〇〇三）、三二五頁。

52　磯崎『建築における「日本的なもの」』（二〇〇三）、三三〇頁。

53　この点に関連し、「建築と時間」を焦点にした磯崎論としては、磯崎・土居『対論　建築と時間』（二〇〇一）所収の土居義岳による一連の論考がある。

54　磯崎・鈴木・石山監修『批評と理論』（二〇〇五）、八－九頁。こうした見方を磯崎に教えたのはフランチェスコ・ダル・コーだったという。磯崎・土居『対論　建築と時間』（二〇〇一）、vii頁。

55　磯崎・鈴木・石山『批評と理論』（二〇〇五）、二頁（磯崎・鈴木・石山に

よる「前書き」）、および、磯崎・土居『対論　建築と時間』（二〇〇一）、vii頁。

56 磯崎・鈴木・石山『批評と理論』（二〇〇五）、二二頁。

57 磯崎・鈴木・石山『批評と理論』（二〇〇五）、一〇一－一〇三頁。

58 「批評と理論」のシンポジウムでは浅田彰が、少なくとも一九七〇年代以降、「良い場所」など、どこにもない、と指摘している（磯崎・鈴木・石山『批評と理論』（二〇〇五）、三〇四－三〇五頁）。時代を遡っても、たとえばブルネレスキが重源と同じく一代限りで、そのテクノ・ニヒリズムがアルベルティによって古典主義へと整序されてしまったことは、磯崎自身が説くところでもある。アドルフ・ロースと近代建築の関係についても同様の指摘ができよう。

59 そこで取り上げられる建築物は文学との関係からより多様になっており、前例のない異形のデザインを有する「しま」のひとつとして、あらたに安土城が挙げられている。

60 磯崎『建築における「日本的なもの」』（二〇〇三）、一四六－一四七頁。

61 磯崎・田中『磯崎新の革命遊戯』（一九九六）、一二一－一二二／一一四頁。

62 磯崎・田中『磯崎新の革命遊戯』（一九九六）、一一四頁。

63 磯崎・田中『磯崎新の革命遊戯』（一九九六）、一一五頁。

64 磯崎『建築における「日本的なもの」』（二〇〇三）、一八五頁。

65 磯崎『建築における「日本的なもの」』（二〇〇三）、一八一頁。

66 磯崎・鈴木・石山『批評と理論』（二〇〇五）、三三六頁。二〇〇一年四月から九月にかけて、世界中を飛び回っていた磯崎の多忙ぶり（「北京金融街中心区計画国際設計競技」の当選やカタールにおける複数のプロジェクトなど）は、『磯崎新　百二十の見えない都市　事務局通信』（植田実編、綿貫令子発行）掲載のインタヴュー・シリーズから如実にうかがえる――「磯崎新　二〇〇一年四月十七日」、「磯崎新　二〇〇一年五月十八日」、「磯崎新　二〇〇一年六月二十五日」、「磯崎新　二〇〇一年七月二十六日」、「磯崎新　二〇〇一年九月十八日」。このシリーズはその後も次のように間歇的に続き、磯崎の多忙さに変わりはないが、9・11以前の一種の躁状態のような雰囲気は微妙に沈静化したように感じられる――「磯崎新　二〇〇一年十一月二十二日」、「磯崎新　二〇〇二年六月十八日」、「磯崎新　二〇〇二年六月十八日（続き）」、「磯崎新　二〇〇二年十二月二十六日」。

22 千年紀《ミレニアム》、虚実の間《ギャップ》

1 浅田「われもまたアルカディアに」（二〇〇〇）、一六四頁。

2 磯崎・浅田「Anything: Any コンファレンスが切り開いた地平」（二〇〇七）、二三九－二四〇頁。

3 磯崎・浅田「Anything: Any コンファレンスが切り開いた地平」（二〇〇七）、二四〇頁。

4 二〇〇四年に磯崎は、一九七〇年以降

に友人となった米国の建築家たちについて、「心情的にみんなネオコンを支持してしまっている」と語り、一九九〇年代のAnyコンファレンスのような会議を同じメンバーではできないだろうと述べている。磯崎・鈴木・石山『批評と理論』（二〇〇五）、三五七頁（磯崎・鈴木・石山による鼎談）。

5 浅田「われもまたアルカディアに」（二〇〇〇）、一六九頁。

6 磯崎「〈間（MA）〉の帰還、20年後」（二〇〇〇）。

7 磯崎『反回想I』（二〇〇一）、二八〇頁。

8 磯崎『反回想I』（二〇〇一）、二八五―二八六頁。

9 磯崎『反回想I』（二〇〇一）、二九四―二九五頁。

10 磯崎『反回想I』（二〇〇一）、三一七頁。

11 磯崎『反建築史』（二〇〇一）、二二〇頁。

12 磯崎・岡崎・浅田「枠と容積」（二〇〇一）、一〇五頁。

13 磯崎・岡崎・浅田「枠と容積」（二〇〇一）、一二二頁。

14 磯崎・岡崎・浅田「枠と容積」（二〇〇一）、一一二頁。

15 磯崎「流言都市《ルーマー・シティ》」（二〇〇一）。

16 磯崎「流言都市《ルーマー・シティ》」（二〇〇一）、二三頁。

17 磯崎「流言都市《ルーマー・シティ》」（二〇〇一）、二四頁。

18 磯崎「流言都市《ルーマー・シティ》」（二〇〇一）、二三頁。

19 磯崎「浮揚都市――二〇〇一年十二月」（二〇〇一）。

20 植田「隠されたテクストの介在」（二〇〇九）、一三頁。

21 磯崎自身がその点を回顧した二〇〇六年の講演を参照。磯崎・安藤・藤森・伊東『住宅の射程』（二〇〇六）、八―四七頁。

22 磯崎・安藤・藤森・伊東『住宅の射程』（二〇〇六）、二五頁。

23 磯崎『栖十二』（一九九九）、二五〇頁。

24 磯崎『栖十二』（一九九九）、栞、五頁。

25 磯崎『栖十二』（一九九九）、栞、四四頁。

26 磯崎『栖十二』（一九九九）、二五五頁。

27 磯崎『栖十二』（一九九九）、二四五頁。

28 磯崎『栖十二』（一九九九）、二四八頁。

29 磯崎『栖十二』（一九九九）、二三四頁。

30 磯崎新アトリエ「OBSCURED HORIZON」（二〇〇七）、九一―九三頁。

31 磯崎『磯崎新的訪談@中韓日』（二〇〇八）、一四七―一四八頁。なお、類似した樹木のモチーフは、バルセロナのラ・カイシャ財団文化展示センター新ゲート（二〇〇二）地上入り口に作られた、ガラス板の天蓋《キャノピー》を耐候性鋼《コールテン》製の支柱が支える「鉄樹」にも見られる。コルドバ産ライムストーンの壁と床板による沈床園《サンクン・ガーデン》をなすこの新ゲートのパティオは、隣接する道路の反対側に建つミース・ファン・デル・ローエのバルセロナ・パヴィリオン（一九八六年に復元）が基壇を有する空間構成であるのと、あたかも凹凸を反転させたような照応関係にある。新ゲートの一郭に設けられた、周囲がほぼ壁で閉ざされ、床に薄く水の張られている細長い矩形のオープン・スペース「秘密の庭園」はとくに、バルセロナ・パヴィリオンのプールを思わせる空間であり、この新ゲートがミースに対する磯崎のオマージュであることを明かしている。

32 磯崎「中国《国家大劇院》設計競技」（二〇〇〇）、二五三―二五四頁。

33 佐々木『構造・構築・建築』（二〇一七）、一〇〇頁。

34 佐々木『構造・構築・建築』（二〇一七）、一〇一頁。

35 佐々木『構造・構築・建築』（二〇一七）、一〇二頁。

36 佐々木『フラックス・ストラクチャー』（二〇〇五）、七〇頁。

37 磯崎「新しいソフトとともに建ち上がる建築の型」（二〇一四）、四七頁。

38 佐々木『フラックス・ストラクチャー』（二〇〇五）、八二頁。

39 佐々木『構造・構築・建築』（二〇一七）、九二頁。

40 佐々木『構造・構築・建築』（二〇一七）、九五頁。

41 磯崎『気になるガウディ』（二〇一二）、一二一頁。

42 磯崎『気になるガウディ』（二〇一二）、一二三頁。

43 磯崎『気になるガウディ』（二〇一二）、四七―四八頁。

44 磯崎『磯崎新的訪談@中韓日』（二〇〇八）、一七六頁。

45 たとえば、大西「磯崎新さんが60年代に提案　夢の建築、なぜ今実現」（二〇〇二）。

46 磯崎『磯崎新的訪談@中韓日』（二〇〇八）、一五五／一七七―一七八頁。二〇〇二年に磯崎は、「代理表象」を二十世紀（まで）の近代的なシステムと見なし、二十一世紀には何が起こるかわからないからこそ、無謀と思えるような「これまで存在せず、手がかりもないようなイメージ」――磯崎はそれを《虚体》と呼ぶ――を組み立てるプロジェクトの必要性を説いている――「誰もが奇妙に感じる、見たこともないものがいい。出来上がる期間も問わない。だから無謀であり《虚体》としか呼べないが、それが出現する可能性にこそ賭けてみる」（磯崎「建築と近代と」（二〇〇二）、二面）。ピラミッドという「イコン」こそはそんな《虚体》の原型であり、それに匹敵するような「けたはずれの発想」と「幻視されたアイデア力」が求められるのである。

47 磯崎『磯崎新的訪談@中韓日』（二〇〇八）、一五五頁。

48 磯崎「〈建築〉／建築(物)／アーキテクチュア　または、あらためて「造物主義」」（二〇一〇）、六―八頁。

49 ジェイムソン「茶匠たちが作り上げたもの」（二〇〇七／二〇一〇）、二〇六頁。

50 Sklair 2017.

51 Sklair 2017, pp.122-123.

52 磯崎「〈建築〉／建築（物）／アーキテクチュア　または、あらためて「造物主義」」（二〇一〇）、九頁。

53 ラトゥール「聖像衝突」（二〇〇二／二〇一七）。

54 磯崎・鈴木・石山『批評と理論』（二〇〇五）、三六九頁。このパトロンとの親密な関係性は『磯崎新　百二十の見えない都市　事務局通信』（植田実編、綿貫令子発行）に掲載されたインタヴュー・シリーズでたびたび語られている。磯崎は一九七〇～八〇年代の丹下を「オイルマネーの建築家」と呼ぶが、こうした首長《エミール》一族との関係だけを見れば、この時期の磯崎もまた同様だろう（カタールは小国ながら世界有数の石油埋蔵量を誇り、天然ガスについては埋蔵量世界第三位である）。

55 このプロジェクトの直接のクライアントであり、磯崎を首長《エミール》に紹介したカタールの文化庁長官シェイク・サウド・アル・サーニが二〇〇五年に公金不正使用の疑いで失脚しており、その影響と思われる。磯崎・浅田「Anything: Anyコンファレンスが切り開いた地平」（二〇〇七）、二四六－二四七頁。磯崎はこの失脚について、「政敵をつくり、スキャンダルに巻き込まれた」と述べている。シェイク・サウドは二〇一四年一一月に——磯崎によれば亡命先の——ロンドンで客死している。磯崎『瓦礫《デブリ》の未来』（二〇一九）、一五－一六頁。

他方、王妃（首長《エミール》夫人）が担当するカタール・エデュケーション・シティは着実に進行し、磯崎の国立コンベンションセンターやセレモニアル・コートのほか、渡辺真理と木下庸子によるコーネル大学医学部カタール校（二〇〇三）や小嶋一浩と赤松佳珠子によるブリッジ・アーツ&サイエンス・カレッジ（二〇〇四）が建造された。なお、このキャンパス・プランで磯崎は「磯崎新アトリエ」ではなく、「磯崎新& i-NET」という組織名を用いている。磯崎によれば、これは「アーティストのスタジオ・モデル」である「アトリエ」に対して、単発でプロジェクト・チームが組まれる映画プロダクション・モデルに近いオープン・システムであり、一種の「ネット派」の組織形態であるという。「磯崎新　二〇〇一年七月二十六日」（二〇〇一）、一六－一七頁。磯崎はそこで二～三年で現在の事務所をいったん解体する構想を語っているが、実際にはi-NET名義のプロジェクトはごく限られ、磯崎新アトリエはその後も存続した。

56 磯崎『磯崎新的訪談@中韓日』（二〇〇八）、一四六頁。

57 中央アジア大学のサイトより。https://ucentralasia.org/about/about-uca

58 磯崎『磯崎新的訪談@中韓日』（二〇〇八）、一八二－一八三頁。磯崎・鈴木・石山『批評と理論』（二〇〇五）、三七〇頁。

59 磯崎・鈴木・石山『批評と理論』（二〇〇五）、三七一頁。

60 磯崎『磯崎新的訪談@中韓日』（二〇〇八）、一八三頁。

61 磯崎・鈴木・石山『批評と理論』(二〇〇五)、三七二頁。

62 磯崎『磯崎新的訪談@中韓日』(二〇〇八)、一八三頁。

63 磯崎『磯崎新的訪談@中韓日』(二〇〇八)、一五三頁。

64 磯崎『磯崎新的訪談@中韓日』(二〇〇八)、一七九頁。

65 磯崎・鈴木・石山『批評と理論』(二〇〇五)、三七二頁

66 磯崎「〈建築〉／建築(物)／アーキテクチュア　または、あらためて「造物主義」」(二〇一〇)、一八頁。

67 磯崎『挽歌集』(二〇一四)、一五四-一五八頁。磯崎は一九九九年の「20世紀を決めた建築」をめぐる原広司、石山修武との鼎談で、建築作品よりも建築家から受けた影響のほうが大きいと語り、大学を出てから十五年くらいは丹下健三から何を学べるかを考え、その後の十五年間は「悪い意味で」フィリップ・ジョンソンと付き合って、その考え方ややり方を「どう抜けるか」を思っていた、と語っている。そのように三十年ほどかけてようやく、自分でものを考え始めたのだという。丹下を通じては日本と建築という問題、ジョンソンを通じては建築の歴史という問題がそこで課題として残った(磯崎・原・石山「鼎談　建築の近代と現代の表現」(一九九九)、七頁)。「大学を出てから十五年」とはおよそ一九五五～七〇年と思われるため、磯崎がジョンソンの影響下から抜け出たのは一九八五年頃ということになる。

68 磯崎『挽歌集』(二〇一四)、一四三頁。

69 磯崎『挽歌集』(二〇一四)、一四五-一四六頁。

70 磯崎『挽歌集』(二〇一四)、一四八頁。

71 磯崎『挽歌集』(二〇一四)、一四九-一五〇頁。

23 「進むべき道はない、だが進まねばならない」

1 磯崎「『建造物宣言』の宮内康」(二〇〇〇)、一二頁。

2 宮内『怨恨のユートピア』(一九七一)、六頁。

3 宮内『風景を撃て』(一九七六)、二三二頁。

4 磯崎「ユートピアに翻弄された戦後日本」附記(二〇一三)、一三三頁。さらにのち、磯崎は中国の成都郊外に建設された新世紀環球中心、および、ニューヨークWTCのツインタワーが宮内のイメージした「建造物」だったのではないかと――「この判断に宮内が同意するとは思えないが」と留保を付けたうえで――書いている(磯崎『瓦礫《デブリ》の未来』(二〇一九)、一五七頁)。そこで吐露されているように、「建造物」に磯崎が見ているのはあくまで、「巨大数《グレーター・ナンバー》がうみだすおぞましき崇高性」なのである。

5 磯崎「『建造物宣言』の宮内康」(二〇〇〇)、一四頁。

6 磯崎「『建造物宣言』の宮内康」(二〇〇〇)、一四頁。

7 ベンヤミン「パリ――一九世紀の首都〔ドイツ語草稿〕」(一九三五／二〇二

〇)、五二－五三頁。
8 宮内『怨恨のユートピア』(一九七一)、二二四頁。
9 ベンヤミン「パリ――一九世紀の首都〔ドイツ語草稿〕」(一九三五/二〇二〇)、三九頁。
10 磯崎「フーリエの「ファランステール」(アソシエーショニズム)」(二〇一三)、三七頁。
11 磯崎「発起」(二〇〇四)、一〇頁。
12 磯崎「発起」(二〇〇四)、二五－二六頁。
13 磯崎「発起」(二〇〇四)、二六頁。
14 磯崎「発起」(二〇〇四)、二六頁。
15 磯崎・岡﨑・浅田「鼎談　漢字と建築」(二〇〇三)、三頁。
16 張永和や承孝相は岐阜県営北方住宅・北ブロック(磯崎新アトリエが全体調整を担当)の設計にあたった総勢一一名の建築家たちの一員である。この北ブロックで建築家たちは、メガ・フレームによって与えられる空中の領域に自分たちの設計した住戸を嵌め込んでゆき、結果として建物全体がパッチワーク状になることが目論まれた。
17 岡﨑「漢字文化圏における建築言語の生成」(二〇〇三)、四六頁。
18 磯崎・岡﨑・浅田「鼎談　漢字と建築」(二〇〇三)、二八－二九頁。
19 磯崎「極薄の閾のうえを――漢字考(一)」(二〇〇六)、三二九頁。
20 磯崎「極薄の閾のうえを――漢字考(一)」(二〇〇六)、三三〇頁。
21 磯崎「極薄の閾のうえを――漢字考(三)」(二〇〇六)、一八七頁。
22 これは十九世紀が十九世紀らしくなるのはだいたい一八三〇年頃、二十世紀が二十世紀らしくなるのは一九一五年頃といったように、各世紀初頭の人間が想像しなかったことが起きるまでのタイム・スパンが短くなっていることをもとに、二十一世紀では二〇〇七年か二〇〇八年頃にあらたな何かが萌芽的に現われるのではないか、という蓮實重彦の指摘にもとづいている。磯崎・蓮實「〈対話〉二〇〇七年――都市と建築」(一九八九)、三八頁。
23 磯崎「極薄の閾のうえを――漢字考(三)」(二〇〇六)、一八九頁。
24 のちに磯崎はこれをアクロポリス体験と結びつけて別様に回想している――「青空をみあげて、正方形に切り抜こうと考えた。あのとき、青空の裏面にはりついていたのは、暗黒の宇宙だったのではないか。半世紀を過ぎて、私はときに正方形が闇を切りだしたのではなかったかという不安に襲われる。アクロポリスの丘のうえには壊れた大理石が散乱していた」。磯崎「反回想4〈建築〉という基体(著者解題)」(二〇一三)、xi頁。
25 磯崎「極薄の閾のうえを――漢字考(七)」(二〇〇六)、二六七頁。
26 磯崎「極薄の閾のうえを――漢字考(八)」(二〇〇六)、二三五頁。
27 磯崎「極薄の閾のうえを――漢字考(六)」(二〇〇六)、二三四－二三五頁。
28 連載「極薄の閾のうえを」の後半は、二〇〇六年末にウフィツィ美術館新ゲートの計画がようやく動き出したことをきっかけに、テーマを「ウフィツィ問題」に変え、この構想をめぐってイタリアで展開されてきた政治的動向を過去に遡って解説することに費やされている。次のテーマ「イスラム的」は、9・11同時多発テロでアルカイダはWTCを（ア）イコンとして選んだという観点から出発した、磯崎流の（ア）イコン建築論を開陳したうえで、グローバリゼーションを「やり過ごす知恵」をイスラム世界に求めようとする方向性が初回に示唆されたのみで、この連載自体が唐突に終えられてしまった。

29 磯崎「オリンピックを博多湾に」（二〇〇六）。福岡オリンピック制作総指揮室・磯崎ほか「21世紀型オリンピックのための博多湾モデル」（二〇〇六）。

30 磯崎「極薄の閾のうえを――漢字考（補3）」（二〇〇六）、二九八頁。

31 磯崎・石山「21世紀の都市・メディア再編とオリンピック」（二〇〇六）、四七頁。

32 磯崎新「極薄の閾のうえを――ウフィツィ問題（1）」（二〇〇七）、二六九頁。

33 建畠『横浜会議2004「なぜ、国際展か？」』（二〇〇五）。

34 建畠『横浜会議2004「なぜ、国際展か？」』（二〇〇五）、一一二頁。「事故」「戦争」「クレオール」「エイリアン」「ガジェット」「キャラ」という六つのコンセプトを立て、「事故」であれば、コンセプチュアライザーはポール・ヴィリリオと浅田彰、展示デザイナーは青木淳、プロダクションは各テレビ局が請け負うといった案である。コンセプトを具現するアイコンは「事故」がブリューゲルの描くイカロス、「戦争」はトマス・ホッブズのリヴァイアサンといった具合であった。

35 建畠『横浜会議2004「なぜ、国際展か？」』（二〇〇五）、一〇六頁。

36 磯崎「江南文化、四百年後の再生」（二〇一一）。

37 磯崎『瓦礫《デブリ》の未来』（二〇一九）、一五〇頁

38 磯崎『瓦礫《デブリ》の未来』（二〇一九）、一五五頁

39 磯崎『瓦礫《デブリ》の未来』（二〇一九）、五二－五四頁

40 磯崎「地図にない国、本ではない「本」」（二〇一一）。

41 伊東・山本「〈対談〉建築家の思想」（二〇一一）、一一二－一一四頁。

42 磯崎「建築＝都市＝国家・合体装置《メガ・ストラクチュア》」（二〇一一）、五〇頁。

43 磯崎「建築＝都市＝国家・合体装置《メガ・ストラクチュア》」（二〇一一）、四八頁。

44 磯崎「建築＝都市＝国家・合体装置《メガ・ストラクチュア》」（二〇一一）、六七頁。

45 磯崎「建築＝都市＝国家・合体装置《メガ・ストラクチュア》」（二〇一一）、六六頁。

46 磯崎「建築《アーキテクチュア》――不可視《インヴィジブル》から不可侵《インヴィンシブル》へ」（二〇一一）、二四頁。

47 赤軍派の政治局員であり、のちによど号ハイジャック幇助の罪に問われた川島宏に関わるものと思われる。

48 磯崎「建築《アーキテクチュア》――不可視《インヴィジブル》から不可侵《インヴィンシブル》へ」（二〇一一）、二八頁。

49 磯崎「建築＝都市＝国家・合体装置《メガ・ストラクチュア》」（二〇一一）、六八頁。

50 磯崎「建築《アーキテクチュア》――不可視《インヴィジブル》から不可侵《インヴィンシブル》へ」（二〇一一）、三六-三七頁。磯崎は「建武式目」と書いているが、これは明らかに「建武の新政」の誤りである。

51 磯崎「ルイジ・ノーノ作曲『進むべき道はない、だが進まねばならない……アンドレイ・タルコフスキー』を聴いて下さい。」（二〇一一）、三三頁。

52 磯崎「アーティスト／アーキテクトは災害（事件）をいかに作品化（プロジェクト）するか」（二〇一一）、二三-二四頁。

53 石山「自然――根本のインフラストラクチャー」（二〇一一）、一五四頁。

54 石山「自然――根本のインフラストラクチャー」（二〇一一）、一五五頁。

55 磯崎「STUDIO TALK 21　磯崎新」（二〇一二）、一一七頁。

56 磯崎『偶有性操縦法《コンティンジェンシーマニュアル》』（二〇一六）、二六頁。

57 磯崎『瓦礫《デブリ》の未来』（二〇一九）、八／一〇五頁。

58 磯崎は数年後に「虚船《うつふね》」を論じて、波斯国（ペルシャ）伝来の琴と秘曲をめぐる『宇津保物語』に触れ、主人公・仲忠がそのなかで育ち、母から秘琴の技を伝授される森の木の空洞《うつほ》のうちに、音響の振動で満たされた異界への転送装置――「うつぼ船」のイメージ――を見ている。磯崎『瓦礫《デブリ》の未来』（二〇一九）、八五-八七頁。三宅理一によれば、磯崎死後に実現したシルクロードにおける「間《ま》」展の出発点となったのも『宇津保物語』であったという。この展覧会は「異界に繋がる虚《うつ》船《ふね》」として構想されていた。三宅「シルクロードでの「間」展」（二〇二四）、二八頁。

59 これは「世紀の痕跡と未来への歩み（Traces of Centuries & Future Steps）」と題された企画展の一部である。「中《ちゅう》原逐鹿《げんちくろく》」を展示名とする点は磯崎自身の言及に拠る。磯崎「都市モデルとしての「中原逐鹿」展と「都市ソラリス」展」（二〇一五）、三二四-三二九頁。ただし、「世紀の痕跡と未来への歩み」展カタログ（英文）ではRun after Deer!は「ソーシャル・ネットワーク」のセクション名に留まり、展示全体の名称とはされていない。*Traces of Centuries & Future Steps* 2012.

60 磯崎「都市モデルとしての「中原逐鹿」展と「都市ソラリス」展」（二〇一五）、三二四-三二九頁。

61 磯崎『偶有性操縦法《コンティンジェンシーマニュアル》』（二〇一六）、七頁。

62 磯崎『偶有性操縦法《コンティンジェンシーマニュアル》』（二〇一六）、七二頁。

63 磯崎『偶有性操縦法《コンティンジェンシーマニュアル》』（二〇一六）、七頁。

64 大西・二川「［対談］第13回ヴェネツィア・ビエンナーレ国際建築展について」（二〇一二）、五〇頁。

24 デミウルゴスの巫《かんなぎ》

1 「都市ソラリス」展概要より。

2 磯崎「都市の類型」（二〇一三）、二四五頁。

3 沼野「愛を超えて」（二〇一五）、四〇五-四〇八頁。

4 レム『ソラリス』（一九六一／二〇一

五）、二〇七頁。

5 レム『ソラリス』（一九六一／二〇一五）、三七三頁。

6 資料を提供していただいた南後由和さんに感謝する。

7 磯崎「反回想8　制作の現場（著者解題）」（二〇一五）、ix頁。

8 磯崎「あとがき」（二〇一五）、三三三頁。

9 磯崎「あとがき」（二〇一五）、三三四頁。

10 石山「世田谷村スタジオGAYA日記455」、二〇一五年七月一三日。一部が文字データで投稿されているが、引用は手書き原稿の画像による。

11 磯崎「あとがき」（二〇一五）、三三三頁。

12 それは磯崎と鈴木の緊張感漲る対談『二〇世紀の現代建築を検証する』（二川編）を磯崎自身の言説について行なうような作業になっただろう。磯崎はこの対談を二川幸夫が仕掛けた「異種格闘技」と呼んでいる。磯崎・鈴木『二〇世紀の現代建築を検証する』（二〇一三）、三二二頁。

13 磯崎「反回想　二〇一〇（〜二〇一五）」（二〇一五）、三〇三頁

14 磯崎「反回想　二〇一〇（〜二〇一五）」（二〇一五）、三〇六頁。

15 ワタリウムの展覧会サイトより。http://www.watarium.co.jp/exhibition/1408isozaki/index2.html

16 ワタリウムの展覧会サイトでは「「建築外」極私的空間」と題されていた磯崎による趣旨説明は、『磯崎新建築論集8』に収められるにあたり、「外的思考〈アーキテクチュア〉としての「文」」と改名されている。磯崎『制作の現場　磯崎新建築論集8』（二〇一五）、三〇四頁。なお、同じ頃、磯崎が有時庵における茶室の〈建築〉化ののちに語った「謎」もまたおそらく、この「文」に関係している。茶席をめぐる藤森照信との対談で磯崎は、茶席が大きな関心の対象となるのは、ビッグ・データの処理対象でしかない「数」に還元された「生《ビオス》」に回収されない「残余とか澱《よど》のようなもの」が、支配的な社会システムに掬い取られずに存在し続ける可能性がそこにあると感じられているためではないか、と述べている（磯崎・藤森『磯崎新と藤森照信の茶席建築談義』（二〇一五））、三七三頁）。すなわち、茶室とは社会システムに流されない残滓としての「謎」であり、固有性《スペシフィシティ》をもった「しま」なのだ。磯崎によって〈建築〉と化された茶室はそこで、「建築外的思考《アーキテクチュア》」たる「文」の装置となるのである。

17 磯崎『偶有性操縦法《コンティンジェンシーマニュアル》』（二〇一六）、一七八－一七九頁。

18 磯崎・安藤「プラットフォーム2020」（二〇一五）、七頁。

19 磯崎・安藤「プラットフォーム2020」（二〇一五）、二三頁。

20 磯崎・安藤「プラットフォーム2020」（二〇一五）、三八頁。

21 磯崎『偶有性操縦法《コンティンジェンシーマニュアル》』（二〇一六）、二〇九頁。これらの文書をまとめた著書の書名『偶有性操縦法《コンティンジェンシーマニュアル》』の「操縦法《マニュアル》」には、バックミンスター・フラーの『宇宙船地球号操縦マニュア

ル』への目配せがあろう。

22 磯崎『偶有性操縦法《コンティンジェンシーマニュアル》』（二〇一六）、八九頁。

23 磯崎『偶有性操縦法《コンティンジェンシーマニュアル》』（二〇一六）、一九〇頁。

24 磯崎『偶有性操縦法《コンティンジェンシーマニュアル》』（二〇一六）、一九二頁。

25 磯崎『偶有性操縦法《コンティンジェンシーマニュアル》』（二〇一六）、一九三頁。

26 磯崎『偶有性操縦法《コンティンジェンシーマニュアル》』（二〇一六）、二〇三頁。

27 磯崎『偶有性操縦法《コンティンジェンシーマニュアル》』（二〇一六）、二〇六頁。

28 書籍化された『偶有性操縦法《コンティンジェンシーマニュアル》』に掲載の地図ではその経路が具体的に示されている。磯崎『偶有性操縦法《コンティンジェンシーマニュアル》』（二〇一六）、二一〇－二一一頁。

29 磯崎『偶有性操縦法《コンティンジェンシーマニュアル》』（二〇一六）、二〇九頁。

30 磯崎『偶有性操縦法《コンティンジェンシーマニュアル》』（二〇一六）、二〇七頁。

31 磯崎『瓦礫《デブリ》の未来』（二〇一九）、一四頁。

32 磯崎『瓦礫《デブリ》の未来』（二〇一九）、一五頁。

33 磯崎『瓦礫《デブリ》の未来』（二〇一九）、四四頁。意味の繋がりを明確にするため読点を補った。

34 磯崎『瓦礫《デブリ》の未来』（二〇一九）、四五頁。

35 磯崎『瓦礫《デブリ》の未来』（二〇一九）、一〇頁。

36 磯崎『瓦礫《デブリ》の未来』（二〇一九）、九頁。

37 磯崎『瓦礫《デブリ》の未来』（二〇一九）、一〇頁。

38 磯崎『瓦礫《デブリ》の未来』（二〇一九）、二〇四－二〇五頁。

39 二〇一八年に東京藝術大学で磯崎は「建築家・金正日――アーキテクチャー論」という公開講義を行なっている。 http://geidai-ram.jp/prog-ram/openlecture/1625/

40 磯崎『瓦礫《デブリ》の未来』（二〇一九）、二一五頁。

41 磯崎『瓦礫《デブリ》の未来』（二〇一九）、二三九頁。

42 磯崎『偶有性操縦法《コンティンジェンシーマニュアル》』（二〇一六）、三七頁。

43 田中「解説　磯崎新という謎」（二〇二三）（本書「余白に《マルジナリア》2」）。

44 磯崎『デミウルゴス』（二〇二三）、二二頁。

45 磯崎『デミウルゴス』（二〇二三）、一五四頁。

46 磯崎『デミウルゴス』（二〇二三）、一五四頁。

47 田中「デミウルゴスのかたり」（二〇二〇）、一七六頁。磯崎が自身の米寿の会などで自作のテクスト（たとえば「孵化過程」）の朗読者にラッパーのダースレイダーを起用したこと、あるいは、「都市ソラリス」展をはじめとする展覧会やシンポジウムをだつお（青柳菜摘）にマンガで記録させたことは、磯崎晩年のこうした語り口に通じている。ダースレイダーやだつおはそこでいわば、磯崎そのひとの憑坐《よりまし》・巫《かんなぎ》なのである。

48 磯崎『デミウルゴス』（二〇二三）、一一〇頁。

49 乾『黒い翁』（一九九九）、一三八頁。

50 田中「デミウルゴスのかたり」（二〇二〇）、一七七頁。

51 『〔磯崎新の謎〕展〈いき〉篇＋〈しま〉篇』ブックレット（二〇一九）、および、『現代思想』、二〇二〇年三月臨時増刊号「総特集・磯崎新」、三七一－四〇二頁。

52 菅『ネオ・ダダの逆説』（二〇二二）、二九九－三一八頁。なお、磯崎没後の二〇二三年八月から十一月にかけ、チェンおよび李翔寧《リシャンニン》をキュレーターとする大規模な回顧展「Arata Isozaki: In Formation」が上海当代芸術博物館（パワー・ステーション・オブ・アート）で開催された（展示デザインは日埜直彦）。同展は二〇二四年四～六月に深圳にも巡回している。また、本書「余白に《マルジナリア》2」で触れたように（六四七頁）、「間《ま》」展の式年展がイランのタブリーズ（二〇二四年三～四月）を皮切りにシルクロードを辿り、トビリシ（ジョージア）やサマルカンド（ウズベキスタン）および西安（中国）で開催される計画もある（詳しくは三宅「シルクロードでの「間」展」〔二〇二四〕参照）。イランにおける「間《ま》」展に関わっている安藤礼二は、この地が開催地に選ばれた背景として、ザハ・ハディド追悼、ナデル・アルダランの思い出とともに、丹下とルイス・カーンが共同で設計し、磯崎がこの両者の案の総合を担ったテヘラン新都心計画（一九七四～七五）を挙げている。安藤『死者たちへの捧げもの』（二〇二三）、二四九－二五二頁。

53 磯崎『挽歌集』（二〇一四）、四九頁。

54 『〔磯崎新の謎〕展〈いき〉篇＋〈しま〉篇』ブックレット（二〇一九）、表見返し。『現代思想』、二〇二〇年三月臨時増刊号「総特集・磯崎新」、三七二頁。

55 磯崎『デミウルゴス』（二〇二三）、一六五頁。

56 コールハース『錯乱のニューヨーク』（一九七八／一九九九）、四六頁。

57 磯崎『瓦礫《デブリ》の未来』（二〇一九）、七五頁。

58 プリツカー建築賞公式サイトにおける授賞式のヴィデオ映像より（28分45秒から30分10秒あたり）。https://vimeo.com/351434496 なお、ル・コルビュジエもみずからを「文人（homme de lettres）」と称したことは知られている（この点のご教示について、加藤道夫さんに感謝する）。磯崎がそれを踏まえたことはありうるが、ここでとくに東北アジア漢字文化圏の文人について言及している点からはむしろ、張岱など、明末清初の文人たちへの関心が想起される。

59 磯崎「謝辞」（二〇二〇）。

60 磯崎・浅田「暴走するアーキテクトの現場」（二〇二〇）。

61 田中「見えない建築へ――追悼 磯崎新」（二〇二三）〔本書「余白に《マルジナリア》1」〕。

62 これは磯崎の発句に始まる杉本との「連歌もどき」ののち、磯崎がその短歌を俳句に仕立て直したもののひとつである。全体は「江之浦測候所」と題され、句は四句、追の狂句一句からなる。一連の経緯と内容については浅田彰の解説を含む次を参照。有時庵（磯崎新）・呆気羅漢（杉本博司）「江之浦連歌」（二〇二〇）。

63 磯崎『栖十二』（一九九九）、二八頁。

結論《エピローグ》　磯崎新とは誰か

1 広島市役所編『広島原爆戦災誌』（一九七一）付録（二）、「焦土広島の全景（写真）」解説。

2 磯崎『建築における「日本的なもの」』（二〇〇三）、九一–九二頁。

3 磯崎『建築における「日本的なもの」』（二〇〇三）、九二頁。

4 磯崎『建築における「日本的なもの」』（二〇〇三）、一〇四頁。

5 磯崎・藤森『磯崎新と藤森照信の「にわ」建築談義』（二〇一七）、二〇八頁。この言葉の出典は明らかではない。

6 三島『天人五衰』（一九七一／一九七七）、三四二頁。

7 磯崎『建築における「日本的なもの」』（二〇〇三）、二二六頁。

8 磯崎『建築における「日本的なもの」』（二〇〇三）、二二七頁。

9 磯崎『瓦礫《デブリ》の未来』（二〇一九）、一〇頁。ここで言う「文字《ロゴス》」は中華世界を支配する原理を意味する。他方、西欧世界の原理は「言語《ロゴス》」と表わされる（同、一一頁）。

10 磯崎『瓦礫《デブリ》の未来』（二〇一九）、二一–二八頁、四五頁。

11 磯崎『瓦礫《デブリ》の未来』（二〇一九）、二一–二三頁。ザハ・ハディドはバグダード生まれのイスラム教徒である。アガ・カーンが世襲指導者《イマーム》の立場にあるイスラム教イスマイル派は、十二～十三世紀に活動した「暗殺団」でよく知られており、井筒にはこの暗殺団に関する講演記録がある（井筒「イスマイル派「暗殺団」」（一九八六））。磯崎によれば、ザハ・ハディドの追悼文を「〈建築〉が暗殺された」という一文で始めたのは、この暗殺団への連想があったためだという（磯崎『瓦礫《デブリ》の未来』（二〇一九）、二三三頁）。

12 井筒『イスラーム哲学の原像』（一九八〇）、四三頁。

13 井筒『イスラーム哲学の原像』（一九八〇）、一一九頁。

14 井筒『意識と本質』（一九八三／一九九一）、二一八頁。

15 井筒『意識と本質』（一九八三／一九九一）、二一六頁。

16 井筒『意味の深みへ』（一九八五／二〇一九）、九三–九四頁。

17 井筒『意識と本質』（一九八三／一九九一）、二二六–二二八頁。

18 井筒『意識と本質』（一九八三／一九九一）、一九九頁。

19 井筒『イスラーム哲学の原像』（一九八〇）、三八頁。

20 井筒『意味の深みへ』（一九八五／二〇一九）、二三七頁。磯崎は井筒の語るイスラム哲学が自分にとって魅力的に感じられる理由についてこう述べている――「イスラム正統の世界に育ったはずのナデル・アルダランにさえ目を見開かされるようだと映るほどに、外側にある異教がつくりあげてきた独自の哲学がこの正統の思想に混入し、変成し、イスラム的なものの根源を開示させながら、さらに異端が分岐し、過激化し、さらなる異端をつくりあげていくという、イスラム文化の内部にかつて幾度も繰り返されていた思想的展開についての該博な研究がなされているからだ」（磯崎『瓦礫《デブリ》の未来』〔二〇一九〕、二五頁）。すなわちそれは――磯崎の創造活動・思想に一貫して通底している――終わりなき反建築的な解体操作への関心なのである。

余白《マルジナリア》に3　磯崎新「東京大学教養学部美術博物館」改造計画案をめぐって

1　経緯については、磯崎「「磯崎新展」パンフレット用自筆テクスト」（一九七九）、および、横山「磯崎新展と東大の美術博物館」（一九七九）参照。そこで「日本建築の新しい波」展用に制作された、まだ名前のついていないシリーズと言われているものはのちの《還元》シリーズである。

2　http://blog.livedoor.jp/tokinowasuremono/archives/53136953.html

3　横山「磯崎新展と東大の美術博物館」（一九七九）、二頁参照。

4　筆者への私信に拠る。横山正さんのご教示に感謝する。

5　『磯崎新「東京大学教養学部美術博物館」改造計画案　資料集』（二〇二三）。

6　加筆部分は田中「キャンパス軸線の局所的揺らぎ」（二〇二三）にもとづく。

7　二階の増床部分を可能な限り撤去する現状への改修にあたった加藤道夫さんは、磯崎が第一高等学校図書館の閲覧室の空間を知り、減築を視野に入れた構想を許容されていれば、別の案になっていたかもしれない、と指摘している（筆者への私信に拠る）。加藤さんのこうした一連のご教示に感謝する。

8　磯崎『建築の修辞』（一九七九）、五七頁（「立方体――わが敵」）。

9　磯崎『手法が』（一九七九）、二二一頁。

10　磯崎「「磯崎新展」パンフレット用自筆テクスト」（一九七九）。

11　横山「磯崎新展と東大の美術博物館」（一九七九）、五頁。

余白《マルジナリア》に4　磯崎新と雑誌『希望《エスポワール》』

1　磯崎・藤森「戦後モダニズム建築の軌跡・丹下健三とその時代」（一九九八―九九）、九五頁。磯崎「私の履歴書（4）」（二〇〇九）。「磯崎新オーラル・ヒストリー　2012年3月31日」。以下の記述はこれらを総合した要約である。

2　磯崎「私の履歴書（4）」（二〇〇九）。

3　ただし、第4号の編集人は例外的に、河本の友人で広島在住の落藤久義だった。一九二九年生まれの河本英三は東京大学経済学部を卒業後、貿易会社勤務ののち、ニューヨーク大学ないし大学院でマーケティングを学び、一九六二年に日本最初の国際市場調査会社IRMを創設、ニューヨークの現地法人ならびに東京本社社長を務め、二〇一〇年十一月十八日に東京で亡くなっている。磯崎との関連で興味深いのは、美術雑誌『三彩』（三彩社）一二二号

（一九六〇）に「Minority の勝利——グッゲンハイム美術館をみる」と題した記事を寄稿していることである。これは開館間もないニューヨークのグッゲンハイム美術館訪問記であり、フランク・ロイド・ライトのこの建築空間を高く評価している。

4 復刻版が存在する。『希望《エスポワール》　復刻版』（二〇一二）。『希望《エスポワール》』の全体像については次を参照。高良「『希望《エスポワール》』復刻版解説」（二〇一二）。鳥羽「冷戦下の『希望（エスポワール）』」（二〇一四）。

5 磯崎が東京大学に入学したのは一九五〇年四月であり、それ以前にこの広島版『希望《エスポワール》』に関わっていたとは考えにくい。

6 竹内「駒場と「エスポワール」」（一九八三）。

7 高良「『希望《エスポワール》』復刻版　解説」（二〇一二）、一四頁。

8 『希望《エスポワール》』第1号には野間自身がアンケートで執筆しているから、この点からも『希望《エスポワール》』は該当しない。

9 内訳は、表紙一点、扉一点、目次（見開きでイラストを鏡像対称に配置）一点（署名があるが、判読困難）、記事のタイトル・カット六点である。このうち、目次のイラストはクレーの素描《危険な鳥（Der gefährliche Vogel）》（一九一三）〔署名は原画にある Klee ではない〕、三六頁のヴェルコール〔ヴェルコール〕「夜の武器」翻訳（岩田タカシ訳）のタイトル・カットは同じくクレーの《用心深い天使（Wachsamer Engel）》（一九三九）を描き写したものである（後者は原画を時計回りに九〇度回転）。二頁のアンドレ・モーロワ「アメリカより帰りて」（河本英三訳）の鳥を描いたタイトル・カットもクレー風だが、原画を特定できない。

10 「磯崎新オーラル・ヒストリー　2012年3月31日」では次のように語られている——「当時の関心は僕も同じく《ゲルニカ》経由のいろいろなものですから」。

11 磯崎は建築を志すなかで、ル・コルビュジエの英語版作品集『空間の新しい世界（New World of Space）』（一九四八）を眼にしている。この書物にはコルビュジエの絵画作品の図版が数多く収められている。

12 「磯崎新オーラル・ヒストリー　2012年3月31日」にはこうある——「それで一緒にこういうのを友人がやってますから、文学のあれですからって（野間宏に見てもらった）」。

書誌

※本書で引用・参照したものに限る。

I. 磯崎新の著作

1. 著書

◆単著

◉磯崎新『空間へ』、美術出版社、一九七一年。新版『空間へ――根源へと遡行する思考』、鹿島出版会、一九九七年。『空間へ』、河出文庫、二〇一七年。磯崎新「鹿島出版会版へのまえがき」、河出文庫、五四七－五五三頁。磯崎新「文庫版あとがき」、河出文庫、五五四－五六一頁。

◉磯崎新『建築の解体』、美術出版社、一九七五年。新版『建築の解体――一九六八年の建築情況』、鹿島出版会、一九九七年。

◉磯崎新『手法が』、美術出版社、一九七九年。『建築の修辞』と合わせて再編・加筆修正された新版『手法が――カウンター・アーキテクチュア』、鹿島出版会、一九九七年。

◉磯崎新『建築の修辞』、美術出版社、一九七九年。

◉磯崎新『建築の地層』、彰国社、一九七九年。

◉磯崎新『ポスト・モダンの時代と建築』、鹿島出版会、一九八五年。

◉磯崎新『いま、見えない都市』、大和書房、一九八五年。

◉磯崎新『ポスト・モダン原論』、朝日出版社、一九八五年。

◉磯崎新編著『建築のパフォーマンス――〈つくばセンタービル〉論争』、PARCO出版、一九八五年。

◉磯崎新アトリエ編著『磯崎新のディテール――つくばセンタービルの詳細』、彰国社、一九八六年。

◉磯崎新『イメージゲーム――異文化との遭遇』、鹿島出版会、一九九〇年。

◉磯崎新『見立ての手法――日本的空間の読解』、鹿島出版会、一九九〇年。

◉磯崎新『バルセロナ・ドローイング――バルセロナ・オリンピック建築素描集』、岩波書店、一九九〇年。

◉磯崎新『《建築》という形式I』、新建築社、一九九一年。

◉磯崎新『造物主義論《デミウルゴモルフィスム》』、鹿島出版会、一九九六年。

◉磯崎新『始源のもどき――ジャパネスキゼーション』、鹿島出版会、一九九六年。

◉磯崎新『建築家捜し』、岩波書店、一九九六年。『建築家捜し』、岩波現代文庫、二〇〇五年（各章末に補遺あり）。

◉磯崎新『磯崎新の仕事術――建築家の発想チャンネル』、王国社、一九九六年。

◉磯崎新『栖十二』、住まいの図書館出版局、一九九九年。

◉磯崎新『反建築史』、TOTO出版、二〇〇一年。

◉磯崎新『反回想I』、A.D.A EDITA Tokyo、二〇〇一年。

◉磯崎新『建築における「日本的なもの」』、新潮社、二〇〇三年。

◉磯崎新『磯崎新の思考力——建築家はどこに立っているか』、王国社、二〇〇五年。

◉Isozaki, Arata. *Japan-ness in Architecture*. Trans. by Sabu Kohso. The MIT Press: Cambridge, Mass./ London, 2006.

◉磯崎新『気になるガウディ』、新潮社、二〇一二年。

◉磯崎新『散種されたモダニズム——「日本」という問題構制　磯崎新建築論集1』、岩波書店、二〇一三年。

◉磯崎新『記号の海に浮かぶ〈しま〉——見えない都市　磯崎新建築論集2』、岩波書店、二〇一三年。

◉磯崎新『〈建築〉という基体——デミウルゴモルフィスム　磯崎新建築論集4』、岩波書店、二〇一三年。

◉磯崎新『「わ」の所在——列島に交錯する他者の視線　磯崎新建築論集5』、岩波書店、二〇一三年。

◉磯崎新『ユートピアはどこへ——社会的制度としての建築家　磯崎新建築論集6』、岩波書店、二〇一三年。

◉磯崎新『制作の現場——プロジェクトの位相　磯崎新建築論集8』、岩波書店、二〇一五年。

◉磯崎新『挽歌集——建築があった時代へ』、白水社、二〇一四年。

◉磯崎新『偶有性操縦法《コンティンジェンシーマニュアル》——何が新国立競技場問題を迷走させたのか』、青土社、二〇一六年。

◉磯崎新『瓦礫《デブリ》の未来』、青土社、二〇一九年。

◉磯崎新『デミウルゴス——途上の建築《アーキテクチュア》』、青土社、二〇二三年。

◆編著・共著（対談・インタヴュー集含む）

◉磯崎新編『建築および建築外的思考　磯崎新対談』、鹿島出版会、一九七六年。

◉磯崎新編『建築の一九三〇年代——系譜と脈絡　磯崎新対談』、鹿島出版会、一九七八年。

◉磯崎新編『建築の政治学——磯崎新対談集』、岩波書店、一九八九年。

◉磯崎新・多木浩二『世紀末の思想と建築』、岩波書店、一九九一年／二〇一一年。

◉磯崎新・藤塚光政『ティーム・ディズニー・ビルディング』、ＴＯＴＯ出版、一九九三年。

◉磯崎新監修・田中純編『磯崎新の革命遊戯』、ＴＯＴＯ出版、一九九六年。

◉磯崎新監修『海市——もうひとつのユートピア』、ＮＴＴ出版、一九九八年。

◉磯崎新編著『建物が残った——近代建築の保存と転生』、岩波書店、一九九八年。

◉磯崎新・土居義岳『対論　建築と時間』、岩波書店、二〇〇一年。

◉磯崎新・岡崎乾二郎監修『漢字と建築』、ＩＮＡＸ出版、二〇〇三年。

◉磯崎新・福田和也『空間の行間』、筑摩書房、二〇〇四年。

◉磯崎新・鈴木博之・石山修武監修『批評と理論』、ＩＮＡＸ出版、二〇〇五年。

◉磯崎新・安藤忠雄・藤森照信・伊東豊雄『住宅の射程』、TOTO出版、二〇〇六年。

◉磯崎新『磯崎新的訪談@中韓日』、『新建築』二〇〇八年一一月別冊、二〇〇八年。

◉磯崎新・浅田彰編『Any: 建築と哲学をめぐるセッション 1991-2008』、鹿島出版会、二〇一〇年。

◉磯崎新・浅田彰編著『ビルディングの終わり、アーキテクチュアの始まり』、鹿島出版会、二〇一〇年。

◉磯崎新・鈴木博之『二〇世紀の現代建築を検証する』、二川幸夫編、A.D.A. EDITA Tokyo、二〇一三年。

◉磯崎新・日埜直彦『磯崎新インタヴューズ』、LIXIL出版、二〇一四年。

◉磯崎新・横手義洋『日本建築思想史』、太田出版、二〇一五年。

◉磯崎新・藤森照信『磯崎新と藤森照信の茶席建築談義』、六耀社、二〇一五年。

◉磯崎新・藤森照信『磯崎新と藤森照信の「にわ」建築談義』、六耀社、二〇一七年。

◆作品集・展覧会カタログ

◉『磯崎新《現代の建築家》』、SD編集部編、鹿島出版会、一九七七年。

◉『The Prints of Arata Isozaki, 1977-1983』、現代版画センター、一九八三年。

◉Isozaki, Arata. *Arata Isozaki: Architecture 1960-1990*. New York: Rizzoli, 1991.

◉「磯崎新 1960/1990 建築展」カタログ、磯崎新国際建築巡回展実行委員会、一九九一年。

◉『GA ARCHITECT 6 ARATA ISOZAKI 1959-1978』、二川幸夫編、A.D.A. EDITA Tokyo、一九九一年。

◉磯崎新『磯崎新の建築30［模型、版画、ドローイング］』、六耀社、一九九二年。

◉『磯崎新 3 1985-1991 PART 1《現代の建築家》』、SD編集部編、鹿島出版会、一九九三年。

◉『磯崎新 4 1985-1991 PART 2《現代の建築家》』、SD編集部編、鹿島出版会、一九九三年。

◉『GA DOCUMENT EXTRA 05 ARATA ISOZAKI』、二川幸夫編、A.D.A. EDITA Tokyo、一九九六年。

◉『GA ARCHITECT 15 ARATA ISOZAKI 1991-2000』、二川幸夫編、A.D.A. EDITA Tokyo、二〇〇〇年。

◉『GA DOCUMENT 77 Arata Isozaki』、二川由夫編、A.D.A. EDITA Tokyo、二〇〇四年。

◉『磯崎新版画展 宮脇愛子展』図録、中津万象園・丸亀美術館、二〇〇九年。

◉『「磯崎新の謎」展〈いき〉篇＋〈しま〉篇』ブックレット、大分市美術館、二〇一九年。

◉『磯崎新「東京大学教養学部美術博物館」改造計画案 資料集』、田中純編・発行、二〇二三年。

2. 雑誌・Web記事（書籍の分担執筆などを含む）

※原則として初出情報のみに限る（収載著書の該当箇所は註に併記）。

◆論文・エッセイ

◇一九四〇－六〇年代

◉磯崎新「或る魂の位置」、『青窓』、第七號、大分一高文藝部、一九四九年、五六－六五頁。

◉磯崎新〔小椋智夫〕「変革の意識から実践へ――《モダニズムと国民的伝統》をめぐって」、『核』第一号、日本建築学生会議、一九五四年、四－一五頁。

◉磯崎新・沖種郎・田良島昭・神谷宏治・長島正充・茂木計一郎「コア・システム――空間の無限定性」、『新建築』、一九五五年一月号、一九五五年、五〇－五七頁。

◉磯崎新・金子勇次郎・菅原淳治・野々村宗逸・橋本邦雄・林昌二「参加したわれわれの反省」、『新建築』、一九五五年九月号、一九五五年、四九－五一頁。

◉磯崎新・小野新「ワックスマン ゼミナールの感想と問題点」、『建築雑誌』、八三二号、一九五六年、一七－二三頁。

◉磯崎新「小住宅作家のゆくえは?」、『建築文化』、一三五号（一九五八年一月号）、一九五八年、二一－二三頁。

◉磯崎新「現代都市における建築の概念」、『建築文化』、一六七号（一九六〇年九月号）、一九六〇年、一二－一九頁。

◉磯崎新「シンボルの再生――大分県医師会館の設計にあたって」、『近代建築』、第一五巻二号（一九六一年二月号）、一九六一年、四五－四六頁。

◉磯崎新「現代都市における空間の性格」、『建築文化』、一八三号（一九六二年一月号）、一九六二年、六五－六七頁。

◉磯崎新「孵化過程」、『美術手帖』、二〇三号（一九六二年四月増刊号）、一九六二年、四五－五〇頁。

◉磯崎新「破壊のなかの未来像――東京のイメージ」、『日本読書新聞』、一九六二年九月一〇日号、八面。

◉磯崎新「都市破壊業KK」、『新建築』、一九六二年九月号、一九六二年、一八三－一八四頁。

◉磯崎新「プロセス・プランニング論――成長する建築／県立大分中央図書館をめぐって」、『建築文化』、一九七号（一九六三年三月号）、一九六三年、三七－四六頁。

◉磯崎新（無記名）「都市デザインの方法――〈みえない都市〉へのアプローチ／CITY INVISIBLE」、『建築文化』、二〇六号（一九六三年一二月号）、一九六三年、五一－五八頁。

◉磯崎新「虚像と記号のまち ニューヨーク――超高層化が生んだ怪奇な都市」、『建築文化』、二〇七号（一九六四年一月号）、一九六四年、一一七－一三六頁。

◉磯崎新「闇の空間――イリュージョンの空間構造」、『建築文化』、二一一号（一九六四年五月号）、一九六四年、六二－六八頁。

◉磯崎新「世界のまち13　ロサンゼルス」、『読売新聞』、一九六四年一一月二四日付夕刊、九面。

◉磯崎新「媒体の発見——続：プロセス・プランニング論」、『建築文化』、二二九号（一九六五年一月号）、一九六五年、一五三－一六五頁。

◉磯崎新「年代記的ノート　1954－1964」、「磯崎新　作品と方法」、『建築』、五四号（一九六五年二月号）、一九六五年、六九－七三頁。

◉磯崎新「幻覚の形而上学——N邸における方法」、『建築文化』、二二一号（一九六五年三月号）、一九六五年、一一九－一二六頁。

◉磯崎新「座標と薄明と幻覚」、『Space Modulator』、二〇号（一九六五年八月号）、一九六五年、一六－二〇頁。

◉磯崎新「磯崎新　作品と方法2」、『建築』、八〇号（一九六七年四月号）、一九六七年、九三－一三〇頁。

◉磯崎新「年代記的ノート　1965－1966」、『建築』、八〇号（一九六七年四月号）、一九六七年、九三－一〇〇頁。

◉磯崎新「ランドスケイプ化したモニュメント」、『建築』、八〇号（一九六七年四月号）、一九六七年、九八頁。

◉磯崎新「冥府閻魔庁気付　マリリン・モンロー様」、『建築』、八〇号（一九六七年四月号）、一九六七年、一一九頁。

◉磯崎新「資料1．日本万国博覧会」、『建築雑誌』、九八〇号、一九六七年、二五三－二六四頁。

◉磯崎新「わたしは失望する」、『朝日ジャーナル』、一九六七年一〇月二二日号、一九六七年、一〇六－一〇八頁。

◉磯崎新「見えない都市に挑む」、『展望』、一九六七年一一月号、一九六七年、四九－六二頁。

◉磯崎新「福岡相互銀行大分支店のための広告用下書き」、『SD』、一九六八年三月号、一九六八年、六六／七六頁。

◉磯崎新「梱包された環境——〈福岡相互銀行大分支店〉」、『建築文化』、二五七号（一九六八年三月号）、一九六八年、五三－五六頁。

◉Isozaki, Arata. "Grande numero: le macrotrasformazioni del territorio." *Quattordicesima Triennale di Milano. Esposizione internazionale delle arti decorative e industriali moderne e dell'architettura moderna.* Catalogue. Milano: Arti grafiche Crespi & Occhipinti, 1968, pp.39-40.

◉磯崎新「観念内部のユートピアが都市の　地域の　ターミナルの　そして　大学におけるコンミューンの構築と同義語たりうるだろうか」、『都市住宅』、一九六九年一月号、一九六九年、九－一一／三三－三六頁。

◉磯崎新「自戒の弁——福岡相互銀行大名支店のこと」、『建築文化』、二七六号（一九六九年一〇月号）、一九六九年、九二頁。

◉磯崎新「きみの母を犯し、父を刺せ」、『都市住宅』、一九六九年一〇月号、一九六九年、一〇－一二頁。

◉磯崎新「ハンス・ホライン——観念の触手に捕獲された環境」、『美術手帖』、一九六九年二月号、一九六九年、九八－一〇四／一一七－一一九頁。

◇一九七〇年代

◉磯崎新「ソフト・アーキテクチュア——応答場としての環境」、

『建築文化』、二七九号（一九七〇年一月号）、一九七〇年、六七－九三頁。

◉磯崎新「年代記的ノート」、磯崎『空間へ』（一九七一）、四八三－五一四頁。

◉磯崎新「選択・転写・断片化・地」、『建築文化』、二九九号（一九七一年九月号）、一九七一年、六五－七六頁。

◉磯崎新「何故《手法》《マニエラ》なのか」、『a+u』、第二巻一号（一九七二年一月号）、一九七二年、一五－一八頁。

◉磯崎新アトリエ「概念として描き出された7つの手法」、『a+u』、第二巻一号（一九七二年一月号）、一九七二年、一九－七八頁。

◉磯崎新「福岡相互銀行　本店」、『a+u』、第二巻一号（一九七二年一月号）、一九七二年、四六－五一頁。

◉磯崎新「《手法》について」、『新建築』、一九七二年四月号、一九七二年、一九一－一九八頁。

◇連載「反建築的ノート」（一九七二－一九七八）より

◉磯崎新「反建築的ノート　そのⅠ」、『建築文化』、三〇六号（一九七二年四月号）、一九七二年、七一－七四頁。

◉磯崎新「反建築的ノート　そのⅡ」、『建築文化』、三〇八号（一九七二年六月号）、一九七二年、六五－六八頁。

◉磯崎新「反建築的ノート　そのⅢ」、『建築文化』、三一四号（一九七二年一一月号）、一九七二年、七五－八六頁。

◉磯崎新「反建築的ノート　そのⅣ」、『建築文化』、三三五号（一九七四年九月号）、一九七四年、七三－八八頁。

◉磯崎新「反建築的ノート　そのⅤ」、『建築文化』、三三六号（一九七四年一〇月号）、一九七四年、七五－八二頁。

◉磯崎新「反建築的ノート　そのⅦ」、『建築文化』、三三九号（一九七五年一月号）、一九七五年、七七－八〇頁。

◉磯崎新「反建築的ノート　そのⅧ」、『建築文化』、三四一号（一九七五年三月号）、一九七五年、五五－六二頁。

◉磯崎新「反建築的ノート　そのⅨ」、『建築文化』、三四五号（一九七五年七月号）、一九七五年、四五－四八頁。

◉磯崎新「反建築的ノート　そのⅩ」、『建築文化』、三四八号（一九七五年一〇月号）、一九七五年、四一－四三頁。

◉磯崎新「反建築的ノート　そのⅪ」、『建築文化』、三六六号（一九七七年四月号）、一九七七年、五五頁。

◉磯崎新「反建築的ノート　そのⅫ」、『建築文化』、三七三号（一九七七年一一月号）、一九七七年、二九－三三頁。

◉磯崎新「反建築的ノート　そのXIII」、『建築文化』、三八三号（一九七八年九月号）、一九七八年、三三－四八頁。

◉磯崎新「政治的言語とマニエラ――〈意味〉を拒否する意味または異化による〈違犯〉の構造または自己消去法としてのマニエラ」、『SD』、一九七二年六月号、一九七二年、一一四－一一八頁。

◉磯崎新アトリエ「POST UNIVERSITY PACK」、『建築文化』、三一〇号（一九七二年八月号）、一九七二年、一三七－一六〇頁。

◉磯崎新「模型的思考」、『建築文化』、三一〇号（一九七二年八月号）、一九七二年、八八－九五頁。

◉磯崎新「〈建築の解体〉症候群――（上）　建築の解体・8」、『美術手帖』、三七〇号（一九七三年八月号）、一九七三年、一六〇－一八〇頁。

◉磯崎新「〈建築の解体〉症候群――（下）　建築の解体・10」、『美術手帖』、三七三号（一九七三年一一月号）、一九七三年、一七六－一九九頁。

◉磯崎新「〈円筒〉および〈半円筒〉にかかわる個人的な記録」、『新建築』、一九七五年四月号、一九七五年、一六五－一六八頁。

◉Isozaki, Arata. “Isozaki.” *MAN transFORMS: An International Exhibition on Aspects of Design*. New York: Cooper-Hewitt Museum, 1976, pp.56-67.

◉磯崎新「引用と暗喩の建築」、「引用と暗喩の建築――磯崎新の建築作品 1960-1976」展ポスター、雅陶堂ギャラリー、一九七七年。『GA ARCHITECT 6 ARATA ISOZAKI 1959-1978』（一九九一）、二一四－二一七頁。

◉磯崎新「日本の何が売れるか」、『建築文化』、三六五号（一九七七年三月号）、一九七七年、二九－三六頁。

◉磯崎新「大友宗麟の墓」、『建築文化』、三八三号（一九七八年九月号）、一九七八年、一五七－一五八頁。

◉Isozaki, Arata. “La notion d’espace-temps du Japon.” *MA, espace-temps du Japon*, Paris, musée des Arts décoratifs, Festival d’automne à Paris, oct. 11-déc. 11, 1978. Paris: Festival d’automne à Paris, 1978, n.p.　磯崎新「日本の時空間」、「日本の時空間〝間〟展カタログより」、『建築文化』、四二二号（一九八一年一二月号）、一九八一年、一二〇－一二二頁。

◉磯崎新「墓石――宮川淳のために」、『エピステーメー』、一九七八年一一月号、一九七八年、二八一－二八二頁。

◉磯崎新「筑波研究学園都市センタービル制作日録より」、『人と国土』、5巻1号（一九七九年五月号）、一九七九年、四一－四六頁。

◉磯崎新「「磯崎新展」パンフレット用自筆テクスト」、東京大学教養学部美術博物館、一九七九年。

◉磯崎新「〝内部風景シリーズ〟について」、『PRINT COMMUNICATION　版画センターニュース』、五〇号（一九七九年九月号）、現代版画センター、一九七九年、二頁。

◇一九八〇年代
◉磯崎新「ちょっとばかりジャパネスク」、『建築文化』、四二二号（一九八一年一二月号）、一九八一年、一〇五－一一五頁。

◉磯崎新「建築家が版画をつくること」、『The Prints of Arata Isozaki, 1977-1983』（一九八三）、ページ番号なし。

◉磯崎新「なぜ日本勢は振わなかったのか――パリ・ホンコン国際コンペ」、『建築文化』、四四〇号（一九八三年六月号）、一九八三年、二九－四三頁。

◉磯崎新「都市、国家、そして〈様式〉を問う」、『新建築』、一九八三年一一月号、一九八三年、一三七－一四五頁。

◉磯崎新アトリエ「つくばセンタービル」、『建築文化』、四四五号

（一九八三年一一月号）、一九八三年、六一－一二〇頁。

◉磯崎新「磯崎新からの応答1」、『建築文化』、四四五号（一九八三年一一月号）、一九八三年、一二二－一二五頁。

◉磯崎新アトリエ「作品〈つくばセンタービル〉」、『GA DOCUMENT 8』、一九八三年、一一－五三頁。

◉磯崎新「世界観模型としての庭――「うみ」のメタフォア」、磯崎新ほか編著『庭園と離宮――雪月花に遊ぶ（日本の美と文化 art japanesque13）』、講談社、一九八三年、三三－四四頁。

◉磯崎新「自註」、『SD』、二三二号（一九八四年一月号）、一九八四年、九七－九九頁。

◉磯崎新「私にとってのアクロポリス」、磯崎新・篠山紀信『建築行脚2　透明な秩序　アクロポリス』、六耀社、一九八四年、一一－四四頁。

◉Isozaki, Arata. "Architecture With or Without Irony." *New Public Architecture: Recent Projects by Fumihiko Maki and Arata Isozaki.* Exhibition Catalogue. Ed. Alexandra Munroe. New York: Japan Society, 1985, pp. 46-47.

◉磯崎新「イメージゲーム」、『建築文化』、四六八号（一九八五年一〇月号）、一九八五年、二六－三七頁。

◉磯崎新「「新世紀群」由来」、雪野恭弘・Kabu-Ippan 編『ZINC WHITE――草創記の新世紀群（東京から）』、ライフエージェンシー、一九八五年、七－一一頁。

◉磯崎新「新都庁舎コンペをめぐって　上」、『毎日新聞』、一九八六年五月二〇日付夕刊、四面。

◉磯崎新「新都庁舎コンペをめぐって　下」、『毎日新聞』、一九八六年五月二一日付夕刊、四面。

◉磯崎新「ディスジャンクティヴのディテール――つくばセンタービルの場合」、磯崎新アトリエ『磯崎新のディテール』（一九八六）、四－七頁。

◉磯崎新アトリエ「磯崎新アトリエ　応募案」、『PROCESS：Architecture』、特別号4「東京都新都庁舎・指名設計競技応募案作品集」一九八六年、一〇五―一四〇頁。

◉磯崎新「海外のプロジェクトとコンペ審査の経験から」、『公共建築』、一九八六年六月号、一九八六年、四－一五頁。

◉磯崎新「超高層ではシティホールはなりたたない」、『建築文化』、四七六号（一九八六年六月号）、一九八六年、七〇－七一頁。

◉磯崎新「MOCA（ロサンゼルス現代美術館）建築の政治学2」、『へるめす』、創刊二周年記念別巻、一九八七年、口絵。

◉磯崎新「闇に浮かぶ黄金」、磯崎新・篠山紀信『建築行脚4　きらめく東方　サン・ヴィターレ聖堂』、六耀社、一九八八年、一一－三五頁。

◉磯崎新「廃墟論」（一九八八）、磯崎『見立ての手法』（一九九〇）、三〇九－三二五頁。

◇一九九〇年代

◉磯崎新「守護聖人の宮殿――《建築》という形式11」、『新建築』、一九九〇年一一月号、一九九〇年、二二五－二三四頁。

◉磯崎新「水戸芸術館の設計」、水戸芸術館編・石元泰博撮影『Art

Tower Mito　水戸芸術館』、財団法人水戸市芸術振興財団、一九九一年、ページ番号なし。

◉磯崎新「アルカイックな深層——香椎浜集合住宅、Sプロジェクト、JR上野駅」（一九九一）、『磯崎新 4　1985-1991　PART 2《現代の建築家》』（一九九三）、一〇二－一〇三頁。

◉磯崎新「Anyone への招待」、『批評空間』臨時増刊号「Anyone——建築をめぐる思考と討議の場」、一九九二年、六－一〇頁。

◇Any コンファレンス関係（一九九一－二〇〇〇）より
◉磯崎新・浅田彰「デミウルゴスとしての Anyone の断片的肖像」（一九九一）、『批評空間』臨時増刊号「Anyone」（一九九二）、七九－九六頁。

◉磯崎新・浅田彰「海市島」（一九九五）、磯崎新・浅田彰監修『Anywise——知の諸問題』、NTT出版、一九九九年、一四－二一頁。

◉磯崎新・浅田彰「デミウルゴモルフィズムの輪郭」（一九九六）、磯崎新・浅田彰監修『Anybody——建築的身体の諸問題』、NTT出版、一九九九年、三四－四三頁。

◉磯崎新・浅田彰「物の小系譜学」（二〇〇〇）、『Anything——建築と物質／ものをめぐる諸問題』、NTT出版、二〇〇七年、一四二－一四八頁。

◇連載「《建築》——あるいはデミウルゴスの〝構築〟」（一九九二－一九九四）より
◉磯崎新「《建築》——あるいはデミウルゴスの〝構築〟 第1回」、『GA JAPAN 01』、一九九二年、二〇－三五頁。

◉磯崎新「《建築》——あるいはデミウルゴスの〝構築〟 第4回」、『GA JAPAN 04』、一九九三年、二五四－二六九頁。

◉磯崎新「《建築》——あるいはデミウルゴスの〝構築〟 最終回」、『GA JAPAN 06』、一九九四年、一五〇－一六五頁。


◉磯崎新「くまもとアートポリス——「手立て」と採点」、『JA: The Japan Architect』、一〇号、一九九三年、八－一三頁。

◉磯崎新「工事現場 CONSTRUCTION SITE」、『JA: The Japan Architect』、一一号「特集：磯崎新／Construction Site」、一九九三年、一五－一八頁。

◉磯崎新「黒木について」、『磯崎新 3　1985-1991　PART 1《現代の建築家》』（一九九三）、七三頁。

◉磯崎新「Nagi MOCA」、『奈義町現代美術館』、奈義町現代美術館、一九九四年、二－七頁。

◉磯崎新「三つの審査講評とひとつの審査批評」、『新建築』、一九九五年一〇月号、一九九五年、一〇七－一一六頁。

◉Isozaki, Arata. “From Superficial Sign to Material Form.” *Sensing the Future: The Architect As Seismograph. 6th International Architecture Exhibition. La Biennale di Venezia.* Venezia: Electa, 1996, n.p.

◉磯崎新「リダンダンシィの所在を探すこと」、『木村俊彦　日本現代建築家シリーズ17』、『新建築』、一九九六年六月号別冊、一九九六年、二二一－二二二頁。

◉磯崎新「輪郭線消去と2分法」、『新建築』、一九九七年四月号、一九九七年、一〇四－一〇九頁。

◉磯崎新「システムが自走した」、『日本の夏―― 1960-64』、水戸芸術館現代美術センター、一九九七年、一六－一七頁。

◉磯崎新「依頼状より」、「新たな居住環境への挑戦――岐阜県営北方プロジェクト」、『SD』、一九九七年八月号、一九九七年、九三頁。

◉磯崎新「建物が残った――大分県立大分図書館をめぐる言説」、磯崎『建物が残った』（一九九八）、四九－一〇五頁。

◉磯崎新「１９６０年の刻印」、『ネオ・ダダ JAPAN 1958-1998――磯崎新とホワイトハウスの面々』、大分市教育委員会、一九九八年、九－一二頁。

◉磯崎新「岡本太郎の鬼子たちは」、『多面体・岡本太郎――哄笑するダイナミズム』、川崎市岡本太郎美術館、一九九九年、一五五－一五七頁。

◉磯崎新「《パノプティコン》から《アーキペラゴ》へ」、『GA DOCUMENT 57』、一九九九年、五四－六三頁。

◉磯崎新「身体的――リアルとハイパー」、『新建築』、一九九九年二月号、一九九九年、一一一－一一六頁。

◇二〇〇〇年代

◉磯崎新「あなたにとって異星人が住むかにみえる〈少女都市〉――日本館の展示」（二〇〇〇）、「第7回ヴェネチア・ビエンナーレ国際建築展」日本館展示概要「カタログ　テキスト」、国際交流基金「ヴェネチア・ビエンナーレ日本館公式サイト」より。https://venezia-biennale-japan.jpf.go.jp/j/architecture/2000

◉磯崎新「〈間（ＭＡ）〉の帰還、20年後」、『「間――20年後の帰還」展』、東京藝術大学大学美術館、二〇〇〇年、ページ番号なし。

◉磯崎新「岡山西警察署」、『GA ARCHITECT 15 ARATA ISOZAKI 1991-2000』（二〇〇〇）、一二〇頁。

◉磯崎新「秋吉台国際芸術村」、『GA ARCHITECT 15 ARATA ISOZAKI 1991-2000』（二〇〇〇）、二〇二－二〇三頁。

◉磯崎新「県立ぐんま天文台」、『GA ARCHITECT 15 ARATA ISOZAKI 1991-2000』（二〇〇〇）、二二九頁。

◉磯崎新「セラミックパークＭＩＮＯ」、『GA ARCHITECT 15 ARATA ISOZAKI 1991-2000』（二〇〇〇）、二四〇頁。

◉磯崎新「中国《国家大劇院》設計競技」、『GA ARCHITECT 15 ARATA ISOZAKI 1991-2000』、（二〇〇〇）、二五三－二五四頁。

◉磯崎新「『建造物宣言』の宮内康」、『怨恨のユートピア』刊行委員会編『怨恨のユートピア――宮内康の居る場所』、れんが書房新社、二〇〇〇年、一一－一四頁。

◉磯崎新「流言都市《ルーマー・シティ》」、磯崎『反建築史』（二〇〇一）、六－二四頁。

◉磯崎新「浮揚都市――二〇〇一年十二月」（二〇〇一）、『磯崎新版画展　宮脇愛子展』図録（二〇〇九）、一四頁。

◉磯崎新「建築と近代と」、『西日本新聞』、二〇〇二年一二月一六日付朝刊、二面。

◉磯崎新「発起」、『GA DOCUMENT 77 Arata Isozaki』（二〇〇

四)、八－二七頁。

◉磯崎新「全身での身の任せきり――丹下健三の日本」、『新建築』、二〇〇五年七月号、二〇〇五年、九一－一〇〇頁。改題「丹下健三の「建築＝都市＝国家」共同体としての日本」、磯崎『散種されたモダニズム　磯崎新建築論集1』(二〇一三)、一七三－二〇二頁。

◉磯崎新「現代文庫版あとがき」、磯崎『建築家捜し』(二〇〇五)、二八九－二九三頁。

◇連載「極薄の閾のうえを」(二〇〇六－二〇〇八)より

◉磯崎新「極薄の閾のうえを――漢字考(一)」、『新潮』、二〇〇六年一月号、二〇〇六年、三二八－三三七頁。

◉磯崎新「極薄の閾のうえを――漢字考(三)」、『新潮』、二〇〇六年三月号、二〇〇六年、一八二－一九〇頁。

◉磯崎新「極薄の閾のうえを――漢字考(六)」、『新潮』、二〇〇六年六月号、二〇〇六年、二三四－二四三頁。

◉磯崎新「極薄の閾のうえを――漢字考(七)」、『新潮』、二〇〇六年七月号、二〇〇六年、二六〇－二六九頁。

◉磯崎新「極薄の閾のうえを――漢字考(八)」、『新潮』、二〇〇六年八月号、二〇〇六年、二三二－二四一頁。

◉磯崎新「極薄の閾のうえを――漢字考(補3)」、『新潮』、二〇〇六年一二月号、二〇〇六年、二九八－三〇七頁。

◉磯崎新「極薄の閾のうえを――ウフィツィ問題(1)」、『新潮』、二〇〇七年二月号、二〇〇七年、二六八－二七七頁。

◉磯崎新「極薄の閾のうえを――ウフィツィ問題(2)」、『新潮』、二〇〇七年三月号、二〇〇七年、三一六－三二五頁。

◉磯崎新「極薄の閾のうえを――ウフィツィ問題(3)」、『新潮』、二〇〇七年四月号、二〇〇七年、二六六－二七五頁。

◉磯崎新「極薄の閾のうえを――ウフィツィ問題(4)」、『新潮』、二〇〇七年五月号、二〇〇七年、二四四－二五三頁。

◉磯崎新「極薄の閾のうえを――ウフィツィ問題(5)」、『新潮』、二〇〇七年六月号、二〇〇七年、二〇二－二〇九頁。

◉磯崎新「極薄の閾のうえを――ウフィツィ問題(6)」、『新潮』、二〇〇七年八月号、二〇〇七年、二七二－二八二頁。

◉福岡オリンピック制作総指揮室・磯崎新ほか「21世紀型オリンピックのための博多湾モデル」、『10+1』、四三号、二〇〇六年、二五－四八頁。

◉磯崎新「オリンピックを博多湾に」(二〇〇六)、磯崎新『磯崎新的訪談@中韓日』、『新建築』二〇〇八年一一月別冊、二〇〇八年、六－八頁。

◉磯崎新アトリエ「OBSCURED HORIZON」、『GA JAPAN 89』、二〇〇七年、九〇－九三頁。

◉Isozaki, Arata. "Yoidorebune." Isozaki, Arata, Ando, Tadao and Fujimori, Terunobu. *The Contemporary Tea House: Japan's Top Architects Redefine a Tradition*. Kodansha International, 2007, pp.44-47.

◇連載「私の履歴書」（二〇〇九）より

◉磯崎新「私の履歴書（1）」、日本経済新聞、二〇〇九年五月一日付朝刊、三六面。

◉磯崎新「私の履歴書（2）」、日本経済新聞、二〇〇九年五月二日付朝刊、三六面。

◉磯崎新「私の履歴書（3）」、日本経済新聞、二〇〇九年五月三日付朝刊、三二面。

◉磯崎新「私の履歴書（4）」、日本経済新聞、二〇〇九年五月四日付朝刊、二八面。

◉磯崎新「私の履歴書（5）」、日本経済新聞、二〇〇九年五月五日付朝刊、二八面。

◉磯崎新「私の履歴書（6）」、日本経済新聞、二〇〇九年五月六日付朝刊、三二面。

◉磯崎新「私の履歴書（20）」、日本経済新聞、二〇〇九年五月二一日付朝刊、三六面。

◉磯崎新「私の履歴書（23）」、日本経済新聞、二〇〇九年五月二四日付朝刊、三六面。

◇二〇一〇年代

◉磯崎新「丹下健三「私はチームの中の一人」」、『文藝春秋』、二〇一〇年三月号、二〇一〇年、二一三頁。

◉磯崎新「〈やつし〉と〈もどき〉——フレドリック・ジェイムソンの『建築における「日本的なもの」』書評に応える」、『新潮』、二〇一〇年一〇月号、二〇一〇年、二二二－二二五頁。

◉磯崎新「〈建築〉／建築（物）／アーキテクチュア　または、あらためて「造物主義《デミウルゴモルフィズム》」」、磯崎・浅田『ビルディングの終わり、アーキテクチュアの始まり』（二〇一〇）、五－三三頁。

◉磯崎新「江南文化　四百年後の再生」、『朝日新聞』、二〇一一年一月九日付朝刊、一一面。

◉磯崎新「地図にない国、本ではない「本」」、『朝日新聞』、二〇一一年一月二三日付朝刊、一三面。

◉磯崎新「建築＝都市＝国家・合体装置《メガ・ストラクチュア》」、『思想』、二〇一一年五月号、二〇一一年、四六－六八頁。

◉磯崎新「建築《アーキテクチュア》——不可視《インヴィジブル》から不可侵《インヴィンシブル》へ」、『atプラス』、八号、二〇一一年、二〇－三七頁。

◉磯崎新「ルイジ・ノーノ作曲『進むべき道はない、だが進まねばならない……アンドレイ・タルコフスキー』を聴いて下さい。」、『現代思想』、二〇一一年七月臨時増刊号、二〇一一年、三二－三三頁。

◉磯崎新「アーティスト／アーキテクトは災害（事件）をいかに作品化（プロジェクト）するか」、『atプラス』、九号、二〇一一年、一九－二八頁。

◉磯崎新「さらに二〇年後のいま——岩波人文書セレクションに寄せて」、磯崎・多木『世紀末の思想と建築』（二〇一一）、二三九－二五〇頁。

◉磯崎新「架空座談会『ゲートルを巻いた丹下健三』」、槇文彦・神谷宏治編著『丹下健三を語る——初期から1970年代までの軌跡』、鹿島出版会、二〇一三年、二一六－二五六頁。

◉磯崎新「反回想1　散種されたモダニズム（著者解題）」、磯崎『散種されたモダニズム　磯崎新建築論集1』（二〇一三）、v－xvii頁。

◉磯崎新「都市の類型」、磯崎『記号の海に浮かぶ〈しま〉　磯崎新建築論集2』（二〇一三）、二三一－二五三頁。

◉磯崎新「反回想4　〈建築〉という基体（著者解題）」、磯崎『〈建築〉という基体　磯崎新建築論集4』（二〇一三）、v－xx頁。

◉磯崎新「反回想5　「わ」の所在（著者解題）」、磯崎『「わ」の所在　磯崎新建築論集5』（二〇一三）、v－xvii頁。

◉磯崎新「ユートピアに翻弄された戦後日本」附記、磯崎『ユートピアはどこへ　磯崎新建築論集6』（二〇一三）、一三〇－一三三頁。

◉磯崎新「フーリエの「ファランステール」（アソシエーショニズム）」、磯崎『ユートピアはどこへ　磯崎新建築論集6』（二〇一三）、二四－三七頁。

◉磯崎新「反回想8　制作の現場（著者解題）」、磯崎『制作の現場　磯崎新建築論集8』（二〇一五）、v－x頁。

◉磯崎新「都市モデルとしての「中原逐鹿」展と「都市ソラリス」展」、磯崎『制作の現場　磯崎新建築論集8』（二〇一五）、三二〇－三二九頁。

◉磯崎新「反回想　二〇一〇（～二〇一五）」、磯崎『制作の現場　磯崎新建築論集8』（二〇一五）、三〇一－三〇七頁。

◉磯崎新「あとがき」、磯崎『制作の現場　磯崎新建築論集8』（二〇一五）、三三一－三三六頁。

◉「磯崎新　関係資料――資料1　磯崎新　年譜（1931～89）」、磯崎『制作の現場　磯崎新建築論集8』（二〇一五）、一－一三四頁。

◉磯崎新「茶室とは何か。」、磯崎・藤森『磯崎新と藤森照信の茶席建築談義』（二〇一五）、四〇六－四一一頁。

◉磯崎新「アイコンがうまれた！」、平野『岡本太郎と太陽の塔』（二〇一八）、二－三頁。

◉磯崎新「造物主義論　〈建築〉――あるいはデミウルゴスの〝構築〟見取り図（一）」、『現代思想』、二〇一九年四月号、二〇一九年、二二二－二二九頁。

◉有時庵（磯崎新）・呆気羅漢（杉本博司）「江之浦連歌」、REALKYOTO、二〇二〇年。
https://realkyoto.jp/article/enourarenga/

◉磯崎新「謝辞」、『現代思想』、二〇二〇年三月臨時増刊号「総特集・磯崎新」、一〇〇－一〇三頁。

◆対談・座談会・インタヴュー

◉磯崎新・東野芳明「対談：〈環境〉について――美術・建築・都市・虚」、『美術手帖』、一九六六年一一月号増刊、一九六六年、九一－一〇五頁。

◉磯崎新・原広司「変わりつつある建築の思想と建築家」、『デザイン批評』、五号、一九六八年、一一一－一二五頁。

◉磯崎新・丹下健三「世界現代建築の行方」、『新建築』、一九七〇年一月号、一九七〇年、一四七－一五六頁。

◉磯崎新・高階秀爾「見えない都市を見る」（一九七五）、磯崎『建築および建築外的思考』（一九七六）、二七五－二九五頁。

◉「磯崎新インタビュー――筑波の地は私にも〝鬼門〟 変換期の仕事として挑戦」（聞き手：蜂谷真佐夫）、『日経アーキテクチュア』、七八号（一九七九年三月一九日号）、一九七九年、一六－一九頁。

◉磯崎新・大江健三郎・原広司「鼎談 〈言葉と空間のブリコラージュ〉」、『建築文化』、四〇六号（一九八〇年八月号）、一九八〇年、三九－四六頁。

◉磯崎新・大江健三郎・原広司「鼎談 〈言葉と空間のブリコラージュ〉」、『建築文化』、四〇七号（一九八〇年九月号）、一九八〇年、三九－四五頁。

◉磯崎新・植田実「対談 この次できる建物は」、『建築文化』、四二二号（一九八一年一二月号）、一九八一年、一六五－一七四頁。

◉磯崎新・浅田彰「対話 アイロニーの終焉」、『現代思想』、一九八五年八月号、一九八五年、一六四－一九一頁。

◉磯崎新・宮内康「建築と国家――〈戦後文化の神話と脱神話〉4」、『へるめす』、三号、一九八五年、九二－一一六頁。

◉磯崎新、ピーター・アイゼンマン「過激さは、中心からの距離！――建築と現代思想」、『へるめす』、一四号、一九八八年、一五八－一七六頁。

◉磯崎新・蓮實重彥「〈対話〉二〇〇七年――都市と建築」、『季刊都市Ⅱ』、河出書房新社、一九八九年、三八－五六頁。

◉磯崎新ほか「Anyone 討議 A-1」（一九九一）、『批評空間』臨時増刊号「Anyone」（一九九二）、九七－一〇七頁。

◉磯崎新ほか「Anyone 討議 A-3」（一九九一）、『批評空間』臨時増刊号「Anyone」（一九九二）、二四四－二四八頁。

◉磯崎新ほか「Anyone 討議 B-1」（一九九一）、『批評空間』臨時増刊号「Anyone」（一九九二）、一四六－一五五頁。

◉磯崎新ほか「現代建築シンポジウム：「歴史的環境の中で何をつくり得るか」セッション3」、『奈良、そしてトリエンナーレ奈良1992』、『新建築』、一九九三年八月号別冊、一九九三年、一一三－一三八頁。

◉磯崎新・佐川一信・二川幸夫「鼎談：世界の中の日本――建築を巡る状況［3］ 個性的な公共建築を実現させるために」、『GA JAPAN 08』、一九九四年、一六－二三頁。

◉磯崎新・柄谷行人・伊東豊雄・浅田彰「情報・空間・建築」、磯崎新・浅田彰監修『Anyplace』、NTT出版、一九九六年、二九八－三一一頁。

◉磯崎新・二川幸夫「日本館を演出した磯崎新氏に聞く」、『GA JAPAN 23』、一九九六年、二四－二九頁。

◉磯崎新・浅田彰・田中純「ANYコンファレンスの軌跡」、磯崎新・浅田彰監修『Anyone ――建築をめぐる思考と討議の場』、NTT出版、一九九七年、二八二－二九五頁。

◉磯崎新・藤森照信「戦後モダニズム建築の軌跡・丹下健三とその時代」（一九九八－九九）、磯崎『磯崎新の思考力』（二〇〇五）、五三－一二五頁。

◉磯崎新・浅田彰・長木誠司、ヘルムート・ラッヘンマン「ルイジ・ノーノと《プロメテオ》」、『インターコミュニケーション』、二七号、一九九九年、一二八－一四二頁。

◉磯崎新・原広司・石山修武「鼎談　建築の近代と現代の表現」、『建築雑誌』、一四四二号、一九九九年、六－一五頁。

◉磯崎新・岡﨑乾二郎・浅田彰「枠と容積――霊《ひ》とヴォリューム」、磯崎『反建築史』（二〇〇一）、一〇二－一二七頁。

◇『磯崎新　百二十の見えない都市　事務局通信』（植田実編、綿貫令子発行）掲載インタヴュー・シリーズ（二〇〇一－二〇〇二）より

◉「磯崎新　二〇〇一年四月十七日」、第一号、二〇〇一年、七－一三頁。

◉「磯崎新　二〇〇一年五月十八日」、第二号、二〇〇一年、一〇－一八頁。

◉「磯崎新　二〇〇一年六月二十五日」、第三号、二〇〇一年、一二－二二頁。

◉「磯崎新　二〇〇一年七月二十六日」、第四号、二〇〇一年、一二－二三頁。

◉「磯崎新　二〇〇一年九月十八日」、第五号、二〇〇一年、一六－三〇頁。

◉「磯崎新　二〇〇一年十一月二十二日」、第七号、二〇〇二年、二二－三一頁。

◉「磯崎新　二〇〇二年六月十八日」、第一〇号、二〇〇二年、一七－二三頁。

◉「磯崎新　二〇〇二年六月十八日（続き）」、第一一号、二〇〇二年、一八－二四頁。

◉「磯崎新　二〇〇二年十二月二十六日」、第一四号、二〇〇三年、一四－二四頁。

◉磯崎新・佐々木睦朗「現代建築の構造的系譜と展開――「モダンストラクチャーの原型」を振り返って」、『GA JAPAN 57』、二〇〇二年、七四－八七頁。

◉磯崎新・岡﨑乾二郎・浅田彰「鼎談　漢字と建築――ヴェネツィア・ビエンナーレ第8回建築展をめぐって」、磯崎・岡﨑『漢字と建築』（二〇〇三）、二一－二九頁。

◉磯崎新・石山修武「21世紀の都市・メディア再編とオリンピック」、『10+1』、四三号、二〇〇六年、四六－四八頁。

◉磯崎新・浅田彰「Anything: Anyコンファレンスが切り開いた地平」（二〇〇七）、磯崎・浅田『Any: 建築と哲学をめぐるセッション 1991-2008』（二〇一〇）、二三九－二五七頁。

◉磯崎新・吉村益信・赤瀬川原平・藤森照信「建築論壇「新宿ホワイトハウス」を巡って――半世紀前の回顧――ネオ・ダダと磯崎新の処女作」、『新建築』、二〇一一年四月号、二〇一一年、四二－四九頁。

◉磯崎新「STUDIO TALK 21 磯崎新」、『GA JAPAN 119』、二〇一二年、一一四－一二三頁。

◉「磯崎新オーラル・ヒストリー　２０１２年3月31日」、日本美術オーラル・ヒストリー・アーカイヴ、二〇一四年三月一一日公開。

◉「磯崎新オーラル・ヒストリー　2012年4月1日」、日本美術オーラル・ヒストリー・アーカイヴ、二〇一四年三月一一日公開。

◉「磯崎新オーラル・ヒストリー　2012年8月17日」、日本美術オーラル・ヒストリー・アーカイヴ、二〇一七年一〇月一日公開。

◉磯崎新「新しいソフトとともに建ち上がる建築の型――海外の最新3作品をめぐって」、『GA JAPAN 126』、二〇一四年、四四－四七頁。

◉磯崎新・安藤礼二「プラットフォーム2020――祝祭都市構想」、『atプラス』、二五号、二〇一五年、四－三八頁。

◉磯崎新・浅田彰「暴走するアーキテクトの現場――「アイロニーの終焉」から三四年」、『現代思想』、二〇二〇年三月臨時増刊号「総特集・磯崎新」、二〇二〇年、八－三〇頁。

◉磯崎新・青木淳・西沢大良「インタヴュー1」、『a+u』、五九九号（二〇二〇年八月号）、二〇二〇年、八－四一頁。

Ⅱ．磯崎新以外の著作

1．和文文献（著者名の五十音順）

◇あ行

◉青木淳「現在という時間だけがあるということ」、磯崎『反建築史』（二〇〇一）、一八二－一九三頁。

◉赤瀬川原平『反芸術アンパン』、ちくま文庫、一九九四年（初出：赤瀬川原平『いまやアクションあるのみ！〈読売アンデパンダン〉という現象』、筑摩書房、一九八五年）。

◉浅田彰「浅田彰のブックインタビュー」、『広告批評』、一九八五年七・八月号、一九八五年、一〇二－一〇五頁。

◉浅田彰「われもまたアルカディアに――近代建築の天人五衰」（二〇〇〇）、磯崎・浅田『ビルディングの終わり、アーキテクチュアの始まり』（二〇一〇）、一六四－一七〇頁。

◉浅田彰「磯崎新の夢／レム・コールハースの現実」、『10+1』、二三号、二〇〇一年、三二－三五頁。

◉浅田彰・岡﨑乾二郎・日埜直彦「磯崎新をどのように読み継ぐか――批評・手法・歴史をめぐって」、10+1 website、二〇一四年一〇月。https://www.10plus1.jp/monthly/2014/10/issue-01.php
◉朝日新聞社編『文化の将来――日仏文化サミット』、朝日新聞社、一九八四年。

◉東浩紀「Socrate non-performatif『コーラル・ワークス』について」、磯崎新・浅田彰監修『Anywise――知の諸問題をめぐる建築と哲学の対話』、NTT出版、一九九九年、二一七－二二一頁。

◉安部公房『第四間氷期』（一九五九）、新潮文庫、一九七〇年。

◉安部公房『方舟さくら丸』（一九八四）、新潮文庫、一九九〇年。

◉アレン、マシュー「磯崎新と見えない技術者」（二〇一六）、印牧岳彦訳、『現代思想』、二〇二〇年三月臨時増刊号、二〇二〇年、二五六－二六五頁。

◉安藤礼二『死者たちへの捧げもの』、青土社、二〇二三年。

◉五十嵐太郎「第一章　水戸芸術館を歩いて見る」、磯崎新監修『水戸芸術館』、財団法人水戸市芸術振興財団、一九九九年、八－三八頁。

◉池田温『日本古代史を学ぶための漢文入門』、吉川弘文館、二〇〇六年。

◉石山修武「自然――根本のインフラストラクチャー」、『atプラス』、九号、二〇一一年、一四二－一五五頁。

◉石山修武「作家論・磯崎新　第1章――第31信　作家論　磯崎新7」、二〇一二年二月二〇日。http://setagaya-mura.net/ishiyama.arch.waseda/jp/isozaki_arata01.html
◉石山修武「作家論・磯崎新　第2章　丹下健三と磯崎新2」、二〇一三年五月三〇日。http://setagaya-mura.net/ishiyama.arch.waseda/jp/isozaki_arata02.html
◉石山修武「世田谷村スタジオGAYA日記455」、二〇一五年七月一三日。http://setagaya-mura.net/jp/top6.html
◉石山修武・二川幸夫「日本館展示作家の石山修武氏に聞く」、『GA JAPAN 23』、一九九六年、二〇－二三頁。

◉石山友美（監督）『だれも知らない建築のはなし』、二〇一五年。

◉『磯崎新　百二十の見えない都市　事務局通信』、植田実編、綿貫令子発行、二〇〇一－二〇〇三年。

◉磯崎藻二「宗麟忌」、『セルパン』、昭和一一年八月号、一九三六年、七五頁。

◉磯崎藻二「或る日記」、『俳句研究』、昭和一二年九月号、一九三七年、七四頁。

◉磯崎藻二「牡丹」、『大分合同新聞』、一九四七年二月一七日付朝刊、二面。

◉磯崎藻二「無題」、『大分合同新聞』、一九四七年一二月二八日付朝刊、二面。

◉磯崎藻二『藻二句集　牡丹』、非売品（発行：磯崎雄吉）、一九五一年。

◉「磯崎藻二年譜」、磯崎藻二『藻二句集　牡丹』（一九五一）、九三－九五頁。

◉市川浩『現代芸術の地平』、岩波書店、一九八五年。

◉井筒俊彦『イスラーム哲学の原像』、岩波新書、一九八〇年。

◉井筒俊彦『意識と本質――精神的東洋を索めて』（一九八三）、岩波文庫、一九九一年。

◉井筒俊彦『意味の深みへ――東洋哲学の水位』（一九八五）、岩波文庫、二〇一九年。

◉井筒俊彦「イスマイル派「暗殺団」――アラムート城砦のミュトスと思想」（一九八六）、井筒俊彦『コスモスとアンチコスモス――東洋哲学のために』、岩波文庫、二〇一九年、二七三－三六九頁。

◉伊東孝「野外劇場」、磯崎新アトリエ編著『磯崎新のディテール』（一九八六）、九六頁。

◉伊藤ていじ・宮沢美智雄・川上秀光「都市再開発の展望とフリーアーキテクトの運命」、『建築文化』、一四〇号（一九五八年六月号）、一九五八年、六八－七七頁。

◉伊藤ていじ「《見えない建築》への指向――「一九六八年度建築年鑑賞」選評（『建築年鑑一九六八年版』）」（一九六八）。磯崎『建物が残った』（一九九八）、二一九―二二〇頁。

◉伊藤ていじ「瞥見・磯崎新」、『建築文化』、三八三号（一九七八年九月号）、一九七八年、二一九―二二頁。

◉伊藤ていじ「無名に徹した十年間」、「磯崎新 1960/1990 建築展」カタログ、一九九一年、八八―八九頁。

◉伊東豊雄・山本理顕「〈対談〉建築家の思想」、『思想』、二〇一一年五月号、二〇一一年、六―四五頁。

◉糸長蓬萊『蓬萊詩鈔』、非売品（発行：糸長蓬萊先生顕彰会）、一九五八年。

◉稲川直樹「実施案とその実現」、『新建築』、一九九〇年一一月号、一九九〇年、二六〇―二六一頁。

◉乾武俊『黒い翁――民間仮面のフォークロア』、解放出版社、一九九九年。

◉植田実「隠されたテクストの介在」、『磯崎新版画展　宮脇愛子展』図録（二〇〇九）、一二―一三頁。

◉「内田祥三先生のお話」、『岸田日出刀』編集委員会編『岸田日出刀』上巻、相模書房、一九七二年、一五一―一五六頁。

◉宇野亨「「なら100年会館」の設計」、『新建築』、一九九九年二月号、一九九九年、一〇八頁。

◉「瓜生島」調査会編『沈んだ島――別府湾・瓜生島の謎』、「瓜生島」調査会、一九七七年。

◉衛藤庵『党人郷記』、大分新聞社出版部、一九三三年。

◉江幡修「キューブ Cube」、『建築文化』、五四〇号（一九九一年一〇月号）、一九九一年、一八八―一九一頁。

◉『怨恨のユートピア』刊行委員会編『怨恨のユートピア――宮内康の居る場所』、れんが書房新社、二〇〇〇年。

◉エンバイラメントの会「〈空間から環境へ〉展　趣旨」、『美術手帖』、一九六六年一一月号増刊、一九六六年、一一八頁。

◉「大分貨物自動車株式会社申請の通運事業のためにする一般貸切貨物自動車運送事業の指定について」、運輸省自動車局業務部監理課、昭和25年6月27日、文書番号：自監第一四三三号、請求番号：昭四九運輸〇〇七六二一〇〇、国立公文書館デジタルアーカイブ。

◉大分県医師会史編集委員会編『大分県医師会史』、大分県医師会、一九七一年。

◉「大分県立大分図書館　磯崎新　推せん理由」、『建築雑誌』、九八五号、一九六七、四九三頁。

◉大分の空襲を記録する会編『大分の空襲』、大分の空襲を記録する会、一九七五年。

◉大江健三郎『同時代ゲーム』（一九七九）、新潮文庫、一九八四年。

◉大江宏・藤森照信「キッチュの海とデザインの方法――新しい規範の所在は」、『建築文化』、四四五号（一九八三年一一月号）、一九八三年、一二七—一三二頁。

◉太田博太郎「重源と快慶」、太田博太郎・渡辺義雄・入江泰吉『東大寺　南大門と二王　奈良の寺17』、岩波書店、一九七五年、一一—一五頁。

◉太田博太郎編『奈良の宿・日吉館』、講談社、一九八〇年。

◉大谷幸夫・林昌二・磯崎新・原広司・植田実「Criticism ——コア・スタッフによる合評とフリー・トーキング」、『都市住宅』、一九七〇年五月号、六七—八五頁。

◉大西若人「磯崎新さんが60年代に提案　夢の建築、なぜ今実現」、朝日新聞、二〇〇二年八月一三日付朝刊、二一面。

◉大西若人・二川由夫「[対談] 第13回ヴェネツィア・ビエンナーレ国際建築展について」、『GA JAPAN 119』、二〇一二年、四四—五一頁。

◉大野明男『全学連血風録』、20世紀社、一九六七年。

◉岡崎乾二郎「漢字文化圏における建築言語の生成」、磯崎・岡崎『漢字と建築』(二〇〇三)、四六—四九頁。

◉岡崎乾二郎「海に浮んだ光の泡」、『週刊ソラリス』、三号、MISA SHIN GALLERY、二〇一四年。

◉岡崎乾二郎「解説——イソザキとは誰か?」、磯崎『建築家捜し』(二〇〇五)、二九五—三〇三頁。

◉岡本太郎「悲劇的な立場の自覚」、「東大新聞」、一九四八年二月五日付。

◉岡本太郎「對極主義」、夜の会編『新しい藝術の探求』、月曜書房、一九四九年、五—一七頁。

◉岡本太郎『岡本太郎の眼』、朝日新聞社、一九六六年。

◉岡本太郎「「夜の会」前後」、『文芸』、一三巻一二号（一九七四年一二月号）、一九七四年、二三六—二三八頁。

◉岡本太郎（編集長）・石川允・糸川英夫・安部公房・丹下健三・勅使原蒼風「ぼくらの都市計画」、『総合』、第一巻二号、一九五七年、一六五—一七二頁。

◉『お祭り広場を中心とした外部空間における、水、音、光などを利用した綜合的演出機構の研究（修景調査報告書）』（『お祭り広場・綜合的演出機構の研究』と略記）、日本科学技術振興財団・日本万国博イヴェント調査委員会、一九六七年。

◇か行

◉海事彙報社編『海運興國史　附録』、海事彙報社、一九二七年。

◉桂川寛『廃墟の前衛——回想の戦後美術』、一葉社、二〇〇四年。

◉加藤知弘「別府湾の謎に迫る——瓜生島と沖の島について」、『別府史談』、第一八号、二〇〇四年、六—一九頁。

◉印牧岳彦「協同と創造の論理——磯崎新とビューロクラシーの問い」、『思想』、二〇二四年一月号、二〇二四年、八三—九五頁。

◉川口衛「新しい免震手法「並進振り子」」、『新建築』、二〇〇二年一一月号、二〇〇二年、七八—七九頁。

◉川口衛『構造と感性——構造デザインの原理と手法』、鹿島出版会、二〇一五年。

◉川添登編『METABOLISM/1960 ——都市への提案』、美術出版社、一九六〇年。

◉川添登「八田利也論――建築界妖怪伝のうち」、八田『復刻版　現代建築愚作論』（一九六一／二〇一一）、二〇九‐二二三頁。

◉河本英三「Minority の勝利――グッゲンハイム美術館をみる」、『三彩』、一二二号（一九六〇年一月号）、一九六〇年、三四‐三九頁。

◉菊池誠「MOCA　プレビュー――磯崎新　ロサンジェルス現代美術館」、『建築文化』、四四五号（一九八三年一一月号）、一九八三年、一五一‐一五四頁。

◉岸和郎・原研哉監修、豊川斎赫編著『TANGE BY TANGE 1949-1959――丹下健三が見た丹下健三』、ＴＯＴＯ出版、二〇一五年。

◉岸田日出刀「監獄建築之研究（抄）（東京帝国大学卒業論文）」（一九二二）、『岸田日出刀』編集委員会編『岸田日出刀』上巻、相模書房、一九七二年、四九‐五〇頁。

◉岸田日出刀「オットー・ワグナー」（一九二七）、『岸田日出刀』編集委員会編『岸田日出刀』下巻、相模書房、一九七二年、三八五‐六一〇頁。

◉『希望《エスポワール》　復刻版』全三巻・別巻一、三人社、二〇一二年。

◉木村俊彦「水戸芸術館」、『木村俊彦　日本現代建築家シリーズ17』、『新建築』、一九九六年六月号別冊、一九九六年、九四‐九九頁。

◉隈研吾「復讐のファンタジア」、磯崎・藤塚『ティーム・ディズニー・ビルディング』（一九九三）、ページ番号なし。

◉高良留美子「『希望《エスポワール》』復刻版　解説」、『希望《エスポワール》　復刻版』別巻、三人社、二〇一二年、五‐二七頁。

◉小林秀雄「無常といふ事」（一九四二）、小林秀雄『小林秀雄全集第七巻　歴史と文學・無常といふ事』、新潮社、二〇〇一年、三五七‐三六〇頁。

◉コールハース、レム『錯乱のニューヨーク』（一九七八）、鈴木圭介訳、ちくま学芸文庫、一九九九年。

◇さ行

◉坂口安吾「日本文化私観」（一九四二）、坂口安吾『日本文化私観――坂口安吾エッセイ集』、講談社文芸文庫、一九九六年、九四‐一二九頁。

◉『「坂本龍馬記念館」構想設計競技記録　1987.11-1988.9』、社団法人・日本建築学会編、龍馬生誕一五〇年記念事業実行委員会、一九八八年。

◉佐々木睦朗『フラックス・ストラクチャー』、ＴＯＴＯ出版、二〇〇五年。

◉佐々木睦朗『構造・構築・建築　佐々木睦朗の構造ヴィジョン』、ＬＩＸＩＬ出版、二〇一七年。

◉椹木野衣「「熱」狂と「熱」力学」、『日本の夏――1960-64』、水戸芸術館現代美術センター、一九九七年、八‐一三頁。

◉ジェイムソン、フレドリック「茶匠たちが作り上げたもの——磯崎新『建築における「日本的なもの」』をめぐって」(二〇〇七)、鈴木圭介訳、『新潮』、二〇一〇年九月号、二〇一〇年、二〇四-二一五頁。

◉篠原一男「不当なデマゴーグ・〝シンボリズム〟」、『GA JAPAN 14』、一九九五年、一一頁。

◉彰国社編『日本の都市空間』、彰国社、一九六八年。

◉人事興信所編『人事興信録・上』第一四版、人事興信所、一九四三年。

◉菅章『ネオ・ダダの逆説——反芸術と芸術』、みすず書房、二〇一二年。

◉鈴木博之「主題のない物語——つくばセンタービル」、『ＳＤ』、一九八四年一月号、一九八四年、一〇〇-一〇三頁。

◉鈴木博之「磯崎新——喪失の風景」、『建築文化』、五四〇号(一九九一年一〇月号)、一九九一年、九〇-九七頁。

◉鈴木博之「第15信　ブレーク」、石山修武研究室「X SEMINAR」、二〇一一年四月一三日。http://setagaya-mura.net/ishiyama.arch.waseda/jp/xseminar.html
◉鈴木博之・三浦雅士「建築における〝道化〟の役割——文化的ニヒリズムの行方」、『建築文化』、四四五号(一九八三年一一月号)、一九八三年、一四五-一五〇頁。

◇た行
◉高橋健而老『回想の東大駒場寮——戦後日本を創りあげたエリートたち』、文藝春秋、一九九四年。

◉多木浩二「磯崎新論——虚像の行方」、『デザイン批評』、一九六九年一月号、一九六九年、一五九-一六八頁。

◉瀧口修造『近代藝術』、三笠書房、一九四三年。

◉瀧口修造『寸秒夢』、思潮社、一九七五年。

◉竹内泰宏「駒場と「エスポワール」」、『東京大学新聞』、二五〇〇号、一九八三年一二月六日付、六面。

◉建畠晢監修『横浜会議２００４「なぜ、国際展か?」』、BankART1929、二〇〇五年。

◉田中純「もうひとつの帝国主義」、磯崎『海市』(一九九八)、二七七-二七八頁。

◉田中純「自然生成性というイデオロギー、民主主義のリミット」、磯崎『海市』(一九九八)、二八三-二八四頁。

◉田中純「国生み神話の陰に」、磯崎『海市』(一九九八)、三二〇-三二二頁。

◉田中純「未来の化石——非都市の存在論」、田中純『都市表象分析Ⅰ』、ＩＮＡＸ出版、二〇〇〇年、八-三三頁。

◉田中純『政治の美学——権力と表象』、東京大学出版会、二〇〇八年。

◉田中純「近代というナルシス——ル・コルビュジエの遡行的問い」、田中『政治の美学』(二〇〇八)、三八三-四〇〇頁。

◉田中純『建築のエロティシズム——世紀転換期ヴィーンにおける

装飾の運命』、平凡社新書、二〇一一年。

◉田中純「デミウルゴスのかたり——磯崎新の土星《サトゥルヌス》的仮面劇」、『現代思想』、二〇二〇年三月臨時増刊号「総特集・磯崎新」、二〇二〇年、一六六-一七七頁。

◉田中純『デヴィッド・ボウイ——無《ナシング》を歌った男』、岩波書店、二〇二一年。

◉田中純『「かげ」《シャイン》の芸術家——ゲルハルト・リヒターの生政治的アート』、ワコウ・ワークス・オブ・アート、二〇二二年。

◉田中純「見えない建築へ——追悼 磯崎新」、『群像』、二〇二三年三月号、二〇二三年、二九〇-二九四頁。

◉田中純「「東京大学教養学部美術博物館」改造計画案をめぐって」、『磯崎新「東京大学教養学部美術博物館」改造計画案 資料集』、田中純編・発行、二〇二三年、二-三頁。

◉田中純「キャンパス軸線の局所的揺らぎ——磯崎新「教養学部美術博物館」改造計画案・図面展示について」、『教養学部報』、六四八号、二〇二三年、三頁。

◉田中純「解説 磯崎新という謎——憑依・寄生するデミウルゴス」、磯崎新『デミウルゴス——途上の建築《アーキテクチュア》』、青土社、二〇二三年、二〇二-二一九頁。

◉ダル・コー、フランチェスコ「時間を考える」(一九九一)、後藤和彦訳、『批評空間』臨時増刊号「Anyone」(一九九二)、一三〇-一三五頁。

◉丹下健三「現在日本において近代建築をいかに理解するか——伝統の創造のために」、『新建築』、一九五五年一月号、一九五五年、一五-一八頁。

◉丹下健三・浅田孝・大谷幸夫ほか「廣島計画 平和都市の建設」、『國際建築』、一七巻四号(一九五〇年一〇月号)、一九五〇年、二七-三九頁。

◉丹下健三・浅田孝・大谷幸夫「廣島計画 １９４６～１９５３——とくにその平和會館の建設経過」、『新建築』、一九五四年一月号、一九五四年、一-一七頁。

◉丹下健三・浅田孝・大谷幸夫・磯崎新(文責)「建築家よ都市像を持とう」、『建築文化』、一四〇号(一九五八年六月号)、一九五八年、七-一二頁。

◉丹下健三・篠原一男「ポストモダニズムに出口はあるか——20世紀末へ向けて時代は動く 状況への直言」、『新建築』、一九八三年九月号、一九八三年、一三七-一四四頁。

◉丹下健三・藤森照信『丹下健三』、新建築社、二〇〇二年。

◉丹下研究室「創作方法論定着への試み」、『新建築』、一九五六年六月号、一九五六年、七三-八四頁。

◉東大工学部建築学科・丹下研究室「現代建築の方法と課題——機能主義を批判すること」、『東京大学学生新聞』、一九五六年六月四日付、二面。

◉つくば市「30つくばセンタービルあり方検討業務報告書——つくばのみらいが見えるセンター地区へ」、つくば市、二〇一九年三月。

◉「東京都新都庁舎指名設計競技　要項」、『PROCESS: Architecture』、特別号4「東京都新都庁舎・指名設計競技応募案作品集」、一九八六年、八－一三頁。「磯崎新アトリエ　応募案」、同、一〇五－一四〇頁。「審査講評」、同、一四－一六頁。

◉「東西南北」、『大分合同新聞』、一九五一年五月一〇日付朝刊、一面。

◉東野芳明「読売アンデパンダン展から①――「増殖性連鎖反応（B）」工藤哲巳」、『読売新聞』、一九六〇年三月二日付夕刊、一面。

◉東野芳明「色彩の発見――福岡相互銀行大分支店を見て」（一九六八）、東野芳明『虚像の時代――東野芳明美術批評選』、松井茂・伊村靖子編、河出書房新社、二〇一三年、一九五－二〇六頁。

◉「東松照明オーラル・ヒストリー　２０１１年８月７日」、日本美術オーラル・ヒストリー・アーカイヴ、二〇一三年一月一二日公開。https://www.oralarthistory.org/archives/tomatsu_shomei/interview_02.php
◉「特集／都市住宅展01　目録」、『都市住宅』、一九七〇年五月号、三－一〇頁。

◉「都市ソラリス」展概要。https://www.ntticc.or.jp/ja/exhibitions/2013/isozaki-arata-solaris/

◉鳥羽耕史『運動体・安部公房』、一葉社、二〇〇七年。

◉鳥羽耕史「関連年表」、鳥羽『運動体・安部公房』（二〇〇七）、二九五－三二六頁。

◉鳥羽耕史「冷戦下の『希望（エスポワール）』――原子力のグローバル化との対峙」、『日本学報』、三三号、大阪大学大学院文学研究科日本学研究室、二〇一四年、九七－一〇九頁。

◉豊川斎赫『群像としての丹下研究室――戦後日本建築・都市史のメインストリーム』、オーム社、二〇一二年。

◉豊川斎赫「II　孵化過程――編者による背景説明」、磯崎『制作の現場　磯崎新建築論集8』（二〇一五）、三九－四〇頁。

◇な行

◉内藤廣『著書解題――内藤廣対談集2』、ＩＮＡＸ出版、二〇一〇年。

◉長尾重武『ミケランジェロのローマ』、丸善、一九八八年。

◉中村敏男「イソザキ・コネクション」、「磯崎新 1960/1990 建築展」カタログ（一九九一）、五四－五九頁。

◉日本建築学生会議「現代建築と国民的伝統――国際建築学生会議報告書」、『建築雑誌』、八一三号、一九五四年、四一－四六頁。

◉「日本の時空間〝間〟展カタログより」、『建築文化』、四二二号（一九八一年一二月号）、一九八一年、一一七－一六四頁。

◉沼野充義「愛を超えて――訳者解説」、スタニスワフ・レム『ソラリス』（一九六一）、沼野充義訳、ハヤカワ文庫、二〇一五年、三八九－四二〇頁。

◇は行

◉ハイデッガー、マルティン『芸術作品の根源』（一九五〇）、関口浩訳、平凡社ライブラリー、二〇〇八年。

◉狭間久『大分県文化百年史』、大分合同新聞社、一九六九年。

◉狭間久「大分が選択した保存再生のシナリオ」、磯崎『建物が残った』（一九九八）、一九一－四七頁。

◉長谷川堯『神殿か獄舎か』（一九七二）、鹿島出版会、二〇〇七年。

◉「林のり子 My Style of Living 生き方が素敵な人が、大切にしていること。」、『アンド プレミアム』、二〇二三年七月号、マガジンハウス、二〇二三年、三六－四一頁。

◉林房雄「林房雄年譜」、林房雄『大東亜戦争肯定論 林房雄著作集I』、翼書院、一九六八年、四四五－四六二頁。

◉林房雄『緑の日本列島 林房雄評論集第1巻』、浪曼、一九七三年。

◉林道郎「『近代芸術』――批評の契機としての」、『瀧口修造 夢の漂流物』、世田谷美術館／富山県立近代美術館、二〇〇五年、一八九－一九四頁。

◉バルト、ロラン『サド、フーリエ、ロヨラ』（一九七一）、篠田浩一郎訳、みすず書房、一九七五年。

◉バルト、ロラン「愛と苦悩の間で――アラタ・イソザキの形而上学的方法」（一九七八）、八束はじめ訳、『インテリア』、二三八号、一九七九年。

◉ビュトール、ミシェル『心変わり』（一九五七）、清水徹訳、岩波文庫、二〇〇五年。

◉平野暁臣編著『岡本太郎と太陽の塔』増補新版、小学館、二〇一八年。

◉平松剛『磯崎新の「都庁」――戦後日本最大のコンペ』、文藝春秋、二〇〇八年。

◉広島市役所編『広島原爆戦災誌』、広島市役所、一九七一年。

◉「福岡国際建築家会議'89 現代都市と建築［都市居住］」、『SD』、一九九〇年一月号、一九九〇年、七六－八二頁。

◉フーコー、ミシェル『言葉と物――人文科学の考古学』（一九六六）、渡辺一民・佐々木明訳、新潮社、一九七四年。

◉フーコー、ミシェル『ユートピア的身体／ヘテロトピア』（一九六六）、佐藤嘉幸訳、水声社、二〇一三年。

◉フーコー、ミシェル『作者とは何か？』（一九六九）、清水徹・豊崎光一訳、哲学書房、一九九〇年。

◉藤井正一郎「現代建築の新しい切断面――「一九六八年度建築年鑑賞」選評（『建築年鑑一九六八年版』）」（一九六八）。磯崎『建物が残った』（一九九八）、二一八頁。

◉藤江秀一「つくばセンタービルの構成と機能」、磯崎新アトリエ編著『磯崎新のディテール』（一九八六）、二二一－二二四頁。

◉藤原賢吾「われら前衛の徒 大分新世紀群の軌跡（4）」、西日本新聞 me、二〇一九年一一月一三日付。https://www.nishinippon.co.jp/item/n/559179/

◉藤原賢吾「われら前衛の徒　大分新世紀群の軌跡（6）」西日本新聞me、二〇一九年一一月二六日付。https://www.nishinippon.co.jp/item/n/562769/
◉ベンヤミン、ヴァルター「パリ――一九世紀の首都〔ドイツ語草稿〕」（一九三五）、ヴァルター・ベンヤミン『パサージュ論（一）』、今村仁司・三島憲一ほか訳、岩波文庫、二〇二〇年、二三－五三頁。
◉ホライン、ハンス「位置と動き――芸術〈作品〉として見た建築家またはイソザキの〈なりたての未亡人《フレッシュ・ウィドウ》〉との結婚」（Hans Hollein. "Position and Move. The Architect as a Work of Art, or Mr. Isozaki Marries the Fresh Widow"）、石井和紘訳、『磯崎新《現代の建築家》』（一九七七）、四－一〇頁。

◇ま行

◉松井昭光監修・本多昭一著『近代日本建築運動史』、ドメス出版、二〇〇三年。

◉松井茂『虚像培養芸術論――アートとテレビジョンの想像力』、フィルムアート社、二〇二一年。

◉松井茂「境界線を引く場所――磯崎新のパートナーシップ」、『現代思想』、二〇二三年三月号、二〇二三年、三一〇－三一六頁。

◉松岡正剛「奏者《プレイヤー》から指揮者《コンダクター》へ――磯崎新をめぐって」、『The Prints of Arata Isozaki, 1977-1983』（一九八三）、ページ番号なし。

◉松葉一清「〈見えない都市〉が見えてきた――ロサンゼルス現代美術館　アラタ・イソザキ設計顛末記」、『新建築』、一九八三年六月号、一九八三年、一三二－一四四頁。

◉M（松葉一清）「ポスト・モダンの巨大な神殿　つくばセンタービル」、朝日新聞、一九八三年八月一一日付夕刊、三面。

◉「松本哲夫オーラル・ヒストリー　2005年11月18日」、日本美術オーラル・ヒストリー・アーカイヴ、二〇一二年二月一九日公開。

◉丸山洋志「個人的な感想」、磯崎・浅田『Anywise』（一九九九）、二二一－二二九頁。

◉丸山眞男「思想史の方法を模索して――一つの回想」（一九七八）、丸山眞男『丸山眞男集　第十巻』、岩波書店、一九九六年、三一三－三四七頁。

◉三澤良文ほか「瓜生島の消失とその原因へのアプローチ」、『月刊地球』第三八巻二号、二〇一六年、一一一－一二二頁。

◉三島由紀夫『天人五衰――豊饒の海（四）』（一九七一）、新潮文庫、一九七七年。

◉峯村敏明「吟遊詩人は方位ゼロの極点に向かった」、『長沢英俊「天使の影」』（水戸芸術館現代美術センター　展覧会資料一六号）、水戸芸術館現代美術センター、一九九四年、五－一三一頁。

◉宮内康『怨恨のユートピア』、井上書院、一九七一年。

◉宮内康『風景を撃て――大学一九七〇―七五　宮内康建築論集』、

相模書房、一九七六年。

◉宮川淳「反芸術――その日常性への下降」(一九六四)、宮川淳『宮川淳著作集 II』新装版、美術出版社、一九九九年、八七-九六頁。

◉宮川淳「〝永遠の可能性〟から不可能性の可能性へ――ヴァレリアンであるあなたに」(一九六四)、宮川『宮川淳著作集 II』(一九九九)、九七-一〇三頁。

◉宮川淳「絵画とその影」(一九六五)、宮川『宮川淳著作集 II』(一九九九)、一三八-一四〇頁。

◉宮川淳「不可能性の美学」(一九六六)、宮川『宮川淳著作集 II』(一九九九)、一七三-一七六頁。

◉宮川淳「人物スケッチ」(一九七三)、宮川『宮川淳著作集 II』(一九九九)、七〇〇-七〇二頁。

◉宮川淳「〈手法論〉の余白に」、『Même』、一九七五年春季号、一九七五年、五-八頁。

◉『宮川淳著作集I』「解題・校異――〈手法論〉の余白に(ロラン・バルトの余白に)」、宮川淳『宮川淳著作集 I』、美術出版社、一九九九年、六一八-六二一頁。

◉三宅理一「磯崎新の新たな展開――連載「《建築》という形式」をどう読み解くか」、『建築年鑑 1990』、『JA: The Japan Architect』、二号、一九九一年、一二-一九頁。

◉三宅理一「虚構のフレームアップ――《建築》という形式」、「磯崎新1960/1990建築展」カタログ(一九九一)、二八-三一頁。

◉三宅理一「シルクロードでの「間」展――磯崎新のレガシーとして」、『新建築』、二〇二四年五月号、二〇二四年、二八-三〇頁。

◉宮本長二郎「東大寺伽藍の歴史と特色」、井上博道・宮本長二郎・磯崎新『東大寺 日本名建築写真選集2』、新潮社、一九九二年、九一-一二四頁。

◉村上春樹『アンダーグラウンド』(一九九七)、講談社文庫、一九九九年。

◉村田陽平『空間の男性学――ジェンダー地理学の再構築』、京都大学学術出版会、二〇〇九年。

◉村松貞次郎「EXPO'70の歴史的意義」、『新建築』、一九七〇年五月号、一九七〇年、二八六-二九三頁。

◇や行

◉八田利也「都市の混乱を助長し 破局の到るを待て」、『建築文化』、一五一号(一九五九年五月号)、一九五九年、一九-二三頁。

◉八田利也『復刻版 現代建築愚作論』、彰国社、二〇一一年(初版一九六一年)。

◉山本益樹「藻二の俳句」、『大分合同新聞』、一九五一年五月一一日付朝刊、二面。

◉雪野恭弘・Kabu-Ippan編『ZINC WHITE――草創記の新世紀群(東京から)』、ライフエージェンシー、一九八五年。

◉横山正「磯崎新展と東大の美術博物館」、『PRINT COMMUNICATION 版画センターニュース』、四九号（一九七九年八月号）、現代版画センター、一九七九年、二-六頁。

◉吉岡禪寺洞「序文」、磯崎藻二『藻二句集　牡丹』（一九五一）、ページ番号なし。

◉吉田喜重・小林康夫・西澤栄美子『宮川淳とともに』、水声社、二〇二一年。

◇ら行
◉ラトゥール、ブリュノ「聖像衝突」（二〇〇二）、ブリュノ・ラトゥール『近代の〈物神事実〉崇拝について――ならびに「聖像衝突」』、荒金直人訳、以文社、二〇一七年、一四九-二一九頁。

◉ラムスター、マーク『評伝フィリップ・ジョンソン――20世紀建築の黒幕』（二〇一八）、松井健太訳、左右社、二〇二〇年。

◉ランボオ『ランボオ詩集』、小林秀雄訳、創元社、一九四八年。


◉レム、スタニスワフ『ソラリス』（一九六一）、沼野充義訳、ハヤカワ文庫、二〇一五年。

◇わ行
◉渡辺克己『大分今昔』、大分合同新聞社、一九六四年。

◉渡辺誠「ホール南面」、磯崎新アトリエ『磯崎新のディテール』（一九八六）、三四頁。

◉渡辺誠「あとがき」、磯崎新アトリエ『磯崎新のディテール』（一九八六）、一一五頁。

◉渡辺真理「パラディアム」、『建築文化』、四六八号（一九八五年一〇月号）、一九八五年、四八頁。

2．欧文文献（著者名のアルファベット順）

◉Amery, Colin. “The Pritzker Architecture Prize, 1979 to the Present: The Winners.” Martha Thorne (ed.). *The Pritzker Architecture Prize: The First Twenty Years*. New York: Harry N. Abrams, 1999, pp.38-49.
◉Beckett, Samuel. “Textes pour rien.” Chapitre III. Samuel Beckett. *Nouvelles et textes pour rien*. 1955. Paris: Minuit, 2014. 英語版：Samuel Beckett. “Texts for Nothing.” Samuel Beckett. *Stories and Texts for Nothing*. New York: Grove Press, 1967.
◉*The Charlottesville Tapes*. New York: Rizzoli, 1985.
◉*Città : Less Aesthetics More Ethics. 7th International Architecture Exhibition. La Biennale di Venezia*. Venezia: Marsilio, 2000.
◉Goldberger, Paul. “Architecture View; Can Art And Architecture Coexist Without Conflict?” *The New York Times*. May 9, 1982, Sunday, Late City Final Edition, p.29.
◉Kajiya, Kenji. “Posthistorical Traditions in Art, Design, and Architecture in 1950s Japan.” *World Art*, vol.5, no.1, 2015, pp.1-18.
◉Le Corbusier. *New World of Space*. New York: Reynal & Hitchcock, 1948.

◉*MA, espace-temps du Japon*, Paris, musée des Arts décoratifs, Festival d'automne à Paris, oct. 11-déc. 11, 1978. Paris: Festival d'automne à Paris, 1978.

◉*MA, Space-Time in Japan*. New York: Cooper-Hewitt Museum, 1979. 巡回展用カタログ（邦訳：「日本の時空間〝間〟展カタログより」〔一九八一〕）

◉Nicolin, Paola. *Castelli di carte. La XIV Triennale di Milano, 1968*. Macerata: Quodlibet, 2011

◉Obrist, Hans Ulrich. "Triennale di Milano 68: A Case Study and Beyond. Arata Isozaki's Electronic Labyrinths, a »ma« of Images." Bruno Latour and Peter Weibel (eds.). *Iconoclash. Beyond the Image Wars in Science, Religion, and Art*. Karlsruhe: ZKM and Cambridge, Mass. / London: The MIT Press, 2002, pp.360-383.

◉Sklair, Leslie. *The Icon Project: Architecture, Cities, and Capitalist Globalization*. New York and Oxford: Oxford University Press, 2017.

◉*Traces of Centuries & Future Steps. Palazzo Bembo. Biennale architettura 2012*. Leiden: GlobalArtAffairs Foundation, 2012.

◉Vidler, Anthony. *Claude-Nicolas Ledoux: Architecture and Utopia in the Era of the French Revolution*. Second and expanded edition. Basel: Birkhäuser, 2021.

24.　デミウルゴスの巫《かんなぎ》

24-1.　スケッチブックより。©Estate of Arata Isozaki

24-2.　スケッチブックより。©Estate of Arata Isozaki

結論《エピローグ》　磯崎新とは誰か

25-1.　スケッチブックより。©Estate of Arata Isozaki

25-2.　スケッチブックより。©Estate of Arata Isozaki

余白に《マルジナリア》

3.　磯崎新「東京大学教養学部美術博物館」改造計画案をめぐって

M3-1.「東京大学教養学部美術博物館」改造計画案・俯瞰図（1979），東京大学大学院総合文化研究科・教養学部 駒場博物館蔵。©Estate of Arata Isozaki

M3-2.「東京大学教養学部美術博物館」改造計画案・1階平面図（1979），東京大学大学院総合文化研究科・教養学部 駒場博物館蔵。©Estate of Arata Isozaki

4.　磯崎新と雑誌『希望《エスポワール》』

M4-1.『えすぽわーる』第4号（1951年）扉。『希望《エスポワール》 復刻版』別巻（三人社、2012年）より。

14-2. つくばセンタービル，石元泰博撮影。©Kochi Prefecture, Ishimoto Yasuhiro Photo Center

14-3. 《未来都市　つくばセンタービル》(1985)。水彩，100.7 × 178 cm。©Estate of Arata Isozaki 情報参照：東京国立近代美術館『近代の見なおし――ポストモダンの建築 1960-1986』，朝日新聞社，1986年，61頁。

15. 設計競技《ポトラッチ》の政治的／肉体的ダイナミクス

15-1. 東京都新都庁舎計画案・模型写真，石元泰博撮影。©Kochi Prefecture, Ishimoto Yasuhiro Photo Center

15-2. 東京都新都庁舎計画案より，「来迎」。©Estate of Arata Isozaki

16. 構造の力線

16-1. 水戸芸術館シンボル・タワー構造一般図。大友勉・西垣登「三重らせん形状をした水戸芸術館展望塔の建方」，『宮地技報』，No.6，宮地エンジニアリング，1990年，68頁。

16-2. サンジョルディ・パレス，エレクション計画（断面）。©Estate of Arata Isozaki

16-3. リフトアップ中のなら100年会館。写真 宮本隆司 Miyamoto Ryuji ©1997

17. ひもろぎ／コーラ、仮面的形式《テンタティヴ・フォーム》の場

17-1. ティーム・ディズニー・ビルディング中庭，石元泰博撮影。©Kochi Prefecture, Ishimoto Yasuhiro Photo Center

19. 造物主義論《デミウルゴモルフィスム》の射程

19-1. 奈義町現代美術館アイソメトリック図。©Estate of Arata Isozaki

19-2. ア・コルーニャ人間科学館，古舘克明撮影。

20. 「しま」の美学、あるいは「つくることの悲劇」

20-1. 有時庵・起こし絵図。Arata Isozaki, Tadao Ando and Terunobu Fujimori. *The Contemporary Tea House: Japan's Top Architects Redefine a Tradition*. Kodansha International, 2007, p.37. ©Estate of Arata Isozaki

20-2. 「海市」計画平面図。©Estate of Arata Isozaki

21. 「日本なき日本《しま》」への垂直的下降

21-1. 《ジョイント・コア・システム（孵化過程）》に石膏を流し込み，未来都市を埋蔵する磯崎，1997年9月28日，水戸芸術館現代美術ギャラリー。Courtesy of Contemporary Art Center, Art Tower Mito. Photo by Tsuyoshi Saito

22. 千年紀《ミレニアム》、虚実の間《ギャップ》

22-1. 軽井沢の「鳥小屋《トリー・ハウス》（treehouse）」。Courtesy of Arata Isozaki & Associates

22-2. カタール国立コンベンションセンター。Courtesy of Arata Isozaki & Associates

23. 「進むべき道はない、だが進まねばならない」

23-1. アーク・ノヴァ外観模型。2011年の展覧会「過程｜PROCESS」(MISA SHIN GALLERY）に出展，会場壁面に展示。木奥恵三撮影。

9-2.　「電気的迷宮《エレクトリック・ラビリンス》」会場写真（1968）。「第 14 回ミラノ・トリエンナーレ」カタログより。*Quattordicesima Triennale di Milano. Esposizione internazionale delle arti decorative e industriali moderne e dell'architettura moderna*. Milano: Arti grafiche Crespi & Occhipinti, 1968. Photo by Erminio Bottura. 上：Fondo Bottura, Sezione Fotografia del CSAC dell'Università di Parma, 下：©Triennale Milano

9-3.　《ふたたび廃墟になったヒロシマ》（1968）。モノクロ写真（ゼラチン・シルバー・プリント）のうえに，インクとガッシュで線を描き込んだモノクロ写真をコラージュ，35.2 × 93.7 cm。ハワード・ギルマン財団（The Howard Gilman Foundation）より寄贈。© 2024 Digital image, The Museum of Modern Art, New York/Scala, Florence

10.　エロス的／ゲリラ的マニエリスムへ向けて

10-1.　久住歌翁碑模型写真。『建築』，80 号，1967 年，99 頁，T. Oyama 撮影。

10-2.　マリリン・モンロー定規。©Estate of Arata Isozaki

11.　青空・手法《マニエラ》・不在《アブセンス》

11-1.　大分県医師会館旧館・新館断面パース。©Estate of Arata Isozaki

11-2.　福岡相互銀行長住支店営業室。『a+u』，第 2 巻 1 号（1972 年 1 月号），23 頁，田中宏明撮影。

11-3.　ポスト・ユニヴァーシティ・パック（コンピューター・エイディッド・シティ）模型写真。彰国社写真部。

12.　プラトン立体の機械的作動

12-1.　群馬県立近代美術館・第一次的構造アクソノメトリック図。©Estate of Arata Isozaki

12-2.　北九州市立美術館，石元泰博撮影。©Kochi Prefecture, Ishimoto Yasuhiro Photo Center

12-3.　北九州市立中央図書館・天井構造の平面図。©Estate of Arata Isozaki

12-4.　《墓石——宮川淳のために》（1978）。©Estate of Arata Isozaki

13.　〈建築〉と間《ま》の修辞法

13-1.　《還元　CONVENTION CENTER》（1983）。西日本総合展示場にもとづく。シルクスクリーン，イメージ：55 × 55 cm。©Estate of Arata Isozaki

13-2.　神岡町役場アクソノメトリック図。©Estate of Arata Isozaki

13-3.　《ハンス・ホラインによるイソザキの身体》（1976）。『SD』，1976 年 4 月号，10 頁。

13-4.　パリ「間」展会場模式図（アクソノメトリック図）。©Estate of Arata Isozaki

13-5.　《展望台 I》（1977）。黒鉛筆と色鉛筆によるドローイング，54.7 × 79 cm。Canadian Centre for Architecture ©Estate of Arata Isozaki

13-6.　《展望台 II》（1977）。黒鉛筆と色鉛筆によるドローイング，54.7 × 79 cm。Canadian Centre for Architecture ©Estate of Arata Isozaki

14.　つくば、「つくりもの」のヘテロトピア

14-1.　つくばセンタービル，フォーラム，石元泰博撮影。©Kochi Prefecture, Ishimoto Yasuhiro Photo Center

図版一覧

List of Illustrations and Image Credits

表紙・裏表紙

スケッチブックより。1980 年 1 月 23 日、ルクソール（エジプト）にて。©Estate of Arata Isozaki

見返し

「海市——もうひとつのユートピア」展のためのスケッチ（1997 年)。©Estate of Arata Isozaki

1. 沈んだ島、牡丹の庭

1-1. 「瓜生島之圖」。垣本言雄校訂『大分縣郷土史料集成　地誌篇』，大分縣郷土史料刊行會，昭和 15（1940）年。https://dl.ndl.go.jp/pid/1226723/1/19

3. （反）重力の衝撃

3-1. 工事中の広島ピースセンター・陳列館妻側写真，丹下健三撮影。提供：内田道子。

5. コア・ジョイント・ラビリンス

5-1. 卒業設計「地方都市の文化中心」より，「将来の文化中心」と「現状」。「O CC 06」とあるのは、「Oita Culture Center 6 ページ」の意味であろう。東京大学大学院工学系研究科建築学専攻所蔵。

6. 複数のデビュー作

6-1. 大分県医師会館。『近代建築』，第 15 巻 2 号（1961 年 2 月号），39 頁，鳥畑英太郎撮影。

7. 都市の孵化と破壊

7-1. 「空中都市・新宿計画」ドローイング。©Estate of Arata Isozaki

7-2. 「空中都市・渋谷計画」模型写真。©GA photographers

7-3. 「孵化過程」モンタージュ。©Estate of Arata Isozaki

8. 虚体の形而上学

8-1. 大分県立大分図書館（現・アートプラザ），石元泰博撮影。©Kochi Prefecture, Ishimoto Yasuhiro Photo Center

8-2. N（中山宏男）邸外観アクソノメトリック図。©Estate of Arata Isozaki

8-3. 大分県立大分図書館内部空間モンタージュ。『建築』，80 号，1967 年，117 頁。©Estate of Arata Isozaki

9. ミラノ／大阪、見えない廃墟

9-1. 福岡相互銀行大分支店アクソノメトリック図。©Estate of Arata Isozaki

A邸（荒井邸）……192、229、264、509、
534、690
N邸（中山宏男邸）……35、164、*165*、
166、170、229、264、494、529

な行

奈義町現代美術館……449-450、*451*、452、477、489
なら１００年会館……389-392、*393*、394-395、452、458、467、496、522、527、532、618、633、637、648
西日本総合展示場……251、269、272、*273*、274-275、278、380、403
「年代記的ノート」……53-55、104、155、172、174、188、216、595

は行

「反建築的ノート」〔雑誌連載〕……211、238、240-244、246、258、261、263-264、280、331
「孵化過程」……51、136-138、*139*、140-145、148-150、152、154、168、184、216、311-312、506-507、529、534、538-539、565、613、617-618、620、623、626、629、631、633、636、683、727
福岡相互銀行大分支店……175-176、*177*、178、180、209、222、229
福岡相互銀行長住支店……223、229、*233*、241、245、255、320、435、624
福岡相互銀行本店……35、209-211、213、222、229、242-243、246、343
富士見カントリー・クラブハウス……258、264、268、275、342
《ふたたび廃墟になったヒロシマ》……189-190、*191*、489、607、613、618、620-621、623、625-626、633、648、684
プラットフォーム２０２０（東京祝祭都市構想）……56、587、598-599、601、644

ま行

「間《ま》——日本の時空間」展（「間《ま》」展）……287-288、*289*、290-295、405、470-471、477、531-532、596、602、647、725、728
マリリン・モンロー定規……198、*199*、200-202、206、222、229
水戸芸術館……368-370、*371*、372-374、386、395、402、496、510
「未来都市は廃墟そのものである」〔「孵化過程」の中心テーゼ〕……66、100、136-138、140、150、181、183、212、218、311、507、527、607、622、636
ミラノ・トリエンナーレ（1968 年第 14 回）〔出展〕……182-187、189、192、203、210、512、606、618、648、688-689

ら行

ロサンゼルス現代美術館（ＭＯＣＡ）……318、340-345、362、368、372、396、421-424、426、478

アルファベット

Any コンファレンス（Any 会議）……229、234、352、420、426-432、440、528-531、558、639、719

空中都市……119、128、130、*131*、132-134、*135*、138-139、163、168、229、422、534、537、539、552、565、624、633、689
久住歌翁碑（山下歌翁歌碑）……196-198、*199*、202、206、229
群馬県立近代美術館……229-230、238、243-246、*247*、248-251、263、266、270-271、279、308、447、477、618、638、657
「《建築》――あるいはデミウルゴスの〝構築〟」〔雑誌連載〕……432、439-448、450-458、460、468、607、643
『建築家捜し』……39、42、201、422、425-426、433-440、537
「《建築》という形式」〔雑誌連載〕……411-419、428、432、439
「建築における「日本的なもの」」〔雑誌連載〕……474、517-523、620、717
「建築の解体」〔雑誌連載〕……203-205、234-238
『建築の解体』……205、234、237-238、263、265、463、639、646、689、703
コンピューター・エイディッド・シティ（ポスト・ユニヴァーシティ・パック）……230-232、*233*、234、272、422、452、467、534

さ行

サンジョルディ・パレス……368、379-382、*383*、384-389、391、402、457、487
静岡県コンベンションアーツセンター（グランシップ）……496-497、522、527、648
ジョイント・コア（ジョイント・コア・システム）……97、100、119、130-141、143-144、148-149、244、375、506、534、539、624
セラミックパークＭＩＮＯ……477、492、495、527、625

た行

高崎山万寿寺別院計画……83、111-113、116、518
つくばセンタービル……16、239、296、298-300、*301*、302-312、*313*、314-337、344、346、352-353、364、368、370、372、398、410、422、427、495、526、575、624、630、636、638、702
ティーム・ディズニー・ビルディング……368、396-398、*399*、400-403、415、418、446、454
『瓦礫《デブリ》の未来』……26、36、627、642、648
『造物主義論《デミウルゴモルフィスム》』……433、468-469、533、642-643、655、713
東京都新都庁舎計画案……353-356、*357*、358-366、387、401、422、454、534、633、650、705
「都市ソラリス」展〔企画〕……587-592、595、598、610、727
「都市破壊業ＫＫ」……14-15、145-149、152、170、184、216-217、506、536-537、591、631、652

事項索引
（磯崎新の建築作品・プロジェクト・著作ほか）

＊原則として、本書中で頻出する主要な事項に限る。ルビ付きの名称はルビの音に従う。
＊（　）内は別称ないし補足情報、〔　〕内はその事項への磯崎の関与形態などである（いずれも必要な場合のみ）。
＊当該事項名の現われるページのみならず、その前後の関係するページを含めた。
＊数字の斜体は図版ページを表わす。

あ行

アーク・ノヴァ……582、*583*、584-585、592、603-604
ア・コルーニャ人間科学館……456、458、*459*、460-463、467、495、633
アートプラザ（旧大分県立大分図書館）……160、447、510、623、638、675
「磯崎新 1960/1990 建築展」（回顧展）……410、420-426、478、613
「磯崎新の謎」展（「謎」展）……611-613、646-647、649、651-652、655、697
ヴェネツィア・ビエンナーレ国際建築展（1996 年第 6 回）日本館〔コミッショナー〕……488-490、513、569
ヴェネツィア・ビエンナーレ国際建築展（2000 年第 7 回）「憑依都市《トランス・シティ》」〔個人展示〕……507-509、530、577、590、618、629
ヴェネツィア・ビエンナーレ国際建築展（2002 年第 8 回）日本館〔コミッショナー〕……555、565-567
有時庵……477-478、*479*、480-481、726
電気的迷宮《エレクトリック・ラビリンス》……183-184、*185*、192、229、534、554
大分県医師会館（旧館）……34、114、*115*、116-122、129、133、142、153、254、380、394、633、638
大分県医師会館新館……12、219-220、*221*、226-227、229-230、241、248、268
大分県立大分図書館……35、153-158、*159*、160、167、*169*、176、200、210、213、222、251、254、447、510、638、687
大阪万博・お祭り広場〔丹下健三研究室〕……56、87、176、178-182、187-190、192-193、230、237、241、245、272、355、360、380、518、525、565、578、688

か行

「海市」計画……469、482、*483*、489、529、534-536、562、571、589、625、643、651-652
「海市――もうひとつのユートピア」展（「海市」展）〔企画〕……498、503-507、512、586-587
カタール国立コンベンションセンター……548-549、*551*、633、638
神岡町役場……269、*273*、275-278、295、305、334
北九州市立中央図書館……239、251、256、*257*、258-261、275、387、408、467、633、638、695
北九州市立美術館……239、251-252、*253*、254、370、447、638
『空間へ』……51、53、104、142、149、155、211、216-219、295、639、642

レヴィ＝ストロース、クロード……290、698
レオナルド・ダ・ヴィンチ……416、697
レオニドフ、イワン……359、363、514
レーニン、ウラジーミル……605
レノン、ジョン……578
レム、スタニスワフ……588、590、607、629
ロウ、コーリン……280
ロージエ、マルク＝アントワーヌ……413
ロース、アドルフ……83、210、243、271-272、330、444、466-467、541、568、601、679、718
ローチ、ケヴィン……350
ロートレアモン……42
ロマーノ、ジュリオ……282、307、409
ロヨラ、イグナチオ・デ……262-263、265、627

わ行

ワイダ、アンジェイ……458
渡辺一夫……34、53、102、660
ワックスマン、コンラッド……99-100、105、380

村上春樹……364-365
村田陽平……486
村松貞次郎……193-194
メタボリズム……123、129、143、182
メルニコフ、コンスタンティン……541
メンディーニ、アレッサンドロ……323
メンデルゾーン、エーリヒ……78-79
モア、トマス……482
毛沢東……574、577、595、605
モーツァルト、ヴォルフガング・アマデウス……308、318
本居宣長……476、521
森芳雄……661
モンドリアン、ピート……116、477
モンロー、マリリン……198、*199*、200-202、222、276、282、437-438、710

や行

八田利也……105、124-127、148、172、540、681
八束はじめ……323
矢内原忠雄……46
山口勝弘……48、612-613
山下彬麿……196
山下鉄之輔……24
山田脩二……292
山田洋次……45、47、675
山上宗二……616
山端庸介……183
山本理顕……407、575
幸松伊三郎……21
幸松春浦（猪六）……21、645
横尾忠則……349
横山正……656-658
吉岡禅寺洞……25、31
吉田五十八……228
吉田秀和……373
吉田喜重……695
吉村益信……52、105、108-110、151、676
吉本隆明……13、644
萬鉄五郎……24

ら行

ライト、フランク・ロイド……145、448、542、731
ラカン、ジャック……262、438
ラトゥール、ブリュノ……554
ランボー、アルチュール……39-44、51、477、655、674
リシツキー、エル……252、538-539
李翔寧（リシャンニン）……728
リヒター、ゲルハルト……281、334、701
リベスキンド、ダニエル……404
ルウィット、ソル……400
ル・コルビュジエ……66-68、70、72、74、78-79、86、90、92、101-102、109、112、116、145、189、218、280、416、541、662、677、680、728、731
ルドゥ、クロード＝ニコラ……167、263-266、268、280、306-307、310、319、329-330、333、359、363、372、413、481、514、630、695
ルネ・ホッケ、グスタフ……212
レイヴィン、シルヴィア……429
レイトナー、バーナード……319

堀口捨己……77-80、293、431、474、
477、517、520、526、639
ホール、スティーヴン……404
ポルザンパルク、クリスチャン・ド……
404
ポロック、ジャクソン……116、122

ま行

マイヤー、ハンネス……445、463-464、
642
マイヤー、リチャード……336、340、345
前川國男……77、79、81-82、84、96、
517
牧嗣人……24
槇文彦……129、182、407、598、689、
693
松尾芭蕉……651
松岡正剛……288、291、698
松葉一清……323、344、702
松原弘典……500-502
松本哲夫……99
松本洋子……484-485
マーテル、アハマド……606
マヘーシュ・ヨーギー、マハリシ……
508、578、584、589、716
マーラー、グスタフ……603
マラパルテ、クルツィオ……541-542
マラルメ、ステファヌ……43
マルクス・アウレリウス・アントニヌス
……302、336、630、700、703
マルケル、クリス……580
丸山洋志……506-507、709
丸山眞男……474、517-519
マレーヴィチ、カジミール……554、568、
570
マン、トーマス……650
マン・レイ……211、487
三浦義一……24、35、153
三浦梅園……258
三浦雅士……322-323
三木富雄……174
ミケランジェロ・ブオナローティ……116、
281-282、302、330、336、349、
447、638、703
三島由紀夫……431、512、623-624
ミース・ファン・デル・ローエ、ルート
ヴィッヒ……92、96、101-102、
113、244、541、680、720
峯村敏明……316
宮内康……561-564、690、722
宮川淳……111、168、170、238、241-242、
262-263、266、*267*、268、533、
640、647、650、696
三宅一生……532
三宅理一……13、323、432、439、500、
711、725
宮澤壯佳……203
宮沢美智雄……125
宮本佳明……489
宮本隆司……489
宮脇愛子……175、288、449、486-487、
529、532、*543*、666、677、696
ミラー、アーウィン……339
弥勒菩薩……603-604、611、622-623、
627、649
ムーア、チャールス……234
ムサヴィ、ファッシド……485、488、492
夢窓疎石……315

藤本貴子……595
藤森照信……70-71、143、170、172、190、315-317、321、323、621、674、726
二川幸夫……104、136、161、210、286、489、726
二川由夫……587
布野修司……322-323
フラ・アンジェリコ……282、697
フラー、リチャード・バックミンスター……180、190、374、508、578、611-613、649、706、716、726
プライス、セドリック……181、234
ブラウン、ジョン・カーター……339
ブラックウッド、マイケル……437
プラトン……17、243-244、291、417、427、443、448、533
ブラマンテ、ドナト……270、305
ブランクーシ、コンスタンティン……307、374、376、568、570
ブランジ、アンドレア……454
フランシス、サム……211、646-648、686-687
フランプトン、ケネス……327
フーリエ、シャルル……265、564、605
フリーメイソン……318、444、446、579
ブリューゲル、ピーテル……661-662、724
ブルトン、アンドレ……43
ブルネレスキ、フィリッポ……385、430、465-466、514-515、522-523、527、718
ブレ、エティエンヌ・ルイ……258、309、359、363、413、481
ブレイキー、アート……118、121
フレッチャー、バニスター……65
ブレヒト、ベルトルト……331
フロイス、ルイス……21
フロイト、ジークムント……195、205-206、428、434
ベケット、サミュエル……229
ヘーゲル、ゲオルク・ヴィルヘルム・フリードリヒ……441、444、472
ヘシオドス……493
ベック、ジュリアン……203
ヘフリガー、ミヒャエル……582
ベラスケス、ディエゴ……328、330、333
ペリ、シーザー……339
ヘリング、キース……362
ヘルダーリン、フリードリヒ……461、493
ペルツィヒ、ハンス……99
ヘルマフロディトス……435-437、439
ベンヤミン、ヴァルター……427-428、493、524、562-564、570、572、641
ボウイ、デヴィッド……17、702
細川護熙……406
ホッブズ、トーマス……589、724
ポパム、ピーター……323
ホフマンスタール、フーゴ・フォン……570
ホライン、ハンス……184、192、194、203-206、210、234、281-282、*283*、286、293、349、352、389、409、421、437-438、488、624、639、711
ホーリィ、クリスティーヌ……485

は行

ハイデガー、マルティン……461-463、542、698
パウンド、エズラ……568
バーギー、ジョン……350
バーク、エドマンド……413
バスキア、ジャン＝ミシェル……362
蓮實重彥……723
長谷川堯……77-80、87-88
バタイユ、ジョルジュ……49-50、416、444
ハチャトゥリアン、アラム……53
ハディド、ザハ……347、404、424、484、488、553、598、600-602、628、631、728-729
羽藤英二……585
花田清輝……48-51、676
埴谷雄高……49、88
浜口隆一……75-77、517、520、713
林のり子……714
林房雄……24-25
原俊夫……614
原広司……202、206、328、672、722
パラディオ（パッラディオ）、アンドレア……248、252、280、385、527、555、586、645-646、650、710
バラード、J・G……8、666
バルト、ロラン……229、262-263、265、290、630、698
春山行夫……28
パレフスキー、マックス……341、704
バロウズ、ウィリアム……654
バローネ、ジュゼッペ……485、488
ハワード、コイ……341-342
韓亜由美……501
ハーン、ラフカディオ……568
潘公凱（パン・ゴンカイ）……614
坂東玉三郎……288
ピエトラ、ウーゴ……323
ピカソ、パブロ……42-43、55、662
土方巽……151
ヒッチコック、アルフレッド……612-613
ヒトラー、アドルフ……577、605
火野葦平……22
日埜直彦……15-16、533、700、728
ビュトール、ミシェル……300、337
ピラネージ、ジョヴァンニ・バッティスタ……220、362、365、413、503、649
平松剛……26、354
ヒルトン、ジェームズ……651
ビン・ラディン、オサマ……581
ファイニンガー、アンドレアス……677
ファン・エイク、ヤン……542
樊建川（ファンジェンチュアン）……574
フィチーノ、マルシリオ……446
フィッシャー、マーク……609、650、654
フィッシャー・フォン・エルラッハ、ヨハン・ベルンハルト……413
フェノロサ、アーネスト……568
フォスター、ノーマン……553
福澤エミ……486
福田和也……526
フクヤマ、フランシス……650、654
フーコー、ミシェル……229、330、333-335、495、589
藤島亥治郎……65
藤塚光政……398、400

186
できやよい……510
出口王仁三郎……604
出口なお……604
勅使河原宏……47-49、53、174、477
デミウルゴス……11-12、14、17、36、229、376、419-421、427-428、439-446、456、463-465、467-469、503、515-516、529、563、588、590、607-608、610、615、618、626、629-634、636、640、642-643、649、655、667、683
デュシャン、マルセル……200-201、222、271、282、295、434-436、464、554、567-570、604、612、646、650、652-653、657-658
デューラー、アルブレヒト……648-649
寺田寅彦……40
テラーニ、ジュゼッペ……238、361、364
デリダ、ジャック……290-291、416-417、427-429、441、444、446、455、462、698、709
天武天皇（天武帝）……475、525
董其昌……573
道元……212、261-263、478、480、627
東皐心越……608、645-646
東野芳明……110-111、175-176、241、567
東松照明……182、608、644、688
ドゥルーズ、ジル……262、291、359、455、530、696
豊川斎赫……86、93、96、593

な行

内藤廣……219
長沢英俊……302、316、703
中島敦……568
中谷礼仁……500-501、526-527
中西夏之……144
中野純……45、675
中原佑介……242
中村外二……288、478
中村哲……647
中村敏男……423-425
中村光夫……53
中谷宇吉郎……490-491
中山宏男……35、114、153、164、166、169-170、229、264、494、529
ナタリーニ、アドルフォ……323
南條史生……572
難波和彦……13
西沢大良……13
西澤文隆……322
西澤立衛……510
西山夘三……178
ニーチェ、フリードリヒ……50、428、446、463
ニッチ、ヘルマン……203
ニューマン、バーネット……648
ネオ・ダダ（ネオ・ダダイズム・オルガナイザー）……52、105、109-110、144、151-152、241、510、512、637
ノグチ、イサム……73、374、376、378、706
ノーノ、ルイジ……345、490、493、497、541、579-580、584、634
野間宏……49、53、660-662、674、731

高田保……22、25
高橋晶子……484-485、488
高松次郎……144、288
高村光太郎……24
高山明……623
高山英華……299、683
多木浩二……15、190、192、194、400、
407、409-410、418
瀧口修造……39、41-44、48-49、51-52、
110、136、141、151、216、464、
646-648、675-676
沢庵和尚……211-212
竹内泰宏……661
武野紹鷗……501
武満徹……136、287-288
ダースレイダー……727
だつお（青柳菜摘）……727
辰野金吾……84
辰野隆……53
タトリン、ウラジミール……309、542
田中純……500-501
田中文男……105
谷崎潤一郎……162
田能村竹田……645-646
ダフネ……300、303、315-316、325、
333、703
田村キヨノ……59
ダル・コー、フランチェスコ……
429-430、530、717
タルコフスキー、アンドレイ……336、
579-580、588、590、630、634、
703
タンギー、イヴ……660、662、674
丹下健三（「丹下研究室」を含む）……13、
51、57、59、64、66、68、*69*、
70-73、75-77、79-81、84-89、
92-98、100-105、112-113、117、
119-123、125-129、132-133、149、
151-153、158、172-173、178、189、
197、219、232、234、282、286、
353-355、358-359、363、366、
376、380、394、402、437、461、
485、517-518、526、559-560、
627、637、639、658、675、
678-680、682-683、687、689、
692、705、721-722、728
チェン、エリック……611、728
張永和（チャン・ユンホ）……566、723
チュミ、ベルナール……346、404、
416-417
重源……61-63、72、294、392、394、
430、454、473、513-517、521-522、
525-527、604、625、637、639、
717-718
張岱……573、595-596、728
チリーダ、エドゥアルド……378、641
陳和卿……61
塚本邦雄……621
月尾嘉男……192、230、687-688
津田孝（孝獅）……46-47
土田旭……322-323
堤清二（横瀬郁夫）……46
津末宗一……34、151
テイヤール・ド・シャルダン、ピエール
……716
ディラー、エリザベス……485
テーヴェライト、クラウス……700-701
デ・カルロ、ジャンカルロ……182-184、

ジッド、アンドレ……427
持統天皇……475
篠原有司男……109-110、151
篠原一男……406、484-485、488、540、692
篠山紀信……292、306、469
柴山勘兵衛……20
澁澤龍彦……17
習近平……595、600
シュペーア、アルベルト……82
シュワルツ、マーサ……486
ショスタコーヴィチ、ドミートリイ……53
ジョブズ、スティーヴ……577
ジョーンズ、ジャスパー……200
ジョンソン、フィリップ……287、338-340、349-350、352、404、436-437、531、558-559、704、722
白井晟一……211-213、222、261、298-299、306、627、679
辛美沙……487、571、673
シンケル、カール・フリードリヒ……308、330、444
新世紀群……38、52、55、105、108、664
スガルビ、ヴィットリオ……523
杉浦康平……136、182-183、688、710
杉本博司……615、728
鈴木信太郎……53
鈴木忠志……373、492
鈴木博之……13、322-323、329-331、333、336、378、398、431、525、558、593-594、648、700、726
スタム、マルト……252、538
スターリン、ヨシフ……605
スノーデン、エドワード……591、615
スーパースタジオ……234
スフィンクス……427-428、437
スミッソン、アリソン&ピーター……132
スミッソン、ロバート……197
承孝相（スンヒョサン）……566、723
世阿弥……213
石濤……595-596
関根弘……49
セザンヌ、ポール……41-42、51
妹島和世……234、406、485、510
セルバンテス、ミゲル・デ……466
ゼンパー、ゴットフリート……444
蘇東坡……8、666
宗祇……621
荘子……589
ソクーロフ、アレクサンドル……557
ソットサス、エットレ……282
ソポクレス……643
染谷李枝……595
ソラ＝モラレス・ルビオー、イグナシ・デ……402、426
ソラリス……588-590、607、629-631、633-634、653
ソレイマニ、ガセム……648
ソーン、ジョン……16、311、373、427、444

た行

平清経……603
平重衡……60
ダヴィッド、ジャック＝ルイ……581
タウト、ブルーノ……517、520、525、563、608、644-646
高倉健……561

481
クビーン、アルフレート……421
隈研吾……398、598、600
クラウス、ロザリンド……429
クラーク、アーサー・C……603、716
クラーク、ケネス……339
倉俣史朗……288、532
クリエ、レオン……350-352
グルスキー、アンドレアス……606、648
グレイヴス、マイケル……237-238、322-323、349、352、396、398、400-401、431
クレー、パウル……662、731
グレーバー、デヴィッド……609、650、654
クレメンテ、フランチェスコ……362
黒川紀章……128-129、585、689
黒澤明……643
クンデラ、ミラン……466
ケージ、ジョン……646-648
ゲーテ、ヨハン・ヴォルフガング・フォン……441、443、695
ゲーデル、クルト……416
ゲバラ、エルネスト（チェ・ゲバラ）……202
ゲーリー、フランク……349、404、431、553
剣持勇……99
小池一子……509-510
康芳夫……526
高良留美子……661
コクトー、ジャン……44、427-428、675
コジェーヴ、アレクサンドル……472
小嶋一浩……566、721
後醍醐天皇……579-580
後藤慶二……77-79、88
小林秀雄……39-40、520-521、524、557、674
コープ・ヒンメルブラウ……404
小堀遠州……525-528、644
小松左京……188
ゴールドバーガー、ポール……342
コールハース、レム……345-346、349-350、352、404、424、530、553、613

さ行

西行……518
ザエラ＝ポロ、アレハンドロ……485、488、492
坂口安吾……520-521、524、557、646
坂部恵……650
佐川一信……368
佐々木睦朗……377、546-549、565、638
サド、マルキ・ド……265
佐藤敬……24
佐野利器……64、77、84
サルトル、ジャン＝ポール……260、467
椹木野衣……144、525
シェアバルト、パウル……563
シェイクスピア、ウィリアム……507、643
ジェイムソン、フレドリック……553、563、605、717
ジェファーソン、トマス……579-580、605
ジェンクス、チャールズ……322
四島司……35、209、404

岡本一平……51
岡本太郎……48-51、55、89、127-128、132、136、149、151、166、187-188、518、525、604、606、637、644、676、682
息長帯比売（おきながたらしひめ）……26
奥平耕造……103
小津安二郎……44、675
オバマ、バラク……581
オリエ、ドゥニ……416
折口信夫……519、533、535
オルフェウス……333、703

か行

貝島桃代……500-502
海藤日出男……52
ガウディ、アントニオ……547、550、565、568
カエサル、ガイウス・ユリウス……586
梶原拓……485
カステリ、レオ……478
片岡鉄兵……47
ガタリ、フェリックス……359
葛飾北斎……183、458
カッチャーリ、マッシモ……493
桂川寛……48-49、53
加藤泰……254
加藤道夫……658、728、730
加納久朗……127
カプーア、アニッシュ……582
カフカ、フランツ……162、260、388、466-467
カミュ、アルベール……650
鴨長明……545
辛島詢士……35
柄谷行人……416、577
カール五世……409、639
カルヴィーノ、イタロ……540
河合隼雄……329
川上秀光……103、105、124-125、162、680
川口衞……99、377、380-382、394、495、637
川添登……129、143、323、681
河本英三……661、730
カーン、ルイス……132、162、397、402-403、446、728
ガンディー、ジョゼフ・マイケル……16、311
蒲原重雄……78-79
菊竹清訓……112、127-129、142、519、684、689
岸和郎……566
岸田日出刀……64、75-89、112-113、152、518、658
岸田劉生……24
北川原温……323
北園克衛……28
北原白秋……29
ギーディオン、ジークフリート……93
木下郁……153
金日成（キム・イルソン）……605
金正日（キム・ジョンイル）……605
木村純一郎……38
木村俊彦……370、377、391-392、706
キャロル、ルイス……271、696
キルヒャー、アタナシウス……612
クック、ピーター……184、192、203、

磯崎テツ……26-27、31-32
磯崎徳三郎……21-22、25、30、640
磯崎祐次郎……26
磯崎禮三郎……26
磯崎ヱツ……27
市川浩……250、271、650
市杵島姫神（いちきしまひめのかみ）……405
一柳慧……182-183
井筒俊彦……602、628、631-633、697、729
伊東忠太……431
伊藤ていじ（鄭爾）……84-85、105、124、133、158、162、168、275、286、677
伊東豊雄……323、348-349、352、406、472、484、575、585、587、600
伊東マンショ……28-29
糸長徳松（蓬莱）……26、40、198
稲垣栄三……97
井上房一郎……243、477、693
入江経一……504
岩田英二……34
岩田正……34-36、114、153、640
ヴァイベル、ペーター……554
ヴァーグナー、オットー……82-83、444
ヴァーグナー、リヒャルト……463、494
ヴァザーリ、ジョルジョ……645-646
ヴィガーノ、ヴィットリアーノ……112
ウィグリー、マーク……404
ウィットカウアー、ルドルフ……359
ウィトゲンシュタイン、ルートヴィッヒ……319-320、541、700
ヴィドラー、アンソニー……307
ウィーナー、ノーバート……232
ヴィニョーラ、ジャコモ・バロッツィ・ダ……645
ヴィンケルマン、ヨハン・ヨアヒム……413
上田篤……178
上田保……83、111-112
植田実……206、318、538-540、542、710
ヴェンチューリ、ロバート……234
内田祥三……64、77-79、82、84、657-658
梅棹忠夫……188
ウルフ、トム……234
ウンガース、O・M……349-350、352
榮久庵憲司……99、129
榎本一彦……404
江幡修……432
エリクソン、アーサー……340-341
エンプソン、ウィリアム……236
オイディプス……208、260、427-428、437、464
大江健三郎……328、672、701
大江宏……84、315、323
大島渚……287
大杉栄……88
太田博太郎……62、64-65、677
大高正人……84、127-129、689、693
大谷幸夫……84、100、125、689
大友克洋……650
大友宗麟……28-29
岡倉天心……525
岡崎和郎……449
岡﨑乾二郎……16、433、440、504、507、535、555、566-567、591、705

人名索引（神名・グループ名などを含む）

＊（ ）内は別名ないし読みである。
＊数字の斜体は図版ページを表わす。

あ行

艾未未（アイ・ウェイウェイ）……595
アイスキュロス……493
アイズナー、マイケル……396、614
アイゼンマン、ピーター……237-238、287、348-349、351-352、404、409-410、416-417、420-421、426、428、430-432、530、639、704、709
會津八一……60
アイモニーノ、カルロ……351-352、699
アインシュタイン、アルバート（アルベルト）……99、398、*399*
アウグストゥス……314
青木淳……12-13、356、637、724
アガ・カーン（アーガー・ハーン）四世……528、556、614、628、729
赤瀬川原平……108-110
赤瀬川隼彦（隼）……44、108
アーキグラム……184、192、234
アーキズーム……234、454
明仁……605、608、643-644
浅井清……26
浅田彰……15-16、329-330、420、427-430、437、440、529-531、563、615、683、718、728-729
浅田孝……75-77、125、129
芦川羊子……288
東浩紀……417
アバド、クラウディオ……584
安部公房……48-49、51-52、127-128、140、145、174、365、603
安倍晋三……598-599
アポロン……303、316、325、683
荒川修作……109-110、287、449、652
アル・サーニ、シェイク・サウド（アル・サーニ、サウード・ビン・ムハンマド）……528、552、721
アルダラン、ナデル……697、728-729
アルトー、アントナン……320
アレグザンダー、クリストファー……231、234
粟津潔……129
安藤忠雄……13、348-349、351-352、406、571
安藤礼二……56、599、728
庵野秀明……14
五十嵐太郎……501
池辺陽……124、682
石井和紘……472
石川淳……47
石黒昭二……359
石田了一……359
石元泰博……423、475
石山修武……13、22、323、348、404、431、472、489、494、525、571-572、582、593-594、640、648
石山友美……348
磯崎精一……22
磯崎操次（藻二）……22、24-26、28-36、38、40、53、84、111、153、198、616、640、645、673
磯崎民子……26

田中純（たなか・じゅん）

一九六〇年生。芸術論・思想史。東京大学名誉教授。博士（学術）。二〇〇二年『アビ・ヴァールブルク　記憶の迷宮』でサントリー学芸賞（思想・歴史部門）、二〇〇八年『都市の詩学』で芸術選奨文部科学大臣新人賞、二〇〇九年『政治の美学』で毎日出版文化賞、二〇一〇年フィリップ・フランツ・フォン・ジーボルト賞を受賞。著書に『残像のなかの建築』『都市表象分析Ⅰ』『ミース・ファン・デル・ローエの戦場』『冥府の建築家』『過去に触れる』『歴史の地震計』『デヴィッド・ボウイ』『イメージの記憶《かげ》』など。

初出

前口上《プロローグ》および第1章〜第24章……『群像』二〇二二年一月号〜二〇二三年一二月号

結論《エピローグ》……書き下ろし

余白に《マルジナリア》

1　見えない建築へ——追悼　磯崎新……『群像』二〇二三年三月号

2　磯崎新という謎——憑依・寄生するデミウルゴス〔磯崎新『デミウルゴス』解説〕
……磯崎新『デミウルゴス——途上の建築《アーキテクチュア》』二〇二三年、青土社

3　磯崎新「東京大学教養学部美術博物館」改造計画案をめぐって
……『磯崎新「東京大学教養学部美術博物館」改造計画案　資料集』二〇二三年

4　磯崎新と雑誌『希望《エスポワール》』……『群像』二〇二三年一一月号

装幀・本文デザイン　大倉真一郎

磯崎新論《シン・イソザキろん》

二〇二四年一一月五日　第一刷発行

著　者　田中《たなか》　純《じゅん》

発行者　篠木和久

発行所　株式会社　講談社

東京都文京区音羽二-一二-二一

郵便番号　一一二-八〇〇一

電話　出版　〇三-五三九五-三五〇四

販売　〇三-五三九五-五八一七

業務　〇三-五三九五-三六一五

印刷所　TOPPAN株式会社

製本所　株式会社　若林製本工場

ISBN 978-4-06-535986-0　Printed in Japan

KODANSHA

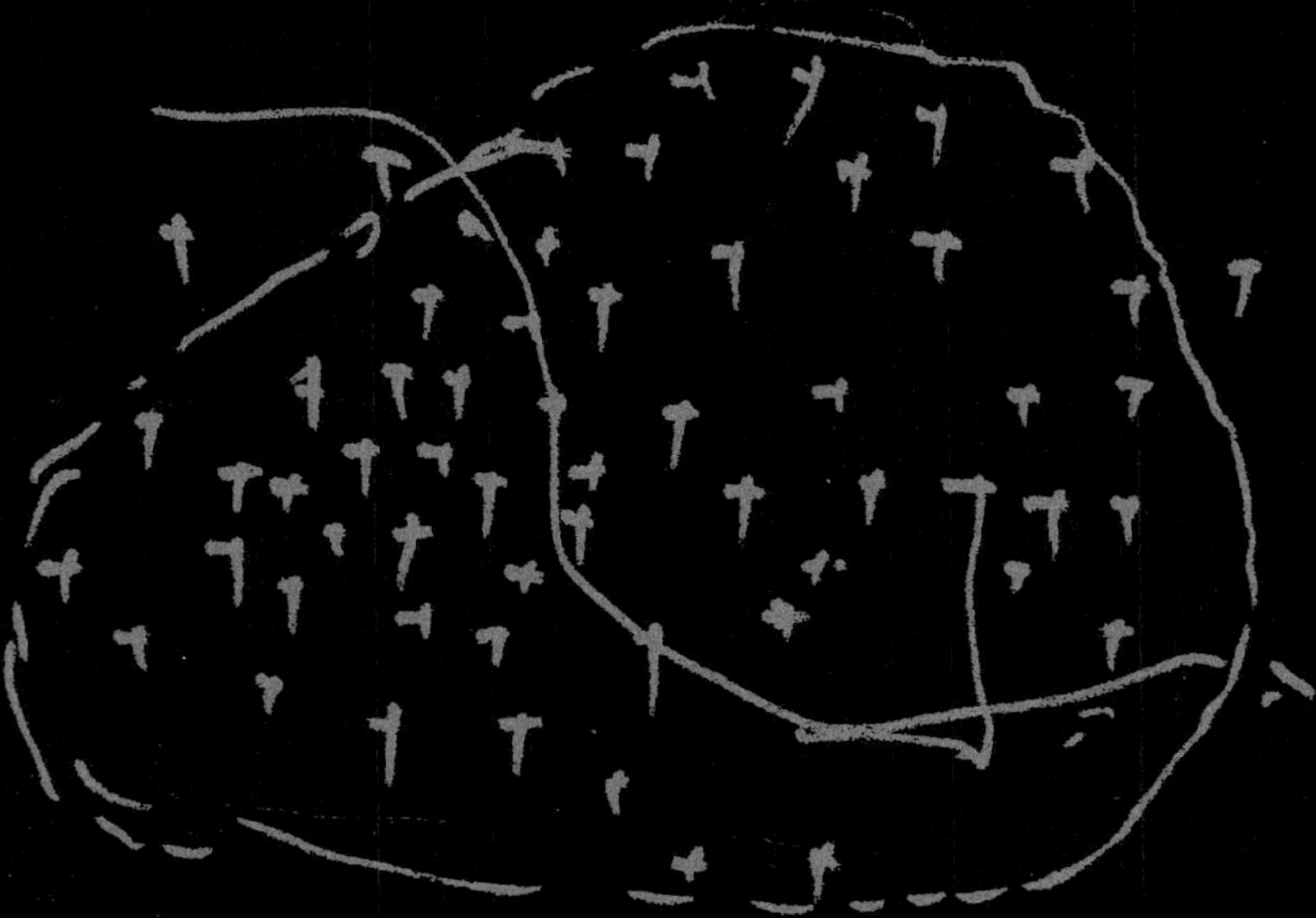

internet / venezia

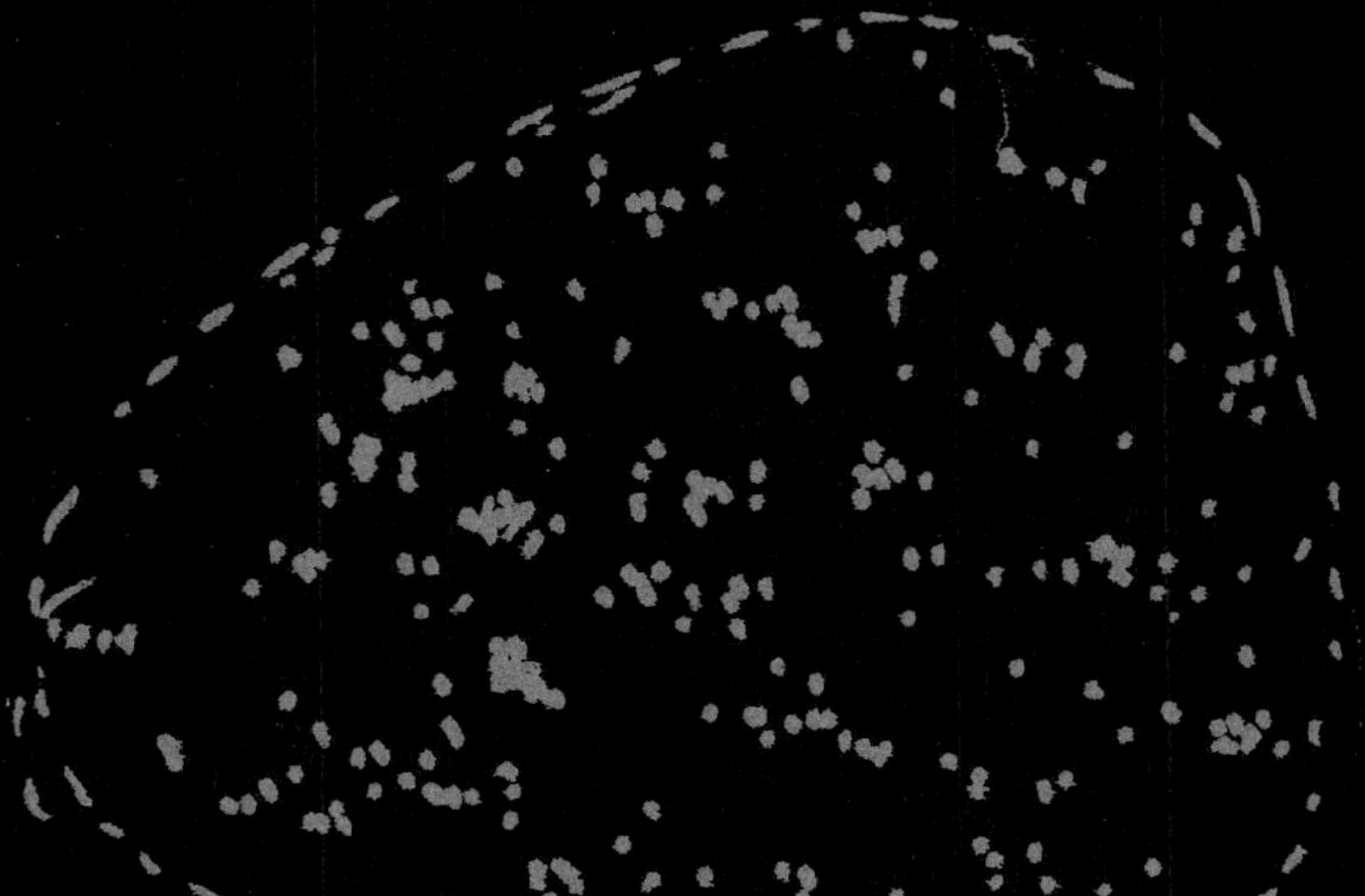